A
History of Christianity
in Jiangsu Province

江苏基督教史

姚兴富 著

社会科学文献出版社
SOCIAL SCIENCES ACADEMIC PRESS (CHINA)

本书由江苏省重点学科"中国哲学"学科建设项目及
苏州大学"211工程"学科建设经费资助出版
本书为国家社科基金项目《江苏基督教历史和现状研究》
（编号09BZJ015）

序

卓新平

姚兴富博士寄来其新作《江苏基督教史》，我颇有先睹为快之感，也很佩服姚兴富博士的勤奋和努力。掩卷细思，中国基督教历史那曲折复杂的图景在我脑际久久不能散去，而其在江苏的历史又最具典型意义，更感其研究的必要和重要。因此，当我们走进历史，看到那一幕幕发展变迁时，总会将其与现实的关系连接起来。历史是真实的生动写照，而且会为未来的发展埋下伏笔、留下影响。所以，我们不能忘了历史，而必须以古观今，窥其堂奥，发现当代走向的历史渊源，总结其经验教训。从这一意义上讲，姚兴富博士的新著以其历史的厚重感，给我们带来了体悟其详情时心境的沉重，也让人感受到基督教信仰在传承绵延中的盼望。这对于我们反思基督教在华的过去，观察其当下的处境，以及预测其未来的发展，都有着特殊的价值和儆醒意义。

从明末到今天，江苏都是中国基督教传播和发展的大省。自天主教始，基督教各派及其边缘延伸或变异就有了在江苏跌宕起伏的经历，也使我们对之有着极为深沉凝重的审视。对这一历史的复杂微妙，姚兴富博士有着认真的爬梳、细致的描述、谨慎的评说。基督教在江苏这一历史变迁中或许既经受到颇为特别的"苦难"，也有过极为异样的"辉煌"，而在当代基督教"中国化"的过程中又起着向导和引领作用。自利玛窦等西方天主教传教士进入江苏、来到南京等地，其传教设堂似乎就并不顺利。利玛窦最初到南京是无果而返，后来耶稣会士虽然在此稍许有些成功，却又遇上了著名的"南京教案"，以沈㴶为代表的顽固保守势力对徐光启等开明之士大加诋毁，最早一批来江苏传教的王丰肃等人被捕遭驱、元气大伤。而此后基督教得以大举入华传教，则是得利于最早的不平等条约，即1842年《南京条约》的签订。"鸦片战争"后中国人的灾难加剧,而基督教从此也有了"洋教"甚至"帝国主义文化侵略"的污名。江苏正是这一历史剧变的见证地,目睹了基督教在华传教性质的重大变化,而江苏当时也成为西方基督教在华传播的首选和重要区域。但约十年之后更有戏剧似的发展在此出现,给整个中华民族的历史都带来震撼,此即以基督教信仰结合中国民俗传统而成立的基督教边缘化或变异化组织"拜上帝会"所发起的"太平天国"运动,其起义军太平军于1853年攻克南京,在此建都,号称天京。而天王洪秀全则正是受到基督教的启发才发起了这一声势浩大的农民起义运动,有着"反清"、"反孔"的明确政治态度。虽然当时的基督教会不承认太平天国为基督教正宗,而洪秀全也没被允许受洗入教,但太平天国上层有正式受洗的基督徒,外国传教士曾任职天京也是不争的事实。所以说,在江苏曾建立过一个虽为"异端"性质的基督教王国,而这乃是中国历史上前所未有的、也是唯一存在过的基督教政权。关于"太平天国的基督教",姚兴富博士在这部著作中也有着非常客观的描述和准确的评论。

在中国基督教的近现代发展中,江苏基督教同样也有着举足轻重的地位。按照姚兴富博士的说法,"江苏自近代至今属于中国经济开放、文化繁荣地区,其基督教发展在全国起到领头羊的作用"。在文化教育上,基督教最大的神学院金陵神学院是在南京创立的;而在与佛教等中国传统宗教对话上,则出现了南京景风山基督教丛林,亦有着非常独特的宗教比较和文化交流的尝试与探索。中华人民共和国建立以来,丁光训、陈泽民等神学家在基督教"中国化"的提倡和推动上渐露头角,他们所倡导的适应中国传统文化及当代社会处境的"中国神学思想建设"也取得了初步成效,在一定程度上对全国基督教的发展方向都起着指导和引领作用。对于丁光训、陈泽民等人的神学思想建设之努力与贡献,姚兴富博士从"教会在思考"这一理论角度进行了阐述。此外,姚兴富博士还特别指出,这些基督徒的努力不只是在理论上,而且还付诸于实践,如建基于南京的爱德基金会和江苏基督教爱心公益基金的社会慈善服务及福利公益事业,则体现为"教会在行动"。

总之,姚兴富博士把江苏基督教的发展历史与当前状况有机结合起来展开研究,以具有典型意义的江苏基督教历史演进来折射中国基督教200多年来的发展历程。通过其生动细致的描述，一方面"从纵向上把握江苏基督教的来龙去脉、盛衰得失，为中国基督教的健康发展和前景展望提供经验和思路"，另一方面"从横向上了解江苏基督教与本地政治、社会、文化的复杂关系"，希望"既能为党和政府如何引导宗教与社会主义社会相适应建言献策，也能为爱国爱教的广大信众在改革开放的大潮中积极发挥自己应有的作用提供参考"。这一主旨贯穿其全书写作的始末，其立意和用心体现出正能量的发挥，难能可贵。

姚兴富博士的这部新书可以说是非常接地气，而且有着与时俱进的追求。关于基督教"中国化"的话题，当前社会上有不少讨论和争议，这就要求我们冷静地回顾基督教在华传播的历史事实和曲折经历，认真地思考基督教与中国社会政治及文化的关系，客观地总结基督教在华发展的经验教训，做到"前事不忘、后事之师"。这是我们展望中国基督教未来发展的基础和前提。因此，姚兴富博士的《江苏基督教史》乃一面清澈的镜子，让我们可以不断进行对照、比较，获得清醒的认识和正确的评价。目前中国基督教在改革开放的新时期亦遇到了其适应更新的好机会，"时不我待，只争朝夕"。所以，阅读姚兴富博士这一新著，会使我们以史为鉴、获益良多，增强促进基督教适应中国文化及社会发展、努力实现基督教"中国化"的决心和信心。

是为序。

2016 年 7 月 2 日于北京建国门内

目 录

导　言 …………………………………………………………… 001

第一章　基督教的扎根
　　　　——1912年之前江苏的基督教 ………………… 006
　第一节　基督教传入江苏 ………………………………… 007
　　一　苏南地区 ……………………………………………… 007
　　二　苏中地区 ……………………………………………… 022
　　三　苏北地区 ……………………………………………… 029
　第二节　太平天国的基督教 ……………………………… 039
　　一　定都南京 ……………………………………………… 040
　　二　颁行诏书 ……………………………………………… 043
　　三　宗教礼仪 ……………………………………………… 047
　　四　与西方传教士的交往 ……………………………… 050
　第三节　江苏的教案 ……………………………………… 053
　　一　成因 …………………………………………………… 054
　　二　概况 …………………………………………………… 056
　　三　教训 …………………………………………………… 058
　第四节　基督徒的言论 …………………………………… 059
　　一　证道 …………………………………………………… 060
　　二　辩难 …………………………………………………… 064
　　三　时论 …………………………………………………… 067
　第五节　社会服务 ………………………………………… 070
　　一　兴医院 ………………………………………………… 070
　　二　办学校 ………………………………………………… 077

小　结 ………………………………………………………… 089

第二章　基督教的壮大
　　　　——1912 年至 1949 年江苏的基督教 ……………… 091
第一节　教会的布局与兴旺 ……………………………… 092
　　一　监理会 ……………………………………………… 093
　　二　浸礼会 ……………………………………………… 106
　　三　圣公会 ……………………………………………… 116
　　四　美以美会 …………………………………………… 123
　　五　长老会 ……………………………………………… 125
第二节　金陵神学院的组建 ……………………………… 148
　　一　历史沿革 …………………………………………… 148
　　二　师资力量 …………………………………………… 149
　　三　神学争论 …………………………………………… 151
　　四　社团活动 …………………………………………… 157
　　五　乡村布道 …………………………………………… 164
　　六　人才培养 …………………………………………… 168
　　七　办《神学志》 ……………………………………… 188
第三节　华人信徒的崛起 ………………………………… 196
　　一　教牧人员 …………………………………………… 197
　　二　基督教学者 ………………………………………… 217
　　三　基督教教育家 ……………………………………… 227
　　四　医务人员 …………………………………………… 234
第四节　本色化神学的探索 ……………………………… 237
　　一　教会的自立与合一 ………………………………… 237
　　二　婚丧等礼俗的改良 ………………………………… 251
　　三　教内的国学研究 …………………………………… 267
　　四　南京景风山基督教丛林 …………………………… 282
　　五　教会学校立案和党化教育 ………………………… 287
第五节　日军占领时期江苏的基督教 …………………… 295
第六节　国共内战时期江苏的基督教 …………………… 304

小　结 … 313

第三章　基督教的革新
　　——新中国成立后至"文革"时期江苏的基督教 … 314

第一节　积极拥护基督教三自革新运动 … 315
　一　响应签名活动 … 317
　二　订立爱国公约 … 328
　三　向毛主席和中国人民志愿军致敬 … 333
　四　参加军干校 … 338

第二节　深入开展反美帝的控诉运动 … 341
　一　金陵女子文理学院对美籍教授费睿思、师以法等人的揭露 … 343
　二　金陵大学对美籍教授芮陶庵、林查理等人的控诉 … 349
　三　金陵神学院对西教士毕范宇、宋煦伯等人的批判 … 351
　四　南京教会对徐超尘、刘礼茂、尤振中、丁荣施、杨绍唐、
　　　马兆瑞、王克己等人的揭发 … 355
　五　苏州教会对女传道员龙襄文的控告 … 368
　六　爱国教徒的心得体会 … 376

第三节　从教会大联合到教堂聚会停止 … 386
小　结 … 391

第四章　基督教的复兴
　　——改革开放以来江苏的基督教 … 392

第一节　江苏各市县教堂的恢复和兴建 … 393
　一　旧堂的恢复 … 394
　二　新堂的建造 … 404
　三　城市教会 … 411
　四　农村教会 … 416
　五　和谐堂点 … 420

第二节　丁光训等牧长的神学思想 … 423
　一　丁光训的爱的神学 … 423
　二　韩文藻的神学思考 … 431

三　季剑虹的神学表述……………………………433
　　四　陈泽民的和解神学……………………………435
　　五　汪维藩的生生神学……………………………436
第三节　江苏基督教的神学教育……………………………438
　　一　金陵协和神学院………………………………439
　　二　江苏神学院……………………………………441
第四节　江苏基督教的慈善事业……………………………444
　　一　爱德基金会……………………………………444
　　二　江苏省基督教爱心公益基金…………………448
第五节　改革开放与江苏教会的发展………………………452
　　一　统战部、宗教事务局与三自教会的关系……452
　　二　教会的财务管理与传道人待遇问题…………455
　　三　基督教对文化大发展大繁荣的贡献…………457
　小　结………………………………………………………459

结　语……………………………………………………………461

主要参考文献……………………………………………………465

后　记……………………………………………………………483

导 言

江苏省地理环境优越、历史悠久、人文荟萃，其政治、经济、文化发展在中国过去和现在都占有一定位置并发挥重要影响。在古代，江苏地区分属吴、楚等国。康熙六年（1667），清政府设置江苏省，以旧时江宁（南京）、苏州二府得省名。中华民国三年（1914），江苏省分置五道辖各县，即金陵道辖江宁、句容、溧水、江浦、六合、高淳、丹徒、丹阳、金坛、溧阳、扬中十一县；苏常道辖吴县、吴江、昆山、常熟、江阴、武进、无锡、宜兴、靖江、泰兴、如皋、南通十二县；沪海道辖上海、松江、奉贤、金山、川沙、南汇、青浦、太仓、崇明、嘉定、宝山、海门十二县；淮扬道辖淮阴、淮安、阜宁、盐城、东台、泰县、江都、仪征、兴化、高邮、宝应、泗阳、涟水十三县；徐海道辖铜山、萧县、砀山、丰县、沛县、邳县、睢宁、宿迁、东海、沭阳、灌云、赣榆十二县。1949年解放后，江苏省设苏北、苏南两个行政公署管辖长江南北的各市县。① 目前，江苏省行政区划包括十三个省辖市，即南京市、徐州市、连云港市、宿迁市、淮安市、盐城市、扬州市、泰州市、南通市、镇江市、常州市、无锡市、苏州市。② 全省土地总面积约10万平方千米，人口7940万人，人均GDP在全国名列前茅。③

历史上，各大宗教在江苏的发展都很繁盛。道教、佛教从东汉至魏晋南北朝时日趋发达。伊斯兰教从元明以来逐渐盛行。天主教是明朝万历年间传

---

① 江苏省地方志编纂委员会编《江苏省志·地理志》，江苏古籍出版社，1999，第60~63页。
② 《江苏省地图册》，中国地图出版社，2007，第2页。
③ 参见《中国各省市面积、人口、2011年GDP及人均GDP排行》，百度文库（http://wenku.baidu.com/view/544eb00e763231126edb1183.html）；《江苏常住人口增至7940万 净流入不足倒逼产业转型》，凤凰网（http://finance.ifeng.com/a/20140218/11684145_0.shtml）。

入江苏的。万历二十七年（1595）起，利玛窦、郭居静、罗如望、王丰肃等西方传教士陆续来南京等地传教设堂。① 清末，天主教在江苏（包括上海）有教徒 10 万人。1949 年底，天主教在江苏（不含上海市区）有南京、苏州、海门、徐州 4 个教区及扬州、海外 2 个监牧区，大小教堂 659 所，教徒约 20 万人，男女修院各 1 所，外籍神职人员 197 人，中国主教、神甫 156 人，修士、修女 200 人。鸦片战争以后，西方基督教（新教）各差会纷纷进入中国，江苏成为基督教传播的首选和重要地区。新中国成立以后，特别是改革开放以来，江苏作为基督教（新教）发展的大省和领头羊，在当代中国基督教成长和建设中，起到举足轻重的作用。至 2002 年底，江苏全省各宗教信徒共 148.5 万人（汉传佛教和道教除外，因为汉传佛教和道教信与非信的界线难以划清），其中伊斯兰教 14.5 万人，天主教 17 万多人，基督教（新教）117 万人。② 2012 年统计，全省有信教群众近 400 万人，有各类宗教教职人员 9333 人。基督教现有信徒 180 多万人，登记的活动场所共 4457 处，教牧人员和义工传道 5638 人，其中牧师 241 人、长老 403 人，全省有 13 个市基督教两会和 78 个县（市、区）三自爱国会。③

广义的基督教包括天主教、东正教和新教，鉴于本人的学术背景，也是为了使研究内容更为集中，本课题主要着重于基督教新教（Protestantism）在江苏地区过去和现在发展状况的考察。有关江苏基督教历史和现状方面的研究，目前还处在刚刚起步、逐渐趋于深入细致的阶段。从历史方面的研究看，有的学者以某一教派为线索梳理了基督教在江苏的发展状况，如张春蕾《美国基督教长老会在江苏的传教活动》一文比较详细地论述了基督教南、北长老会传教活动对江苏近现代社会生活和文化生活产生的重大影响④；有的学者以某一历史事件为中心探讨了江苏基督教所发挥的作用，

---

① 参见顾卫民《中国天主教编年史》，上海世纪出版集团，2003，第 90 页。
② 参见《江苏省民族宗教简况》《五大宗教简介》，2003 年 6 月 13 日，江苏统战网（http://www.jstz.org.cn/display.aspx?cateid=6&lowercateid=）。
③ 《江苏宗教总体概况》，江苏民族宗教网（http://www.jsmzzj.gov.cn/art/2012/12/31/art_49_1250.html）；《江苏省基督教概况》，江苏民族宗教网（http://www.jsmzzj.gov.cn/art/2013/6/19/art_49_31330.html）。
④ 张春蕾：《美国基督教长老会在江苏的传教活动》，《东南文化》2006 年第 5 期，第 47～53 页。

如高俊《简述江苏基督教界的抗日活动》一文介绍了江苏基督教界在抗日战争时期是怎样以自己的方式为抗日做出贡献,最终和各界民众一起迎来了抗战胜利的春天[①];还有的学者以某一主题为对象考察了教会对社会进步的推动,王红丽《江苏教会女学的二重性分析》一文研究了19世纪中后期西教士在江苏境内开设的女学所带来的社会风气的改变。[②] 从现状方面的研究看,成果比较丰富,学界和政界均关注江苏宗教特别是农村基督教动态的调查研究。吕朝阳《苏北农村基督教发展现状及其原因分析》一文分析了苏北地区包括徐州、盐城、淮阴、连云港、宿迁五市农村基督教的传播、发展概况以及存在的问题。[③] 北京大学哲学系2000级本科生于2002~2003年完成了"江苏山东两省四地三自教会分主题调查研究"项目,其中选取了江苏省南京市和沭阳县的教会作为调查对象,分别反映了典型的大城市三自教会和经济较发达的农村地区教会的特点。[④] 2003年,由江苏省政协副主席、省委统战部部长林祥国牵头的中共江苏省委统战部、江苏省宗教事务局、江苏省社会科学院课题组完成了《江苏省农村宗教状况及对策研究》,分别剖析了苏南、苏中、苏北农村各大宗教信仰的格局和特点,其中特别提到江苏农村教会存在的管理缺乏、素质偏低、私设堂点等问题。[⑤] 2010年,中共南京市委党校课题组完成了《关于南京宗教的调查与思考》研究报告,指出南京市各大宗教文化资源的丰富以及在促进地区社会和谐中所起的积极作用。[⑥] 江苏省宗教局干部张全录《江苏基督教现状及发展趋势》一文对目前江苏省城市、农村基督教分布状况、信徒人数、教牧人员

---

① 高俊:《简述江苏基督教界的抗日活动》,《江苏科技大学学报》(社会科学版)2008年第1期,第17~20页。
② 王红丽:《江苏教会女学的二重性分析》,《重庆科技学院学报》(社会科学版)2010年第9期,第152~154页。
③ 吕朝阳:《苏北农村基督教发展现状及其原因分析》,《南京师范大学学报》(社会科学版)1999年第6期,第41~46页。
④ 北大哲学系2000级本科生屠玥、陈婷等:《"江苏山东两省三自教会分主题调查研究"项目开题报告》(2002年11月29日),北大哲学系网(http://www.phil.pku.edu.cn/news.php)。
⑤ 中共江苏省委统战部、江苏省宗教事务局、江苏省社会科学院课题组:《江苏省农村宗教状况及对策研究》,《江苏省社会主义学院学报》2003年第3期,第7~10页。
⑥ 中共南京市委党校课题组(课题负责人、执笔人马运军):《关于南京宗教的调查与思考》,《民族与宗教》2010年第1期,第61~64页。

水平以及未来发展趋势做了总体性的分析和把握，并强调江苏基督教在全国乃至世界有着重要影响。① 以上的研究成果都是富有建设性和启发性的，说明江苏省的基督教问题越来越引起学界和政界的关注和重视。这些成果在历史方面的研究还比较零碎分散，主要局限于某一历史片段、某一教派组织或某一狭小区域的研究，还需要将历史线索和基本框架作规律性和系统性的整合。在现状方面的研究，虽然已有社会学意义上的调查和概览，还缺少对事件脉络和思想轨迹的细致入微的梳理。

江苏基督教历史演进具有典型性的意义，它在一定程度上可以折射出中国基督教 200 多年来的发展历程。本课题把江苏基督教的发展历史和当前状况结合起来研究，一方面可以从纵向上把握江苏基督教的来龙去脉、盛衰得失，为中国基督教的健康发展和前景展望提供经验和思路；另一方面也可以从横向上了解江苏基督教与本地政治、社会、文化的复杂关系，为当今基督教如何在社会主义和谐社会的建设中发挥积极作用给予指导和借鉴。

本课题的研究内容是以历史时间为线索展开，考察不同时期江苏基督教的时代背景、教派分布、神学思想和社会服务的状况，同时，也论及对江苏基督教发展有重要影响的历史人物以及基督教与所处时代政治的复杂关系。全书除"导言"和"结语"外分四大章：第一章"基督教的扎根——1912 年之前江苏的基督教"，探讨了基督教在江苏的初始传播、太平天国的基督教、江苏的教案以及基督教的社会服务等问题。第二章"基督教的壮大——1912 年至 1949 年江苏的基督教"，叙述了江苏各地基督教的兴旺、金陵神学院的组建、华人信徒的崛起、基督教的本色化、国民政府与基督教的关系以及抗日和内战时期基督教的贡献。第三章"基督教的革新——新中国成立后至'文革'时期江苏的基督教"，梳理了从抗美援朝时的基督教三自革新运动和反美帝的控诉运动，到联合崇拜，再到"文革"时教会发展陷入低谷的历史过程。第四章"基督教的复兴——改革开放以来江苏的基督教"，介绍了江苏各市县教堂的恢复和兴建情况、丁光训等牧长神学思想的特征以及江苏教会目前神学教育和慈善事业等状况。

---

① 张全录：《江苏基督教现状及发展趋势》，《唯实》2010 年第 3 期，第 83~85 页。

以上江苏基督教的不同发展阶段主要是以政治事件为依据划分的。基督教的发展与政治事件虽然不一定是完全同步的，但是，这种划分还是可以反映出江苏基督教在不同历史时期所表现出的不同特色。还需要说明的是，解放前上海曾隶属于江苏省，所以，有关解放前江苏基督教的研究上，也会兼及上海的情况，但整个论题以现今江苏省的地域范围为研究对象。

本课题研究的基本思路是把江苏省基督教作为考察的个案和样本，试图通过对基督教区域史的研究，总结出中国基督教发展的一般特点以及存在的问题。在研究的方法上，本课题把资料收集和社会调查两项工作放在首位，秉承以史为主、史论结合的原则，坚持一切以事实说话的历史唯物主义态度。在资料的收集方面，侧重于近现代教会文献中有关江苏基督教内容的记载，同时，也关注到党和政府等机关的刊物、出版物中的宗教政策方面的内容，还有江苏省以及所属县市年鉴、地方志中所涉及的基督教方面的内容等。在社会调查方面，采取一些社会学、统计学的方法针对江苏各地教会进行实地考察，还以人物访谈的方式了解江苏各地的宗教干部、神职人员、普通信众等对基督教的观感和看法，从而得出令人信服的结论。另外，也利用互联网的便利查考相关资料或发送电子邮件询问相关信息。在资料的收集上能够做到充足真实、在论证过程中实现历史事件与思想理论的统一、在题旨上将江苏基督教的个案研究上升到整个中国的视域去考量，这些是本课题研究的重点和亮点。

中国基督教历史和现状方面的研究方兴未艾、相对薄弱。比较全面翔实、有一定历史跨度的中国基督教研究专著还不多。本课题集中于江苏省基督教的分析，研究范围适度，可以做到深入细致、系统全面；研究对象有典型意义，可以概括出中国基督教的本质特点。经历了200多年挣扎和奋斗的中国基督教，无疑成为当今中国特色社会主义建设的一支不可缺少的重要力量，重视对具有代表性的基督教区域史的研究，既能为党和政府如何引导宗教与社会主义社会相适应建言献策，也能为爱国爱教的广大信众在改革开放的大潮中积极发挥自己应有的作用提供参考。

第一章　基督教的扎根

——1912年之前江苏的基督教

从1807年基督新教开始传入中国至1911年清朝灭亡的一百多年间，是基督教与中国社会和中国文化激烈冲撞的时期。在西方列强的胁迫下，清政府签订了许多不平等条约，欧美等国家不仅获得了在中国经商贸易的权利，同时也取得了传布宗教的权利。1842年，英侵略者曾攻占京口（今镇江）、江宁（今南京）等地，并在中英《南京条约》中强迫清政府开放广州、福州、厦门、宁波、上海等五处港口。1844年，中美《望厦条约》规定："合众国民人在五港口贸易，或久居，或暂住，均准其租赁民房，或租地自行建楼，并设立医馆、礼拜堂及殡葬之处。"1858年，中英《天津条约》明确指出："耶稣圣教暨天主教原系为善之道，待人如己。自后凡有传授习学者，一体保护，其安分无过，中国官豪不得刻待禁阻。"之后，英美等国进一步要求清政府开放长江流域的镇江至汉口等沿江城市。[①] 至此，西方列强的经济、军事和文化侵蚀已经从中国的东南沿海地区逐渐蔓延至长江流域的核心地带。鸦片战争前后的这一百多年中，如果说前五十年，西方列强的活动范围主要集中在以广州为中心的南部沿海地区，那么后五十年，其活动范围已转移到以上海为中心的江南地区。[②] 1853年太平天国定都南京，1860年太平天国开辟了以苏州为省会的苏福省。江苏不仅成为西方列强觊觎和搜刮的一块肥地，而且也成了清政府与太平军殊死搏斗的战场。太平天国失败以后，江苏地区的政治、经济、军事等事业得到了全面恢复，近代的工商业发展起来了，西方的宗教文化和科学技术也逐渐在此落地生根。

---

① 王铁崖编《中外旧约章汇编》第一册，三联书店，1982，第31、54、97、154页。
② 沈嘉荣等著《江苏史纲》，江苏古籍出版社，1993，第124~128页。

第一节　基督教传入江苏

基督新教（或称耶稣教）在江苏留下印迹最早可以追溯至1832年，这一年，德国传教士郭实腊（Charles Gutzlaff，1803－1851）跟随英国东印度公司的侦察船来到上海县城，他们在刺探中国商业情报的同时，也向当地人散发《圣经》或基督教的小册子。① 基督新教正式进入江苏是在1842年中英《南京条约》签订之后，1843年12月，英国伦敦会传教士麦都思（W. H. Medhurst，1796－1856）和从事医疗布道的雒魏林（W. Lockhart，1811－1896）一起到上海定居传道。

作为最先开放的五个通商口岸之一，上海成为基督教传入江苏的主要门户和重要据点。继伦敦会之后，圣公会、长老会、公理会、浸礼会和监理会等陆续进驻上海。② 基督教在江苏的传播呈现了由东向西推进然后由南向北扩散的格局，首先是苏南地区，然后是苏中地区，最后是苏北地区。

一　苏南地区

苏南地区主要指江苏东南部以苏州、无锡、常州为中心线的地带。这一地区四季分明，气候适宜，雨量充沛。南部与浙江的嘉兴、湖州接壤，西面大部分地区濒临太湖。苏南地区湖泊众多，大小河道纵横交错，为航运、灌溉、养殖提供便利。明清之际苏南地区的农业、手工业和商业均比全国其他地区发达，除生产稻米外，还发展蚕桑、棉花、茶叶等产业。③ 苏南地区属于吴方言区，人口稠密，文化繁盛，人的性格细腻雅致。

昆山毗邻上海，介于苏州和上海之间。1847年，美国南浸信会（Foreign Mission Board of the Southern Baptist Convention，简称S. B. C.）传教士晏玛太（Matthew Tyson Yates，1819－1888）牧师夫妇、叔未士（Jehu Lewis

---

① 顾长声：《从马礼逊到司徒雷登——来华新教传教士评传》，上海人民出版社，1985，第50~55页。
② 阮仁泽等主编《上海宗教史》，上海人民出版社，1992，第797~813页。
③ 江苏省地方志编纂委员会编《江苏省志·地理志》，江苏古籍出版社，1999，第474~499页。

Shuck）牧师夫妇、讬弼（T. W. Tobey）牧师夫妇等先后来上海，在老北门建立第一浸会堂，并向邻近地区发展。为了打开昆山地区的传教局面，后来任美国驻上海领事馆副领事的晏玛太亲自出马，他在上海洋泾浜雇用民船由水路到南翔，然后登岸，由地方官府备了绿呢大轿，四抬八差，耀武扬威，前往昆山，知县老爷还率领大小官吏等出郊迎接。

1871年（同治十年）6月13日，在上海入教的昆山人徐退三、程仲岳受命回昆山开教。起初，他们着手寻找房屋设立教堂，却遭到本地人的反对，后来与西街琅环里三元殿庙主协商，暂租得其边屋作为传道之所。由于耶、道两教混在一起，起初尚能和洽相处。终因教义不同，两相矛盾，不久就发生龃龉冲突，最后不得不退租。这样，一时找不到适当房屋，只能就近迁移到前浜徐退三家中，以为权宜之计。后经上海第一浸会堂执事会与徐退三正式商定为租赁关系。此后基督教向西发展，程仲岳被改派去苏州传道，昆山教务由徐退三负责，上海第一浸会堂则定时派人来昆协助，并由上海第一浸会堂主任牧师、中国人黄品三兼任昆山教堂牧师。昆山浸信会发展了八九年，起色并不大，在当地仅发展了八人入教，晏玛太从上海第一浸会堂荐了八个教友到昆山拼凑班子，1879年（光绪五年）10月16日这十几个人在昆山正式成立基督教浸会"圣会堂"，按立徐退三为牧师，并决定由美国南浸信会差会拨款给昆山教会建造教堂。昆山基督教浸会"圣会堂"先设法在东南门外租赁房屋，设立布道所，按期按时布道，同时也在四城门内外茶馆酒肆、街头巷尾，随处布道，当时还发展吸收常熟东塘市人入教，此为东塘市后来有浸会的起源。

晏玛太不仅是上海基督教浸会的创始者，也是昆山基督教浸会的首倡人。除晏玛太外，当时美国基督教南浸信会派到上海传道的美国传教士甚多。1888年（光绪十四年）晏玛太逝世后，继续掌管昆山浸信会的，先后有万应远（R. T. Bryan）、乐灵生（Rev. T. J. Rawinson）、吉慧丽（Miss Willie H. Kelly）、柏乐堤（Miss Lottie W. Price）、华彼得（T. W. Hamlett）、田厚臣、姚括士等美国传教士，他们大多在昆山短期小住或来往于昆沪之间。昆山浸会第一任中国牧师徐退三去世后，继任者先后有：吴让之、冯文英、冯文荣三人。到1893年吴锡荣牧师初次来昆山任职时期，教会与所办学校里中国信徒有：徐程榛（徐退三的儿媳徐惠仍师母）、朱端生、高石麟、刘素贞、胡小姐、冯小姐、朱选一等人，当时浸礼教会一度鼎盛。①

继浸礼会之后，美国监理会（Methodist Episcopal Mission，South，简称 M. E. S.）于1880年（光绪六年）开始在昆山百花街设耶稣堂传教，但信从者极少。② 不过，监理会在昆山传教却有一段感人至深的故事，其主角就是宋氏三姐妹的父亲——宋耀如。受监理会传教士韦理生（A. W. Wilson）和林乐知（Rev. Young J. Allen L. L. D.，1836–1907）的委派，宋耀如于1886年12月9日只身前往昆山传道。为了磨炼自己的意志，他决定从上海步行去昆山，他随身背了一个大布包，里面装有各种西药，打算一路上边医病，边传道。但他万没想到，从上海一出发，就有一个外号叫"朱铁掌"的会党人物追杀他，大概是受了义和团运动视仇洋教思想的影响。"但朱铁掌一路上看到的这个洋教士除求乞之外，就是把身上带的西药为穷苦农人医病施药，不取分文。有一天，他亲自看到宋耀如花了整整一夜，把倒在雪地里昏死过去的农妇救醒过来。农妇一家人感激得泪珠直下，坚决要给宋耀如酬谢，但宋耀如谢绝了，宋耀如只要求吃一顿早餐，但还要在临走时帮这家人推一阵磨以作偿。更使朱铁掌感动的，宋耀如见到一个穷人跳河自杀，他竟不顾天寒地冻跳下河去救人，人被救上来了，可宋耀如也冻昏过去了。这些事被以义为重的朱铁掌看在眼里，他不忍杀死宋耀如了，反而上去把宋耀如扛上肩头直往嘉定镇走去，准备送医求救。"③ 就在朱铁掌扛着宋耀如去嘉定的路上，为前来寻找宋耀如的倪桂珍遇上，同来的还有宋耀如的朋友牛尚周，当时倪桂珍正在牛尚周家避难，因为牛尚周从电报往来中得知上海道台要派人刺杀宋耀如，他把这一消息告诉倪桂珍，并一同乘着一辆马车从嘉定出发沿路寻找宋耀如。此时正巧在路上相遇，就叫宋耀如暂时到嘉定避一下风，可宋耀如还是坚持要去昆山，倪桂珍就提出在嘉定与宋订婚后再一起到昆山。1886年12月（光绪十二年十月底），宋耀如、倪桂珍一对未婚夫妇踏上了昆山这块土地，开始在街头传道，由

---

① 吴雅谷遗稿、谢瑞屏整理《基督教昆山浸会传教记略》，中国人民政治协商会议江苏省昆山县委员会文史征集委员会编《昆山文史》第三辑（内部资料），1984，第102~104页；吴立乐等编《浸会在华布道百年史略》，中华浸会书局，1936，第77~94页。
② 昆山市地方志编纂委员会编《昆山县志》，上海人民出版社，1990，第813页。
③ 敢祥整理《"宋氏家族"第一人——宋耀如在昆传记》，中国人民政治协商会议江苏省昆山县委员会文史征集委员会编《昆山文史》第六辑（内部资料），1987，第13页。

于民众对洋教的反感，特别是得知传教的一对男女还是未婚夫妻，更认为是有伤风化，不但不听其传道，还用砖头、泥块打他们，两人不得不中止传道。正当宋耀如在昆山传教一筹莫展时，那个朱铁掌却来拜访宋耀如，还带来一个秀才，朱铁掌这次来是要劝说宋耀如参加反清秘密会党，但宋耀如还是坚持自己的信仰，除宣传教义外，他说待民主、自由、平等思想深入人心后方可革命，所以拒绝参加秘密会党。受朱铁掌的牵连，宋耀如险些被昆山官府定罪。鉴于昆山传教的困难，生活也艰苦，宋耀如决定把倪桂珍送回上海。倪桂珍走后，宋耀如接到林乐知的通知，催他在昆山重建一座教堂，而且要自筹经费。募捐不成，宋耀如亲自动手，通过晒制砖坯和经商赚了些钱，于1887年6月终于在昆山建起了一座教堂。宋耀如把倪桂珍从上海接来，准备举行开堂仪式，但就在当天晚上，昆山的士绅带领几百个农民捣毁了教堂。监理会担心酿成教案，就调宋耀如回上海牧区工作。回上海后不久，宋耀如、倪桂珍选定结婚日期，于1887年7月正式举行结婚典礼。1887年10月中旬，监理会又指派宋耀如到昆山传道，于是宋耀如夫妇再次踏上昆山这块土地。遗憾的是，传教的效果不佳，不久又被调离，从此宋耀如再也没来过昆山。①

太仓在昆山北，1882年（光绪八年），上海中华圣公会会长吴虹玉来太仓，在县城皋桥南首设立布道处，后建圣马太堂。1902年（光绪二十八年），上海安息浸信会（Seventh-day Baptist Missionary Society in American，简称 S. D. B.）美籍医生柏佩兰、康兰德在浏河镇设惠中医院，后建福音堂。1906年（光绪三十二年），卫理公会上海教区牧师俞师竹来太仓西郊传教，后在城内王宅前建基督教堂，下设道卢妇女会和双凤、岳王两处分堂。②

苏州是江南重镇，历史悠久，文化发达，又是清代江苏巡抚衙门所在地，成为基督教在苏南地区传布的重点对象和核心区域。西方传教士在上海一落脚，就把触角伸向了苏州。"道光三十年（1850）十月监理公会教士戴医生等三西人，皆着华装自沪乘舟至苏，沿途散发布道单张，旋返。"③这里所提到的戴医生是1848年抵达上海的美国监理会传教士戴乐安医生

---

① 敢祥整理《"宋氏家族"第一人——宋耀如在昆传教记》，第13~17页。
② 太仓县县志编纂委员会《太仓县志》，江苏人民出版社，1991，第843页。
③ 苏州市地方志编纂委员会编《苏州市志》第三册，江苏人民出版社，1995，第1142页。

（Charles Taylor）。① 王韬在《蘅华馆日记》中提道：咸丰四年八月二十九日（1854 年 10 月 20 日）他同麦、慕二牧师"抵洞庭山"（位于苏州西南），九月一日（1854 年 10 月 22 日）礼拜，麦、慕二牧师"登岸讲书"。② 这里的麦、慕二牧师是指较早来上海的英国伦敦会传教士麦都思和慕维廉（William Muirhead，1922－1900）。1857 年，慕维廉和杨格非（Griffith John，1831－1912）"往苏州宣扬福音，时值粤寇猖狂，苏人以间谍疑先生，群相仇视"③。太平天国期间，又有艾约瑟（Joseph Edkins，1823－1905）等十几位传教士来过苏州，但太平军没有答应他们广泛传教的请求。④ 太平天国之后，真正在苏州立足传教的，先后有美国监理会、北长老会、南长老会、南浸信会、圣公会和使徒信心会等宗派。⑤ 1901 年《教保》杂志记载："苏垣教会有四，即南、北长老，浸礼，监理是也。自去秋迄今，络绎来吴者颇不乏人，兹将名姓胪列于后：南长老会双塔寺前教堂，杜君步西夫妇；齐门外教堂医院，包君志登夫妇，惠医生夫妇，斐、宋、梅三位女士；谢衙前教堂，高夫人；北长老会南园木杏桥教堂书院海君士夫妇；阊门外上津桥教堂医院，康君夫妇，高、费两位女医生，福、梅、莫三位女士。又来君恩思闻日内可得莅苏；浸会苹花桥教堂，白君多玛夫妇；监理会天赐庄教堂医院学堂，孙君乐文夫妇，文君乃史夫妇，斐君尧仁夫妇，狄君赍惠夫妇，白君约翰，祁君惠光，卜氏明慧女医生，明氏女士；宫巷教堂潘君慎章，长春巷教堂书塾，金、魏、戴三位女士。"⑥ 所以，苏州也是一个西方传教士云集之地。

在苏州传道成绩最显著的是监理会和南、北长老会。

---

① 毛吟槎：《中华监理公会传道史》，《神学志特号·中华基督教历史乙编》第十一卷第一号（1925 年春季），第 148 页。
② 王韬：《蘅华馆日记》，转引自王尔敏《王韬早年从教活动及其与西洋教士之交游》，林治平主编《近代中国与基督教论文集》，宇宙光出版社，1981，第 287 页。
③ 毕德恒述《伦敦会教师慕维廉先生事略》，《万国公报》第 142 册（光绪二十六年十月，1900 年 11 月），第 31 页。
④ 王国平：《基督教在苏州的开教和初传》，《苏州大学学报》（哲学社会科学版）1996 年第 4 期，第 94~96 页。
⑤ 苏州市地方志编纂委员会编《苏州市志》第三册，江苏人民出版社，1995，第 1142、1144 页。
⑥ 史志稼：《苏城教务汇志》，监理公会编行《教保》第二十四册（光绪二十七年十月，1901 年 12 月），第 11 页。

监理会的传道区域除了上海之外，主要是以苏州为中心的太湖平原地区。1859 年，美国监理会传教士蓝柏（James William Lambuth，1830－1893）曾偕华人刘竹松到苏州传道，后因美南北战争爆发而暂停。1869 年（同治八年）蓝柏再到苏州传道，他坐船停靠在天赐庄钟楼（即文星阁，位于今苏州大学本部）旁，把船和陆上空地作为他布道工场，但听者寥寥无几。后来，他依靠和重用中国人员才算站稳脚跟。1877 年，潘慎文（Alvin Pierson Parker，1850－1924）和蓝柏的儿子蓝华德（Walter Russell Lambuth，1854－1921）接踵而至苏州，协助蓝柏传教。从 1869 年到 1879 年，经过十年的经营，监理会在苏州十全街石皮弄、护龙街（今人民路）、凤凰街和濂溪坊已有四个布道处，但还没有可以容纳多人的教堂。1881 年（光绪七年），潘慎文在天赐庄折桂桥弄口购得一块土地，建起一座中式风格的教堂，大约有四百个座位，后来在堂的后面续建一段，又加增二百个座位，当时被称为"首堂"，该堂在 1915 年拆除，新建一座西式风格的教堂，即今苏州大学本部西侧十梓街的"圣约翰堂"。1882 年，蓝华德的妹夫柏乐文（William Hector Park，1859－1927）到苏州着手筹建医院。1884 年，孙乐文（David Laurence Anderson，1859－1911）由上海到苏州传教。1889 年女布道士金振声（Atkinson Virgiania M.）在申衙前（今景德路中段）设布道处，1892 年始建救世堂，1924 年（民国十三年）救世堂移建于养育巷慕家花园弄口，即今养育巷北段"救世堂"。1890 年韩明德（T. A. Hearn）和项烈（Robert Henry）到苏州，第二年他俩与华人牧师陈楘卿在宫巷设一小教堂，1921 年（民国十年）得监理会捐款兴建乐群社会堂，1923 年落成，即今苏州观前街南面的"宫巷堂"。①

有几位早期中国基督徒，对监理会在苏州的传播和扎根起到重要作用。一是"造纽扣的李"，就是南汇人李子义，他曾在上海跟从蓝柏慕道，后迁到苏州葑门内钟楼西居住。1869 年，蓝柏到苏州，李子义和他的大儿子李伯莲，一同受洗进教，成为苏城监理会最早的信徒。那时监理会在苏没有教堂，蓝柏常住李子义家里。二是苏州商人殷勤山，此人颇有资财，1856

---

① 王国平：《基督教在苏州的开教和初传》，《苏州大学学报》（哲学社会科学版）1996 年第 4 期，第 97、98 页；江苏省地方志编纂委员会编《江苏省志·宗教志》，江苏古籍出版社，2001，第 261、267 页。

年在上海听蓝柏讲道而入教,为最早苏州籍基督徒之一。后经蓝柏劝说回苏居住,家在苏州葑门内十全街石皮弄。1870 年他把房子租给监理会作布道处,自己则四处传道。三是浙江秀水人曹子实,他是一个无家可归的孤儿,十一岁时在上海为蓝柏夫妇收养。1859 年,蓝柏夫人因病回美国时将他带走,并让他在美国上学。蓝柏夫人在健康恢复后回到上海,把曹子实托付给美国雷大卫医生照顾。1861 年,曹子实作为雷大卫医生的助手参加了美国南北战争,为南部联军服务。曹子实在美国生活学习十年,1869 年回国。1870 年,同蓝柏到苏州传道,在葑门内十全街租赁殷勤山的房屋,开设讲堂,兼设学校。这三位中国人,对蓝柏传教获得成功以及监理会在苏州的立足和开创起了很大作用,故被美国监理会誉称为"苏州开创时期的柱石"。①

1891 年(光绪十七年)9 月 12 日至 17 日,监理会第六次年会在苏州天赐庄教堂召开,参加者有正传道十一人:林乐知、孙乐文、冯昌黎、步惠廉、赫摩西、衡特立、罗格思、韩明德、李子义、程静三、孙垣伯、史子嘉;试用传道十人:盖翰伯、凌子言、曹子实、陈楣卿、唐沐三、梁志道、吴桐轩、陈子君、焦子方、姚梅龚;教友使者三人:朱鼎卿、李登书、朱月如。会上总结本年传道情况、考察传道人的品行和办事能力、推选新的传道人并分派下一年的任务,苏州和上海两连环表现突出。本年监理会各堂教友总计三百八十八人,其中美国人二十三名,本年受洗者大小共六十人。②

1901 年,美国人潘慎章长老负责监理会苏州连环司,当时其管辖的范围和人员包括:城内天赐庄首堂循环长老文乃史、陈楣卿,传道奚伯绥,劝士沈寿康、江梦九,会使秦炳生;城内宫巷堂循环长老史子嘉,传道李月峰,会使范莲生、谭介眉;无锡循环长老史子焜;常熟循环长老毕立文,执事蔡式之,传道徐芝生,会使周晋麒;还有湖州循环长老衡特立、程静

---

① 王馨荣:《天赐庄:西风斜照里》,东南大学出版社,2004,第 21~22 页;毛吟槎:《中华监理公会传道史》,《神学志特号·中华基督教历史乙编》第十一卷第一号(1925 年春季),第 151~152 页。
② 上海三一堂执事史子嘉:《监理会第六次年会记略》,《中西教会报》第一卷第 12 期(1892 年),第 21~22 页。

山，执事吴桐轩，试用传道王子怀，本处传道陈凤笙、沈香士，会使朱梓卿、黄凤发、万春甫等。①

1900年前后，尽管有北方义和团运动的影响，但苏州监理会的传教、办学、行医等事业仍然继续发展，林乐知、潘慎文、孙乐文等西教士开始创办东吴大学，柏乐文、斐尧臣、史子嘉等中外教士倡导戒鸦片烟和女子放足。②

南、北长老会是美国南北战争时期分开的。南长老会在1872年（同治十一年）开始进入苏州，它的传播和发展离不开杜步西（Hampden Coit DuBose，1845－1910）和戴维思（1849－1917）两位牧师。

杜步西的主要贡献是建立了苏州养育巷教会。杜步西夫妇是随美国监理会牧师蓝柏同船，经杭州来到苏州的，起初在富郎中巷租房布道，也常至杨家桥、横泾、光福等乡村传道。光绪初年（1875），杜步西本打算购买苏州郡学（文庙）西面的土地建筑教堂，后来迫于士子和民众的压力，地方官吏集款千金赎回土地。于是在养育巷东面购荒地五亩七分开拓地基，建立教堂，广搜教友，同时沿乡添置教堂十数次，会中教友均受其益。③ 杜步西在苏州传道收效是很大的，今苏州使徒堂（原名"思杜堂"）《杜步西先生纪念碑》记载："先生首先莅苏设堂传教，劝导热心，不辞劳苦，寒暑无间，总以救主耶稣为宗旨，冀得万民脱离罪苦，一时信徒麇集，车辙盈庭，闻风而来，不能数举，皆先生救世之苦心，亦圣灵感动有以致之也。"杜步西不仅传讲基督教义，而且对中国文化、社会民生、地方习俗也颇有关注和研究，《杜步西先生纪念碑》也记述了他好学的精神和著述的丰富："初来吴会，语言文字尚未精通，延请吴下名师宿儒，虚心考订方言文学，上午读书，下午讲道，数十年来讨论真理，虽终日话谈，无少倦容……平生笃守圣教，至老弗衰，尤好著书。观其历年所著中西文之书，指不胜屈，已刊行者如《圣道序论》、《天道讲台》、《福音讲台》、《救主行述》、《得救磐石》、《三教问答》、《福音千字文》、《福音讲台篇十二章》、《圣经小引四

---

① 史志稌：《苏州连环会记》，监理公会编行《教报》第十九册（光绪二十七年五月，1901年7月），第10页。
② 毛吟槎：《监理公会传道史（三）》，《福音光》第二十五期（1931年），第6～8页。
③ 《苏州市基督教使徒堂复堂三十周年（1980－2010）纪念刊》（未刊稿）第2页。

章》、《旧约注释》、《新约注释》、《速除罂粟》，以上皆中文之书。《儒释道三教》、《在中华传道》、《姑苏事迹》、《韦理生行述》、《福音讲台》、《除烟报告》，以上皆西文之书。"① 杜步西很重视收罗人才，传道方面得到了陈少芝、包莲芳等当地优秀人才的辅助。长老会史料记载："杜公不但品学兼优，而且和蔼可亲，每出外布道，人家都称他为长胡须先生（因为杜公之须长过胸间），由此可知，传道事业于苏州无甚困难。"② 1910 年（宣统二年）杜步西去世。后来，他的遗孀 Pauline、儿子杜翰西（P. C. DuBose）和女传教士高夫人在美国募集巨款，在养育巷重建教堂，1925 年（民国十四年）4 月 3 日开堂，为纪念杜步西，定名为"思杜堂"。③

戴维思牧师的主要贡献是建立了苏州齐门教会。他是 1873 年秋季来苏州的，先在城内石塘桥购得平屋一幢，作为布道的根基地。后来迁到谢衙前建礼拜堂，筑住宅，因谢衙前的地基狭隘，才出售于浸信会。1899 年（光绪二十五年）到齐门洋泾塘地方，购得荒地三十余亩，建立福音医院和教堂（为民国十一年建造的崇道堂前身）。戴维思的另一贡献是在 1901 年与杭州的甘路得和来恩思（又译名来恩赐）组织游行圣道书院，连年奔走于南京、杭州等处，因是校或在杭、在苏，无一定地点，故名其为"游行圣道书院"，也是后来金陵神学院的起头，到 1904 年，有诸辛生、刘道生、张维逊、楼呈祥等八位传道人毕业。1905 年海敦教士来齐门帮助教务，周围四乡，如巴城、石牌、湘城、石塘、南北桥、和村等处都设立过分堂，可惜海氏在 1914 年秋季回国的时候，遭危于地中海。还有浙江德清的刘德森教友对齐门教会的发展也非常热心。戴维思于 1917 年春季，因肺炎归回天国，享寿六十八岁。"戴公为人方正谨严，朴实勤劳，有勇往直前的精神，实不能不令人追想仪型呀！"④ 自从海、戴二公相继去世以后，齐门教会大受影响，后来又有惠更生医士要与医院脱离关系、署理牧师不得其人等种种问题发生。

---

① 昆山后学张祖龄撰、苏城唐汇莲刻石《杜步西先生纪念碑》，宣统二年十一月（1910 年 12 月）。
② 陈少芝、沈亚伦：《长老会历史·苏州》，《神学志特号·中华基督教历史甲编》第十卷第三号（1924 年秋季），第 71 页。
③ 江苏省地方志编纂委员会编《江苏省志·宗教志》，江苏古籍出版社，2001，第 266 页。
④ 江苏省地方志编纂委员会编《江苏省志·宗教志》，第 73 页。

北长老会来苏州传教比南长老会要早。美国传教士施美德（又译名史密得、斯米德、斯美德，英文名 M. C. Schmidt）在 1867 年 9 月（同治六年八月）就来苏州传道，他本来是德国人，曾经是镇压过太平天国的戈登将军的副将，帮助李鸿章克复苏州有功，不愿受别的奖赏，唯向李鸿章要求在苏州开教，于是得立堂于盘门内之小仓口，后迁至葑门内之木杏桥。之后，费启鸿（G. F. Fitch, 1845 – 1923）、海依士二博士来华，继续其功。当时，帮助传教士工作的中国信徒有鲍华甫、汤执中、罗锡本、朱祝三等教友，特别有蒋敬斋长老帮助购买基地，其功甚大。再后，美牧师来恩赐由杭州调苏州，在阊门外十五里的狮山之下的小乡村布道，与教友谢燕堂赁屋而居，开乡村布道之先声。同时，罗锡本往昆山开荒。另外，又在苏州城内之庙前、直街、阊门内专诸巷、胥门外小日晖桥均设立分堂。更后，又有斐义理教师自美国来苏州，看好阊门外为紧要之地，于是在上津桥畔，设立教堂，刘道生与之同工。庚子事变之后，康福安博士来苏州，刘道生、诸辛生等也从神学毕业协助工作，于是在四乡设立分堂：胥门外有横泾、木渎二镇，阊门外之枫桥、浒关、望亭、道安桥等镇，齐门外有黄埭等处。① 1906 年后，南、北长老会为避免工作重复，同意调整地区，南长老会传道的木渎、光福、横泾与北长老会主持的吴江、平望互换。再后来，昆山、狮山、城中的一些分堂均关闭，北长老会传教的大本营主要集中在阊门外上津桥附近。诸辛生牧师在总结早期北长老会传教经验时写道："罗致人才一事，其法如下：（一）往他处老公会聘请传道人才，如汤执中、鲍华甫、罗锡本、朱祝三、章旌云、严礼余诸君。（二）申送人至山东学道，如张葆初、谢燕堂诸君。（三）在热心教友中栽培帮助传道，如华虚斋、马均宝诸君。（四）在教友中选热心有志者，送入神学，如刘道生、刘彦和、吴子荣诸君。（五）开设学校，栽培人才，如诸重华、华树人、陈辛华、诸辛生诸君。论到传道事业之加增，道理初次传到苏州，传道人不过在船上将福音另本掷往岸上，希望人民拾而诵读，因而受感。第二步可以在城中及四乡分送圣经。第三步可以租屋，在日中可以开堂布道。第四步组织大布道，作大规模之布道。第五步如人家、官私学校、监狱及各机关布道。本会礼

---

① 诸辛生：《苏州长老会之历史》，《神学志特号·中华基督教历史乙编》第十一卷第一号（1925 年春季），第 194 ~ 195 页。

拜三有小公祈，主日有勉励会、进德会、合作之家庭礼拜、查经班、祈祷会，每年至少有一次奋兴会，或灵修会，加教友之灵德，而做上主之工作。"①

南浸信会传教士白多玛（T. C. Britton）牧师夫妇于光绪三年（1877）来苏州传教，后在苹花桥建教堂。1896 年购得北长老会天后宫和谢衙前的产业，工作中心遂转入谢衙前。1901 年《教保》杂志记载该会传教情况写道："苹花桥浸会教士白君多玛，朱君研香，每日开堂宣道，娓娓动听，闻而悦纳者颇众，今于六月间受浸者四男人，如经云泪而播者，必喜而获矣。"② 1902 年，麦嘉祺牧师夫妇（Dr. and Mrs. Chas G. McDaniel）牧师来苏州地区传教，盛泽、东塘市也建立了教会，之后苏城东南的甪直镇又创立教会，后聘北浸会的能人何子耀为传道。1908 年苏州无锡两处的教友人数约一千五百名。1910 年 9 月，苏州浸礼传道会在苹花桥教堂举行，来宾郭维义（郭惟一，W. E. Crooker）牧师演讲了大布道的益处，白多玛牧师继任委办并介绍了上海传道会联合的情况，章程委酌陆亮生教士报告了章程细则和职员的分工，委办代表周吟泉教士汇报了循环传道的情况，沈兴诗长老被任命为传道委办负责调派各路教牧，委酌何子耀教士认为宜用罗马字母注音苏州土白让下等社会及妇女读懂圣经。③ 何子耀传道不幸于中历宣统二年十二月初十日病逝。④

圣公会传教士韩忤明（1868～1933）于 1899 年来苏州城内，先在桃花坞廖家巷租房设堂，后建天恩堂和布道所。他"开辟苏、扬二牧区，创办桃坞、美汉等中学，于江苏教务，颇多贡献"。⑤

使徒信心会于 1889 来苏州城传教，民国后才建立教堂。⑥

苏州附近的县、镇、乡都有基督教一定程度的传入。基督教传入苏州

---

① 诸辛生：《苏州长老会之历史》，第 195 页。
② 史子嘉：《苏城教务汇纪》，监理公会编行《教保》第二十三册（光绪二十七年九月，1901 年 11 月），第 11 页。
③ 陆亮生：《苏州浸礼传道会记录》，《真光报》第 10 卷第 1 期（1911 年），第 52～53 页。
④ 陆亮生：《江苏全省本地差会指悲观》，第 51 页。
⑤ 《韩忤明博士逝世》，《圣公会报》第二十七卷第一期（1934 年），第 21 页。
⑥ 苏州市地方志编纂委员会编《苏州市志》第三册，江苏人民出版社，1995，第 1142、1144～1145 页。

北部的常熟较之于城区要早。据圣公会《江苏教区史略》记载："一八五六年来华之韦廉臣（Rev. C. M. Williams）与李瑾（Rev. John Liggins）二位教士，至一八五八年，已熟悉中国情形，能操本地方言，曾与黄光彩会吏同至距离上海九十英里之常熟县租屋布道，听道者颇为踊跃，是为江苏教区上海以外最早开辟之地段。一八五九年，母会拟发展布道事业至日本，遂调遣韦、李二氏往日本，留黄会吏在常熟工作，未几当地人民与黄发生冲突，常熟教会因以停办。"① 黄光彩（1824~1886），字近霞，厦门人，美国圣公会的第一位中国信徒，他的女儿黄素娥后来为上海圣马利亚女学校校长，其女婿卜舫济（Rev. F. L. Hawks Pott, 1864–1947）为圣约翰大学校长。圣公会又于1902年由江苏教区派美国传教士慕高文和中国信徒葛稼眉到常熟传教，先后在殷家弄口、新县前和阁老坊等处设布道所，1908年该会牧师卫尔生（威尔逊）在城区县东街建基督堂，1910年于七弦河建住宅。继圣公会之后，监理会也来常熟传道，1880年（光绪六年）南汇人李子义牧师开始租用常熟城区小东门东仓街民房作布道所，1902年由孙直斋赠送基地（言子墓道南侧一块墓地）、信徒献款和监理会华东年议会协助在北门大街正式建立礼拜堂（即后来的景道堂）。② 苏州南部的吴江县基督教传播也较普遍。1890年（光绪十六年），监理会传教士衡特立与嘉兴人曹子实从南浔到震泽传教行医，先在南栅义嘉桥，后迁至十间弄、祠堂桥、大桥湾、寿星桥设布道处。③ 1899年，在盛泽镇蛇头弄购房设立境内第一所教堂，以后陆续在震泽、桃源、七都、坛丘等地开设教堂。1900年，南长老会传至松陵、平望、黎里等地。1907年，浸礼会也传入吴江的盛泽。④

无锡南接太湖、东临苏州。1891年监理会开始在无锡南门外租屋设堂，不过是苏州的孙乐文、陈楹卿等不时地来无锡传道而已。后来又派梁志道、李仲覃常驻无锡。"其时听道者有人，慕道者有人，锡地教友窃喜之，意谓吾德其有邻乎。"可惜的是，1892年夏梁志道因病返国，李仲覃也调回苏

---

① 《江苏教区史略》，《圣公会报》第二十八卷第二十期（1935年），第5页。
② 常熟市地方志编纂委员会编《常熟市志》，上海人民出版社，1990，第1054页；虞山镇志编纂委员会编《虞山镇志》，中央文献出版社，2000，第861页。
③ 震泽镇志编纂委员会编《震泽镇志》，中国矿业大学出版社，1999，第312页。
④ 吴江市地方志编纂委员会编《吴江县志》，江苏科学技术出版社，1994，第799页。

州。① 这样中断了六年之久，1898年（光绪二十四年）美国监理会主任传道毕立文、华人协理程静山再到无锡，在南门外棉花巷（今南长街耶稣弄）设立常熟无锡循环区，又改为无锡循环区（后称牧区或牧境）。1901年史玉冈奉派驻无锡，购地建堂，并设立英华养正学堂，此时教友杨维翰在无锡行医，辅助教会。1905年罗格思、李月峰二牧师来无锡主持教务。1908年俞止斋移铎来锡，庞越封、司马德、朱遵道等协助，监理会教会日益兴旺。② 1900年（光绪二十六年）美国圣公会江苏教区美籍主教郭斐蔚派麦甘霖会长（牧师）和华人朱葆元会吏到无锡创办锡（指无锡县）金（指金匮县）圣公会，租赁南门城内槐树巷顾姓住宅为临时会址，开堂传教。1905年（光绪三十一年）美国南方浸信会传教士白多玛夫妇从苏州到无锡，租赁江阴巷的民房为讲堂，聘请史云生为传道员，翌年，成立无锡浸礼会。③ 之后，华彼得夫妇、强克胜夫妇也来到无锡，并在城内惠工桥附近建立教堂，同时买了一条船，取名"福音船"，船上用布篷搭盖，以挡日晒雨淋，他们常到洛社镇布道。④

宜兴在太湖西，较早来此传道的是监理会西教士潘慎章和华人牧长史友兰。1906年（光绪三十二年）城内南大街设立了布道处。1909年（宣统元年）升为循环，这年冬天，史友兰调离，继任者为其叔父史玉冈，于是开始兴办主日学校、乡村布道、儿童教育等事业，不久张渚东霞埠支堂成立。1910年赵基法来宜兴佐理教务，在湖父丁蜀山一带传教。⑤ 1911年（宣统三年），该会西教士霍约翰又在和桥镇设立"福音堂"。⑥

江阴在无锡之北，北临长江，别号澄江，又名蓉城。也是人烟稠密之处，但人民多是固执不化，迷信极盛。1895年秋，美国南长老会遣派李德理、海敦二教士，来到江阴，先在东门外河南街，租定民屋一幢，以为住

---

① 《无锡循环募捐启》，监理公会编行《教保》第二十册（光绪二十七年六月，1901年8月），第12页。
② 《无锡牧境》，《福音光》第11卷第18期（1935年），第65~66页。
③ 无锡市地方志编纂委员会编《无锡市志》，江苏人民出版社，1995，第2989页。
④ 汤以洪：《基督教传入我县的概况》，中国人民政治协商会议江苏省无锡县委员会文史资料研究委员会编《无锡县文史资料》第三辑，第152页。
⑤ 邵友仁：《宜兴牧境》，《福音光》第11卷第8期（1935年），第67页。
⑥ 宜兴市地方志编纂委员办公室编《宜兴县志》（送审稿）第二十八卷，1988，第55页。

宅和礼拜堂等用。海敦略谙医理，就在那里施医讲道，虽是苦口婆心，但当时的人总是不关痛痒。1896年秋，忽有痞徒将死小孩私埋于海、李二教士住宅内，谣传洋人食人肉、挖人眼制药料等传言，因此就引起了闹教的风潮，尽将礼拜堂房屋中杂物捣毁一空。于是海、李二教士逃往横山炮台避难，事后未见安宁，又迁居到无锡住两月，遂即回美国，这是他们在开创时候的情形和艰难。1897年秋，海、李二教士，重来华夏，并且与慕维德教士、华尔德医士等同来江阴，仍取点在河南街，这一年购地建堂，将传道事业和医疗等各职分任。至于四乡传道方面，海氏为最得力，东奔西走，开辟荒场，也不嫌体倦。又在朝阳关地方开办圣经学校（此校后来归并于金陵神学院），当时所困难的是，罗致人才，颇不容易，学生每有衣食身家之累，于是他自己情愿吃苦，不食西餐，不穿新衣，省下费用来补助学生的不足。他布道的地点也很广阔，包括华墅、祝塘、蕉溪、夏港、申港、陈陆桥、后塍、杨库、镇山等处，江阴当时的各分堂，差不多十之八九，是海氏开创的。到1905年，海氏因苏州齐门教会的请求，于是离澄往苏。想不到在1914年秋季回国的途中，轮船经地中海遇险沉没。"海氏因救人的缘故，反而自溺其中，闻者莫不伤悲，曾有许多教友得此惊信，哀悼若伤己之父母然。由此看来，也可知海氏的为人了。"[1] 庚子事变后，江阴地区的"民情风俗，大加更变，以致从前谤讪谬言，得以一扫而空也"[2]。1900年，长老会在江阴建造福音医院男病房及礼拜堂，华尔德医师主持医务，并有马维善及邵夫人等协助传道。1904年，李德理回美国筹得巨款，1906年开始在江阴租屋办学，开办了励实男校、辅实女校以及圣道女校，并聘请苏州长老会的陈培卿作教师。[3] 1907年建造了女医院。1908年后，又有沈文蔚夫妇、李薇香、汤嘉德、胡梅林、华保仁、慕爱力教士等相继来江阴传教。1909年男女两校的正式校舍建成。[4] 江南地区天主教的势力本来也很强大，基督新教传入后，有的乡村甚至出现教堂林立的景象，江阴

---

[1] 蒋时叙、沈亚伦：《长老会历史·江阴》，《神学志特号·中华基督教历史甲编》第十卷第三号（1924年秋季），第74页。
[2] 庞子贤：《江阴教会近述》，《通问报》第四百二十回（1910年9月），第10页。
[3] 蒋守真：《江阴南长老会近闻》，《通问报》第一百八十六回（1906年3月），第4页。
[4] 《江阴教会史略》，《通问报》第一千八百一十零期（1947年9月），第10页。

的周庄镇（不是苏州南的周庄镇）占文桥、彭蒿村乡民流行的谚语云："抬头一片桑，十里三教堂。"① 足见此地基督教发展的繁盛了。

常州虽然离苏州、上海不远，但监理会由苏州传播到常州已是半个世纪后的事了。1902年（光绪二十八年），苏州监理会派西教士罗格思（Lucas）首次来常州传教，因未租到房屋，又返回苏州，所以，同年监理会年议会只列了"常州循环"的名称，但派出传道人空缺。1903年，监理会又派西教士潘慎章（A. B. Porker）和博习书院毕业生俞止斋到常州开荒，租得大北门外盛姓房屋为潘牧师住宅，北直街中段洪姓的几间房屋为教堂及中国牧师的住宅，此时常地风气未开，潘牧一度为市民驱逐。此间，教会又派杨奎章来常州，开设英文班，来学者也不多，不到一年英文班就停办。1906年（光绪三十二年）又增派史友兰牧师来常州。1907年史友兰调宜兴，李月峰牧师来常州，同年，西女士罗淑君在北直街开办崇真女校。1908年西教士霍约翰担任常州循环司，在登省巷内买到三间民房，翻造为其住宅。同时，史友兰牧师旧地重游，由于熟悉民情，常州教务进步很快。1910年（宣统二年）西教士鲍涵恩至常州，常州教会就此分为北、东两个循环：鲍涵恩任北循环司，霍约翰任东循环司。东循环租赁关帝庙隔壁汤襄武王斋祠为礼拜堂，并开办育德女塾，由孙友朋女宣教士负责。1911年史友兰调离，鲍涵恩仍为循环司，从珠街阁调来的焦汝舟（焦子方）任协理传道。这时传道工作发展较快，在东门城门口租旧房设立了分堂，继而又向外扩展到戚墅堰、宜兴和桥两地设立分堂。后来宜兴和桥自成教会，戚墅堰仍属东循环下的一个分堂。②

苏南地区属于吴方言区，本来手工业和商业较中国其他地区发达，加之上海等通商口岸的开放，使基督教传教与通商齐头并进、蔚然成风。河道密布的江南地区交通还算方便，传教、通商主要在城市县镇，也波及乡间村舍。商业繁盛之区，传播教义实属不易，因为商业繁盛之区也是藏污

---

① 中共江阴市周庄镇委员会、江阴市周庄镇人民政府编《周庄镇志》，南京大学出版社，1999，第388页。
② 《常州牧境》，《福音光》第11卷第8期（1935年），第64~65页；毛吟槎：《常州基督教堂的变迁》，中国人民政治协商会议江苏省常州市委员会文史委员会编《常州文史资料》第二辑，1982，第80~81页。

纳垢之地，人们大多重财轻道，工商之徒居无定所，"朝尚求道，夕已不见""即如谨守安息一端，而能如乡落信徒虔诚洁净者，盖诚寡矣。"① 不过，在人口流动性不是很强的时代，通商与传教还是相得益彰、互惠互利的，像监理会、长老会的传教士们周旋于江浙沪之间，不仅便利了各种信息的沟通，同时也将福音的种子洒在了所到之处。

二 苏中地区

苏中地区属于江淮方言区，位于淮河以南，列于长江两岸，是政治上和军事上地理位置非常关键的区域。历史上由于北方移民的不断南迁，使这一地区成为南北文化混杂交融的中间地带。这一地区包括今天的镇江、南京、扬州、泰州、南通五市。基督教传入这一区域虽然较之苏南地区要晚，但传播的路线既有从苏锡常西进北上的，也有从上海直接经长江水道和大运河深入内地的。

镇江，古称京口，居金陵之下游，自古为名胜之地——"金焦对峙，塔影与云影相连；楼阁遥瞻，山光与水光互映。"② 基督教传入镇江始于1865年（同治四年）至1889年（光绪十五年）镇江已有浸信会、内地会、伦敦会、长老会、美以美会等教派，并各自建有教堂。③ 1865年，金石玉就在西门城外大云坊购地建堂，1867年又将该堂迁银山门大街，1881年在英租界三马路建筑新堂。④

1885年（光绪十一年）后，美国南浸信会传教士胡德恩牧师夫妇（Mr. and Mrs. Hunnex）来此传教，之后，万应远牧师夫妇、郭维义牧师等先后来镇江，在银山门建浸会堂，五条街建润中堂、办女校，而后向桥头、下蜀、龙潭、东阳、句容、土桥、丹阳等城镇发展。⑤ 1907年江苏浸礼议会在镇江召开，参加者有万应远、白多玛、邹采芹、潘子放、李子美、冯文

---

① 陈金镛编辑《论布道于江苏》，《神学志》第三卷第三号（1917年10月1日）。
② 马逢伯：《长老会历史·镇江》，《神学志特号·中华基督教历史甲编》第十卷第三号（1924年秋季），第75页。
③ 镇江市地方志编纂委员会编《镇江市志》，上海社会科学院出版社，1993，第1556页。
④ 镇江地方志办公室编纂《镇江要览》，江苏古籍出版社，1989，第206页。
⑤ 江苏省地方志编纂委员会编《江苏省志·宗教志》，江苏古籍出版社，2001，第247页；吴立乐等编《浸会在华布道百年史略》，中华浸会书局，1936年铅印本，第94~95页。

荣、吴让之、王秋山、吴锡荣、汤杰卿、舒玉甫等人，他们来自上海、苏州、扬州及本地浸会。① 1910年，"镇江浸会已立有二十余年。分出之教会有二，即句容与曹家凹二公会。分堂有三，即东阳、龙潭、下蜀三处。城乡镇教友，共有三百多人。"② 当年中国人张省一被按立为镇江浸会教牧，其薪金由教会、差会各承担一半。同年五月，镇江浸会举行奋兴会，特请山东的朱元勋、上海圣道院监院万应远、教习潘子放、上海官话浸会赵清泉、蒋祝三、杨静波、如皋舒玉甫来镇江领会，闭会后，记名慕道者已有二百九十三人，受浸者五十一人。"我镇自设教会以来，信道者素未有如是之众，非圣灵之力，必不及此。"③

1885年，美以美会传教士郎君登等来镇江传教，在大西路又新街口和小码头分别建立福音堂。倪冰心女士又创立崇实女学堂，经二十几年的苦心经营，"学课完备，程度颇高，识者目之为长江上下第一女学"。1906年倪冰心校长病逝，谷尔思女士接管。与此同时，贺路绥女士、笪格矩女士在镇江松凹山创办了妇幼医院，"二十余年，活人无算"。④

英国内地会传教士戴德生（Hudson Taylor，1832 – 1905）于1868年8月扬州教案后来到镇江，在这里内地会的成员受到热情接待，并很快在城西伯先路东侧建立教堂和药局。教堂占地面积约二百七十五平方米，为砖木结构的三层楼房，全部采用青砖叠砌，屋面作四面坡瓦楞铁皮顶，上砌有烟囱，整座建筑庄重简朴。戴德生的前妻玛莉亚（Maria，1837 – 1870）及四个夭折的孩子就埋葬在镇江（今伯先公园的西山脚旁），1905年戴德生离世，和他的妻儿安葬在一起。可惜的是1958年"大跃进"时期戴氏坟墓被毁，所幸墓碑尚存。⑤

1883年（光绪九年），南长老会传教士柏雅各和吴板桥（S. I. Woodbridge，1856 – 1926）来镇江传教。1884年，传教士林亨理（H. M.

---

① 舒玉甫：《浸礼议会纪闻（镇江）》，《通问报》第二百四十六回（1907年3月），第4页。
② 王殿臣：《封立中国牧师》，《通问报》第四百十二回（1910年3月），第3页。
③ 王殿臣：《奋兴之结果（镇江）》，第3页。
④ 《电传噩耗（镇江）》，《通问报》第一百九十五回（1906年4月），第2页；《给凭志盛（镇江）》，《通问报》第二百三十八回（1907年1月），第3页。
⑤ 徐永年：《镇江基督教的沿革》，江苏省政协文史资料委员会等编《镇江宗教（上、下）》（《江苏文史资料》第86辑、《镇江文史资料》第28辑），1995，第529页。

Woods）夫妇在运河两岸各建一座礼拜堂进行布道。后来又有包志登、赛兆祥（Absalom Sydenstricker，1852－1931）来此传教。① 1907 年《通问报》记载："长老会包志登君，自莅镇江以来，竭力主张创办学堂，培植教中子弟，兹已得差会准可，于镇江登云寺山上，创设两等学堂一区，初等四年毕业，高等四年毕业。兹闻校舍已于今春开工，约年内可以竣工，可容学生四五十人，刻下校舍虽未告成，特就包君住宅之厢房开学，仅收学生十人，特聘南京基督书院毕业生李荣春君，为算学理化教习，本邑某君为国文教习，其圣经、绘画、音乐各科，大概由包君夫妇自任。按包君夫妇，人极精明慈善，以之办理学堂，可谓庆得人矣。"② 到 1909 年，"镇江长老会有礼拜堂两所，一在南门外，一在西门内。南门外教堂系赛牧师兆祥主政，西门内教堂系包牧师志登主政。南门堂内有教友八十余人，已于光绪三十二年，设立堂会，公举长老二、执事三办理会中各事，颇著成效。西门堂内，近来日见兴旺，受洗入教者，上次有九人之多，日前牧师聚集众教友，议立堂会，因公举朱先生宝山为长老，郎先生兆泉为执事，将来得人如得鱼，可预期矣。"③ 1909 年南门堂的长老为马逢伯、杨德明，执事为萧德怀、张森桂、张家元。④

南京乃六朝古都，清代两江总督衙署所在地。太平天国定都南京时，有许多西方传教士访问过天京，由于处在战争状态以及传教士与太平天国的教义分歧，传教士们大都没有长久地待下来。太平天国失败后，西方基督教的各个教派才逐渐地传入南京。

内地会是比较早来到南京传教的，戴德生的同伴、石匠出身的英国传教士童根福（George Duncan）于 1867 年（同治六年）带一名中国助手天福，从苏州来到南京传道。他们走遍了大街小巷，也没有一个人家肯留他们住下，只好整天在市面转悠，或在茶馆里歇息。后来从一个木匠师傅那

---

① 马逢伯：《长老会历史·镇江》，《神学志特号·中华基督教历史甲编》第十卷第三号（1924 年秋季），第 75 页。
② 《润州书院开办纪闻（镇江）》，《通问报》第二百六十七回（1907 年 8 月），第 4 页。
③ 马植生：《镇江教会近闻：堂会成立》，《通问报》第三百六十五回（1909 年 7 月），第 14 页。
④ 马逢伯：《镇江教会近述：期满复举》，《通问报》第三百八十二回（1909 年 11 月），第 4 页。

里租到一所房子，楼上做住房，楼下做教堂。经过一段时间的努力，前来听福音的人当中只有一个人接受了信仰。童根福感到南京传教的艰难，于是离开南京到别处去传道了。①

北长老会在南京的传教效果不错。1873 年（同治十二年）美国传教士韦理（Albert Whiting）从苏州到南京来传教，第二年李满牧师（Charles Leaman）来协理，他们二人在南京调查了设教的一切情形，又到上海报告差会，经差会召集会议通过，准许于南京开设教会之工作。1875 年夏季，他们得到了苏州监理会曹子实的帮助，在南京中华门东的边营租民房，设立教堂。韦理夫人（也称魏夫人）也参与传道工作，教堂里男女分坐，楼上女宾，楼下男宾，往往座为之满，来听者颇不乏人。韦理先生与政界及学界人士常有往来。1876 年，在东牌楼开设一书局，内中陈列许多教会书籍及科学书籍，一面售书一面赠阅，与人谈道的机会很多。可惜的是，有两位寓居此处的西人贸然至督署参观，书局即被取消。1878 年又另租一屋作为宣道所，1879 年韦理为避反教风潮赴山西补助赈务，不料因受饥民之传染，致患红疹病，因而逝世。1880 年秋季，浙江宁波人许德宝长老协助韦理夫人在边营传教办学，许长老后来又在颜料坊堂内布道。1881 年春季，李满偕夫人、大女儿由杭州返南京传道，并暗中于升平桥建造房屋。1882 年（光绪八年），在美国领事施美德帮助下，司医生、韦理夫人在四根杆子租地开始建筑一座小礼拜堂，1883 年落成，此时有西教士海君夫妇、艾先生来南京布道，由上海来的朱祝三君协助。1888 年，由李满牧师负责在四根杆子又建成一座更大的礼拜堂，约可容纳四百人，取名为"耶稣会堂"（1934 年被拆除移建汉中堂）。1890 年，边营之礼拜堂为原房主赎回。到 1893 年，北长老会经耶稣会堂施洗入教的人数有五十七人。②

1881 年（光绪七年），美国美以美会（后属卫理公会）医师赫怀仁（Dr. Hart）来到南京，一边行医，一边传教。1882 年，他在估衣廊购地建筑

---

① 江洪：《南京基督教的历史与现状》，中国人民政治协商会议江苏省委员会文史资料委员会编《近代江苏宗教》（《江苏文史资料选辑》第 38 辑），1990 年，第 25 页。
② 江洪：《南京基督教的历史与现状》，第 25～26 页；又董文德：《南京长老会历史之概略》，《神学志特号·中华基督教历史乙编》第十一卷第一号（1925 年春季），第 190～192 页。

一座礼拜堂。1887 年至 1888 年传教士福开森（John Calvin Ferguson，1866 - 1945）、沙德纳（E. C. Shaden，1863 - 1934）等十余人来南京。福开森此前在镇江学习汉语，到南京后在估衣廊居所办学，并出任汇文书院校长。沙德纳是一位相当活跃的女传教士，她是美国印第安纳州人，1887 年慕尔大学毕业后，即决志来中国，定居南京，向四乡传道。1888 年 5 月，她由芜湖带回六个女孩，开始在南京乾河沿创办汇文女子中学。1891 年她租赁评事街走马巷宝月楼茶馆楼房三大间进行传教，1895 年因听者增加，迁移到另一个地方，后在 1901 年购得讲堂街房地二十余间，开设卫斯理堂。从 1891 年至 1900 年沙德纳前后参与了五座教堂的修建。① 1912 年 10 月，沙德纳创办金陵女子神学院，学生由起初两人增到五人直至毕业生遍及各省。她"循循善诱，诲人不倦，使女子神学，日增月盛，毕业学生遍及各省，有办教育者，有作慈善事业者，其造福于社会，诚非浅鲜"②。晚年，她又掌管赫德圣道女学。1934 年不幸病逝。有几段挽联概括了她奉献中华女子教育的一生："廿四妙龄女子身、怀才抱道、涉重洋、传基督、之死失靡他、卒能立德立言立功三不朽；整个生命牺牲者、茹苦含辛、创中学、救邦媛、厥工诚伟大、毕竟以信以望以爱总其成。""女学久沉霾、教士来华、关怀备至、创此汇中赫圣金神、治事之工、三畦桃李荣千树；嫡星今已陨、同仁回溯、遗范犹存、看渠忍苦耐劳努力、凭心而论、一样牺牲有几人。"③ "本是女贞嘉，酷爱吾华，满城桃李竞春花，辛苦浑忘身是客，神学为家。年鬓雪霜加，乱似蓬麻，一生赖主作生涯，火马云车接去，女以利沙。"④

属于浸礼宗的中华基督会是在 1886 年（光绪十二年）由美国基督会（Disciples of Christ）派马林医师（W. E. Macklin，1860 - 1947）来南京创立的。1887 年，美在中（F. E. Meiges）受美国基督会差遣来南京和马林合

---

① 江洪：《南京基督教的历史与现状》，中国人民政治协商会议江苏省委员会文史资料委员会编《近代江苏宗教》（《江苏文史资料选辑》第 38 辑），1990，第 26~27 页。
② 美以美会同人：《信徒纪传：沙德纳女士行述（南京）》，《通问报》第一千五百八十四回（1934 年 4 月），第 5 页。
③ 江民志：《挽沙德纳女士联》，《兴华报》第三十一卷第十五期（1934 年），第 4 页。
④ 严霁青：《挽美女教士沙德纳词（调用浪淘沙）》，《真光杂志》第三十三卷第六号（1934 年），第 5 页。

作。马林初到南京时,常骑马到夫子庙茶馆喝茶,以接触民众进行传教,但收效甚微。后来他不得不改变传教办法,凭他的医术赢得人的信任。他在热闹的鼓楼街购地建筑西式楼房,开办医院并在院内设立教堂。马林与当时驻南京的督军张勋交往密切,张勋发给他一块"护身牌",所以别人都不敢冒犯他。①

南京贵格会(Quaker),又称公谊会或教友派(Religious Society of Friends),是美国女传教士义白礼(Miss Esther Buher)创设的。她是俄亥俄州大马色城人,1887年(光绪十三年)12月14日来华,未启程之先蒙主指示命其久住南京,所以来南京后不久,就购地造屋。在五台山下,创立妇女学道馆造就女布道士。"义牧师虽系女子,却有过于寻常男子办事之才干,又善于用经训教导人,并喜欢与人联络,所以与南京一切西人,感情最深。一则,肯为别人出力,在各样事上帮忙;二则,因她倡议每礼拜四日,妇女祈祷会,在自己家里,将近二十年,未曾止息,且人数年年增多,直至离世之日;她那道德感人之效果,于此可见一斑。"义白礼在南京三十年,始终如一,1921年在庐山避暑被主接去,享寿七十年整。1891年,义白礼聘请美国俄亥俄州阿勒幸登城的女信徒安得烈为校长来南京创立培珍女校。安得烈最令人钦佩之处就是其平日减衣缩食,以薪金之所余储蓄至五千余元,本来年近花甲,理当留为防老,但尽数奉献,为该会建造礼拜堂,而且亲自监工擘画,经营一年之久,于1908年春建成,礼拜堂位于南京慈悲社八号,取名"贵格会灵恩堂",后聘华人高师竹为第一任牧师。1920年9月20日,安德烈因积劳成疾死于美国。②

还有其他的一些教派也逐渐传入南京。来复会(American Advent Mission Society)于1898年由美国牧师慕向荣创始于南京城北来子庵,次迁于洪武街,三迁于大石桥,并成为来复会总会堂。后来的华人牧者有王翰臣、李遗范、于清、龚云骧、张文林等。"论其组织之法,完全采取西式,所有

---

① 何一波:《南京鼓楼医院与基督教会》,中国人民政治协商会议江苏省委员会文史资料委员会编《近代江苏宗教》(《江苏文史资料选辑》第38辑),1990,第254页。
② 高师竹:《贵格会历史·南京》,《神学志特号·中华基督教历史乙编》第十一卷第一号(1925年春季),第241~243页。

教会之活动负责者，而中牧不与焉。"① 中华圣公会自 1909 年来南京，美国传教士季盟济（L. M. Gill）和马骥（J. B. Magee）先在汉西门租房建立布道所，1910 年又移到城南马府街，1912 年在门帘桥大街（今太平南路）买地建礼拜堂，定名为"圣保罗堂"。② 1910 年，基督复临安息日会（Seventh – day Adventist Church）美国传教士毕胜道（E. Pilaguiat）在南京淮清桥附近租屋布道，这就是后来白下路堂的前身。③ 可见，基督教在南京的传播呈现出各派林立、竞相发展的局面，为南京成为江苏省基督教布道中心和连接江南江北的中转站打下坚实基础。

扬州的基督教传入也比较早，内地会（China Inland Mission）是最先进入扬州的。1868 年（同治七年）6 月，内地会创始人戴德生带着他的家人和同工乘着一艘大船从杭州沿着运河北上，经过长江入运河再向北来到扬州。其成员有戴德生夫妇和四个孩子、戴氏的秘书白安美、孩子的保姆路惠理太太，以及四个来自杭州的中国基督徒，还有十一年前为戴德生所收养的年轻人天喜，以及内地会印刷主管李兰丰的未婚妻安馨。④ 不久他们在皮市街修建了中式楼房的教堂，著名的"扬州教案"就发生在这里（今皮市街 149 号市五中宿舍）。1895 年（光绪二十年）传教士王瑞臣又在南门街设立内地会教堂（今甘泉路 343 号）。1875 年（光绪六年）后，美国南方浸信会布道工作从上海扩展到扬州。1888 年至 1891 年浸会联合会派遣传教士毕尔士夫妇（Mr. and Mrs. L. W. Pierce）、万应远牧师和女教徒慕究理（Miss Julia K. Mackenzie）来扬州创立浸会教堂，创办学校，开设诊所，以吸受信徒。1898 年（光绪二十四年）圣公会传入宝应县，在北门大街设教堂（今县文教食堂）。1907 年，韩忭明奉江苏教区之命由苏州来扬州，于左卫街（今广陵路）设立教堂。⑤ 同年，伊文思医士（Dr. P. S. Evans）创办一所颇具规模的医院。1908 年（光绪三十四年），扬州浸礼会派牧师杨世忠

---

① 张文林：《来复会历史·金陵》，第 240~241 页。
② 江洪：《南京基督教的历史与现状》，中国人民政治协商会议江苏省委员会文史资料委员会编《近代江苏宗教》（《江苏文史资料选辑》第 38 辑），1990，第 28 页。
③ 江洪：《南京基督教的历史与现状》，第 28 页。
④ 史蒂亚著《挚爱中华——戴德生传记》，梁元译，中国友谊出版公司，1989。
⑤ 江苏省政协文史资料委员会等编《扬州宗教》（《江苏文史资料》第 115 辑、《扬州文史资料》第 19 辑），1999，第 49~50 页。

到江都镇传教。①

泰州又称海陵,包括泰县、泰兴、兴化、姜堰等地。基督教1887年传入泰州,先后传入五个教派,即内地会、美南长老会、圣公会、地方教会(基督徒聚会处)和真耶稣会。1898年,内地会传教士英国人胡德恩在兴化县传教,设教堂于北小街耿宅,1904年迁于东营,1910年(宣统二年)又在东城外后河头兴建教堂。② 民国前后长老会在泰县(泰州城)、泰兴等地设立教会和医院。1907年长老会信徒曹立斋与泰州城内的张君、陈君等人士发起成立了天足会,入会者有数百余家。③

基督教传入南通的时间较晚。1894年中华基督会美国传教士威廉在上海设立基督教区后,曾派中国牧师范某来南通设立布道站,长达两年,但未获成果。1905年美国基督会总会又派浦尔琪来南通传教,在城区租赁民房(今南大街49号)布道传教。1907年,美国医生雷登夫妇来南通以应诊名义和中国医生刘某传教,并获总会拨款在南大街购买土地1.66亩,建造房屋二十九间,开办医院兼做教堂;同时还在南大街、东大街、西大街设立福音堂。1909年,上海教区派美国传教士鲍伦德及夫人来南通传教及办医疗事业。1912年南通布道站被改称南通基督教区。④

苏中地区地理位置重要,处于长江和大运河的交汇处,联结南北,贯通东西。苏中人的性格也比较适中坦直,没有苏北人那样粗犷,也不像苏南人那么精细。基督教在这一地区的传播虽然开始时有民众的抵触,但终于在此落地生根。这就为以后基督教在本地区的发展以及基督教向周围的扩散打下了坚实基础。

三 苏北地区

苏北地区东临黄海,南接淮河,西依洪泽湖,北邻山东。文化上属于北方方言区,包括淮安、宿迁、盐城、徐州、连云港五市,这一地区水患

---

① 江都市地方志编纂委员会编《江都县志》,江苏人民出版社,1996,第952页。
② 曹学谦、吴汉池:《基督教堂——兴仁医院》,中国人民政治协商会议江苏省兴化县委员会文史资料研究委员会编《兴化文史》第十一辑,1986,第60页。
③ 曹立斋:《创设天足会(泰州)》,《通问报》第一百九十七回(1907年4月),第7页。
④ 余继堂:《南通基督教堂的变迁》,张星凌主编《宗教史林述粹》(《江苏文史资料》第91辑、《南通文史资料选辑》第16辑),1997,第232页。

较多，经济相对落后。基督教传入苏北有两个途径，一是由长江经大运河航道北传，二是由山东境内由陆地南进。

今天淮安市的淮阴区是原来的淮阴县，过去也叫清江浦。据记载，早在 1858 年，就有英国伦敦会传教士慕维廉和杨格非来过清江浦，"沿途宣教，艰苦备尝。"① 1869 年夏季，有内地会的成员由扬州来清江浦传教，当时的传道人朱杏舟记载了在此地宣教的情况："窃惟江苏清江浦，系五方杂处，十八省仕商云集，进京要道，人民良莠不齐，嫖赌烟酒，莫此为甚，真花柳虚妄之境界也。于客岁六七月间，自扬州分支往彼设教，先在清江运河之南赁屋，特命二人在彼传教，信者罕见。至九月间，在运河之北购屋设堂，蒙神之恩，命予往彼宣教。十一月间到浦，每日听道者颇有之，后蒙圣灵感化，已得一人信道，姓雷别号新悟子，乃仕宦也，由拔贡生加运同衔，为候补知州，此人于咸丰八年间，已受新约书一部，每叹无人启发，自后常常来堂，真心相信，切心祈祷，欲求予施洗，可见圣书之益大矣哉。次有任桶匠一家得救，又有陈桶匠等皆信服主，至今诚信者十有余人，多有毁偶像于教堂。数月以来，日增月盛，近日进来论道者更不可胜数。数日之内，约有百余人，自清晨至二更，连绵不绝，凡来见者接而宣神之国，信者有，不信者亦多。终日言之谆谆，甚至舌焦唇干，只予一人在堂，幸真神同在，主加予之力量，恒尽宣教之职。前有吴教兄在此辅助，今早已回扬。昨礼拜日，听道者不下三百余人，门无隙地。"② 美国南长老会是向苏北地区传教的主力军，其据点就在清江浦（即淮阴），而总设计师是赛兆祥牧师。1880 年 11 月 21 日，赛兆祥携夫人抵达杭州，过不久，他到山东去拜会北长老会的倪维思博士（Dr. Nevius）并学习其传教方式，于是他请求南长老会差会总部把他派到苏北工作，从而把长江流域和山东境内的传教工作连成一体，他的请求得到了批准。1887 年，赛兆祥一家沿大运河北上来到清江浦租房定居，为了更易被中国百姓接受，他穿起中国服装，头上还安上了一条假辫子。同年秋，在镇江传教的林亨理（Henry M.

---

① 毕德恒述《伦敦会教师慕维廉先生事略》，《万国公报》第 142 册（光绪二十六年十月，1900 年 11 月），第 31 页。
② 清江浦教友宁波人朱杏舟：《恶人诽谤教会》，《教会新报》第 82 期（同治九年三月十六日，1870 年 4 月 16 日）。

Woods）夫妇移到清江浦与赛兆祥会合。林亨理主要在城市的大街或茶馆向行人或茶客布道，赛兆祥则在广阔的农村巡回布道。1888 年，林亨理的二弟林嘉善（Edger Archibald Woods）夫妇来到清江浦开设诊所，成为美国南长老会医疗布道的先锋。1889 年，贾雅各（也叫家雅各，James Robert Graham）牧师接替赛兆祥在清江浦的工作。他适应地方民俗，改用中国名字，地方人士都称他"老贾先生"，因而在四邻的淮安、涟水等地传教特别顺利，成为社会颇有影响的人物，他在淮阴出生的儿子贾嘉美日后成为台湾著名的传道人。① 1893 年传教士戴德明也来清江浦，以后又向泗阳传教。1894 年，林亨理的三弟林嘉美（林霭士，James Baker Woods）夫妇也来到清江浦与其兄一起行医。②

今天淮安市的楚州区是以前的淮安县，位于淮阴东南方向三十里左右。1894 年（光绪二十年），赛兆祥自驾小三轮卡由徐州沿运河南下，经宿迁、清河（淮阴）、淮安作巡回视察后，决定派林亨理牧师和林嘉美医生来淮安，他们先在南市桥租屋传教，后在西门大街购屋设堂。1905 年（光绪三十一年）又在镇淮楼西路西首建礼拜堂，主堂七间，钟楼一座（两层），堂西有花园，堂东为住宅（后改作礼拜堂，即今天的淮安福音堂）。之后，艾德士、孟格美夫妇、王慕德夫妇和魏礼安（女）等美国传教士联袂来到淮安。林亨理的两个女儿林乐喜、林爱莲就是在淮安长大的，他们和魏礼安专对妇女传道。艾德士在南市桥畔传教，孟格美在西长街传教，王慕德在北门章马桥设北门福音堂。③

宿迁是南长老会继清江浦之后的另一重要传教地点。早在 1887 年，就有美国南长老会传教士鲍达理来宿迁传教。1894 年白秀生（Hugh Watt White，1870－1940）教士也到宿迁传道，1896 年 10 月 15 日，白秀生在

---

① 马牧英：《美国基督教南长老会在清江浦的活动》，中国人民政治协商会议淮阴县委员会文史资料研究委员会编《淮阴县文史资料》第四辑，1990，第 89 页。
② 张春蕾：《美国基督教长老会在江苏的传教活动》，《东南文化》2006 年第 5 期，第 48～49 页。
③ 陈彬：《淮安基督教福音堂》，《淮安名胜古迹》（《江苏文史资料·》第 72 辑附录、《淮安文史资料》第 15 辑），江苏文史资料编辑部出版，1997，第 124 页；费苏：《淮安基督教简况》，淮安县政协文史资料研究委员会编《淮安文史资料》第二辑，1985，第 160～161 页。

此结婚，12 月 23 日，夫妇同往徐州开荒布道。之后，葛马可（Mark Grier）和卜德生（B. C. Patterson）教士到宿迁。1897 年 1 月 29 日，任恩庚（William F. Junkin）教士到宿迁，同年 10 月 4 日，葛马可携夫人往徐州布道。1899 年 10 月 2 日，英国苏格兰长老会周碧桃、马锦章二位女教士来到宿迁自费传道。"始终在宿迁教会作工者，为卜德生、任恩庚二位教师。"① 他们于太平桥北端建福音堂，不久又创办仁济医院，任恩庚"是此后 40 年中宿迁传教会的重要支柱"②，卜德生负责医务也兼管传教，后来他的儿子卜有存也来帮助院务。③ 卜德生牧师与朱延吉先生还时常到宿迁西北的邳县境内传教，土山镇、官湖镇、陈家楼等处均有受洗进教者。④

1910 年，白秀生到盐城境内传教，民国初年，在盐城城区亮月街买一处三进民房作礼拜堂。⑤《阜宁县新志》记载："清宣统二年，美国牧师白秀生于县治新丰市桥东购地建筑教堂宣讲经义，是为耶教入境之始。顾其时，儒林中人每加掊击，既而信者渐多，及今才二十余年，计男女教徒近千人，有教堂三十所，宗风丕振，已可概见。而历年灾眚，牧师白秀生恒携款来赈，沾溉贫民，尤足多也。"⑥ 可见，白秀生牧师的传教工作所取得的成果是显著而惊人的。

徐州基督新教最早的传入者是英国浸信会的仲均安（Alfred Jones）教士，1890 年，他由山东来徐州、宿迁、邳县等处布道、卖书和施药，有邳县东十六里陈家楼王可回先生、徐州马鞍店潘先生等五位信徒受洗信道。1895 年，南长老会赛兆祥牧师来徐州接管了这五位信徒，并将徐州传教的任务交给在宿迁传教的葛马可夫妇和白秀生夫妇负责。当时谣传两位传教士的夫人是由男人装扮以拐骗小孩，为了证明清白，葛马可夫人葛璧玺

---

① 钱在天：《长老会历史·江北之部》，《神学志特号·中华基督教历史甲编》第十卷第三号（1924 年秋季），第 76～77 页。
② 张春蕾：《美国基督教长老会在江苏的传教活动》，《东南文化》2006 年第 5 期，第 49 页。
③ 宿城镇镇志编写组《宿迁县几种宗教的概况》，政协宿迁县文史资料研究委员会编《宿迁县文史资料》第三辑，1984，第 162 页。
④ 严秉衡：《传道热心（徐州）》，《通问报》第一百八十三回（1905 年 12 月），第 8 页。
⑤ 江苏省地方志编纂委员会编《江苏省志·宗教志》，江苏古籍出版社，2001，第 269 页。
⑥ 《中国地方志集成·江苏府县志辑·民国阜宁县新志》，江苏古籍出版社，1991，第 254 页。

(Dr. Nettie Grier)当着中国妇女的面给小女儿伊莎贝拉（Isabelle）喂奶，从而获得了当地人的信任。1898 年，传教士们建了一个泥巴为墙茅草为顶的教堂，同时葛璧玺创办了"福音诊所"，当年就有 5000 人来看病，后称"坤维医院"，专看女病人。之后，慕庚扬（Dr. Linford Moore）来徐州开办"博济医院"，专看男病人，后称"基督医院"。慕庚扬夫妇的小婴儿在徐州得了天花夭折，葛马可夫妇的一个儿子也因白喉去世。1902 年，美国慈善人士法由利亚（Julia Farrior Sanford）捐资兴建徐州培心书院，第一任校长为上海圣约翰大学毕业的沈先生（Samuel Shen），后来葛马可接任校长。1904 年，徐州第一所西式教堂建于城内西关，有些用料是从美国运来的，教堂可容纳三百五十人，在当时看虽不算小，但还有挤不下的信众只好坐在院子里。同年，慕庚扬因病返美，马方济医生（又名马法典，Dr. A. A. McFadyen）来徐州接任，在马医生的领导下，徐州基督教男女医院成为苏北地区最佳医院之一。1908 年，徐州第一所女子学校成立，由陶美丽（Miss Mary Thompson）姐妹主持，她们还组织了"反对裹小脚同盟"。同年，徐州地区孤儿院成立，由美国基督教刊物 Christian Herald 捐款赞助，Rev. and Mrs. Thomas B. Grafton 主持，当时收养男女孤儿 180 名。[①] 1908 年的《通问报》登载了孤儿院成立时徐州的景况："徐州故名彭城，陆路四通，商贾屯集，户口蕃众，每有流离幼儿，披片毡围破褐，乞食于街衢，或伏卧于厦下，哀鸣嗷嗷，孤苦零丁，比比皆是。我教会牧师顾而怜之，虽能解囊私助，济其当时，又安能望其成立于后日，于是筹款创设孤儿院，专收孤苦幼儿，抚养教育，加意培植，安知不能造成后日之俊杰。近来鸠工庀材，方在兴办，已收得百余之数，接踵于后者仍未可限量。夫彭城大区，富豪巨商，在在皆有，至若兴宏工，建亭阁，迎神会，种种妄举，为之极易，至于矜鳏寡，恤孤独，一切益人善事，举之颇难，二者殊不可解，彼哀哀茕独我同胞也，奈何自不相顾，待他人以顾之，自不相恤，待他人

[①] 参见钱在天《长老会历史·江北之部》，《神学志特号·中华基督教历史甲编》第十卷第三号（1924 年秋季），第 76 页；〔美〕彭光亮（G. Thompson Brown）著、杨乃庄译、李建华整理《近现代基督教在徐州地区的传播》，徐州史志网（http://www.xzsz.gov.cn）；张春蕾《美国基督教长老会在江苏的传教活动》，《东南文化》2006 年第 5 期，第 49 页。

以恤之，热血人对此，能不解囊一助也耶。"①

连云港，又称海州。1908年（光绪三十四年）美南长老会牧师米德安（1873~1919）夫妇来海州租屋传教，1910年（宣统二年）闻声夫妇和慕庚扬夫妇由清江浦（淮阴）来海州行医传教，在新浦后街（今建国路390号）租赁一家民房作为教堂。②后来传道区域逐渐扩大到东海、赣榆、灌云等县。关于米德安牧师，连云港市博物馆馆藏"良教诸范"碑记载："我海之观真光、闻大道也，自公始。公姓米氏，讳德安，字爱琴。一千八百七十三年八月二十三日，生于美国特克司省。无兄弟，少有至性，又耐劳。自腓勒司城瓦哈奇中学历斯特林大学。年二十七，由堪他克省鲁歪佛尔神学毕业，是年选为牧师，奉牒来华，旅清八载，成绩卓著。回国越一年，由美来海租堂布道，时光绪三十四年也。……甫一年，调牧徐州，次年秋回海，与医士穆庚扬、牧师闻声二公创建教堂、学校、医院，规制大备。公任布道职，东至龙窝，西至马陵山，北达赣榆，南至涟水，环海数百里，足迹几遍所过道路桥梁，罔不提倡休整。十余年来，分设支堂数十，陶镕信徒数百，引黑暗而就光明，则是公大有造于我海也。"③ 1919年，米德安牧师因积劳成疾病逝，当时的《通问报》报道："美国米牧师，于前清末年，来创教会，频遭逼迫，每进城时，狂童投石，牧师停步，劝以真理，后渐悔改信道。地方仇教，排逐外人，牧师不避凶恶竟入丛中讲道，咸化和平。今已设教堂十三处，教会事务，虽有相助，时以一人肩任。去岁寒间，往支堂考堂会，天降雨雪，连绵四日，至星期五，天色渐晴，满路泥泞，行人很稀，牧师一日徒行百里，下午方至堂，又创女子工厂。因老母有疾，昼往支堂考堂会，夜则归侍汤药，每逢阴雨无停，十三教堂已考完十二。于五月十四日，偶染热疾，医药无效，至五月三十一日，竟弃世而去。上有七旬老母，涉三万里之洋海，欲得侍奉。十三处之教友，失却首领，相向欷歔。孤子二人，异乡失怙，谁是依

---

① 《孤儿院成立略述（徐州）》，《通问报》第三百二十九回（1908年12月），第2页。
② 江苏省连云港市地方志编纂委员会编《连云港市志》，方志出版社，2000，第2555页。
③ 中学教员许壮图撰、学校教员金毓华书《良教诸范——东海县耶稣堂美国南长老会牧师米公实颂纪念碑》（民国九年），转引自马振林《从"良教诸范"碑谈美国基督教对连云港地区的影响》，《淮海工学院学报》（人文社会科学版）第10卷第24期（2012年12月），第91页。

归，呜呼哀哉！"①

苏北地区的基督教传入较苏南地区和苏中地区要晚。其传播主要靠京杭大运河中段的水路交通，北起山东的台儿庄，经徐州、邳县、宿迁、泗阳、淮阴，南至淮安，全长 200 多公里。运河是传教士来往穿梭的主要路线，运河沿岸的城市和乡村就成了教堂、医院和学校比较集中的地带。这一地区的基督教派别相对单一，大多是南长老会的传教士在此活动，这样也便于教会的组织管理和工作的分配协调，大大地提高了传教的效率。

基督教传入江苏，主要是鸦片战争以后的事，特别是太平天国失败后，基督教各支派在江苏境内才逐渐传布开来。从马礼逊 1807 年开始向中国传教到 1907 年的中国基督教百年大会，前五十年基督教主要在南部沿海传布，由于历史条件所限，成绩不佳。后五十年在长江流域的东南沿海传播，效果逐渐显现出来。除去上海之外，基督教在江苏的传播和分布形成了三个不同的区域，一是以苏、锡、常为中心的苏南区域，属于吴方言区，交通路线依靠纵横交错的水道。二是以宁、镇、扬为中心的苏中区域，属于江淮方言区，靠的是长江水道。三是以徐、宿、淮为中心的苏北区域，依赖大运河的水道。通过对照和比较三个区域的传播情况（参见《清末民初江苏各县基督教传播情况表》），可以概括出江苏基督教的传播有这样几个特点或趋势：（1）基督教的传播路线呈现了从南向北的趋势。苏南较早，因为靠近上海，所以中英《天津条约》（1858）签订后就有传入；苏中其次，主要在太平天国失败后（1864）传入；苏北较晚，大多在义和团运动（1900）前后传入。（2）进入江苏的西方基督教差会在数量上表现为南北的不平衡。长江以南的差会较多，从表 1-1 中可以看出，南京有 11 个差会或派别，苏州有 7 个，而苏北总共才 4 个教派，该地区成为美国南长老会的传教基地，其他的教派很少或影响不大。长老会的分布，"南长老会大多数在江北，北长老会大多数在江南。"② 而监理会的影响主要在苏南地区，苏中和苏北地区几乎没有监理会的影子。（3）从接受信仰的人数（或说受洗、受餐的信徒数量）来看也是南部的比例大于北部的比例。苏南地区每万人

---

① 王郁卿：《海州美牧米德安逝世》，《通问报》第八百五十六回（1919 年 6 月），第 12 页。
② 陈金镛：《北长老会入华传道概况》，《神学志特号·中华基督教历史甲编》第十卷第三号（1924 年秋季），第 78 页。

中受餐信徒的平均数为13.5人，苏中为9.6人，苏北为4.2人。当然也有较特殊的情况，比如苏中地区的兴化县受洗信徒人数占人口比例很大，每万人中受餐信徒的人数达到62人，而苏南西部一带宜兴、溧阳分值都很低，苏北地区的丰县、涟水、宿迁分值却很高。有的地区虽开辟较早，但发展并不很快。①

表1-1　清末民初江苏各县基督教传播情况

地区	市县	宣教会	人口概算（人）	工作开始日期	正式教堂（个）	布道区（个）	受薪牧师及男女布道员总数（名）	各项受薪中国职员总数（人）	受餐信徒总数（人）	每万人中之受餐信徒平均数	教会全体总人数（人）
苏南地区	太仓	监理会、美圣公会、安息浸礼	273069	1882年	8	7	32	38	307	14.9	629
	吴县	监理会、美圣公会、北长老会、南长老会、美浸信会、复临安息、男青年会	1027091	1872年	28	27	142	312	3527	34.3	6203
	常熟	监理会、美圣公会、南长老会、复临安息	843292	1900年	11	18	36	69	575	11.9	1877
	昆山	监理会、美圣公会、美浸信会	230658	1897年	7	6	12	27	494	21.5	1620
	吴江	监理会、南长老会、美浸信会	494799	1900年	18	12	28	30	640	12.9	1814
	武进	监理会、美圣公会、南长老会	771715	1905年	3	9	20	38	598	7.7	660
	金坛	南长老会	162290	1917年	—	1	1		31	19.4	40
	溧阳	北长老会、监理会	316297	1907年	2	3	6	10	53	1.7	68

① 中华续行委办会调查特委会编《1901~1920年中国基督教调查资料》（原《中华归主》修订版）上卷，文庸等译，中国社会科学出版社，2007，第379~380页。

续表

地区	市县	宣教会	人口概算（人）	工作开始日期	正式教堂（个）	布道区（个）	受薪牧师及男女布道员（名）	各项受薪中国职员总数（人）	受餐信徒总数（人）	每万人中之受餐信徒平均数	教会全体总人数（人）
	无锡	监理会、美圣公会、美浸信会	804346	1895年	11	9	37	75	843	10.5	2003
	宜兴	监理会	501565	—	5	7	12	12	108	2.2	108
	江阴	南长老会、复临安息	607098	1895年	17	23	22	73	663	10.9	995
合计	11	7	6032220		110	122	348	684	7839	13.5	16017
苏中地区	江宁	来复会、美基督会、独立教士、美以美会、美圣公会、北长老会、南长老会、复临安息、金陵大学、男青年会、女青年会	902941	1874年	16	11	107	362	2656	29.5	5894
	句容	北长老会、美浸信会	197790	1909年	1	7	5	8	59	3.0	79
	溧水	北长老会	165825	1906年	1	2	1	5	79	4.8	195
	高淳	北长老会	161347	—	—	3	—	—	—	—	—
	江浦	美圣公会、美基督会	209404	1888年	1	2	2	6	12	0.6	17
	六合	贵格会、美基督会	243645	1895年	5	4	11	36	259	10.7	263人
	丹徒	美以美会、南长老会、美浸信会、内地会	477591	1868年	12	14	30	68	918	19.2	2396
	丹阳	美以美会、南长老会	733425	1907年	5	3	7	13	127	17.3	296
	扬中	南长老会	162561	1918年	—	1	—	—	6	0.4	6
	靖江	美浸信会	345153	—	1	1	—	—	60	1.7	60
	南通	美基督会	1284607	1904年	1	1	5	12	40	0.3	48

续表

地区	市县	宣教会	人口概算（人）	工作开始日期	正式教堂（个）	布道区（个）	受薪牧师及男女布道员（名）	各项受薪中国职员总数（人）	受餐信徒总数（人）	每万人中之受餐信徒平均数	教会全体总人数（人）
	如皋	美基督会、南长老会、美浸信会	1263006	—	1	2	3	3	63	0.5	148
	泰兴	内地会、美浸信会、南长老会	895582	—	—	3	2	2	21	0.2	34
	江都	美圣公会、美浸信会、内地会、南长老会	15156176	1868年	8	5	23	81	452	3.0	1056
	仪征	美浸信会	219362	—	—	2	1	1	—	—	—
	兴化	独立教士、北长老会	567092	—	—	—	169	257	3455	61.0	14142
	泰县	南长老会、美浸信会、内地会	1150178	1908年	3	3	8	9	117	0.8	129
	高邮	内地会、独立教士	583447	1889年	1	2	2	2	29	0.5	29
	宝应	美圣公会、南长老会	411497	1914年	—	2	1	1	2	—	16
	海门	美基督会	634134	—	—	—	—	—	—	—	—
合计	20	14	25764763		56	68	377	866	8355	9.6	24808
苏北地区	淮阴	复临安息、南长老会、内地会	488202	1869年	3	4	11	41	281	5.8	863
	淮安	南长老会	737526	1904年	—	2	1	4	14	0.2	17
	泗阳	南长老会	614522	—	—	4	—	—	33	0.5	33
	涟水	南长老会、内地会	490180	1893年	12	13	13	15	658	13.4	699
	阜宁	南长老会	1087329	1911年	—	5	3	6	390	3.6	556
	盐城	南长老会	1039311	1911年	—	7	—	9	137	1.3	186
	东台	南长老会、美浸信会	1269476	—	1	3	4	4	46	6.4	63

续表

地区	市县	宣教会	人口概算（人）	工作开始日期	正式教堂（个）	布道区（个）	受薪牧师及男女布道员（名）	各项受薪中国职员总数（人）	受餐信徒总数（人）	每万人中之受餐信徒平均数	教会全体总人数（人）
	铜山	南长老会	826083	1903年	1	26	19	59	448	5.4	626
	丰县	北长老会	291562	1894年	1	1	4	6	282	9.7	342
	沛县	北长老会	280345	1906年	—	3	2	4	47	1.7	56
	邳县	南长老会	636040	—	1	17	8	27	413	6.5	413
	宿迁	南长老会	580763	1891年	3	9	13	49	495	8.6	495
	睢宁	南长老会	501867	—	—	3	2	2	40	0.8	40
	东海	南长老会	480412	1910年	1	5	8	21	121	2.5	222
	灌云	南长老会	576029	1912年	—	4	6	7	118	2.1	196
	沭阳	南长老会	556476	—	—	5	3	3	92	1.7	92
	赣榆	南长老会	462888	1912年	2	2	2	2	46	1.0	61
合计	17	5	10919011		24	113	99	263	3661	4.2	4960
总数	48	16	42715994		190	303	824	1813	19805	9.1	45785

说明：本表根据《1901~1920年中国基督教调查资料》附录一《各省基督教事业统计表》中《江苏——各县基督教事业统计》整理，未包括现上海市及所属县的数据。①

第二节 太平天国的基督教

　　太平天国运动是中国近代史上的一场惊心动魄的政治革命。综观中国历史，尽管不乏借着宗教名义发起的各种运动，但还没有哪一场运动能够像太平天国那样将宗教的因素如此彻底而全面地贯穿于整个事件当中。很难想象如果没有基督新教在华南地区的传入（主要是伦敦会的梁发、福汉会的郭实腊和美浸信会的罗孝全的影响），太平天国会是什么样的一场运动。太平天国从1851年金田起义到1864年天京陷落共存在十四年的时间，

---

① 中华续行委办会调查特委会编《1901~1920年中国基督教调查资料》（原《中华归主》修订版）下卷，文庸等译，中国社会科学出版社，2007，第1342~1347页。

其活动范围主要集中于长江中下游地区。太平天国不仅建都于今天的江苏省省会南京，而且还在江苏境内设立了天京省（南京周边地区）、天浦省（以江浦为中心）和苏福省（首府为苏州）。正是在定都南京以后，太平天国比较系统地颁布了一系列的诏书天条和典章制度，其目的在于强化领袖们的宗教地位和政治权威，并将其教义教规贯彻落实于军事、社会生活的各个层面。与此同时，太平天国的领袖们与一些西教士有一定程度的接触和交流，彼此在神学观点上既有分享、共识，也有误解、分歧。

一 定都南京

1853年3月19日（太平天国癸好三年二月十四日，咸丰三年二月初十日）太平军占领南京，29日洪秀全入城，改南京为天京，定为首都。其实，太平军想占领南京并定都于此已早有打算。金田起义之初，太平军就提出"一打南京，二打北京"的口号[1]，他们把南京形象地比喻成"小天堂"。[2] 太平天国辛开元年（1851）洪秀全曾鼓舞兵将们"总要个个保齐，同见小天堂威风。"并应许他们到了小天堂"以定官职高低""累代世袭"。[3] 1852年5月，"杨秀清出广西全州时，已有窥伺江宁之计。"[4] 同年六月，在由广西入湖南之际，杨秀清又强调："今日上策，莫如舍粤不顾，直前冲击，循江而东，略城堡，舍要害，专意金陵，据为根本。"[5] 攻克武汉三镇后，洪秀全虽然在北上中原还是东下江南的战略问题上有所犹豫，但最终还是同意杨秀清"直犯江南"[6] 的主张。这说明"在太平军指战员心目中，南京不仅是'小天堂'，是进取的目标和胜利的希望，而且已经拟定为革命胜利后

---

[1] 广西省太平天国文史调查团著《太平天国起义调查报告》，三联书店，1956，第83页。
[2] （清）杜文澜《平定粤匪纪略·附记三》写道："在永安时言至金陵为登天堂许夫妇团聚。"文海出版社（台湾），1967。
[3] 《太平诏旨书》，《太平天国印书》（上），江苏人民出版社，1979，第120、121页。
[4] 明心道人：《发逆初记》，中国史学会主编《中国近代史资料丛刊·太平天国》第四册，上海人民出版社，1956，第458页。
[5] 张德坚：《贼情汇纂》，中国史学会主编《中国近代史资料丛刊·太平天国》第三册，上海人民出版社，1956，第290~291页。
[6] 汪堃：《盾鼻随闻录卷二·楚寇纪略》，中国史学会主编《中国近代史资料丛刊·太平天国》第四册，上海人民出版社，1956，第367页。

的天朝所在地了。"① 这里我们无意评价定都南京对太平天国后来政治、军事的影响，而是要探讨定都南京后，太平天国与宗教特别是基督教的关系。

定都南京后不久，天王洪秀全就降诏给天国的臣民们，强调"建天京于金陵"的合理性与神圣性，同时痛斥"北燕为妖穴"并将其罪恶化与妖魔化。就在同一年（太平天国癸好三年，即1853年），何震川、吴荣宽等太平天国文人撰写了四十一篇《建天京于金陵论》和三十二篇《贬妖穴为罪隶论》，并分别编纂成书发行。这些应制文章以一种非常极端的善恶二元论或天堂地狱说来论证南北二京的差异和对立。首先，以地理形势论，"金陵乃名胜之区，王气之钟也。倚钟阜，瞰长江，接天阙，枕后湖，龙盘虎踞，楚尾吴头，民物浩繁，士林渊薮，其美利有不可胜言者。"② 而北方燕省为"沙漠之地""烟瘴之区"③，"北方之地，风沙无际，寒暑过严，乃天朝罪奴之所也。"④ 其次，以民风习俗论，金陵"地则五方杂处，市则百货骈臻，人物不为不丰盈矣"⑤。"而辨厥土风，物产多精英，人民多淳朴。"⑥ 但直隶省，洪秀全贬之为"罪隶省"，则"害世道之浇漓，愈趋而愈下；阱庶民之陷溺，益险而益深。任赌任吹，起世间劫夺之路；好利好货，开衙蠹索诈之门"⑦。最后，以天命天意论，"天国之兴，由天作主；天京之建，由天造成。惟我天朝建京金陵，溯其应兆之由，其权能尽归之于上帝者也。我王由天而降，应天而起，天京之名，显受于天。"⑧ 相反，"今胡妖之穴，自称为直隶省，而不知其不崇拜上帝，仍拜邪神，仍行邪事，屡犯天条者，是天下之大罪人也，是天父皇上帝之大罪人也，何直之有哉？"⑨ 从以上三点看，在太平军眼里，天京（南京）就是天父上帝为他们预备，并赐给他们的人间乐土和地上天堂，而清政府的所在地直隶省（北京）简直就是罪恶渊薮，不啻魔窟蛇窝。

---

① 黄剑华：《试论太平天国建都天京的得与失》，《甘肃社会科学》1984年第3期，第79页。
② 宋溶生：《建天京于金陵论》，《太平天国印书》（下），江苏人民出版社，1979，第420页。
③ 宋溶生：《贬妖穴为罪隶论》，第442页。
④ 邓辅廷：《贬妖穴为罪隶论》，第449页。
⑤ 马之沄：《建天京于金陵论》，第418页。
⑥ 罗长春：《建天京于金陵论》，第423页。
⑦ 黄期升：《贬妖穴为罪隶论》，第447页。
⑧ 朱翔廷：《建天京于金陵论》，第425~426页。
⑨ 黄际世：《贬妖穴为罪隶论》，第447~448页。

后来，洪秀全在批解新旧约全书时进一步发挥了南京为"小天堂"、为"新耶路撒冷"的思想。他在解释《马太福音》第五章有关天国问题时写道："一大国是总天上地下而言，天上有天国，地下有天国，天上地下同是神父天国，勿误认单指天上天国。"① 在解释《哥林多前书》第十五章时明确提出"大天堂"和"小天堂"的说法："神国在天，是上帝大天堂，天上三十三天是也。神国在地，是上帝小天堂，天朝是也。天上大天堂是灵魂归荣上帝享福之天堂。凡间小天堂是肉身归荣上帝荣光之天堂。"②《使徒行传》第十五章的批注是："今上帝基督下凡，再建上帝殿堂在天京天朝矣，普天下合一均求上主矣。"③《启示录》第三章的批注是："今太兄至矣，天朝有天父上帝真神殿，又有太兄基督殿。既刻上帝之名与基督之名也。由天父上帝自天降下之新也路撒冷，即天京是也，验矣。"④《启示录》第二十一章的批注是："在地如在天，约翰所见是天上大天堂，天上地下一样。新也路撒冷今天京是上帝基督下凡带朕暨幼主作主，创开天朝天堂，上帝天堂今在人间，验矣。"⑤ 洪秀全认为，南京就是"新耶路撒冷"，就是圣经所预言的新天新地在地上的实现，是天父上帝和天兄基督临格之地，是天下万国万民众望所归之所。

在旧约时代上帝召唤以色列人进入那流奶与蜜的应许之地，在新约时代耶稣告诉他的选民等他复临时他要与他们同住在天上降下的圣城新耶路撒冷。但耶稣什么时候再来，最后审判什么时候开始，连耶稣自己也说："但那日子，那时辰，没有人知道，连天上的使者也不知道，子也不知道，惟独父知道。"⑥ 洪秀全等太平天国领袖把南京说成是"新耶路撒冷"，从比喻或象征的意义上看，当然是为了鼓舞士气从而坚定太平军必胜的信念，但如果硬说天父天兄降临与他们同在同住，可能不符合圣经对新天新地降临情景的描述。

---

① 《太平天国官书三种附·钦定旧前遗诏圣书批解》，金毓黻等编《太平天国史料》，中华书局，1955，第77页。
② 《太平天国官书三种附·钦定旧前遗诏圣书批解》，第83页。
③ 《太平天国官书三种附·钦定旧前遗诏圣书批解》，第81页。
④ 《太平天国官书三种附·钦定旧前遗诏圣书批解》，第86页。
⑤ 《太平天国官书三种附·钦定旧前遗诏圣书批解》，第87页。
⑥ 《圣经·马太福音》24：36。

二 颁行诏书

太平天国定都南京后,各项事业走向正轨并逐步完善,其中重印或新刻各种宗教书籍尤为要务。在南京特别设置了"典镌刻"官四人,雇用刻书匠数十人,专门负责刊印圣经及其他官书。[1] 这类典籍通称为"旨准颁行诏书",也就是说经过洪秀全审阅批准后才发行的。为了表明诏书颁行的严肃性和神圣性,癸好三年(1853),吴容宽、钟湘文等文人撰写了《诏书盖玺颁行论》等文章,其中强调:"今蒙天父主张,天兄担当,建都金陵,改命天京,宜扬上帝之真道,俾识天父之仁慈。"[2] "故以诏书颁天下,即以国玺盖诏书,俾读诏而知天父之教化,倍切尊崇;观玺而见天父之权能,愈加谨凛。"[3] 这类诏书,在壬子二年(1852)已有十四部,从癸好三年(1853)定都南京后至辛酉十一年(1861)则增加到三十一部,据说,太平天国刊印的官书总计达五十多部。[4] 这些书刊的内容除去一些典章制度的文献外,主要是关于思想教育和文化宣传的,从中我们可以比较清晰地看出太平天国基督教所具有的几个基本特征。

第一是神化领袖人物。洪秀全、杨秀清等太平天国领袖的政治地位和宗教地位几乎被抬高到与神同等的程度,这种自我神化的倾向远远超过了中国古代帝王"君权神授"的天命思想,也不同于基督教传统先知、使徒或宗派创始人"代神立言"的选召意识。《太平天日》中叙述,洪秀全二十五岁时被天使接升天庭,觐见天父上主皇上帝和天兄基督,并有天母和天嫂在场,天父上主皇上帝封洪秀全为"太平天王大道君王全"。[5] 其场面描述真切详明,较摩西在西奈山与上帝相见的场景有过之而无不及。洪秀全在天四十余日,下凡后对其父兄说:"朕是天差来真命天子,斩邪留正。"[6] 后来洪秀全在批注旧约《创世记》时声称:"爷是光,哥是光,主是光。"

---

[1] 张德坚:《贼情汇纂》,中国史学会主编《中国近代史资料丛刊·太平天国》第三册,上海人民出版社,1956,第87、101页。
[2] 沈世祁:《诏书盖玺颁行论》,《太平天国印书》(下),江苏人民出版社,1979,第461页。
[3] 徐雨叔:《诏书盖玺颁行论》,第460页。
[4] 罗尔纲:《太平天国史》(第二册),中华书局,1991,第1536页。
[5] 《太平天日》,《太平天国印书》(上),江苏人民出版社,1979,第40页。
[6] 《太平天日》,《太平天国印书》(上),第41页。

这里爷指耶和华上帝，哥指耶稣基督，主指洪秀全本人。又说："爷立永约现天虹，天虹弯弯似把弓，弯弯一点是洪日，朕是日头故姓洪。爷先立此记号预诏差洪日作主也。"① 注新约《马太福音》说："上帝是炎，故有神光；太兄是炎，故有大光；朕是太阳，故亦是光。"② 洪秀全把自己置于圣父、圣子之列，天上人间，他位列第三。杨秀清的宗教地位也十分特殊，《天父下凡书》第二部记载，他假托天父上主皇上帝下凡，甚至可以训斥洪秀全，洪秀全不得不承认："清胞所奏，件件皆是金玉药石之论，事事皆是至情至理之言，洵为万世之典章也。前天兄耶稣奉天父上帝命，降生犹太国，曾谕门徒曰，后日有劝慰师临世。尔兄（洪自称）观今日清胞所奏及观胞所行，为前天兄所说劝慰师圣神风，既是胞也。"③ 洪秀全在注《马可福音》时写道："圣神上帝也，既住临太兄（指耶稣）其上，又引太兄，何得另有圣神成太兄的身，又另外有一圣神凑成三位，其中有一圣灵，东王也。"④ 在洪秀全看来，杨秀清就是圣灵的化身，可以代天父上主皇上帝发令传言，而自己是上帝的第二个儿子、耶稣的兄弟。正统的基督教"三位一体"观认为，圣子耶稣与天父上帝同性同体，而圣灵来自圣父和圣子，《圣经》更没有天母和天嫂的说法。可见，洪秀全、杨秀清等领袖人物对"三位一体"的理解是错误的，属于异端思想。领袖人物被神化，虽然在太平天国之初有利于发动和组织群众进行反清的斗争，但到后期却导致宗教或政治权力的混乱以致酿成灾难。

  第二是清理儒家思想。太平天国领袖洪秀全原本是一位科场落第的儒生，虽然皈依了基督教，但他对儒家的感情是复杂矛盾、爱恨交加的。一方面，他屡试不第，对于以儒学为依托的封建科举制度充满怨恨；另一方面，他毕竟受过正规的儒学训练，饱读诗书，所以骨子里难以割舍对儒学的眷恋。《太平天日》中所描述的孔子在天庭受审的情形间接地表达了洪秀全对儒家的两难态度：天父上主皇上帝在洪秀全面前摆列三等书，一等书

---

① 《太平天国官书三种附·钦定旧前遗诏圣书批解》，金毓黻等编《太平天国史料》，中华书局，1955，第75页。
② 《太平天国官书三种附·钦定旧前遗诏圣书批解》，第77页。
③ 《天父下凡诏书》（第二部），《太平天国印书》（下），江苏人民出版社，1979，第482页。
④ 《太平天国官书三种附·钦定旧前遗诏圣书批解》，金毓黻等编《太平天国史料》，中华书局，1955，第79页。

是天父"下凡显迹设诫所遗传之书",即旧约全书;二等书是"基督下凡显神迹捐命赎罪及行为所遗传之书",即新约全书;三等书是"孔丘所遗传之书"。前两等书"是真,无有差错",而后一等书"甚多差谬","又推勘妖魔作怪之由,总追究孔丘教人之书多错"。天父上帝、天兄基督责备孔丘,孔丘欲与妖魔头偕走,被追回鞭挞,"孔丘哀求不已,天父上主皇上帝乃念他功可补过,准他在天享福,永不准他下凡。"① 这说明,孔子虽然有罪,但在天上还是蒙上帝赐福的。太平天国前后期(以定都南京为界)对儒学态度虽有差异,但总体倾向是接纳和吸收的。1852年出版的《太平诏书》初刻本包括《原道救世歌》《原道醒世训》《原道觉世训》三篇文章,其中大量引用儒书内容来论证上帝信仰的合理性。关于上帝信仰,中国古已有之:"而于今历考中国、番国各前圣所论及,且笔于书以传后世者,只说天生天降,皇上帝生养保佑人,未尝说及阎罗妖也;只说死生有命,亦是命于皇上帝已耳,毫无关于阎罗妖也;只说皇上帝审判世人,阴骘下民,临下有赫,又毫无关于阎罗妖也。"而妖魔惑世,是后来的事:"历考中国史册,自盘古至三代,君民一体,皆敬拜皇上帝也。坏自少昊时,九黎初信妖魔,祸延三苗效尤,三代时颇杂有邪神及有用人为尸之错,然其实君民一体,皆敬拜皇上帝,仍如故也。至秦政出,遂开神仙怪事之厉阶……"② 1853年后出版的《太平诏书》重刻本删去了初刻本所引的孔孟之说、诗书之语以及为儒家所称道的古事,但保留了一些中国历史上反面的不敬畏上帝的例子作为鉴戒。③ 定都南京之初,虽曾掀起过一场群众性反孔运动,禁读和焚烧儒书,"出示以读孔、孟书及诸子百家者皆立斩。"④ 但很快被东王杨秀清借天父旨意而阻止:"前曾贬一切古书为妖书。但四书十三经,其中阐发天情道理者甚多,宣明齐家治国孝亲忠君之道,亦复不少。故尔东王奏旨,请留其余他书。凡有合于正道忠孝者留之。近乎绮靡怪诞者去之。至若历代史鉴,褒善贬恶,发潜阐幽,启孝子忠臣之志,诛乱臣贼子之心。

---

① 《太平天日》,《太平天国印书》(上),江苏人民出版社,1979,第38~39页。
② 《太平诏书》,《太平天国印书》(上),江苏人民出版社,1979,第18~20页。
③ 《太平诏书》(重刻本),第387~400页。
④ 佚名:《金陵纪事》,太平天国历史博物馆编《太平天国史料丛编简辑》第二册,中华书局,1962,第47页。

劝惩分明，大有关于人心世道。再者，自朕造成天地以后，所遣降忠良俊杰，皆能顶起纲常，不纯是妖。所以名载简编，不与草木同腐，岂可将书毁弃，使之湮没不彰？今又差尔主天王下凡治世，大整纲常，诛邪留正，正是英雄效命之秋。彼真忠顶天者，亦是欲图名垂万古，留为后人效法。尔众小当细详尔天父意也。"① 1861年（太平天国辛酉十一年）颁行的《钦定士阶条例》规定，科举考试除了以新旧约圣经以及天父天兄下凡诏书、天命诏旨书、天道诏书为本外，也可参考业经钦定改正的其他凡情诸书，并特别指出："孔孟之书不必废，其中有合于天情道理亦多，既蒙真圣主御笔钦定，皆属开卷有益者，士果备而习焉，则焕乎有文，斐然成章，要求真本真源，在上帝大用之则大效，小用之则小效，必不使有用之才德置之无用之地，与草木同腐，所当孝顺于魂爷，常与天情相吻合而体用兼该者也。"② 太平天国后期不但删定《四书五经》，连圣经的新旧约也要删定。洪秀全在删改《诗韵》（即《诗经》）诏书中告诉史臣："《诗韵》一部，足启文明。……将其中鬼话怪话妖话邪话一概删除净尽，只留真话正话。"③ 属于删定之列的书籍是有阅读和保存价值的，而被指为妖书的将永久焚毁连被删定的资格都没有。可见，太平天国并没有全盘否定儒学的价值，只不过是根据政治需要和宗教立场加以取舍与清理罢了。

　　第三是激烈反对偶像崇拜。基督教十诫的前两条规定："除了我（上帝）以外，你不可有别的神。不可为自己雕刻偶像。"④ 外邦人皈依基督教的一个显著标志就是放弃和毁坏偶像。耶和华上帝是忌邪的神，其信仰者对拜偶像的事是特别敏感和忌讳的。洪秀全等人对基督教的信仰也是从砸妖庙、坏偶像开始的。《太平天日》中详细记载了革命初期他们在广西捣毁三处妖庙的情况。⑤ 洪秀全在《原道觉世训》中论证："明明有至尊至贵之真神，天下凡间大共之天父，所当朝朝夕拜而不拜，而拜专迷惑缠捉人灵魂之妖鬼，愚矣！明明有至灵至显之真神，天下凡间大共之天父，求则得

---

① 《天父圣旨》，王庆成编注《天父天兄圣旨——新发现的太平天国珍贵文献史料》，辽宁人民出版社，1986，第103页。
② 《钦定士阶条例》，《太平天国印书》（下），江苏人民出版社，1979，第746页。
③ 《删改〈诗韵〉诏》，扬州师范学院编《洪秀全选集》，中华书局，1976，第52页。
④ 《圣经·出埃及记》20：3－4。
⑤ 《太平天日》，《太平天国印书》（上），江苏人民出版社，1979，第44~50页。

之,寻则遇着,扣门则开,所当朝朝夕拜而不拜,而拜无知无识之木石、泥团、纸画各偶像,有口不能言,有鼻不能闻,有耳不能听,有手不能持,有足不能行之蠢物,抑又愚矣!"① 人是上帝的造物,而偶像是人的造物,人不拜上帝却拜偶像,所以是愚妄的。太平天国把破偶像的宗教任务与诛清妖的政治使命合二为一。在早期由东王杨秀清和西王萧朝贵联名颁布的诛妖檄文中明确指出:"今满妖咸丰……率人类变妖类,拜邪神,逆真神,大叛逆皇上帝,天所不容,所必诛者也。"② 在后期由干王洪仁玕所撰的诛妖檄文中也谴责清政府:"历教十八省人之拜妖佛,事事坏我纲常,条条制我族类。"③ 从金田起义到天京陷落,至始至终,太平军都将捣毁偶像作为革命事业不可或缺的重要组成部分。"革命军所到之处,所克之地,无不以打倒偶像为先务之急,凡儒释道三教之偶像神位与寺观庙宇,均遭破坏或焚毁。"④ 江南地区香火旺盛,太平军占领南京后,"夫子宫墙无处攀""报恩寺塔成焦土"⑤,由金陵到镇江"沿江庙宇皆被焚毁"⑥,从苏州至杭州"神祠非撤即焚烧"。⑦

太平天国的基督教所表现出的三个基本特点,既有政治方面的教训,也有文化方面的鉴戒。神化领袖人物也许是为了革命的需要,却与基督教的原罪意识和人的谦卑精神相违背。太平天国认同儒家的天道天命思想,清理其中所夹杂的鬼神迷信成分,但对儒家三纲五常的封建等级制度却固守有加。对于偶像的破坏和打击,太平天国诉诸于政治镇压和武力征服,表现为原教旨主义者的狂热和残酷,违背了基督教所秉承的劝导和训谕的传教方式。

三 宗教礼仪

宗教礼仪是宗教观念外在行为的表现。太平天国的宗教礼仪表现为基

---

① 《太平诏书》,第 20 页。
② 《颁行诏书》,第 107 页。
③ 《诛妖檄文》,《太平天国印书》(下),江苏人民出版社,1979,第 734 页。
④ 简又文:《太平天国典制通考》(下册),简氏猛进书屋(香港),1958,第 1816 页。
⑤ 何绍基:《金陵杂述》,转引简又文《太平天国全史》(上册),简氏猛进书屋(香港),1962,第 531~532 页。
⑥ 王正谊:《濡须舟中纪事》,第 533 页。
⑦ 丁葆和:《归里杂诗》,转引简又文《太平天国典制通考》(下册),简氏猛进书屋(香港),1958,第 1820 页。

督教崇拜原则与中国民间信仰因素的混合。其功能在于强化人们的宗教意识，团结民众、整合人心。

关于入教的仪式。基督教普遍实行的入教仪式是洗礼，一般有三种形式：一是浸水，二是点水，三是洒水。太平天国并无严格要求采用哪种形式，《天条书》中有关受洗问题写道："当天跪下求皇上帝赦罪，或用口祷，或用疏奏。祷告毕，或用面盆水周身洗净，在江河浸洗更妙。"① 太平天国至始至终没有按立牧师或主教的制度，施洗主要是由首长或宗教官来主持的。② 有关基督教的另一重要仪式圣餐礼，太平天国也并不重视，很少举行。③

关于聚会的时间、地点和程序。全世界基督教的崇拜聚会时间大都在星期日，是为纪念耶稣死后复活的日子，也有少数教派（如基督复临安息日会）按照犹太人的习惯，把星期六（安息日）作为礼拜的日子，这也是旧约十诫第四条所规定的圣日。太平天国恪守十诫天条，所以把星期六定为崇拜的日期。④ 太平天国的崇拜地点有别于西方的教堂。虽然定都南京后，《天朝田亩制度》中规定："凡二十五家中设国库一，礼拜堂一，两司马居之。"⑤ 但实际上教堂并没有普遍设立，在天朝有"真神殿"、在各王府有"天父堂"，这些地点虽然是专门用来敬拜上帝的，但附属于私宅或官衙，相当于议事厅或大礼堂，不同于独立的由一组神职人员构成的大教堂。⑥ 根据呤唎所著《太平天国革命亲历记》书中"一个太平天国礼拜堂"的插图⑦，以及至今苏州忠王府内保有的一个礼拜堂来看，礼拜堂的空间不是很大，约能容纳三四十人。会堂的前后方各设置一桌，一边桌上点有蜡烛二支，放清茶三杯，两旁立有奏乐员，桌前一人立读文告，另一边桌前站立者大概为主礼者。会众列坐东西两侧，男在左，妇女儿童在右，两侧

---

① 《天条书》，《太平天国印书》（上），江苏人民出版社，1979，第27页。
② 简又文：《太平天国典制通考》（下册），简氏猛进书屋（香港），1958，第1856页。
③ 简又文：《太平天国典制通考》（下册），第1860页。
④ 《天条书》，《太平天国印书》（上），江苏人民出版社，1979，第31页；参见罗尔纲《太平天国史》（第二册），中华书局，1991，第1275页。
⑤ 《天朝田亩制度》，《太平天国印书》（上），江苏人民出版社，1979，第410页。
⑥ 简又文：《太平天国典制通考》（下册），简氏猛进书屋（香港），1958，第1842页。
⑦ 〔英〕呤唎著《太平天国革命亲历记》（上册），王维周译，上海古籍出版社，1986。

座位后亦有站立者,大概为身份较低者。① 太平天国的崇拜程序亦较独特,礼拜的前一日,街上挂旗写明或派人沿街宣告:"明日礼拜,各宜虔敬。"聚会时有唱赞美诗和讲道理,特别要撰写和宣读祈祷书,并将全部参加者的姓名写在上面,读毕焚烧。②

关于祈祷。除了礼拜日的集体祈祷之外,还有个人的或家庭的祈祷活动。悔罪时,"恳求天父皇上帝开恩,准赦前愆,准改过自新,魂得升天。"早晚拜上帝时,"祈祷天父皇上帝恩怜救护,时赐圣神风,化恶心,永不准妖魔迷蒙,时时看顾,永不准妖魔侵害。"吃饭时,"感谢天父皇上帝,祝福日日有衣有食,无灾无难,魂得升天。"灾病时,"恳求天父皇上帝恩怜救护,灾病速退,身体复安。"生日满月、迎亲嫁娶时,要用牲醴茶饭祭告皇上帝,"恳求天父皇上帝祝福……家中吉庆,万事胜意。"做灶、做屋、堆石、冻土等事,也要用牲醴茶饭祭告皇上帝,"恳求天父皇上帝看顾扶持……家中大小个个安康,百无禁忌,怪魔遁藏,万事胜意,大吉大昌。"办丧事、大殓成服还山时,也要用牲醴茶饭祭告皇上帝,"恳求天父皇上帝开恩,准小灵魂○○○得上天堂,得享天父皇上帝大福。又恳求天父皇上帝看顾扶持……家中大小个个安康,百无禁忌,怪魔遁藏,万事胜意,大吉大昌。"③ 以上祈祷的内容涉及日常生活各方面事务,小到吃喝住穿、大到生老病死,足见太平天国宗教礼仪贯穿之全面彻底,但有些祈祷要用牲醴茶饭来祭告皇上帝,显然带有一些中国传统祭祀的色彩。

关于"讲道理"。"讲道理"是两广一带对基督教传教士四处宣讲福音活动的一种通俗说法。太平天国接纳并发扬了这一行之有效的宣教方式。"讲道理"并不限于崇拜日的礼拜堂,重大事件之前后都可以举行。凡大军所到之处,于空旷之地筑一高台,最高长官或被派军官均可主持其事。"讲道理"也不仅限于宗教宣传,还包括政治鼓动、政策落实或纪律申明等内容。在太平天国控制的江南地区,"讲道理"乃普遍之事,金陵城内、扬州

---

① 参见简又文《太平天国典制通考》(下册),简氏猛进书屋(香港),1958,第1846页。
② 参见简又文《太平天国典制通考》(下册),第1845~1846页。
③ 《天条书》,《太平天国印书》(上),江苏人民出版社,1979,第28~30页。

地区和苏州一带都举行过大型的户外"讲道理"的活动。①

太平天国不同于基督教的某教派或教会,带有强烈的政教合一性质,其崇拜仪式集体化和军事化倾向明显。过分强调军民信仰和行为的一体化,可能会忽略不同个体内在的心灵感受和生命体验。

四 与西方传教士的交往

没有西方传教士在中国的布道,就不会有太平天国基督教组织的建立。洪秀全与洪仁玕早年深受伦敦会传教士所散发的小册子《劝世良言》的影响,又与美国南浸信会牧师罗孝全(I. J. Roberts, 1802 - 1871)有一段时间的交往。太平军早期的兄弟们有一些是属于郭实腊所创立的"福汉会"成员。洪仁玕在《资政新篇》中提到与他关系密切的西方传教士有二十几位,分别是英国的理雅各(James Legge, 1815 - 1897,伦敦会牧师)、湛孖士(湛约翰,John Chalmers, 1825 - 1899,伦敦会牧师)、米士威大人、俾士、合信(Benjamin Hobson, 1816 - 1873,马礼逊之长婿、医生)、觉士(J. Cox)、滨先生、慕维廉、艾约瑟、韦律,美国的罗孝全、卑治文(裨治文,Elijah C. Bridgman, 1801 - 1861,公理会牧师)、花兰芷(花雅各,James L. Holmes,南浸信会牧师)、高先生、晏先生、赞臣先生、寡先生,德国的黎力居(黎力基,Rudolf Lechler, 1824 - 1908,崇真会牧师)、韦牧司、叶纳清、韩士伯,还有一位忘其名者,瑞典的韩山文(Theodore Hamberg, 1819 - 1854,巴色会、礼贤会牧师)。② 太平天国定都南京后,西方传教士急于了解太平天国的宗教性质和政治前途,于是陆陆续续从上海到镇江、南京、苏州等地拜访太平天国的领袖和将领。

镇江是进入天京的屏障,成为太平天国与西方传教士接触的第一站。1853 年 6 月 4 日至 6 日,美国监理会传教士戴作士医生(戴乐安,Charles Taylor)访问镇江,此前,也有英国公使来过镇江和天京,但他是第一位探访太平天国的传教士,不仅参加了太平天国礼拜六的聚会,而且拜会了镇江主帅罗大纲。罗大纲托其给上海的英国人带去一封公

---

① 参见简又文《太平天国典制通考》(下册),简氏猛进书屋(香港),1958,第 1861~1864 页。
② 参见《资政新篇》,《太平天国印书》(下),江苏人民出版社,1979,第 682~684 页。

函，内中声称彼此"既系同拜上帝，皆系兄弟，所阅来书，两相符合，总属一条道路也"①。

苏州毗邻上海，1860年6月2日太平军攻克苏州后，由上海来苏州或经苏州再到南京的传教士越来越多。西教士对太平天国统治时期苏州的访问共八起十三人次，时间主要集中在1860年的下半年。② 第一批由上海来苏州的是美国南浸信会传教士高第丕（T. P. Crawford，1821－1902）、花兰芷、赫威尔（海雅西，J. B. Hartwell，1835－1912）等三人，他们是1860年6月23日到苏州的，在苏州他们受到太平军将领的热情接待，并一起向上帝作祷告。回上海后，他们在访问报告中写道："我们带着对叛军极其友好的印象回到上海。"③ 1860年6月底，艾约瑟、杨笃信（杨格非）等五位伦敦会传教士也来到苏州，他们在忠王府会见了忠王李秀成。李秀成表示："我们同一宗教，我们是弟兄。现在清朝已到末日了，天朝已占有半壁江山。苏州这城市，最近才攻下，现在还没有建立教堂，否则，你们可以和我们一道去教堂，参加我们的礼拜。"④ 他在承认耶稣救赎之功的同时，也强调天王洪秀全是耶稣的弟弟。过了不久，应干王洪仁玕的邀请，艾约瑟、杨笃信等传教士于1860年8月2日又来到苏州，专门与干王讨论宗教问题，他们与干王共会晤两次。杨笃信后来在报告中提到了他们与干王会面的融洽与和谐："我们欣然地接受和他共餐的邀请。进餐前，他提议共同唱赞美诗并祈祷。他选了一首麦都思博士的赞美诗，首先唱起来，唱得非常准确、热忱、有力。艾约瑟先生作了简短的祈祷后，我们入座进餐。席间的谈话几乎全都是宗教问题，他似乎不愿谈论其他事情。他对于理雅各、却尔摩司（Chalmers，即湛约翰）、韩山文、艾约瑟和其他几个人以往对他的友谊，怀着十分感激的感情。"杨笃信也高度评价了干王的宗教信仰："我们全都喜爱干王。他的基督教教义知识，是非常渊博正确的。他极愿竭尽自己的力量在他的人民中间传播纯正的基督教，并改正现有的错误。可是，他说

---

① 《殿左伍检点罗大纲致上海英国领事馆书》，太平天国历史博物馆编《太平天国文书汇编》，中华书局，1979，第295页。
② 王国平：《基督教在苏州的开教和初传》，《苏州大学学报》（哲学社会科学版）1996年第4期，第96页。
③ 茅家琦：《太平天国对外关系史》，人民出版社，1984，第274页。
④ 王崇武、黎世清编译《太平天国史料译丛》，神州国光社，1954，第131页。

他无法多做这方面的工作，因此他希望邀请许多传教士到南京来教导人民。"① 尽管在洪秀全见异象的问题上，杨笃信曾表示过他对干王的担心，认为："洪仁玕对于天王之才能及敬虔，尊崇至极，而且他似乎是深信天王从前之异梦的。"② 但是，总体来看，西方传教士与洪仁玕、李秀成等太平天国领袖在苏州的会见是友好而富于建设性的。

　　南京是太平天国的首都，当然是西方传教士来往最频繁的地方。据统计，先后有近二十位西教士来过天京。③ 1860 年 8 月 7 日，花兰芷访问天京并会见章王林绍璋，他根据《圣经》内容对太平天国的教义和礼仪提出了许多质疑。④ 1860 年 10 月 13 日，洪秀全的老朋友美国传教士罗孝全受邀来到天京参与太平天国的传教工作。罗孝全表示他来天京"单纯是为了传布包含在新约中的基督福音，并把散布圣经作为更有效地完成那个目的的一个手段"。但是，洪秀全却下诏书告诉罗孝全"约书不好些当去"，"朕来乃是成约书"，并要求罗孝全变为一名改宗者，到外国去布道，让外国人改信太平天国的宗教。罗孝全与洪秀全之间很快产生了矛盾，两人就"三位一体"、洪秀全升天、杨秀清"赎病主"称号等问题展开争论。1862 年 1 月 20 日，罗孝全出走天京。⑤ 1860 年 11 月 18 日，杨笃信自上海来到天京，他在天京住了一个多月，最大的收获是从太平天国政府得到一份《宗教自由诏》，准许基督教各派传教士在太平天国境内传教。杨笃信在返回上海，路过苏州时胸有成竹地表示："我完全相信，如果他们（太平天国）在江苏省境内建立了秩序，那么，江苏省在二十年内名义上就要成为一个基督教的省份了。"⑥ 1861 年 2 月 8 日，慕维廉到天京，进行了一个月的传教活动，但并不顺利，因为天王洪秀全坚持用"中国自有的本色的方法"传教，不欲借赖外援。当慕维廉与干王洪仁玕谈及西教士在南京久住传教一事时，

---

① 引自〔英〕呤唎著《太平天国革命亲历记》（上册），王维周译，上海古籍出版社，1986，第 231～232 页。
② 《北华捷报》五二二号（1860 年 7 月 28），转引自简又文《太平天国典制通考》（下册），简氏猛进书屋（香港），1958，第 1944 页。
③ 茅家琦：《太平天国对外关系史》，人民出版社，1984，第 271 页。
④ 茅家琦：《太平天国对外关系史》，第 305～307 页。
⑤ 茅家琦：《太平天国对外关系史》，第 292～296 页。
⑥ 引自〔英〕呤唎著《太平天国革命亲历记》（下册），王维周译，上海古籍出版社，1986，第 381 页。

洪仁玕"以很友善的姿态答复,以为不应,至少于现在时间,那地方(南京)不过是一座大军营。"但是,洪仁玕却建议传教士"不如在苏州工作,逐渐而上"①。1861年3月21日,艾约瑟到达天京,他试图尽自己最大的努力将太平天国宗教纳入正统的基督教范围内,他与天王洪秀全就上帝的性质、圣经的权威性等问题展开笔战,但洪秀全并没有被说服。艾约瑟对洪秀全的印象是:"他(洪秀全)模仿传教士们的坚韧性,坚持特种教义的重要性。他向传教士宣传修改他们所保持的观点的必要性,并逼他们接受。传教士必须承认太平王朝是天国,这个天国在世界上独自存在,而南京(他们称之为天京)是宗教和世界帝国的中心。'京'只能用来称呼南京,'国'只能用来称呼他自己统治的中国。南京是上帝和基督帝国的首都。而他的儿子是上帝和基督在地上的可见代表。"②西教士在南京与洪秀全在宗教问题上的分歧和争论日益尖锐,双方意见难以调和,直至彼此感情交恶。1861年以后,很少有西教士来天京访问了。

太平天国与西方传教士在江苏境内的交往经历了一个由热转冷的过程。热要归功于干王洪仁玕相对纯正的基督教信仰和比较开明的外交姿态,这使得西教士对太平天国基督教的发展充满期待;冷是因为天王洪秀全信仰的偏执和思想的专断,导致西教士对太平天国的宗教状况极度失望甚至反感。太平天国与西教士友好关系的破裂实在令人惋惜,这也成了西方列强帮助清政府镇压太平军的一个绝佳借口。

第三节　江苏的教案

基督教与中国社会文化的接触碰撞,激起了汹涌澎湃的巨浪,也形成了潜伏对抗的暗流。如果说太平天国运动反映的是一些中国民众如何借用西方基督教信仰来反抗清王朝的封建统治,那么,反过来清末的一系列教案乃至义和团运动反映的是另一些中国民众如何依靠民间信仰和保守势力来排拒西方的基督教。江苏是较早向西方列强开放的地区,在一小部分思

---

① 引自简又文《太平天国典制通考》(下册),简氏猛进书屋(香港),1958,第1953~1954页。
② 引自茅家琦《太平天国与列强》,广西人民出版社,1992,第195页。

想开明的知识分子接纳基督教并积极吸收西方先进科学文化的同时，另一部分思想保守的官绅士民对基督教充满敌意直至发生暴力性的冲突。

一 成因

教案是基督教传教士或信众与地方官绅士民之间由于思想信仰分歧或误解而导致的物质破坏和肢体伤害的事件。西方列强是靠坚船利炮打开中国大门，并靠不平等条约获得在中国传教经商的权利，其商人、传教士和外交家对中国有一种高高在上、盛气凌人的优越感，使得中国官民对西方人的一切做法和行为有一种本能的排斥和厌恶。虽然清政府承认天主教和耶稣教的传教权利，但总体上看，从皇帝朝臣到平民百姓对基督教没有什么好感，将其等同于异端邪教，并相信有关基督教的不好传言。

中国官民大多弄不清基督教的教派差别，他们把天主教、耶稣教（新教）和太平天国看成是一类东西，甚至认为彼此间相互勾结。同治年间，署名"饶州第一伤心人"的反教揭帖写道："至道光末年，乃有杨秀清、洪秀全等奉其教，群起倡乱，竟至蔓延东南，迄周纪不得平息。逆夷侦知中国之从教者众，遂敢于戊午年直破广东，庚申八月竟犯都门。今上念切怀柔，俯允和议。该夷反敢逞其狂悖，至分其徒于各省州县传天主邪教、及克力士顿教、加特力教、波罗特上等教，均以升天堂、离地狱为说，诳惑庸愚。从其教者即等其奴隶，任其驰驱，为害较前倍烈。"[①] 这段话指出，太平天国运动就是由基督教引起的，至今还没有平息，允许基督教各派在中国传播，将来的危险可能比太平天国更大。

基督教将会惑乱中国的说法在当时非常流行，江苏地方官给皇帝上奏，特别提醒要警惕读书人加入基督教，并建议注销教民籍贯不准应试。两淮盐运使乔松年奏："乃比年以来，各省州县于学习天主教之案，概置不办，皆云奉有明文暂宽其禁，以致习此教者，日见其多。且闻有名列胶庠，身膺章服，而潜行其教，曾不悔悟。"[②] 江苏学政黄体芳奏："所有混厕儒冠仕

[①] 饶州第一伤心人：《天主邪教集说》（同治元年，1862年），王明伦编《反洋教书文揭帖选》，齐鲁书社，1984，第8页。
[②] 《两淮盐运使乔松年申禁天主邪教折》（咸丰十一年，1861年），王明伦编《反洋教书文揭帖选》，齐鲁书社，1984，第279页。

版之中，而毁弃宗祀灭绝彝伦者，则莫如西洋天主教之流祸最烈。……近闻巾卷之子，阳儒阴道者颇不乏人。彼既自绝于圣门，岂容更列于士类，若不严为限制，势必人禽杂处，蟊贼公行。……不得谓和约已定，华夷可联为一体，并周公孔子与乱贼邪波之党而亦合为一家也。"① 光绪元年落成的无锡金匮县儒学碑记云："自古世变之生，皆有人道之不立。后世异学寖炽，匪惟释老之谓，即如粤贼倡乱，谬称天王，以隐于泰西之教。今贼既灭绝，而彼教方肆行于中国，以惑人心。"② 官绅们固执地认为基督教非圣学正道，乃为异端邪说，所以他们对基督教恨之入骨、唯恐避之不及。

江苏地方百姓对基督教也是普遍持仇视和抵制态度的。淮安地区的反教揭帖写道："现有教鬼传教，到我淮城扰闹。他说天父天母，总是胡言乱道。吃他丸药糊涂，祖宗牌位不要。节妇养幼两堂，拿钱哄人入教。妇女听他奸淫，昏糊不顾耻笑。小孩受害更狠，眼睛被他挖掉。租房卖地与他，我们誓与拼闹。大家各备刀枪，一声锣响齐到。我们有我这一教，各人都知道。不敬他们天主教。如若有人敬他这一教，我们大家与他闹。他到此地来传教，我们与他去拼刀。强如他杀我，不如我杀他。妇女被他奸淫去，犹如红头走一遭。教人预备买粮草，不久洋兵就要到。"③ 这一揭帖表达出比官府更强硬的反教立场，百姓们不仅把基督教看成邪教，而且对教会挖眼剖心等罪行深信不疑。镇江地区的反教揭帖写道："咱们公议，城内不准租地与洋人。如有出租，咱们定归各拿火把烧他住屋，将他捉放火内。若衙门口书办指出公地，混叫官府把与洋人，亦照前话办他。先将石潮、陈文虹（二人为丹徒县漕总书）房屋烧了，两人亦丢火内，以后咱们不完粮了。"④ 这一揭帖走的更远，百姓声称若是官府包庇洋人，连洋人一起丢火里焚烧。

包括江苏在内，晚清中国的被殖民地区到处弥漫着强烈的排外和反教情绪。随着传教范围的扩大和程度的深入，教会与官民的冲突是不可避

---

① 《江苏学政黄体芳请注销教民籍贯不准应试片》（光绪十一年十月六日，1885 年 11 月 12 日），第 339～340 页。
② 转引自顾卫民《基督教与近代中国社会》，上海人民出版社，1998，第 212 页。
③ 丁寿恩、丁喜生：《淮安揭帖》（同治七年五月十一日，1868 年 6 月 30 日），第 136～137 页。
④ 城乡众姓公白：《镇江揭帖》（同治七年十月九日，1868 年 11 月 22 日），第 243 页。

免的。

二 概况

晚清的教案大大小小、此起彼伏，很难有一个准确的统计数据。据大陆学者统计，1842 年至 1911 年全国共发生教案 1998 起[①]，1844 年至 1907 年江苏发生教案 70 余起。[②] 据台湾学者统计，1860 年至 1899 年全国共发生教案 811 起，其中天主教与耶稣教教案比例约为 8∶2，在此期间江苏共发生教案 46 起，占全国总数的 5% 左右。[③]

1868 年 8 月 22 日，扬州教案爆发，此事件是当时全国典型的教案之一，从其发生到处理，表现为以下几个方面的特点：第一，像全国其他地方的教案一样，扬州当地的民众基本上弄不清天主教和耶稣教的差别。本来是法国天主教传教士金缄三所办的育婴堂出现小孩死亡的事件，因金缄三当时不在扬州，所以愤怒的群众就赶到英国内地会传教士戴德生的住处闹事。第二，这一教案也是由谣言扩散引起的。当时各地谣传洋人办育婴堂是为了剖取幼孩脑髓眼珠以入药，而江都县令率人掘地验尸，并没有发现剖取脑眼的事实，证实死者均为因病而死。但彼时群情激愤，已不可收拾。第三，这一教案是由当地士绅煽动并领导民众发起的。此前，扬州士绅多次开会并散发揭帖，鼓动群众驱逐洋教。8 月 18 日举行府学考试，来扬州的各县考生也投入了反教运动。第四，教案的处理牵动了中外各方的行政要员。中方涉及两江总督曾国藩和总理各国事务衙门王大臣奕䜣，英方涉及英国驻上海署理领事官麦华陀和英国驻华公使阿礼国等。第五，教案的最后解决是赔偿相关损失，处分相关人员包括地方官员，允许传教士重返故地，并贴告示晓谕民众："务须恪守钦定条约，毋得滋扰教堂，借端生事……倘敢故违，定行重究，决不姑宽。"[④] 可见，教案的发生和处理并没有给官府和民众带来什么好处，反而是更觉吃亏和耻辱。

[①] 赵树好：《教案与晚清社会》，中国文联出版社，2001，第 3~7 页。
[②] 孙福斌：《晚清江苏教案概述》，《聊城大学学报》（社会科学版）2009 年第 2 期，第 154 页。
[③] 陈银崑：《清季民教冲突的量化分析（一八六〇—一八九九）》，台湾商务印书馆，1991，第 16~17、30 页。
[④] 参见戚其章等编《晚清教案纪事》，东方出版社，1990，第 78~82 页。

扬州教案后，江苏各地的反教谣言稍有止息，但士民仇教情绪并未平复。比如，苏州很快出现匿名揭帖，北长老会美国传教士斯美德将其抄录于地方官员，并痛彻声称："我西人何负于华人，似有功而无过，何至屡屡藐忽。当发逆遍江南之际，万姓流离，我西人仰体上帝矜恤为怀，鞠躬尽瘁，而不辞殁于王事者，指不胜数。迄今昆山城外，累累荒冢，尽我弟兄亲戚，非都我西人之骨乎。非沽名也，非贪利也，无非念四海之内皆兄弟，爱人如己之公意。每过玉峰，黯然神伤。今幸升平，家室重安，伊谁之力居多，总不得谓功思，亦无损于中原，何至承华人以逆夷二字以酬劳乎，此在稍有心肝之人，决不出此言也。余非好事者，诚恐播闻及申西国诸执事之耳，蹈广陵之故辙，于地方有司恐干未便。"在斯美德的劝导和威胁下，苏州府的元和、长洲和吴县三县县令不得不联名颁布告示，曰："江苏苏州府元和、长洲、吴县正堂加十级纪录十次吴、厉、汪为晓谕事，照得洋人传教系条约所载，事亦非同创见，各处循案办理。近日苏城地面往往见有匿名揭帖，声言入教之如何受累，此在稍有知识是涉杳渺，故可以不置一词，诚恐无知愚民耸动听闻，或因煽惑滋事。况匿名揭帖本干例禁，不应遍贴街衢，合行出示严禁。为此示仰士民人等知悉，外国建堂礼拜，所在皆有，至入教与否，仍听本人自主，并无相强之理，务当各安本业，毋徒以恍惚之口舌，致启衅绪，如敢故违，定行拿究不贷，切切特示。同治八年三月十七日。"① 这一告示说明地方民众的反教情绪一直是处于蓄势待发的状态，只是慑于官府的压力不得不忍气吞声罢了。

根据台湾学者陈银崑的分析，江苏教案分三期：1860年至1874年为第一期，共发生教案26起，年平均1.73起；1875年至1884年为第二期，共发生7起，年平均0.7起；1885年至1899年为第三期，共发生13起，年平均0.87起，基本呈下降趋势。② 而同期全国教案三阶段的年平均数分别为0.93、0.98、1.08，总体呈上升趋势。③ 1891年（光绪十七年）江苏受长江

---

① 周小珊：《苏州长老会寄来》，《教会新报》第40次（己巳年五月初三日，1869年6月12日）。
② 陈银崑：《清季民教冲突的量化分析（一八六〇——一八九九）》，台湾商务印书馆，1991，第25页。
③ 陈银崑：《清季民教冲突的量化分析（一八六〇——一八九九）》，第17页。

流域教案之波及，发生丹阳、无锡、金匮、阳湖、江阴、如皋等六案，其原因一系受湖南周汉反教宣传的影响，二系哥老会等分子及游勇借端生事，与江苏地方官民关系不大。① 可见，江苏不是全国爆发教案很严重的地方，"江苏人柔顺富理性，且从现实利益之考虑，教案结束较早，案情较轻。"② 江苏地区东西文化交流较早，中外关系逐渐趋于融洽。后来北方爆发义和团运动，江苏实行东南互保政策，教会几乎没有受到太大影响。

三 教训

晚清社会东西方文化首次大规模接触和碰撞，中国出现几千年未曾有过的大变局和大转型，教案的发生是双方交往过程中彼此误解和敌视的最突出表现。从江苏所发生的教案以及全国其他地区的一系列教案，可以总结出以下几点中西方交往过程中所应吸取的历史教训。

首先，一切交往都要建立在平等互信的基础上。中国人之所以仇视基督教传教士，是因为传教权是通过不平等条约获得的，而不平等条约是在西方列强的胁迫下不得已签订的。在中国人看来，西方人不管是商人、外交官还是传教士，都是一丘之貉，都是不邀而来的侵略者。正如传教士们自己所坦言："中国人把传教士看成是所有外国人的代表，他们认为外国人是霸占别人权利的侵略者，专门图财谋利、侵略领土、推销鸦片的人。举凡张贴污蔑基督教传教士的告示，无不控告他们是阴谋征服，或从事贩卖苦力和鸦片的人，披着诲人为善的外衣，而干这些丑恶的勾当。……这些指责无疑可以说明基督教传教士的受害并非由于是传教士，而只是因为他们是外国人。"③ 当时的基督教学者王韬对于西教士与殖民者的瓜葛，深有感触，并建议："将来易约之时，可否将传教一款删除，实可消无端之萌蘖，而绝无限之葛藤。"④ 要想避免文化冲突和教案的发生，彼此的交流应该是平等互信的。

---

① 陈银崑：《清季民教冲突的量化分析（一八六〇——八九九）》，第 23 页。
② 陈银崑：《清季民教冲突的量化分析（一八六〇——八九九）》，第 132 页。
③ 艾约瑟等：《在京英国基督教传教士致阿礼国爵士文》（1869 年 7 月 14 日），中国第一历史档案馆、福建师大历史系编《清末教案》第六册，中华书局，2006，第 152 页。
④ 王韬：《传教上》（光绪八年，1882 年），《弢园文录外编》，辽宁人民出版社，1994，第 92 页。

其次，要及时消除误解，澄清事实真相。教案的发生大都是由于谣言的广传引起的，传教士挖眼剖心的传言不仅大多数民众信以为真，甚至有些官员也深信不疑。事实上，这一传言纯属子虚乌有，这主要是因为中国人对外国人有一种先入为主的偏见，将一切恶行加之于讨厌对象乃理所当然之事，他们根本没有耐性也不想去了解事实真相。像曾国藩那样明察达理的官员实属凤毛麟角，他在处理扬州教案时，敏锐地指出辟谣止谤是解决教案的最好办法："本部堂告以开导百姓之法，宜晓之曰，婴孩死伤虽多，并无挖眼挖心等弊；是医生与乳妈之咎，并无教主之过；育婴乃法国教堂之事，尤非英国教士之过。如此数语，则扬城百姓之疑可释，而戴教士之冤可伸矣。"①

最后，要寻求解决纠纷的合理途径。教案发生后，西教士一般先诉诸地方官府解决，但官府要么是暗中支持民众，要么是慑于反教势力而不敢处理。西教士无奈只好求助于本国驻中国领事或公使进行交涉，为了向中国官府施压，外交官们又以本国的炮舰和军队作为后盾。其实，西教士们大多并不赞成本国政府以武力来保护他们，而只是要争取一个自由传教的良好环境。艾约瑟等西教士曾表达过："基督教传教士不要求炮舰，也不要求武力保护他们。传教士工作如与使用武力有联系，是他们最感嫌恶的方法。他们所要求的是本国的权力机构——在北京的公使和在通商口岸的领事——能够尽力对中国的统治者施加友好的影响，只要英国人民有符合护照中的规定，就应坚决地保护他们在内地自由旅行和定居。"②

传教士们不仅不同意以武力威胁解决教案，而且大多数也反对鸦片贸易。传教权是通过不平等条约获得的，但这并不意味着传教士与西方的商人、外交官或军队是沆瀣一气的。随着传教士与中国社会各阶层的深入接触，中国官民也逐渐认识到他们传道救灵工作的动机是善良美好的。

第四节 基督徒的言论

尽管受到太平天国运动的负面影响以及民众反教风潮的正面冲击，江

---

① 《曾国藩总督致麦华陀领事文》(1868年9月6日)，中国第一历史档案馆、福建师大历史系编《清末教案》第六册，中华书局，2006，第24~25页。
② 艾约瑟等：《在京英国基督教传教士致阿礼国爵士文》(1869年7月14日)，第159页。

苏基督教的早期发展还是取得了较好的效果。由于江苏地区处在对外开放的前沿，传教士不仅传教于城镇，也涉足于乡村。随着传教士与地方士绅和下层民众的广泛接触和深入交往，人们发现传教士大都是品行高尚、知识渊博的有教养的人，他们所传讲的福音也主要是劝人悔改向善、爱人如己的内容。那些做了官的儒者士大夫虽然逐渐改变了仇教的心理，但还不会放弃官位去皈依基督教。然而，那些在地方上没有考取功名或失意的儒生，却成了传教士的主要交往对象和基督教的早期皈依者。他们与传教士结下深厚友谊，成为其传道的得力助手。作为中国人，这些早期信徒以基督教的崭新视角去分析和解决中国现实问题。

一　证道

证道是基督教传教的主要方式之一，是传道人根据圣经的某一章节或针对某一神学主题对基督教教义进行的讲解和发挥。其目的是要听众或读者明白、接受并信服基督教道理，从而皈依基督教。江苏信徒中部分佼佼者信仰立场之坚定、信仰道理之纯正，从他们对教义的阐释和论证中可窥一斑。

苏州长老会的鲍牧师，名哲才，字华甫，本是宁波人，1867年9月（同治六年八月）随美国北长老会传教士斯米德（斯美德）来苏州传道。在《信则得救》的长篇证道中，鲍牧师系统阐发了基督教"信"的道理。首先，他强调，"圣书尝谓人曰：凡人欲得救者必由信。是信为救之本，人必不可少者也。"接着，他从五个角度探讨了"信"的内涵和重要性：一则言此信非由人力所自持，实出于神之恩。"夫人必听道明道而后能信道，彼一闻真道，立厥信心，一若此信以为自能克持，非赖神佑而效者。不知耶稣明明而言曰：非我父予之者，无人能就信我也，父与我之人必就我，凡就我者我不弃之。"[①] 二则言人信此道有真伪之别。"有人焉，一闻真道，心未明，意未清，而遽曰：吾能信，吾能信，是托诸空言而已。若问道中纲领若何，条目若何，始终若何，则莫之能辨焉，安得谓之真信也。即或素知传道者为人端方正直，非沽名钓誉之辈，因而信其所传之道有真而无伪，此其信

---

① 寓苏长老会鲍哲才字华甫：《信则得救》第一次，《教会新报》第42期（己巳年五月十七日，1869年6月26日）。

因传道者而起，非为道之真实而起。倘遇传道者有一些不符，随不信其所传之道，若此之人，安能谓之真信也。亦有人焉，明识真理，推详奥义，及其上下交通，惜乎不加之以坚固，若遇患难，或及诱惑，随失信而逆理。噫，此人耶，何堪谓之真信也。亦有人焉，信神而不信耶稣为主；或信三位合一神，而不信人有原罪，乃人自取罪戾也；或信神亦信原罪，而不信死后复苏及赏善罚恶之道。若此之人，何能得称谓真信也，直言之伪耳。夫所谓真信者，信之明，存之确。……彼信天上有一神，而遵神旨，不敢少干其怒；信耶稣实为救主，而依赖其功德，不敢忘恩义；信圣灵能感化人心，不敢自称为义；信神元始造人，性本善良，因始祖违逆神命，而恶心随蔓延于后世，不能复善；信本性柔弱，不能克持行善，虽战战兢兢，而错误难免于一身；信死后灵魂永存不灭，必立于基督台前，而受审而得善恶之报，专其志不避艰难，存一心不敢他念。若此之人岂非可谓诚信者。"① 三则言人信此道得圣书何应许。"与神喜悦者由于信（希伯来十一章六节），在神前得称为义者由于信（加拉太二章十六节），可称为神继子者由于信（加拉太三章二十六节），能得胜世上邪术由于信（约翰一书五章四节），能去秽洁净人之心由于信（使徒行传十五章九节），神爱世如此，使爱子至世，致万国信之者，皆能得救（约翰三章十六节）。" 四则言人信当求坚益之信。"倘人以为既省有此德，不加以坚固，随矜诩自夸，不存谦逊，反藐视人，放肆无忌，怠惰自安，妄自尊大，以为恃己力所致也。若此之人，吾恐不能进其德，反退缩其信，愈趋愈下，无异于人，可不惧乎。且忆使徒在世谓主曰：使我信益笃，其徒尚然，吾人岂不发愤以求坚益之信哉。" 五则言人信此道在世有何据。"雅各书曰：人自谓有信，若无行，何益之有，信能救之乎（二章十四节）。又曰：尔光宜照于人前，俾其见尔善行，而归荣尔在天之父焉（马太五章十六节）。如是言之，盖身无灵则死，信无行亦死矣（雅各二章廿六节）。且神见人之信，与人之见者大不同，因神能知人之衷藏，而人则不能，只观其外，定其曲直，故人不论独处，或一家共事，或亲戚来往，或朋友谈论，若此之时不显信德之行，乌乎可？吾愿人信顾行、行顾信，

---

① 寓苏长老会鲍哲才字华甫：《信则得救》第二次，《教会新报》第 43 期（己巳年五月廿四日，1869 年 7 月 3 日）；《信则得救》第三次，《教会新报》第 44 期（己巳年六月初二日，1869 年 7 月 10 日）。

勉勉焉而不复蹈故辙者，斯可谓诚信之行确据哉。"① 鲍牧师对"信"的论述可谓详备，真信就会有真悔改，伪信则不会有真悔改，信上帝拯救的恩典与大能乃基督教信仰的起点。

苏州长老会周小珊的《悔论》从正反两个事例阐述了基督教"悔改"的深刻内涵。正面的例子是约伯，处患难中虽不无抱怨，但终能悔悟而顺服上帝。"试观先知约伯，无辜摧败，灾难频加，迨夫子女牛羊，靡有孑遗，犹坚守笃实，曰：吾由之受祥，岂不由之受祸乎。我裸而出，亦裸而入。神赐之，神取之。其心终未离而颂美之也。凡得意则欣，失意则怨，未有知幡然悔改者。若约伯甚至独处涂炭，而不离孝敬，非明神知悔，乌得如是哉。所以终得生前业懋倍赐之赏，寝后逍遥天国，克享无穷之福祉，夫先知后知准绳也，苟能步趋往贤而悔，则明以自处，当哭犹无哭，当喜犹无喜，富贵不淫，贫贱不移，此之谓循神而悔，永生之途不难致矣。"反面的例子是犹大，出卖主，弃神恩，虽悔而难逃灭亡之苦。"若夫犹大，使徒也，幸列门墙，熏陶职橐，恩施且厚，其于道本爱心，心领神会素矣，宜乎一贯不烦悔矣，何心叵测，丧良负师，顿忘至公至严之审判，乃贪易坏易朽之钱财，噬脐莫及，徒悔自戕，身仆腹裂，其肠尽流血田，遗臭于千古，白银抛销于万年。呜呼，斯人不生为尤幸也。如其宫墙外望，未得其门而入，尚可饰词冒昧，今乃亲炙模范，日聆明训，犹然刚愎罔悛，此其所以死有余辜，被鞫加严，终不免于沉沦也。"对于约伯和犹大正反两个事例，周小珊总结其中的教训说："前车颠覆，后车之鉴。取法于约伯而后悔坚，取鉴于犹大而后悔决。是故诚于悔者，知前所为尽不合宜，自责自伤，芟净恶根，毕生兢兢，达不达常思兼善，信不信无不用爱，诚谦洁己，思显神荣，所过必化，救溥万方，必享安慰于前，可升明宫于后，悔之益岂浅鲜哉。凡人荏弱，不能有善而无恶，悔由恶生，恶由悔灭，赖悔以挽狂澜，复新之端也。夫人未有悔心，则不知罪之由来，过之由起，陷溺愈久愈深矣，祸福无门，悔不悔一念启之也。"②

---

① 寓苏长老会鲍哲才字华甫：《信则得救》第三次，《教会新报》第 44 期（己巳年六月初二日，1869 年 7 月 10 日）。
② 苏州长老会周小珊：《悔论》，《教会新报》第 75 期（同治九年正月廿七日，1870 年 2 月 26 日）。

鲍哲才牧师还阐述了一个真正悔改的人对待世间万物所应采取的态度。他以《腓力比书》第三章第八节使徒保罗的话"且我以万事为损,因以识我主基督耶稣为美之盛,夫我因彼既已损万事视为粪土,致可获乎基督"为题,从三个方面进行论证:第一,他说明世俗诸事非无益而有害。"曷言乎世之事非无益而有害者,盖吾神不能遗世而独立,则吾心不能不与物为缘,吾心既与物为缘,则凡物之足以害吾心者,皆入于吾心而陷害我矣。……夫人之一心,心为灵府,心之所好在于世俗,则四肢百体皆从其命矣。约翰书曰:勿爱斯世,或在斯世之物,人爱斯世,则爱父之爱不在其衷(一书二章十五节)。"① 第二,他指出世上万事实由上帝主宰,非人力所能强求。"又吾观世上之人,士农工商,四者概之矣,故不论何人,莫不望志气高涨、心慕富贵、一得以快其心以畅其体,故毕生碌碌,半世劳劳,岂知天不如愿、时不相符,不能悉合昔日之望,此何故耶。……非彼谋之不美,亦非度之不嘉。正如撒母耳前书曰:使人穷乏,使人富裕,使人卑微,使人高显,此非耶和华所主乎。举贫贱者于尘埃,升匮乏者于粪土,使坐于民间,致得荣位,盖天地之基,属耶和华(二章七八节)。使人显达者,非由东,非由西,非由南,其操权自神,升降黜陟,咸其所知矣(诗篇七十五篇六节)。"② 第三,他解释保罗以识耶稣基督为美盛的原因。"当保罗之未归教时也……其灭耶稣教也,不特在本土欲灭之,即外邦亦欲尽灭之而后快。及其兴耶稣教也,不特在本土欲兴之,即远处亦欲通行而后已。……当受诸艰难之际,非不知其所负至重且大,而甘受其苦,益坚其志,不生陨灭退缩之心,若不依恃吾主,而看天道不可失守,死不变心,存天国永乐之望,其何能若是乎。"③

以上苏州长老会两位中国信徒的三篇证道文章,针对"信"与"悔"等基督教要道进行分析与讲解,内容全面详细,思想深刻纯正,反映了中国早期新教信徒较深的信仰程度和较高的神学素养。

---

① 寓苏长老会鲍华甫:《苏州长老会鲍教师来稿》第一次,《教会新报》第 51 期(同治八年七月廿八日,1869 年 9 月 4 日)。
② 寓苏长老会鲍华甫:《苏州长老会鲍教师来稿》第二次,《教会新报》第 52 期(同治八年八月初六日,1869 年 9 月 11 日)。
③ 寓苏长老会鲍华甫:《苏州长老会鲍教师来稿》第三次,《教会新报》第 53 期(同治八年八月十三日,1869 年 9 月 18 日)。

二 辩难

如果说证道是用以经解经的方法来从内部讲解基督教的道理，那么辩难就是通过与其他宗教或学说的对比从外部证明基督教的合理与完善。中国传统文化是一个以儒家为主导、佛道为补充的"三教合一"体系，基督教要想在中国生根发芽，不能不面对其与儒释道三教关系的问题。江苏早期的基督徒在这方面做了探索性的尝试，并为不同宗教间的交流提供了经验教训。

有一位署名"苏郡劫余子"的教外儒生给当时上海的《教会新报》写信，就祭祖、吃教者和"在教之友多是质胜于文"等问题给基督教提出一些建议。他认为耶稣教"与儒教通融，仿佛非有悬壤之殊，实可并行不悖。如耶稣教称上帝，《诗经》亦有上帝临汝之类；耶稣教称孝顺，《中庸》亦有为人子止于孝之类；耶稣教有除我外不许拜别的人，《论语》亦有非其鬼而祭之谄也之类；耶稣教称爱人如己，《孟子》亦有爱人者人恒爱之之类。其余事同语异者，笔不胜录。"然而他感到大惑不解的是，耶稣教"若是真实无伪之教，而儒者每每斥为异端，其咎安在。试有西人常不遗余力，孳孳传教。迄今几及二十余年，如无致忌，何以入教者尚属寥寥耶"。于是，他建议基督教："祭祖乃人子报本之举，天性所发，古礼昭然，曷宜阻止。""自后宜请博学君子将新旧约书参以诸子百家之论，则读者喜有学问琢磨，勤而不倦。""讲书之处宜另用一人专承宾客，又须有材略之人任之，则庸儒不敢藐视。"① 苏郡劫余子的来信，引起了《教会新报》有关耶稣教与儒教关系问题的大讨论，各地信徒和传教士纷纷发表意见，江苏的部分基督徒也踊跃参与进来。

上海浸信会的传教士晏玛太对劫余子的观点表示不以为然。他不同意"耶稣教与儒教……可通融并行不悖"的提法，并主张耶稣教与儒教之功用"大相悬壤"——"儒以仁义道德为教，令人自行，以为人所能行，人所当行，于中不言有灵气以感化，有神力以扶持，有死后之果报，惟曰行之则为君子，反是则为小人，是以孔子以来二千余年，诵其诗读其书不可胜数，

---

① 苏郡劫余子：《劫余子条议》，《教会新报》第 9 期（戊辰年九月十六日，1868 年 10 月 31 日）。

而果能修德行义者罕有其人，因其教之由于人而属于世，君子小人功名利达之荣辱，俱以生前而言未及死后也。耶稣教载于圣书，不由于人，而出于天之主，其修德行义之功用，不只生前，及于死后，不只令人自行，亦许有圣灵之恩助，且此灵亦来抚导人心，默示人以善路（人心中有时觉当改当行之意，既是此灵），凡听其感化而即祷于神，信托耶稣能赦罪者，能得神之垂顾，以获其得成。按耶稣教之所重，不先急于仁义，而先于信托，仁义为信托之果，信托与仁义前后连贯，徒恃自修而无信托者，不能得后来之福。"① 晏玛太的观点大概可以代表那些排斥中国文化、思想保守的传教士的立场。然而《教会新报》的主编西教士林乐知却认为："吾教与儒教心与理正是相通，可以息谣言，可以祛众惑，可以消后变，可以坚信从。……愿吾教友共相发明，以宣明圣教，益莫大焉。"② 可见，林乐知与晏玛太二人各自对儒学的态度有些不同，林乐知坚持基督教的道理和儒家学说是可以相互通融的，而且接纳儒学有利于基督教的传播，并可以消除谣言和教案。

江苏的部分基督徒支持林乐知比附儒学的立场。扬州公会的张更生在《请以儒书证圣教启》中号召各地基督徒："拟请各名流同择儒书中与圣教合者，比而论之，人各一言，言各数则，登之新报，令拘泥之儒知大道本在天壤，则士能服，民无不服矣。"他还指出耶稣教在中国皈依者不多的原因是读书人拘泥于儒学："夫圣教之理真而且切，宜乎归服者众矣，乃数十年来，信者固不乏人，不信者仍指不胜屈。推其故，则我中夏所尊者士，士所拘泥者，儒书也。"所以，他认为解决问题的关键在于基督徒要加强对耶稣教与儒教相互关系的研究："儒书甚伙，而四子书及六经为尤重，其中所载于人事则详，于天道稍略。然细读之，有与圣教相发明相表里者，如论上帝无臭无声，论人性原于天命等语，未始非上帝之感召，俾前贤笔之于简，以拘人心于万一，为将来圣教光扬地也。"③ 苏州长老会的周小珊完

---

① 上海浸会晏教师：《晏教师辩劾余子条议》，《教会新报》第 11 期（戊辰年十月初一日，1868 年 11 月 14 日）。
② 扬州公会张更生：《请以儒书证圣教启》篇后按语，《教会新报》第 65 期（同治八年十一月初九日，1869 年 12 月 11 日）。
③ 扬州公会张更生：《请以儒书证圣教启》，《教会新报》第 65 期（同治八年十一月初九日，1869 年 12 月 11 日）。

全赞同张更生的倡议,他在《答儒书证圣教启》中也明确指出,以儒书证圣教的好处在于可以消除读书人对耶稣教的误解和偏见,增强彼此间相互理解,从而避免教案的发生。他写道:"盖我中土,士为四民之首,达则兼善天下,穷则独善其身,事非仁义,虽小不为,真所谓读书明理者,为民之表率也,何迩来广陵、皖城诸处事端叠出,横逆频闻,倡者文士也。公耶私耶,是耶非耶,缘怀畛域之疑,复存彼此之见,嫌隙塞胸,诚伪莫辨。吾教虽有圣书流传四方,间引圣经,指津醒迷,乃刚愎者诋之曰:此书外国之书也,耶稣外国之祖也,于我无与,吾不欲观。哀哉,自暴者拒以不信,自弃者拒以不为。是不得不引儒书以证圣教,如知所由来,合论比参,了然万殊一本之原,并行不悖,庶可择善而从也。"① 苏州监理会的芮佩芳在《耶稣圣教论》一文中也强调圣经与儒书在道理是相符合的,而且更有超过儒书的真理,他论证说:"且圣经与圣贤儒书相合,更有超过儒书之奥妙,如孔孟乃人中之圣,真神赋以大聪明大智慧,能出死入生之道,究非伊所能知者,故孔子曰:未知生,焉知死。耶稣有真神本性,无所不知,无所不能。孔子曰:获罪于天,无所祷也。圣经云:上帝慈悲,不加悔罪之人。孟子曰:虽有恶人,斋戒沐浴,亦可以事上帝。孔子曰:死生有命,富贵在天。圣经注明死生之道,无不洞悉。孔子曰:君子谋道不谋食,忧道不忧贫。朝闻道,夕死可矣。是故道之大原出于天。曾子曰:道也者,不可须臾离也。可离,非道也。是故君子戒慎乎其所不睹,恐惧乎其所不闻。天命之谓性,率性之谓道,修道之谓教。十目所视,十手所指,其严乎。先世圣贤诸如此语,岂不与圣经之道大有相合哉。"② 中国基督徒认同儒家学说的情感和愿望也许比林乐知这样的思想比较开明的传教士更强烈,因为儒学作为中国文化的核心精神,在任何一个中国人的骨子里都是无法割舍的。

江苏基督徒在援引和吸收儒家学说的同时,对佛、道二教却采取激烈批评和排斥的态度。镇江福音堂的邓子明在《证明圣教启》中坦言:"耶稣

---

① 苏州长老会周小珊:《答儒书证圣教启》,《教会新报》第72期(同治八年十二月廿八日,1870年1月29日)。
② 苏州监理会芮佩芳:《耶稣圣教论》,《教会新报》第78期(同治九年二月十八日,1870年3月19日)。

圣教辟佛老之荒谬，补儒教之缺遗。"① 苏州长老会的周小珊引用儒家的观点来反对佛教，他说："今之异端，莫如僧道，奸邪百出也。……《论语》云：攻乎异端，斯害也已。程注：佛氏之言比之杨墨尤为近理学者，当如淫声美色以远之，不尔则骎骎然入于其中矣。《孟子》曰：邪说者不得作，作于其心，害于其事，作于其事，害于其政。程注：杨墨之害甚于申韩，佛氏之害甚于杨墨，此皆恶其似是而非，为患于世道，为害于人心，是当深恶痛绝，不可一朝留也。"② 苏州监理会的芮佩芳驳斥了佛教轮回转世的说法，并认为释道二教是有害于社会的，他写道："人之化生为人一世，决无转世轮回之事，因真神赋以灵魂，乃从无中生有，不以先世之灵魂令其转生，若然则造人祖时，只造二人，其转生亦不过二人，其亿万世之子孙，亿万人之灵魂，又从何而来。惟释道二教，捏造虚词，骗惑愚人，设有转世灵魂之说，故东岳庙之两廊装塑十殿阎君地狱形象，乃设计诱财之机巧，意谓贫苦者发心施舍，转生变作富贵人，女转男身等类，富贵者吝于施舍，转世变作穷苦人，堕入畜生道中，盖施舍即入于己囊，智者不为其所惑。试思僧道衣食屋宇使用，无一不出于世人，故世俗称僧道为朝廷懒汉，百姓魔头。"③ 江苏地区佛庙道观林立，烧香拜佛、画符念咒在百姓中非常流行，基督教的传播和发展不能不面对中国传统宗教和民间习俗的挑战。

不同宗教间的辩难并不是新鲜的事，在西方基督教的初期就有教父神学家们写了许多驳斥外教护持本教的著作，在中国魏晋时期也有儒家与佛教之间的辩难和争论。江苏基督徒们已经敏锐地认识到，基督教要想在中国扎根，就无法回避其与儒释道三教之间的复杂关系。

三 时论

清末的中国社会内忧外患交织，政治腐败，经济落后，民风愚陋，忧国忧民的有识之士无不期盼着中国能够革故鼎新、走向富强。江苏基督徒

---

① 镇江福音堂邓子明：《证明圣教启》，《教会新报》第 78 期（同治九年二月十八日，1870 年 3 月 19 日）。
② 苏州长老会周小珊：《答儒书证圣教启》，《教会新报》第 72 期（同治八年十二月廿八日，1870 年 1 月 29 日）。
③ 苏州监理会芮佩芳：《耶稣圣教论》，《教会新报》第 78 期（同治九年二月十八日，1870 年 3 月 19 日）。

不仅以证道的形式阐释基督教教义，以辩难的形式维护基督教信仰立场，他们也非常关心时事，提出了一些有价值的变法维新主张。

苏州长老会鲍华甫认为，中国和西方，一个国富民强，一个国衰民弱，其根本的原因在于一个遵循真道，一个不循真道。他在《论吾华人贫窭之原》中写道："窃思中外情形，于彼则国富民强，人杰物灵，于此则国衰民弱，人昧物蠢，其原盖有故焉。今夫天经地义，大道常昭著于两间，顺之则昌，逆之则亡。故每见寰宇之尊崇真神正道者，类皆生顺死安，沐其恩波，可以无虞终窭。……若吾人逆理违天，不循真道，久迷休复，乱正反常，则至此穷窭之遭。"他又指出，中国人不循真道以致贫穷主要表现在：一是好奢侈。"节用为治国齐家之纲领，使治国不能节用，则国体空虚，而度支不给，齐家若不能节用，则入不敷出，而荡产倾家。故《易》有之曰：节有制度。今每见吾人不知量入为出，而反侈用耗财，所以财源涸竭，困厄兴嗟。"二是吸鸦片。"今夫晏安鸩毒者，莫如鸦片，而无人之吸食者如蚁慕膻，散手好闲，惟灯是弄。余尝闻之，一夫不耕有啼饥者，一妇不织有号寒者。今吸烟之徒如斯之盛，卖烟之馆如此其多，安得不人穷而户瘠也。"三是拜假神。"今吾人所崇尚者，又有若假神菩萨，闻其名则甚尊，问其实则有愧，不意甘受其欺，竟遵其教，遂以雕塑偶像，焚香烧烛，凿纸为钱，以为邀福免祸之门。夫香烛纸钱之费，虽曰无几，而积少成多，可久可大，是所谓虚耗而不及觉者也。"鲍华甫最后得出的结论是："奉劝吾人顿改前辙，弃诸虚邪，顺崇真神，笃信耶稣，上报天恩，下慰人愿，生前获安，死后得福，信耶稣之教，非惟有益于灵魂，抑且有益于邦家，即文物之声名，享治平之隆盛，保人民乂安，尽在此焉。"① 在鲍华甫看来，归信基督教不仅可以改变人民的精神状态，也可以使国家变得富裕强盛。

东吴大学肄业生奚柏寿（即奚伯绶）针对清末维新变法的失误，提出了自己独到的见解。他的《变法本论》批评戊戌变法是治标不治本："法创乎民，民范乎法，法敝则民愚且弱，民愚且弱则法虽有而如无。民之与法，其犹精神之与体魄乎。……戊戌之岁，二三达士，闵夫庶民之厄、治法之敝，昌言危论，为求更革，而数载以来，成效未收，败点造现，是岂变法

---

① 寓苏长老教会鲍华甫：《论吾华人贫窭之原》，《教会新报》第 237 期（同治十二年四月廿一日，1873 年 5 月 17 日）。

之有害无力哉，盖标末变而本未变也，本焉在，民是也。……盖今之言变法者，每曰归政复辟，黜顽锢，举贤才，以为变法之权仅属此数人而已，不知变法者，国民之务也。"不同于中国古代的民本思想，奚柏寿有很强的近代西方民权意识，他写道："民之于国，各有当尽之义，即各有当伸之权，故法之有害于民者，民得起而变之，官吏之有阻民之变者，民得起而易之，岂必待政府曰变而后始变哉。有自由之权而不能伸，有爱国之义而不知尽，其故在于民智之不开。开智之事，其发轨之始亦不过立公会，设学堂，兴报馆，勤演说，广译书，严报律，俾四百兆之脑机，去涩生新，化滞为活，而渐离于愚弱之界，而渐收其旁落之权，渐守其公有之义。"①奚柏寿这样出类拔萃的基督徒，较早地认识到中国变法维新的根本在于开民智、伸民权，改变民众的精神状态，从而培养民众的人权意识，这才是民族振兴的第一要务。

苏州监理会的曹子实牧师曾在美国学习和生活过，他对比了中国与西方在婚姻制度上的差别。有关中国的婚姻习俗，他认为"父母之命，媒妁之言"存在很多弊病："溯自中国连姻一事，女择良人，男求佳偶，克家宜室，以洽天和，理固通明，尚多不备，悉遵父母之命，半惑媒妁之言，遵父母命，两不通忱，模糊俯就，惑媒妁言，百般驾语，撮合旁观，嗣或伉俪有乖，难保无反目之故，虽属授受有关，致抱平生之恨，皆由不慎其始，而累其终也。更有吉期闹房一节，惊喜相连，乘酒戏谑，遇有不遂，而贺客与婚家，遂成秦楚，两宜车鉴耳。"他比较赞同西方的自由恋爱和小规模的家庭生活："若西国连姻则不然，男女及年，父母皆令自择，一语既成，终身无悔，于完姻之后，子妇或另迁他处，问膳依然，以免上下有乖，皆有慎其始，而全其终也。"②

像曹子实、奚柏寿这样的对东西方文化有一定了解和清晰把握的基督徒在当时实属凤毛麟角，但他们已经敏锐地感觉到要改变中国贫弱落后的状况，不能仅停留于器物乃至制度层面的发展，更要从思想深层去更新民

---

① 东吴大学堂肄业生奚柏寿：《变法本论》，监理会编行《教保》第二十一册（光绪二十七年七月，1901年9月），第6页。
② 苏州美国礼拜堂牧师曹子实：《婚姻论》，《教会新报》第192期（同治十一年五月十七日，1872年6月22日）。

众的传统观念。

江苏基督徒的言论并没有局限于教义的宣讲和福音的传播。他们也十分关注基督教与中国文化，特别是与儒释道三教的关系，同时也积极思考现实问题，提出了社会更新的种种建议。由内部信仰外推到其他宗教，又由宗教问题拓展至社会关切，这一路径反映了基督教既重视个人拯救，也致力于社会改造的追求。

第五节 社会服务

基督教提倡爱的侍奉，在心灵上要安慰人、劝导人，在身体上要帮助人、救治人。这是基督教宗旨的两面，互为表里，合二为一。很难设想一个爱的宗教，只强调人的灵魂得救，却忽视人的身体状况；也很难设想掌管宇宙的上帝，只允许人知道圣经，却禁止万事万物知识的学习。所以，创办医院、学校等服务设施不一定是基督教传教的手段，却是救赎工作的必要组成部分。江苏是中国经济较富庶地区，但处在近代中国内忧外患、战乱不断的环境下，百姓民不聊生、无家可归甚至贫病交加的现象是常有的。

一 兴医院

耶稣既是一位救世主，也是一名大医师，他在世时不仅传讲福音，也医治那些瘸腿的、瞎眼的、长大麻风的病人。西方现代意义上的医院是由基督教创立的，到 14 世纪，欧洲医院已经非常普遍，英国人常常把医院说成是"上帝之家"[①]。19 世纪上半叶，伴随着基督教，西方的医学技术和医院制度也进入中国，中国最早的教会医院是美国公理会传教医师伯驾（Peter Parker，1804 – 1888）于 1835 年在广州创立的博济医院。[②] 1844 年伦敦会在上海建仁济医院，1866 年美国圣公会在上海办同仁医院。[③] 基督教各差

[①] 〔美〕施密特著《基督教对文明的影响》，汪晓丹等译，北京大学出版社，2008，第 140 页。

[②] 宋之琪：《中国最早的教会医院——博济医院》，《中华医史杂志》1999 年第 3 期，第 148 页。

[③] 阮仁泽等主编《上海宗教史》，上海人民出版社，1992，第 896～901 页。

会在江苏也陆续建立了多家诊所和医院。

1. 苏州博习医院

博习医院是中国内地（除东南沿海外）开设的第一家西式医院。1869年美国监理会传教士蓝柏来苏州，在天赐庄一带开展布道和行医工作。1877年蓝柏的儿子蓝华德来苏州，在天赐庄租赁民房三间试办了一个诊所，题名叫"中西医院"，此即博习医院的雏形。蓝华德试办中西医院三年后，重新回美国研究医学和医院建筑，1882年蓝华德偕另一传教士柏乐文来苏州筹建医院，二人在美国都曾就读于大学医科。1883年初，他们得到教会和苏州地方人士捐款共一万美元，以一千美元在天赐庄购墓地七亩开始兴建医院，历时半年，医院告竣，定名为"苏州博习医院"（Soochow Hospital）。1883年11月8日正式开业。1884年柏乐文回美国深造。1885年蓝华德随父赴日本传教，院务由中国人曹子实主持。1886年春，柏乐文重返苏州，正式担任苏州博习医院第一任院长。

博习医院推广的是西方医学的诊断技术和用药方法，开始并不被国人所接受，尤其是苏州中医盛行，吴门医派影响很大，人们对西医持怀疑态度。另外，西医检查精细，常令患者过多暴露身体，男人尚觉难堪，女人更是接受不了。但是，蓝华德、柏乐文等医生为人谦和，医术高明，逐渐博得苏州人的信任。特别是柏乐文，不仅服务博习医院长达四十年，而且提倡女子放足和禁戒鸦片，被当地人称为"柏好人""活救主"。1915年，袁世凯赠其"仁心仁术"匾额表示嘉奖。1917年，《兴华报》刊文称赞其医术医德："美国柏乐文，医学博士，西来之卢扁也，创博习医院于吴会天赐庄，为人谦和慈爱，乐善好施。凡就诊于博士者，靡不手到病除，活人无算，道高德隆，声名卓著，贫夫乞丐咸呼博士谓活救主，大总统特赠匾额，题颁仁心仁术，非过奖誉也。计博士来华前后约有数十年，今又逢例假回国，教内外各界人士闻之，送礼饯行者不可胜数，最鲜见者，临行时不但人数众多，而爆竹之声，自天赐庄直达至火车站，约十余里之遥，不胜荣幸，然非心基督心，行基督行者，安克万众敬爱一至于此也。"[①]

有关柏乐文治病救人的故事在苏州城广为流传。早在1886年春，他从美

---

① 味腴：《送别活救主（江苏）》，《兴华报》第十四卷第二十九期（1917年），第21页。

国返回中国，就将在欧美刚发明的"可卡因"麻醉术运用于中国，治愈了无数眼疾患者。有一次，柏乐文去乡村巡诊，来了一个村民，他的眼球被铁匠铺的热铁屑溅伤，又红又肿，疼痛不已。柏乐文给他用"可卡因"滴患眼施行麻醉，然后用手术刀将铁屑剔出。患者惊叹一点都不痛，围观者将柏乐文视为神仙。1892年5月，江苏提督的侄子被人报复行刺，头部严重受伤，经几天抢救无效，大家都以为必死无疑。柏乐文运用先进的科学消毒法，成功地给病人做了外科手术，使其起死回生。柏乐文还擅长解决病人的心理问题：有一位病人对他说："柏医生，我吃了你给的药不见效，怎么办？"柏乐文说："我再给你一种药，和原配的药一同服下，包你见效。"三天后这病人来复诊时说，此药服后十分灵验。此人走后，柏乐文就说："此人心理上有毛病，我给他的药是糖衣包饼干屑，我常用这种药片应付多疑的病人。"1897年12月，柏乐文还从美国引进X光诊断机，使博习医院成为中国第一家引进X光机的医院。① 这些故事和事迹充分说明，柏乐文作为博习医院的开创者不仅医德高尚、医术精湛，而且眼光高远、经验丰富。

博习医院秉承基督教治病救人的精神，一面医治身体的疾病，一面开展福音的传播。医院第一年的门诊量达七千六百人次，住院病人为一百二十五人次。每天早晨全院职工必定集中一处，同做晨祷，首先全体合唱赞美诗，后由主领牧师朗读圣经或宣讲圣道，为时约五到十分钟。门诊病人由牧师在空隙时间有选择地对之传道，住院病人由牧师到病房个别探访，女病人有女布道前去传福音，医院还备有中英文宗教书籍和卫生知识读物供病人借阅。② 至1900年（光绪二十六年），"医院中所成诸事……较往年更盛。"该年《医病清单》记载："住院戒烟一百二十七人，内科三十三人，外科一百十六人，眼科十五人，门诊大号二千六百九十七人，复诊一千零六十人，小号三千九百六十六人，复诊一千五百四十人，出诊治各症二百五十八号，救吞生烟二十一号，出诊治西人八十七号，零看及上门买药者一千零七十五号，女医院卜医生看六千四百六十六号，两共一万七千四百

---

① 以上参见王馨荣《天赐庄：西风斜照里》，东南大学出版社，2004，第46~90页；陈珍棣《柏乐文与博习医院》，《苏州杂志》2004年第2期；王馨荣《博习医院"宝镜新奇"与我国第一台X光机》，《钟山风雨》2009年第4期。
② 王馨荣：《天赐庄：西风斜照里》，东南大学出版社，2004，第50页。

六十一号。"该年的评估报告写道:"自开设医院以来,从未有如此之兴盛者,可见医院之设,不第能治人之病,亦能服人之心,实为传扬真道最好之一法,今其效已成,不致我等有所失望也。且今年本院又成一最大之善举,即新造一戒烟局,其经费约有十分之九,为华人所捐,其所以如此乐于捐助者,皆因柏医生有过人之德,久为人所敬仰,凡其所为,人皆乐于遵从,故不多时而即照数捐齐,建成此局,设非柏医生久为人敬重者为之首倡,则他人断不能成就也。自北方起事,柏医生回国后,医院诸事,均由曹子实先生一人经理,故仍然照常开诊,并不停歇,可见今年曹先生为本医院亦造福不少矣。"①

除博习医院外,监理会在苏州还开设博习妇孺医院。1887 年(光绪十三年)由监理会女传教士斐医生(Mildred M. Phillips)在天赐庄创办。起初两院分别培养学生,1894 年开始合办医学院,招收男女生徒,分班教授,五年毕业,发给文凭,服务社会。1902 年冬季,监理会医学院有三位学生毕业:"曰周女士培卿,常熟人,父亦通西国医学,培卿幼肄业苏州冠英女塾,入医学院诵习临诊五年,受凭之后,将回其家,为人诊治云。曰张女士仁吉,上海人,读书上海三一女塾数年,入医学院,专精制药,卒业后仍留妇孺医院。曰成君崇文,籍松江,为苏州博习书院卒业生,为该书院格致助教数载,自愿再习岐黄,苦读五年,教习咸刮目待之,卒业后,仍留司博习医院事务。"此次毕业典礼盛大隆重,参加者有苏州府县各大员、日本领事、监理会主教盖乐惠、上海中西书院掌教潘慎文、东吴大学掌教孙乐文、东吴大学教习文乃史、金女士等。裴、狄、卜三医士为主人。鼓琴、祷告、唱诗后,毕业生周培卿读《妇女论》、张仁吉读《卫生论》、成崇文读《中西医理比勘论》。之后,盖乐惠主教用英文演讲,潘慎文以中文翻译。其内容大致云:"……诸君子今日受凭,能操活人之业,以济中华老大帝国,是可贺者一也。……今日辱承抚藩臬三宪、税司、日本领事诸大人,及众尊客之光临,足证诸大人尊客嘉许教育之进步……是可贺者二也。……诸君子肄业医学,可谓善择业者矣,医之为事,尊而可贵,救世间之众生,悯庶民之疾苦,……是可贺者

---

① 博习医院斐恒代具:《苏州博习医院报单》,监理公会编行《教保》第十四册(光绪二十六年十二月,1901 年 2 月)附监理会印《中华年会记录》(光绪二十六年九月,1900 年 11 月),第 6 页。

三也。……凡业医者，不惟以学问见长，尤以德行为重。……诸君子肄业此院，是可贺者四也，夫此院之名，已播全国，前届卒业生，分驻各处，无不名誉鹊起。余望诸君子亦能后先晖映，业盛名隆，庶此院与诸教习之名誉，亦能增光。"① 1903 年，医学院并入东吴大学为医学科，扩大招生，学制仍为五年，颁大学文凭。博习医院规模逐渐扩大，并引进先进医疗设备，成了苏州地区远近闻名的医疗机构，造福一方，为人乐道。今苏州市第一人民医院暨苏州大学附属第一医院的前身就是博习医院。

除了监理会的博习医院和妇孺医院外，民国前苏州还有几所教会医院：1895 年（光绪二十一年）美国南长老会惠更生（J. R. Wilkison）医师在齐门外洋泾塘岸购地四十亩创建福音医院；1899 年北长老会女传教士兰医师（Mary Lattimore）在上津桥创建妇孺医院（又称美国医院）；1910 年（宣统二年）惠更生医师在阊门外四摆渡开设更生医院。②

2. 南京鼓楼医院

鼓楼医院是南京最早、最大的西式教会医院。由美国基督会马林（William Edward Macklin）医师创办。马林医师 1860 年 5 月 19 日出生于加拿大安大略省的一个村庄，1880 年在多伦多大学完成了医科的学业，1886 年 1 月（清光绪十二年）受基督教会派遣来华，先在上海熟悉中国的国情民俗，学习汉语，成为该会第一个驻华传教士兼医生。1886 年 4 月 16 日来南京行医传教，先后在北门桥附近及城南花市大街（今长乐路附近）买地建屋，开设诊所。1887 年美国基督会教士美在中来南京，见马林医术精而经费绌，乃乘美国教会开年会之际，募集巨金。同时获得南京景维行观察在鼓楼南坡捐地十余亩为医院院址，并有下关富商庄效贤等慷慨捐款，遂于 1890 年动工兴建，1892 年一座西式楼房竣工，1893 年开始收治病人，命名"基督医院"，马林出任院长，所以又称"马林医院"，此即鼓楼医院之前身。1911 年金陵大学开设医科，马林除担负医科学生之实习外，兼任卫生防护

---

① 《苏州耶稣教监理会医学院给凭仪式记》，《万国公报》第一百六十七卷（1902 年冬月），第 22～23 页。
② 参见王国平、王鹤亭《苏州教会医院创办的历史条件》，《苏州科技学院学报》（社会科学版）2005 年第 1 期，第 121 页；江苏省地方志编纂委员会编《江苏省志·宗教志》，江苏古籍出版社，2001，第 323 页。

课教授。1914 年金陵大学将基督医院购下作为医科的附属医院，更名为"金陵大学鼓楼医院"。①

除鼓楼医院外，南京还有贵格会创办的贵格医院。该医院是 1895 年（光绪二十一年）由美国义白礼牧师聘请美国法、禄二位女医士建立的一家女医院，以该会之名称，命名为"贵格医院"。约过两年，法医士被派往六合县行医布道。医院只有禄医士一人，因院内事务繁忙，请张韵琴、汤美林两位来院，一面学医，一面行医。"禄医士秉性刚直，做事殷勤，以公爱待人，不问中西，不分贫富，一视同仁，一生以荣耀主为专责。迨至民国元年，南京光复之后，满人大遭涂炭，苦不堪言，又逢严寒冬令，冻饿而死者，日有数十；禄医士见之大发怜悯，于是求请南京商会董事，组织一个救济灾民会，在皇城以内，设临时救济灾民医院，院内备有棉衣和粗饭，禄医士竭力操劳，以至本身的饥饿困乏，一概不顾，只知救人，逐日早起，料理本医院内之事，九点即到灾民中服务，午饭不吃，一直到晚，八九点才回家吃饭，如此作工一百多日，至终精力用尽，而善志未尽，竟为灾民捐命，主的美名在南京藉禄医士大大得了荣耀。"②

3. 淮阴仁慈医院

淮阴原名清江浦，即今天淮安市淮阴区。淮阴仁慈医院的创立得益于林嘉善（Edgar Archibald Woods）、林嘉美（James Baker Woods）兄弟。1888 年，美国南长老会医疗布道士林嘉善夫妇来到清江浦，在赛兆祥的帮助下，于清江浦慈云禅寺内开设当地第一家西医门诊。1892 年，又在内城东门建立起一个更大的西医门诊，并正式挂牌"仁慈医院"，林嘉善任院长。1894 年，林嘉善的弟弟林嘉美夫妇也来到清江浦与其兄一起行医。1898 年，兄弟俩在清江浦老坝口鸡笼巷开设第三个西医门诊，仍命名为"仁慈医院"。1899 年，林嘉善因妻子身体缘故，携家人返回美国，林嘉美接任院长一职。③

---

① 徐尔欣：《鼓楼医院创办者马林》，《南大百年实录中卷·金陵大学史料选》，南京大学出版社，2002，第 13 页。
② 高师竹：《贵格会历史·南京》，《神学志特号·中华基督教历史乙编》第十一卷第一号（1925 年春季），第 242~243 页。
③ 张春蕾：《美国基督教长老会在江苏的传教活动》，《东南文化》2006 年第 5 期，第 49 页。

林嘉美（1868～1946）的中文名字也叫林霭士，在弟兄中他排行第四，本地人都亲切称呼他"林四先生"。他是美国弗吉尼亚大学医科毕业生，在纽约市医院任职三年，擅长内科医术，受聘来华时年仅二十多岁。那时中国老百姓对洋人疑惧，不相信西医。医院展示的人体标本和生理模型，社会上就谣传是剖解病人肢体内脏所制，有谓灵验之药都需幼童内脏配制。林霭士夫妇为了消除人们的误解，决定先突破语言上的障碍，他们努力地学习汉语，特别是日常对话，同时，也留起辫子，穿上华服，在城郊四乡各界广交朋友，主动上门为病人行医送药，药到病除，不取分文，慢慢地人们对洋人的疑惧心消除了。

1906年至1911年，苏北水灾连年，瘟疫盛行，斑疹、伤寒的患者就有八百多人，饿死的人也不在少数。1907年灾情严重时，林霭士受到美国基督教南长老总会的委派，主持苏北救灾事宜，竟被染上伤寒病，留下右耳失聪的后遗症。因为教会赈济难民，赢得声誉，远自淮安、阜宁、盐城、涟水、沭阳、泗阳、宿迁等地都有病人前来就诊。仁慈医院几乎成为苏北地区的义诊中心，看病的人数剧增，医务繁忙，病房不敷使用。后经美国总会的支助拨款，地方士绅王轫阶、吴温叟、吴子良、闻漱泉、孙钱清、王叔相等人大力支援，1912年林嘉美在清江浦外城东北的水渡口西侧（今淮安市中医院所在地），购买徐福仁家一处六十亩坟地，兴建正规医院，有三幢三层的西式洋楼与一百余间平房（可惜的是，主体建筑于1948年战火中焚毁），病床四百多张。1913年竣工时，林霭士在鸡笼巷的诊所就迁到这处新址，"淮阴仁慈医院"也真正命名成立，林霭士担任第一任院长。淮阴仁慈医院鼎盛时期，成为美国南长老会在全球最大的医院之一。[1] 另外，1905年（光绪三十一年），为扩大传教，林霭士在淮安（今楚州区）西长街还创办了仁慈医院分院。[2]

除上面提到的苏州、南京、淮安地区较有影响的医院外，江苏其他地

---

[1] 马牧英：《美国基督教南长老会在清江浦的活动》，中国人民政治协商会议淮阴县委员会文史资料研究委员会编《淮阴县文史资料》第四辑，1990，第90～91页；胡健：《在淮安生活过的美国人——原淮阴仁慈医院及其以后的一些故事》，淮安市历史文化研究会编《淮安历史文化研究》，中国文史出版社，2005，第238～240页。

[2] 江苏省地方志编纂委员会编《江苏省志·宗教志》，江苏古籍出版社，2001，第324页。

区也兴办了不少教会医院。1897年（光绪二十三年），美国南长老会女传教士葛壁玺在徐州办女医院；1900年（光绪二十六年）美国传教医生慕庚扬在徐州办男医院（后合并为基督医院，解放后易改为徐州市第二人民医院）；1901年（光绪二十七年），美国南长老会医生鲍达理在宿迁城内开办西医诊所；1906年（光绪三十二年）美国安息浸礼会在太仓浏河镇创办惠中医院；1907年（光绪三十三年）美国浸信会医生伊文思在扬州旧城桥西街创办扬州浸会医院（解放后，改为苏北人民医院）；1908年（光绪三十四年）美国圣公会医生李克乐在无锡南门内二下塘（今中山路56号）创办普仁医院（解放后，成为无锡市第二人民医院）；同年美国南长老会在海州西门外购地建医院，后来定名为义德医院；1909年（宣统元年）美国基督会在南通西门外开始兴建医院。民国后，盐城、常州、镇江、常熟、如皋、昆山等地也有教会医院的兴建。截止到1949年新中国成立前，江苏省（不包括上海）至少有教会医院23所。[①]

根据《1901-1920年中国基督教调查资料》对当时情况的统计：江苏省（包括上海）宣教师驻在地中75%以上设有教会医院，有护士学校15所，肄业护士247名，居全国首位；每百万人中外国医生平均数为1.5人，仅次于福建（2.4人）、直隶（2.0人）、广东（1.7人）等省；每百万人中病床的平均数为46张，低于福建（143张）、广东（78张）、浙江（54张）、东北三省（48张）。[②] 与其他省份比较，江苏省的地理面积不大，只有38600平方英里，而人口数量不少，有33786064人，人口密度高达每平方英里875人，超过欧洲小国比利时，是当时世界人口密度最大的地区。[③] 江苏教会医院的普遍设立，为民众疾病的预防和治疗、为医学知识的引进和应用起到了不可替代的作用，教会医院也是基督教博爱精神具体体现的最好场所。

二 办学校

在近代西方，学校的设立和教育的普及与基督教有密切的联系。正如

[①] 江苏省地方志编纂委员会编《江苏省志·宗教志》，第317~324页。
[②] 中华续行委办会调查特委会编《1901-1920年中国基督教调查资料》（原《中华归主》修订版），文庸等译下卷，中国社会科学出版社，2007，第764~766页。
[③] 中华续行委办会调查特委会编《1901-1920年中国基督教调查资料》（原《中华归主》修订版），文庸等译上卷，中国社会科学出版社，2007，第2、67页。

传教士林乐知所表达："欲化民之陋而使之文，非兴学校不可也，欲祛民之愚而使之明，非广教道不可也。且学与教相为表里，西国教堂学堂并列，几于无地不然，有时兴学之事，即掌于传教人之手矣。不但此也，无论教道学术，皆男女并重，安见有西国之女孩，不入学堂读书，或不入教堂闻道乎，此西国教化所以日兴也。"① 教会学校的办学宗旨是要传授和研究宗教知识，但同时也不排斥世俗文化和科学知识，因为基督徒相信美善的力量和一切智慧均来自上帝的赏赐。所以，传教士一旦在某地设立了教堂，与之相应的医院和学校也会迅速地兴建起来，教堂、医院、学校成为基督教现实机构的"三位一体"。

根据《1901－1920年中国基督教调查资料》对当时教会学校情况的统计：江苏省（包括上海）宣教师驻在地70%设有教会高级小学，仅次于山东省的75%，位居全国第二；54%设有教会中学，位居全国第二，仅次于东北三省的60%。江苏省有教会初级小学354所，总人数为11550人，男女比例为1.8：1；教会高级小学120所，总人数为16565人，男女比例为2.5：1。由初小升入高小的学生比例在全国最高，为44%。江苏省教会中学有51所，中学生总数为3323人，男女比例为4.4：1，江苏一省的中学生人数相当于内地十二省中学生人数的总和，居全国第一，主要分布在该省十三个城市里。② 江苏省教会高等教育事业也居全国首位，上海、南京、苏州三处共设有5所教会大学，有男女学生约700余名。③ 这些数字和事实充分说明江苏省基督教教育事业起步较早发展很快，在全国处于领先的地位。

1. 儿童教育与女子教育

儿童教育是培养人和造就人的第一步，女子教育乃儿童教育成功的前提和条件，因为女子将来要成为母亲和儿童的第一位启蒙老师。传教士很早就意识到这一点。林乐知在他所办的教会刊物中大力提倡早期教育，它不但自己在上海的林华书院创办接受儿童的义学，而且号召各地的教内外

---

① 林乐知：《广教兴学救华说》，监理会编行《教保》第十五册（光绪二十七年正月，1901年3月），第3页。
② 中华续行委办会调查特委会编《1901－1920年中国基督教调查资料》（原《中华归主》修订版），文庸等译上卷，中国社会科学出版社，2007，第755页。
③ 中华续行委办会调查特委会编《1901－1920年中国基督教调查资料》（原《中华归主》修订版），文庸等译上卷，第385页。

人士也响应兴办。① 他在《论中国亟需设立幼稚园》一文中较系统地论述了儿童教育的重要性。他坚信："人群不欲进步则已，欲求进步，其必自儿童教育始。"而且，将福音的种子播撒在儿童心里，将来必有大的收成和结果。林乐知坦言："吾党劝道华人之法，惟幼稚园之收效为最大。吾知其必置他事于缓图，而以是为先务，非吾之过甚其辞也，幼稚园之设，即以道德救儿童者也。"关于儿童教育的特点和方法，他也明确指出："儿童年龄在七岁以下，断非书籍所能导引其能力，即在七岁以上，其收效亦仅矣。既知儿童之愿欲所存，即可教育儿童，亦必合于儿童之性质而后可。是何也？则游戏是也。盖儿童之视游戏，一如其视饮食，其宗教在是，其世界在是，一切事物无不以是为中心点。"② 林乐知也非常重视女子教育，他的《中国振兴女学之亟》一文强调："欲谋男子之教育普及，非先兴女学不可也。"③ 1892 年，他与海淑德（Laura Askew Haygood, 1845 - 1900）女士在上海创办了中西女塾。1901 年毕业于中西女塾的史凤宝女士在《中华亟需内助之德》文中指出："泰西教化兴盛之国，读书识字，无间男女，故生女必学，视为固然，宜其所学，往往高过男子，以是为内助，不啻家有谋主焉，既生男女，不啻家有师保焉。……今西国知中华之亟需者为女塾，故特草创诸女塾，以为前导，冀我华人士，逐渐添设，日臻美备。然其意非欲女子争胜男子，以博一旦之名，惟欲女子皆能自尽天之所畀，以为邦家之光，以端教化之源耳。"④ 可见，母亲的教育对孩子培养和成长影响重大。

1846 年美国圣公会主教文惠廉在上海虹口设立基督教男塾，成为江苏地区的第一家教会学校。⑤ 上海之外，江苏境内的教会学校较早的就是同治六年八月（1867 年 9 月）美国北长老会传教士斯米德在苏州所创立的两所学堂。1868 年，苏州北长老会的鲍华甫教友给《教会新报》的信中写道：

---

① 参见姚兴富《耶儒对话与融合——〈教会新报〉（1868 - 1874）研究》，宗教文化出版社，2005，第 183 页。
② 〔美〕林乐知：《论中国亟需设立幼稚园》，《万国公报》第 201 期（1905 年 10 月）。
③ 〔美〕林乐知：《中国振兴女学之亟》，《万国公报》第 200 期（1905 年 9 月）。
④ 史小姐：《中华亟需内助之德》，监理会编行《教保》第十三册（光绪二十六年十一月，1901 年 1 月），第 9 页。
⑤ 阮仁泽等主编《上海宗教史》，上海人民出版社，1992，第 914 页。

"斯米德先生与弟自客岁八月中至苏立教以来,诸事尚可,传道蒙天父恩护无阻,现有五人入门,再有学堂二处,学生共计二十余人,每逢主日听道者不下三四十人之数。"① 这可算为苏州最早的教会学校。1869 年,来苏州传教的监理会传教士蓝柏夫人在家中招收了十二名女孩,每天摇头晃脑背诵一段课文,散课时还可以领到十文铜板,作为因读书而荒废家务的补偿,读书给钱成为早期教会办学的一个特色。1871 年,从美国学习回来的监理会医生曹子实在苏州葑西的十全街租教友殷勤山之屋开小学一所。第一年只有学生两名,一个驼背男孩和一个女孩。1874 年,另招一班宁波学生充数,始逐渐发达。这所学校在苏州有一定的影响,"不特为教会兴学吴中之滥觞,抑亦为吴中兴学之先驱。"② 1884 年 10 月美国北长老会在南京莫愁路创办明德小学,1891 年在户部街又创办益智小学。1894 年美国美以美会在南京估衣廊创办汇文小学。1896 年和 1899 年美国基督会也在南京创办小学。以后,江苏境内其他地区也相继创办小学。不包括上海,1949 年前江苏境内有教会小学 60 多所。③

与儿童教育相伴的女子教育在江苏也蔚然成风。1883 年,监理会传教士潘慎文的夫人卫女士在苏州天赐庄创办冠英女塾。1891 年,监理会女传教士金振声来苏州在申衙前(今景德路中段)创办男女兼收的义务小学,1896 年移至长春巷分设男塾和女塾。1901 年《教保》杂志记载:"苏垣长春巷英文算学馆,创设迄今,历有年所,生徒年增一年,固由金小姐及夫中西各教习督课之勤,管理之善,乃令盛名四播也,本城就学者颇不乏人,即别埠如上海、南汇、无锡、昆山、乌程,负笈来学者,实繁有徒。惜乎馆舍窄狭,每以不得广收为歉,学堂分大中小三等,生徒约有百人。"④ 后来在西麒麟巷租屋办英华女校,1914 年在慕家花园购地建新校舍。金振声贯彻了林乐知的儿童教育理念,在英华女中附设了一所具有西方风格的幼

---

① 寓苏长老教会鲍华甫:《苏州来信》,《教会新报》第 16 期(戊辰年十一月初六日,1868 年 12 月 19 日)。
② 王馨荣:《天赐庄:西风斜照里》,东南大学出版社,2004,第 93~95 页。
③ 江苏省地方志编纂委员会编《江苏省志·宗教志》,江苏古籍出版社,2001,第 312~317 页。
④ 史子嘉:《苏州教务汇纪》,监理公会编行《教保》第二十二册(光绪二十七年八月,1901 年 10 月),第 11 页。

儿园。早在开设此科之前，金振声鉴于幼儿教育的重要，就资送吴月娥、郁秀娟二女士到日本学习，回国后，就在英华女中开设幼儿园。起初幼儿园都是免费的，招收贫困家庭的孩子，后来入学的人越来越多，对部分学生实行了收费。到 1917 年该校共管辖三个幼儿园，招收儿童总数 101 人，其中收费儿童 40 人。① 这些幼儿园对儿童采取的是游戏加辅导的自由开放式教学方法。在手工课上，"即令儿童复习已授之各种细工，一任其心之所好者，随意为之。俾各自运用其心思，教育者并不为之规定。盖藉以觇儿童之性质感情意志也。保姆杂坐其间，与儿童共同制作，既以防止儿童不良行为之发生，尤以助长儿童学业上之兴趣。团坐矮桌，不取学校内桌椅排列之制，亦所以免至拘束其身心也。"在游戏课上，"儿童作游戏，不由教师主之，纯由儿童自择。先由保姆问诸儿，今日将作何种游戏，一儿先举手表示其意见，诸儿群起拍手和之，欢欣雀跃，而游戏遂开始矣。一时间内之游戏，凡三四种，纯出于儿童之自主，而秩序始终不紊，保姆在旁，不过监视助兴而已。此其尊重个人之意志，自其幼时，已非常注意，实为新园教育精神之所在。"② 1903 年，监理会为纪念海淑德女士的逝世，按照上海中西女塾的规制在苏州天赐庄创办景海女塾，景海女塾与先前免费义务女塾不一样的地方是，像上海中西女塾一样，它实行收费制度，招生对象已不再是贫困家庭的子女，而是城市富裕家庭的小姐。1916 年，景海女塾改为景海女子师范学校（Laura Haygood Normal School）。它除了培养一些高雅优秀女性外，也为儿童和女子教育事业输送人才。③ 1887 年，美国美以美会女传教士沙纳德在南京创办汇文女中。1884 年，美国北长老会在南京四根杆子办明德女中。1884 年，美以美会在镇江银山门创立崇实女中。1888 年，美国南浸信会在扬州寿安寺（今粉南巷）办一所女学，1906 年改为慕究理女子学校。④ 到 1913 年，金陵女子大学的成立标志着江苏的女子

---

① 陈艳：《近代苏州地区的基督教女传教士（1880－1930）》，苏州大学 2006 届硕士学位论文（未刊稿），第 20 页。
② 杨芳：《参观苏州慕家花园幼稚园记》，《妇女杂志》第 3 卷第 3 号（1917 年 3 月 5 日）。
③ 陈艳：《近代苏州地区的基督教女传教士（1880－1930）》，苏州大学 2006 届硕士学位论文（未刊稿），第 20～23 页。
④ 江苏省地方志编纂委员会编《江苏省志·宗教志》，江苏古籍出版社，2001，第 303～307 页。

教育已达到全国很高的水平。

2. 西式书院

书院是中国古代地方最重要的教育机构，相当于西方的中学或大学。传教士借用了"书院"这个比较古雅的名字，开始在中国各地设立传授宗教知识和科技人文知识的学校，最早的招收华人的教会书院可追溯至马礼逊所创办的英华书院。与中国传统书院相比，西式书院有以下几个特色：一是学制比较长，包括了初等教育、中等教育，甚至接近高等教育；二是中西并重、文理兼顾，有时强调以中文授课，有时侧重用外语教学；三是重视宗教教育，开设圣经、教会史、教义问答等神学课程。在现代意义的大学没有建立之前，这些书院成为培养近代先进人才的主要场所。江苏省比较有影响的西式书院，除了集中于上海之外，苏州、南京等地书院的开办也比较兴盛。

1900 年之前，监理会在苏州先后开办了存养书院、博习书院和宫巷书院。1879 年苏州十全街的主日学校转入天赐庄后，命名为存养书院，由潘慎文主持，书院全部采用中文教学，且不教外语，主要讲授圣经、西学和儒学。1884 年，为纪念美国巴芬顿父子向监理会捐款，存养书院改名为博习书院（Buffington Institute），继续由潘慎文主持，书院所用的教科书大部分由潘慎文本人翻译和编订。起初，博习书院继承存养书院的传统，所有课程都用中文讲授，以便学生领会和掌握。1887 年，为满足社会对英语人才的需求，博习书院增设了英语科。1891 年起书院的学制正式定为十年，第一年到第五年为预备课程，内容包括《三字经》《百家姓》《论语》《教义问答》《自然科学初阶》等，第六年至第十年为正式课程，内容包括《散文范例》《神学要义》《世界史》《春秋》《写作》《几何》《自然哲学》《流体力学》《三角》《测量》《自然史》《自然神学》《礼记》《化学》《无机化学与有机化学》《易经》《解析几何》《天文学》《伦理学》《古代文学》《微积分》《政治学》等。博习书院循序渐进、长期统一的培养模式，为社会输送了不少优秀人才，第一届毕业生史拜言后来为东吴大学数学教授，李伯莲毕业后供职于宫巷书院，后来任东吴大学学监；第二届毕业生谢洪赉成为杰出的基督教活动家和科普读物的编纂家，李仲覃成为著名牧师和苏州教区长。宫巷书院是 1895 年监理会传教士孙乐文在苏州宫巷乐群社会堂创立的。第一批 25 位学生大都是秀才，他们有很深的国学功底，进入宫巷书院，学习西方的语言，并掌握数学、科学和外国历史地理知识。由孙乐文家庭中的三个成员教英语，李伯莲、李仲覃兄弟教汉语、数学、初等自然科学、地理和基督教教义等。学生们参加汉语早祷，在主日学校查考中英文对照的福音书。宫巷书院每年入学人数是可观的，1897 年有 68 名学生注册，1898 年超过了 100 人，1899 年，尽管受义和团运动影响，仍有 55 名，1901 年有 64 名。在师资力量上，1898 年增加了薛伯赉（L. Shipley）和葛赉恩（John W. Cline）两名教师，1900 年又有安德逊小姐和白约瑟（J. Whiteside）加入。① 博习书院和宫巷书院的发展壮大为日后东吴大学的创办积累了丰富的经验并打下了坚实基础。

南京的三家西式书院——汇文书院、基督书院和益智书院也较知名。汇文书院是美以美会传教士傅罗（C. H. Fowler）于 1888 年在南京乾河沿创办的，为南京地区新式学堂之嚆矢。其目的是借着清政府科举考试增设算学一科的机会，开办学堂教授高级科学课程，以便在中国知识界占一席之地。汇文书院首任院长是加拿大人福开森（J. C. Ferguson），他组织建造了最早的校舍，即一幢三层楼的洋房，又称钟楼，成为当时南京建筑的奇观。以后汇文书院又添建了礼拜堂、青年会堂、教室、宿舍，共有六处主要建筑。全院分设圣道馆、博物馆（即文理科），后增设医学馆，并设有附中称成美馆。汇文讲授高级科学课程，起初只有五名学生，至 1906 年，在校生已增至二百人。教员是中方、西方相互搭配，穆尔为西文总教习，垣模为西文教习；师图尔（G. A. Stuart, 1859－1911）为医科总教习，马林、比必（R. C. Beebe）为医学教习；南京名儒李自芳为中文总教习，周歧山、李鉴堂为中文教习，著名书法家骆寄海亦受聘任教。1896 年，福开森出任南洋公学监院，辞去院长职务，由师图尔接任。师图尔重视宗教教育，不仅翻译了一些神学和医学书籍，而且每周坚持到教堂演讲。1908 年师图尔辞职，由美国传教士包文（A. J. Bowen, 1873－1944）接任。从汇文书院毕业的学生有许多成为优秀人才，其中佼佼者有：黄荣良（后任中国驻澳大利亚总领事、德国公使）、韩安（后任绥远实业厅长）、刘伯明（后任东

---

① 王馨荣：《天赐庄：西风斜照里》，东南大学出版社，2004，第 96～114 页。

南大学副校长）、陶行知（后为著名教育家）、陈裕光（后任金陵大学第一任华人校长）、吕彦直（后为建筑家、中山陵设计者）等。基督书院是美国基督会于1891年创办的，其创办人是美在中（F. E. Meiges, 1851 – 1915），他于1887年来南京，立志以身许中国，故自号"在中"，曾协助马林开办医院，还致力于中国方言研究，发起"华语正音会"。他主张信仰与知识相结合，认为"无意识之信仰易生魔障，非灌输学术无以羽翼教旨"，于是与基督会商量，创设基督书院于南京鼓楼之西南。美在中对待学生"温而厉"，学生生病，他求医问药，或在病榻前读小说以减轻病人痛苦，但学生如果不用功，则不假辞色，往往一边打一边哭。益智书院是美国北长老会于1894年在先前十多年的全日制学校基础上建立的，校址在南京户部街。创办人是美国传教士贺子夏，后由文怀恩（J. E. Williams, 1871 – 1927）接任，文怀恩与美在中同时来华，曾参与创办基督书院。1906年益智书院的高年级并入基督书院，命名为宏育书院，美在中任院长，文怀恩为副院长。① 汇文书院、基督书院和益智书院分属不同的基督教差会，后来他们共同合作创办了金陵大学。

3. 教会大学

19世纪末20世纪初，中国人对西方科技知识的兴趣逐渐增强。清政府开始效学教会学校，从中央到地方纷纷成立讲授西学的官办学堂。为了顺应中国人渴慕西学的潮流并抓住教育的主动权，来华传教士们开始着手创办传授高级知识的正规大学。② 由于较早地与西方人接触，又比较重视通商和教育，江苏地区官民对基督教有一定的好感，而且信任教会学校和教会医院，欢迎并乐于接受西方文化。③ 该地区基督教初等教育和中等教育基础扎实，可以为教会大学提供充足的生源和办学经验。1949年前，中国有正规基督新教大学十三所，其中五所在江苏。除了上海的圣约翰大学、沪江大学，还有苏州的东吴大学、南京的金陵大学和金陵女子大学。

---

① 王德滋主编《南京大学百年史》，南京大学出版社，2002，第567～572页。
② 参见〔美〕杰西·格·卢茨著《中国教会大学史》，曾钜生译，浙江教育出版社，1987，第96页。
③ 余子侠：《教会大学的产生与晚清社会的转型》，《文化传播与教会大学》，湖北教育出版社，1996，第170页。

东吴大学是中国近代成立最早的教会大学。西教士乐灵生曾这样描述 1900 年东吴大学诞生时的历史背景："当动荡不安的浪潮席卷全国的时候，在义和团运动达不到的地方竟出现了兴办现代教育的活动。就在这一年，有人计划在苏州创办一所新式大学。创建之初，一日之间竟能筹集 1015 元（鹰洋）。总之，义和团运动引起了全世界对中国未来的关注，也空前地激发了中国人民的觉悟。"① 早在 1899 年 10 月监理会就开始酝酿在苏州创办大学，1900 年建立了校董会并选举校长，1901 年 3 月正式开学，同年 6 月在美国田纳西州注册。② 东吴大学的主要创办人之一林乐知比较详细地叙述了监理会在苏州创办大学的缘由。他说，中日甲午战争之后，中国人追求西学的心志再一次勃发，不但各地广设学堂，而且多派留学生赴东西洋学习，趁此大好时机，监理会决定创立大学堂。监理会在苏州、松江、湖州等地已设有中学堂，大学的设立可以为中学堂毕业的学生提供进一步深造的机会。本来打算在上海虹口创办大学堂，但由于地价太贵，所以决定移建苏州天赐庄。"一因地当省会，四方来学之士，尤为便益。二因城东地僻，不近市集，读书尤宜。三因该处本有男女医院、博习书院、天道院等，皆为大学堂中包括之小份，且在宫巷亦设有文学高等学堂，成效久著。四因中国新旧纷争，已渐露去旧更新之象。所难化者，缺少过渡时之帮助耳。若在苏州设立大学堂，既可附设藏书楼、演说堂，以便讲究科学之需，且以借官绅学界之用。"③ 东吴大学的筹建得到了教内外各界人士的广泛支持：首先是监理会内部的中外成员慷慨解囊。1901 年 4 月在美国新奥尔良举行的传教大会上，会督高乐威（Charles B. Galloyway）拿出一张一万美元的支票为东吴大学捐款，并倡议："谁愿挑战这张捐款支票？"随后得到了与会者的响应，当晚就募集到五万多美元的捐款。④ 其次是苏州一带的绅商士民

---

① 乐灵生（Frank Rawlinson）:《近二十年来中国基督教运动的改革与进步（1900－1920）》，中华续行委办会调查特委会编、文庸等译《1901－1920 年中国基督教调查资料》（原《中华归主》修订版）上卷，中国社会科学出版社，2007，第 120～121 页。
② 王国平：《东吴大学大学的创办》，《苏州大学学报》（哲学社会科学版）2000 年第 2 期，第 97 页。
③ 〔美〕林乐知：《监理会创立大学堂之历史》，《万国公报》第 19 卷第 3 号（1907 年 4 月）。
④ 文乃史（W. B. Nance）著《东吴大学》，王国平、杨木武译，珠海出版社，1999，第 21 页。

踊跃捐助。虽然当时正值北方的义和团起事，苏地"大小官商亦莫不合力襄助"，所捐购地建屋银共鹰洋一万八千九十三元，苏州、常熟、南浔等处之捐项由柏乐文司理，上海捐项由林乐知司理。值得一提的是，当时在苏州还发行了学堂股份票。① 再者，也是最重要的一点是，东吴大学的创建得到了江苏地方各级官吏的允准和支持。林乐知委托美国驻上海总领事古纳（John Goodnow）转交给两江总督刘坤一一封信并自己的著作三种六本，刘坤一在给古纳的回信中对林乐知的做法表示首肯："贵国进士林乐知，拟在苏垣设立书院，为敝处教育人才，与在江宁设立之汇文书院，后先济美，东吴士子，从此皆是公门桃李矣。"刘坤一在信中还特别提到，驻节在苏州的江苏巡抚鹿传霖也会支持此举。难怪林乐知慨叹："此学堂之得有基址，未始非贤大吏之所赐也。"② 东吴大学是在苏州宫巷中西书院基础上建立的，校址选在苏州天赐庄的博习书院及毗邻的区域，博习书院师生并入上海中西书院。1901年3月8日，宫巷中西书院迁入天赐庄，东吴大学正式开办。第一任校长（任期1901～1911年）是原宫巷书院监院孙乐文，第二任校长（任期1911～1922年）是葛赉恩，第三任校长（任期1922～1927年）是文乃史（W. B. Nance）。1911年5月上海中西书院并入东吴大学，从此"东吴声势，于是大振"③。在葛赉恩任校长期间，东吴大学逐渐发展为一个庞大而又完整的教育体系，包括了苏州的文理科、吴语科（吴语学校），上海的法科（法学院），苏州的东吴第一中学（在校内林堂）、上海的东吴第二中学（原中西书院、与法科在一起）、浙江湖州的东吴第三中学（原海岛中学）、无锡的东吴第四中学（无锡实业学校），还有松江圣经学校、惠寒小学等二十几所附属小学。④ 日后的东吴大学培养出了赵紫宸、赵朴初、费孝通、蒋纬国等著名人物。

南京的金陵大学是近代中国较有影响的教会大学，成立于1910年2月。

---

① 孙乐文：《苏州宫巷中西书院报单》，监理公会编行《教保》第十四册（光绪二十六年十二月，1901年2月）附监理会印《中华年会记录》（光绪二十六年九月，1900年11月），第5页。
② 《林乐知翻书等报单》，第6页。
③ 胡卫清：《东吴大学的起源——上海中西书院简论》，《档案与史学》1997年第4期，第37～38页。
④ 王国平编著《博习天赐庄：东吴大学》，河北教育出版社，2003，第57～64页。

此前，南京的汇文书院（属美以美会）、基督书院（属基督会）与益智书院（属北长老会）三足鼎立，它们都是美国的基督教差会创办的，"宗旨虽同，办法互异"。基督书院院长美在中力主三院合并，他认为："孤往则精力分而收效浅，共作则菁华聚而成功多，且祖国教会醵金委办教育事业，当化畛域而屈群策，以最少经费谋最大功效，不然，则获罪于天矣。"1906年基督书院与益智书院合并为宏育书院。美在中又寻求与汇文的合并，但汇文的院长师图尔坚持独立经营。美在中"务欲贯彻三院合并之主张，屡言于美以美会诸要人，得其同意，惟合并办法，彼此初甚龃龉"①。1908年师图尔辞去汇文院长职务，由包文接任。包文支持三院合并，他认为："中国之困亟矣，非以教育新民智不足以自振救，而教育之宗旨宜纯正，规模宜远大，组织设备宜健全完美，然后始可以言得人才为社会用。今南京一隅设三校，其政不相谋，课程多重复，且为经费限不得备其设施，势必至于因循苟且，徒劳而无功，吾不知其何益于中国，其亦大背吾人办学之旨矣。"②于是，三个差会在美国纽约组成联合托事部，相当于金陵大学的最高权力机关，负责筹措学校经费，校长、副校长的任命等事宜。在南京组成董事会，由校长、行政管理人员和各差会代表组成。包文为金陵大学校长，文怀恩为副校长，美在中为大学圣经部主任兼附属中学校长。大学部设于汇文书院校址，中学设于宏育书院校址，小学设于益智书院校址。③ 1911年4月19日，纽约州立大学董事会给金陵大学颁发了特别许可证，承认："中国所设立之金陵大学堂，除享泰西凡大学应享之权利……学生凭单……今改由纽约大学校董签发，转致金陵大学堂监发毕业生。据此，则以后凡在本学堂毕业者，即无异在美国大学校毕业也。"④ 包文任校长期间（1910~1927），"勇于任事，尤具远见卓识，凡事先立大计于胸中，规定其步骤，计虑周详，巨细无所遗，及计划定，即施行，无犹豫顾忌，虽遇挫阻不沮

---

① 徐则陵：《美在中先生与基督书院》，《南大百年实录中卷·金陵大学史料选》，南京大学出版社，2002，第11页。
② 《包文（A. J. Bowen）先生传》，第15页。
③ 张宪文主编《金陵大学史》，南京大学出版社，2002，第16~17页。
④ 《纽约大学承认》，《南大百年实录中卷·金陵大学史料选》，南京大学出版社，2002，第17页。

丧,终奋勉尽力以底于成功而后已,其行事皆如此,数十年如一日也。"①在中外教会人士的共同努力下,金陵大学建成了由文科、理科、医科、农林科等构成的高水平综合性大学。

金陵女子大学是顺应长江流域女子教育发展需要而诞生的。江苏的教会女学十分发达,女子中学毕业后缺少进一步深造的机会,为了让女子同男子一样能够接受高等教育,基督教各差会谋求在长江流域建立女子大学。1911年至1912年各教会组织在上海举行了一系列会议讨论此事。在会议期间,长江中下游地区的六位女传教士发出一份倡议书,呼吁各地教会支持建立一所女子大学。这六位女士分别是:苏州监理会的 Miss Martha E. Pyle、杭州美国南长老会的 Dr. Venie J. Lee、南京美以美会的 Miss Laura E. White、上海美国长老会的 Miss Mary E. Cogdal、苏州美国南浸信会的 Miss Sophie S. Lanneau、南京基督会的 Miss Emma A. Lyon。倡议书发出后,很快得到了长江中下游地区各教会的广泛响应,其中美国南北浸信会、监理会、基督会、美以美会以及北长老会立即决定参与建校的计划,并承诺提供经济上的资助。1913年10月6日,女子大学筹委会在苏州召开了第一次会议,成立了由上述五个教派各两人组成的校董会,并认为南京是建立女子大学最合适的地点,同时决定由在南京明德女中任教的美国北长老会代表德本康夫人(Mrs. Lawrence Thurston,1875 – 1958)负责筹备。1913年11月14日筹委会在南京召开会议,正式任命德本康夫人为即将成立的金陵女子大学校长。② 从1919年第一届的5名毕业生到1951年的最后一届,金陵女大共为社会输送了近1000名毕业生。金陵女大不是中国第一所教会女子大学(此前有华北协和女子大学和华南女子大学),但培养了许多各领域的女性优秀人才,形成了中国近代女界精英群体,标志着中国女性社会责任意识的提高。③

教会大学在江苏的陆续创办说明基督教事业在江苏的发展已经逐渐进入比较平稳和成熟的状态。教会大学不仅为教内培养了高级传道人才和神学家,而且也为中国各行业输送了专业人才。随着时间推移,各大学均形

---

① 《包文(A. J. Bowen)先生传》,第15~16页。
② 张连红主编《金陵女子大学校史》,江苏人民出版社,2005,第11~15页。
③ 张连红主编《金陵女子大学校史》,第7、251~252页。

成了自己的特色品牌专业，比如东吴大学的生物和法学专业最著名①，金陵大学的农林科和国文系较突出②，金陵女子大学的社会学和家政学颇具特色。③ 毫无疑问，教会大学为中国近现代的文化传播和人才培养作出了不可磨灭的贡献，为中国教育史尤其是高等教育的发展提供了宝贵经验。

小　结

基督教在江苏的早期传播取得了一定成果和一些经验教训。截止到1920年，以受餐信徒人数统计，江苏省基督徒共计29738人（包括上海），全国仅三个省信徒人数在江苏之上，广东61262人、山东41821人、福建38584人。如以每万人中平均受餐信徒统计，江苏8.9人，位列全国第六，福建22.6人、广东17.4人、山东13.5人、浙江12.5人、东三省11.4人。④ 虽然在信徒的数量上江苏逊于其他南北沿海各省，但其外国传教士人数和教会学校学生人数在全国位列前茅。⑤ 江苏居南北方交会处，其基督教传播状况反映出基督教与中国社会最初接触所出现的一些普遍问题。首先，太平天国运动的爆发，让传教士思考纯正的基督教与天父天兄的基督教之间的差异和关联。开始的时候，传教士对太平天国运动充满了期待和同情，但随着与太平军领袖的接触，传教士越来越不满于太平天国的宗教，并与其划清界限。其次，类似于扬州教案的反教事件的发生，让传教士极力地澄清新教与天主教、传教士与西方商人政客之间的区别。大大小小的教案说明中国传统社会对基督教的排拒是如此强烈，以致酿成19世纪末的义和团运动。为了消除中国人对基督教的误解，传教士努力通过兴医院、办学校等慈善事业来改变中国人对基督教的印象。最后，基督教在与中国文化

---

① 王馨荣：《天赐庄：西风斜照里》，东南大学出版社，2004，第126页。
② 陈裕光：《回忆金陵大学》，江苏省政协文史资料委员会编《江苏文史资料集粹（教育卷）》，1995，第46页。
③ 张连红主编《金陵女子大学校史》，江苏人民出版社，2005，第193~195页。
④ 中华续行委办会调查特委会编《1901-1920年中国基督教调查资料》（原《中华归主》修订版），文庸等译上卷，中国社会科学出版社，2007，第379、384页。
⑤ 中华续行委办会调查特委会编《1901-1920年中国基督教调查资料》（原《中华归主》修订版），文庸等译上卷，第371、385、710页。

的碰撞中，传教士不遗余力地维护自己的基督教信仰立场，排斥或打压中国传统的儒释道三教及民间信仰。其具体做法是吸收和接纳儒家的上帝和天道观念，批判佛道的空无思想、鬼神信仰和偶像崇拜等习俗。以上的三个方面构成了基督教在中国早期传播所面对的几大问题，这些问题并没有彻底解决，或多或少地延续到基督教在中国发展的以后阶段。近代江苏受西方列强及其殖民主义影响较深，对西方差会和传教士所起作用的评价不仅是一个历史问题，也是一个现实问题。它包括如何看待基督教对近代中国的影响，如何理解中西文化碰撞和交流的方式与成果，特别是涉及目前中国教会如何与国外教会开展友好往来以及防止宗教渗透问题。改革开放前，中国学术界和宗教界普遍认为西方差会和传教士充当了帝国主义文化侵略工具的角色，不可否认，早期的某些西教士参与了鸦片贸易和不平等条约的签订，但从整个近代史来看，西教士在改变社会风俗，创办教育、医疗、慈善等事业上的作用不容抹杀。

第二章 基督教的壮大

——1912 年至 1949 年江苏的基督教

1912 年中华民国的建立，标志着中国由封建专制时代过渡到民主共和时代。与此相应，中国基督教也进入一个崭新时期。如果以 1907 年基督教百年大会为界限，其前后基督教状况有了明显的变化。1907 年以后，外国传教士人数增加了 103%，中国信徒人数增加了 105%。中国信徒在教会中的地位也逐步提高，1907 年基督教大会时，参会的 1000 名代表，没有一名中国职员。到 1913 年基督教大会时，115 名代表中中国人占三分之一。到 1919 年中华归主会议，中国代表已占半数。① 这些数字充分表明中国基督教在不断地发展壮大，其对中国社会的政治、经济、文化等各方面的影响也日益显著。

江苏在中国近代史上的地位非常突出。"江苏自租界之约定，而海外大殖民国之工商业，以江苏为集中之点；自传教之约定，而耶稣新旧教，以江苏为集中之点；自甲申甲午之战起，而江苏之海口，为各国之公保护地；自庚子之乱作，而江苏之要隘，为各国之公驻兵地；江苏者，我全中国最受外力之包围攻击者也。"② 辛亥革命后，江苏更成为全国注目的中心。首先是中华民国临时政府定都南京。之后，各军阀混战，江苏又成为必争之地。1927 年蒋介石在南京建立国民政府，江苏成为首善之区。日本侵略中国，南京成了其蹂躏破坏的主要对象。国共内战时期，江苏的战略地位更是举足轻重。经历着近代的风风雨雨，江苏基督教见证了中国人民争取自

---

① 乐灵生（Frank Rawlinson）：《近二十年来中国基督教运动的改革与进步（1900-1920）》，中华续行委办会调查特委会编、文庸等译《1901-1920 年中国基督教调查资料》（原《中华归主》修订版）上卷，中国社会科学出版社，2007，第 128~130 页。
② 铁生：《江苏改革之方针》，《江苏》1903 年第 1 期，第 4 页。

由解放的不平凡历程。

第一节　教会的布局与兴旺

太平天国结束后的十几年，江苏曾形成了基督教传播的第一次高潮，后来受教案和义和团运动影响进入低谷。辛亥革命后，政治环境自由宽松，江苏基督教又形成了第二次传播的高潮。此时，中国教会的发展进入了"黄金时代"。一方面，中华民国颁布的《临时约法》从法律上肯定了公民信教的自由，这对基督教传教事业起到了促进作用。[1] 另一方面，军阀割据时期，基督教与军阀的关系还算协调，所以教会处于自由放任的状态。[2] 根据1915年的调查，江苏教会（包括上海）共有礼拜堂48处，外国宣教士752人，华人职员1646人，教友14113人（慕道友、医务、印刷类人员未包括）。辛亥革命给基督教带来转机："仅就革命后，所得效果观之，实令人满意。因政治上屡经变革，组织政府者，虽未着意教会，然人民之心理，当受极大之刺激，如恐怖与猜忌，疑惑与迷信，而反引起其人宗教之思潮。故一般官僚与旧学，乘此时机，发奋为雄，洗去尘埃，刷新理想，而归基督。而一般新进少年，亦以剔去旧日之习气，而生宗教上之好感，并知爱国家，顾社会，见义勇为，当仁不让，时孳孳于一部圣经，望达到专门之目的。而教会方面，愿将其灵德教育，一一输将，故新文明与新宗教，皆有蒸蒸日上之势，此本省沪宁两地已得之实证也。"[3] 从辛亥革命直到1949年，其间尽管受到非基督教运动和许多战争的冲击，江苏基督教的发展总体上是非常兴旺的。从苏南到苏北，教会、学校、医院等基督教事业呈现一派繁荣的景象。

随着传教范围的不断扩大和深入，以及信众人数和素质的不断提高，基督教在民国后的江苏已经打下稳固根基。几个大的宗派在江苏逐渐形成

---

[1] 顾卫民：《基督教与近代中国》，上海人民出版社，1998，第351~352页。
[2] 查时杰：《民国十年反基督教运动产生的时代背景（1922－1927）》，中华民国历史与文化讨论集编辑委员会编辑《中华民国历史与文化讨论集第三册·文化思想史》，1984，第385~387页。
[3] 李国霖：《江苏教会》，中华续行委办会编辑《中华基督教会年鉴》（第四期），上海广学会，1917，第69页。

有效合理的布局，其分布的区域特色明显，省内的教会与周边省区的教会也有十分密切的联系。

一　监理会

监理会在中国的传教区域主要集中在江浙沪三地的交界处。苏南地区的苏州、无锡、常州、宜兴等地监理会的势力最为强大，与上海和浙北的监理会共同成为一个整体，彼此之间资源共享，人员相互流动。以1935年监理会第五十届年议会为例，其所属六大教区、众多牧境布局细密，传道队伍阵容庞大、人才济济。

（一）上海教区

教区长：裴克萌（西教士）。

慕尔堂牧境：主任传道竺规身，协理安迪生（西教士）、方纯洁，社交主任安迪生（西教士）。

景林堂牧境：主任传道俞止斋，协理葛赉恩（西教士）。

海涵堂牧境：主任传道谢颂三。

闸北牧境：主任传道严济宽兼理诸翟。

吴淞牧境：主任传道严济宽。

浦滨牧境：主任传道蔡希庸。

南翔牧境：主任传道沈芝祥。

嘉定牧境：主任传道汤子范。

浏河牧境：主任传道陈杏舫。

崇明牧境：主任传道施君湘兼理庙镇。

海门牧境：主任传道钱洁身。

启东牧境：主任传道张民全。

久隆牧境：主任传道孙竟成兼理三阳。

中西女校：教员王紫英、殷罗德（西教士）、葛继恩、花梅绿（西教士）。

妇孺医院：护士贺培从（西教士）、何美丽。

基督教教育教区干事：方纯洁。

女子传道工作：景林堂牧境周和卿，南翔及巡行传道孔慧珍（西教士）、蔡霞云，嘉定牧境周徐亚英，启东牧境杨懋箴、叶巧贞，金陵女子神学肄业张利亚。

(二) 苏州教区

教区长：项烈（西教士）。

苏州东牧境：主任传道江长川，协理胡钟奇、文乃史（西教士），优额传道李仲罩、蔡式之。

苏州中牧境：主任传道程保罗，协理项烈（西教士）兼理盘门，社交主任项烈（西教士）。

苏州西牧境：主任传道叶芳珪，协理文乃史（西教士）。

常熟牧境：主任传道朱味腴，协理施密德（西教士）兼理白茆。

太仓牧境：主任传道彭圣文，协理李月峰、吴梅如驻双凤。

横泾牧境：主任传道项烈（西教士）。

沙溪牧境：主任传道杨奎章，协理杨新民驻沙头兼理浮桥、岳王市。

昆山牧境：主任传道王丙三，退任传道张一林兼理北里巷、祁村、巴城、石牌。

东三省本地区：主任传道张海云。

东吴大学：顾问文乃史（西教士），教员戴苏（西教士）、德丽霞（西教士）、费德乐（西教士）、葛海纶（西教士）。

博习医院：院长苏迈尔（西教士），宗教事工胡钟奇。

景海女校：教员鲍世德（西教士）、盖培德（西教士）、赵振威（西教士）、文映雪、贝兰斯（西教士）。

英华女校：教员郝华蔚、施贤明（西教士）。

振声中学：教员戴美丽（西教士）。

基督教教育教区干事：程保罗。

女子传道工作：苏州东牧境陆美基（西教士）、陆张惠珍、俞宝珍、帅洁贞（优额传道，西教士），苏州中牧境陆文英、姚何安、钟爱珍（社交服务部，西教士），苏州西牧境金振声（优额传道，西教士）、戴美丽（西教士）、朱景英、蒋陈英贞、徐自明，救世女学社钟爱珍，常熟牧境安佩德（领袖）、黄周得恩、赵珍宝、沈玉珍，太仓区宋卫真（领袖）、金振声（顾问，西教士），太仓牧境宋卫真、张吴学敬，横泾牧境沈嘉婉，太仓区巡行传道费文麒、陈寄凡，东三省布道区顾明珠。

（三）湖州教区

教区长：戴仰钦。

海岛堂牧境：主任传道戴仰钦，协理魏师德（西教士）、张铮夫。

城中牧境：主任传道汪兆翔，协理魏师德（西教士），社交主任汪兆翔。

城北牧境：主任传道夏治川兼理南皋桥。

埭西牧境：主任传道顾保璋兼理菁山。

阜溪牧境：主任传道郑洪声兼理簰头、武康。

长兴牧境：主任传道蒋文渊兼理合溪。

泗安牧境：主任传道黎从三兼理临城桥、广德。

和平牧境：主任传道张志棠兼理梅溪、晓墅。

长兴中学：教员魏师德（西教士）。

湖群女校：教员富希本（西教士）、白罗嬿（西教士）。

福音医院：院长孟杰（西教士），医师潘德生（西教士），护士慕德（西教士）、梅格丽（西教士），宗教事工张铮夫。

金陵神学：教员宋煦伯（西教士）。

基督教教育教区干事：顾保璋。

女子传道工作：海岛堂及城北牧境方沈淑贞，城中牧境凌慰都、宓素兰（西教士）、潘佩真、刘杨兰珍、戴雅贞，福音医院裘姚美宝，教区巡行传道赵陶韫贞（领袖）、杨华英、明美丽（司库，西教士），长兴牧境孙霞琴，中华女子神学肄业吴久舒。

（四）松江教区

教区长：史友兰。

乐恩堂牧境：主任传道袁恕庵，协理步惠廉（西教士）。

天恩堂牧境：主任传道史友兰兼理莘庄、新桥。

甪钓湾牧境：主任传道沈复生兼理石湖荡。

珠街阁牧境：主任传道徐翼谋，协理谢梦莲驻赵屯桥兼理沈巷、金家庄。

金山牧境：主任传道章友仁驻洙泾兼理张堰、松隐。

章练塘牧境：主任传道张士佳兼理金泽。

浦东牧境：主任传道陆仲英驻鲁家汇兼理南汇、新场、下沙、三灶、南皋桥。

浦南牧境：主任传道沈文蔚驻庄家行兼理南桥、亭林、阮巷。

浦北牧境：主任传道李维明驻北桥，协理步惠廉兼理马桥。

金陵神学牧师科肄业：杨镜秋。

慕卫女校：教员葛路得、梅素嬿（西教士）。

基督教教育教区干事：徐翼谋。

女子传道工作：乐恩堂牧境蓝成章（领袖）、王翠娥，天恩堂牧境吴袁季兰，教区巡行传道周舜华（领袖）、沙寿慈、沈俞美娥、唐勤华、俞素兰，浦南牧境金求立驻亭林。

（五）南浔教区

教区长：赵宗福。

南浔牧境：主任传道赵宗福。

乌镇牧境：主任传道徐文泉建立横街、炉头。

盛泽牧境：主任传道陈其学。

练市牧境：主任传道陆汉臣兼理石门湾、确坊桥、临安。

双林牧境：主任传道章炳春兼理马要。

善连牧境：主任传道林启祥兼理钟家墩。

震泽牧境：主任传道李良鼎兼理严慕、吴溇。

轧村牧境：主任传道赵景圣兼理谢村。

景星堂牧境：主任传道钱亦华。

凝溪牧境：主任传道何文轩兼理西塘、芦墟。

太湖牧境：主任传道詹简平兼理西山。

基督教教育教区干事：章炳春。

女子传道工作：教区巡行传道明美丽（领袖，西教士）、朱珍宝（司库)、顾陆振坤、徐自诚、吴维俊。

(六) 常州教区

教区长：毛吟槎。

恺乐堂牧境：主任传道毛吟槎，西教师华格蒙(西教士)。

常州牧境：主任传道杨维新，西教师华格蒙(西教士)兼理湖塘桥。

无锡南牧境：主任传道彭茂顾。

无锡北牧境：主任传道汪芥葆。

横山牧境：主任传道毛吟槎，退任传道邵玉如兼理戚墅堰。

石庄牧境：主任传道刘鸿渐兼理魏村。

西桥牧境：主任传道张景一。

宜兴牧境：主任传道汪屿兼理宋渎。

和桥牧境：主任传道成宝山兼理漕桥。

湖父牧境：主任传道李弃昧。

张渚牧境：主任传道郑雨棠。

武进医院：院长贝德(西教士)，医师赵乐门(西教士)，护士福士德(西教士)、魏思德(西教士)，宗教事工张景一、华格蒙(西教士)。

基督教教育教区干事：张景一。

女子传道工作：恺乐堂牧境蓬美丽(西教士)、朱怡初、程芳、费谢佩文，教区巡行传道邵以娴、瞿婉芳，常州牧境罗淑君(西教士)、朱麟英、俞守道，武进医院金毅子，无锡牧境戴颂一(领袖)、路梅兰(司库，西教士)、潘孙颐、邓叶芳、许植芳、桑盼临、沈锡珍。

总务工作员：

总布道会驻华总经理员兼会计员：葛赍恩(西教士)。

女布道会会计员：孔慧珍(西教士)。

理事会干事：安迪生(西教士)。

基督教教育部干事：谢颂三。

成年教育指导员：裴克萌(西教士)、林满德(西教士)。

受托主义干事：明美丽(西教士)。

女子布道工作：(1) 全年议会巡行布道高勤；(2) 青年女子立志布道

团团长凌慰都。

优额传道：罗格思（西教士）。

退任传道：韩明德（西教士）、白约翰（西教士）、鲍涵恩（西教士）。

吴语科：麦小姐（西教士）。

回国（西教士）：沙爱丽、陶美德、华德治、卫路珊、桂露晰、云美丽、雷培丽、费雪珍、霍约翰、霍美丽、许安之、富德生、司徒德、魏廉士、葛式鼎、梅敏珍。①

从上面监理会的区域分布和中西传道人的分工可以看出：监理会在苏南地区的传教范围主要集中在各市镇，但已深入乡村基层。六个教区长除上海、苏州由两位西教士担任外，其余四个教区湖州、松江、南浔、常州均由华人担任。各教区所辖牧境的主任传道基本都是华人，部分西教士充任协理的职务，只有学校、医院和女子传道中的西教士所占比例较大，当然西教士仍然把握财政大权和掌管总体的方向性工作。这说明在一线传教布道的工作主要由华人来承担，西教士在幕后起指导、协助或督促的作用。

苏州的监理会实力是最强的，教会、学校、医院、会社配备齐全。特别是天赐庄这个地方，几乎成了监理会的基地，东面有东吴大学和景海女师，西面是博习医院和圣约翰堂。

1920年东吴大学的一位学生所写的《天赐庄星期日之群籁》一文中描绘了星期日中西男女老幼去教堂参加礼拜的盛况："……礼拜堂之钟也洪而远，景海之女学之钟也，如清磬之余韵。东吴有钟楼，巍然高耸，实一大时计耳，而乡人则称之为大自鸣钟。东吴钟楼相对峙者，亦名曰钟楼，而无钟。父老言城中有双塔而一楼，状笔与墨，为文气之所钟，今西人之楼高于我，遂不复能振作矣。与礼拜堂钟声相应者，则为箛声革靴声。时礼拜堂门已大开，中西男女老幼杂进。据坐既定，闻街中起微声，如朝露之滴花，如春蚕之食叶者，此景海女学学生之来也；如暴雨之下，如狂湍之泻者，此东吴大学学生之来也。最后则牧师来，其来也无声，登讲席，默尔而祷。既祷而作，一启吻而群声皆寂。讲止则歌声与琴声作。人闻歌声

---

① 《监理公会中华年议会第五十届调派单》，《福音光》第十一卷第九期（1935年），第6~9页；参见《中华监理会大议会会员名单》，《福音光》第三十三期（1932年），第36~38页。

之起于堂右者,则喜形于色;起于堂左者,此东吴学生之歌也。东吴学生不善歌,每歌人皆窃语曰:'盍休乎,我亦唤奈何矣。'时则祈祷声,捐钱入囊声,叟呛声,儿啼声,又竞起。偶闻街中驴鸣声,其鸣也,一发不可止,于是堂中人皆蹙额不宁,间有相愿击节不已者,此殆王仲宣之亚也。傍午人散而堂空,钟声又数作。上海叉袋角烂泥渡居民之计时也,以工厂之汽笛;苏州天赐庄居民之计时也,以学校之钟,共用同也。午后礼拜堂门复启,熙攘杂沓而进者皆稚子。稚子社交可公开,故男也女也,嬉戏往来,如小雀啾唧之在树丛。此声得闻于天赐庄,故得名之曰天籁。稚子爱歌,则与之歌,稚子爱听故事,则与讲故事。讲故事之人既登坛,则坛下小手齐鸣,张其如星之眸,苹果之脸皆呈微涡,屏气不作一声,坛上之人乃曰:'鹦鹉居雕笼,食膏粱,人云则云;猩猩居山莽,饮甘醴,啖嘉赢。终日效人之所为,牛席草而卧,束刍为食,力耕而不息,不亟亟求似人,而实利赖之。诸君有愿作鹦鹉者乎?举若手。'无一举手者。复问曰:'有愿作猩猩者乎?举若手。'举手又无其人。复问曰:'有愿作牛者乎?举若手。'举手者若应斯响,于是群儿皆牛矣。夕阳在地,群儿牵手归,教员亦归。午后之教员,即午前之学生也,俟群儿散尽,遂得为学生如初。……"①

圣约翰堂原名"首堂",英文名称"苏州东监理会教堂"(East Soochow Methdist Church),1915年教堂拆除重建,由美国密苏里州圣路易斯的圣约翰堂赞助,所以改名为苏州的圣约翰堂。每年圣诞节和复活节的时候,天赐庄是最热闹的场所,参加活动的有时多达二千余人,由圣约翰堂、博习医院、景海女师、东吴大学、振华女学等组成的唱诗班表演,是不可缺少的节目。②

东吴大学创办初期曾开设神学科,由文乃史、孙乐文、李仲覃、戈璧(Clyde Campbell)等人组成了一个神学教师小组。培养出了谢洪赉、奚伯绶、江长川、赵紫宸等优秀的神学家。1914年神学科并入金陵神学院。之后,东吴大学在松江创办圣经学校,主要着眼于大学神学预科方面的课

---

① 转引自王馨荣《天赐庄:西风斜照里》,东南大学出版社,2004,第14~16页。
② 《圣约翰堂圣诞志盛》,《兴华报》第二十五卷第二期(1928年),第32页;王馨荣:《天赐庄:西风斜照里》,东南大学出版社,2004,第25~31页。

程。① 松江圣经学校是 1914 年由监理会传教士步惠廉（Rev. W. Burke）创办的，自 1915 年至 1928 年隶属于东吴大学，称东吴大学圣经学校。后来与东吴大学分离，改为惠廉圣经学校，1932 年夏停办，步惠廉又创设松江孤贫儿圣经学校。步惠廉于 1887 年来松江创立教会并开设学堂，服务中国五十余年。1947 年 12 月 20 日在美国逝世，享年八十有四。"步公念念不忘松江教会，病笃时犹于中美无线电话中，谆谆以'爱护中国'告其幼子。闻松江教会为追念先贤，拟集资修筑'步公纪念厅'云。"② 值得一提的是，步惠廉于 1903 年（光绪二十九年）在南汇县搭救了黄炎培等四位革命青年的性命，当时，黄炎培等爱国青年在南汇县各地发表毁谤慈禧太后的演说，有人告密，被知县拘捕，等待命令就地正法，幸得步惠廉及时搭救，得以大难不死。黄炎培说："异国人犹爱护我中华如此，我中华国民，对我中华将如何？……我敬仰先生之仁慈与勇敢，我尤感佩先生同情心之光明伟大。"③

当然，东吴大学在校的各科学生都要学习基督教课程，并要求参加教堂周日礼拜以及每日的礼拜仪式。开始几年，每个美籍教师都要分担《圣经》课程，后来由孙乐文、文乃史、戈壁、施密德（W. M. Smith）、赵紫宸、韩复生、谢颂三、魏廉士等先后担任宗教方面的工作。戴荪（J. W. Dyson）教授和景海女师音乐系合办了一个唱诗班，该唱诗班在圣约翰堂的礼拜中发挥很大的作用。黄友葵（Eva Hwang）女士对圣约翰堂的唱诗班也作出了贡献，而且还组办了"东吴大学合唱队"。潘慎明、杨永清等华人校领导也很关心学校的宗教工作。立案前的代理校长潘慎明坚信中国的将来会大力发展基督教教育，他说："省立大学的校园内有很多教学建筑，大量精良的教学设施，很多哲学博士享受着国家高薪，这些都比我们学校优越得多，但他们缺少既定的计划来培育有责任心的公民。"④ 1932 年，

---

① 文乃史（W. B. Nance）著《东吴大学》，王国平、杨木武译，珠海出版社，1999，第 64～66 页。
② 《松江教会追悼步惠廉牧师》，《天风》第五卷第四期（1948 年 1 月 24 日），第 15 页。
③ 黄炎培：《光明伟大的同情与自由——纪念步惠廉先生》，《天风》第五卷第六期（1948 年 2 月 7 日），第 12 页。
④ 文乃史（W. B. Nance）著《东吴大学》，王国平、杨木武译，珠海出版社，1999，第 113～116 页。

东吴大学教职员中基督教信徒约居半数，学生中信徒约占十分之三。校长杨永清深刻认识到："校内之宗教生活及宗教事工为同人等最关心。"① 苏州大学现存的几座近代建筑其命名多是为纪念为东吴大学创办或监理会传教事业作出巨大贡献的人。今天的校领导办公楼，原名叫"林堂"，也称"钟楼"，1901年开建，是为了纪念东吴大学主要创办人西教士林乐知（Rev. Young J. Allen, 1836-1907）；数学楼，原名"孙堂"，1912年落成，是为了纪念东吴大学第一任校长西教士孙乐文（D. L. Anderson, 1850-1911）；"葛堂"，1924年落成，是为了纪念东吴大学第二任校长葛赉恩（J. W. Cline）的父亲J. M. 葛赉恩牧师，葛赉恩的父亲是为这座建筑提供经费的美国阿肯色州小石城第一监理会教堂的长期教友；"子实堂"，1929年落成，是为了纪念苏州监理会的早期华人信徒和东吴大学的创办人之一曹子实医生。②

景海女师是1903年监理会为纪念美国传教士海淑德女士在苏州天赐庄创办的。第一任校长为贝厚德女士，1916年亮美兰任校长，1918年盖培德继任，1921年殷罗德任校长。1927年后，华人江贵云、杨宝瑜、杨锡珍先后任校长。③ 杨宝瑜在1932年《景海女子师范学校报告书》中记述当时学校的情况如下：（甲）全校共有学生315人，来自九个省份，最远者来自南洋群岛，且有曾在社会服务七年以上再来求学者，初中、师范两部学生已为基督信徒者约占百分之五十左右，上学期初中毕业十三人，师范毕业二十人，除升学外，俱分别在各地任教职。（乙）全校教职员共38人，其中西国教师5人，中国教师之为基督徒者有29人，约占全校教职员数百分之七十五。（丙）学生课外活动有：参加励进会、青年会；举办校工夜校，每夜授课一点钟，由学生主教，每星期由学生请定一教师为特别之演讲；每日晚餐前一刻钟举行祈祷会，教师亦加入，校工则在星期日晚饭后举行之；到医院探慰病人；加入圣约翰堂唱诗班、星期日主日学等。（丁）学校开设圣

---

① 杨永清：《东吴大学报告》，武进杨镜秋编辑《中华监理公会第一次大议会纪录》，1932，第84页。
② 王馨荣：《天赐庄：西风斜照里》，东南大学出版社，2004，第149~159页。
③ 《中华监理公会年议会五十周年纪念刊》，转引自王馨荣《天赐庄：西风斜照里》，东南大学出版社，2004，第177页。

经研究班，参加者几及全校学生，共分十二班，每班每周上课一次，由基督徒教师分任指导研究之责。课本于基督教协进会及上海青年会宗教部出版之书籍中选用。江长川先生时常来校演讲青年之宗教问题。① 不难看出景海女师师生宗教活动的频繁，以及学校对基督教知识研究的重视。

监理会在苏州的第二个活动地点是紧邻苏州繁华地段观前街的宫巷堂。宫巷堂既是教会，也有学校和会社。乐群社就是集传教、办学和社会服务为一体的综合性宗教机构。宫巷乐群社会堂，是在原小礼堂的基础上扩建而成，得到监理会差会资助2.25万美金，本地捐助4000银元。1922年兴工，1923年正式启用，此时乐群社部长为中国人李月峰连环司、牧师为杨奎章。② 20世纪30年代社交主任为西教士宋煦伯，其他职员还有曾在全国基督教协进会服务过的林满德小姐、负责妇女教育工作的包文骏小姐、负责平民教育和青年部工作的陈斐然先生等。1931年乐群社社员多达1325人。乐群社不仅下设乐群中学、乐群小学、尚德女学、尚德幼稚园、素莲幼稚园、盘门幼稚园，而且还举办主日学、短期或暑期圣经学校、夜校（兼收商科及打字科）、烹任班等培训活动。乐群社还有图书室、放映室、男女浴室、乒乓球等设施对社员或公众开放。③

监理会在苏州城区的第三个活动地点是位于养育巷北慕家花园的救世堂，距离养育巷南的长老会思杜堂（今使徒堂）二百米左右。救世堂、英华女学、振声中学的历史可追溯至1891年前后。现存的慕家花园救世堂是1924年新建的。1913年至1929年李月峰牧师任职该堂。④ 胡钟寄牧师、白约瑟协理、毛吟槎先生、周舜华女士、陆文英女士等先后在此传道。救世堂信徒热心读经、捐款踊跃：1930年夏天，救世堂读经班参加人数男女共计一百人，分十五个班。其中男信徒有十二人；女信徒四十岁以上者约五

---

① 景海女子师范学校代理校长杨宝瑜：《景海女子师范学校报告书》，武进杨镜秋编辑《中华监理公会第一次大议会纪录》，1932，第88页。
② 参见（江省）汪芥葆《苏州宫巷乐群社会堂落成盛况》，《兴华报》第二十卷第十一期（1923年），第18页；苏州市地方志编纂委员会编《苏州市志》第三册，江苏人民出版社，1995，第1150页。
③ 社交主任宋煦伯谨报《乐群社会堂大议会报告书》，武进杨镜秋编辑《中华监理公会第一次大议会纪录》，1932，第56~58页。
④ 《李月峰启事》，《兴华报》第二十六卷第四十六期（1929年），第29页。

十余人，二十岁以上者有二十余人，二十岁以内者有二十余人。① 同年，为东三省布道捐款，毛吟槎等三十名男信徒共捐四十三元七角，金志仁等三十几名慕道女校人员共捐四十二元，女信徒近四十名共捐三十六元五角二分，还有英华女校二百多人共捐一百三十四元六角，振声中学及附小近四十人共捐六十八元零三分，合计三百二十四元八角五分。② 英华女中和振声中学由美国女传教士金振声创办，英华女中1914年冬天移建于慕家花园西侧，1915年学生已达175人。③ 振声中学位于救世堂东面马医科巷，由万嵩沅先生长期担任校长，1933年有教职员二十人（包括一名外国教师），中学有学生135人，附小有学生327人；1947年全校师生达八百余人。④ 监理会苏州教区还管辖常熟、甪直、太仓、昆山、盛泽、洞庭东、西山等牧境。1932年苏州教区信徒总数为3857人。⑤

  无锡民国前已设立监理会的循环（地方教会），民国后更有较快的发展。1914年建一大礼拜堂，即后来的景德堂，并在光复门外购地设公墓。又在南桥镇、东亭镇设立讲堂，北门塘上分设布道处。赵再生、朱味腴、成宝山均在此时受洗。1916年无锡循环司（教会负责人）为凌子言，协理有司马德、赵再生（驻东亭），并设立大小益德会。1917年杨奎章来无锡，毛吟槎为协理；1919年无锡循环司为焦子方，协理有文乃史、王维翰；1920年无锡循环司为周文敏，协理有沈子祥、汤子范、万特克、张海云等。1921年原属苏州教区管辖的无锡牧境归常州教区，此时教区长为霍约翰。1925年至1928年在无锡传道的有汤子范、许安之、杨维新、王维翰、方渊甫、王丙三、李良鼎等。1931年李月峰牧师莅锡重振景德堂，又立支堂。

---

① 《教讯：救世堂之读经运动（江苏）》，《兴华报》第二十七卷第三十四期（1930年），第29~30页。
② 《十九年度东三省布道捐征信录：苏州救世堂》，《福音光》第23期（1930年），第12~18页。
③ 参见陈艳《近代苏州地区的基督教女传教士（1880~1930）》，苏州大学2006届硕士学位论文，第20页。
④ 校长万嵩沅：《教育界：学校教育汇报：振声中学暨附小》，《福音光》第41期（1934年），第17页；《校闻辑要：（二）振声中学五八校庆与万嵩沅先生长校二十周纪念盛况》，《会讯》第3期（1947年），第5页。
⑤ 施密德：《苏州教区报告》，武进杨镜秋编辑《中华监理公会第一次大议会纪录》，1932，第43页。

1933年协理顾保璋驻景德堂，此时常州教区长史友兰也时常指导无锡的传道工作。① 1937年在成宝山、吴梅如二牧师带领下无锡北门景德堂、南门礼拜堂教会活动兴旺，女布道戴颂一、岳锦华、金洁华、张纯贞等也积极活跃。② 民国后，监理会在无锡还开办了四所学校，分别是1911年开办的女校德慧小学（今扬名路小学），1913年开办的男校明德小学（即东吴第八小学，今南长街中心小学），1922年开办的实业学校（东吴大学附属第四中学），1937年开办的以马内利初中补习班。无锡实业学校由西教士司马德从1920年着手筹建，地点在通惠路社桥前。遗憾的是，司马德于1921年突然病逝，由上海交通大学土木工程科科长万特克（H. A. Vanderbeek）接掌校政。1922年学校基本建成，开始招收第一届学生，在此任教的有许安之（D. L. Sherertz）、沈青来等中西教师。该校是当时办得比较出色的中等职业学校，学制四年，学生每学年一半时间在车间实习，一半时间在教室学习，很好地做到了书本知识与实际技能的有机结合。③

常州民国前监理会已设立常北、常东两个循环，由西教士鲍涵恩、霍约翰分别带领杨奎章、李月峰负责。民国初在常州传教的中外教士还有焦汝舟、钱宝和、狄瑞生、严鲁峰、林雨蓉等。1915年，监理会购得常州县学街二亩多基地建造新教堂，经办者霍约翰募集资金5万美元，其中霍约翰的连襟捐资1.8万美元。1916年教堂建成后，为纪念霍约翰连襟已故妻子恺乐（Carriger），就将此堂命名为"基督教监理公会恺乐堂"（Carriger Memorial M. E. Church South），教堂是仿哥特式风格，总面积七百多平方米，能容纳七百多人礼拜。④ 1916年，常州监理会资送翟亦夫、姚丙勋入松江圣经学校学习。1917年应地方士绅之情，监理会以原阳湖县公署为院址，与长老会福音医院分离，新办武进医院，芮真儒医士为第一任院长。1918年，施密德任常州循环司，毛吟槎为协理并任东吴附属第五小学校长，东吴附属第五小学创办于1913年，此时学生初高两级已达九十余人。1919年，资送成宝山入金陵神学

---

① 《无锡牧境》，《福音光》第11卷第18期（1935年），第65~66页。
② 彭茂顼：《无锡牧境教讯》，《福音光》第13卷第7期（1937年），第32~33页。
③ 王国平编著《博习天赐庄：东吴大学》，河北教育出版社，2003，第60~61页。
④ 《"恺乐堂"旧貌换新颜——及常州基督教变迁》，《江苏基督教》（内部资料）2011年第3期（总第107期），第17页。

院学习。1920年，霍约翰任循环司，汤子范、顾伦为协理。1922年，王维翰任循环司，顾伦、於云滋为协理。本年东、北二循环与长老会合开大布道会，前后八天，每次听道者八九百人，最后签名慕道者有七百余人。1923年，西教士顾伦回国，於云滋调常熟任老年传道，本年陈家园崇真女校新校舍落成。1924年改常北循环为常州牧境，外任王维翰为蜀山牧境主任传道，胡钟寄为本牧境主任传道，齐唯天为协理兼社交主任，张海云为协理。此年恺乐堂与北门教会（在北直街）合办三一社，举办主日学、乡村布道、卫生医疗等活动。1925年，胡、齐二牧仍任原职，张海云任恺乐堂协理。1926年，胡钟寄为本牧境主任，贝赉士为社交主任，杨松年为代理，齐唯天为恺乐堂主任传道。1927年胡钟寄调离，方纯洁为本牧境主任，此年北伐军经过江苏，学校、教堂遭到一定破坏。1929年崇真女校立案，并易名为"私立崇真小学"，实行男女同校，华人梅瑞先、蒋蓓先后任校长。1931年秋，方纯洁赴金陵神学院牧师科学习，松江乐恩牧境主任杨维新任常州牧境主任传道。同年，伯特利布道团宋尚杰博士来常州布道，每次听道者达千余人。[1] 1935~1936年，常州府直街教堂（常北循环）重新修建，各地监理会信徒踊跃捐献，募捐委员有：高静娴、马金水、朱麟英、蒋佩、顾雨亭、翟炳忱、罗淑君、赵乐门、王玉粹、张惠霖、郑永康、华瑞生等，主任牧师为杨维新。[2] 1937年，常州沦陷，崇真校舍成了日军养马、驻军的场所。1939年，校舍收回，张景一牧师、马似观校长在此开办"崇真补习学社"。1941年，校舍又被日军占用，让给武进医院，学校迁至府直街礼拜堂。1946年，抗战胜利，以张景一为主席的校董会，聘请段彦琛、薛济庭、蒋文渊（牧师）、顾豪如、王蕴山、徐怀君等为校董，办理了复校事宜，聘段惠贞女士为校长。1949年5月向人民政府注册，朱蕙任校长、蒋文华任主任。1952年9月在原址开办鸣珂巷小学，后改为幼儿园。[3]

---

[1] 《常州牧境》，《福音光》第11卷第8期（1935年），第64~65页；毛吟槎：《常州基督教堂的变迁》，中国人民政治协商会议江苏省常州市委员会文史委员会编《常州文史资料》第二辑，1982，第80~81页。

[2] 《重建常州监理公会府直街基督教堂募捐启》，《通问报》第一千六百五十回（1935年7月），第22页。

[3] 陆士平：《崇真女校与崇真小学》，中国人民政治协商会议江苏省常州市委员会文史委员会编《常州文史资料》第二辑，1982，第100~113页。

江苏西南的宜兴，民国前监理会就在此传道。1912年（民国元年）史玉冈调离宜兴，江殿臣主理宜兴教务，从西南之张渚、徐舍，到东南之丁蜀山，北部的和桥都有教会的设立。1915年1月，江殿臣调离，焦子方主持宜兴教务。1917年，此地助理传道有赵基法、王心泉、吴德润、杨奎照、于汉维、朱凤山等。1918年李弃昧主任宜兴，顾荣初为和桥协理。1919年冬，狄瑞生奉调驻湖㳇传道。1920年邵玉如驻凤川埠传道。1921年芫渎设分堂，由顾荣初、赵基法轮流往返。1923年束正绅驻芫渎传道。1925年成立宜兴牧境，李弃昧调离，成宝山替代。1932年汪屿主持宜兴教务，并成立宜兴益德会，其要旨是培养信徒的德、智、体、群方面的身心发展。1935年春季，邵友仁家中设布道处。① 1945年美国人霍约翰主持教务。1946年王丙三和刘鸿儒主持教务，监理会全县教徒达七八百人，多为城镇居民。灵功团属上海安提阿派，徐舍的徐鉴泉于1944年回家成立布道所，翌年十一月建徐舍耶稣堂，由长老张纪恩主持，1947年由长老杨锁开主持，1949年初执事戴宝昌在杨巷建耶稣堂，两处信徒共有240余人。

二 浸礼会

浸礼会在中国的传布较广，两广、东北、豫鲁、江浙都有其事业的建立。江苏境内的浸礼教会在民国前后就有联合大会，1911年春，江苏全省浸礼大议会在苏州谢衙前大礼拜堂召开，此时江苏全省浸礼会教堂有三十所，即上海老北门二处、苏州苹花桥二处、镇江银山门一处、扬州卸甲桥五处、昆山玄坛弄三处、上海北四川路一处、盛泽北大街一处、上海官话会一处、上海广东会二处、苏州谢衙前二处、甪直一处、无锡一处、句容一处、曹家凹二处、唯亭一处、如皋一处、秦栏一处、青旸分堂一处、洛社分堂一处。教友总数一千一百一十六人。此次大会改选委办为干事，共八人：白多玛为本地差会牧师兼司库、余士廉为本地差会总巡、郭维义为会正、张省一为书记，其余的干事有冯活泉、冯文荣、潘子方、杨静波。②

---

① 邵友仁：《宜兴牧境》，《福音光》第11卷第8期（1935年），第67页；汪屿：《宜兴益德会过去的状况》，《福音光》第12卷第4期（1936年），第21～22页。
② 《江苏全省浸礼大议会记录摘要》，《真光报》第10卷第4期（1911年），第57～59页；《续江苏全省浸礼大议会摘要》，《真光报》第10卷第5期（1911年），第51页。

与此同时，江苏全省浸礼会女议会在苏州苹花桥教堂召开，上海女道学院教员徐师母、李师母，扬州女学教员王道荣师母、吉惠丽女士先后演讲，选举王道荣师母为会正，慧灵女学教员金柱琴为书记，苏州苹花桥传道周师母、上海徐师母、扬州王师母、镇江李师母为委办。① 江苏全省浸礼会传道联合会也同时成立，选举余士廉为会正、李子美为书记，委办四位：上海潘子方、苏州曾绍贤、镇江张省一、如皋舒玉甫。② 民国后，由于语言隔阂，江苏浸礼会分为苏申锡（吴语）与扬镇（官话）两个区议会。1935年在美国南浸礼会差会总干事马德义博士提议下，正式成立江苏省浸礼议会，共包括上海、苏州、扬州、镇江、无锡、昆山六个教区，省议会每年举行一次，各区议会每季举行一次。以1939年为例，江苏省浸礼议会各区会地点和人员分布如下：

议会办事处设在上海圆明园路209号真光大厦的608室，干事吴继忠牧师。

（一）上海教区

上海第一浸会堂（老北门郑家木桥街）：主领牧师金炎青。
怀恩堂（静安寺路西摩路口凯第商场二楼）：主领牧师戚庆才。
怀施堂（海格路六百弄五号）：樊尔牧师代理。
旅沪广东浸信会（爱文义路六二六号）：主领牧师黄观海。
沪东浸礼公会（暂借八仙桥青年会）：主领牧师汪承镐。
国语浸信会新生命堂（静安寺路西摩路口凯第商场二楼）：负责传道杨惠福。
嘉定浸信会（嘉定县城）：主领牧师李子美。
怀本堂（法华镇）：暂无传道人。

（二）昆山教区

城区浸会堂（昆山城内前浜）：主领牧师柳青华。
东塘市浸会堂（东塘市镇）：负责传道杜祥卿。

---

① 《苏州女议会聚会志略》，《真光报》第10卷第4期（1911年），第56~57页。
② 《江苏全省传道联合会成立》，第57页。

正仪浸会堂（原在南星渎，后在正仪镇）：原负责传道吴绥之已故，暂由该堂信徒维持。

甪直浸会堂（甪直镇）：原负责传道张成水已故，暂无传道人。

（三）苏州教区

谢衙前浸会堂（城内谢衙前）：主领牧师盛培之。
苹花桥浸会堂（城内苹花桥）：主领牧师夏悦三。
新民社（东中市）：负责传道张容江。
盛泽浸会堂（盛泽镇）：主领牧师顾迪人。
方桥浸会堂（方桥镇）：负责传道严应华。
庄前浸会堂（庄前）：负责传道胡维祺。

（四）无锡教区

城区浸会堂（通惠路）：主领牧师高石麟。
青旸浸会堂（青旸镇）：主领牧师尤荫奎。
皋岸浸会堂（皋岸镇）：负责传道胡世培。
靖江浸会堂（靖江镇）：暂无传道人。
洛社浸会堂（洛社镇）：暂无传道人。

（五）镇江教区

银山门浸会堂（江边银山门）：主领牧师章长群。
润中浸会堂（城内五条街）：暂无传道人。
丹阳浸会堂（丹阳城内）：主领牧师徐毕成。
吕城浸会堂（吕城）：主领牧师戴子泉。
句容浸会堂（句容城内）：负责传道汪保罗。
桥头浸会堂（桥头镇）：主领牧师邹懋龄。
龙潭浸会堂（龙潭镇）：负责传道许省三。
仪征浸会堂（仪征城内）：负责传道姚声斋。

（六）扬州教区

贤良街浸会堂（城内贤良街）：主领牧师张同卿。

卸甲桥浸会堂（南门卸甲桥）：主领牧师王家庆。

仙女庙浸会堂（仙女庙镇）：暂无正式传道人。

溱潼浸会堂（泰县溱潼）：负责传道孙晓轩。

东台浸会堂（东台）：负责传道程守愚。

樊川浸会堂（泰县樊川镇）：负责传道桑荣盛。

秦栏浸会堂（天长县秦栏镇）：负责传道朱级三。

天长浸会堂（安徽天长县）：主领牧师王汝权。

十二圩浸会堂（仪征县十二圩镇）：负责传道沙午。

全区工作：区牧洪宗元。

南京浸会堂（南京游府街）：主领牧师赵士璋。

以下是浸礼会在江苏境内所办的教会学校：

沪江大学（上海杨树浦，后迁圆明园路209号真光大厦）：校长樊正康硕士。

沪大城中区商学院（圆明园路209号真光大厦）：秘书长慎微之硕士。

沪大附中（圆明园路209号真光大厦）：主任李好善博士。

沪大沪东公社（上海四马路时报馆楼上）：校长金武周博士。

浸会联合中学（上海外滩七号四楼）为下列各校合组而成：

晏成中学（原在苏州谢衙前）：校长陈子初硕士。

慧灵女子中学（原在苏州谢衙前）：校长王梅娥女士。

明强中学（原在闸北宝兴路底浸会庄）：校长冯教准硕士。

晏摩氏女子中学（原在闸北宝兴路底浸会庄）：校长应美瑛女士。

进德女子中学（上海老北门郑家木桥街）：校长邬明英女士。

明德学校（上海老北门郑家木桥街）：校长王宏业先生。

怀恩初中（原在闸北，现在上海黄家沙花园32号）：校长施美恩女士兼代。

崇德女子中学（原在闸北，现在上海爱文义路六二六号）：校长徐松石先生。

慕究理中学（扬州南门下铺街）：校长德玛利女士、聂文杰先生在假。

城慧学校（苏州谢衙前）：校长盛培之牧师兼代。

浸会小学（镇江银山门）：校长敖立夫牧师兼代。

浸会小学（扬州古旗亭）：校长樊顺英女士。

浸会学校（无锡通惠路浸会堂）：校长强克生师母、主任李孙亚小姐。

以下是浸礼会的神学校：

浸会高级女子神学院（上海圆明园路 209 号 709 室）：院长李夏兰女士。

浸会中级女子神学院（上海忆定盘路 152 弄 4 号）：院长樊尔师母。

妇女圣经学社（无锡城内镇巷浸会堂）：社长强克生牧师。

浸会圣经学社（扬州下铺街）：社长施坦士博士。

浸会医院（扬州南门星桥西）：院长毕尔士医师、田野医师。

浸会孤儿院（苏州谢衙前）：院长麦嘉祺夫人、总干事盛启。①

浸礼会深刻地认识到在江苏传教的重要性。1937 年第三届江苏全省浸礼议会报告称："吾苏目前之所在地非常重要，东为世界有名之商场（指上海），西为国家奠定之首都（指南京），吾浸礼会工作，除发展至沿铁路一带，越过长江之北皖省天长，本省浸会工作，区域不能算小。"② 1938 年尽管受日本侵略的影响，江苏全省浸礼会教友人数仍呈上升势头，总数为 3627 人，其中上海 1555 人、扬州 734 人、苏州 462 人、镇江 387 人、无锡 269 人、昆山 220 人。③ 1939 年增至 4500 人，尤其是扬州教区发展迅速。1940 年又提出扩充范围的希望："已有之各教会多在铁路与长江之两旁，工作范围仅及全省四分之一，极应扩充，常州尚未开辟，南京工作急需注意，江北东台及邻近之机会甚好，大有自成一区之可能。"④

扬州的浸礼会较发达，很早致力于在建教堂、办学校和开医院。1888 年至 1891 年毕尔士夫妇、万应远牧师、慕究理女士陆续来扬州。1892 年在城内卸甲桥建立一座可容纳 200 多人的教堂，并附设务本小学。1909 年毕

---

① 聂文杰：《江苏浸礼议会工作概况》，《真光杂志》第三十八卷第九期（1939 年），第 51~53 页。

② 王家庆：《江苏省浸礼议会第三届大会会闻》，《真光杂志》第三十六卷第六期（1937 年），第 66 页。

③ 聂文杰：《江苏浸礼议会工作概况》，《真光杂志》第三十八卷第九期（1939 年），第 53~54 页。

④ 干事吴继忠：《江苏省浸礼议会一封公开的信》，《真光杂志》第三十九卷第十期（1940 年），第 1 页。

尔士在贤良街开设圣道书院，1911 年停办。1923 年毕尔士兴建贤良街礼拜堂（即今萃园路礼拜堂），可容纳千余人。1931 年后浸礼会扬州教区成立，传教活动日渐频繁，在妇女中有女传道会，在少儿中有日光会，在高中学生中有青少年团。抗战时期，江都县仙女庙和樊川、仪征县城和十二圩等地也设立教堂，并成立扬州区浸会联合会，由施坦士（D. F. Stamps）、王家庆、洪宗元、张同卿等负责。1947 年吴继孝任区会主席。南浸信会在扬州所办的学校影响很大：1888 年慕究理在旧城寿安寺（现粉南巷）招收女童入学，设刺绣、圣经和钢琴三门课程。开始时招不到学生，慕究理到上海教会济良所带领 7 名女童来扬州，成为该校最早的一批学生。数年后招到学生 40 名。1906 年慕究理病逝，由安德烈继任校长，次年定名为慕究理女学堂，教师大都为美国女教徒，小学实行男女兼收制。1938 年伊斯坦任校长，中学开始招收男生，并附设幼稚园。1939 年由施坦士负责校董会，校长为德玛丽（Miss Mary Damesest）。抗战胜利后，全校学生数增至 279 人，又将中小学分开，小学部在东，称私立慕究理第一小学（现育才小学校址）；中学部在西，称私立慕究理中学（现邗江县委党校校址）。扬州解放前夕，美教士纷纷离去，以陆勤为首的进步教师出面维持，中学由张燕春、孙毅仁、古成厚、黄枢、姚乐同等人组织护校小组；小学由贾思锐、蒋佩兰、王子琪等人护校。毕尔士 1892 年在扬州卸甲桥创办一所务本小学，1909 年又在圣道书院内开设懿德女学堂，1911 年更名为懿德女子小学校。1923 年迁到古旗亭 37 号，校长由张同卿牧师兼任，副校长樊顺英。1930 年男女兼收，校长毕璐德。1947 年改名为私立浸会慕究理第二小学（现古旗亭小学），由李好善任董事长，姚尔玉兼任校长。1948 年恢复原名，吴继孝牧师任副董事长兼校长，教导主任为李道明。民国前，南浸信会伊文思医师在扬州还创办了浸会在江苏的唯一一所医院，位于城内星桥西街，并聘请金陵大学医科毕业生汤润生和圣约翰大学医科毕业生戴哲之等为医师。1913 年伊文思回国，由安德生医师（Dr. Anderson）接任，次年安德生又返美，邰大医师（Dr. Adrian Tayler）接任，邰大医师是当时美国著名的外科医生，来扬州后，浸会医院，名声大噪。1918 年安德森又来扬州，不幸在赴上海开会途中坠江身亡。1921 年在今南通西路兴建新院址，次年在院内创办高级护士职业学校。1924 年邰大医师应聘于北京协和医院，焦尔登医师（Dr. Gordon）和邰二医师（邰大之弟，Dr. Richard Tayler）继任。1927年受北伐战争影响很大并停办。1936年穆夏医师（Dr. Mewshaw）前来恢复医院工作，第二年调离，院务由毕尔丝女医师（Miss Piesse, M. D.）和田护士长（Miss Teal）负责。1939年田护士长告老回美，詹姆丝女士（Miss Games）来院担任护士长并兼护士学校校长。抗战胜利后，施坦士牧师和卸甲桥浸会堂王家庆牧师代表教会接管医院。1946年夏西差会派遣安萧森医师（Dr. Nelson Bryan）为院长，同来的还有两位青年医师海林士（Dr. Harings）和安萧森之子，护理方面有韦连丝（Miss Williams）任护士学校校长，惠特（Miss Wheat）任护士长。扬州解放前夕，曲修五为代理院长。1949年12月，杨锡栋为院长，当时的董事会主席是王家庆牧师，书记吴继孝，其他董事会成员有金炎青牧师、柳胄华牧师、徐尔吉牧师、时文元牧师、章长群牧师、杨锡栋医师等。1951年政府接管浸会医院，改名为扬州市工人医院并迁至圣公会原美汉中学，浸会医院原址改建为苏北人民医院。[①] 南浸信会在扬州也有自己的神学校：1938年扬州被日军占领时，施坦士牧师与德玛丽女士在浸会医院和慕究理中学开设难民收容所，在难民中举行布道会、幕道友查经班，遂发展为定期的圣经学社，即扬州浸会圣经学校，学制两年，教授圣经神学知识，培训教会义工。校长施坦士，教务长洪宗元。1941年12月8日停办。1946年夏，江苏浸联会执行委员会决定在扬州开办一所中级神学校，培养教会教牧人员，定名为江苏浸会圣经学院，聘请施坦士为院长、吴继孝为教务长，院址在南门街堂子巷4号，学制三年，收录初中以上程度学生。1949年1月迁至镇江，1953年春并入南京金陵协和神学院。

无锡民国前美国南方浸信会传教士白多玛夫妇、华彼得夫妇、强克胜夫妇来建立教堂。民国后，浸会继续在无锡传道。1922年，无锡浸会的职员有：西牧师华彼得、中牧师吴锡荣、会长廉谦钟（即廉天铎，兼任培之学校校长、民声报主笔，其妻为王荣梅女士）、会吏许宝勤、司库杨念农、书记陈瑞章、干事许庆茂等。[②] 1930年，强克胜牧师由上海怀施堂调任无锡

[①] 吴继孝：《扬州基督教浸会医院概况》，中国人民政治协商会议江苏省扬州市委员会文史资料研究委员会编《扬州文史资料》第二辑，1982，第138~141页。

[②] （江苏）窦公旦：《无锡浸礼会近讯》，《兴华报》第十九卷第二十五期（1922年），第24页。

浸会堂牧师并负责学校事宜。① 1934 年，无锡区浸会的中西职员有：西牧师高石麟、华彼得，中牧师尤荫奎、章长群，会吏葛玉庭、殷师母、顾亚拿等。② 1935 年，无锡浸会除了城外惠工桥教堂外，在县城人口稠密之处又添设一城中讲堂，由赵荣羔牧师负责，每日聚会月两次至三次。③ 1939 年 10 月，无锡浸会举办主日学师范训练班，由帖威林博士、高石麟牧师、吴立乐女士、胡仲英女士、帖夫人等指导，无锡城内主日学共分十二个班，每班二十三人，老师非常缺少，此次训练班成绩优秀领得证书的学员有十九名：胡懿清、陶惠芬、葛玉庭、沈桂宝、高史凤娥、徐永春、张钧梅、史仁梧、徐兰英、徐英梅、徐建庭、秦张涵若、吕马大、李仲华、顾然明、吕梓彬、李云、高石麟、许凤华。④ 无锡县洛社镇抗战前有华人周吟泉和陆家坤传道，教徒有 60 人左右，抗战后礼拜堂迁至杨雨生家，人多时又借大寺小学聚会，由赵毓芬传道，杨雨生任执事兼义务传道。无锡县后宅乡大坊桥也建有浸会礼拜堂，属苏州区会领导，有苏州谢衙前浸会教会盛培之牧师负责，吴山枝为传道，后有严应华继任。浸礼会除了有洛社镇和后宅乡两处教堂外，还有五处布道所：由汤以洪担任总传道并负责前洲浮桥村布道所；洛社双庙北庄村布道所由强亚秋任执事；杨市仁里桥布道所由殷雨声、章秀云任执事；前洲西塘布道所由唐仁泉任执事；玉祁乡布道所由胡懿清任义务传道。浸会在无锡创办的学校有：1911 年的浸会初小，1922 年的树德初中，1938 年的浸会第一小学（今新开河小学），1939 年的浸会第二小学（今惠工桥小学）。1949 年 6 月，汤以洪在扬州江苏浸礼会圣经学院毕业，分配到洛社教会任主任传道。1950 年 8 月，由江苏浸会联委拨款六百元，再由部分教徒捐款，筹建了洛社镇浸会会堂，有教徒 80 余人。

镇江的浸礼会除了民国前的银山门教堂外，1918 年又在镇江五条街建润中浸会堂，并有学校和农场。1929 年镇江浸会第一次年议会在银山门浸

---

① 《强牧师赴锡》，《通问报》第一千四百十五回（1930 年 9 月），第 6 页。
② （江苏）夏悦三：《无锡浸礼会封立牧师及会吏》，《真光杂志》第三十四卷第一号（1935 年），第 69 页。
③ （江苏）玉龙：《无锡浸会城中讲堂近况》，《通问报》第一千六百四十回（1935 年 5 月），第 15 页。
④ 张钧梅：《无锡浸会举办主日学师范训练班要闻》，《真光杂志》第三十九卷第一号（1940 年），第 47 页。

会堂召开,到会者有十二个公会,中西男女代表约五十余人,主席张省一、副主席吴继才,书记胡立坚、程玉林,司库许省三。参加者还有敖立夫、马方伯、江树滋、陈惟馨、梁拭尘、威林士、徐毕成等人。① 此时银山门浸会的负责人为敖立夫牧师(Mr. Olive)和蔡汉成教士。1933 年,尽管有战争的影响,镇江浸会仍然举办夏令少年查经班、夏令儿童学校等活动,并且向桥头镇、吕城镇、靖江等地展开布道工作。主领者有马理德、戴子泉、徐尔吉、陈桂芬、沈淑珍、张淑贞、任大龄、姚纫秋等。② 有一首诗称赞当时镇江浸会的兴旺:"教会群嗤老底嘉,不凉不热此中华。吾乡况已成焦土,久客何从认故家。万象一新如树木,千枝百叶此根芽。主来采取葡萄实,应赏园丁尚未差。"③ 1937 年,镇江沦陷后,银山门浸会堂遭到破坏,中外教士和同工流散到各地。④

南京的浸会开办较晚,但发展较快。1932 年 5 月 12 日,赵士璋牧师由上海来南京租屋开办教会。起初的十几位教友多是由广州和上海来南京做事的。⑤ 1934 年 8 月 5 日,首次举行浸礼,有二十余人接受洗礼:男教友为张耀南、褟湘琦、褟湘璘、褟湘荣、邢精瑜、杨清堂、王钟泰、孙裕仁、朱本义、王玉岭、王士俊、林忠信、邹连生、施守有;女教友为邓越澜、姚金爱、陈佩珠、和亚招等。⑥ 1935 年 1 月 1 日,位于南京游府西街的新堂建成,南京粤语浸信会堂正式成立,献殿仪式由余益珊、赵士璋牧师分别主持,参加者有沈约翰牧师、吴继忠牧师、张同卿牧师、帖威林牧师、闵汉生牧师、黄观海牧师、司徒德夫人、褟仲良医师、谢赐恩先生、杨元斋先生、邓协池先生等。⑦ 南京浸信会教会约章规定:"甲、信仰:一要信真神为我侪之天父,二要信耶稣为我侪之救主,三要信圣灵为我侪之保惠师,四要信圣经是神所默示,五要信圣经是主福音之根据。乙、对神:一要守

---

① 《镇江部浸会第一次年议会小志》,《真光杂志》第二十八卷第十一期(1929 年),第 94 页。
② 《江苏扬镇浸会布道团消息》,《真光杂志》第三十二卷第十二期(1933 年),第 65 页。
③ 严霁青:《过镇江浸会堂见布道工作甚有进步感作此诗》,《真光杂志》第三十五卷第六期(1936 年),第 54 页。
④ 杨惠福:《扬镇最近消息》,《真光杂志》第三十七卷第五期(1938 年),第 54 页。
⑤ 编者:《卷头语:南京成立教会的感想》,《真光杂志》第三十四卷第二号(1935 年),第 1 页。
⑥ 《南京粤语浸会堂首次举行浸礼》,《真光杂志》第三十三卷第十号(1934 年),第 66 页。
⑦ 《南京浸信会消息:新堂开幕秩序》,《真光杂志》第三十四卷第二号(1935 年),第 68 页。

神之诫命与律法，二要恪守主日常作礼拜，三要与神交通常常祷告，四要时常习读神之圣经。丙、对人：一要传福音拯救人之罪恶，二要赈济贫穷以尽爱人之本分，三要彼此相爱患难疾病相扶持，四要学效耶稣非以役人乃役于人之善行。丁、对己：一要圣洁自守，二要克己益人，三要实行节制作有新生命之新生活，四要在主道长进。戊、对家庭：一要使家人皈信耶稣敬拜真神，二要教训子女明白圣经，三要令家庭成为基督化。己、对教会：一在道理上受教者要将一切需用供给施教之人，二要合力同心广播福音普救世人灵魂完成基督使命，三要尽自己所得主之恩赐服务教会以成主之一体。庚、对社会：一要服务社会把真理作改造社会之基础，二要帮助社会改良风俗及一切不好之习惯。辛、对国家：一要爱国家及为国家祷告，二要服从国家合理之律法及尽国民义务。"[1] 1936 年 3 月 26 日，南京浸会女传道会成立，全国浸会女传道会总干事吴立乐女士到京莅会，会众推举林张群芳女士为会长，由于张女士体弱未能到会，后众举褟陈慧华女士为会长，胡仲英女士为副会长，李盘云英女士为司库，陈道志、陈姚舜英两女士为书记，儿童日光会由王佩娥女士帮同设立。1937 年 3 月 12 日，全国浸会女传道会凌邬福音会长来京开奋兴大会七天，会众议决加入全国女传道联会。同年，胡仲英副会长离京他任，张静谦女士继任副会长一职。[2] 秋季，日军攻占南京，赵士璋牧师挈眷返粤，会吏褟仲良医师和谢照寰先生继续主持礼拜至十一月底，才离京避难，教友大多返回广州、香港居住，礼拜堂则由本地人张耀南留守。后来，张耀南以及留宁的何玉如小姐一家避居于金陵大学国际难民区。[3] 1940 年 12 月 8 日，在李结圣先生组织下，南京浸信会举行了复兴礼拜，镇江城中浸会堂主任吴雅各先生，上海方面的金炎青牧师、梁元惠先生莅临，赴会者约五十余人，李结圣先生报告了本堂过去概况，伍太太做了复兴事工的演讲，麦植生介绍了华南浸会的状况，李凤英演讲教会对于少年信徒的期望。此时该堂的职员包括：赵士璋（在假）、传道（在物色中）、会佐褟仲良（外出）、姚舜英（外出）；司库李给圣、马康大夫人；事工复兴临时委员会委员李结圣先生（召集人）、麦

---

[1] 《南京浸信会立教会约章》，第 68~69 页。
[2] 《南京浸信会女传道会成立之经过》，《真光杂志》第三十六卷第八号（1937 年），第 47 页。
[3] 《南京浸会最近情形》，《真光杂志》第三十七卷第五号（1938 年），第 55 页。

植生先生、朱肇新先生、伍澄宇太太、马康大太太、吴继忠牧师、黄观海牧师；候补委员朱本义先生、黄体濂太太。① 李结圣（李旭晖）先生只是暂时主理会务，以待赵士璋牧师返回，李先生是广州东石浸会会友，肄业于河南开封中华浸会神道学院，在李先生的主持下，加之帖威林牧师等的帮助，南京浸会堂得以恢复。②

此外，浸礼会在苏州除民国前的苹花桥和谢衙前等教堂外，1912 年谢衙前浸会总会在临顿路北善耕桥附近租屋又添设一处分堂，可容纳四百人，白多玛、祝鉴堂、李子美、吴锡荣参加了献堂仪式，并派曾绍贤驻堂传道，曾君本是杭州长老会教友，后转入浸会。③ 1931 年苹花桥、谢衙前教堂有教徒 800 多人，1935 年成立苏州区联会，日军侵占初期增建了新民堂。昆山，民国后由于军阀混战，教务不振。1932 年淞沪战役后，浸礼会华人信徒柳青华、美籍教士沈约翰来昆山重整教务。1939 年，有日籍牧师富田在城内北后街开设礼拜堂，1941 年基督教落入日本人之手，抗战胜利后浸礼会重新接管教务。解放前浸礼会在昆山的教堂有城区前浜浸会堂、菉葭浜浸会分堂、陈墓镇浸会分堂。④

三　圣公会

江苏教区是英、美圣公会最早开辟的传教区，自 1844 年始就先后有文惠廉、韦廉臣、汤蔼礼、施约瑟等传教士来上海行医布道。⑤ 圣公会在中国的传播较广，除东北和少数民族地区外，沿海和内地均有圣公会的足迹。1935 年全国有圣公会信徒 77529 人，其中福建最多 15286 人，其次为江苏 11671 人。⑥ 1936 年，圣公会江苏教区已被授予圣品的中西职员有：

郭斐蔚（Graves，Frederick Rogers）：文学士、神学博士，1881 年任会吏，1882 年任会长，1893 年任主教，上海梵王渡圣约翰大学主教。

---

① 《南京浸信会举行复兴聚会》，《真光杂志》第四十卷第一号（1941 年），第 51 页。
② 《南京浸信会近闻》，《真光杂志》第四十卷第二号（1941 年），第 48 页。
③ 《苏州浸会又添分堂》，《真光报》第 10 卷第 11 期（1912 年），第 46~47 页。
④ 参见昆山市地方志编纂委员会编《昆山县志》，上海人民出版社，1990，第 813 页。
⑤ 参见《江苏教区史略（未完）》，《圣公会报》第二十八卷第二十期（1935 年），第 1~8 页；《江苏教区史略（续）》，《圣公会报》第二十八卷第二十一期（1935 年），第 3~7 页。
⑥ 《中华圣公会统计表（1935 年）》，《圣公会报》第二十九卷第十期（1936 年），第 8 页。

卜舫济（Pott, Francis Lister Hawks）：文学士、神学士、名誉神学博士，1886年任会吏，1888年任会长，座堂牧师，上海梵王渡圣约翰大学校长。

戴调侯：1898年任会吏，1900年任会长，上海吴淞圣公会圣雅各堂牧师。

梅乃魁（McNulty, Henry Augustus）：文学士、神学硕士，1904年任会吏，1905年任会长，牧师，苏州桃花坞桃坞中学校长。

沈嗣信：文学士，1908年任会吏，1909年任会长，上海城内松雪街圣公会天恩堂牧师。

戴泽民（Dyer, Edward Ryant）：文学士、神学士，1911年任会吏，1912年任会长，无锡南门圣公会圣十字堂牧师。

马骥（Magee, John Gillespie）：文学士、神学士，1911年任会吏、会长，南京下关圣公会道胜堂牧师。

郭书青：文学士，1915年任会吏，1917年任会长，南京城中门帘桥圣公会圣保罗堂牧师。

都孟高（Throop, Montgomery Hunt）：文学硕士、神学士、名誉神学博士，1915年任会吏，1917年任会长，牧师，上海梵王渡圣约翰大学教授。

聂高莱（Nichols, John Williams）：文学士、文学硕士、名誉神学博士，1901年任会吏，1902年任会长，1934年任主教、副主教，上海梵王渡圣约翰大学神学科长。

麦甘霖（McRae, Cameron Farquhar）：文学士、神学士、神学博士，1899年任会吏，1900年任会长，上海法租界辣斐德路圣公会诸圣堂牧师。

朱葆元：文学士、文学硕士、神学博士，1900年任会吏，1902年任会长，上海狄思威路天同路圣公会救主堂牧师。

吴聿怀：文学士，1908年任会吏，1909年任会长，松江圣公会维四堂牧师。

汤忠谟：文学士、神学士、名誉神学博士，1906年任会吏，1909年任会长，牧师，南京中央神学校校长。

朱友渔：文学士、神学士、哲学博士，1911年任会长，就职于上海梵王渡圣约翰大学。

罗培德（Roberts, William Payne）：文学士、神学士，1915年任会长，

南京城中门帘桥圣公会圣保罗堂牧师。

石晋荣：文学士，1915年任会吏，1917年任会长，太仓西门圣公会圣马太堂牧师。

钟可讬：文学士，1915年任会吏，1918年任会长。

姚贤扬：1917年任会吏，1918年任会长，上海闸北天通庵路严家阁圣公会圣保罗堂牧师。

李培廷：1918年任会长，就职于南京下关圣公会。

吴元桢：文学士，1920年任会吏，1921年任会长，常熟水北门圣公会圣巴多罗买堂牧师。

林步基：文学士、神学士，1921年任会吏，1922年任会长，就职于上海胶州路107弄19号圣彼得堂。

客克私（Cox, Francis Augustus）：文学士、法学士、神学士，1921年任会吏，1922年任会长，苏州桃花坞圣公会天恩堂牧师。

朱剑青：1922年任会吏，1923年任会长，苏州桃花坞圣公会天恩堂牧师。

姚斌才：1924年任会吏，1926年任会长，青浦圣公会牧师。

王绍汉：1925年任会吏，1926年任会长，宝应圣公会牧师。

傅师德（Forster, Ernest Herman）：文学士，1926年任会吏，1927年任会长，扬州左卫街圣公会圣三一堂牧师。

马道元：文学士、神学士，1928年任会吏，1929年任会长，镇江中山桥西塊省会路南运河边圣公会牧师。

倪南人：1919年任会吏，1930年任会长，上海曹家渡浜北圣公会圣灵堂牧师。

江鉴祖：1929年任会吏，1930年任会长，浦镇圣公会牧师。

毛克忠：文学士，1929年任会吏，1931年任会长，牧师，就职于苏州桃花坞桃坞中学。

汪孝奎：1904年任会吏，1919年任会长，已退休。

杨四箴：文学士，1917年任会吏，1920年任会长，无锡南门圣公会圣十字堂牧师。

俞恩嗣：文学士、神学士，1919年任会吏，1921年任会长，上海新闸爱文义路圣公会圣彼得堂牧师。

陈汝霖：1920 年任会吏，1922 年任会长，住南京湖北路 324 号。

石好烈（Smith, Hollis Samuel）：文学士，1922 年任会吏，1923 年任会长，常熟水北门圣公会圣巴多罗买堂牧师。

顾菊生：1922 年任会吏，1923 年任会长，常熟圣公会基督堂牧师。

陈友渔：1925 年任会吏，1926 年任会长，扬州左卫街圣公会圣三一堂牧师。

魏希本：文学士、神学士，1926 年任会吏，1927 年任会长，上海法租界辣斐德路圣公会诸圣堂牧师。

洪德应：1928 年任会长，住上海愚园路 520 弄 8 号。

徐台扬：1928 年任会吏，1930 年任会长，上海狄思威路天同路圣公会救主堂牧师。

邱励：文学士、神学士，1929 年任会吏，1930 年任会长，牧师，就职于上海梵王渡圣约翰大学。

范友博：1929 年任会吏，1930 年任会长，昆山朝阳门圣公会基督堂牧师。

过良先：1932 年任会吏，1933 年任会长，扬州圣公会牧师。

范斐德：1934 年任会吏，1935 年任会长，就职于扬州圣公会。

顾春林：1884 年任会吏，嘉定西门外圣公会善牧堂牧师。

陈和相：1934 年任会吏，1935 年任会长，上海爱文义路 361 号圣彼得堂牧师。

沈嗣恩：1917 年任会吏，上海同仁医院牧师。[1]

圣公会江苏教区分为上海市、苏常锡、京镇扬、昆太嘉青四个支区，其工作限于沪宁铁路沿线和沿长江一带，以上 48 位圣品，20 多位在上海，其余主要在南京、扬州、苏州、常熟、无锡等地。华人俞恩嗣、毛克忠后来被祝圣为江苏教区主教或副主教，到 1948 年，圣公会江苏教区有二位主教，四十位会长，一位会吏，十一位男助士，二十位女助士，六位副助士。还有八位得有主教委任的退休圣品。本教区受洗教友总数共一万五千二百

---

[1]《中华圣公会各教区圣品人名录：江苏教区（教区成立于 1884 年）》，《圣公会报》第二十九卷第五期（1936 年），第 13～15 页。

二十八人，受坚振礼教友总数约等于全体教友的一半。1947 年夏，中华圣公会总议会已经在南京设立中央办事处，林步基会长任副总干事。1948 年 2 月 24 日，于冠群会吏在上海升受会长职，并由南京调往扬州圣三一堂。1948 年 2 月 26 日，曾在上海救主堂、苏州天恩堂、上海同仁医院、诸圣堂服务的汪孝奎会长去世，享年九十一岁。同年，范斐德会长回中国在扬州圣三一堂服务。德可会长被派往常熟为助理牧师。徐台扬会长离开本教区，到浙江教区。韦尔逊会长派为无锡普仁医院院长。倪南人会长兼任松江和小昆山牧职。殷志敏会长派至常熟区的西塘桥。彭圣佣会长在魏希本会长往美期间，为诸圣堂代理牧师。①

圣公会在扬州的实力是较强的，于 1898 年传入宝应县并在北门大街设教堂。1907 年韩忭明奉江苏教区之命由苏州来扬州传教，在左卫街（现广陵路）设教堂，扬州圣公会从此开始，1917 年韩忭明在左卫街又购进房屋一所，建立圣三一堂，并于左卫街武城巷口创办友基社俱乐部，在该堂负责的会长先后有董选青、范斐德（美籍）、吴元桢、樊光熙、陈友渔、于冠群等人。神在堂是 1908 年韩忭明在美籍会长沈克礼协助下在便益门外（今大草巷 46 号）创建的，1924 年改建成 457 平方米的新教堂。1934 年鹿威龄继任会长，傅国德任副会长。1935 年过良先任会长。1948 年过良先调无锡，由马道元从镇江调来任会长。1931 年神在堂下设一东关街布道所。1949 年扬州圣公会教徒共有 353 人，扬州圣公会属中华圣公会江苏教区苏北总办事处领导。圣公会在扬州创办了两所中学和一所小学。1908 年韩忭明在左卫街租房办学，1910 年迁校于便益门内，因美国海军大将美翰助学捐款而取名美翰中学，1912 年改名为美汉中学，1919 年韩忭明返美，鹿彩文任校长。抗战胜利后，由扬州圣公会会长过良先任代理校长。1946 年，美汉中学成立第一届校董会，董事长为李宝森律师，并任命胡大龄为第一届华人校长，不久胡大龄辞职，仍由过良先任代理校长。1947 年秋，校董会聘张彭瑜任校长，万彝香任副校长，当时教职员有 21 人，学生 294 人，美汉中学为上海圣约翰大学附中之一，毕业生可直升大学。信成女子中学 1909 年由卞德明创办，校址在扬州北河下槐树脚东首，1916 年由美籍女会吏浦岳麟及教

---

① 《江苏教区议会主教演词》，《圣公会报》第三十七卷第六、七期（1948 年），第 11~13 页。

徒郭书青来扬州助理。1946成立董事会，由过良先任董事长，卞德明任副董事长，聘万彝香任校长。1949年与美汉中学合并，改名为群力中学，校长为张彭瑜。江都私立惠民小学1909年创办，初名培根女学堂，校址在便益门街，卞德明兼任校长。1946年成立董事会，万彝香任董事长，过良先任校长。1948年秋马道元任校长。1949年万彝香兼任代理校长，1952年4月改为新光小学，同年底改为泰州路小学。[1]

圣公会在南京有两座主要的教堂：一座是圣保罗堂，另一座是下关道胜堂，影响也很大。1909年，美国圣公会传教士季盟济（Rev. L. M. Gill）和马骥（J. B. Magee）等来南京传教，先在汉西门租房布道。1910年，又移至城南马府街传教，只有一间小小的屋子。1912年在门帘桥大街（今太平南路）买了一间很大的房屋，此屋是前清一个道台的公馆，据说此处风水不好，凡住者必定会有"咸家铲"，故人称此地为"猛虎下山"，没人敢住，以低价卖给教会。教会买了以后，在花园建了一座小礼拜堂，定名为"圣保罗堂"。1922年扩建，又建一座大的新堂，纯用青砖建造，即成现今的样式。原来的小礼拜堂用做副堂，这座"猛虎下山"的大屋，一、二两座则做福音堂和平民学校、妇女医室、三、四两座则借给中央神学院做校舍和宿舍。1926年，圣保罗堂有主任牧师两位，由西人担任；会吏一位，是中央神学院第一届毕业生陈友渔先生；男传道一位，是江濯之先生；另外还有两位女传道。此时教友有三百余人，年捐款三百余元，每人年均一元。圣保罗开设的查经班有：英文班由中央神学院汤忠谟牧师主理，中文班由陈友渔会吏主理。主日学共分八个班，教员都是由青年男女教友出任。还有一个贫儿教养院，一百多贫儿，每主日，由中央神学院学生去服务。圣保罗堂还组织了一个妇女传道服务团，团长是汤忠谟的夫人，团友共约三十余人。圣保罗堂还下设男女两等小学各一所：男学生约有九十人，教员六人；女学生约有六十余人，教员四人。并正在预备开办中学。圣保罗堂下设的妇孺医室是专门施医施药于妇女儿童的。[2] 1935年，圣保罗堂举办了纪念成立二十五周年庆典，参加者有江

---

[1] 参见江苏省政协文史资料委员会等编《扬州宗教》（《江苏文史资料》第115辑、《扬州文史资料》第19辑），1999，第49~59页。
[2] 麦灵生：《江苏辖境：南京圣保罗堂的概略》，《圣公会报》第十九卷第八期（1926年），第9页。

苏教区主教聂高莱、堂董事会会长凌道扬、郭书青会长、马骥会长等人。此时教会捐募基金达一万五千元，计划五年内实现完全自立。一副纪念对联反映了当时教会的兴旺："殿堂先民国一年而成，启发文明新气象；寰宇为天军十架所遍，宣扬纪典大精神。"① 圣公会在南京还有下关的道胜堂，成立于 1916 年，位于南京海陵门外，占地三十余亩。有两座类似皇宫式的大房子，一座是学校，一座一半是学校、一半是礼拜堂，建筑仿佛中国旧式公馆，没有太多的洋味，堂内装饰也注重本色，墙上挂有旧款的诗对。还有两座不大不小的洋房，就是牧师住宅。1926 年，道胜堂的洋牧师是马骥先生，华牧师是沈子高先生。教友有一百二十人，其中大多从事商业，有十分之一为失业者，富裕者少，平常者居多，贫寒者亦有。道胜堂主日学男女共十个班，道胜学校有七个年级，男学生一百五十六人，女学生二十六人，男教员十一人，女教员二人，并附设平民学校，成人夜校有学生四十人，男女各半。道胜堂还有妇女传道服务团，团长为沈子高夫人，此外还有妇女查经班、妇女识字会、圣母社等活动。② 道胜堂有一位李兼善同工值得纪念，他本在西安圣公会受洗，曾在军中看护过病人，辞职后来南京经商，在道胜堂受过坚振礼，曾在浦镇和下关担任乡村布道，后在金大农村师范读书半年，又在支那内学院（法相大学）旁听多时，有志于乡村布道与僧人归主运动，1926 年 9 月 17 日，由于身患时疫，不幸病逝，年刚满三十。此时在道胜堂服务的男同工除了沈子高先生外，还有孙良骥、范荣生、马道元、李君鑫、郭嘉瑞、王礼三等人，妇女传道服务团成员有西教士郝路义母女、沈子高师母、陈宗良师母、王祖荫师母、王胜涛师母等。③ 1934 年 9 月，沈子高调任圣公会陕西主教，下关道胜堂聘请上海救主堂的李培廷继任会长（主任牧师）一职。李培廷，福建人，曾在美国多所大学深造，回国后担任广学会书局编辑，兼上海救主堂荣誉牧师。④ 除圣保

---

① 钱在天：《南京圣保罗堂廿五周纪念大庆》，《通问报》第一千六百四十一回（1935 年 5 月），第 8~9 页。
② 灵生：《南京下关道胜堂概况》，《圣公会报》第十九卷第十二期（1926 年），第 14 页。
③ 陈汝霖：《南京下关道胜堂新闻一束》，《圣公会报》第十九卷第二十四期（1926 年），第 18~19 页。
④ 徐台扬：《上海救主堂欢送李牧晋京》，《圣公会报》第二十七卷第二十一期（1934 年），第 12~13 页。

罗堂和道胜堂外，圣公会在南京地区还有天恩堂、救恩堂等，解放前圣公会教徒的总数约有 850 余人。

圣公会在苏州建有天恩堂、桃坞中学、显道女学等设施。1931 年天恩堂教徒有 300 多人。1933 年天恩堂成立三十周年时，提出教会自养目标，并募集自养基金。1934 年 3 月，天恩堂举行自养成立大会，朱剑青会长荣任牧正，参加者有客克私会长、聂高莱博士、汤忠谟博士、本堂区董部主任余生佳先生等。① 1935 年 7 月，圣公会举办苏州团契会，戴调侯老会长主讲，参加者有石晋荣会长、梅乃魁会长、客克私教师、毛克忠总会长等。② 1949 年苏州圣公会包括中小学、育婴堂在内受洗总人数为 743 人（其中婴儿 289 人）。

民国前圣公会在无锡城内建有圣十字教堂，民国后圣公会继续在无锡城内开办学校，并向周围乡镇传教。1901 年创办于上海的圣道书院于 1907 年迁入无锡，1927 年与中央神学院合并；1912 年办圣马可中学；1913 年办圣婴小学；1918 年开设普仁护士学校。圣公会在周边各乡也建有教堂：甘露乡在 1930 年建救主堂，属苏锡虞支区负责，程仲华担任牧师，1937 年有教徒 225 人，1952 年增至 270 人左右；荡口乡在 1912 年建显荣堂，潘玉书、陈友渔任牧师，有一美国人汤美丽夫人创办一所施德小学，本地人称横街小学，校长由陈友渔兼任，陈培根等任教师，解放后显荣堂由女传道尤显珍负责，1936 年有教徒 171 人，1951 年有信徒 136 人；陆区乡在 1916 年建圣雅各堂，开始属于城区的圣十字堂的分堂，1936 年有信徒 230 余人，1945 年独立，由陈菊生任牧师；堰桥乡抗战前建有圣彼得堂，1938 年被毁；八士乡在 1923 年建圣约翰堂，1936 年有信徒 37 人，后迁入城区；华庄乡也有基督教堂，属城区圣十字堂的分堂。

四　美以美会

苏中地区的南京、镇江等地属于南北交汇之处，基督教各差会南北长老会、基督会、美以美会、圣公会、贵格会等在此地均很发达，形成各宗派齐头并进、良性竞争又相互协作的态势，有的宗派发展已波及邻近的安

---

① 《苏州天恩堂自养成立大会纪略》，《圣公会报》第二十七卷第十一期（1934 年），第 19 页。
② 范友博：《苏州团契会中之圣餐及晨更纪录》，《圣公会报》第二十八卷第二十三期（1935 年），第 13 页。

徽地区。以美以美会华中区会为例，1926年它划分为五个教区（或叫连环），管辖许多教堂（或叫循环），其传道人才除个别几个西教士外，大多数已由华人承担。

（1）镇江教区包括城内又新街、小码头、丹阳县、白兔镇、上党镇等教堂。教区主理道德根（西教士），布道使海乃孟（西教士），牧区长徐玉和、沈嘉猷、李春蕃、黄彩章，试用朱世盐，长牧吴长白，副牧陈德舟，传道沈邦彦、朱士奇、高丙南、汪鑫、张怡吾、徐兆发，执事朱克裕。

（2）江宁教区包括江宁镇、六郎桥、秣陵关、陶吴镇、小丹阳等教堂。教区主理周寄高，布道使傅立德（西教士），牧区长林丙辰、邬志成、郑希贤、韩金奎，副牧王志扬、郭俊德、戴鹏青、魏璋，试用汪养吾，传道汤庆源、吴春和、胡嘉仁、方璧、李青华，劝士汪润民、李本贤，执事李金源、朱步楼。

（3）南京兼皖北教区包括南京城内估衣廊、讲堂街、南门外西街、城西教堂以及安徽和县、濮家集、西埠等教堂。教区主理刘惟一，布道使海乃孟（西教士），牧区长李汉铎、简美升（西教士）、王世熙、陆植槐，试用刘礼盛，长牧徐维中，传道葛文钧、秦元钦、戴德仁，执事高守谦。

（4）宁国府教区包括宁国府、水阳镇、宁国县等教堂。教区主理胡保罗（西教士），布道使董云升，牧区长徐明光、杨万钟、郑希圣，长牧杨尚洁，传道王恩浩、舒聘三、李锡章。

（5）芜湖教区包括城内二街、戈矶山以及太平府、运漕、黄池、荻港、皖南的屯溪等教堂。教区主理刘惟一，布道使胡保罗（西教士），牧区长李国霖、杨筱青，试用陈克铸，副牧马祖培，传道崔宗风、包让。①

美以美会华中区会有许多优秀的中外传道人才，特别是在南京，比较有名的西教士有：金陵大学校长包文、教师恒谟，金陵神学院院长饶合理、副院长简美升，金陵女子神学院校长沙德纳，金陵中学校长韦理生，汇文女校校长康丰罗、音乐教员钟美廉，赫德女学校长明撒拉、代理校长盖梅月，华中公学校长马丁，金陵两等小学校长花嗣恩，《女铎报》主笔亮乐

---

① 汪养吾：《华中美以美会教区议会纪略（南京）》，《兴华报》第二十三卷第二十七期（1926年）第29页；郑希圣：《美以美会华中年议会纪略（南京）》，《兴华报》第二十卷第四十三期（1923年），第18~19页。

月，南京城布道司宋合理等。华人的职员有：讲堂街长牧周家荣，估衣廊长牧李国霖，南门外教会杨筱青，城西教会王世熙，后任金陵神学院第一任华人院长的李汉铎、教务主任李天禄，金陵中学第一任华人校长刘靖夫，汇文女校教务长姜文德等。① 他们不仅为南京、镇江等苏中地区教会作贡献，同时也分担邻近安徽教会的事务。

城中会堂是 1882 年美以美会医师赫怀仁在南京估衣廊建的礼拜堂。1891 年至 1900 年，美国女教士沙德纳在南京一带又建立几座教堂。1918 年，美以美会扩建估衣廊的福音堂，名为城中会堂。1939 年在美国的美以美会、监理会和美普会合并为卫理公会。城中教会成为中华卫理公会华中区规模最大的礼拜堂，华中年议会和南京教区都设在此。②

美以美会民国前在镇江建有福音堂、崇实女学、妇幼医院等设施。民国后，在宝盖山分别建妇孺医院大楼和崇实女中校舍，此外还办有一所崇真小学，在又新街福音堂南又建崇德学校。1917 年，镇江连环司西教士李云升派金陵神学院毕业生刘惟一至丹阳传教③，之后，又有朱昌沛先生、陈善胜医士、李春蕃牧师在丹阳服务。④ 1919 年，美以美会在句容白兔镇购地建堂，并创崇德小学和崇真女校。1931 年又建小码头福音堂。1937 年，陈德周牧师、美国人解来品、中国人史小姐在上党镇传教，后由邱牧师夫妇负责。

五　长老会

美国南北战争时，长老会分为南、北两派。南长老会先在中国的杭州传教，而后发展到上海、苏州、江阴、常州、镇江、南京、扬州、徐州、淮阴、海州等地，而北长老会则以山东的青岛为起点，向沿海北面延伸。⑤

---

① 田稻丰：《华中年议会旁听记略》，《兴华报》第十四卷第四十一期（1917 年），第 19~22 页。
② 江洪：《南京基督教的历史与现状》，中国人民政治协商会议江苏省委员会文史资料委员会编《近代江苏宗教》（《江苏文史资料选辑》第 38 辑），1990，第 24~35 页。
③ 李春蕃：《镇江美以美会近闻一束》，《兴华报》第十四卷第十二期（1917 年），第 22 页。
④ 省空：《丹阳美以美会之近讯》，《兴华报》第十九卷第三十二期（1922 年），第 21 页；张怡吾：《丹阳美以美会新堂落成》，《兴华报》第二十卷第五十期（1923 年），第 17 页。
⑤ 孙济仁：《义德医院始末》，政协江苏省连云港市委员会文史资料研究委员会编印《连云港市文史资料》第二辑，1984，第 97 页。

民国元年，长老会苏州中会举行成立大会，其目的就是实现苏南地区南、北长老会的统一。它包括原上海中会和杭州中会的江苏人士，下辖十一个教会，即苏州上津桥，上海沪南、沪北、虹口、浦南，苏州养育巷、齐门、平望、江阴、峭岐、镇山。原上海中会会正为屈侯伯（原名屈乐白）教师，本会会正为李德立教师、书记李恒春教师、佐史高子桢先生，出席大会的有教师十二位，长老十位，准试四位，辖下共有教友一千六百余人。大会通过了封立诸辛生为上津桥牧师议案，并听取毕来思汇报金陵神学院情况。① 1926 年，长老会苏州区会第十五届年会在苏州阊门外教堂召开，经常州长老会王完白先生提议将苏州区会更名为江南区会，因原名范围太小，而江南区会可与长老会江北区会对称，名正言顺，此议案虽有个别异议，但最终通过。此次大会的正会长为张葆初牧师、副会长为宓志仁教士。同时，在苏州又召开长老会江南区会教友大会，推举王完白为临时主席，诸辛生为临时书记。②

1927 年中华基督教会全国总会成立，其中华东大会由申禾、嘉兴、宁绍、杭州、江南、宁镇、皖北七个区会组成，江南区会（包括上海、苏州、江阴等地）和原长老会江安区会分立出的宁镇区会（南京、镇江等地）属于江苏境内。同年 11 月，宁镇区会成立大会在南京四根杆子礼拜堂举行。参加者有华东大会委派代表李恒春教师、吴子荣长老，本区会教师董文德、赛兆祥、师覃理、孙喜圣、朱宝惠、马逢伯等，各堂会代表有南京堂会长老朱继昌、城内堂会长老毛锦华、户部街堂会长老和文侯、溧水堂会长老潘遐龄，其他如铜井堂会、镇江南门堂会、镇江西门堂会、姚一湾堂会、丹阳堂会、金坛堂会、辛丰堂会等因战争时局的关系，未能派代表到会。大会选举张孝侯教师为会正、董文德教师为会副、朱宝惠教师为纪史兼司库、鲍忠长老为佐史，并接受苏州区会高伯兰教师、江安区会罗秉生教师为宁镇区会会员，同时批准封立李善源、潘济尘、鲍忠三人为教牧。大会最后强调："宁镇区会原为中华基督教会之一，盖宁镇地处长江中心，贯通

---

① 马驾夷：《苏州中会成立一夕话：南北长老会中会实行统一之一斑》，《通问报》第五百二十四回（1912 年 11 月），第 3 页。
② 王完白：《江南区会会务摘要（江苏）》，《通问报》第一千二百二十三回（1926 年 10 月），第 11~12 页。

南北,且为教会最盛之区域,该教区内除本长老宗外,尚有八大宗派,对于宁镇区会,俱愿携手合作,打成一片,则宁镇区会中教会之前途,诚有无穷之希望。"①

根据1930年中华基督教会全国总会第二届常会统计,属于华东大会的江南区会和宁镇区会的教堂情况如下:

(一) 江南区会

(1) 上海:

清心堂会(自立):牧师李恒春,通讯处上海市小西门江阴街乐家。

鸿德堂会(自立):牧师蒋时叙,通讯处上海市北四川路窦乐安路。

闸北堂会(自立):通讯处上海闸北宝通路。

(2) 江阴:

北门堂会:牧师胡茂柏,通讯处江阴县北门外。

东门堂会:牧师华保仁,通讯处江阴县东门外。

虞东堂会:牧师殷得人(号德润),通讯处常熟东门外糖坊桥。

(3) 吴县(苏州):

金阊堂会(自立):牧师诸辛生(号葆华),通讯处苏州阊门上津桥。

胥江堂会(自立):牧师陈少芝(号归洁),通讯处苏州养育巷。

齐溪堂会:牧师刘道生(号本立),通讯处苏州齐门外。

四摆渡堂会:牧师陈达三(号安龄),通讯处苏州四摆渡。

平望堂会:牧师马云泉,通讯处苏州平望。

同里堂会:主任沈雨生(号枕石),通讯处苏州吴江。

周庄堂会:主任管云和,通讯处苏州周庄。

光福堂会:主任王蒙新(号梦醒),通讯处苏州光福。

木渎堂会:牧师华树人(号栽之),通讯处苏州木渎。

(4) 武进(常州):

从谦堂会(自立):主任王完白,通讯处武进县西门。

---

① 保罗:《宁镇区会成立之佳音(江苏)》,《通问报》第一千二百七十五回(1927年12月),第3页;鲍忠:《宁镇区会第一次纪录(南京)》,《通问报》第一千二百八十二回(1928年2月),第9页。

（5）无锡：

焦店堂会：牧师张子云，通讯处无锡县焦店。

（二）宁镇区会

（1）丹阳：

丹阳堂会：主任陶明亮，通讯处丹阳县东门大街。

辛丰堂会：主任尹崇真，通讯处丹阳县辛丰镇。

（2）句容：

句容支堂：牧师李善源（号绍和），通讯处句容县四牌楼。

（3）金坛：

金坛堂会：主任樊振声，通讯处金坛县城内。

（4）南京：

半边营堂会：主任周炳晨（号觉民），通讯处南京半边营。

南京堂会（自立）：牧师鲍忠（号荩夫），通讯处南京四根杆子。

沛恩堂会：主任何述道，通讯处南京户部街。

铜井堂会：主任尚兰之，通讯处南京南门外铜井镇。

颜料坊堂会：主任毛锦华，通讯处南京颜料坊。

双塘堂会：牧师潘济尘，通讯处南京双塘。

天王寺支堂：主任李善源，通讯处南京天王寺镇。

府东支堂：主任朱继昌，通讯处南京府东大街。

淳化支堂：牧师董文德，通讯处南京淳化镇。

慈湖支堂：主任李善同（号元叔），通讯处南京南门外慈湖镇。

红纸廊支堂：牧师赛兆祥，通讯处南京红纸廊。

（5）高淳：

下坝支堂：主任张平，通讯处高淳县下坝镇。

（6）溧水：

溧水堂会：主任王峻德（号筱松），通讯处溧水县城内。

（7）溧阳：

溧阳堂会：主任童辉，通讯处溧阳县城内。

(8) 镇江：

西门堂会：主任赵胼力，通讯处镇江西门堰头街。

南门堂会：牧师马逢伯，通讯处镇江南门。

姚一湾堂会：主任张桐，通讯处镇江西门外姚一湾。

大港支堂：主任周陆麟，通讯处镇江大港镇。

大路支堂：主任孔淦堂，通讯处镇江大路镇。

庄泉支堂：主任尹崇真，通讯处镇江庄泉镇。①

以上中华基督教会华东大会所辖的江南区会和宁镇区会分布在苏南和苏中的大部分区域，而苏北地区的教会几乎清一色是由美国南长老会建立的，他们加入中华基督教会较晚。1890 年南长老会江北区会成立，其范围包括铜山（徐州）、邳县、宿迁、睢宁、泗阳、清江（淮阴）、淮城（淮安）、东海（连云港）等县以及山东南部的部分教会。除受政局影响外，每年轮流地点开会一次，决定事宜，选拔人才。1935 年，江北区会第二十四届常会在邳县新建的礼拜堂召开，此时江北区会下设二十六个堂会，教友有六千余人，参加会议的中外长老有十九位、牧师十一位、教士四位，会正甘瑞兰、会副王修临、正史戴廷机、佐史孟广鑫、司库刘德深，大会考核通过了金陵神学院毕业的尚守仁，华北神学院毕业的高锡公、胡方汉、冯化安、张廷均五位为准试传道，并封立刘德深为官湖堂会牧师、孟广鑫为窑湾堂会牧师、杨德泽为凌城堂会牧师。② 1936 年，第二十五届江北区会在徐州南关外大礼拜堂召开，此时区会所属的教堂有三十处，中西教牧人员三十余位，准试十余人。参加大会有西教士有任恩庚、卜德生等十位，华教师有程鹏云、王恒心等十六位，八十高龄的胡圩堂长老胡儒祥也扶杖莅会。本届大会有林厚义、戴文辉两位西教士加入，并考核通过安允荣、吴登堂、王宏杰、李凤林四位为准试传道，决定聘请高锡公为洋河堂会牧师、胡方汉为汴塘堂会牧师、王宏杰为棋盘堂会牧师、安允荣为袁家洼堂会牧师、吴登堂为胡圩堂会牧师，封立典礼待所属委办另外举行。本届大

---

① 范定久：《本教会之工作区域》，《中华基督教会全国总会第二届常会纪念册（民国十九年聚于广州）》，第 284~292 页。

② 佐史孟伯焱记：《江北区会廿四次常会要录》，《通问报》第一千六百六十七回（1935 年 11 月），第 8 页。

会会正为吴士达牧师、会副为何赓诗教师（西教士）、正史高美实牧师、佐史孙廷飑教师、司库刘德生牧师，并决定下届新会正为钱景山长老、会副为孟格美牧师（西教士），同时成立了刘子余长老等十五人组成的教育委办、高美实等五人组成的东组委办、王恒心等五人组成的西组委办、明乐林（西教士）等五人组成的北组委办、任恩庚教师（西教士）等五人组成的中组委办，"以上各委办，有成立堂会，劝请牧师封立牧师及考区会学生之职权。"① 1947年，在程鹏云、王恒心等牧长倡议下，南长老会江北区会加入中华基督教会，并升格为江淮大会。②

汉中堂是北长老会在南京的重要活动地点。北长老会1873年来南京传教，1882年在四根杆子（今莫愁路）建一容纳百人的小礼拜堂，1888年扩建为容纳四百人的耶稣会堂。之后，成立了"南京督会"，李满为第一任署理牧师，许家贤为第一任长老。1927年外国基督教差会为适应中国的局势，由南北长老会、公理会、伦敦会以及其他教会的中西负责人在上海开会，决定成立中华基督教会全国总会，推举诚静怡为会长，美国传教士高伯兰（Rev. Keplak）为总干事，南京长老会就在这时加入了中华基督教会。1934年10月，当时的市政府要求拓宽路面，耶稣会堂被拆除。1936年5月，新教堂在原址附近开工，设计和建筑交给陈裕华经营的陈明记营造厂承包，预计经费为黄金一千一百两，信徒奉献八百八十两，余下由陈裕华长老和执事等人承担。1942年新建的汉中堂完工，可容纳一千余人做礼拜，它的外观是哥特式风格，内部陈设庄严，加上地点适中，南京基督教许多重大活动多在此举行。汉中堂落成后，第一任牧师是孙喜圣，第二任是鲍忠，此后又有罗文俊、李既岸等牧师在此主持工作。③

镇江的南长老会（后属中华基督教会）比较发达。民国前后先后有西教士柏雅各、吴板桥、赛兆祥、包志登、孔仁孝等在此传道。"吴、柏二牧，非我镇之马礼逊耶！追柏牧升天，吴牧往沪（任通问报主笔），而我任

---

① 正史高美实：《江北区会廿五届常会记》，《通问报》第一千七百十七回（1936年12月），第9～10页。
② 参见王恒心《追念程鹏云牧师》，《中华基督教会全国总会公报》第二十一卷第九期（1949年11月），第13页；江苏省地方志编纂委员会编《江苏省志·宗教志》，江苏古籍出版社，2001，第392页。
③ 江洪：《南京基督教莫愁路堂》，第251～253页。

劳任怨爱主爱人之赛牧兆祥来，则教会由城而镇，由镇而乡，有一日千里之势，如江河之下流，沛然莫之能御也。缘赛牧待人以诚，爱人如己，救人之急，解人之厄，年尊者视之若父兄，年轻者教之如子弟，循循善诱，教养兼施，故人之对于赛牧亦敬之如神明，爱之如父母，此教会之所以兴也，此教会之所以由近及远也，此教友之所以日多，而教堂之所以能林立于各乡镇也。虽曰教会之兴，由于圣灵，若非我赛牧不辞劳瘁，不避艰难，曷克臻此。"1923年，赛兆祥因病移驻南京，所管各堂，由包、孔二牧分任，后又有柏雅各之子由美国来镇江，继承其父未竟之事业。包志登设总堂于西门，金陵神学院毕业生赵腓力助之；立分堂于瓜洲十二圩等处，金陵神学院毕业生严瑞庭任之；又立分堂于武进属地茶辰、夏溪二镇，向培余任之。孔仁孝设总堂于城西极繁盛之处的姚一湾堂会，金陵神学院毕业生张相佐之；又立分堂于扬中县各处，吴向南任之。华人传道者表现最突出的是尹崇真、张荣生二位。尹崇真立堂于辛丰，张荣生立堂于丹阳。其他传道者还有：金陵神学院毕业生束锡带立堂于太港，后蒙主召，由金陵神学院毕业生周陆麟接任；童本英立堂于奔牛；金陵神学院毕业生樊振声立堂于金坛；孔淦堂立堂于宝埝；金陵神学院毕业生陶明亮立堂于延陵；马逢伯传道于镇郡之南门。另外，如蔚村、义村、西麓、堂子庙、武家桥、景巷村等数十余处，也设有分堂。① 赛兆祥对南长老会在镇江的传播和建立功劳最大。1931年，赛兆祥牧师病逝于庐山，简美升先生在概括赛牧一生的事迹时，特别提到他对镇江布道工作的贡献："赛博士兆祥，美国非金尼亚省人也，生于西历一千八百五十二年。自幼所受教育，非属平常，但为人好学不倦，爱惜光阴，能于大学及神学相继毕业后，兼有特别之造诣，曾习古文，如希伯来、希拉等文字，无不精通。盖其一生人格与功业，莫不于此时厚积基础。博士少年，即立志布道中华，及主后一千八百八十一年，乃跨洋东渡，实践基督使命，始则遍历长江南北，作游行布道之工，开创教会门户，继则驻足镇江，往来乡间，于贫民丛中，苦口婆心，循循善诱，迄今教堂数十余处，凡蒙恩归主者，莫不弦颂其为人。……今虽撒

---

① 马逢伯：《长老会历史·镇江》，《神学志特号·中华基督教历史甲编》第十卷第三号（1924年秋季），第75~76页。

手离去，所幸继志有人，则博士之宏愿犹不难告厥成功也。"① 抗战前后，有西教士曹秉良夫妇、苏宓夫、兰师德，华人孙南峰、陶明亮、耿醒予、熊鸿慈、田万慧、宋超尘、殷崇真、王慧迟夫妇、李汉成夫妇等负责镇江一带的教务，长老会所属的镇江基督医院有李福梅女士在此布道。②

南长老会在常州也很有影响，1913年春西教士苏宓夫来常州传教，他先借住在北门监理会鲍涵恩牧师处。1914年春他在西门购置一民房作为传教据点，并打算在附近开设学校。此时，监理会与长老会的西教士及传道人每礼拜一上午十点半至十二点在鲍涵恩牧师家举行联合聚会，专门讨论教会一切的疑难问题及解决办法。③ "长老、监理两公会于本郡，历年来，不分尔我，感情甚好，正不负各联会之苦心、我救主之本旨，俾各地教会皆如本郡，则合一之期当不远矣。"④ 同年，两公会还商讨合办福音医院事宜，并派江阴福音医院医学博士王完白主理。1918年，常州基督教联会成立大会在局前街福音医院举行，长老会的王完白医师被选为会长，监理会张海云牧师被选为副会长，王完白夫人为会计，监理会严鲁峰为书记，当时的章程如下："一、定名：本会定名为常州基督教联会。二、宗旨：以联络感情砥砺道德为宗旨。三、职员：设正会长一人、副会长一人，书记会计各一人。四、会期：常会按年四次，订二、五、八、十一月第二礼拜六下午三时召集，特会临时酌定。五、地点：东、北、西、局前街四处轮集。"⑤ 1921年，由王完白医师牵头捐款，长老会在常州新西门外、新马路中段购地建成了三层楼的新教堂，并以其父名字命名为"从谦堂"，教堂附设从谦女校，由王完白夫人王刘卓君负责。⑥ 同年，常州基督教联会举行全城布道大会，推定胡稼农、王完白二君为商借地点委办，遽美丽女士为广

---

① 简美升述《赛兆祥博士小史》，第45页；《本校退休会记》（一），《神学志》第十一卷第四号（1925年冬季），第118页。
② 张志清：《镇江长老会》，江苏省政协文史资料委员会等编《镇江宗教（上、下）》（《江苏文史资料》第86辑、《镇江文史资料》第28辑），1995，第537页。
③ 徐鸿声：《常州教会近闻一束：讲堂得地、联合布道、拟开医院、学堂之发达、主日学堂之发达》，《通问报》第五百九十四回（1914年4月），第2～3页。
④ 徐鸿声：《常州教会琐闻：一心一德、寸土寸金》，《通问报》第五百九十六回（1914年4月），第7页。
⑤ 张海云：《常州基督教联合会志》，《兴华报》第十五卷第四十六期（1918年），第14页。
⑥ 王完白：《我的父亲》，《福音广播季刊》第4卷第2～4期（1939年），第11页。

告及文牍部长，罗淑君女士为音乐部长，汤子范牧师为庶务部长，芮真儒医士为会计部长。① 此间，南京金陵神学院院长毕来思（Rev. P. F. Price, D. D.）也不时来常州领会。1930 年左右，苏州长老会思杜堂的包少芳牧师来常州主持教务，"自包君少芳来任牧职后，主持有人，规划有方。"发展传道人，增设分堂。1935 年，驻江阴西教士慕维德来常州从谦堂任协理，华人管云和为传道，周福苕任执事。② 1948 年，从谦堂仍由包少芳牧师负责，并增加了阚毓藻、连渭滨等执事。③

民国前，苏州的北长老会在木杏桥、狮子山、阊门外有支会，并组合为上津桥长老会，严礼余、康福安先后担任署理牧师。民国元年选举诸辛生为牧师，杨竹云、马驾夷为长老，李汉章为执事，又有刘道生、华树人等在此服务。④ 1914 年又选举蒋文达为执事，木渎、光福、浒墅关已有三分堂，在横泾亦增立一堂，驻堂助士兼小学教习为刘彦和老师。⑤ 此时，南、北长老二会寻求统一与合作。1927 年中国的南、北长老会与公理会等合并成立中华基督教会。1936 年苏州南、北长老会信徒共 1675 人。1940 年减至 833 人。1947 年中华基督教会苏州区会成立。同年，7 月 25 日，苏州城北黄桥镇的景道堂落成。黄桥镇本叫马兴镇，太平军攻打该镇时，居民以黄土筑成桥堡抗拒，故得此名。长老会早先在此租屋布道，景道堂的命名，"此乃景仰开荒布道刘牧道生之谓也"。举行新堂奉献礼拜那天，到会的有西差会明德、林保罗两教师、伦敦会史莫尔教师、浙江大会范光荣教师、福建协和神学院杨振泰教师以及苏州普益社与苏州城乡各教会代表等约二百余人。"典礼开始，先由江南区会会长汤仁熙并苏州分区会会长吴志雄分别揭幕，长老陈富文医师开锁。全体来宾教友鱼贯入堂后，祈祷、读经、歌诗、致词，并请上海鸿德堂诸辛生牧师讲道，继由范光荣、史莫尔、王锡畴三教师及镇民代表马琪分致颂词，姚天惠教师谢词。末由刘道生教师

---

① 镜秋：《常州基督教联会归主运动》，《兴华报》第十八卷第四十九期（1921 年），第 21 页。
② 苏调夫：《常州从谦堂近讯》，《通问报》第一六七十回（1935 年 12 月），第 13 页。
③ 《常州从谦堂添举执事》，《通问报》第一千八百十四期（1948 年 5、6 月），第 7 页。
④ 马驾夷：《上津桥长老会自立》，《通问报》第五百二十一回（1912 年 10 月），第 3 页。
⑤ 马驾夷：《苏州上津桥长老会近闻片片》，《通问报》第五百九十二回（1914 年 3 月），第 8 页。

祝祷。摄影，礼成。会后叙餐，盛况空前。"① 1949年长老会苏州城区思杜、救恩、崇道三堂教友共586人。长老会所辖除苏州城区的会堂外，还有木渎、浒墅关、黄埭、光福、吴江、平望、常州从谦堂、常熟虞东堂等会堂。② 中华基督教会江南区会抗战初期在苏州建立了江浙教会人才训练院。那时中华基督教会江南区会所属的各教堂、医院均受战争破坏，教友分散。有一次，在去吴江探访教友返回苏州的途中，蔡文浩、吴志雄、明约翰、林保罗四人候车于吴江站约三小时，他们谈话中提及了"如何将教会中一般同道的教育水准提高，使他们至少能达到战前的程度。"这样就奠定了一项"培植义务工作人员"的方案，并举办了第一届义工训练班于苏州萃英中学校址内，当时学员有三十余人，持续六个星期，成绩甚佳。后来太平洋战争爆发，林保罗去菲律宾，明约翰回美国，蔡文浩去北平上学，只剩吴志雄苦撑着教会的事工。抗战胜利后，教会次第复原，江南区会于1946年4月30日至5月2日，举行战后首届常会于苏州上津桥救恩堂，并决定恢复义工训练事工。于是电邀林保罗牧师回苏担任此项工作，并把南长老会的福音医院拨作"江浙教会人才训练院"的固定地址。③ 该院"自成立以来，各教会假该院举行会议者，此去彼来，正如山阴道上，应接不暇。"④ 1948年，中华基督教会江浙大会鉴于乡村教会传道人才的缺乏，特在江浙教会人才训练院添设圣经学校，由明德牧师为校长，钱在天、罗爱美、蔡杨旅复分任教职。招收有志于传道、初中毕业程度、十八至三十五岁的青年，由所属区会保荐入学。学、宿费全免，膳费按月白米五斗。学期三年，课程有圣经概论、教会历史、神学、旧约、新约、圣经地理、圣经历史、宣道法、心理学、宗教教育、布道法、教牧学、圣乐、国文、英文、常识、农村服务研究、实习工作等。当年十月一日开学，已有二十余位青年入学。⑤

民国前，基督教南长老会在淮安地区就有很大的规模和很强的势力，

---

① 吴志雄：《黄桥景道堂新堂落成志盛》，《乡村教会》第1卷第1期（1947年），第22页。
② 苏州市地方志编纂委员会编《苏州市志》第三册，江苏人民出版社，1995，第1145页。
③ 吴志雄：《记江浙教会人才训练院》，《天风》第六卷第四期（1948年7月24日），第13页。
④ 《苏州人才训练聚会忙》，《天风》第六卷第十二期（1948年9月25日），第15页。
⑤ 钱在天：《介绍苏州圣经学校》，《通问报》第一千八百十六至一千八百十七期（1948年9~10月），第6页；《苏州圣经学校开学》，《乡村教会》第2卷第1期（1948年），第22页。

美国传教士在淮阴县（清江浦）城和淮安县城多处设教堂和诊所，该地区成了南长老会在中国的重要活动中心。民国后，南长老会继续发展，信徒不断增加，并组织成立了淮安堂会，选举高六先生、吕约翰、牛买珍为长老，陈耀先、李仲石、严文成等为执事，第一任华人牧师是曹子贞。其传教范围也逐渐向淮安县周边乡镇扩展：北面的马厂、钦工、沙墩、苏嘴、河下、顺河，西面的范集、岔河，东面的车桥，南面的头涵洞等地先后建立教堂，各堂均具相当的建筑规模并聘请专职中国教士驻堂。在高良涧、双沟、平桥等地还有租房设堂传教的。当时的华人教士吴慕光、周云宽等遍走县乡各村，流动传教。与此同时，教会还开办了好几所学校：在淮阴县内有清江浦基督教敬业中学（田克迪曾任校长）、清江浦基督教小学，在淮安县内有童家巷二号的崇实小学（徐耀山曾任校长）、北门章马桥的崇实小学、大香渠巷的福荣女子学校（林爱莲曾任校长、刘美德曾任副校长）、河下镇的福音女子小学，钦工、沙墩的教堂也附设学校。[①] 民国时期，南长老会在淮安的繁盛可以从钦工镇的情况窥见一斑。就在民国元年（1912），美国人艾德士、林小姐、魏小姐三人从淮安城来北面的首镇钦工传教，偕同他（她）们前来的还有两位神学院毕业的中国传道人，一位是山东籍的聂弟兄，另一位叫杨洪庵。艾德士个子不高，大约四十来岁，林、魏二位小姐比较年轻，三人都能讲一口流利的汉语。那时的钦工镇每月农历三、五、八、十日逢集，十字街口来赶集的人很多，传教士就利用这样的机会上街头宣讲基督教教义，过了不久，居然吸收了近二百名信徒，这些信徒来自附近不同的村镇：北达涟水境内的喻滩、宝滩，南到季桥、大湾，东抵顺河，西接马厂。于是教会出钱买下十字街西颜姓家二十二间房屋作为教堂。艾德士传教有非常严密的计划，每年年初，他就订好一年五十二个星期天主日学课的内容，并由一个名叫陈崇贵的牧师根据《圣经》编写，然后让聂、杨二人分头讲授，从而培养骨干，发现人才。葛卫成就是他们物色到的代理人，等葛成为传道人，聂、杨二人就到别处传教了。美国人虽然每个礼拜天都来教堂，但主要是督促、指导和发展教徒。1927年，艾德士又到钦工镇南面的马堡传教，并发展了骆殿朋、贾应中两位骨干信徒，

[①] 费苏：《淮安基督教简况》，淮安县政协文史资料研究委员会编《淮安文史资料》第二辑，1985，第161~162、165页。

这两位信徒"差不多天天扛着印有'红十字'的白旗,由庄东头到庄西头,又从南头奔到北头,向农民传播教义,教徒发展很快,没有多久就从原先十几个人,一下子增加到一百几十人。美国教会就出钱在骆殿朋宅基建了五间草房作为教堂。"艾德士来回传教,骑的是自行车,乡下人都觉得很稀奇,经常围观,他就向他们兜售基督教小册子。有些小孩子很顽皮,当面喊他"洋鬼子",他就虎着脸吓唬他们。他坐下,小孩子又围过来,他就和颜悦色逗他们玩,然后给他们讲上帝的故事。1928 年,艾德士在钦工镇还办了一所小学,叫"维新学校",校址就设在教堂,他亲任校长,聘请王梦如、黄正淮等六名教师,学生近二百人,学生分初小和高小,课程有国文、算术、音乐、体育、美术,高年级还教"四书",每周一堂圣经课,初小学生主要是唱赞美诗,高年级学生礼拜天要到校做礼拜。艾德士在钦工传道几十年,直到 1937 年战乱才离开中国。① 南长老会在清江浦开设的仁慈医院在民国后继续发挥它不可替代的作用。1917 年,年轻的美国医生钟爱华(Nelson Bell)偕新婚妻子来仁慈医院协助院长林霭士工作。时值军阀混战之际,淮阴经常是炮火相拼的地盘,林、钟二人镇定自若,指挥全院医生救治伤残人员。1929 年,黑热病在苏北传染流行,这一年三至六月来淮阴仁慈医院看病的病人达 13545 人,住院的病人达 736 人,钟爱华医师长于外科,也是一位黑热病治疗的专家,他选用德国人所制的锑剂进行治疗,疗效极佳,因而深受当地百姓的信任和赞誉。1935 年,林霭士因年事已高,由钟爱华接任院长一职。1937 年南京沦陷,江苏省政府迁设淮阴,日寇目标迅速转移至清江浦。仁慈医院为了避开穷凶极恶的敌人,在屋顶涂上"USA"的大字,并用竹杆挂上"红十字"的旗子,每当空袭警报拉响,医院敞开大门,让四周难民入内避险。1938 年,仁慈医院抢救抗日伤员创空前纪录,日达 600 余人。1939 年,日军占领淮阴,钟爱华尽力与日本人周旋,继续救治伤员,并隐匿没来得及撤离的政府人员。1942 年,钟爱华等同事返回美国,钟爱华的四个孩子,三女一男,都是在淮阴出生的,他的二女儿鲁丝(Ruth)长大后嫁给了美国著名的布道家葛培理(Graham Billy)。在解放战争中,仁慈医院被编入新四军第三师野战医院,钱景山、曹

---

① 黄友达:《基督教在钦工的传播》,江苏省淮安市政协文史资料委员会编《淮安文史》第十二辑,1994,第 194~196 页。

济生、刘瑞卿等医师积极参与救治伤员的工作。1948年，美国人李如兰、吴德珠再次来华，计划恢复医院的工作，但未果。同年十二月一日，仁慈医院被国民党军队下令焚烧，三幢大楼共一百多间房屋尽数毁于一炬。①

徐州是南长老会在苏北的重要活动中心之一，民国前后，徐州基督教事业有了明显的进步。1909年《通问报》报道："徐州府耶稣堂，起先由白君秀生、葛君马可，并有医士某创立，本不甚兴旺，未几白君因病回国。自前三年赈济后，教会大开，有稿多工少之叹。白君痊愈后，仍为徐州牧者，与所有教友，甚为相得，又竭力整顿教规，推广传道处所，任劳任怨，不辞苦辛。至今年正月，教会大有起色，教友愈加热心，今九月初四日又有合会之提议。"② 继白秀生、葛马可、马方济之后，1908年安士东（Rev. O. V. Armstrong）来徐州传教并担任西关教堂牧师。1909年受洗信徒为139人，1910年增至大约500人。为了容纳更多的信徒，1911年购置新址又建新教堂，1914年建成，可容纳六百余人。1916年葛马可返美休假，1917年1月4日病逝于美国，安士东接任培心书院院长。噩耗传来，培心书院的学生们举行了追悼会，军阀张勋也送挽联悼念。葛牧师的学生钱在天在纪念他老师的文章中写道："牧师，美国名族，其祖父系英国苏格兰长老会特派驻美洲布道者。牧师于一千八百九十二年底偕眷来华，初同赛兆祥、卜德生牧师至宿迁布道，当时江北社会黑暗，人心愚顽，不认主道，且加阻扰。牧师居客栈中，大遭逼迫，备尝艰苦，布道外兼施医药，惜人不敢领受，先后共四年。宿迁教会之开创，牧师大有功焉。一千八百九十七年赴徐州与白秀生牧师同作主工，初至时之景况尤甚于宿迁。牧师师母乃开医院，设培心书院，遇荒年又筹款救济，造福徐州可谓至矣。长子保罗染喉疾夭亡，其余金移作扩充学校，教育吾华子弟，爱人有如此者。牧师志大而心细，有干才，善讲论，会堂演说，会场议事，发言之正确明晰，为中西人士所钦佩。去年因积劳成半身不遂症，爰于春日返国后，闻渐愈，拟今秋

---

① 马牧英：《美国基督教南长老会在清江浦的活动》，中国人民政治协商会议淮阴县委员会文史资料研究委员会编《淮阴县文史资料》第四辑，1990，第91～100页；胡健：《在淮安生活过的美国人——原淮阴仁慈医院及其以后的一些故事》，淮安市历史文化研究会编《淮安历史文化研究》，中国文史出版社，2005，第240～243页。
② 王会英：《徐州教会合会之佳音》，《通问报》第三百七十八回（1909年10月），第18页。

第四次来华，谁知近日来信，牧师已为天上人矣。仆受业牧师门下二年，教诲之德，未能一报，谨志此愿与识牧师者同伸哀悼，并为家庭祈祷焉。"①葛牧师夫妇的五岁儿子保罗·唐纳森·格瑞尔于1908年因白喉去世，葬于徐州。为纪念他，将一所教会小学命名为"保罗小学"。葛璧玺虽遭丧夫丧子之痛，仍然坚强地在徐州服务了共四十五年，她的两位女儿均在中国传教。1910年，彭永恩（Rev. Frank A. Brown）抵达中国，在泰州短暂停留后即被派往徐州，他的主要工作是乡村布道和成立乡村教堂。1914年，彭永恩与陶美丽的妹妹夏洛特（Charlotte Thompson，后改中文名为彭夏丽）结婚，他在徐州传教三十八年，主要工作是乡村布道及建立乡村教堂。1917年，荣我华（Miss Lois Young）抵达徐州接办正心女子学堂，学生人数由40人增加至350人。除了市区的学校外，她还负责乡下的七所小学。1919年，正心女子学堂改名为"正心中学"，培心书院改名为"培心中学"。此间，兰师德牧师（Rev. Lewis Lancaster）抵徐州接替葛牧师的工作并参与乡村布道，1921年兰师德去金陵神学院任教授，1929年返回徐州仍致力于教学工作和乡村布道。1922年，海侔登（Rev. Hamilton）夫妇抵达徐州，参与彭永恩乡村布道工作，他在徐州共传教二十九年。1927年，北伐战争结束后，徐州教会又有一次新的进展。由中西各五名传教士组成一个联合委员会，以管理教会所属的医院、学校和传福音的工作。1932年至1935年教会发展尤为迅速，1934年至1935年报告统计：已受洗信徒1771人，当年受洗信徒215人，未受洗慕道友1800人；乡村教堂77所，学校总数16所，学生总数758人；住院病患总数2256人，诊所病人总数43211人。在此期间，徐州的华人信徒在教会、学校中的地位也逐渐提高。王恒心牧师在徐州西关教堂服务，是西教士安士东保送到金陵神学院的优秀毕业生；安子明牧师在徐州东关教会服务，山东人，金陵神学院毕业后曾在袁家洼教堂传道；戴廷机牧师服务于南关教堂，毕业于清江浦的James Sprunt学院，他是西教士海侔登的得力助手，也是一位教师和艺术家。这三位华人牧师所服务的徐州三所城区教堂均能实现自给自足。1932年，西教士所办的培心中学与正心中学合并组成培正中学，由华人信徒独立办学，王恒心牧师任校长，

---

① 钱在天：《徐州培心书院院长葛马可牧师在美逝世》，《兴华报》第十四卷第十期（1917年），第17页。

其他负校务之责的还有安子明牧师、刘子余、梁荩忱、朱鸣鹭长老。① 徐州地区的华人信徒中比较优秀的还有叶德纯、胡方觉等传道人。在徐州地区服务的早期牧师大多毕业于南京的金陵神学院，后期的牧师则多毕业于天津的华北神学院。1935 年，徐州南关教会选立长老执事，出席者有戴廷机牧师、王恒心牧师等，王治安、朱成熙、李元白被选为长老，苏伸乔、尹体元、赵学贤被选为执事。② 1936 年，黄河泛滥成灾，西教士彭永恩主持徐州地区的国际救灾工作。1938 年春，台儿庄战役中受伤的中国军人在徐州教会医院得到医治。1938 年日军占领徐州时，美国传教士彭永恩及夫人彭夏丽，葛马可夫人葛璧玺医生和麦克菲迪恩医生仍留此地。彭永恩等中外传教士积极储备救难物质，在其住所、女子圣经学院、西关教堂等处设立难民保护区，日军进城后，徐州基督教难民保护区共收容 3000 多名和儿童，最高峰时，救济难民达 4300 人。③ 1939 年徐州、宿迁两地的中国教会人士遭到日军的逮捕和迫害。徐州日军军警诡称基督教会内部设有抗日救国会，1939 年 5 月 6 日夜半，安子明牧师、戴廷机牧师、王理安长老、罗新鸿长老被捕。11 日，有人劝告王恒心牧师出走，其不肯，终被带走。葛马可师娘年逾古稀，本打算偕次女返国休养，此时不顾性命前去求救。7 月 5 日，始得见王恒心牧师一面，"苦难病躯，几不相识"。彭永恩夫妇利用休假期间，乘船经过神户，直接与日本负责国外事务的高级官员进行交涉。7 月 15 日，美差会全体教士作有条件担保，蒙难的十六位牧长获得释放，但行动自由受到限制。7 月 30 日礼拜日，王恒心牧师登台讲道，见证主的恩典。为铭记此次患难，王恒心、安子明、戴廷机三位牧师分别改名叫王更新、安狱生、戴复生。与此同时，宿迁县的部分教牧人员也遭到迫害。1939 年 5 月 12 日，程鹏云牧师被拘禁。13 日，康盈轩、林增仪二长老被捕。14 日，有人来寻捕教会事务兼书记娄佩刚先生，幸闻风逃走。宿迁教堂司阍苏宜

---

① 《江北区会开办培正中学之经过》（江苏），《兴华报》第二十九卷第三十五期（1932 年），第 32~34 页。
② 戴廷机：《徐州南关堂会选立长执（江苏）》，《通问报》第一千六百六十三回（1935 年 10 月），第 16 页。
③ 李建华：《美国传教士彭永恩在徐州（1911~1949）》，百度文库（http://wenku.baidu.com/link? url = 7MqLUWpaC8cum8HKhLuka4J8FnUOuvcKztMCHZyPh5oY6FoeC5GlumCasChwDHn_t0ybMhNR17J - A5FiCBuZZf6pvKEm86dN29pfWjYbsMK）。

吾代任恩庚师母送信亦被捕。这些人均被押往徐州，后经任恩庚牧师三上徐州证明担保，于 7 月 23 日被释放返回原地。① 另外，彭永恩等西教士在此次劫难中保护大约两千五百余名中国妇孺免受伤害。抗战胜利后，培正男女学生达 700 余人，教职工近 50 人，成为当时徐州私立中学中人数最多的学校。1941 年曾改名为培真中学，解放后改为徐州第五中学。② 到 1949 年，徐州地区共有已受洗信徒 3549 人，正式教堂 19 所，非正式教堂 94 所，牧师 15 人，教会高中学生 850 人，教会小学学生 900 人，教会医院床位 170 张。③

民国前，美国南长老会传教士米德安、闻声、慕庚扬从清江浦来连云港传教行医。民国后，又有一批传教士接踵而来，教堂、学校、医院的规模逐渐扩大。新浦教会是 1910 年在后街租屋设立的，1920 年迁入福利昌巷，建有四层楼房，顶有钟楼。抗战期间为防日机轰炸，拆去两层。海州教会开始也是租屋传教，1914 年在西门外建成正式教堂，占地一亩多，1938 年又迁入白虎山下，占地二十多亩。1913 年春，闻声牧师在赣榆县青口镇西圩外设支堂，聘北通州协和大学毕业生、山东东昌府恩县人李春华（字东园，号子光）在此作传道，他"性情良善，学问深醇，每逢礼拜登台演讲，说理详明。"④ 1914 年，教堂移至圩内前宫大街，李春华调往东海县教会，北通州协和大学另一位毕业生王玉璞来此服务，他"于道学功夫，素有经验"。此地还开设一所崇智蒙养小学，教员刘兴龙也是北通州协和大学毕业生。⑤ 1916 年华人传道士王志诚在东海县讲习街南圩设立教会，1918 年秋他又在石榴镇望烟庄传道，由李振元家捐钱捐地建一草屋教堂，米德

---

① 《徐州宿迁教会遭难始末》，《田家半月报》第 6 卷第 18 期（1939 年），第 6 页。
② 程希庚：《解放前徐州十七所私立中学（专）简史》，中国人民政治协商会议江苏省徐州市委员会文史资料委员会编《徐州文史资料》第十六辑，1996，第 122～124 页。
③ 参见钱在天《长老会历史·江北之部》，《神学志特号·中华基督教历史甲编》第十卷第三号（1924 年秋季），第 76 页；〔美〕彭光亮（G. Thompson Brown）著、杨乃庄译、李建华整理《近现代基督教在徐州地区的传播》（徐州史志网 http://www.xzsz.gov.cn）；张春蕾《美国基督教长老会在江苏的传教活动》，《东南文化》2006 年第 5 期，第 49 页。
④ 骆炳奎：《东海教会佳音》，《通问报》（1914 年 4 月），第 8 页。
⑤ 萧子贞：《青口支会乔迁志盛（海州）》，《通问报》第五百九十六回（1914 年 4 月），第 15 页。

安牧师曾来此考过堂会,并播放耶稣生平的幻灯片。① 1922 年,美国传教士明乐林来海州,并负责教会工作。他与顾多马分任教务,他巡视西北的青口镇、沙河镇、讲习村、董庄等处,顾多马照顾东南的板浦镇、大伊山、响水口等处,华人信徒刘宜生同行协助。海州城的讲道会计等事务交由冯远照主理。② 1927 年北伐战争期间西教士大多离开海州。1928 年,周凤舞、姜如恒、刘宜生、张士洛等华人传道士继续维持教务。③ 1931 年在青口镇传道的是一位姓侯的弟兄,后又有戴于榕以及于善堂、李瀛伯两位医生相助。④ 1936 年,有华人牧师汤湘波在海州教堂传道,位于海边的墟沟有明乐林夫人及赵少增母子设点布道,墟沟东不远的连云,也叫老窑镇,有孝广闻教友、李东升大夫等信教。⑤ 1936 年,上海青年布道家顾仁恩来苏北巡回演讲,连云港城的新浦、海州、墟沟,赣榆县的青口镇、沙河镇,灌云县的杨家集、同兴镇等地许多人受感悔改信道。⑥ 1942 年,华人牧师甘瑞兰当选为苏淮基督教海州分会会长,海州分会包括沭阳县、灌云县、赣榆县和连云市。1947 年有 6 处堂会,支堂谈道所 70 余处,男女信徒 4500 余人,另外增加毕德茂、吴德溥、陈儆吾、李云汉四位为牧师,并将区会的 83 处教会划归 10 位牧师分工管理。⑦ 1948 年,可能受时局影响,数字有所下降,海州区会有 5 个堂会,26 处耶稣堂,有中外牧师 15 位,信众 3000 人。解放初期,甘瑞兰主持新浦教堂活动,李云汉主持海州教堂活动。⑧ 1916 年,美国牧师顾多马从徐州带来几个孤儿,在海州西门外朱沟河南岸开办崇真中学。1921 年,崇真中学举行第一届学生毕业典礼,毕业生有马玉奎、张

---

① 钱求真:《东海教会近闻(江北)》,《通问报》第八百五十八回(1919 年 7 月),第 11 页。
② 钱在天:《海州教会概况(江苏)》,《兴华报》第十九卷第七期(1922 年),第 27 页。
③ 张士洛:《海州新年布道之佳况》,《通问报》第一千二百八十五回(1928 年 2 月),第 6 页。
④ 江苏青口瀛伯医院李瀛伯:《青口教会概况》,《通问报》第一千六百二十五回(1935 年 2 月),第 15~16 页。
⑤ 童作盐:《东海行》,《通问报》第一千六百八十五回、第一千六百八十六回(1936 年 4 月),第 20~21 页。
⑥ 甘瑞兰:《新浦长老会复兴会、顾仁恩在苏北证道》,《通问报》第一千六百八十九回(1936 年 5 月),第 8 页;陈儆吾:《海州空前的复兴会:上海顾仁恩先生主领》,《通问报》第一千七百十八回(1936 年 12 月),第 7 页。
⑦ 胡镜心:《海属区会首次集会盛况》,《通问报》第一千八百零九期(1947 年 6 月),第 8 页。
⑧ 江苏省连云港市地方志编纂委员会编《连云港市志》,方志出版社,2000,第 2555~2556 页。

士洛、卜超、蔡寅生四位。海州镇守使白宝山师长和县知事陈世恩特来祝贺，白师长的祝词是："海山苍苍，海水茫茫。学龄童子，强半嬉荒。窃念宝山，久镇此邦。匪氛虽靖，文事未昌。历年引咎，深用惭惶。幸得贵教，播及东方。因材乐育，化莠为良。人文济济，萃于一堂。兹逢终业，典礼皇皇。宝山不敏，与此会场。三生何幸，万分荣光。谨祝贵校，万岁无疆。"又赠对联云："崇教来西土，真才遍海邦。"① 1922年春，明乐林夫人在海州城内创办乐德女校，招生四十余名，刘美德女士、朱赵寿萱夫人、张玉楼女士任教员，并请杭州弘道女学教师、清江浦传教士家雅各的长女贾淑斐任校长，又拟聘金陵大学的张芗兰女士任教员。② 1925年，贾淑斐来海州，与明乐林夫人在白虎山下开办乐德女校和福临妇女学校，并重点在妇女界传道。1938年，美国女教师宋美珠来海州协助办学。海州义德医院是1914年正式开办的，由美国女信徒爱伦米芬赞助的，她的父亲嘉尔汉是美国南方的实业家。她认为中国贫穷落后的原因是缺少西方宗教，所以在临终遗嘱上写道："将遗产的一部分捐赠在中国兴办教会医院。"具体委托美国南长老会筹办。义德医院的首任院长是慕庚扬，他是美国南长老会办的医学院毕业，获博士学位，也是牧师。1923年，明乐林将其调至镇江，由美国人芮义德接管医院事务。芮义德是外科医生，医术高明，曾救活一位患白喉的濒死男孩，所以名声大振。在此工作过的华人医生有：上海同济大学医学院毕业的帅从文女医师，广州中山大学毕业的余泽民医师、马吉人、黄开祥等。马吉人，镇江人，任义德医院内外科主任，兼痞病（胃痞病）医院院长。"医学渊博，手术精妙，为西人所钦佩。海地人民，患痞病者，足占十分之三。自得先生诊治，无不霍然痊愈。故一闻先生之名，虽百里之遥，犹襁负而至，每日痞病注射，八九十名，门诊一百余号，皆先生亲手诊视，四境百里，均知有先生之名。"1927年，受时局影响，义德医院规模减小，马吉人来东海城内开设吉人医院，为当地造福不小。③ 义德医院附设的护士学校，培养了一

---

① 钱在天：《海州崇真中学校第一届毕业（江苏）》，《兴华报》第十八卷第六期（1921年），第23~24页。
② 钱在天：《海州女学之现在与将来》，《兴华报》第十九卷第十五期（1922年），第26页。
③ 余卫卿：《吉人医院新张志喜（江北）》，《通问报》第一千二百七十六回（1927年3月），第8页。

些信仰宗教、忠厚老实、作风正派的护士,有张景辉、周苗贵、汤从灵、孔宪东、谢振亚、孙秀杰、王同欣、葛锦英、李玉兰、胡玉珍、吴廷栋等人。1946年医院由明乐林负责,1948年后由戈锐义负责,1951年戈锐义返国,义德医院改为市立医院。①

盐城地区的基督教主要是民国后发展起来的。1912年南长老会在盐城县城亮月街买一处三间民房作礼拜堂。1921年左右在北大街(今解放北路)购买一空地建新礼拜堂,可容400人。原亮月街房屋作为圣道书院和传道人住宅。教会还在县城西南的便仓乡设立了储才小学。② 美国南长老会牧师白秀生在1910年来阜宁县城购地建堂。20世纪20年代又有美国牧师乔汉儒、司迪恩、索秋夫等到东沟、益林等地布道建堂。到20世纪30年代,全县信徒近千人,教堂有30所。1926年,从南长老会分离出去一些骨干分子组成基督徒聚会处,这些人包括:益林商会会长吴应图、金陵神学院毕业生苏嘴人季永同牧师、华北神学院毕业生杨集人邱日鉴长老、地理老师苏嘴人丁新园等,基督徒聚会处发展很快,阜宁、建湖等地活动点竟达30余处。基督徒聚会处第二代骨干分子有:益林大倪人冯鲜之、芦蒲陈月人陈永宽、板湖人夏日余等,第三代骨干分子为板湖人钱长富等。真耶稣教会在阜宁也有一定的势力,1936年以滨海县八巨人王灵生为首组成盐城、阜宁、涟水、沭阳四县真耶稣教会联席会,20世纪40年代阜宁人戴占鳌成为该派领导人物。③ 1914年基督教传入滨海县东坎镇,不到五年就有学校、医院、分堂的设立,受洗人数达百余人,先后有西教士白秀生、司迪恩在此传道。李以成(字韶友)曾做过东坎督会的长老,他原是徐州铜山人,毕业于金陵神学院,后调驻天赐场。当时的信徒还有汤洪亮、汤洪训、戴时新(字觉非)等人。④ 1932年受洗入教的有项文辰、高德元、刘德贞、高德英、高

---

① 孙济仁:《义德医院始末》,政协江苏省连云港市委员会文史资料研究委员会编印《连云港市文史资料》第二辑,1984,第97~103页。
② 江苏省地方志编纂委员会编《江苏省志·宗教志》,江苏古籍出版社,2001,第269页。
③ 夏日初:《阜宁基督教简介》,阜宁县文史资料研究委员会编《阜宁文史资料》第六辑,1992,第184~185页。
④ 项涌深:《东坎市教务佳音(江北):李长老笃爱信徒、戴先生欢迎良牧》,《通问报》第一千二百二十七回(1926年2月),第8页。

德成、刘保罗等人。① 1926 年之前，东坎耶稣堂是租的吴家别墅——西园馆，吴家的先人吴锡光曾做过前清的县长，其子吴荫南为地方做过许多好事。西园馆分四个部分，它的西南天井有礼拜堂，兢益小学和平民夜校也开在这里。东北天井，比较僻静，女子小学开在这里。女子小学是 1921 年创办的，校长是前清秀才郭祝封老先生，唯一的一位女教师名叫张教成，她和男友在耶稣堂举行"文明婚礼"震动了半个东坎镇。1922 年底，女子小学搬至省议员董永成宅第，不久停办。1924 年春，刘昆三长老在当地进步人士的帮助下创办了兢益小学，刘长老是金陵神学院函授部的高材生，不仅是虔诚的教徒，而且熟读四书五经，能诗能文。在办兢益小学的同时，刘长老与高达三、项永生、李广汉等信徒又办起了平民夜校，来学的都是些小店主、手艺人等，最小的十七八岁，大的三四十岁，当然都是男的，这样的夜校在周围的县镇是很少见到的。② 1926 年，有一位陈德基（字仁仆）医士在东坎开设医院，他是徐州铜山人，陈雅各长老的长子，曾在南京鼓楼医院、泰州医院工作过，此人"学术医理，颇为精通，凡遇赤贫病症，尽心医治，药费概不收取。"③

泰州比较早的教堂是建于民国前后的美国南长老会"福音堂"，位于泰县城内且乐桥口（宝丰钱庄内），建筑面积 364 平方米，可容纳 300 多人。1926 年，由美国一农夫捐资大洋五千元，在城中心八字桥西首开始筹建一新堂。此时，泰州教会已努力实现自立，明德中学、美德女中、福音医院和教堂的费用主要由当地信徒承担。④ 明德中学创办于 1917 年，校址初设于乌巷，后迁至税务桥东，1921 年建校舍于大校场，同年在小校场又开设美德女子中学，1934 年又在小校场和东街分别创办美德小学和意成小学。明德中学 1922 年至 1925 年校长为金士林，1925 年后校长为李觉生（1950

---

① 天民项文理：《东坎教会鳞爪片片（江北）：春季堂会施洗志盛》，《通问报》第一千四百九十六回（1932 年 7 月），第 6 页。
② 刘大卫：《追记东坎耶稣堂内的三所学校——七十年前的女子小学私立小学和平民夜校见闻》，滨海县政协文史工作委员会编《滨海文史资料》第四辑，1996，第 216~221 页。
③ 项荫堂：《东坎教会琐闻一束（江北）：陈医士惠爱可钦》，《通问报》第一千二百二十六回（1926 年 2 月），第 8 页。
④ 田芷湘：《泰县教会近闻（江北）：自立会分班捐款、新礼堂行将动工》，《通问报》第一千二百二十八回（1926 年 3 月），第 4 页。

年校长为余义诚，1951年并入苏北泰州中学）。泰县福音医院是美国人贝礼士于1916年开始创办的（解放前夕院长为美国人倪恩生），规模宏大，不仅医治病患不知凡几，而且院内福音兴旺，1925年秋院内成立灵交团，团长卓景泰主领查经，张天爱主领祈祷，田芷湘主领布道。① 1919年5月，西教士韩文光、何伯葵，西医士贝礼士邀请镇江西牧包志登及夫人来泰县举行布道会，男宾假座北门外品泉茶园，女宾聚于城内税务桥巷内礼拜堂，慈惠医院每日晨有查经学道。② 1931年1月，泰州基督教主日学校举行第一次全体董事会议，参加者除了何伯葵、何淑英、田吉人、戴瑞霖、卓景泰、卓舜英、张澄等中西教牧外，还有其他慕道友旁听者，共约七十五人。大会选举田吉人为主日学董事部部长，戴瑞霖为副部长，戴瑞霖、张澄为书记，董事部成员为：田吉人、何淑英、卓舜英、卓景泰、戴瑞霖、张澄。主日学校长为何伯葵师母（何淑英）、卓先生（卓景泰）。张锡五、余义诚被聘请为男儿童班教员，汪文秀、杨怀清被聘请为女儿童班教员，贝礼士为男青年班教员，米丽华为女青年班教员，戴瑞霖暂代男慕道友班教员，汪信真为女慕道友班教员，何淑英为女教友班教员，张澄为男教友班教员，任德才为音乐委办，蔡彭龄为书记兼司库。大会决定主日学常会每年于一月、四月、七月、十月举行。③ 长老会泰县教区包括泰县、泰兴县、东台县以及江都县的一部分，方圆数百里，居民数百万，可惜稼多工少。1931年7月，高邮、兴化、泰县等地暴雨成灾，西教士李觉生等从华洋义赈会得巨款在泰县、姜堰一带放赈，一直持续到次年三四月为止。④ 1933年，兰师德、杨清波、黄理璈三位健将被派来泰县作工：美国人兰师德，曾担任金陵神学院教授，又在徐州教会工作过，其"道心渊博，爱心充足"。杨清波，原籍山西曲沃，曾在营口教会服务两年，新近从滕县华北神学院毕业，由兰师德建议，偕妻子及二子来泰工作，其"道学经验，颇为宏富，将来

---

① 田芷湘：《泰县福音医院之圣灵工作（江北）》，《通问报》第一千二百二十八回（1926年3月），第8页。
② 朱亚东：《江北教务二则：泰县长老会之布道大会》，《兴华报》第十六卷第二十四期（1919年），第19页。
③ 戴瑞霖、或爵侯：《泰州基督教主日学校第一次全体董事会议》，《通问报》第一千四百三十六回（1931年2月），第8页。
④ 江苏省地方志编纂委员会编《江苏省志·宗教志》，江苏古籍出版社，2001，第327页。

定有美好的工作"。黄理璈，上海远东圣书学院毕业，"黄君灵修最深，每日用很多时间，祷告读经，故每逢讲道时，均按正意，分解真理，使听者头头是道。"① 同年夏季，为响应中华基督教宗教教育促进会号召，泰县举办了夏日儿童学校，由米丽华小姐主持，自愿签名服务者有冯汝楠、余义诚、黄理璈、陈淑贞、杨怀清、桑卓然等人，又特请上海中华女子神学的谷宝芳女士、江阴励实女中的封仪女士为教师。公推冯汝楠为夏日儿童学校校长、米丽华小姐为学监、桑卓然为书记。校址暂借美德女中之大洋房，本来打算招收三四十名儿童，不料报名者竟有一百四十余人。② 1936年6月，兰师德牧师全家和福音医院梅护士长拟返美休假，泰县教会代表桑卓然牧师、医院代表卓景泰长老、学校代表余义诚、东台代表杨清波等教友及师生为其举行欢送会。③ 同年秋，泰县长老会教会改组自立，选举新长老一人，男女执事各二人，并请桑卓然先生为牧师。同时购得田地十数亩创办基督徒公墓。有一位吴瑞麟女士，原籍福州，从小失去父母，被留养于福州孤儿院，长大后考入前北洋大学医科，毕业后获博士学位，在北平协和医院实习二年，被泰县福音医院聘为医师，平素为人，克勤克俭，不幸于12月12日病逝，享年四十六岁。她在世时，乐于助人读书，有两位青年在其资助下，已医科毕业。她去世后，留下遗产约一万元，按其遗嘱，除将三千五百元、十四亩田地捐泰县长老会外，尚有捐入泰县福音医院及福州孤儿院者，泰县长老会能够自立得益于吴女士的捐助。④ 南长老会在泰兴县城北门也设立福音堂，由西教士李觉生、华教士李如山负责，并成立普益社，旨在救济民生，服务社会。泰兴县双泰桥镇信徒王树滋热忱宣道，1935年3月，他特邀杨华亭、李觉生、李如山三位同工来镇布道三天，当场签名归主者就有二十五人。⑤ 同年4月，江徽兰、伏爱华、黄美云、封仪

---

① 桑卓然：《泰县教区添三位健将：兰师德、杨清波、黄理璈》，《通问报》第一千五百五十回（1933年8月），第8页。
② 桑卓然：《泰县夏日儿校之报告》，第8页。
③ 桑卓然：《泰县教会欢送兰师德全家及梅护士返美（江苏）》，《通问报》第一千六百九十五回（1936年7月），第8页。
④ 赵新吾：《伶仃孤女遗巨产助泰县长老会自立（江苏）》，《通问报》第一千七百二十一回（1936年12月），第7页。
⑤ 泰兴李如山：《双泰桥布道之佳报（江苏）》，《通问报》第一千六百三十五回（1935年4月），第10页。

四位女士来泰兴布道半月，每次听道者百余人，最后悔改信主者女界十九人，男界二十八人。[1] 1936 年，李如山牧师在泰兴县黄桥镇布道七天，受感记名者有二十一人。[2] 同年 7 月，兴化县教会举行城乡查经大会，李炳銮师母、赵新吾师母、桑路得、胡老太、陈正芳、刘永康、季永发七人受洗。[3] 10 月，泰兴北门福音堂邀请中华基督教会南京汉中堂鲍忠牧师、南京华康百货商店主人李松波先生、上海江湾神学崔文秀、封仪女士来此布道数日，参加者达二百余人，记名慕道者共一百五十人。[4] 11 月，李如山牧师来泰兴县正南新桥镇设立分堂并布道六天，自动归主者有十八位，其中九位甘愿认捐。[5] 1947 年，泰兴县教会一切经费，完全由本地教友担任，杨华亭（杨华庭）负责传道工作，谢汉通组织青年会活动。[6]

民国时期，江苏各地基督教事业是兴旺发达的。除了监理会、浸礼会、圣公会、美以美会、南北长老会几个大的宗派在江苏有较强实力和较大影响外，内地会、基督会、贵格会、来复会在南京东、西的长江中下游一带有基督教事业的建立，基督复临安息日会、使徒信心会、基督徒聚会处、自立神召会、真耶稣教会等派别在江苏各地也有零星分布。从苏南到苏北，基督教所办的教堂、学校、医院数量在不断增加，规模在逐渐扩大。这个时期江苏基督教也同全国一样，经历了四个发展阶段：第一阶段是从 1912 年到 1927 年，中华民国成立后，基督教获得了十几年的繁荣发展，北伐期间，江苏教会受到短暂冲击和一定破坏。第二阶段是从 1928 年到 1936 年，蒋介石国民政府定都南京后，局势基本稳定下来，基督教又获得几年的平稳发展，可惜好景不长，抗战爆发后，江苏各项事业受到严重摧残，基督教也不例外。第三阶段是 1937 年到 1945 年，江苏属于沦陷区，基督教事业处于停滞、流亡或衰退状态。第四阶段是 1946 年到 1949 年，抗战胜利后，

---

[1] 泰兴李如山：《泰兴女界布道之佳报（江北）》，《通问报》第一千六百四十一回（1935 年 5 月），第 12 页。
[2] 洪天锡：《黄桥教会撒种（江苏）》，《通问报》第一千六百八十九回（1936 年 5 月），第 15 页。
[3] 严荣羔：《兴化夏令查经七人受浸》，《通问报》第一千七百回（1936 年 8 月），第 24 页。
[4] 李如山：《泰兴布道百余人记名（江北）》，《通问报》第一千七百十六回（1936 年 11 月），第 9 页。
[5] 李如山：《新桥镇创设教堂（江苏）》，第 24 页。
[6] 洪天锡：《泰兴教会概况》，《通问报》第一千八百零九期（1947 年 6 月），第 10 页。

基督教事业又开始全面恢复，不久，国共内战爆发，基督教又受到了一定影响。

第二节　金陵神学院的组建

解放前，西方来华的基督新教传教士在中国办学有两个方向：一是广义上培养具有基督教精神的各领域专业人才，像中西书院或教会大学之类，其中某些学校也附设神学科的专门教育；二是单独训练为教会服务的各类专职神职人员，系统全面地讲解圣经知识和神学思想，即圣经学校或神学院之类，南京的金陵神学院即属此列。

一　历史沿革

金陵神学院诞生于清朝与民国交替之际。其前身是 1904 年（光绪三十年）美国南、北长老会合办的南京圣道书院，而南京圣道书院的雏形可追溯至 1901 年戴维思、甘路得（Rev. J. C. Garritt, D. D.）、来恩思等长老会传教士组织的往返于宁、苏、杭之间的游行圣道书院。[1] 1910 年（宣统二年）夏，美国纽约州圣经师范学校主任怀特博士偕该校教员游历中国，在九江牯岭举办西教士圣经研究会并演说创办圣经学校的情况，听者大受感动，美以美会的传教士饶合理（Harry Fleming Rowe）提议长江流域的圣道学院联合起来。于是，南京的南北长老会圣道书院、美以美会圣道馆（创办于 1892 年）、基督会圣经学校（创办于 1909 年）合并试办，定名为"金陵神学"（Nanjing School of Theology）。[2] 校址设于圣道书院内（今南京汉中路南京医科大学所在地），第一任校长为甘路得。宣统三年（1911）九月十三日试行开课。初办时，由四个差会组成，学生共 63 人。1913 年又有监理会东吴大学神科要求加入。两年左右的试办颇有成效，于是正式成立为永久性的团体。1914 年至 1915 年，合办差会增至 7 个，但圣公会、来复会、贵格会、

---

[1] 陈少芝、沈亚伦：《长老会历史·苏州》，《神学志特号·中华基督教历史甲编》第十卷第三号（1924 年秋季），第 72 页。

[2] 张永训：《南京金陵神学始末记》，中华续行委办会编订《中华基督教会年鉴：1915》，商务印书馆，1915，第 162～163 页。

内地会、鄂之伦敦会、闽之美部会均有负笈而就学者，合计学员百余名，来自8个省12个教派。1917年英文名改为 Nanjing Theological Seminary。1918年甘路得因父病返国，饶合理接任校长。同年秋，添设大学科，招收立志于传教的大学毕业生入学。1920年停招原设的附科生，本科生由三年制改为四年制，正式成立神学士科（又称大学科），并添设文学士科，授予金陵大学和东吴大学文学士学位，同时又附设牧选科、函授科。1921年至1922年，学生人数达到最高纪录，有来自14个省份16个教派共168人，1927年因战事停办。1928年10月复课，并开始兼收女生。1930年，汉文名"金陵神学"改称"金陵神学院"。1931年，改组董事会，由中国人李汉铎任院长、美国人聂嘉森为副院长。1933年，从美国一富豪温氏寡妇的遗产中获得巨额赠款作为办学基金，同时在美国纽约成立金陵神学院托事部，该机构拥有管理学院的一切权力。1935年，确定金陵神学院为中心神学院，而且承担了山东齐鲁神学院、广州协和神学院和四川华西神学院经济和师资方面的义务。1937年11月，因侵华日军占领南京而解散。1938年秋，在上海租界内复课，同年7月，纽约高等教育厅同意在美国立案并授予该院有颁发五种神学学位的权力。1939年，另有一部分员工迁至成都，借华西协和神学院开课。1940年，院董事会制定五种神学学位章程并于当年实行。抗战胜利后，1946年2月，在南京原校址复课。1950年，与金陵女子神学院合并，金陵神学院校址由南京汉中路迁至大铜银巷十三号。抗美援朝期间，中国基督教开展三自革新运动，金陵神学院自动放弃在美国的基金，并割断与国外差会的联系。1952年，多所神学院校并入，改名为金陵协和神学院。①

二 师资力量

金陵神学院的组建和运作乃教会合一和团结协作的结果。在学院的《组织大纲》中明确指出，其性质是："具宗派联合之性质，求彻底圆满之知识，重真道之传扬，尚虔敬之精神，本教育之方法，以达躬行实践。"其

---

① 诚质怡口述、陈泽民执笔《我所知道的金陵神学院》，中国人民政治协商会议江苏省委员会文史资料委员会编《近代江苏宗教》（《江苏文史资料选辑》第38辑），1990，第258~274页；江苏省地方志编纂委员会编《江苏省志·宗教志》，江苏古籍出版社，2001，第291~292页。

宗旨是："专以研究圣经，修养灵性，仿纽约圣经学校之模范，适合中国之国情与时势，培植基督教事工上急需之人才。"其信仰是："承认新旧两约为上帝启示之道，为信仰行为上之无上法则，且包涵关于救恩之要道；承认耶稣基督为上帝圣子，降临为人，代人赎罪，为万世之救主；承认圣灵为三位一体中之一位，有使人重生及成圣之效能；承认主耶稣基督之教会，为灵性势力表现之机关，既以灵性为目的，则无政治权威。"① 其组建过程中，各差会无不踊跃参与，有的捐款捐物，有的买地建楼。"嗣基督会慨拨巨款，添造三层楼寄宿舍一所，美以美会亦捐重资，添购地基两倍于前。常年经费，由联合之各会拨给，教员一中一西，由各差会遴选优美之教士充任，薪俸由各差会担负。"②

金陵神学院初期的董事会成员主要来自五个差会：代表北长老会的有费佩德教师、谢志禧教师、郭其敬教师、孙喜圣牧师、屈厚伯教师、柯德义教师、董文德教师等，代表南长老会的有宓志仁教师、桑春荣教师、赛兆祥教师、司迪恩教师、裴来义教师、应同书牧师、安士东教师等，代表基督会的有洪明道教师、李敏孚先生、吉施教师等，代表美以美会的有宓得福教师、李云升教师、简美升牧师、周寄高牧师等，代表监理会的有潘慎文教师、蔡式之长老等。③

金陵神学院的师资队伍也是十分强大的，其教员由两部分组成：一部分是正式教员，如甘路得校长讲授释经、辨惑术；毕来思（Rev. P. F. Price, D. D.）曾担任代理校长，讲授神学、传道之法；饶合理讲授旧约，兼理财政；陈金镛讲授经解，兼《神学志》主笔；司徒雷登（Rev. J. L. Stuart, D. D.）讲授新约、希腊文；李汝寅讲授通史、圣教史，兼教员会书记；张永训讲授宗教参考、伦理；贾玉铭讲授旧约、宣道法；俞安乐讲授新约，兼庶务；同时还有后聘的聂达道教师、任来泰教师、茹德教师、师

---

① 李汉铎讲、张敬一记《金陵神学院的历史组织及将来计划》，《金陵神学志》第十八卷第五期（1936年12月）。
② 张永训：《南京金陵神学始末记》，中华续行委办会编订《中华基督教会年鉴：1915》，商务印书馆，1915，第163页。
③ 《董事会纪事》，《神学志》第一卷第一号（1914年3月1日）；周寄高：《金陵神学第七次董事会记录》，《神学志》第三卷第一号（1917年4月1日）；周寄高：《金陵神学第八次董事会记录》，《神学志》第三卷第二号（1917年7月1日）。

覃理教师、徐履谦教师等。另一部分是辅助性的教员，如朱显文讲授希腊文、新约；程裕济讲授国文、经解；董小园讲授国文、历史；陶仲良讲授国文、历史；毕来思师母讲授英文、音乐；张宏发讲授音乐；陈子卿任售书处经理等。① 后来加入的西教员有宋煦伯夫妇、艾香德、聂嘉森、简美升、兰师德、罗金声、赛兆祥、司徒华林、李厚甫（Rev. H. F. Lee）、毕范宇、章文新、迈尔夫妇、黎金磐等人，中教员则有邹秉彝、郭琼瑶、沈嗣庄、彭长琳、朱宝惠、陈维屏、张坊、王治心、李汉铎、李天禄、诚质怡、汪承镐、李雅华、谢受灵、黄素贞、邵镜三、周明懿、杨占一、胡仁安、谢秉德、朱敬一、胡绍棠等人。②

在教学内容和方法上，金陵神学院不拘一格，能够兼顾各差会的特色与差别。"或曰：各公会有其特守之信约与仪式，保毋不稍有龃龉，安可纳诸生同受课于一教室哉？曰：公会之仪式不同，而圣经公共所信之要道，无不一致，本校为各公会计，凡有关各公会特信之道与仪式，由各公会单独教授，而一切福音大同之要素，则同班教授。联合以来，各会学生不第知己会之所长，亦且知他会尤有所长，于各公会信条仪式，间尝关之于心。……由神学毕业而任传道者，知己会与他会对于中国布道之大势，有如车辅之相依，跫躃之相助，强胜于株守一隅之任传道者多多矣。况诸生共食同餐，朝夕磋磨，隔阂自消，友谊日厚，将来于各公会担负重任，则皆同窗旧识，而将来教会统一之希望，即或不能猝成，想必易于今日也。"③ 这种求同存异的教学方式使多宗派合办的金陵神学形成了自由包容的风格。

三 神学争论

值得注意的是，金陵神学院在办学过程中经历了神学争论风波。1921

---

① 《金陵神学教员表》，《神学志》第三卷第三号（1917年10月1日）、第五卷第三号（1919年9月）封三。
② 《教员行踪》，《神学志》第十卷第二号（1924年夏季）；《本校退休会记》（一），《神学志》第十一卷第四号（1925年冬季）；《院长李汉铎牧师向美以美会华中年议会报告本院一年以来之概况》，《金陵神学志》第十六卷第七、八期（1934年10月）；诚质怡口述、陈泽民执笔《我所知道的金陵神学院》，中国人民政治协商会议江苏省委员会文史资料委员会编《近代江苏宗教》（《江苏文史资料选辑》第38辑），1990，第258~274页。
③ 张永训：《南京金陵神学始末记》，中华续行委办会编订《中华基督教会年鉴：1915》，商务印书馆，1915，第163~164页。

年至 1924 年，作为金陵神学院董事会成员之一，南长老会江北差会白秀生（Hugh W. White）等西教士指责神学院的三位教师在教学中有现代派自由倾向：一位是茹德（H. C. Ritter）教授，他是 1917 年来神学院的，属于监理会，讲授旧约课程，他被指责在教学上使用现代派神学著作；另一位是讲授宗教教育课的助教 Sie，被说成"不成熟不安分"；还有位是中国教授沈嗣庄（Wesley Shen）。白秀生等人要求神学院解聘前两位西方教师并秉承其保守的神学立场，但神学院的多数董事和教师并不接受白秀生等人的控诉，结果闹出了白秀生等南长老会江北差会成员要求退出神学院的事件。①

1923 年 3 月 28 日至 29 两日，金陵神学院董事部在上海开会并通过一个"与本神学前途大有关系"的议决案。该议决案重申了金陵神学院的神学立场和对教员的具体要求："一、凡被选为教员及已任教员之职者，皆当遵本神学典章第二款第一条，写他们的愿词并签名，其愿词即须写明不违背其本会之准则。二、凡不适宜与典章反对之教义，责成教员会报告执行部，实行更正。三、近闻外面对于本神学有误会之语，特许教员会出一宣言书，俾众周知，我等办理神学之事，一定按照本来典章，并保守神学灵性有学识的精神，使学生得一根本道理上坚固的信仰，又使学生从本神学毕业，更有稳固之心，打算中华归主，因此我等不承认消极的方面，令人疑惑的教授法，且不要学生怕圣经在科学文学中站立不住，所以要解决对于圣经一切难题，但解决方法勿使学生存疑惑之心，要学生格外相信圣经，是上帝真实可靠之言也。四、凡初任本神学教员之青年人，不论中西，虽其才学兼备，但无实习之经验者，至少有一年之阅历，以后方可举为正教员。五、表决通过：按照长老会典章的引端，并长老会一部分组合金陵神学的典章，且经中华长老会之金陵神学董事部所认可者（见一九一三年董事部记录第三面云：我们既为金陵神学之部分，且为长老会会友的代表，必须尽分坦白地忠心地宣布我们根本的要道）。我们以为圣经，即协和神学教授的基础，当视为历史的事实，完全由灵感而来，神学之普通教授，当对于圣经之根本要道，即正宗福音派共相承认之要道有忠心。设或有时我们见神学教授，不问课堂中之教育，或所用之课本，与根本要道不合，即

---

① Kevin Xiyi Yao, *The Fundamentalist Movement Among Protestant Missionaries In China*, 1920 – 1937, University Press of America, 2003, pp. 101 – 132.

为我们反对的正当理由。假若不能改良，我们即要分离，而且按金陵神学董事部一九一三年的记录，汉文第十三面（神学董事部对于圣道馆董事部，所提长老会专课之章程极表欢迎，作为报告，许可施行）。六、本神学以神道为教授之根基，以诸协会共有之福音信仰，为教授之要纲，此信仰乃古今基督教之传授心法，亦即基督教之联合势力也。（1）吾等承认新旧两约，全为神所灵感之道，信行之准则，且包涵关系救恩诸事，为完全无缺者。（2）吾等承认耶稣基督，为上帝圣子，降世为人，代人赎罪，为万世之救主。（3）吾等承认圣灵，乃三位一体中之一位，作重生与成圣之工。（4）吾等以主耶稣之教会，为属灵之教会，为属灵之事而建设，藉圣灵之能力，而无法律之权势。"① 很显然，该议决案就是针对南长老会江北差会白秀生等人对神学院教员的控诉而发的。

这一神学争论事件引起当时基督教界不小的轰动。首先将此事件公诸于众的是金陵神学院毕业生沈亚伦，他是神学立场相对自由的南长老会华中差会信徒，沈亚伦在《兴华报》上撰文表示："平心而论，我在此神学，听受了四年的讲义，却没有人讲过什么异端，对于道理的见解上，或稍有点不同处，但对于根本的要道上，却没有异殊，哪里可说它有异端呢？"他批评说："……江北差会的某西人，迷信了附科毕业某学生的妄言……就以为今日中国的金陵神学教授，就是美国的富斯迪了，于是他拼命地起来反对，鼓励分裂，仔细地对于这件事想想看，觉得有点好笑又好气。"②《兴华报》主编、美以美会的罗运炎支持沈亚伦的观点，他说："据我所晓得的，金陵神学教员们，没有一个不是维护真理的，若他们真像富斯迪用科学方法引学生研究真理，便嘲他们为异端，在嘲者是犯了武断的毛病，却反证实被嘲者是不错哩。"③ 曾在金陵神学院做过一年多的学生，上海的米星如对此事显得无可奈何又觉得无所谓，他撰文说："当我未曾离开神学之前，里面有些教授和同学们实已有了一种什么'新旧派'冲突的表现，……随后我出了神学，也还常常从旧时同学们中间得着一些关于那种争端的消息，

---

① 聂嘉森：《金陵神学董事部议决案（上海）》，《兴华报》第二十卷第十八期（1923年），第19~21页。
② 沈亚伦：《金陵神学应否分裂》，《兴华报》第二十一卷第十一期（1924年），第4~5页。
③ 罗运炎：《社言：金陵神学的异端辨》，第1页。

我因此常常为神学的前途忧,更不禁为中国教会哭!但我却抱着一种希望,希望上帝帮助他们快快地分裂了,从此就各人好做各人的事,各人好行各人的志愿——只要忠于各人的主张,坚持着奋斗到底的精神,总可以做出一点事业来的,无论是什么新的或旧的。"① 金陵神学院毕业生、监理会的赵宗福不仅赞成沈亚伦的立场,而且认为"南长老会中的一小部分,和江北差会的某西人,够不上分裂这五个公会所合组的金陵神学。"② 监理会的毛吟槎先生同样站在沈亚伦一边,他还补充了金陵神学院分裂的一些细节问题,他说:"金陵神学分裂的传说,不是从外面而来的,就是在金陵神学内发生出来的。在去年的董事会,听说,他们教员中,就发生教员控教员的事,甚至有五位教员在被控之列,此控案虽未成立,却是也有一些效力,就是有茹德教员,贴准在董事会时返国,其中有一位杭州的西国董事,自做董事的代表送茹德至车站,末后对茹教授说:'你不必再来。'这位董事先生的话,听说不是代表董事会说的,在董事会中也并未把控茹德教员的案成立(董事会记录未曾记载)。于是在董事会中有人用非正式的信寄至美国讽刺茹德教授,叫他不要再到金陵神学,这是董事会时对于茹教授的一段事情。还有对于三位中国教授,虽不取同样的手续,却是也希望他们离开神学校,因此或用介绍之法,介绍去做牧师,或介绍去做干事或编辑,他们果真介绍么?没有,亦是一种造作舆论罢了。还有一位是西国教员,在董事会时,他在美国,他们亦提出他的什么不对,希望他回到中国,不再长校的,这件也没有成立。以上五位教员的事,都没有在董事会中成立的,我是从去年神学大会听来的,听了以后,我就四面探闻得来的信息,并非目见,和记载上得来的。"毛吟槎先生还透露:"讲到茹德教员被董事中说他是思想太新,也有一段听来的事情,可以供大家思索的,就是在茹德教授班上的有几个学生,他们的资格赶不上所读的课程,平日要面子,滥竽其间。到考书时自己觉得不能及格,于是就放出一种毒气,说道茹先生的课,我们不高兴读,为了他的信仰不正。这种谣说愈传愈广,结果传到校长和几个守旧的西国先生那里,于是对于茹德发出一种不良的影响,而且在这些学生原来不是要攻掉茹德,不过想要逃脱考书罢了,不晓得倒

---

① 米星如:《金陵神学的分裂问题》,《兴华报》第二十一卷第十三期(1924年),第10页。
② 赵宗福:《金陵神学何必分裂》,《兴华报》第二十一卷第十四期(1924年),第7页。

中了几个有意作用的人的诡计。"① 不久，沈亚伦又在报端披露：金陵神学分裂的问题解决了，是毕来思先生与嘉兴花第生先生二位到美国南长老会总差会去解决的，他们来电说："……不但一致主张不分裂，而且也是无条件的如常合作……"② 不过，南长老会华中差会的包涵空先生提供了1924年5月毕来思、田克迪、白秀生发自美国的三份电报，似乎证明此事并没有完结或彻底解决。毕来思的电文称："华中差会的请求被同意。建议江北差会重新考虑。各方面警告都有，但大会意见一致。"（Mid-China's request granted. Advise North Kiangsu to reconsider. Sundry admonition. Assembly unanimous. Price.）田克迪的电文称："每个差会都被允许遵从自己的路线。缺席者投票要求延期差会会议至十月份。等待信件。"（Each Mission allowed to follow own course. Absentees vote request defer Mission Meeting to October. Await letter. Tailor Brandley.）白秀生的电文称："大会保留调查的权利。"（Assembly retains the right of investigation. White.）③ 包涵空先生后来又提供了南长老会总会会议的详细资料："当总会全体（教牧长老都一、二百余人）提议金陵神学分裂问题时，双方争执甚为激烈，急进派主张即日分离，保守派主张暂待至金陵神学新派神学说大著时宣告分离。总会当即公决派委办一组考虑本届汇报，旋派委办组，计十有七位（该总会系十七会合组而成，各大会有代表一位在委办内，可见总会对于此事之郑重）。该委办汇报建议二条并附以四条件：建议一，准南长老会华中差会（指南京、江阴、苏州、上海、嘉兴、杭州等地西差会）仍旧合办。建议二，着南长老会江北差会（指镇江、清江浦、盐城、海州、宿迁、徐州等地西差会）再行商量，务使各人发表意见（恐少数人把持之意）。附条件四如下：一、如神学教授法有与正宗派不合者，该时即行分离。二、各合组差会代表之任金陵神学董事者须各签字承认信条（指金陵神学典章内四信条而言）。三、合组各差会如对于金陵神学教授法视为可疑者得以派委考查。四、自后宜谨慎将事，使

---

① 毛吟槎：《金陵神学真要分裂么》，《兴华报》第二十一卷第十五期（1924年），第16~18页。
② 沈亚伦：《恭贺金陵神学分裂问题的解决》，《兴华报》第二十一卷第二十一期（1924年），第7页。
③ 志诚（包涵空）：《金陵神学分裂问题要电一束（南京）》，《兴华报》第二十一卷第二十四期（1924年），第22页。

此合组之神学成为正派之学校。"包涵空先生对以上几条解释说:"第二条所以云云,大概不满意于合组差会中代表之一、二位:一则人皆视为新派;一则有一会无文字之信条,初愿合组,故对于神学典章内四条文字上之信条口头承认,今如实行签字承认,恐不免强人所难。第三条云云,因前南长老会华中、江北二差会,已有考查金陵神学全体教员之举,谓系总差会之命。"包涵空先生又特别引用此前金陵神学院董事会的一个决定:"一九二三年十一月一日,金陵神学董事特会通过提案,'以后各差会如有因神学教员教授法不合而欲调查者,须先经董事会通过,由董事会派委调查,以重职责。'经众讨论作为预提案,加入典章,至常会时再夺。旋于本年六月三号常会时讨论,修正通过。其文如下:'各差会如对于神学教员教授法有怀疑之点,须经董事部考查,或派人考查。'"[①] 这说明神学院董事会不希望合作的某差会对神学院教学工作直接插手或干涉太多。

当时全国比较有名的属灵派人物倪柝声也发表了自己对金陵神学分裂问题的看法。他首先表明自己反对新派神学的立场:"余固不喜分争者,特以现在新派神学家,表面上是与吾人信圣经者相委蛇,而暗中实乃偷掘去教会之信仰。所以当遵圣经永不改移之训为信仰作善战,而为一次授与圣徒之道争辩焉(犹三节)。虽有多人出来,为金陵教授辨冤,然而其有否传异端,固昭然在人耳目,无可掩饰者也。"然后,他进一步追问道:"试问金陵之教授信否圣经是神的话?耶稣是神人两性的?从童贞女玛利亚而生?其赎罪之代死于十字架上?其有身体之复活?其有形有像之再来?信否人是神手所创造的,不是脱尾的猴?信否圣经里之神迹全是真实的?如果有一个教授不相信以上之一,可以说他传异端而有余矣。金陵之董事当负该校道理上信仰之责任:该校如无不信基督教根本道理之教授,则余惟望其进步之不及,又安敢非;如其有也,则董事诸君果取何种态度?如其冷静也,则余以为分裂尚是最正当办法。然而据余所知,金陵乃理想派之渊薮,不信根本道理者,固大有人在。幸而余所知者为不确,则南长老会诸君切不可妄动;不幸而确,则余敬告南长老会诸君其早日打算离异。'光明与黑暗有什么相通呢?'(林下六章十四节)"接着,他驳斥沈亚伦的态度说:

---

① 包涵空:《美国南长老会总会对于金陵神学分裂问题之解决(美国)》,《兴华报》第二十一卷第二十七期,第 38~39 页。

"沈亚伦君以为神学的教授人'对于根本的要道上,却没有异殊',但不知'异殊',究竟何所指而言。如言诸教授对于根本道理的见解,并不彼此互异,则吾人对于其信仰,尚是茫然:若辈可以同取灵然解,或同取字面解,吾人就留在黑暗里矣。如果若辈都按字的相信根本道理,我就以为南长老会诸先生是多事矣。"最后,倪柝声提出他的建议:"即请金陵教职员全体,各个个人,录出其信仰大纲,登诸报端,以待公决。不然在闷葫芦里,大家都不能畅言。时已至矣,全国之信徒与传道士,当决定其将信基督之基督教欤、或理想派所出产之基督教欤。吾人当为真道而争,不可退后。联合协进,固是美事,然而因联合协进而牺牲真理者,则分裂较愈矣。"①

针对倪柝声的神学立场和诸多疑问,神学院毕业生、九江美以美会的周博夫质问道:"转问倪君对于你自己所发问的,可全然相信否?有什么证明,使我们相信你有这样全副的信心?若你尚有一个问题不彻底的明白,可说你是迷信而有余矣。除了圣灵,谁能参透人内深处的信仰?"针对倪柝声"光明与黑暗有什么相通呢?"的立论,周博夫反驳说:"金陵神学为五公会合办的,倪君敢说南长老会是光明,其余四公会——北长老会、基督会、监理会、美以美会——是黑暗吗?照你的文气正是这样指着,真是'撒旦!退去吧!'(太4:10)"② 可见,属灵派(旧派、保守派)与自由派(新派、现代派)在神学立场上的争论火药味是很浓的,金陵神学院这一神学争论事件无疑为后来的中国神学思想建设提供了鉴戒。

四 社团活动

金陵神学院校内外的社团活动十分活跃。同学间,不管是正科班还是附科班都能以诚相待,不管是在校生还是毕业生,都能趣味相投。"或以同会而联情愫,或以同地而敦交谊,或以同情而笃友爱。"③

有同班同学发起的班友会,1923年12月16日,吴剑飞、周达清、舒

---

① 倪柝声:《我对于金陵神学分裂的几句话》,《兴华报》第二十一卷第二十二期(1924年),第9~10页。
② 周博夫:《金陵神学分裂问题解决后的余波》,《兴华报》第二十一卷第二十五期(1924年),第19页。
③ 《金陵神学教员会之报告·正附二科之交谊》,《神学志》第一卷第一号(1914年3月1日)。

贤炳、沈汉廷、王文馨、金宗昱、邵虔光、周月轩、汪弼廷、郑饶轩、卓效良、蔡事敬、俞宣、周长安等十四位同学来南京清凉山古扫叶楼开班友会,吴剑飞主持,周长安致辞说:"深望我十四人利用这四年有限韶光,在学识上彼此切磋,在道德上彼此建立,在感情上彼此联络,在公益上彼此力行。"他们还决定成立一个读书会(Reading Club),讨论有关教会和社会一切的重要问题。① 有以增长知识和探讨学术为目的的社团组织,如正科班学生发起的学术研究会,分宗教学、哲学、文学、心理学、社会学五大系,每系各推举主任二人,每系各备中外书籍数十本,限期研究批评。该会的特点是:"完全属学生自动,取公开的态度,只要自由发表意见,不受什么拘束。"② 有以某一差会为限的同学会,如浸礼同学会:"知今日之鸡鸣风雨,片刻皆是黄金;对六朝之月夕花晨,到处咸成良遇。故如此良朋好友,美景佳晨,不能令其率尔而去也! 爰有同人中之最热心者二人:曰,川南之蓝君凤韶;曰,江西之吴君剑飞;不辞劳瘁,经之营之,始终勿替;于是头角峥嵘丰神俊秀之浸礼同学会,遂于一千九百二十五年十一月十六日产生也。"③ 有全校性的组织,金陵神学院学生自治会,其宗旨为:"养成学生自治之精神,发展学生爱群之个性。"1929年国庆,上届学生会委员王明德、杨泽民、于天民、刘通仪、郑胜初、唐德馨、区翼琴等任期已满,于天民、严玉潭、陈友援、苏显恩、童福亭、林满秀、王靖寰等新一届委员接任。④

最有影响的是由神学院倡导成立的各地校友会,1914年《金陵神学同学会简章》中写明其宗旨是:(1)统一教会基础;(2)培养自立精神;(3)联络同学感情;(4)保持传道志愿;(5)普及宗教教育;(6)研究圣经知识;(7)辅助母校进行。⑤ 1923年夏在南京召开大会,一致同意:"凡我神学学生,传道于同一区域之内者,得组织同学会支部,以通其消息,

---

① 周博夫:《金陵神学班友会(南京)》,《兴华报》第二十卷第五十期(1923年),第28页。
② 涤我:《正科一九二五年班学术研究会之缘起》,《神学志》第十卷第一号(1924年春季),第166~167页。
③ 郑翼方:《浸礼同学会成立记》,《神学志》第十二卷第一号(1926年春季),第135页。
④ 严玉潭:《金陵神学院学生自治会新旧委员交接会志闻(南京)》,《兴华报》第二十七卷第六期(1930年),第25~26页。
⑤ 《金陵神学同学会简章》,《神学志》第一卷第一号(1914年3月1日)。

以导其进行,以解决各种困难之点,更设总会于母校之内,提纲挈领,指挥一切,俾各支部有所遵循,务使我神学学生得结合一大团结,同心协力效忠于社会,此非为私一学校计也,实为辅助同学计,更为复兴中国计。"[1]

金陵神学同学会苏州支部于1923年9月19日成立于苏州,会长诸辛生在成立大会上宣布:"本年金陵神学大会同学会事务股第二案为各省区分设支部,其用意不惟联络感情,亦用以结合团结力,与撒旦作胜利之争战,促进传道事业,以精神上之作用,互助母校进行。今日吾苏同学会支部成立,实为各省区第一先声。"宣读结束后,会长带领会众高呼:"金陵神学万岁!金陵神学同学会万岁!同学会苏州支部万岁!"[2]

不久,金陵神学同学会江北支部也宣告成立,并重申其宗旨有二:一是辅助母校之进行,联络同学之声气;二是宣传基督之福音,拯救将亡之民国。其宣言慷慨陈词、掷地有声,并指出社团组织对中国的促进作用以及传道于江北的重大责任:"虽然我江北同学,所处之地位,亦困难极矣。赤地千里,惊沙入面,人心顽固,风气不开,既无轮船火车,可以代劳,又无名山巨川,可以娱目。加以水旱频仍,祸灾迭见,萑苻遍地,道险堪虞。生活交际之程度日益高。仰事俯蓄之薪资日益寡。天下之灰心短气之事,熟有过于此者乎。然而天下至乐之境,无不经过一至苦之境,而能享其福者。天下至大之事业,无不经过一至难之地位,而能著其效者。九层之台,起于累土。千里之行,始于跬步。吾侪不荷此责任则已,既顿首拜命矣,则惟有进行焉、忍耐焉、努力焉、希望焉,向标杆而直驱,随基督以前行。目前虽有些微之折挫,吾同学会能解决,则解决之,不能解决,则听之上主,愿其旨成而已。审是,则又安能敌吾侪向前之志气,奋往之精神乎。吾闻之泰西名哲有言曰:凡一国之振兴,必赖会党,无会则无团体,无团体则无主义,无主义则无事业,此真至言也。吾江北同学会支部,虽经济有限,人才有限,心思有限,力量有限,然团众人之财以为财则财大,团众人之力以为力则力厚,团众人之心以为心则心广,团众人之才以为才则才多,众志成城,休戚相共,将来必能于吾国家一方面、母校一方

---

[1] 李沧江:《金陵神学同学会江北支部成立宣言》,《神学志》第九卷第四号(1923年冬季),第164页。

[2] 《金陵神学同学会苏州支部成立之先声》,第162页。

面、同学一方面，兴亡盛衰之故，有大关系焉。非虚乘一支部之名号，而绝无表于天下则可断言也，吾同人其念之哉。呜呼！责无旁贷，时不我与，先此宣言，用见吾志。"①

1924年，金陵神学院同学会会稽瓯海支部成立，其成员有：鲍哲华、徐继良、尤树勋、顾宝绥、黄美成、包涵空、桑保廷、陈勋、黄芳、周永宁、周钦文、陈惠绥、沈贤修、石云汀、陈秉德、胡子春、华世宝等。其缘起宣言指出："居人间世，不可无群也，夫人而知之矣。国家以群而立，社会以群而兴。推之一事一业之成立，莫不藉群以为之枢纽焉，群固未可须臾离也。……各毕业生于各地组织同学会支部，其用意无非联络同学的感情，辅助母校之进行，以同工合作的精神，宣传基督之福音，众志可使成城，群力易于创举，将来其于吾国之社会、教会、母校及同学固大关系在焉。"②

1924年5月31日，金陵神学院同学会召开毕业生欢送会和同学会常会，会长沈嗣庄主持，事务股长包涵空祈祷，书记蒋调之报告同学录出版事宜。大会改选了同学会职员，公举李汉铎牧师（南京城中会堂）为会长，彭长琳教授副之，邱金陵牧师（南户部街长老会）为书记，蒋调之先生（南京基督教协进会书记）为书启，夏光新牧师（南京花市街基督会）为司库，沈嗣庄教授为交际股长兼介绍股长，包涵空牧师（嘉兴长老会）为事务股长，沈玉书牧师（南京美以美会圣路加堂）为教牧股长。同时公决同学录封面格式，并请新毕业生李昭然襄助相关事务。③ 1931年，鉴于"金陵神学院同学会组织以来，一切会务于无形中停顿已久，即稍有进行，亦不过由服务于南京各教会之少数同学相机办理，远处同学大都音信杳然，一时不易召集。"在南京的各同学，决定成立金陵神学院同学会整理委员会，推举朱宝惠为委员长，朱继昌、李汉铎、王钥东、蒋调之、施煜方（调查股股长）、夏哲卿七位为委员。其任务是："对于母校之一切进行事宜，详

---

① 李沧江：《金陵神学同学会江北支部成立宣言》，第165页。
② 子久：《金陵神学同学会会稽瓯海支部的谈话会（南京）》、黄美成：《金陵神学同学会会稽瓯海支部缘起》，《兴华报》第二十一卷第二十一期（1924年），第22~23页。
③ 志诚：《金陵神学同学会消息二则（南京）》，《兴华报》第二十一卷第二十四期（1924年），第21~22页。

加讨论，力谋恢复。"①

1946年抗战胜利后，金陵神学院南京、镇江、芜湖三地的校友会恢复成立。与会的四十余位校友选举邵镜三博士、沈邦彦牧师为正副会长，王明德为书启，朱敬一牧师为会计，陈晋贤教授为干事。校友会在母校交谊室举办司徒雷登大使就职欢迎会，聚餐十桌，俨如家人父子。又有京区校友夏令会玄武湖进修会等活动。1947年邵镜三参加国际大会，又改选沈邦彦牧师为正会长，郭中一牧师为副会长。沈邦彦时任卫理公会南京城中教会牧师，郭中一时任金陵大学宗教部主任。校友会建议母院于1950年举行母院四十周年庆祝大会，招待全国校友来京，举行并成立全国校友大会。②

金陵神学院师生们的传道热情高涨、社会实践活动丰富。南京一城，所有教堂、布道所、学校与工场，差不多都有神学生的足迹。红纸廊、二道汗子、水西门、府东街益友社、夫子庙、颜料坊、花牌楼、四根杆子等地点常有主日学、查经班、个人谈道、游行布道、医院布道、监狱布道和茶馆布道等活动。③ 以下是1922年春季金陵神学学生实习的传道地点④：

地点	人员	顾问
学术界兼礼拜日青年会	彭长琳、熊祥煦、霍茂生、田学信、陈诗昌、全树仁、张良埙、潘定国、曾指凡	王教员
本校主日学	安允德、郑天嘉、李昭然、曾惠明、周鼎铭、何禹铸、张璟、陈榕官、杨经、罗锡嘏	沈教员
夫子庙	吴志道、王时信、汤湘波、张汉民、赵宜秀、曾指凡（兼）、孙光斗、张鸿锦、王亚灵、季永桐	饶校长
贵格会堂	邹世臣、生熙安	—

---

① 《金陵神学院同学会整理委员会消息（南京）》，《兴华报》第二十八卷第二十四期（1931年），第30页。
② 王明德：《本院校友会简讯》，《金陵神学志》第二十三卷第一、二卷（1947年12月），第74~75页。
③ 戴瑞霖：《本校实行布道报告》，《神学志》第九卷第四号（1923年冬季），第155页。
④ 《1912年春季礼拜日传道地点》，《神学志》第八卷第一号（1922年4月）。

续表

地点	人员	顾问
城中会堂	洪希文、唐铭谦、汪邦钊、张绪昌、刘南山、罗咏章、舒聘三、叶明照、方璧、黄端	—
四根杆子	胡天振、王炳、王峻德	—
鼓楼	李卓吾、周裕文、潘亚东	—
户部街	邱金陵、李善源、姜正云、沈炳生、唐承德、周永宁、徐德新	—
水西门	李顺、黄宪斌、宋先德、张海云、吴子荣	—
讲堂街	陈克铸、魏璋、王志扬、李效文、沈邦彦、崔宗鄠、李清华、高炳南、刘礼盛、鲍贞荟	—
颜料坊	潘济尘、吴锦华、孙廷飏	—
双塘	宋超尘、孙来章	—
花市	罗家树、谢敬业	—
大石桥（来复会）	于霖作、何子贞	—
府东街	余心清、张铭贤	—
花牌楼	和文侯、陈选俊、黄仁厚、唐善全	—
贫儿院	林文彬、陈钦天、黄天赏、王宗诚、刘鉴辉、陈芳、戴美太、陈忍兴、葛敬洪、许祖焕、陈筠	沈教员
华中公学	邢宜枢、黄恩赐、高炳星、吴醒迷	—
半边营	管云和、季永桐	—
女子大学工场	朱崇道、屠鼎鋐、应锡禧、崔志化、余河源、林春根、金根河、洪罗文	饶校长
医院	包少芳、尚守仁、陈善胜、苏峻庭	毕教员
丁家桥	胡方觉、孙步连	—
贫民	李郁亭、林兴文、戴瑞霖、林增仪、吴承寅、李学白	毕教员
个人传道	朱方田、林逢原、金思远、崔默、钟春耕、曾文基、俞其彩、杨百荣、王仲宜、刘愧生、邢宜桂、罗克明、刘寿彭、陈新甫	毕教员
黄泥巷口	刘兆光、陈和灵、林佳声	—
下关	张乐道、鲍忠	—

　　1924年，江浙一带遭兵燹之际，金陵神学院学生自治会与教员组织了"保卫妇孺团"，收容难民。1925年1月，学生会召开茶话会，选出新一届职员，执行部有：正部长邵镜三、副部长孙廷飏、经济科长郑德轩、文牍

科长中文沈越儒和英文桂承福、交际科长叶芳珪、内务科长洪罗文、校场股长俞祥钰、股务股长许文辉、斋务股长王学仁、庶务股长郑震寰、膳务股长臧天保、浴堂股长崔宗鄪、教育科长孙启智、出版股长余牧人、教务股长黄毓寅、艺术股长周慎、演说股长张仲翼。评议部有：正议长朱敬一、副议长陈其学、书记王峻德、书启中文范朗母和英文余仁风，调查员许士琦、王钥东、周允绥，议员樊启忠、周绍仪、蓝其昌、张裕光、郑朴、李清华、蔡世敬、沈若行。① 与此同时，金陵神学院教师们发起兵灾布道团，分三路出发到苏南地区演讲布道：赴江阴者有王治心、王峻德、施煜方三人，赴昆山者有司徒华林、叶明照、樊启忠三人，赴松江者有陈维屏、包少芳、陈其学、朱敬一四人。所到之处，他们宣讲福音与和平的道理，有的讲"基督之爱""基督教的受难""基督教之非战"，有的讲"基督教与中国文化"、"宗教为人生一切之冠"与"弭战方法"，同时又散发布道单张及劝世文，效果甚佳。② 金陵神学院的师生还不辞辛劳，到条件艰苦的苏北地区去考察和布道。他们来到邳县的一个小集子名叫猫儿窝，还有邳县和睢宁县共管的一个旧州镇，了解到当地教育状况的落后："可以说无教育之可言，猫儿窝只有教会所办的一个小学校；旧州街上共有男小学校三个，女小学校二个，若是他们的教授方法合宜，则当地的儿童，在前途的教育上，倒有一线的光明。至于现在的成人皆是目不识丁的人，我们带去很多的传单和劝世文，在这两处都没有大用着，试问对于这一般从未受过教育的人讲道，岂不是很难的事吗？我们讲道的时候，步步要留心，我们的语言，务须愈简单愈好，新的名词和神学上的名词，是万不能用的，多用他们地方上的土语和关乎农事的话，是他们极端欢迎的。"③ 神学院的老师经常带领毕业班的学生来到宿迁、睢宁、邳县等落后地区开展社会实践活动，向当地成人基督徒和非基督徒布道，为儿童讲故事唱圣诗，又预备平民教育、公民教育以及卫生常识的演讲，带来了留声机、手风琴、幻灯片等现

---

① 张仲翼：《风声鹤唳中之金陵神学学生自治会》，《兴华报》第二十二卷第四期（1925年），第26~27页。
② 叶明照：《兵灾布道团日记》，《神学志》第十一卷第二号（1925年夏季），第114页。
③ 陈晋贤：《宿迁县布道的报告》，《神学志》第十二卷第一号（1926年春季），第130~132页。

代化设备，并运用图画展览、宗教戏剧等手段感化和教育民众。① 1948年初，金陵神学院进一步改进和完善了学生自治会组织，按其新的组织章程，将整个学生自治机构划分为两个独立组织：一个是级代表会，是立法与监察机构；另一个是理事会，是设计与执行的机构。级代表会是由各年级推选代表组成，代表人数以各年级人数定额递增。级代表会成立后，即由级代表会中产出理事会，各理事由级代表中推选出来，当选的理事，便取消了他的代表权，遗缺再由各级另选代表填补上去。级代表会设主席与副主席各一人，由代表中推选。理事会设理事长与副理事长各一人。本年当选的理事长和副理事长为熊威廉同学与俞沧泉同学。理事长以下分设五部：灵修部部长为梁福寰同学，学术部部长为王勉予同学，康乐部部长为徐佩英同学，服务部部长为刘全鲲同学，总务部部长为黄仰群同学。在各部门之下，按工作的需要而另聘专任干事，或另组特别小组委员会，执行各部门工作。②

除了活动于江苏境内，金陵神学院的师生还与其他院校师生携手组织学生布道团或夏令营等活动服务于全国各地。

五　乡村布道

1929年，在西教士毕范宇（Dr. Frank W. Price, 1895 – 1974）领导下金陵神学院正式成立乡村教会科，此举是响应1928年世界基督教耶路撒冷大会宣言的号召——"基督教传教运动的重点应转移到注重乡村服务方面，要在同情农民生活困苦的名义下进行传教活动。"③ 从此，西教士就在亚非拉各地特别在中国和印度大搞乡村服务试点。

1931年，毕范宇带领一班神学生到南京附近的淳化镇建立乡村建设实验区，此前，金陵大学农林学院创始人裴义理、卜凯（J. L. Buck）教授、中国教员周明懿等曾在该镇做过乡村实验。金陵神学院淳化镇实习处成立

---

① 毕范宇编、施煜方译《乡村布道实习记》，《神学志》第十二卷第二号（1926年夏季），第119～120页。
② 王勉予：《学生自治会近讯》，《金陵神学志》第二十三卷第三期（1948年3月），第58页。
③ 朱敬一：《我所知道的淳化镇实习处》，中国人民政治协商会议江苏省委员会文史资料委员会编《近代江苏宗教》（《江苏文史资料选辑》第38辑），1990，第60页。

后，由毕范宇自兼总主任，金陵大学农业专修科毕业生杨占一常住此地负责经营农场事务，神学院教师朱敬一负责学生下乡实习工作。实习处的训练工作包括：（1）学生实习：按照金陵神学院的章程，乡村教会科学生，先在本院读一两年的神学及一些社会学等课程，接着到金大农专读农业课程一年，第四年再回本院读完乡村教会课程并到实习处实习一定时期。实习的学生分以下几种：一种是乡村科的学生临时到那里住几天，研究那里的农村社会服务及教会工作；另一种是乡村科毕业班必须在那里实习一到两个月，其中一部分时间要分配他们住在农家，体验乡村生活；还有一种是在乡村科毕业生中每年选拔一人，在实习处当实习生一年；此外，还有神学院其他系科的学生来此作农村社会调查。（2）耕读互助团：由神学院教师余牧人负责，相当于农村的成人教育组织，由识字的教友在冬季农闲时举办读书会和周会，向不识字的群众介绍农业常识和宣传宗教教义等。（3）福音学校：农闲时，集中男女教友短期培训，训练教会各类人才。（4）举行乡村教牧会议：1937 年 2 月，毕范宇召集"华东乡村教牧研究会"，到会的江苏、上海、安徽、浙江等地的乡村教会人员交流了各地的工作经验。（5）妇女工作：1937 年秋，毕范宇曾聘一姓宋的女工作人员常住农妇家中通过识字向妇女们传道。实习处的社会服务工作包括：（1）医药卫生工作：由南京鼓楼医院、江宁县政府、淳化镇社会事业促进会以及当地教会等单位合作进行。（2）农业推广工作：由金陵大学农学院指导相关部门进行。（3）贷款兴修水利：建立当地水利工程委员会，负责借款，兴修水利。（4）信用合作社：设立多处信用合作社，向农户发放贷款，扶助农村经济。（5）农产比赛会：由实习处联合宁属农业救济协会，举办农产品展览会，国民政府官员孔祥熙、张之江等曾参与此类活动。（6）散发旧衣服：南京基督教协进会救济委员会通过实习处，在淳化镇向贫苦农民散发许多旧衣物。[①] 淳化镇周围的佘村、土山、徐村等处，以及附近湖熟镇、秣陵关、溧水县、句容县、土桥镇等地都留有神学院师生们的足迹，通过乡村实践，他们深刻的感受是："应当使教会的工作多趋向于乡村，因为中国所急需要的就是怎样救济农民，使农民的生活与市民的生活在精神上能够统

---

① 朱敬一：《我所知道的淳化镇实习处》，第 61~67 页。

一。……中国民族之所以落后,就是因为这两种生活的人民在精神上不能够团结,农民愚昧无人下问,知识界分子只看重了自己的安全、名利、地位,结果就是农民与市民生活隔离日甚。"所以,"中国教会唯一的贡献,就是在基督里卑微了自己,用吃苦的精神,改造今日中国的乡村,用教会以融洽民族的统一精神。"①

抗战期间,金陵神学院西迁,在华西地区继续开展乡村教会的建设工作,仍由西教士毕范宇任乡村教会科主任。1940年12月,在四川成都创办《乡村教会》刊物。1946年春,金陵神学院从成都迁回南京后,乡村教会工作开始大规模恢复并扩展。此时,毕范宇博士返美休假一年,由朱敬一代主任,余牧人、杨占一为干事。朱敬一除了在神学院任教外,还担任淳化镇教会及实习处指导工作;余牧人除了在神学院任教外,兼任研究实验、文字出版及成人教育等工作;杨占一担任农场管理以及农业推广工作。抗战期间淳化镇遭到严重破坏,日军、新四军、伪政府军都曾光顾该镇,实习处的正屋和二幢职员住宅被毁,果园树木砍伐殆尽,鸡场、牛场、猪圈等设备洗劫一空,只有鱼塘和田地仅存,淳化镇的乡村医院以及中华基督教会的礼拜堂也被毁,教友被日军杀死九人,病死二十二人,逃难未归十九人,原有一百十二名教友还剩七十人。1946年4月,杨占一赴淳化镇开始恢复乡村实习处工作,除修理实习处房屋外,并从事各项救济工作,如散发奶粉,与鼓楼医院合作设立临时诊疗所,与南京基督教救济会合作发放救济衣物,从而救助了贫苦农民的急需。同时,又与中央合作金库洽商,恢复本处战前农村合作社业务,又恢复各村读书会等事工。1947年,淳化镇又有十三人受洗入教,慕道友三十人,在被毁礼拜堂旁偏屋聚会,地方虽小,主日聚会的人数有八十到一百人,教会工作大部分由平信徒担任。②1949年8月,实习处与该镇中华基督教会合作在该堂开设一托儿所,由幼稚师范毕业的张马骥声师母担任主任,已收儿童二十名,完全免费,并承

---

① 张文华:《乡村教会科暑期实习》,《金陵神学志》第十八卷第四期(1936年10月),第61~64页。

② 《金陵神学院近讯一:乡村教会科》,《乡村教会》第八期(1946年12月),第30页;朱敬一:《金陵神学院乡村教会科本年工作报告》,《乡村教会》第九期(1947年6月),第10页。

金女大乡村服务处赠送玩具多件。同月，又聘请祝逸翰医生在此开办诊所，每日各村来就医的贫苦农民有三十至四十人，祝医生还亲自下乡指导卫生及疾病预防工作，鼓楼医院乡村卫生科还捐赠了一些疟疾药品。[①] 1949年11月13日，淳化镇中华基督教会新堂落成，并聘请张国人先生担任传道工作，该堂经济完全自养。[②]

乡村教会建设离不开义工的培训。1945年2月，乡村教会科在四川成都曾试办成都区乡村教会义工进修会，成效显著。1947年2月，又在南京联络各公会开办南京区乡村教会义工进修会，亦颇有收获。1947年春，前任金陵大学农科科长的芮思娄博士（Dr. J. H. Reisner）受美国基督教农业宣教协会委托，来中国及远东负责推进乡村教会及基督教乡村服务工作。1947年3月6日，在金陵神学院召集聚会，欢迎芮氏，并接受其建议，由南京及皖北区七个公会（卫理公会、中华基督教会、基督会、圣公会、来复会、远东宣教会、贵格会）及五个教会机关（金陵大学、金陵神学院、金陵女子神学院、金陵女子文理学院、鼓楼医院），联合组织苏皖区基督教乡村服务协会，执行主席章之汶（金大），副主席杨绍诚（来复会），中文书记朱敬一，英文书记文嘉德（中华基督教会），司库海牧师（卫理公会），选定安徽滁县基督会教区为服务训练中心处，并聘新从美返华的葛思魏博士担任总干事。[③] 1948年2月，金陵神学院与苏皖区基督教乡村服务协会合作，在淳化镇乡村教会实习处，开办苏皖区乡村教会义工进修会。正式报名会员十八人，其中女性七人，旁听者十余人，来自安徽的有嘉山管店基督会、和县濮家集卫理公会，来自江苏的有溧水、句容、湖熟、天王寺、溧阳、高淳、铜井、淳化镇各处之中华基督会，还有溧阳的圣公会等。进修会的课程除了圣经灵修类课程外，还有成人教育、妇女工作、儿童工作、社会服务、乡村卫生及农业常识等内容。所请的讲员有金女大的郝映青教授、徐幼芝和熊亚拿二女士、鼓楼医院李入林大夫、中华基督教会的文牧

---

① 李振纲：《本院淳化镇实习处乡村服务工作的概况》，《乡村教会》第二卷第三、四期合刊（1949年12月），第12页。
② 王基仁：《淳化中华基督教会的新气象》，第13页。
③ 《全国乡村教会事工近讯：芮思娄博士来华》，《乡村教会》第九期（1947年6月），第23页；《教会消息：苏皖区基督教乡村服务协会工作之展开》，《乡村教会》第一卷第二期（1947年12月），第20页。

师以及金陵神学院同工朱宝惠牧师、朱敬一牧师、余牧人牧师、杨占一先生等。① 朱敬一牧师在概括淳化镇乡村教会事工的目的和意义时写道："本院淳化镇实习处乡村服务工作，乃包括乡村多方面之改进，并研究农村一切需要，训练农民以及栽培教会乡村服务工作人员。为中国教会特殊的一种乡村事工。目的乃是希望基督教的贡献，能应付人们在生活各方面，以求物质社会知识精神各方面之改进，以淳化镇为发源地，将这种理想以及方法推行全国各地乡村教会。淳化镇及其四周之村庄，正是中国各地教会所服务之典型乡村社会。吾人加强淳化镇工作计划，就是加强中国基督教全国乡村工作。"②

六　人才培养

在培养计划和学制安排上，金陵神学院能够做到层次分明、循序渐进。"金陵神学，原欲因材施教，不惟有造就中人以上之志，亦愿造就中人以下之才。因时制宜，列分二科，即正、附二科是。开办以来，固品汇不齐，未免有暂时迁就之处，惟以后则次第增高。自一九一五年起，凡求入正科者，必须中文优美，科学有金陵大学高等毕业相当之程度，或中文在前清能博得一衿，稍有科学知识者，得选入正科。凡中文清通有中学知识而蒙恩召者，得选入附科。正科以三学年为限，毕业时发给本校文凭。附科以三学年为限，毕业时发给本校证书。"③ 1920 年，为了提高入学水准，取消了附科，规定凡来本校肄业者，皆须由中学毕业。学院的培养计划一个是为大学毕业生所设之神学士科，另一个是为大学预科毕业生所设之文学士科。④ 1921 年招生简章列有三科："甲、正科，专收中学毕业生，读四年，卒业后，授以文凭。乙、学士科，专收大学预科毕业生，读三年，卒业后，

---

① 许义均：《本院近讯：苏皖乡村教会义工进修会纪要》，《金陵神学志》第二十三卷第三期（1948 年 3 月），第 57~58 页。
② 朱敬一：《金陵神学院乡村教会实习处工作概况》，《乡村教会》第二卷第二期（1948 年 12 月），第 12 页。
③ 张永训：《南京金陵神学始末记》，中华续行委办会编订《中华基督教年鉴：1915》，商务印书馆，1915，第 164 页。
④ 饶合理、彭长琳：《本校二十年的回顾》，《神学志》第十卷第二号（1924 年夏季），第 7 页。

由各学生之母大学授以文学士衔。丙、大学科，专收大学正科毕业生，教授课本一致英文，程度与欧美神学相埒，读三年，卒业后，由本校授以神学士衔。"① 金陵神学院还设有函授科（或称选读科），始于1918年，是美国南长老会赛兆祥牧师创办的，朱宝惠曾协助赛兆祥在镇江编译函授课本及重译圣经工作。1919年在南京本校开始招生授课，贾玉铭曾担任过函授部主任干事并编著教材。函授科的好处是"俾一般有志而无良好机会者，亦得本校间接教育之实惠也。"② 起初，"且系采用学分制，任选几门，能于一年修满五十学分考试及格，则予以毕业证书，学者于最短期之补习，而能求得道学，知识上应有的需要，当以此为至便。"③ 函授科学员遍及国内各行省，甚至有南洋及欧美侨胞加入。1931年9月，赛兆祥病逝，由毕来思牧师任函授科科长。南京沦陷期间，部分师生迁往华西。1940年秋季在华西开始招生，第二年，便有学员七十名，以后逐渐增加。到1948年，九个年头，函授科新旧学员累计三百六十多人，分布在十五个省区，年龄自十岁至六十五岁，程度则有大学、中学及医学、师范及私塾出身不等。在抗战期间，为了适应需要，特别注重训练教会义工人员。抗战前函授科曾采用学年制，抗战中改为学分制，不限定学期，复校后又恢复学年制，学员须读完四年的功课方能毕业。④

　　金陵神学院的学生来自全国各省各教会。1915年有学生113名。1920年秋有学生133名。1921年底有学生153名（其中江苏学生有50名）。1922年有学生168名。⑤ 1924年秋季至1925年春季，金陵神学院学员总数为130人，其中文学科（包括一、二、三年级）20人，正科（包括甲、乙、丙、丁班）78人，选读科32人。江苏的学生最多，有34人，其次为安徽21人，福建15

---

① 《金陵神学通告》，《兴华报》第十八卷第二十八期（1921年），第31页。
② 张永训：《南京金陵神学始末记》，中华续行委办会编订《中华基督教会年鉴：1915》，商务印书馆，1915，第164页。
③ 《金陵神学函授科特别通告》，《神学志》第十一卷第二号（1925年夏季），第100页。
④ 朱宝惠：《三十年来的函授科概况》，《金陵神学志》第二十三卷第三期（1948年3月），第52～54页。
⑤ 《本校各省学员总数一览表》，《神学志》第七卷第四号（1921年12月）；《本校各会学员总数一览表》，《神学志》第八卷第一号（1922年4月）；Kevin Xiyi Yao, *The Fundamentalist Movement Among Protestant Missionaries In China, 1920-1937*. University Press of America, 2003, p. 107.

人，浙江 14 人，广东 10 人，其余各省为个位数，还有 3 位朝鲜（韩国）学生。这 130 人分别来自 22 个不同教会，其中美以美会最多，38 人，其次为南长老会 16 人，北长老会 15 人，基督会 16 人，最少的为内地会、循道会、清洁会、自理会、信义会和中华基督会，各为 1 人。① 1947 年秋季，金陵神学院注册的学生，男生有 69 人，女生 32 人，合计 101 人。以宗派论其中包括中华基督教会、卫理公会、中华圣公会、浸信会、浸礼会、基督会、长老会、伦敦会、公理会、循道会、信义会、来复会、友爱会、美国公会、灵恩会、金巴仑长老会十六个会别。以省籍论其中来自江、浙、皖、赣、鄂、湘、川、黔、粤、闽、冀、鲁、豫、晋、辽、吉十六个省区。②

　　金陵神学院为江苏教会以及全国各地教会输送了许多优秀的传道人才。神学院每年的毕业生不多，但都是品学兼优的佼佼者。1914 年 1 月第二届毕业生中正科有石钧、王修临、徐明光、盛爱棠、周家荣、邹志成、屠光斗七位同学，附科有陈雅各、刘景桂、过镛、严正邦、夏振邦、龚云骧、闻道、王长恩、李模、陈孔昭、李士全、张秉鉴、沈复生十三位同学。其毕业典礼由司徒雷登主持，潘慎文致勉励辞。③ 1915 年第三届正科毕业生有十六位：俞安乐（浙江东阳、南长老会、育英书院毕业生）、诸重华（江苏青浦、北长老会、育英书院毕业生）、杨恩隆（浙江杭州、南长老会、圣道书院附科毕业生）、邓子烈（江西南昌、美以美会、南伟烈书院肄业生）、蒋时叙（江苏江阴、南长老会、秀州书院毕业生）、钱楚雄（浙江武康、南长老会、之江学堂肄业生）、张汉栋（浙江金华、北长老会、之江学堂肄业生）、韦绍曾（浙江东阳、北长老会、育英书院毕业生）、王世熙（浙江江宁、美以美会、汇文书院成美馆毕业生）、郭琼瑶（湖南郴县、北长老会、金陵大学毕业生）、杨万钟（安徽宁国、美以美会、同文书院肄业生）、毛逵孙（浙江嘉兴、南长老会、秀州书院毕业生）、蔡守道（浙江鄞县、北长老会、之江学堂毕业生）、姚敏之（浙江湖州、监理会、海岛中学毕业生）、慎焕文（浙江湖州、监理会、海岛中学毕业生）、徐纪良（浙江鄞县、北长

---

① 《金陵神学各省学员人数一览表》、《金陵神学各会学员人数一览表》（自一九二四年秋季至一九二五年春季），《神学志》第十一卷第二号（1925 年夏季），第 118 页。
② 许义均：《本院近讯》，《金陵神学志》第二十三卷第一、二期（1947 年 12 月），第 69 页。
③ 陈金铺：《金陵神学第二次毕业纪略》，《神学志》第一卷第一号（1914 年 3 月 1 日）。

老会、之江学堂毕业生)。① 1916 年第四届毕业生有正科十九位：吴广植（长老会、江苏盐城）、刘惟一（美以美会、山东寿光）、花醒东（美以美会、江西抚州）、陈惠绥（基督会、浙江宁波）、朱元亮（长老会、江苏盐城）、杜春芳（长老会、浙江杭县）、李英华（长老会、广东海南）、龚绥青（伦敦会、湖北汉口）、施惠迪（复兴会、福建厦门）、林明诸（伦敦会、福建厦门）、吴云樵（长老会、浙江余姚）、李英才（长老会、广东海南）、汪爱华（美以美会、安徽太湖）、吴著卢（长老会、广东澳门）、范平（美部会、福建邵武）、黄泽（美部会、福建邵武）、周钦文（基督会、浙江鄞县）、沈嗣庄（监理会、浙江湖州）、马伯承（伦敦会、福建）；附科毕业生十一名：樊振声（长老会、江苏镇江）、马诚明（长老会、浙江海宁）、谢傅中（长老会、江苏海州）、黄庭训（美以美会、安徽芜湖）、郑宏仪（美以美会、江苏镇江）、祖日新（基督会、安徽庐州）、李顺（美以美会、江西南昌）、尤树勋（美以美会、浙江）、万桂森（监理会、江苏吴县）、陶明亮（长老会、江苏泰州）、刘穆盛（长老会、江苏南京）。② 1918 年之前金陵神学的某些毕业生当时的详细情况见表 2-1 所示。

表 2-1　金陵神学正附科毕业生一览表（1918 年之前）

姓名	籍贯	年龄	公会	出身	神学何年何科毕业	曾任何职	现任何职	家属	境况	通讯处
陈金铺字劭应	浙江上虞	49	长老会	育英今名之江大学	1907 年正科毕业	教员	神学教员	弟一妻蔡氏六女四儿	顺适	金陵神学
刘今吾字觉非	安徽怀远	50	北长老会	中医	1909 年正科毕业	邮务员	凤阳福音堂主任	妻孙氏子二女三	尚佳	凤阳福音堂
杨宇清字濯缨	安徽怀宁	45	来复会	前清五品职衔	1910 年正科毕业	传道	教师	兄一弟一姊一妻慕氏子德骥女奖珍	主佑平安	安徽无为县黄雒河

---

① 李厚甫：《正科毕业生题名录》，《神学志》第二卷第三号（1915 年 10 月 1 日）。
② 校长甘路得拟稿、教员张永训代译《金陵神学一九一六年报告书》，《兴华报》第十四卷第三期（1917 年），第 23 页。

续表

姓名	籍贯	年龄	公会	出身	神学何年何科毕业	曾任何职	现任何职	家属	境况	通讯处
陈金澍字丽生	江苏江宁	44	基督教会	上元文童	1911年正科毕业	教习	教牧	父母在堂弟一侄三妻周氏淑卿字丽轩	平善	南京鼓楼基督教堂
石钧字云汀	浙江鄞县	48	北长老会	前清廪贡生	1913年正科毕业	教员校长	北长老会准试	慈侍下姊一妻朱氏子二长平治次平道女二长金林次玉林	敷衍	浙江长安镇耶稣堂
王修临	江苏邳县	44	长老会	家塾学生	1913年正科毕业	崇实学校教员	长老会准试	兄一姊一妹一妻孙氏子二长爱棠次爱光女三长玉兰次青兰三金兰	佳善	宿迁埠子耶稣堂
盛炬南字爱棠	安徽太湖	37	美以美会	同文大学肄业	1913年正科毕业	小学教员	美以美会副牧师	严侍下弟二妻赵氏女一	顺适	安徽宿松福音堂
周家荣字寄高	安徽无为	33	美以美会	金陵大学肄业	1913年正科毕业	教员	美以美会副牧师	严侍下弟二姊妹三妻魏氏子四长西屏次北屏三东屏四南屏	尚佳	南京讲堂街福音堂
邹志成字幼坚	江西临川	29	美以美会	同文书院肄业	1913年正科毕业	教读	美以美会副牧师	具庆下妻李氏女二长菊黄次美玉子一喜生		南京江宁镇福音堂
屠光斗	安徽宣城	28	美以美会	萃英公学卒业	1913年正科毕业	教员	美以美会副牧师	慈膝下妻宋氏女一	平善	安徽和州西埠福音堂
俞熙民字安乐	浙江东阳	41	北长老会	之江大学毕业	1915年正科毕业	邮务员	金陵神学教员	兄一姊一妹一妻陈氏子三长佑世次便民三慕西女四长素青次素雪三素玉四素华	平善	金陵神学

续表

姓名	籍贯	年龄	公会	出身	神学何年何科毕业	曾任何职	现任何职	家属	境况	通讯处
王世熙 字春圃	安徽合肥	30	美以美会	汇文书院毕业	1915年正科毕业	教员	美以美会牧师	姊一妻鲍氏子一彼得女二恩赐次恩荣	平善	南京华中公学
郭琼瑶 字华光	湖南常宁	29	北长老会	金陵大学文科毕业	1915年正科毕业		新华中学校教员	父之外兄一嫂一侄四妻朱氏女一兆安	不为劣	湖南郴县新华中学校
胡芝志 字尔光	宁波鄞县	28	北长老会	之江大学毕业	1915年正科毕业	教授宁波孤儿院	北长老会传道	家母与妻苏氏子承恩去世女一美丽	平常	姚北浒山耶稣堂
杨万钟 字灵台	江苏六合	27	美以美会	同文书院肄业	1915年正科毕业	曾助授教员事	美以美会传道	家慈弟三姊二妻黄氏子女各一子恩有女马利	尚可	宣城水阳镇福音堂
韩逵 字达九	江苏江宁	38	基督会	学界	1907年圣经学堂正科毕业 1915年神学正科乙班肄业	传教士	教习	慈侍下兄一姊一妻祁氏子二长树勋幼克勋女二长以斯帖次路得	平善	上海美界吴淞路久远里八百五十号
万国同 字梓青	安徽怀远	34	北长老会	前清附生	1916年正科毕业	教员	蚌埠福音堂主任	妻刘氏女三子二	尚可	蚌埠福音堂
陈安澜 字容生	江苏松江	28	监理公会	东吴大学肄业生	1916年正科毕业	教员传道	松江天恩堂社交部干事	母氏兄嫂弟二妹一妻叶氏女一景华	尚佳	松江城内天恩堂
汪志中 字爱华	安徽太湖	26	美以美会	金陵中学肄业	1916年正科毕业	未	传道	严侍下无骨肉亲妻夏氏女一宝贞	强自支持	九江沙河福音堂

续表

姓名	籍贯	年龄	公会	出身	神学何年何科毕业	曾任何职	现任何职	家属	境况	通讯处
刘惟一字执中	山东青州府寿光县	31	美以美会	九江同文书院肄业驻烟民军将校学校毕业	1917年正科毕业	一	现住丹阳县美以美会传道	兄一妹一妻张氏子一名守约	尚好	丹阳县南门福音堂
陈惠绥字图奊	浙江镇海	29	基督会	圣经学校	1917年正科毕业	传道兼教员	传道	严慈下弟一妹二妻俞氏女一名雪梅	平常	宁波江东基督徒会
龚绥青字寿卿	湖北黄陂	26	汉口伦敦会	汉口博学书院智馆毕业	1917年正科毕业	教员又道胜银行写字	汉口伦敦会真理学校校长	父母全下弟三妹二妻荣氏女一	尚佳	汉口花楼福音堂
周钦文字牖道	浙江鄞县	24	基督徒会	华英学校	1917年正科毕业	教员	传道兼教员	慈侍下妻邱氏	平常	宁波张斌桥基督徒会
田文谟	浙江山阴	42	北长老会	习小木四年	1909年附科毕业	育英书院做木工十年	传道兼长老	家母下弟一妻吴氏长女秀珍长子信耕次信糠次女爱珍三子信成	直过	东阳县渌石口耶稣堂
徐倬字鸿声	江苏江阴	41	南长老会	嘉兴秀州高小肄业	1909年附科毕业	农业	传道	母弟妻童氏子三长德新次德言三德强女一德饰	尚好	江苏无锡华墅耶稣堂

续表

姓名	籍贯	年龄	公会	出身	神学何年何科毕业	曾任何职	现任何职	家属	境况	通讯处
张芳生 字香	六合大营集	52	基督会	商界	1910年附科毕业	本地传道	基督会教士	妻王氏子一	平善	安徽全椒基督教堂
冯锦春 字载阳	江苏江宁	43	长老会	益智书院肄业	1910年附科毕业	传道教书长老	现在外教书	永感下女二长玉清次爱灵	不佳	南京南乡龙都镇东首陈祠内
徐树畇 字似樵	江宁上元	46	北长老会	私塾	1911年附科毕业	小学教员育英书院庶务	北长老会传道	母亲兄二姊一妹一妻张氏领子得生	平善	碫石丁桥堂
丁百兴 字柏新	安徽南宿	35	基督教会	私塾	1911年圣经学堂附科毕业	传道	分售东西药品	妻刘氏子尚幼	平善	南京上河
卫心忠 字理生	皖省霍邑移居滁州数年	37	基督会	自幼私塾读书有年	1912年附科毕业	助教会传道	基督会传教士	父母在妻窦氏弟四女三长正英次情英三多亚	平善	江苏六合葛塘集基督教堂
龚云骧 字雨臣	江苏江浦	44	来复会	商业	1913年附科毕业	来复会传道	南京基督教游行布道团	弟一姐三妻朱氏子四长春次福生三禄生四寿生	下平	南京大石桥来复会
刘景桂 字步月	江苏铜山	42	南长老会	家塾学生	1913年附科毕业	长老会长老	长老会长老及助师	弟二姐二妻崔氏子女无	尚佳	泰县耶稣堂

续表

姓名	籍贯	年龄	公会	出身	神学何年何科毕业	曾任何职	现任何职	家属	境况	通讯处
过镛 字企周	浙江嘉兴	36	南长老会	嘉兴秀州书院肄业	1913年附科毕业	差遣传道	传道兼任长老	慈以下弟三妹妻许氏子二长汉生次澍生女二长文隆次荷英	尚安	浙江沈荡耶稣堂
严正邦 字瑞廷	江苏泰兴	36	长老会	润州学校毕业	1913年附科毕业	学生布道	长老会传道兼小学校长	兄一弟一妻高氏子一振东	平善	镇江口岸镇基督教堂
张秉鉴 字纯义	浙江崇德	35	北长老会	之江大学肄业	1913年附科毕业		教员	北长老会传道	慈侍下妹一妻钟氏子二长敬一次仰一女爱一	平善	浙江海宁耶稣会堂
孟广馨 字景芳	江苏邳县	34	南长老会	崇实中学	1913年高级科毕业	—	长老会准试	严侍下弟三妹一妻倪氏子一大卫女一曼英	平安	江苏宿迁埝头邮局转棋盘耶稣堂
沈尧山 字志峰	浙江鄞县	32	北长老会	工商	1913年附科毕业	管美华书局纸栈	长兴福音堂传道	弟一妻冯氏女二长爱宝次贵宝	顺遂	长兴大东门福音堂
王长恩 字惠生	安徽巢县	32	来复	萃文书院肄业	1913年附科毕业	分书	普仁医院牧师	祖侍下妻吴氏子一廷璋女一珍珠	尚佳	巢县北门普仁医院
沈复生 字崇三	江苏松江	31	监理	东吴第三中学肄业	1913年附科毕业	美华书局	年会试用传道	兄弟姊三妻黄氏女一名掌珠	平安	浙江湖埭溪耶稣堂
张广业 字维勤		49	基督会	生意	1914年附科毕业	庐州府梁园传道	布道团	妻李氏子一女一		南京讲堂街福音堂

续表

姓名	籍贯	年龄	公会	出身	神学何年何科毕业	曾任何职	现任何职	家属	境况	通讯处
杨义正字洪恩	浙江诸暨	44	南长老会	农业	1914年附科毕业	售圣书作执事	助士新塍福音堂传道	兄一弟一姊二妹二妻李氏子四长春福次光福三英福四相福女三长夏福次恩福三梅福	红海已过迦南尚远	嘉兴府新塍福音堂
夏彦同	安徽庐江	43	北长老会	初读书后学德国陆军	1914年附科毕业	海圻教练员	预备牧畜	弟三妹一妻刘氏女一名避生	多烦	天王寺镇福音堂
文范良	安徽舒城	34	基督会	私塾	1914年附科毕业	印书局	传道	妻任氏子一保罗女一路得	均好	合肥西门基督堂
宋介瀛字彼得	安徽阜阳	28	美以美会	萃英学校肄业	1914年附科毕业	陆军参议员随员	传道	母一弟一	平善	芜湖弋矶山医院
蔡有参字载道	浙江诸暨	24	南长老会	三一中学肄业	1914年附科毕业	传道	毗陵国民学校教员	严慈下弟五妹二妻黄氏女一名娉倩	庸常	常州西门耶稣堂
李以成字韶九	江苏铜山	31	南长老会	家塾生	1914年附科毕业	传道	阜宁督会执事兼传道	父母膝下弟二妹二妻任氏子一名约珥女一名约英	尚佳	阜宁东坎福音堂
蔡振邦字维新	安徽太湖县	24	美以美会	—	1914年附科毕业	未	本处传道	慈侍下兄一姐一妻程氏女一子一	颇好	亡故
马诚明字吟甫	浙江海宁	48	北长老会	嘉兴师范毕业	1916年附科毕业	初等正教员	许村教堂传道	严父兄一弟一妻严氏子一祖援	平顺	浙江长安许村耶稣堂

续表

姓名	籍贯	年龄	公会	出身	神学何年何科毕业	曾任何职	现任何职	家属	境况	通讯处
葛锐字惠迪	浙江诸暨	36	中华圣公会	壬寅附生	1916年附科毕业	守家	中华圣公会助士	娣妹一妻周氏子一源恩女三长利亚次恩亚三多亚	尚佳	浙江义乌酥溪基督堂
刘礼盛字用和	安徽含山	24	北长老会	金陵大学高等肄业	1916年附科毕业	教员	南京布道团传道	母亲洪氏弟一妹二妻宣氏子思九	尚佳	颜料坊耶稣堂
毛颖字吟槎	江苏吴县	27	监理会	家塾	1917年附科毕业	小学教员	监理会协理传道	祖母郭氏母邵氏兄吟香妻沈氏女应秀	平顺	江苏常州戚墅堰基督教堂
夏光新字哲卿	江苏江都	39	基督会	基督书院肄业	1910年正科毕业	印书局	基督会牧师	妻沈氏子一名恩临女一名美林	平善	南京花市街基督会
邓光字子烈	江西新建	33	美以美会	江西武备学生同文大学肄业	1915年正科毕业	陆军排长	本会牧师	慈侍下妻刘氏子三长撒母耳次大卫幼伽得女一底波拉	平顺	江西新淦福音堂
张汉栋字麟阁	浙江金华	31	北长老会	育英今名之江大学	1915年正科毕业	教员	北长老会准试	慈侍下兄二弟一姊一妹二妻盛氏子三长宗信次宗义幼宗爱	平善	浙江义乌县耶稣教堂
李慰农	安徽合肥	33	美以美会	金陵大学毕业	1916年正科毕业	传道	牧师	慈侍下妻钟氏子二长典训次典谟女二长玉蓉次美蓉	平善	南京估衣廊城中教会

续表

姓名	籍贯	年龄	公会	出身	神学何年何科毕业	曾任何职	现任何职	家属	境况	通讯处
朱元亮字约百	江苏铜山	29	南长老会	培心书院毕业	1917年正科毕业	教员	镇江长老会牧师	严慈下兄一弟一妹一妻邵氏女一美春	尚好	镇江西门内耶稣堂
潘炳奎字道生	南通县	29	基督教会	中医	1913年附科毕业	中医	基督会教士	严侍下妻贾氏子一女一长新权次女宝明	平善	江苏南通县南门
陈雅各字耀宗	江苏铜山	44	南长老会	登瀛书院肄业	1913年附科毕业	教会西医院庶务员	本会长老	姐一兄一妻朱氏子二长德基次德新	平善	阜宁北沙佃湖镇耶稣堂
萧德怀字浚清	江苏丹徒	44	南长老会	家塾读书	1914年附科毕业	教员	南长老会传道	两姐妻王氏子一名恩典女一名宝兴	平善	镇江东乡大港镇基督堂
张家荣	安徽滁县	29	基督教会	家塾	1916年附科毕业	传道	传道	父母在弟三妹二妻陈氏	平常	南京下关基督教会
吴春和	安徽含山	25	美以美会	教会学校肄业	1918年附科毕业	商业	传道	妻一	小康	太平府福音堂
柯仑布（未毕业）	安徽和县	44	基督会	照相	圣经学堂正科一年肄业	教士	牧师	母许氏妻刘氏子二长知贵次知民女三长宝勤次宝林三宝成	平善	—

说明：本表根据《金陵神学正附科毕业生一览表》及《续金陵神学正附科毕业生一览表》整理。①

---

① 参见《神学志》第三卷第四号（1917年12月）；《神学志》第四卷第一号（1918年3月）。

1918年元月第六届附科毕业的学生有戴云舟、陈才忠、张宗燔、张伯琴、许四维、陈照初、王恩浩、李沧江、王子芬、吴春和、江民惠、陈克铸十二位同学。① 1918年夏第六届正科毕业生有十五位同学,"自粤、闽、苏、浙、鄂、皖、直、鲁、川九省,负笈而来,不惮千里之远,不畏三年之苦,孜孜兀兀,何幸蜩声一鸣,鹏飞有日,得回旋于神州之南北,而救护大陆之生灵,岂非神学之荣乎,抑亦万民之福也。"广东饶平人陈复衡毕业后回汕头神学任教席;直隶沧州人陈国诏毕业后回家乡伦敦会任教士职;福建仙县人林文英毕业后回华南某道学校任教;广东五华人张道翔毕业后回嘉应继续创办中小学校;福建莆田人李文程毕业后旋里任校务兼传道;浙江嵊县人沈贤修来校前曾在之江大学任教,毕业后回浙江东阳县传道;浙江余姚人陈辛华曾就读于之江大学,受名牧丁立美演讲影响决志读神学;四川简阳人章明怡曾就读于华西大学预科,金陵神学毕业后旋里传道;安徽怀宁人郑希贤能歌善画,不已后任美以美会传道士;浙江鄞县人鲍哲华毕业后回余姚任长老宗自立会传道职;湖北宜昌人李元道毕业后回宜昌任苏格兰长老会传道事;直隶沧州人赵毓簋曾对军界传教,深得人心;浙江镇海人林仁旺曾掌教姚江教会小学,来金陵神学后任校青年会长。令人惋惜的是,十五位毕业生中有两位不幸早逝,一位是江苏江都人杨树声(字听秋),曾毕业于扬州中学,来金陵神学后曾任青年会书记,于1918年5月1日因咯血病去世,年仅二十七岁;另一位是山东莱阳人李文成,曾毕业于烟台会文中学,并任高小校长,后由金陵神学特科升入正科,暑期被派往和州传教,爱主事人,积劳成疾,于1917年10月1日离世,年仅三十岁。② 同学们无不为其英年早逝而悲悼不已,有的追悼文写道:"悼君不禄,中途早逝,同学扼腕,涕泗横流,痛二竖之作祟,怜病骨兮支离,云淡淡兮惨目,风飘飘兮吹衣,主国熙皞,父怀安居,死原不朽。"③ 有的挽联写道:"同学三年,记旧日交情,何其挚也,讵料噩耗传来,哭亦无益,只叹百年躯壳终有限。病疴才匝月,痛家乡骨肉,能不悲乎,胡为只身归去,功已

---

① 《毕业生题名》,《神学志》第四卷第一号(1918年3月)。
② 《金陵神学第六次毕业同班小史》,《神学志》第四卷第二号(1918年6月)。
③ 同学弟花文渊撰《追悼文成先生文》,《神学志》第三卷第三号(1917年10月1日)。

告竣，须知千载生命无尽期。"① 这些悼文和挽联充分反映了金陵神学院同学间的兄弟般的情谊和彼此心灵的契合。1919 年元月第七届附科毕业生有张桐（江苏丹徒人，长老会）、黄芳（浙江温州人，内地会）、何令明（安徽滁州人，基督会）、顾宝绥（浙江上虞人，偕我会）、桑宝庭（浙江上虞人，偕我会）、俞继福（浙江杭州人，长老会）、黄申宝（江苏江阴人，长老会）、童爱三（浙江富阳人，长老会）、王维翰（江苏武进人，监理会）、薛云清（浙江宁波人，内地会）、王开智（江苏吴县人，监理会）、柏清洗（江苏润州人，美以美会）十二位同学。② 1919 年正科毕业生多达 27 位同学。③ 1920 年第八届正科毕业生有游鹏九、曹聘贤、张懿孟、沈畏、钮建章、林培松、高美贵、王恒心、戴鹏青、杨振杰、陈能方、韩金奎、庄瀚波、郭俊德、休业生、熊鸿慈十六位同学。④ 1921 年第九届正科毕业生有成蒙三（三十五岁，湖南衡阳人，内地会）、潘道隆（三十五岁，山东安丘人，曾毕业于齐鲁大学）、陈兰芗（字瑞庭，三十岁，山东招远人，曾任女中教师）、王梦云（三十岁，江苏徐州人，曾毕业于培心中学）、白永烨（二十八岁，韩国人，曾入韩国长老会神学）、舒实斋（二十八岁，湖北广济县人，曾被聘为湖南岳州复初会贞信女校）、熊飞（号钧璜，二十七岁，江西抚州人，美以美会）、万福麟（字修源，二十八岁，湖南益阳人，曾习医）、王蒙新（二十七岁，江苏吴门人，苏州长老会）、魏烈潮（字怡远，安徽怀远人，二十七岁，曾毕业于含美中学）、阮少文（字耀明，二十六岁，福建永定人，曾毕业于培华中学，肄业于广东揭阳五经富观丰神学）、赵宗福（江苏松江人，监理会）罗作成（字伯壎，广东潮州丰顺人，生于 1895 年，五经富道济中学毕业，五经富观丰神道学肄业）、邓汝惠（字景侨，二十六岁，直隶盐山县人，曾入齐鲁大学二年，服务于沧州教会）、苏安澜（号鉴塘，闽省同安籍，生于 1896 年，厦鼓寻源书院肄业三年，闽厦圣道书院修业一年）、程汉流（楚黄人，曾就学于九江同文书院）、廖元道

---

① 《挽联汇录·同学弟沈贤修敬挽》，同学弟花文渊撰《追悼文成先生文》。
② 王恒心：《本校消息：毕业生题名》，《神学志》第四卷第四号（1918 年 12 月）；《金陵神学附科第七次毕业生同班小史》，《神学志》第五卷第一号（1919 年 3 月）。
③ 《金陵神学一九一九年正科毕业生摄影》，《神学志》第五卷第二号（1919 年 6 月）；《一九一九年上学期金陵神学正科毕业生摄影》，《神学志》第五卷第三号（1919 年 9 月）。
④ 《金陵神学第八次正科毕业生姓名》，《神学志》第六卷第二号（1920 年 6 月）。

（福建南年县人，二十五岁，由公理会部长保送来校）、陈勋（字立夫，二十四岁，浙江温州人，工于音乐）、廖国英（二十五岁，闽北延平将乐人，曾就学于福州英华书院）、陈春生（赣省黎川籍，生于闽之泰宁县，二十四岁，美以美会）、吴茂才（二十三岁，福建厦门人，曾毕业于鼓浪屿寻源中学，肄业于福建圣道书院）、黄美成（字子君，二十二岁，浙江象山人，曾毕业于宁波斐迪学校）二十二位同学。① 1922年6月6日，金陵神学院举行第十届毕业典礼，饶合理校长主席，高诚身博士训词，本届毕业生有：大学科彭长琳一人，留校任教；正科三十人：安允德、邱金陵、王志扬、魏璋、汤湘波、张乐道、胡方觉、周永宁、胡天振、朱崇道、吴锦华、沈炳生、刘兆光、李善源、唐承德、林文彬、陈筠、黄宪斌、郑天嘉、曾惠民、黄天赏、林兴文、王宗诚、唐鸣谦、黄恩赐、陈钦天、吴志道、王时信、生熙安、李效文。除李效文给修业证书外，其余二十九人均授以毕业文凭。② 1924年夏季金陵神学院毕业生正科有十八人：宋超尘（山东安丘人，北长老会）、张思信（四川叙府人，浸礼会）、潘济尘（江苏江宁人，北长老会）、吴承寅（浙江平阳人，圣道会）、鲍忠（浙江永嘉人，内地会）、刘礼盛（安徽含山人，美以美会）、葛敬洪（福建上杭人，浸信会）、沈亚伦（浙江海宁人，南长老会）、戴美泰（福建莆田人，美以美会）、尚守仁（江苏邳县人，南长老会）、张海云（江苏松江人，监理会）、戴瑞霖（江苏辛丰人，南长老会）、林瀼（福建莆田人，美以美会）、陈忍兴（福建漳州人，伦敦会）、李超然（广东台山人，公理会）、丘寿谦（福建永定人，英长老会）、陈芳（浙江平阳人，监理会）、刘鉴辉（广东东莞人，礼贤会）；文科是第一届毕业生，有四位：姜云山、曾指凡、郑尚仁、孟昭翰。③ 1932年6月14日，金陵神学院举行第十八次毕业典礼，正科毕业生有：王亚灵、刘智光、张世宁、谢梦连、严雅各、吴志道、郑天嘉、陈筠、卢善荣；牧师选修科（修学一年）毕业生有：方纯洁、陆植槐、郑希圣、项履仁、张士佳。④ 1940年上学期金

---

① 《金陵神学正科第九次毕业生小史》，《神学志》第七卷第二号（1921年6月）。
② 王治心：《金陵神学毕业礼（江苏）》，《兴华报》第十九卷第二十三期（1922年），第25~26页。
③ 《校闻：毕业预志》，《神学志》第十卷第二号（1924年夏季）。
④ 郑希圣：《金陵神学院毕业典礼志略（南京）》，《兴华报》第二十九卷第二十五期（1932年），第31页。

陵神学院在上海的学员约有五十余人，监理会者约四人，美以美会者七人，中华基督教者十二人，长老会者八人，英长老会者一人，浸礼会者三人，浸信会者七人，基督会者二人，圣公会者三人，中国耶稣教自立会者一人。学院有神学士科和道学士科，神学士科之神三共有二人：周郁晞、姚步仁；神二一人：罗启安。道学士科四年级七人：陈怀仁、林悦嬉、施天命、洪锡麟、严天佑、郭齐明、魏正身。道三九人：张天复、刘继向、陈明玉、卢维善、唐瑞雪、陈庆兰、许道武、黎德培、林周仪；道二六人：蒋有成、潘振汉、王玑、吴学礼、区玉珩、王次宽；道一九人：李旭昌、张瞳昶、龚扬时、杨启瑞、胡义全、王守成、薛永明、刘如松。牧师科共九人：朱建中、纪纲、尹昌麟、陈茂标、钱廷英、詹鸿赉、林瑞、胡方觉、张岫云。选读生共二位：朱大卫、费因笃。特别生四位：王瑞芝、林精华、李业修、江之永等。① 1944年1月，在上海毕业的校友有：蒲贯一，在广东旅沪富吉堂任职；郭才三，任职中央印制厂，并为信义会义务传道及理事；王玑及其夫人姚步仁，主持基督教难童教养院工作，并在闽人教会服务；张天复，任美国教会援华救济会安徽分会主任，常驻皖北各地；朱贵农，在中华基督教会谦心堂专任传道工作；黄坚如，任女青年会宗教部及少女部干事；薛永明，任进德女中宗教教员；许道武，在中华基督教会闸北堂工作；吴信培，任宁波华美医院宗教主任；潘振汉，在菲律宾马尼拉某华侨教会工作；区玉珩，在香港培正中学任宗教教员；陈泽民及林周仪，同在绍兴福康医院主理社会部及宗教工作；蔡文浩，偕夫人赴美入普林斯顿神学院及Drew神学院深造；张玲珍，赴美入南浸会神学院教会音乐研究院学习。② 1947年毕业的学生有：神学士科：黄广尧、李雍吾、刘福坤（女）、张钟慧、潘钧祥；道学士科五年级：周行人、刘汉兴、黄廷铎、潘镜高；道学士科四年级：林进道、陈存智、蔡惠芳（女）、顾涵芬（女）、黄慕恩、郑正章、陈帼英（女）、吴学礼；教牧进修科：林圣恩、王子芬、吕约翰、黄宗勋、余玉成、章一新、彭洪寿、梁国光、李天申、余贤贞（女）、许秀珍

---

① 蒋有成：《二十九年下期纪要》，《金陵神学志》第二十二卷第一期（1941年3月1日），第73页。
② 《上海金陵团契近讯》，《金陵神学志》第二十三卷第三期（1948年3月），第62页。

（女）、钟隆江、陈悦音（女）。①

金陵神学院的毕业生为江苏教会的建设和发展作出了巨大贡献。在苏南地区教会服务的有：苏州教会的诸辛生、诸重华、陈少芝、刘道生、殷得人、华树人、张维逊、王蒙新、王锡畴、陈才中、沈炳生、吴子荣、刘彦和、林仁旺、陈辛华、管云和、盛培之、张敬一、叶芳珪等人；包涵智任苏嘉线平望镇耶稣堂主任；沈亚伦任中华基督教会江阴澄东堂会牧师，兼任区会、大会及校董会之职；黄纯圣原任吴江牧师，后任沪东公社德育部干事；蒋文渊任江苏常州监理会恺乐堂牧师，兼任该堂所设补习学社社长；徐鸿声任江阴峭岐耶稣堂牧师；吴瑞在江阴长寿耶稣堂任传道职；沈越儒任江阴杨库耶稣堂牧师；徐玉堂任无锡璜塘耶稣堂传道职；周陆麟任镇江南门外长老会教堂主任牧师；胡茂柏任江阴北大街耶稣堂牧师，兼任华墅、苏墅桥、陆家桥等处牧职；李沧江任金坛北门基督教堂传教士；宋彼得任常州夏溪镇基督教堂传教士。在南京附近教会服务的有：王靖寰在浦镇做开荒布道的工作；周立三牧师任美以美会江宁教区长，住江宁镇福音堂；沈邦彦住美以美会江苏大丹阳福音堂；舒贤炳住美以美会江苏陆郎桥福音堂；余永江由采石调至南京讲堂街福音堂为副牧；朱养元任南京汇文女子中学校宗教教育部主任；杨振泰在本院淳化镇乡村教会实习处为研究员；潘镜高任南京鼓楼医院宗教部主任；潘济尘任南京双塘中华基督教会牧师，兼任南京区会正史、铜井堂会牧师及双塘小学校长等职；刘礼盛任江宁县陶吴镇福音堂牧师，后调和县美以美会福音堂任牧师职；沈玉书任美以美会华中年议会南京、镇江教区长职。沈先生时多旅行，巡视各处教会，主领奋兴会布道会；王世熙任南京城北估衣廊城中会堂牧师，兼任该堂所办进修初中补习班主任；鲍忠任中华基督教会南京汉中堂牧师；王明德任南京基督教协进会干事职；汪鑫（字绍明）已辞世归主，原服务于江宁县陶吴镇；陶明亮任丹阳东门长老会基督教堂传道职；葛守孚任镇江姚家桥耶稣堂传教士。在苏北地区教会服务的有：王恒心任徐州文昌街中华基督教长老会牧师，每日工作繁忙，来礼拜者通常有七八百人之众；孙廷飑任江苏淮安长老会传道之职，曾发起淮宝布道会，使福音真理传播淮

---

① 《本院近讯：本届毕业生》，《乡村教会》第九期（1947年6月），第21页。

安乡间宝应、曹甸等处；尚守仁住江苏邳县土山镇，任该处两处教会传道之职，均属南长老会；朱元亮住徐州修养，曾在山东滕县华北宏道院教学；王修临在睢宁县大王集北边王章营耶稣堂自由传道；孟广鑫任徐州东窑湾镇基督教长老会牧师；胡方觉任徐州敬安镇南街耶稣堂牧师。①

金陵神学院的毕业生学识深厚、志向远大。在校期间他们不仅接受系统的神学训练，学习希伯来文和希腊文，而且特别重视中国古典文学方面的熏养。正如学院教学计划所强调："惟本神学所尤重者为国文，如就本校学生国文有未优美者，自当设特别法以促补之，凡正科每两礼拜须作经解一篇，附科生每礼拜须作论牍一篇，特预二科，亦每礼拜作论一次，盖由本教员会观察之，凡任牧师与传道者，国文实为必要之一端。"②

金陵神学院毕业生、后来在徐州教会任要职的王恒心牧师所写的《中国之急需》一文清正雅洁，而且表达了那个时代基督教知识分子对国家前途命运的关注和担忧：

> 夫宗教为人生之必需，亦即国家之必需也。一国之宗教优美，则其国内之制度风俗亦自优美；一国之宗教窳败，则其国内之制度风俗亦自窳败。盖宗教与国家有连带之关系，且有左右国家之势力焉，考之史乘，当知余言之不谬矣。我国向无真正之宗教，孔孟之道，不过伦理的说法耳，博学家多不认其含有宗教之性质也，自佛教流入以来，国人始有宗教之研究，然佛教无补于中国，千年间已可概见，是以今日中国之急需，断非昌大释迦之教理，而在发扬真道之人才耳。夫所谓真道者，非泛指一切之理论而言，乃专指足以救今日中国之宗教之真理而言也。基督教足以救中国之危亡，当世诸名士已有专书论断，何俟余之哓哓多口。然余所不能已于言者，即光大我基督教救国之精神，当惟吾辈是视也。盖基督教之救国，非理论的，乃实行的。不有

---

① 《本院同学会消息》，《神学志》第十六卷第七、八期（1934年10月），第52页；《同学通讯》，《神学志》第十八卷第五期（1936年12月），第83页；《校友近闻》，《神学志》第二十一卷第三期（1940年6月），第237~240页；《校友近闻》，《神学志》第二十一卷第五期（1940年12月），第400~403页。
② 《金陵神学教员会之报告·课程》，《神学志》第一卷第一号（1914年3月1日）。

实行之人才，乌足以张显我基督教救国之精神。诸君乎，吾辈孰不有救国家救同胞之思想乎，则立志传道为急不容缓之事业矣，试申论之：

个人者，团体之分子也。个人之性格善良，则团体之性格亦自善良。我中国社会，所以无善良之景象者，因其缺乏良好之份子也。就个人而论，欲求一纯无瑕疵，不怀私己，甘为人类服役者，殆若凤毛麟角；而挟私擭利，蠹国殃民之徒，其多如鲫。长此以往，则社会宁有光明之日耶。欲改良此恶劣分子，惟基督之真理是赖，圣经有言，上帝之道，活泼而有功效，较利于双刃之剑，甚至魂灵与骨髓，可以刺入剖开，心志与意念，亦能分析辨明（希四章十二节）。明乎此，则穷凶极恶之人，可化而为正人君子矣，真理之道，变化人心，使社会蒙无上之利益，世间之事业，宁有贵于此者乎。

南洋夷族，非文身断发之族类乎，非洲生番，非茹毛饮血之部落乎，然一经基督教真理之熏染，向之文身断发者，今则楚楚衣裳矣，向之茹毛饮血者，今则醇醇珍错矣。盖基督教有裨于社会之风化，人群之幸福，无文明无野番皆一也。吾中国之社会，虽非南洋与非洲之社会，然风俗之败瘝，习惯之卑劣，诚有不能满我国民之心意者。基督教徽特有变野蛮为文明之能力，且具有促进文明，而进于愈文明之能力焉。我中国文明之程度，虽大胜于生番野族，而其所以未跻入文明之风俗习惯者，亦必须有基督之真理以纠正之也。今日中国之青年学子，有不以改良社会引为己任者乎，则立志传道，可谓直接改良社会者矣。吾国立国最早，制度文化先于他邦，圣贤辈出，豪杰相望，懿训嘉言，累牍连篇，轶型规范，播被金石，吾人追念先民之丰功伟烈，有不油然生景慕之情者乎，然而时至今日，吾固有之道德伦理，几将随西洋潮流而沦没殆尽矣。吾非谓中国之道德不当维新也，吾非谓中国之伦理不当改良也，然徒袭取西洋物质上之文明，以破坏中国固有之美德，是何异于饮鸩酒而自戕耶。基督教入华以来，不知者以为破坏中国固有之道德，殊不知正所以发扬之也。盖维新之士，方将驰骛西洋之文明，守旧之辈，仅知钻研文义之梢末。欲发扬我中国固有之精神，舍基督教殆莫与归。耶稣曰：我来非破坏律法，乃成全律法也。吾人欲发挥固有之精髓，可不亟起而为传道士乎？

我国自改建共和以来，于兹七年矣，善政未见施行，而干戈未曾或息，我国民七年间所受之痛苦，尤甚于有清之末造，岂我国不适于共和之政体乎，抑缺少共和之精神耳。夫共和之要素有三：曰博爱，曰平等，曰自由，能实行兹三者，方可以享受共和之幸福，否则徒拥共和之名，其祸患将不知伊于胡底矣。美利坚固优等之共和国也，其所以能至此者，基督教补助之力也。盖基督教以博爱平等自由为立道之大端，能融会基督教之三大主义，然后可以享受共和政体之利益，中国而欲真正之共和，岂能轶出此例之外乎，欲使基督教之精神，布濩于我共和政体之神髓内，则此重大之责任，当为吾辈传道者是赖也。

嗟乎！世事茫茫，伊于胡底，吾青年有志之士，岂可将一生伟大之事业，消磨于富贵名利中，不奋臂攘袂，急起直追，与此罪恶之世界相搏战乎。盖人生所贵者，立己达人，造福同胞而已，功名富贵之思想，私己之思想也，天地间何贵有此传道之事业，虽较苦于他种之职业，其果效之优美，人类之急需，有非他种职业所能比拟者。耶稣语门徒曰："举目向田观看，禾稼已经发白，可以收割矣。"今观我中国各方面之种种情形，岂非已届布道成熟之时期乎，然则有志少年，岂可因循蹉跎，瞻前顾后，不亟起作传道之事业，以应我中国之急需耶。①

金陵神学院毕业生李沧江在《金陵神学同学会江北支部成立宣言》中所表达的志向和抱负可以代表每一个立志传道者的心声：

呜呼！今日之时，何时哉？今日之势，何势哉？今日之中国，岂犹昔日之中国哉？我全能之上主，不生吾侪于西欧，而生吾侪于东亚；不生吾侪于北美，而生吾侪于中华；不生吾侪于环境乂安之时，而生吾侪于四海鼎沸之际；不使吾侪登政治之舞台，而使吾侪毕业于金陵神学。呜呼！其偶然耶，非偶然耶，抑有至美之意存于其间耶。吾思之，吾重思之，凡天之欲降大任于斯人也，必先苦其心志，劳其筋骨，使其居于

---

① 王恒心：《中国之急需》，《神学志》第五卷第三号（1919年9月）。

不可为之世，处极困难之时，以锻炼其目的焉，淬砺其精神焉，夫然后委以巨艰，付以大事，庶能筚路蓝缕，扫除荆棘，排除障碍，告厥成功，吾侪今日，得毋有类于斯乎。且吾侪未入神学之前也，既不见知于世，更不见重于人，手无寸柯，奋发无望，亦既自分终老牖下矣，乃蒙上主，不以吾侪为弃材，反以吾侪甚造就，既选拔于芸芸众生之中，复安置于金陵神学之内，为灵性上之修养，为道德上琢磨，为宗旨上之指导，为操守上之改良，三年而毕业焉，毕业而传道焉。天人之念既真，负责之心自固，能爱不可窥见之上主，斯能救环处吾侧之同胞，遗大投艰，天命有在。呜呼！吾侪当此，安能不受宠若惊，临事而惧，叹得天之独厚，而虑荏弱之难胜哉。况吾中国，今日之有需于我金陵神学毕业生，诚孔亟矣，国粹既亡，人格破产，大盗窃位，覆灭堪虞，值此危机，非吾神学生挺身而出，力荷改造国家之义务，大声疾呼，使群众晓然于救国之道，当以权利为牺牲，以公义为维持，以信主耶稣，为发扬文明之根本，则争竞何由而灭，和平何由而出耶。由此观之，上主之委托吾侪也既如彼，国人之期望吾侪也又如此。然则生今之世，处今之时，肩之所负也，乃天责之大在，则吾侪夙昔从主所受之者，必当竭力使之著效于世，何能久匿而不彰，久隐而不显，而不使天下一见之乎。①

金陵神学院毕业生汪哀华更是忧国忧民，其拳拳报国之心可现："世风日下兮，道德斫丧。基督教义兮，广大慈祥。天下饥溺兮，孰是慈航。惟我同学兮，致身疆场。拔剑斩荆棘，磨眼瞩穹苍。结个至死不变的灵德团体，轰轰烈烈干一场。天空海阔，任我飞扬。洼曲坦平兮，国势说什么颓唐。风平浪静兮，灵泉源远而深长。伟哉，我母校与天不朽；壮哉，我同学与日争光。"②

七 办《神学志》

金陵神学院还有一个巨大成就，就是创办了著名的基督教刊物《神学

---

① 李沧江：《金陵神学同学会江北支部成立宣言》，《神学志》第九卷第四号（1923年冬季），第163～164页。
② 汪哀华：《会余杂掇（南京）》，《兴华报》第二十卷第二十四期（1923年），第24页。

志》。《神学志》的创办,首先要归功于第一任编辑陈金镛先生。陈金镛本来在宁波的一所女学任教,1907年2月受南北长老会的聘请来南京圣道书院教授国文和新约,当时书院里面虽不乏宣道指归、圣经入门、释义丛书等课本,但随着时势的更新,总觉得缺少有分量的神学著作。1910年夏天,陈金镛与沪江大学神道科的董景安先生曾讨论过"在这神科当中,作些什么文字才好"。董景安先生的意思是先从通俗教育入门,所以他编成六百字的课本,共有七种,很受社会欢迎。陈金镛的主张是:"要得最新最完美的神学课本,非先从神学志着手不可。"他虽把这个主张提给书院,但由于经济和材料等原因,当时未能如愿。到1913年,金陵神学院正式成立,"大家就觉得这本神学志万不能少了,在教员曾经过多次的讨论,就议决由神学的公款中,每年提出若干元,为印刷费,并公推我为总编辑。到一九一四年的三月一号,果然产生了,然而这个神学志怀孕在我的腹中,已足有五六年之久呢。"1915年《神学志》出第二卷第三号的时候,由于陈金镛先生患失眠症,不得不停顿了一年。到1916年10月1日《神学志》第二卷第四号继续出版。起初《神学志》采用的是文言文形式,不是白话文,"常遭人的攻击破坏,说神学志是可不必有的,又说神学志是没有价值的"。加之,有人从中作梗。所以在第二卷第四号的末页,竟有停版的广告。幸亏1917年1月3日神学院董事开第七次会议,经讨论决定,接受裴来仪先生的建议:"(甲)继续发行《神学志》,每年拨款六百元;(乙)为减省经费起见,请教员会与他神学磋商,公共组织一种季报。"① 这样,《神学志》从第三卷第一号起遂得赓续不绝了,该期首页的《神学志再刊通告》中写道:"本校以吾国教会报章杂志,专门为发抒神学之精蕴者,寥寥无几,殊为教会扩充灵修进益之阻碍,缘有神学志之刊行。出版以来,颇具不胫而走之势。嗣以主笔陈金镛先生因劳致疾,养疴医院,该志遂有停刊之通告。无如爱读诸君,大滋觖望。诸学员以本校精神亦无所表见,特禀请董事会拨款继续进行,仍请陈教员为主笔,减其教授课程,以节其劳,而专其事,并选学员十二人,新组一编辑部,各司部务,勉力进行,内容较前丰富,冀揭神学之精奥,而答爱读诸君之厚谊。"此时,《神学志》的编辑部学员

---

① 陈金镛:《本志之创办及经过》,《神学志》第十卷第二号(1924年夏季),第1~3页。

有学生杨树声、花文渊、王廷义、包容、周梦先、鲍哲华、林文英、陈国诏、沈贤修、李志明、陈复衡、林仁旺等人。① 陈金镛先生担任主编一直到1919年底辞去神学院教职,出完第五卷第四号为止。后来,陈先生在回顾《神学志》初期创办的艰难时,不无感慨地说:"总而言之,神学中万不可没有这种杂志,现在是季刊,希望不久就改为月刊,于函授的神学生,更获裨益。不过我追想创办的苦况,述说起来,似乎况味尚在,有时遭经济的困难,有时遭脑力的疲惫,有时遭精神的痛苦。俗语说:皇天不负苦心人,我虽揖别了神学志,而神学志的命运依然存在,并且觉得后来服务神学志的,更是强有力,我能不表同情于施洗约翰,感觉欢欣愉快么。"《神学志》的性质,与其他新闻、娱乐、小说类的报刊不同,销路虽然不畅,但也有四五百份的销量。《神学志》销量不多,影响范围却是很广远,在甘肃、云南、缅甸、高丽都是有的。"说到神学志的感力,也很希奇,你可知道金陵神学内为什么有几位高丽的学生,不惮跋涉艰难,负笈而来,就是这神学志介绍他的。"著名学者陈垣(字援庵)先生也是受到《神学志》影响,才在北京司徒雷登博士处受洗奉教的。②

陈金镛辞去《神学志》主编后,第六卷至第八卷,先后由朱显文、程修兹、贾玉铭、朱宝惠等人接续办理,又有董小园先生帮忙。此时,《神学志》的编辑部成员还有王子宜、王恒心、王蒙新、王志扬、生熙安、李荣芳、陈能芳、庄瀚波、万修源、杨振杰、廖元道、刘万芳、蒋少惇、蓝葆初等人。③ 1922年冬天,编辑部决定由主编过《兴华报》的王治心先生经理其事,于是,"扩充内容,放大篇幅"。第八卷第四号就是王治心开始编辑的,由于宣传到位,销量大增,每期售出达二千七百份之数。广州的李志明处、湖北的万福临处、延平流芳学校、北京协和神学院等均有大量订购。不过王治心也深觉"不足任此巨艰……等到十年纪念的四册历史专号出齐后,决意辞职让贤。"④ 1926年秋季王治心调离,帮办中华基督教《文

---

① 《神学志再刊通告》、《神学志编辑部学员表》,《神学志》第三卷第一号(1917年4月)。
② 陈金镛:《本志之创办及经过》,《神学志》第十卷第二号(1924年夏季),第4~5页。
③ 《神学志编辑员表》,《神学志》第六卷第二号(1920年9月),封二。
④ 无多言(朱宝惠):《神学志十龄中的一段回顾》治心按,《神学志》第十卷第二号(1924年夏季),第5~6页。

社月刊》，又有陈维屏、万国同二人接手编辑《神学志》。北伐战争期间，南京教会包括金陵神学院遭到破坏，受时局影响，1927 年《神学志》停刊。"神学院恢复后，又以建设繁多，经济不足，无暇及此，但院内师生及毕业同学，莫不亟盼本志早日恢复，不特可以互通消息，亦可藉此为切磋之具。"1931 年下半年，教员会推定李路德、毕范宇、施煜方、余牧人四人为筹备委办开始恢复《神学志》的工作，11 月 18 日，金陵神学志社重新诞生，新的杂志改名为《金陵神学志》。新的办刊规则有以下几个方面："（一）本志原为季刊，今则改为月刊，每年十期（七、八两月停刊）；（二）本志在前次刊行时，一切责任，全由理事一人担负，并无组织，今则有正副社长，总副编辑，各栏编辑，及事务，文书，发行，推销等部之设立，规模较前略见完备；（三）此次并由学员中选派六人，加入编辑部合作，所选均为力能胜任者，深可庆幸；（四）此次复刊经费，仅由学校津贴国币一百元，与本社半年预算（五百元）相差甚巨，但在校师生均能踊跃捐助。"① 新的《金陵神学志》上下职员配备齐全，其具体的分工是：社长李汉铎、副社长李天禄；总编辑李路德、副总编辑施煜方；专著栏主任简美升，编辑朱宝惠、张坊、黄敬三；讨论栏主任毕范宇，编辑李路德、彭圣文；讲材栏主任毕来思，编辑施煜方、钱在天；文艺栏主任罗金声，编辑余牧人、张雪岩、杜庭修；消息栏主任李天禄，编辑朱宝惠、陶仲良、刘智光；书报介绍栏主任师覃理，编辑陈晋贤、朱敬一、林我锋；校对陶仲良、施煜方、余牧人、李路德；文书部主任余牧人，部员许大卫、汪兆翔、汪其天；事务部主任毕范宇，部员张之枚、张景一；会计饶露丝；印刷员施煜方、李路德；发行部主任陈晋贤，帮办方纯洁，部员张士佳、杜桂林、陈衡；推销部主任杜庭修，帮办蒋调之，部员刘滋堂。② 如此强大的人马，足见神学院对该杂志复刊后的重视，院长李汉铎还特书祝辞以示庆贺："大哉斯志，创自民三。阐明真理，万象包涵。光争日月，炫耀东南。声振金玉，启发沉酣。丘陵起伏，文有波澜。灵恩充满，圣泽广覃。神人

---

① 余牧人：《本志复刊筹备经过》，《金陵神学志》第十四卷第一期（1932 年 1 月），第 52~53 页。
② 《金陵神学志社职员录》，封底一。

兴感，天道穷探。玫璇韬隐，四载停刊。兹逢复社，祝祷平安。"① 1940 年，《金陵神学志》自第二十一卷第二期起，改由谢受灵先生任主编，编委为诚质怡、蒋翼振、陈晋贤、程伯群诸人，改为每年出版五期，每逢二、四、六、十、十二各月各出一期。② 1942 年春，因太平洋战争爆发后，上海环境改变，在敌人暴力压迫下，《神学志》又不得不暂时停刊。迁回南京后，1947 年又复刊，改为季刊。余牧人在《复刊辞》中谈到神学志以后的愿望时写道："本志为金陵神学院之院刊。其宗旨无殊往昔。析而言之，盖有三焉：一为刊载本院诸教授及国内外神学家研究心得之各种著作，与著名之讲章；一为供给本院毕业同学及各地教会教牧传道人员继续进修，与一般有志研究基督教之学者之参考资料；一为沟通本院校友及国内外神学教育界之消息。其内容约有下列数端：一为通论，二为研究，三为史实，四为讲坛，五为消息，六为宗教文艺创作，七为书评及图书介绍。并在消息栏内，特为本院毕业同学及校友留较多之篇幅，以供交换经验与传达消息之用。本质窃愿今后能借此区区文字园地，对教会及神学教育界之同工同道有所贡献；尤愿能对阐扬基督教义与沟通中国固有文化，效其绵力。"③ 此时，金陵神学志社委员会成员有：邹秉彝（主席）、陈晋贤、章文新、管萃真、诚质怡、余牧人、蒋翼振、谢秉德（书记）；特约撰稿人有：王治心、王俊贤、江文汉、朱维之、宋诚之、沈子高、李荣芳、林光荣、汤忠谟、张仕章、张伯怀、赵紫宸、谢颂羔、谢扶雅、谭沃心；发行人：李汉铎；主编：余牧人；编辑兼发行：谢秉德；助理发行：许义均；通信处：南京汉中路一七六号。④ 1953 年 9 月，更名为《金陵协和神学志》，不定期出版。⑤

除了《神学志》外，金陵神学院还有由学生团体或教师个人创办的出版物。如《文学科月刊》由文学科三个班级学生轮流担任编辑，内容

---

① 李汉铎：《复刊辞》，第 1 页。
② 《金陵神学志》第二十一卷第一期（1940 年 2 月），封二。
③ 牧人：《复刊辞》，《金陵神学志》第二十三卷第一、二卷复刊号（1947 年 12 月），第 1 页。
④ 牧人：《复刊辞》，封二。
⑤ 江苏省地方志编纂委员会编《江苏省志·宗教志》，江苏古籍出版社，2001，第 296 页。

主要为学生作品，间亦请教师撰稿，有论说、讨论、研究、文艺、讲台等栏目，全年十期，每期计一万言左右，施煜方曾担任主编。①《闽粤光》由闽粤同乡会出版，为旅宁闽粤同乡联络机关，间亦注重教会问题的讨论。《明道周刊》由学生及教师中个人与南京教会中少数同志合作办理，间亦有外埠会员参与。《中华教会公报》本为学生周鼎铭创办，周君任事宁波后，由王治心担任编辑，邵文光等担任发行，该刊注意于提倡本色教会，联络教会声气，全国教会领袖深表同情，愿为董事者有百余人之多。《教友半月刊》也为王治心主理，注重鼓励教友自动精神，灌输普通常识，提高教友程度，期使中国教会在根本上达到自立。《废约声》为南京基督教徒废除不平等条约促成会创办，发行伊始，期能唤起四十万基督徒之同情，一致作爱国的表示，由王治心、夏祝其编辑，为非卖品报纸。②

金陵神学院在办学模式、人才培养、福音宣传等方面无疑走在全国神学院的前列。关于其创办对基督教各公会的好处，张永训牧师总结说："神学对于各公会之实益有四：（一）节省经费，受事半功倍之效。（二）培植良才，为教会之干城栋梁。（三）统一教会，广传福音于祖国。（四）群策群力，置民国于稳磐之上。"③ 关于其在宗教教育上的地位和作用，李汉铎院长这样概括："教化的巨轮，不断地演进了，栽培葡萄树的工作，藉着上帝和人的力量，浪花一般激荡在那茫茫的南京教会人士思潮之中，渐渐地酝酿起来，而发生相互的交流，促成了圣灵与信心的合欢，这为圣灵所孕育的神学已经发展起来了。在中国，就基督教宗教教育言，金陵神学院已成一座巨大的山脉；自然，它还有那不可限量的，充满着可能性的灿烂的未来，我们对它怀有极热烈的期望。"④ 可以说，金陵神学院是江苏基督教史上的一块不朽丰碑，也为中国教会的发展和建设作出不可磨灭的

---

① 施煜方：《南京金陵神学文学科月刊社通告》，《兴华报》第二十一卷第四十七期（1924 年），第 20 页。
② 《出版物之种类》，《神学志》第十一卷第四号（1925 年冬季），第 120～121 页。
③ 张永训：《南京金陵神学始末记》，中华续行委办会编订《中华基督教会年鉴：1915》，商务印书馆，1915，第 164～165 页。
④ 李汉铎讲、张敬一记《金陵神学院的历史组织及将来计划》，《金陵神学志》第十八卷第五期（1936 年 12 月）。

贡献。

解放前，基督新教在江苏（不含上海）先后办有18所神学院校（见下表）。① 除了金陵神学院外，比较有名的还有南京的金陵女子神学院和中央神学院等。

金陵女子神学院，也叫金陵神学女校，其前身是金陵女子圣经学校。也是由美国纽约圣经师范学校主任怀特博士倡导，1912年由南北长老会、美以美会、贵格会、监理会、基督会、浸礼会等多个差会合作创办。美以美会女传教士沙德纳出任院长，起初以南京长老会进德女校为校址。1915年6月，金陵神学女校举行毕业典礼，假座于南京五台山贵格会堂，先由李云陛长老司祈祷开会，之后，万承宠女士、焦维贞女士、张裕汉女士相继发言，石美玉女医生又发表演讲，最后，由义向礼牧师给凭，陈金镛先生祝福。此次女校毕业生有张裕汉（福建）、顾爱理（湖州）、钮贤洁（杭州）、焦维贞（山东）、万承宠（苏州）、张桂云（山东）六人。② 1917年6月，金陵神学女校第五次的毕业典礼上有张安乐、闫美英、童守真、陶粟珍、蔡锦玉、曹悟真六人毕业。③ 1918年6月，神学女校正科毕业的有张菊美、聂守贞、吴碧海；附科毕业的有陈美音、常益三、袭斐群、林淑英、伍佩杰。④ 1921年在大铜银巷购地建新校址。20世纪30年代，贾玉铭、王淑德曾先后任院长。日军占领南京期间，迁至上海租界办学。1946年迁回南京复课。1950年并入金陵神学院。

中央神学院于1913年由美国圣公会在汉口成立，原名为圣公会圣道学校，由武昌文华大学神科科长雷德礼（L. B. Ridgely）博士主持，因教学方式自由且无固定场所，又名"逍遥学校"。1916年英国圣公会马伯熙（Mather）牧师加入。1917年上海区议会汤忠谟牧师被派为教授。1919年迁往无锡，改名为中国教会圣道学校。1922年回到南京中华圣公会"猛虎下山的大屋里"，始名为中央神学校（Central Theological School）。1926

---

① 江苏省地方志编纂委员会编《江苏省志·宗教志》，江苏古籍出版社，2001，第291～294页。
② 《金陵神学女校举行毕业礼秩序纪略》，《神学志》第二卷第三号（1915年10月）。
③ 《金陵神学女校毕业志盛》，《神学志》第三卷第二号（1917年7月）。
④ 《金陵神学女校及公立看护学校毕业生题名》，《神学志》第四卷第三号（1918年9月）。

年有学生二十五人,校长为西教士马伯熙,其人生活简朴、乐于助人。中国教师有:汤忠谟牧师,上海圣约翰大学神科毕业,留学美国,研究近代神学思想;骆寄海先生,汉文教员,南京最出名的书法家。[①] 日军占领南京时期,迁往北平。抗战胜利后,迁往上海。1952 年并入金陵协和神学院。

表 2-2 新中国成立前江苏省(不含上海)神学院校一览表

名称	创办时间	创办的差会	地点
金陵神学院	1910 年	南北长老会、美以美会、基督会、监理会等	南京汉中路
金陵女子神学院	1912 年	美以美会、贵格会、南北长老会、监理会、基督会、浸会等	南京大铜银巷
无锡华北神学院	1948 年	美国长老会	无锡梅园
中央神学院	1922 年	美国、英国圣公会	南京
南京灵修院	1946 年	无差会背景	南京山西路灵光堂
南京泰东神学院	1946 年	无差会背景	南京黄泥岗
苏州华东神学院	1946 年	中华基督教灵粮世界布道会	苏州平门高桥
南京圣道书院	1904 年	南、北长老会	南京汉中路
南京美以美会圣道馆	1892 年	美以美会	南京
南京圣经学校	1909 年	基督会	南京螺丝转湾
无锡圣道书院	1901 年	圣公会	无锡中山路
扬州圣道书院	1909 年	浸会	扬州
东吴大学附属圣经学校	1912 年	监理会	松江
江苏浸会圣经学院	1945 年	浸会	扬州堂子巷
苏州华东圣经学校	1948 年	中华基督教灵粮世界布道会	苏州平门高桥
苏州江浙圣经学院	1948 年	南、北长老会	苏州齐门外原福音医院
江阴圣道女校	1915 年	南、北长老会	江阴
句容三育学校	1925 年	基督复临安息日会	句容市桥头镇

---

① 灵生:《南京中央神学概况》,《圣公会报》第十九卷第十七、八期(1926 年),第 4~6 页。

第三节　华人信徒的崛起

　　随着教会大学和神学院的陆续开办，华人信徒在传教意识、神学素质和社会能力等方面都有显著的提高。虽然教会的领导权还主要掌握在外国传教士手中，但是，"在基督教职员人才增长中，中国领袖人才崛起是十分鼓舞人心的。"[①] 就江苏地区（包括上海）而言，1920 年基督教外国职员有 938 人，受餐的中国信徒总数为 29783 人，其中男受餐信徒的识字率为 69%，女受餐信徒识字率为 58%。受薪的中国职员有 2860 人，中国职员与外国职员的比例为 3∶1。[②] 受薪的中国职员，其中布道员占 40%，教育职员占 48%，医务职员占 12%；其中 80% 居于宣教师驻在地，53% 集中于上海、南京、苏州三大城市中，20% 稍多（计 561 人）散居于全省 400 余个布道区。[③] 江苏地区的基督教人才尽管分布不平衡，但不论是西教士，还是华人信徒在传道、教育和医疗等事业均作出了卓越的贡献。

　　新中国成立前，江苏省（包括上海在内）的西教士人数居全国首位，江南江北都有西教士的身影。民国前，西教士开疆拓土，是基督教传播的主角，少数华人信徒是配角，只起辅助性的作用。民国后，特别是北伐后，西教士逐渐退居幕后，仅发挥指导性的功能，华人信徒开始走向台前，成为基督教传播的主力军。当然，华人信徒的成长和崛起与西教士的培养和扶植是分不开的。因为，西教士也深刻地认识到，要使福音传遍中国，非得培养本地人才不可。比如，监理会传教士潘慎文早在苏州创立博习书院时，就十分注重选择学生中的优秀者，培养为日后的传道人才。像李仲覃、蔡式之、史玉冈、方渊甫、李月峰、俞止斋等教牧人员，谢洪赉、史拜言、李伯莲、成颂文、沈树本等基督教学者，"悉由先生提携扶植而成吾会之柱

[①] 乐灵生（Frank Rawlinson）：《近二十年来中国基督教运动的改革与进步（1900～1920）》，载中华续行委办会调查特委会编、文庸等译《1901～1920 年中国基督教调查资料》（原《中华归主》修订版）上卷，中国社会科学出版社，2007，第 128～130 页。

[②] 参见《江苏省基督教事业范围中之基督教团体表》与《江苏省基督教事业强弱表》，第 382、394 页。

[③] 参见《江苏省基督教事业范围中之基督教团体表》与《江苏省基督教事业强弱表》，第 374 页。

石者也。"① 南长老会传教士赛兆祥开创了江北教会,他"三十来华,历江、淮、汉;劝人皈依,救人灾患;众就听讲,万民空巷;启发乡村,自立方案;授课金陵,多士赞赞;著作等身,金镶珠串。"② 他在兼任金陵神学院函授科科长的十余年间,特别强调,神学院的目的是培植能管理教会、领人归主的教会领袖。③ 镇江南长老会中国牧师朱元亮在接受西教士包志登的委任后坦承:"教会今日得以自立,虽曰神国临格,若非包君热心毅力,善诱循循,何克奏效如是之速也。"④ 此话道出了华人信徒对西教士栽培之功的感激之情。

从江南到江北,江苏各地教会中西人才辈出,老一代牧长非常重视对下一代传道人的培养、考核和任用。秉承着基督教荣神益人的宗旨,江苏教会的华人信徒在传道、教育、医疗、学术等事业均取得卓越成就,成为全国教会的领头羊和楷模。

一 教牧人员

教牧人员是基督教传播的直接承担者和主力军、教会的领导者和具体管理者,其道德品质、传道热情和组织能力决定着一个教会的兴衰存亡,江苏教会不乏优秀的牧者管家,他们和那些热心事主的平信徒为基督教信仰做了美好的见证。

李伯莲(1867~1932),字应庚,出生于苏州,他的父亲李子义本是上海人,居住在苏州。1869 年美国监理会传教士蓝柏和华人信徒刘竹松来苏州传道,李氏父子一起受洗,所以,李子义是苏州监理会第一位正式信徒,李伯莲是首位孩童受洗者。1876 年李伯莲进存养书院,1879 年并入博习书院。1886 年毕业后受潘慎文之请,留院任教。之后,孙乐文在常熟创办算

---

① 门生泽甫周承恩敬述《潘慎文夫子行状》,《兴华报》第二十二卷第十四期(1925 年),第 30~31 页。
② 李路德:《追悼赛兆祥博士·附录诔词(序略)》,《金陵神学志》第十四卷第一期(1932 年 1 月),第 44 页。
③ 简美升述《赛兆祥博士小史》,第 45 页;《本校退休会记》(一),《神学志》第十一卷第四号(1925 年冬季),第 118 页。
④ 《镇江西门督会中西牧师交代时摄影·后幅附纪念词》,《神学志》第四卷第二号(1918 年 6 月)。

术馆，李伯莲又被聘为主任。1888年娶南翔张氏女为元配，1894年张夫人病故。1895年受孙乐文之聘在宫巷书院教书。1896年续娶史氏女为继室。1900年监理会在苏州天赐庄创办东吴大学，李伯莲协助校长孙乐文工作，被任命为东吴大学提调，"即与孙公苦心经营，荆门荒区，始得为最高之学府也，厥功甚伟。"① 1917年改任东吴大学吴语科主任，在培训西教士华语的同时，也注重传授国学。1922年监理会发起东三省布道工作，他积极策划，筹备经费，后被任命为东三省布道部部长。他在教会中除了担任正职传道外，其他义务之职，如主日学校主任、理事部部长、年议会教区议会之信徒领袖、青年会董事、代表委员等不胜枚举。他时常自费传道，身体力行地倡导教会的自传自养。李伯莲还有一个贡献是，在苏州发起兴建基督徒公墓安乐园，并历任该园董事长。同时，他也十分关心苏州地方的市民卫生、路政改良及保安等各项事务。1932年因肠膜癌发作，李伯莲于9月19日逝世，享年六十六岁。毛吟槎在《悼李伯莲先生》一文中概括其功绩曰："绩公之事业，不特为苏州教会服务，更为全年议会境内服务；不特为监理公会服务，更为全教会事业而服务；尤不特于教会，而于地方事业，能以利于民众者，亦莫不引为己任。公之为人爽直，遇事不苟，故人皆服其处事，而忌其言论，易言之，即敬其事，而畏其人，然公乃堪为人矣，堪为基督徒矣。"②

李仲覃（1870～1941），李子义的次子，李伯莲的兄弟，诺贝尔奖获得者李政道的祖父。他也是从小就接受洗礼。十六岁进博习书院，二十岁毕业。毕业后在宫巷书院服务，他对教学工作做出了卓有成效的贡献，逐渐成为苏州教会最有能力的布道者和年议会最有影响力的成员。由于一位来访会督的推荐，他被美国伦道夫·梅肯学院授予荣誉神学博士学位，他也许是第一位获此殊荣的华人牧师。他是苏州的"首堂"圣约翰堂的主要创建者，并且在东吴大学初创时期担任附属中学宗教班的教师。他三十三岁成为苏东牧境的主任传道。1910年，他被委任为苏州地区教区长（也叫连环司，连环下设若干循环，称牧境），也是华人受此职的第一人。③ 1913～

---

① 毛吟槎：《李公伯莲传记》，《福音光》第三十三期（1932年），第27页。
② 毛吟槎：《悼李伯莲先生》，第1页。
③ 王馨荣：《天赐庄：西风斜照里》，东南大学出版社，2004，第27～28页。

1914 年间，苏州举行的帐篷大布道会受到使徒信心会说方言的影响，多亏李仲覃带领集会而使教友们免致差误或失望。1919 年，李仲覃调至上海景林堂任主任传道，受监理会年议会蓝华德会督、乐灵生总书记、哈和女干事委派，他同时兼任百年大会总干事，以纪念该会对外传教一百周年，并在上海设事务所，分奋兴科、什一捐科、家庭礼拜科、布道科、短时宣讲科、圣工储材科等部门，负责办理和编发各种印刷品和大运动月刊，以策励教会进步。[1] 李仲覃还大力支持监理会东三省的布道工作，在《东三省布道的要素》中，他特别强调基督教中国化的重要性，他说："近时宗教，大都是欧美式的，教中的规条、圣礼、敬神礼节以及节期等，都不合于我国的人情风俗。所以在东三省新开辟境域内传授宗教，不能墨守旧法，必须把现代新觉悟的中国式宗教，把我国固有的道德学术、文粹做基础，辅助着欧美式宗教中的美德，随着那新区域内的风俗人情，逐步把宗教传授。那么，人们既无扞格不入的毛病，自然就容易接受宗教了。"[2] 今天保留在苏州圣约翰堂内的《李仲覃牧师纪念碑》高度概括了他一生："三十求真，四十阐真，五十悟真，七十又二而归真，真人真人，典型常存。"

江长川（1884～1958），上海人。他的父亲是一位富有的建筑承包商，他从小在监理会办的学校里上学并且是最好的学生，受他的老师美国女教士帅洁贞（Clara Steger）的影响，他和父母都加入了基督教会。1909 年，江长川从上海中西书院毕业，决心继续深造并成为一名牧师。东吴大学接纳了他，并成立了一个由孙乐文校长、李仲覃牧师、文乃史、戈壁等组成的神学教师组，单独给他上神学课程。1912 年江长川毕业，并获得东吴大学所颁发的唯一一张神学学士文凭。1913 年他开始在监理会上海的慕尔堂做牧师。1916 年曾因身体虚弱，疗养了一段时间，由襄理传道王治心（王树声）、会吏曹雪庚代理慕尔堂教务。1917 年年底调至浙江湖州任海岛堂牧师并创办三余社。1920 年任苏州教区长（连环司），并兼任东吴大学传道以及苏州筹备百年大会委办会干事。同年，也被选任中华国内布道会会长之职，主持推进向云南、

---

[1] 毛吟槎：《中华监理公会传道史》，《神学志特号·中华基督教历史乙编》第十一卷第一号（1925 年春季），第 159 页；参见李仲覃《筹备百年大会报告》，《兴华报》第十八卷第四十四期（1921 年），第 8～11 页。

[2] 李仲覃：《东三省布道的要素》，《福音光》第八期（1925 年），第 3 页。

黑龙江、内蒙古等边疆地区传教工作。1922年任中华全国基督教协进会副会长。1923年调至上海景林堂任牧师。1927年教会教育权收回，江长川被推任为东吴大学校董会主席。他曾在《宗教与人生》的演讲中勉励东吴大学的学生们："你们在大学中读书，除了专心研究功课，阐扬学术外，更当从事社会事业，拯救痛苦的人群，负起基督徒的使命，不该让欧美社会事业研究院里的学员专美！"① 1930年10月23日下午，江长川在上海西摩路宋府为蒋介石施洗。1931年为宋氏三姐妹的母亲倪太夫人主持丧礼，他高度赞扬太夫人信仰的虔诚。② 1939年，监理会、美以美会、美普会等联合成立中华基督教卫理公会，江长川北上担任中华卫理公会华北年议会会督。新中国成立后，他成为中国基督教"三自爱国"运动委员会重要成员之一。

李汉铎（1886～1961），原名李友融，江苏江宁县人。从小在南京的教会学校读书并受洗加入基督教。1912年进金陵神学院读神学科，1915年毕业后被美以美会派往安徽教会服务。1917年被按立为执事，1920年被按立为长老。1921至美国波士顿大学神学院学习，1922年获神学学士学位。1923年在耶鲁大学神学院学习并获神学硕士学位。回国后，任南京估衣廊教堂牧师和美以美会南京区会牧区长。1931年被举荐为金陵神学院第一任华人院长，当时因事滞留美国，没有马上赴任，由毕来思暂代。1933年获耶鲁大学哲学博士学位，同时又获赠波士顿大学神学博士学位。在此期间，他与前院长饶合理共同努力，为金陵神学院争取到美国温氏基金的赞助。1937年下半年，李汉铎回南京正式就任金陵神学院院长。1932年《金陵神学志》介绍其为难得的教会人才："民国十六年政变以来，凡属教会学校，西国先生多数立于客位，推让华人为校长，然在普通教会学校，此种人才，尚易推选，独金陵神学院院长，须深具道学资格，熟谙教会情形，富有办事经验，方能胜任。所以学董慎重物色，孰意座中即有其人，无俟求诸异地。其人为谁，即学董主席李君汉铎也。今年夏初学董集会，果被选为院长。按李君汉铎品学兼优，名望素著，曾在金陵大学，及本神学院，于美国神学院毕业，并充任学董主席，可

---

① 锡生、今亢记录《东吴大学宗教委员会与青年会主办之基督教认识周——江长川博士〈宗教与人生〉讲词》，《博艺团刊》第一期（1941年），第20页。
② 《宋太夫人灵榇抵沪（上海）记：江长川牧师主行丧礼》，《兴华报》第二十八卷第二十九期（1931年），第34页。

谓有充分之资格矣。由美回华,始则任芜湖福音堂牧职,继而调至南京城中会堂担任牧职多年,其于教会情形,莫不深悉,更可知其有办事之经验也,因此当选。"① 李汉铎本人也早就意识到华人信徒的崛起对中国教会发展的至关重要,他曾说过:"唤醒国人,发生一种新觉悟,知道若要基督教昌大,上帝的救恩普遍,非国人出来作领袖不可。"② 1937年南京沦陷后,金陵神学院迁至上海租界继续办学。在此艰难时期,他带领流亡的中西职员继续办学,培养人才,期望男女学员们"皆能成为将来教会之柱石,天国之健将"。由于人手的缺乏,他的太太也被聘为义务女生指导员,完全不支取薪给,却认真负责。他本人也因积劳成疾,不得不停止工作,在家疗养一段时间。他在自述这段时期的遭际时写道:"总之,沪地一隅,自沦陷成为孤岛以后,除一般孔壬宵小之徒,度其优裕生活外,而清白之士,坚贞自矢者,几不聊生。本院亦不能例外,同人虽茹苦含辛,大都不离本位,安心工作,若非有上帝特别施恩,伸圣手引导,不克至此。"③ 1946年2月,金陵神学院迁回南京,李汉铎着手于恢复学校各方面的工作。1948年年底,他与神学院的多数师生仍留守南京,没有撤离。1949年,因健康原因李汉铎辞去金陵神学院院长职务,改聘为名誉院长。"董事部在不得已接受其辞呈后,对李博士在职约二十年中之领导有方,深感上帝之大恩,惟愿在祈祷中,敬祝李博士及其贤内助,此后身体安好,并求上帝保佑二位恢复健康,多作教会事工,尤望二位对其所爱护,并多年服务之金陵神学院,不时指导且代为祈祷。……故决议特请李汉铎博士担任名誉院长,支领(已规定之)全薪及教职员惯有之一切津贴,并于需要时,可得本院在院外之住宅一所,直至李博士年届六十五岁,能享用本神学院所备之休养金时为止,惟名誉院长之职位,系指勿须负任何行政或授课之责而言。"④

---

① 仲良:《欢迎新院长及教务长就职》,《金陵神学志》第十四卷第一期(1932年1月),第46页。
② 李汉铎:《我对于基督教全国大会所发生的感想以及今后教会所应注重的事工》,《兴华报》第十九卷第三十七期(1922年),第4页。
③ 李汉铎:《金陵神学院1942~1946年工作报告》,《乡村教会》第八期(1946年),第25~28页。
④ 《金陵神学院成立院政委员会》,《中华基督教会全国总会公报》第二十卷第八期(1949年10月),第15页。

贾玉铭（1879~1964），字德新，号惺吾，山东昌乐县小岭村人。他自幼受洗，是家中的第三代基督徒。十一岁时在教会小学里就学会独自祷告，在以后的生活中，祷告成了他人生成功的秘诀。1901 年，贾玉铭毕业于美国北长老会传教士狄考文所办的登州（今山东蓬莱）文会馆。他说："我在大学时费很多时间祈祷，祈祷时觉得很有兴趣，有时祈祷一小时，有时二小时。祈祷时有时不出一言，如同藏在主内，默默思念主；祈祷时觉着快乐，就出声赞美主，也有时眼泪流下，而心中倒很快乐。我很爱读马可十一章二十四节说：'你们祷告时，无论求什么，只要信是得着，就必得着。'所以有一次我病了，就进入一个房间，闭了门，切心祈祷，我定意病若不愈，决不出那房间，我祈祷了二小时，病就愈了，从此我的信心就坚固了。我从信中已得到经验，凡我为一件事祈祷，在那事尚未得到以前，我心中若觉着一定可以得着的，后来果然得着了。"① 毕业后到底是去国立学校做一名收入颇丰的教员还是成为一名为主做工薪水微薄的传道人，他犹豫不决，通过祷告，他决定成为一名传道人。在继续读神学前，他突患心脏病，医师说他只能再活两年，通过未婚妻的代祷，他不仅大病痊愈，而且顺利读完神学，在文会馆读书期间与著名的奋兴布道家丁立美成为好友和同工。1904 年，他被按立为牧师，先后在山东的安丘县逢旺支会、济宁州教会、沂州府教会服务，他和妻子德馨恒切祷告，信徒不断加增。1916 年他被聘为金陵神学院教员，他说："（金陵）神学给我的薪水很优，我从此信心失了，没有灵力作（做）工了，我在神学除教书外，著书和学生讨论，我那信心和灵力，天然淘汰了，在神学时教书很热心，而信心至冰度了，但我还有一点信心，为我的眼光不好，不能多看书，我求主，就复原了。"②1921 年开始创办双月刊《灵光报》，并有高师竹牧师、李既岸牧师、李渊如女士、焦维真女士等参加。1922 年任山东滕县华北神学院副院长。1930 年任金陵女子神学院院长。1933 年与朱宝惠、张之江、李天禄、李既岸、李文伯等在全国发起信行救国十人团运动，"将届一年，各省市县纷纷函报组织成立区团分团不下百余处，已填志愿书团员达二千人之普，其各处函请审核组织成团者就不下数千团员，该团所印第一、二、三、四次简章数万

---

① 贾玉铭述《一位牧师的见证》，《灵声》第二期（1937 年），第 45~46 页。
② 贾玉铭述《一位牧师的见证》，第 48 页。

本，各处教会函索已尽。"① 1936 年金陵神学院与金陵女子神学院打算合并，他辞去院长职务，偕潘子丰牧师、廖恩荣女士、毕咏琴女士、刘美贞女士等离开金陵女子神学院，并依托于南京五台山灵光报社组织筹办中国基督教灵修学院。当时的《通问报》报道："主里真的仆人贾玉铭牧师，不但道学渊博著作等身，而其灵性之丰富，尤为难得。贾牧师辞去金陵女子神学院院长之后，国内各有名神学院与圣经学院，争相求聘担任要职。惟贾牧师凡事概听上主之指导，不敢自专，故对各来请担任要职者，概行婉辞。如近沪上某会筹备新办之圣经学院，谓已聘定贾牧师为教员一节，据查悉贾牧师实未答应其请云云。贾牧师最近来沪主领培灵大会，所讲各题，句句充满生命灵力，受感者极多，各教师领教更为深刻。现闻贾牧师因鉴于全国中真正属灵之神学，尚付缺如，故联合主内真正之基督肢体数位，在南京组织开办一完全属灵化的灵修学院，简章早经印发，报名者甚多，已定不日间开课动工矣。愿望主内真属灵里诸弟兄姊妹，多为该院工作前途祷祝是幸。"② 1936 年 10 月 1 日，基督徒灵修院在南京正式开学。贾玉铭被推任为院长。该院执行委办有宋尚节、贾玉铭、丁立美、潘子丰、廖恩荣、毕咏琴、竺规身、汪兆翔、张周新、谢以斯帖等人。特约董事有林子丰、吕雪芝、王国璇太太、赵温季贞、罗道生、关相和、陆镜辉、叶得意、王宗仁、刘芳、吴刘响、郑汉荣、方策、方汉京、黄懋庭、张宝庆太太、钱慧安、朱维馨、林昌年、焦维真等人。其办学的宗旨是："本院奉主使命，供给今日将会各地布道团之急需，注重灵修，与纯正信仰为宗旨。"③ 抗战期间，贾玉铭辗转在华西一带办理灵修学院，"对于守望工作，素甚注重，在各处组织祈祷团，不知凡几。"④ 1945 年灵修学院迁回南京，招生不断增加，属灵空气更浓，贾玉铭经常主持礼拜。⑤ 1948 年灵修院迁往上海。新中

---

① 朱宝惠等启《信行救国十人团总团函请各处牧师宣讲信行救国运动（南京）》，《真光杂志》第三十三卷第一期（1934 年），第 62~63 页。
② 天人：《贾玉铭牧师工作近讯》，《通问报》第一千七百零四回（1936 年 9 月），第 12 页。
③ （上海）周维新：《大规模灵修院》，《通问报》第一千七百零五回（1936 年 9 月），第 5 页。
④ 《华西守望工作鳞爪》，《灵工报》第五期（1946 年），第 56 页。
⑤ 参见《南京灵修院现状》，《通问报》第一千八百零九回（1947 年 6 月），第 8 页；《南京灵修神学院招生》，《通问报》第一千八百十四回（1948 年 5 月、6 月），第 6 页。

国成立后，他支持基督教"三自爱国"运动，认为三自"源头不浊"。1954年被选为中国基督教"三自爱国"运动委员会六位副主席之一。①

李天禄，1886 年出生，美以美会信徒。1908 年毕业于北京崇文门汇文大学堂。1914 年获美国范德比尔特大学文学硕士学位，1916 年获同一学校哲学博士学位。1921～1922 年华盛顿会议期间任中国公使馆秘书，曾因工作出色而受嘉奖。1922～1923 年任北京汇文大学堂校长。1923 年任山东齐鲁大学教育学教授和艺术学院院长，1927～1929 年任齐鲁大学校长。② 1930 年被南京金陵神学院董事会推选为教务主任。他"不独于西学擅长，中国文字亦俱优秀，温文尔雅，心气和平，大有彬彬之气概，曾充任齐鲁大学校长，富有办学之经验，其布置教务，自恢恢乎而有余矣。"③ "想李博士之道德学识，久为教会人士所景仰。兹幸为本院教授，定必使吾辈，咸霑化雨春风，此不特为吾辈学生庆，亦足为本院前途庆。"④ 他和李汉铎院长是当时金陵神学院仅有的两个华人正教授和主要领导人，为培养各类教牧人员精心筹划，费尽心血。李天禄博士在学术上造诣颇深，精通基督教辨惑学和宗教心理学。1952 年金陵神学院调整，他不再担任教务长，但仍是董事会成员。

朱味腴，江苏无锡人，监理会牧师。他的父亲朱文仁出身贫苦，后来成为金匮梁溪一带有名的锡工匠，与在此传道的程静山牧师、史玉冈牧师、李月峰牧师熟识，却仇视教会，1906 年因患重病，在俞止斋牧师的劝说下，毅然带领全家受洗。朱味腴是家中的长子，他还有四个姐妹，两个兄弟，二弟朱紫贵毕业于博习医院，三弟朱约翰毕业于东吴大学，小妹妹毕业于英华女塾。⑤ 他则弃商从教，成为一名传道人，先后在监理会所属的无锡教

---

① 参见赵志恩《江苏教会名人：贾玉铭》，《江苏基督教》（内部资料）第一期（总第 109 期）（2012 年），第 12 页。
② 彼特·M. 米切尔：《二十年代末的齐鲁大学——一所联合大学的民族主义变迁》，载章开沅等主编《中西文化与教会大学——首届中国教会大学史学术研讨会论文集》，湖北教育出版社，1991，第 218 页。
③ 仲良：《欢迎新院长及教务长就职》，《金陵神学志》第十四卷第一期（1932 年 1 月），第 46 页。
④ 严玉潭：《金神聘李天禄博士任教职（南京）》，《兴华报》第二十七卷第十一期（1930 年），第 34 页。
⑤ 长男味腴谨状：《信徒懿行录·先严文仁公传略》，《兴华报》第十四卷第四十二期（1917 年），第 22～23 页。

会、上海慕尔堂、中西女塾、湖州海岛堂、太仓等教会热心服务,他曾担任监理会百年大会事务所编辑工作。他讲述了他作为一个牧者的内心世界:"……无挂碍恐怖,无留恋束缚,世界别迁,心发自然。身居斗室,如处琢玉之宫;履行荒径,似步铺金之路。观察种种事物,耳目所接,喜乐随之,若夫天上行云,湖中流水,野间草木,门外花光,一一对予笑,令予喜乐,在地若天,即斯时也。然而回思天下群生,沉于苦海,迷于虚华,岂忍群迷而独悟,群苦而独乐哉。思念至此,感从中来,曰当与苦者同苦,乐者同乐,天下之乐为己乐,群生之苦为己苦,予于主中,主于予中。问予究竟,前程遥远,不敢再蹈自足之辙,阻予进境。"① 朱味腴牧师嗜书如命,擅长写新体诗,他在《感旧》诗中写道:"朋友笑我痴,典衣买破书,破书细细读,读到月落日上屋,邻家嘲我书呆子,谁怜我?昼夜求知还不知!惟有墙外树上一鹧鸪,声声叫着:苦苦苦!与我书声来相和。"② 他写给妻子的一首诗表达了他传道救人的急切心情:"车子过板桥,柳荫行出渔船小,渔夫船头把网撒,渔娘船梢用力摇,忽然打一回,网儿拖起鱼不少;因此感想到:基督命我,'救人如捕鱼';我俩有否他俩这样的勤劳。"③ 他与著名神学家和诗人赵紫宸是知心朋友,互相唱和往来,赵紫宸在写给他的诗中说道:"世上若有个人真正佩服你,他就是你所真正佩服的我!"④ 他在写给赵紫宸的诗中说道:"我愿有你没有我,不愿有我没有你。"⑤

凌子言(1866~1917),字学诗,上海县人。曾就读于苏州博习书院,1893年任监理会正出门传道。监理会湖州教会的开创元勋,湖州在满清的时候曾为浙江省府治所在地,其地民稠地富,迷信极深。1901年,凌子言来此开辟教会,购买了湖州北门四十余亩荒地,俗称海岛的地方,并陆续在此建立了礼拜堂、男女学校和牧师住宅。他在湖州传道十三年,与当地浸礼会的同工相处融洽,并且培养了本会的赵湘泉牧师、孙廷章、王治心等传道人。王治心先生称赞他:"生平刚直端方,自奉极俭,居恒不嗜荤

---

① 朱味腴:《自历明证》,《兴华报》第十三卷第十七期(1916年),第4页。
② 朱味腴:《感旧(十二年前的事实)》,《青年进步》第八十三期(1925年5月),第105页。
③ 朱味腴:《书所见寄内子》,《青年进步》第八十四期(1925年6月),第99~100页。
④ 赵紫宸:《寄朱味腴(不用诗韵用京韵)》,《青年进步》第四十三期(1921年5月),第74页。
⑤ 朱味腴:《读紫宸牧师读书有感》,《青年进步》第八十三期(1925年5月),第106页。

食，一蔬菜，一淡饭，悦如也，又滴口不入酒，且禁沽入门，虽治疏之醯不容焉，言出必行，绝不稍事苟且，思想敏捷，往往有出人意表之言论，为闻者所悦服，爱护教友，情逾子女，曾脱身上衣为教友偿债者。"① 他先后担任传道三十年，除了开创湖州教会以外，又历任湖州双林、松江、青浦、上海、无锡、常州、溧阳等处牧师。1916 年他调入常州教会担任牧师，"众教友平时金谓：我常东众羊，遇此良牧，迷亡者得履道途，饥渴者赖以饱足，诚上主之美意，欲我常循环，臻完美之境，而使公直和爱之良牧，以牧我羊也。"② 1917 年 7 月，在参加苏州东吴大学夏令传道会时，忽患热症，在博习医院诊治，得渐痊愈。8 月回常州后，尽力工作，又染痢疾。继送无锡圣公会普仁医院施救，不幸于 1917 年 8 月 26 日逝世。他的妻子陈氏，育有四子二女，小女儿慰英也不幸于 9 月 4 日随父而殇。常州教会为他和小女儿举行隆重追悼大会，其中一副挽联写道："学不厌，诲不倦，劳怨更辞不，苦口婆心，导同胞咸归于善；男未婚，女未嫁，主工尤未竟，瞻前顾后，悯吾徒顿失所宗。"③

程鹏云（1881~1949），字万里，宿迁埝头人。出生于书香之家，其诗文书法均甚优美。1900 年毕业于南京圣道书院，后又入南京金陵神学院，1909 年毕业后即在邳县官湖镇、倚宿镇一带巡回传教，兼理附近各支堂，他热心主道，日不停趾，有不遑暇食之概。又提倡教会自立，组合道德促进会，举行签名立志布道会，兴旺了主的福音，邳县朱氏三兄弟就是在其感召下受洗入教的。在离开邳县的时候，他与同道们互赠诗歌留念。程鹏云《留别同道》诗写道："西门真好欲留山，待救灵魂非等闲。飞鸟有巢狐有洞，想来十架泪潸潸。"朱再生《步程牧留别原韵送行》诗写道："愚公有志竟移山，得救信徒岂等闲。苦口三年主架负，每思遗爱泪潸潸。"朱重生的诗写道："此地长离别，临歧远送君。好凭三寸管，为赠一言文。阐道穷霄壤，推诚薄云汉。从兹天路去，寂寞小羊群。"朱复生的诗写道："程君到处即郇山，拯救群黎

---

① 王治心记《逝世圣徒：凌子言》，载中华续行委办会编辑《中华基督教会年鉴》（第四期），上海广学会，1917，第 218~219 页。
② 毛吟槎：《追悼凌子言牧师记》，《兴华报》第十四卷第三十九期（1917 年），第 16 页。
③ 毛吟槎寄登《挽凌子言牧师联句一束·邬梦楼、沈芝祥挽》，第 17 页。

敢自闲。北地南天皆主意，吾人何必泪潸潸。"① 1918 年程鹏云被按立为牧师，并调至宿迁教会，他成为南长老会江北地区的第一位华人牧师。后来他在卧病中曾自作挽联的下联写道："少而苦读，长而传道，圣职第一首膺，蒙恩愧未报功。"1924 年他主持建立了自立教会大礼拜堂，可容纳一千一百人。1936 年日本人侵略宿迁，教会大受迫害，程鹏云入狱七十日。被释放后，他担任徐东区会教师，布道于邳县、宿迁县和睢宁县。在他的领导下江北教会逐渐扩大，1939 年成立了江淮大会。1947 年他开始在徐州办理难民救济工作及在附近地区传道。1949 年 7 月 12 日，因患肠胃癌逝世，享年 69 岁，其灵柩安葬于徐州卧牛山下。王恒心牧师总结说，程鹏云牧师一生最让人追念的事迹有以下几个方面："（一）他是一个自立自养的牧师，不是靠差会生活度日的牧师，他不但在生活上不倚靠'外援'，而且能倡导信徒自己捐资建造大礼拜堂。……（二）他卫道心切，对于离经叛道的信徒，或不合圣经正义的畸形宗派，他往往攻击不遗余力，所以他的教区内信徒，多半都很虔诚，畸形的小宗派也很不容易打进他的牧区内。（三）他在沦陷期间，曾被日寇的宪兵无端捕去，坐过七十日的监狱，在狱中作了不少的'腹稿讲章'，我也和他同时同地坐监，相距咫尺，但七十日之久，从未有一次过往交谈，其情况之严厉，不可言喻。（四）程牧师是一位保守而严谨的信徒，他对宗派观念坚持很紧，他常说：'天下的宗教，惟基督教最好，基督教的宗派，惟长老会最好。'有人问他有何根据，他说：'在天上有二十四长老，可见那里只有长老会。'但他绝不是固执不通，咬文嚼字，不愿和人合作的人，当江淮大会倡议加入中华基督教总会的时候，他首先赞同此议，且多所擘画，屡屡建议，虽受同一区会之人的指责、批评，亦置之不理，他对加入总会合而为一，主张'速断速决'，可惜他的同工中，还有少数人存有成见，不能和他采取一致行动，去年十月末旬，总会在苏州开第五届常会时，他曾自费远道赶来参加会议，表示他拥护总会的热忱。（五）他怀念教会有深切的情感，他愿自择墓地葬于卧牛山教会旁边，要看守那里的教会，他选择'亚伯虽然死了，仍旧说话'的那节圣经，要我在为他主持丧礼时作讲道的题目，他病笃时，把各样事都安排妥当，把他珍爱的一大部讲台圣经，送给中枢街礼拜堂，作永

---

① 钱在天：《程鹏云君荣任牧职（江苏）》，《兴华报》第十五卷第十三期（1918 年），第21 页。

久纪念，我最后问他有什么话留给教会，他颤动地说：'彼此相爱。'这正好像老使徒约翰，那样临终时的口吻，他有意为苏北教会撰写历史，材料已征集了很多，尚未整理编著成书，是他最觉遗憾的一件事。他把稿件已郑重地交代下来，希望有人能续成其事！"① "程牧师一生掀起江北伟大的宗教运动，因其影响而献身为牧师者不下数十人。程牧师遗有夫人张氏，暨子四人，均成立，蜚声教会，服务于文字、学校、医药各界。"②

王恒心（1894~1982），字冰斋，江苏铜山县黄集乡人。从小家境贫寒，但读书刻苦。1910年入徐州南长老会办的培心书院，1914年毕业后被派至徐州东南的袁家洼小学任教。1916年在西教士安士东的推荐下入金陵神学院学习，在学期间，他是优秀的学生，文笔和学识均出类拔萃。1920年毕业后在徐州牌坊街西关教堂服务，1921年任该堂牧师，他的讲道十分精彩，很受教友和民众欢迎。1923年他被选为南长老会江北区会会长。1925年，他获得全国协进会主办的李提摩太奖款征文乙种（专为四十岁以下之牧师、教师及大学教授而设）第一名，论文的题目是《基督的家庭观念对于中国文化的贡献》。③ 他洋洋洒洒，写了上万字，纵论基督教对家庭的影响，在文章的开头，他不无感慨地写道："当我执笔写这篇论文的时候，就联想到旧日我生长所在的家庭状况，因我是生在一个非基督教而含有纯粹中国文化色彩的家庭里面，自幼耳濡目染，完全是中国内地的风土人情，所受的家庭教育，与小学教育，和一切普通的儿童一般一样，以后年龄稍长，入了教会学校，受了宗教教育，与教会中的人士常相往来，看见一般西国宣教师的家庭状况——友爱、互助、服务、纯洁……心中不免发生了歆羡的意念，现在自己却立在宣教师的地位，而且也成立了家室，担负家庭内种种的责任，追想昔日家庭的情形，不免发生许多的感想，我自己的家庭，虽不能说是怎样的圆满而有幸福，然而能够有今日差强人意的景况，追本溯源，不能不说是受了基督真理的陶镕了，因此我深觉得宗

---

① 王恒心：《追念程鹏云牧师》，《中华基督教会全国总会公报》第二十一卷第九期（1949年11月），第13页。
② 《江淮大会下的消息（一）：程鹏云牧师逝世》，《中华基督教会全国总会公报》第二十一卷第七期（1949年9月），第12页。
③ 《李提摩太奖款征文总揭晓》，《兴华报》第二十二卷第四十六期（1925年），第33页。

教与家庭有密切的关系。"① 他在文章的末尾总结说:"文化本来是世界公有的东西,绝不是一族一邦,或一个地方的私产,所以一方面不可坐拥文化,据为己有,一方面又不可傲然自足,不肯接受,应当互相融洽,互相调剂,取他人之长,补自己之短,夫然后方能有更优美的文化,更圆满的家庭。"② 当年的一位教友曾提及王恒心的道德学问:"王君曾毕业于金陵神学,道德高深,品学兼优,本年广学会李提摩太遗金征文,得奖第一名。"③ 1927 年北伐战争期间,西教士撤离徐州,他和华人同道们一起支撑局面,使教会损失降至最低。他记述了当年过圣诞节的情形:"当此大局犹未平定(此时地方官长尚未任命),人心依然恐慌之时,教会仍照例于二十四日下午在牌坊街礼拜堂举行庆祝盛会。悬旗结彩,备极热闹,外宾虽不如往年之多(因今年不请外宾),而教友之到会者,皆雍雍穆穆,于此大难之后,格外想念和平之救主也。开会秩序亦甚庄重严肃,所收之济贫捐款,较往年亦不甚短少,此可见人于患难后,其爱主爱人之心,愈见热切也云云。"④ 1928 年 4 月,王恒心参观访问了朝鲜的平壤教会,了解到:"平壤教会,可算朝鲜全境教会之中心结晶地,除此以外尚有南方大邱,北方宣川。看彼教会之精神,回看自家教会之景况,那就相差很远。朝鲜教会,真可为万国教会之模范。""朝鲜教徒,约计八万人,能容二千多人之大礼堂,有二十几处,每逢礼拜日,从早到晚,钟声不绝。至礼拜堂者来往不断,集会之肃静,职员之尽分,满天工作,甘心耐行,捐钱尤为特长,安息日捐,有收达四百元者。西门大街主日闭门之商店,约计半数,会内一切完全鲜人主持,西人不过立帮助地位,大礼拜几乎不见西人。"⑤ 1932 年,南长老会差会在徐州所办的培心男中与正心女中因立案问题停办,并且反对华人

---

① 李提摩太奖款征文第一名王恒心:《基督的家庭观念对于中国文化的贡献(一)》,《兴华报》第二十二卷第四十五期(1925 年),第 5 页。
② 李提摩太奖款征文第一名王恒心:《基督的家庭观念对于中国文化的贡献(三)》,《兴华报》第二十二卷第四十七期(1925 年),第 9 页。
③ (江苏)问渭:《往徐州请愿释放被拉夫役纪》,《兴华报》第二十二卷第四十九期(1925 年),第 32 页。
④ (江北)王恒心:《鼙鼓频惊中之徐州教会》,《通问报》第一千二百八十四回(1928 年 2 月),第 23 页。
⑤ 张纪鸿:《朝鲜中华基督教会消息:徐州王恒心牧师来鲜》,《通问报》第一千三百回(1928 年 6 月),第 6 页。

接办，王恒心等华人信徒支持教会学校立案，自筹经费，开始兴办徐州培正中学，并担任校长。他们义正词严地宣布了华人信徒独立办学的几个原因："一、保守区会的尊严……差会不惟不愿租借校舍，反而对区会主张立案办学大加申斥，使委办等无地自容。假使我江北区会，因差会之指斥攻击，竟偃旗息鼓，销声遁迹，不敢再提办学之事，不但差会视区会一文不值，即区会本身之尊严，亦扫地以尽，所以我们为保守区会之尊严，不能不勉强开办学校。二、遵守国家的法令……故意回避立案的法令，迹近欺瞒，这是我们良心所不能允许的。我们为要使教友子女，能按着统系，领受教育，所以必须开办一名实相符的正式学校，并向国府呈请立案，以符法令，我们深信这样的态度，是最光明、最合理的。三、保存圣经的教育……我们必须自己开办一个立案的正式学校，在管理上、教育上，都取严格主义。课程之外，我们可以尽量教导圣经，使教友子女，不但能受完备的普通教育，而且能得着纯正的圣经知识。"① 1934 年，王恒心再度当选为南长老会江北区会主席。抗战期间，王恒心与西教士彭永恩等百般维持教会，而且救助了大量难民，他本人也遭受了日本人的严刑拷打。"王恒心牧师，领导徐州教会，近二十年来，平时待人接物，极其谦恭和蔼，而遇大事，临大节，则操守凛然，毫不妥协。前为主张教会中学应照政府法令立案，与差会意见相左，毅然在差会所建校舍之外，筹款建筑新校，接办培心正心两中学，艰苦奋斗，数年如一日。此次被铺原因，殆与平日梗直率真的人格，不无关系。"② 1947 年，南长老会江北区会加入中华基督教会，并升格为江淮大会，王恒心被选为江淮大会会长以及中华基督教会全国总会常务理事。新中国成立后，王恒心成为徐州教会领袖和三自主席。③

钱在天，苏北人，出生于 1892 年。家里很穷，他说："穷，这个字，是人所讳言的，她的滋味，人不愿尝试，同我却结了不解之缘，自初生就在她的威权底下讨生活，阻止我的进步，限制我的自由，精神上被压迫到

---

① 《江北区会开办培正中学之经过》（江苏），《兴华报》第二十九卷第三十五期（1932 年），第 29~30 页。
② 《患难中的徐州教会》，《田家半月报》第六卷第十二期〔1939 年〕，第 2 页。
③ 参见江苏省地方志编纂委员会编《江苏省志·宗教志》，江苏古籍出版社，2001，第 392 页。

极点，肉身也受累不堪。唉！真是苦呀。谁能救我超脱这环境呢，感谢神，施奇妙教训，教我觉悟，他的恩赐，是浩荡无边，欣幸得很。"钱在天七岁上私塾，后在教会学堂读书并领洗归主。十四岁离家二百四十里入徐州培心书院。读书期间，"费用艰窘，衣服破缺"。十七岁得到教会借资继续求学，入潍县广文大学（今齐鲁大学），他跋山涉水，寒暑奔波，苦读五年，体味到"读书最乐，科学更佳"。1913 年毕业后，他在宿迁崇实中学担任教员，主要讲授西学和《圣经》，同时兼做教会执事。1917 年 2 月，在奔父丧途中遭遇船沉，险些丧命，顿感"大忏悔，大觉悟，思想若见主，未领一人，来归耶稣，无有果子，何能蒙主悦纳。"[1] 1918 年他升任为宿迁教会长老。[2] 1920 年钱在天调往清江浦（淮阴）敬业中学担任西学教授。[3] 1926 年，他曾担任南长老会江北区会会长。[4] 1932 年曾游历朝鲜三个月，并将其风土人情介绍给中国。[5] 1932～1936 年钱在天来南京，曾参与《金陵神学志》的编辑工作，并帮助编纂金陵女子神学年刊。同时，他还经常向《通问报》《兴华报》等教会刊物投稿介绍江苏教会各方面的动态。[6] 抗战后，钱在天在徐州培正中学任教铎（校内传道兼圣经课老师）。[7] 1949 年，钱在天调任苏州江浙圣经学院教务主任，并经中华基督教会苏州区会第三届常会决议，准予晋级为教师，并于 10 月 27 日在救恩堂举行封立典礼。[8]

束正绅（1886～1929），名刍，又名人玉，江阴桃花乡人。祖辈务农，但他读书有成，本想考取功名，但科举已废，所以在乡里任塾师。其少年时，"尝大辫窄衣，任侠里中，为诸恶少侧目"。及至壮年，"君面颜苍黑，性亢直，廉隅自重，以故不谐于俗，不为人所喜，又好面斥人过，广众之

---

[1] 钱在天：《三十年证道》，《兴华报》第十九卷第一期（1922 年），第 24～25 页。
[2] 钱在天：《选举长老与执事（江苏）》，《兴华报》第十五卷第十三期（1918 年），第 20 页。
[3] 《钱在天更调》，《兴华报》第十七卷第八期（1920 年），第 16 页。
[4] 江北区会会长钱在天、记史王恒心谨启《江北区会第十六次常会通告》，《通问报》第一千二百二十一回（1926 年 1 月），第 2 页。
[5] 钱在天：《游韩三月回想录》，《金陵神学志》第十四卷第二期（1932 年）。
[6] 钱在天：《南京教会近闻（本省）》，《通问报》第一千六百八十五回（1936 年 4 月），第 7 页。
[7] 《齐鲁大学徐州校友会消息》，《齐鲁大学校刊》第五十四期（1946 年）。
[8] 《钱在天长老晋立教师》，《中华基督教会全国总会公报》第二十一卷第十期（1949 年 12 月），第 5 页。

间，常与人断断争不休。或谏阻之，君曰：'吾亦欲明是非耳。'或劝以处世和同之道，君然之，顾卒不改。而人或抑之以理，虽疾言，未尝不引过谢也。家贫，又不善治生，处境常窘迫，然清廉自持，不苟取，乡有势豪，与人争讼，得君为枉证，讼即直，密袖三百金，求君一言，君怒曰：'尔以束某肯以金钱易良心耶。'其人惭退。"① 监理会传教到石庄，束正绅与西牧鲍涵恩、中牧焦子芳时有来往，并受洗入教。他曾记录基督教传入石庄时的景况："常州之属有石庄焉，人民夙重迷信。自五年前，我道传入，专以破除迷信为之开导，因而信道者不乏其人，不免有因迷信事而起教内外人冲突。鲍、严、林诸牧长，又常以忍耐为教友劝，以致教外人之势焰愈张，竟至时来寻隙，施其蛮横。如去年七月中旬，教友高友生入赘章姓，因不拜亡岳，为章族所辱。又有谢浩昌者，因不拜偶像，家具被毁。又有记名臧顺全父子，因入祠不拜祖先，被殴几死。老教友钱根宏君，不出迷费，被吊惨打。今且闻四乡人民会约本年冬至时，如有不入祠祭祖者，群起攻之。呜呼，迷信若是，难乎其为基督徒矣。"② 束正绅后来被常州东吴十二小学聘为教师，在校长胡稼农牧师影响下立志传道，成为监理会年议会会员，先后担任常州戚墅堰、横山桥、孟河镇、宜兴芰渎和昆山等处牧职。他做事急进，不辞劳瘁，在孟河镇患上咯血症，每年春天复发。1929 年 3 月 15 日，他传道归来，因行路过多，心热呕血，六日不止，于 3 月 21 日病逝，年仅四十四岁，留下子女六人，幼者仅五岁。杨镜秋先生曾与之朝夕相处，概括其一生曰："君邃于学，常思自奋，以教会造成中国化，礼拜堂中，辄悬先哲格言，人或讥之，不顾也。每谓欲吾道大行，必于文字中辟一蹊径，顾其为文，多险拗，解之者少。……溯君一生颠顿困苦，日焦其心，而君曾不因之稍挫其勇锐之气。圣保罗云：'只望前，不顾后，向标的而疾趋。'君其有焉。"③

徐仰文，名玉和，湖北人。1908 年毕业于美以美会圣道馆，1914 年金

---

① （江苏）杨镜秋敬撰《束正绅牧师逝世》，《兴华报》第二十六卷第十五期（1929 年），第 32～33 页。
② 束正绅：《难乎其为基督徒矣（石庄）》，《兴华报》第十三卷第四十八期（1916 年），第 31 页。
③ （江苏）杨镜秋敬撰《束正绅牧师逝世》，《兴华报》第二十六卷第十五期（1929 年），第 32～33 页。

陵大学毕业，又入金陵神学院学习并获学士学位。之后在美以美会小丹阳教会服务，成绩卓著，为当地教友所称道。1919年秋调至南京城中会堂任牧师，与政学工商各界关系融洽，信众不断增加。当时的一位教友记述："徐君仰文，任南京城中会堂牧师以来，对于会务，尽心竭力，会务因之发展，即如务德会，客岁会员，不过十余人，今年骤增至七八十名，教友亦日多一日，于此可见一斑矣。予向慕道，虽知可宝，然此心终不释然，故记名而未领洗也。自聆徐君讲道之后，顿觉心开神悟，豁然贯通，遂于今春矢志皈依基督，受洗于城中会堂，虽曰上帝圣灵之感，要亦徐君劝化之力也。"[1] 1923年徐仰文决定赴美国波士顿大学留学研究宗教教育，中西男女教友三百余人为其举行了欢送大会，并赠其两块匾额"学究天人""苦口婆心"。他离开城中教会后，继任者为李汉铎牧师。[2] 回国后，1926年任美以美会镇江教区长和镇江崇实女子中学校长。

沈亚伦，字崖仑，浙江海宁人。毕业于美国南长老会在江阴所办的励实中学，1922~1924年在金陵神学院学习，成为学生中的活跃分子，担任金陵神学院青年会服役部部长，并组织金陵神学院旅宁浙江同乡会，参加者有王治心、沈嗣庄、陆志韦、陈鹤琴、方秉性、郑宗海、包少芳、周永宁等人。1925年来苏州同里镇任宣教师，他的邻居王培森谈及他："为人和蔼可亲，对于社会事业，颇多出力，成绩可考，如义务学校、卫生运动等，尤具热忱。与余家为邻居，故每有暇时，辄走访谈笑，数载如一日，沈君亦不厌烦恼，颇喜交谈，往往谈及现代教会之洋奴式，及本色教会之利益。津津有味，甚为恳切。"[3] 1927年调至上海浦东周浦教堂任主任牧师，兼理川沙教堂事务，他积极开展募捐建造新堂活动，深得当地教友的爱戴和信任。1930年又调至江阴，负责澄东教会工作。特别是抗战期间，在他的领导下，江阴的教会、学校、医院等事业规划周详、运转正常。一方面对内组织教友协会，复兴圣工；另一方面对外成立贸易公司，

---

[1] （江苏）朱中：《皈依后自述》，《兴华报》第十九卷三十五期（1922年），第23页。
[2] （南京）舒贤炳：《城中会堂欢送徐仰文牧师赴美留学》，《兴华报》第二十卷第三十一期（1923年），第19~20页。
[3] （江苏）王培森：《欢送沈亚伦先生》，《兴华报》第二十四卷第三十五期（1927年），第26页。

补充经济的不足,并与私立学校合作办学,宣扬福音。1942 年,他联合江阴各教会,向江阴县党部登记,并发起成立江阴中华基督教会。① 此间,他还参与长老会华东大会的各项活动,负责编纂轮祷书,带领会员郊游,并担任《通问报》董事部书记,与董事长王完白、主笔陈春生、会员沈文蔚、谢颂羔、兰师德、德如乐、康福安、应书贵、编辑张甦等共同推进《通问报》的编辑、出版等工作。② 他肯定:"通问报是智识的渊薮,每次有卫生工艺等方法;通问报是道德的府库,每次有海内名牧的经筵;通问报是新闻的指南针,每次有最新最确的纪录;通问报是最老的资格,已有卅三年悠久的历史;通问报是普及的教报,已通行中国及欧美各地。"③ 并建议董事部选择信仰纯正、文字精通、不发牢骚、勤劳工作、与陈春生老主笔有谦让合作的编辑人才。

毛吟槎(1891~1991),名颖,字若锋,苏州北里巷乡人。母亲寡居,从小家境贫寒,1896 年入主日学学习圣经,第二年入教会小学读书,1903 年毕业。1908 年受洗入教并在北里巷教会小学代课。1911 年在苏州平望镇传教。1913 年被监理会保送至金陵神学院深造,1916 年春毕业,成为金陵神学院首届毕业生,也是监理会第一个由正规神学院毕业的中国传道人。毕业后,在苏州甪直镇、常州戚墅堰传教。1917 年任监理会无锡牧区协理牧师,兼任无锡东吴大学附属第八小学校长。1918 年担任监理会年议会书记,负责会议记录和收集教会信息。同年,被派往常州北牧境工作,兼任常州东吴大学附属第五小学校长,并组织惜阴社,与年轻人共同研习《新青年》等进步杂志。此时,他已深刻认识到普及教育的重要性,他说:"教育不普及,则人民理想简单,而无远虑,兼之未受教育之人民,不能阅书报以开拓其胸襟,由是一生之动作,但出体力,而未能发于思想者也,执此以谈,则人民之鲜廉无耻,实由于孤陋寡闻之所致。今日我国之人皆未能阅书看报,故一切公共事业,未能效忠也,欲免此弊,而图救国之根本

---

① (江阴)沈亚伦:《澄东教会半年来现状(江阴)》,《通问报》第一千七百七十八回(1942 年 9 月),第 7 页。
② (江阴)沈亚伦:《本report董事部常会记录(本埠)》,《通问报》第一千六百八十二回(1936 年 4 月),第 15 页。
③ (江阴)沈亚伦:《谈谈通问报上的一个重要问题》,《通问报》第一千六百六十五回(1935 年 11 月),第 3~4 页。

者，惟有以通俗之书籍，教授不识字之人民，使彼在简短之时期，收识字之效果，嗣后人民皆能阅书看报，国家感受内忧外患之事，则无须我人谆谆讲演，而彼等自能明了矣。由此观之，创设通俗学校，是为当今之急务，而不可须臾或缓者也。"[1] 他还为华人教牧人员的培养而建言献策："教会要推广福音，必定要有茂才智士，德隆道高者，出任布道，各教会今日都是觉着缺乏有才识之教士，然而我们中国教会的大学很多，为什么那些大学校栽培的学生们，都不肯出来担任传道呢？是不是他们都是没有心肝的人，不觉得教会要兴旺吗？是不是他们情愿教会衰败，福音不推广吗？更是有父亲做教士，儿子不肯传道，岂是他的家庭教育不良吗？我想不是的，我查东吴大学的同学录，在该校的毕业生，共有六百多，担任教牧的，博习书院的学生有十一人，中西书院的只有一人，东吴大学的亦只有一人（东吴大学是由博习书院改中西书院，然后中西书院归并东吴大学），这个种种缘因是什么？我们不能不考察一下，据我看来，（甲）教会的办法太旧，责人太重，青年人似乎不肯加入教士团体，（乙）教士经济太苦，远不及大学中学教员的薪俸，（丙）做教士的人，事情必定复杂，不能专一，而且一年到头，没有空闲，不若做教员的，还有暑假年假，可以休息，西教士也有避暑的机会，独是做华教士的，除掉卧病床以外，一点儿难有休息，青年人见到这地步，他们自然不肯出为福音使者了。"[2] 1922 年毛吟槎调往湖州三余社牧区任主任牧师。1923 年又调回苏州圣约翰堂，代理李仲覃牧师主持该堂一切教务工作。1924 年与东吴大学教务长赵紫宸商议决定将宗教课由必修改为选修，开全国教会大学之先河。毛吟槎酷爱中国文化，是一位书法家，曾撰写《书法刍言》讨论书法的历史和技巧。[3] 他还大力倡导教会自治自养，真正成为中国的基督教。[4] 1925 年号召益德会捐钱支援上海"五卅惨案"中死难的工人家属，后来 2800 元捐款退回修建了苏州的五卅路。1927 年任太仓教区长。1932 年又回苏州任宫巷乐群社堂主任牧师。1934 年

---

[1] 毛吟槎：《创设通俗学校为救国之根本问题》，《兴华报》第十六卷第三十八期（1919 年），第 13～14 页。
[2] 毛吟槎：《教会内蕴的隐伏》，《兴华报》第十八卷第七期（1921 年），第 2～3 页。
[3] 毛吟槎：《书法刍言》，《新月》第一卷第三期（1925 年），第 7～16 页。
[4] 毛吟槎：《中国的基督教》，《福音光》第八期（1925 年），第 4～6 页。

任常州教区长，兼任恺乐堂主任牧师。他还长期担任监理会东三省布道会创办的《福音光》月刊（1924～1937）主编工作，成为监理会的一支笔杆子。1937～1945 年，毛吟槎先后在武汉、昆明、重庆等地开展救济难民和义务办学工作，并与冯玉祥将军建立了深厚友谊。1946 年，毛吟槎将他在重庆所创办的启明小学和敬善中学迁至苏州。1950 年，他支持"三自宣言"，辞去校长职务，主动回到华东年议会担任圣职。①

沈子高（1895～1982），字炎若，原籍江苏吴县，寄籍上海。1906 年由苏州圣公会桃坞中学升入上海圣约翰大学。1914 年获文学学士学位后，即任圣约翰附中教员，并同时学习神学科。1917 年获神学学士学位，被授予会吏职务，开始在南京下关圣公会道胜堂服务。1920 年升任会长。1928 年圣公会第六届总议会被选为代表院书记。1929～1930 年中东、欧洲等国家，考察教会的合一问题。1931 年被选为圣公会总议会代表院主席。1934 年圣公会第八届总议会决定调任其为陕西教区第一任主教。② 沈子高担任南京道胜堂教牧共十七年。"其事神虔诚，待人和蔼，处己谦虚，办事干练，使人莫不倾心而慕之，下关教会，得有今日之成绩者，皆沈主教擘画经营之力也。"③ 沈子高牧师还擅长绘画，他认为："现在中国教会所用的美术品，有许多是洋味太重，对于中国人心理，似乎有些不大适宜，故我下番工夫而研究美术，希望将来教会有讲求到中国美术时，我或者有一点儿之供献。"④ 1934 年 6 月 11 日，由香港何明华主教发起的、旨在促进基督教艺术中国化的鉴美社在上海圣约翰大学成立，沈子高主教被推选为正主席。⑤ 1944 年起，沈子高任中华圣公会总议会主教院书记，兼任中央神学院院长。新中国成立后，任金陵协和神学院教授并被选为中国基督教"三自爱国"运动委员会委员。

诸辛生，1882 年出生，幼时肄业于苏州长老会萃英书院，长则毕业于

---

① 杨秉诚：《百折不挠的毛吟槎牧师》，载中国人民政治协商会议江苏省委员会文史资料委员会编《近代江苏宗教》（《江苏文史资料选辑》第 38 辑），1990，第 123～130 页。
② 《沈主教略历》，《圣公会报》第二十七卷第十二期（1934 年），第 36 页。
③ 徐仁甫：《下关道胜堂送别沈子高主教赴西安之盛况》，《圣公会报》第二十七卷第二十一期（1934 年），第 12 页。
④ 灵生：《南京下关道胜堂概况》，《圣公会报》第十九卷第十二期（1926 年），第 14 页。
⑤ 《鉴美社的成立》，《圣公会报》第二十八卷第十三期（1935 年），第 24 页。

杭州育英书院，聪颖明达，为同学冠，后又学道于南京圣道书院。毕业后，即任准试，在苏州传道，后被举为长老。"办事热心恳挚，其为乡里欢迎，固意中事也。历年以来，头角峥嵘，名誉美满。"民国前，齐门外南长老会本想聘其为牧师，但他未忍弃置母会而固辞。民国元年，被推选为苏州上津桥北长老会牧师。① 他积极倡导南北长老会的统一，1926 年担任长老会江南区会教友大会书记，1934 年又担任中华基督教会华东大会记史（秘书）。抗战后，在上海鸿德堂担任牧师。② 其弟诸重华，先后毕业于杭州之江大学和金陵神学院，抗战前任苏州长老会普益社总干事，抗战后被聘为上海第一浸会堂牧师。上海《通问报》称赞他们兄弟俩说："古有陆氏机、云，苏家之子瞻、子由，皆称文坛健将。诸氏昆仲，亦为中华基督教会之杰出人才。"③

二　基督教学者

除了在一线传道的长老、牧师等教牧人员外，江苏还涌现了许多优秀的基督教学者，他们有的以基督教信仰为依归，传播西方先进的科技和人文知识，有的将基督教思想与中国文化结合起来，努力探索和建构中国化的基督教神学，成为引领时代精神潮流的先行者。

谢洪赉和奚伯绶是较早地向国人介绍西学的两位中国著述家，可惜都英年早逝。谢洪赉（1873~1916），字鬯侯，号庐隐，又署寄尘子，浙江山阴（今绍兴）人。其父谢元芳、母张氏属长老会，有子女六人，谢洪赉为长子，幼受圣礼，天资聪颖，七岁即能朗诵《万国公报》。十一岁时由监理会史子嘉和鲍光熙牧师引荐，进入潘慎文所办苏州博习书院学习，"年终大考，学业冠其曹，深为潘先生所器重"。国文教师朱宝山（鼎卿）先生也特别赏识他，并收为义子。1892 年毕业，留院管理藏书楼事务，与他同班毕业的还有李仲覃、蔡式之、史致钧（史子嘉、史拜言的弟弟），他作为毕业生代表在苏州天赐庄礼拜堂向中西人士演讲，"座中中西教师，获闻议论，

---

① 马驾夷：《上津桥长老会自立》，《通问报》第五百二十一回（1912 年 10 月），第 3 页。
② 《诸辛生牧师转危为安》，《通问报》第一千八百十四回（1948 年 5、6 月），第 4 页。
③ 《教会新闻：第一浸会堂聘诸重华牧师牧养全群》，《通问报》第一千七百七十八回（1942 年 9 月），第 13 页。

或称为后起之秀,将来有益于国家教会家庭间,可预卜焉。"在毕业前,他就帮助潘慎文夫妇编译数学、动物学等教科书。同时,又自学英文,"虽未正式肄业英文,或留学英美,而于英文已可谓深入堂奥矣"。曾为美国青年会总委办麦德在东吴大学的演讲作翻译,"每段词意,不借思索,脱口而出,颇为东吴大学诸教员所称许"。他在天赐庄教堂担任近五年的传道工作。1895年秋,谢洪赉随潘慎文调入上海中西书院。1897年冬,经潘慎文介绍,谢洪赉与史淑贞女士(史子嘉、史拜言的妹妹)结婚。之后,他又任职于中华基督教青年会全国协会书报部以及商务印书馆编译部,尝发起中国基督徒会。他的自学能力强,又熟习日文,其前后著译,不下数十百种。因劳累过度患咯血症,1908年曾去美国疗养一年,后移居杭州。不幸于1916年9月2日逝世,享年四十四岁,安葬于西湖边的九里松。他的老师潘慎文不无惋惜地说:"使吾监理会牺牲于中国者,仅为庐隐一人,亦甚值得。"① 他的姐夫史拜言称赞他一生的为人:一为聪明博学之人,二为廉洁好施之人,三为谨慎端方之人,四为善于演讲之人,五为著作弘富之人,六为虔诚实行之人,七为恒心操守之人,八为热心公益之人,九为善治家政之人,十为有教无类之人。② 有挽联概括他一生的事业:"干青年会事、助青年会员,坐言起行,青年会中昭丕绩;结基督徒团、创基督徒报,热心毅力,基督徒内树先声。""编辑才、翻译才、著作才,后世蔑以加矣;道德家、哲学家、教育家,先生兼而有之。"③

奚伯绶(1880~1914),名若,字伯绶,自号曰天翼,江苏元和(今苏州)人。出身贫寒,自幼入博习书院,受业于潘慎文门下,天性好学,每考必冠,师友咸器为大材。又在上海中西书院读书两年,在谢洪赉的指导下,获益匪浅。1899年皈依基督。1900年升入东吴大学,校长孙乐文体其寒素,安排他帮助教授科学课,这样就得到一个半教半读的机会,又帮助文乃史译著经解,文乃史说:"奚柏绶(P. S. Yie)写得非常好,他的稿件

---

① 王治心记《谢洪赉》,载中华续行委办会编辑《中华基督教会年鉴》(第四期),上海广学会,1917,第219页。
② 史拜言:《妹丈谢君洪赉行述》,《兴华报》第十三卷第四十一期(1916年),第6~10页。
③ 祝干丞:《挽谢洪赉先生诗联》,《新民报》第四卷第二期(1917年),第13页。

经常被寄给林乐知博士，在《教保》上发表。"① 后经谢洪赉引见入商务印书馆编译部，主编世界地图等书籍，并去过日本。1909 年（宣统元年）冬，东吴大学议准以其"虽未卒业，然在校外之树立，以足相抵，许补授以文学士学位"。1910～1911 年在美国欧柏林大学神学院学习，获硕士学位。回国后任青年会《进步》杂志编辑，又尽力于教会，任慕尔堂主日学主任，兼会吏司出纳。他的身体本来强壮，可能因为忙于工作，缺少运动，导致浮肿之疾，于 1914 年 8 月 24 日逝世，年仅三十五岁。"其夫人陈氏，曾毕业于中西女塾，通西文，授课以自给，且奉姑，故无内顾忧。"②《进步》杂志评价说："奚君学问才具，卓尔过人，热心宗教，年力富强，方冀大有作为，造福斯世，即本杂志译政，亦正资倚赖，溘然长逝，何胜悯惜。"③ 文乃史在提到谢洪赉与奚伯绶之间密切关系时写道："谢洪赉也没有忘记这名不寻常的学生，因此当他 1906 年辞去中西书院的工作，全身投入基督教青年会全国协会做编辑工作时，他要奚柏绶跟他一起去。毫无疑问，他期望奚柏绶能作为他的继承人担负起为学生编著基督教文学书籍的重要工作。奚柏绶欣然接受，这真是一种天赐而又多产的结合。但这种合作没能延续多长时间，死亡总是喜爱闪亮的人物，很快就降临到他俩的身上。先是奚柏绶，几年后又轮到谢洪赉（1916），两人都死于中国学者普遍面对的头号敌人——'肺结核'。"④

范子美和陈金镛是提倡基督教与中国文化会通的基督教学者，他们都有很深的国学功底。范子美（1866～1939），名祎，号匏海，出生于苏州。五岁随父迁居上海，中过秀才和举人，但后来的两次会试均失败，曾在苏州教书，他熟读四书五经，精研宋明理学。1886 年娶一张姓苏州女子为妻，婚后育有两子。1902 年帮助林乐知在上海编辑《万国公报》，并于同年，偕母亲、夫人和孩子一起受洗加入教会。1911 年 9 月，应中华基督教青年会总干事巴乐满邀请，又经谢洪赉介绍，加入青年会书报部并担任《进步》

---

① 文乃史（W. B. Nance）著，王国平、杨木武译《东吴大学》，珠海出版社，1999，第 64 页。
② 王树声：《教会著述家奚伯绶先生行述》，载中华续行委办会编订《中华基督教会年鉴：1915》，商务印书馆，1915，第 263～265 页。
③ 《天翼奚君遗像》，《进步》第六卷第五期（1914 年）。
④ 文乃史（W. B. Nance）著，王国平、杨木武译《东吴大学》，珠海出版社，1999，第 64～65 页。

杂志主编。1917年3月,《进步》与《青年》合并为《青年进步》,他继续担任主编。1924年1月,他发起成立了国学研究社,大力提倡对中国文化的研究。针对当时国人对孔子的误解,他在上海澄衷中学演讲孔子说:"我们中国既经有了这样一位博学先生,为什么不去研究他的学问呢?为什么不去发挥他的道德呢?小而言之,使得国人都能了解他的的学问和道德;大而言之,使得世人也都能知道世界上竟有了一位孔子,而且是我们中国的孔子。这样的责任完全靠着我们青年人,去尽量的发挥呀!"① 关于基督教与中国文化的关系,他在松江东吴大学圣经学校演讲说:"现在的西方文化,是与基督教大相径庭,根本相反!然与中国文化——像孔孟……等所说相吻合!不过个人所用的名词,不同罢了!有人信基督教里的God,不信中国的'上帝',岂非笑话!实则一而二,二而一,有什么分别,实在中国文化与基督教应调和应合一!故我们传道人,当从中国文化里来发扬基督教!因此我们传道人对于研究中国文化是何等的紧要。"② 1935年5月,由于年事已高,范子美从《青年进步》主编的位置上退休,他的好友在上海八仙桥青年会九楼东餐厅为其举行盛大饯别会,参加者有协进会的朱立德、女青年会的章士彰、《兴华报》的李逢谦、《通问报》的陈春生、上海市青年会的杨益惠等五十余人,青年协会总干事梁筱槎(梁小初)主席在餐后发言中,"盛称先生之毅力、劬学、奋斗、恒心、牺牲等五优点。"③ 该会并赠其刻有"名山伟业"四字的银碗作为纪念。对其一生的经历和抱负,范先生自我陈述说:"幼读诗书,习举业,十三岁应童试入学,二十八岁中试举人。适值甲午之战,淡心仕进,就沪上报界事,后入广学会,助林乐知先生编《万国公报》,由林先生施洗入教会。林先生故后,改入青年协会编辑部,编《进步》杂志,又改《青年进步》,并编杂书。生平抱二大希望,一以精湛文理,翻译圣经;二汇集教会著述,编成景藏,仿佛藏、道藏之意。惜有志未逮,望来者竟此大业云。"④ 青年会对其主编《青年进步》的

---

① 范子美先生讲、蒋学楷述《孔子与中国》,《澄衷》第八期(1925年),第6页。
② 闻保埔、朱旭初记《基督教与中国文化——范丽诲先生在松江东吴大学圣经学校同学会演词》,《兴华报》第二十二卷第四十四期(1925年),第9页。
③ 《饯别范子美先生志盛(本埠)》,《通问报》第一千六百四十一回(1935年5月),第12页。
④ 《范子美先生退休纪念》(上海),《兴华报》第三十二卷第二十期(1935年),第31页。

工作给予高度评价:"提倡德智体三育,介绍欧美最新学术及思想,为青年所乐于诵阅。先生于每期论坛中俱著有宏文,以勖青年,其思想层出不穷,文字则流利酣畅,堪为后学者所取法。"并称赞其"治学甚勤,著述甚富,积数十年,蔚成巨秩"。他主要的著作有《老学蜕语》《古欢夕简》《还斋脞录》《青年国学需要》《青年文学探检》《饤古》《鞭今》《演孔》《青年座右录》《适道编》《道之桴》《少年弦韦》《皕诲诗集》等。他的诗作"苍老遒劲,深得杜诗三昧。"①

陈金镛(1868~1939),字敏应,浙江上虞百官镇人。受信教的外祖母影响,七岁进入曹娥镇教会小学读书。十一岁时,由老师杜秉绅介绍,就学于杭州育英义塾(育英书院、之江大学的前身)。十六岁立志信道,受洗加入北长老会。十九岁的冬月毕业后,曾到南京去教书,不到半年又回到浙江德清县的新市镇教书兼传道。二十五岁时娶武康县乡村浸会的一位牧师的女儿为妻。之后,他在杭州开办过小学,又到宁波崇信书院任教。1906年他的母亲在宁波府前礼拜堂受洗,他为其祷告了二十年之久,尽管他的外祖母是虔诚的信徒。同年冬,应长老会传教士甘路得邀请,去南京圣道书院任国文教员。1910年金陵神学院组建,陈金镛继续讲授国文,成为华人教师中的佼佼者,也教过《新约历史》《雅各书之研究》《马太福音》等课程。1914年金陵神学创办刊物《神学志》,他担任第一任主编。1918年五十岁生日的时候,他拍了一张照片,并写下这样的颂词:"赞我主我皇,倾我肺我肠,导我出家乡,引我渡钱塘,照我以真光,饲我以灵粮,救我脱虎狼,爱我若羔羊,庇我于风霜,慰我诸忧伤,赐我儿满堂,降我家百祥,俾我弱为强,俾我寿而康,我沐恩无疆,我受惠难忘,我一心瞻望,我何以颂扬,愿尽我力量,报答我主皇。"② 1919年,"五四"风潮大作,陈金镛因反对神学生卷入罢课的旋涡,冒犯了爱国狂热者的心理。年底,他不得不辞去金陵神学院的教师职务,在离开前,他不无感慨和惋惜地写道:"神学志之出世也,余之主动也。神学志之中止也,非余之初衷也。余殚精竭虑,固无负于神学志。神学志振翮腾云,亦固无负与余,而令余不能效力于神学志,令神学志不能偿愿于余者,实反对阻挠之罪也。尚希爱

---

① 编者《纪念范子美先生》,《同工》第一百八十三、四期合刊(1939年10月),第33页。
② 陈金镛:《我的家庭经验》,《真光杂志》第三十三卷第二期(1934年),第66~67页。

阅神学志者鉴察之。"① 此后，其全家迁到上海，陈金镛开始在北四川路的广学会从事编辑工作直到1927年。② 此间，他还担任过上海基督徒联合会委员长等职务。陈金镛从小体弱多病，以后饱受病痛之苦，但是他仍然坚持传道、笔耕不辍。1935年，他在《病后谢恩》中写道："余六年来，不受教会的供给，但无日不是照常工作，为教会服务，或口讲，或笔写，有一日之光阴，尽我一日之本分。常自勉励：'一息尚存，岂敢稍懈，百年之后，自有定论。'"③ 1936年，他被聘为上海基督会惠德堂牧师，美华圣经会总经理力宣德博士赠其"导识真理"匾额。④ 1939年5月28日，陈金镛因心脏病逝世于上海。基督教界对其评价说："陈金镛老牧师，毕生为教会服役，为人亢爽，文学湛深，著述甚丰，完全尽瘁布道事业，宗教界后进，莫不宗仰。"⑤ 陈金镛一生写下了大量的有关中国教会自立与合一、基督教教育以及基督教与中国文化关系方面的文章。他对江苏教会的发展十分关心并作出贡献，《在论布道于江苏》中他写道："江苏省人烟稠密，地方繁华，财产丰盛，风景美丽。就吾人观之，无异洞天福地，为极乐世界。讵注目留神间，而最苦恼最凄惨者，莫江苏若也。幸基督降世，正欲宣福音于贫者得救，虏者得释，瞽者得明，受挫者得自由。故布道江苏，莫要于实行基督救人之本旨，方能起人信仰，引人归主。"⑥

赵紫宸、王治心、沈嗣庄是具有丰厚学识和现代自由气息的神学思想家，他们的信仰、立场笃实坚定，但又不乏宽容开放的精神。赵紫宸（1888~1979），字乃觐，浙江德清人。十五岁时就读于北长老会在苏州所办的萃英中学，同年又转入监理会所办的东吴大学附属中学，之后升入东吴大学。1907年受洗成为基督徒，大学毕业后，在东吴大学附属中学教授英语、数学、圣经等课程。1914~1917年在美国范德比尔特（Vanderbilt）大学学习，获神学学士和文学硕士学位。1917年，赵紫宸接替施密德（W. M. Smith）牧师担任东吴大学宗教课程，同时也讲授社会学。赵紫宸与

---

① 陈金镛：《神学志停刊词》，《神学志》第五卷第四号（1919年12月）。
② 《陈金镛启事》，《神学志》第五卷第四号（1919年12月）。
③ 陈金镛：《病后谢恩》，《真光杂志》第三十四卷第五期（1935年），第57页。
④ 胡洁：《欢迎陈金镛牧师盛况》，《通问报》第一千七百二十回（1936年12月），第14页。
⑤ 《陈金镛老牧师逝世》，《真光杂志》第三十八卷第七期（1939年），第53页。
⑥ 陈金镛编辑《论布道于江苏》，《神学志》第四卷第二号（1918年6月）。

当时圣约翰堂牧师江长川经常组织"培灵周"活动，在 1921 年 5 月 1 日，有 51 名学生，7 名校工，2 名教师和 1 名教师的妻子被圣约翰堂接纳为教友。[1] 1923 年，赵紫宸开始担任东吴大学教务长（文理学院院长），这是当时东吴大学华人所任的最高职务。1926 年，赵紫宸离开东吴大学，受聘于燕京大学，后来担任宗教学院院长，直到新中国成立初期。抗战时期他曾被日军监禁过一段时间，遭受了身心的迫害。赵紫宸早年在江苏期间，不仅授课传道，还曾参与《兴华报》《文社月刊》等编辑工作。他的神学知识渊博，而且富于文采，经常与范子美、朱味腴、谢扶雅等基督教人士有诗歌唱和往来。范子美对赵紫宸的才华和抱负十分钦佩，曾在一段诗序中写道："夫紫宸留学美国，粹于宗教哲学家言，平生孳孳研究者在此，于诗不过偶一为之，而所成就已若此。余少好吟事，至今几五十年，穷老尽气，乃读紫宸之诗而有愧焉。人之才性，相越岂不远哉。然而紫宸欿然不自足，方以沟通中西创造新文化自任，尝告余曰：自今而后，余将更用力十年，庶乎可以有所贡献于当世乎。伟哉！紫宸之志。"[2] 1948 年，赵紫宸在《花甲自嘲》诗中概括了自己从幼年到六十岁的生涯："羡人结剑舞青钱（幼时见人以铜钱结剑，羡之），欲作英雄却畏天，不享太牢怜觳觫，偶逢圣女怯缠绵（稚年信佛，颇不食荤，闻杀牛羊，心殊怜之）。读书独鼓吴门枻（肄业东吴大学），顾曲空闻蜀国弦（私心窃有属焉），春暮黄鹂三次请，何曾坦率到花前。别母思家气不扬，文囊羞涩度重洋（年廿七，赴美留学，囊中仅鹰洋八十元），三更灯火煎馔粥（以电熨斗翻身，通电，置锅其上，煮粥以充饥），五月榴花住学堂（余于五月入学校）。俯拾南针思指路，高攀北斗欲罗浆，归来几寸携新布，含笑殷勤补旧裳。不谓祖鞭是教鞭（在东吴任教），谈玄析理发真铨（所教的是哲学），鹁鸪原上青黄草（有弟二人，俱不幸早逝），鹦鹉声中内外篇（回国之初，仅拾牙慧而已）。文字支床无限骨（病至鸡骨支床，而文字独多），生涯担道几何肩？鲍瓜一系谁知价，病里飘摇竟十年。燕山绵亘日悠悠（后受燕京大学之聘，遂奔赴焉），满目烟云不自由（在自由空气中，思想辄与人相左，意初未安），四十华年蚕作

---

[1] 文乃史（W. B. Nance）著，王国平、杨木武译《东吴大学》，珠海出版社，1999 年，第 113 页。
[2] 葾海：《赵紫宸诗序》，《青年进步》第八十四期（1925 年 6 月），第 97 页。

茧,三千弱水蜃为楼(颇有梦想,而高霞孤映,渺不可攀)。英伦持酒依稀梦(余最爱英国之苹果酒),圣地逢春汗漫游(一九二八年春赴耶路撒冷),莫问安期尘外事,交梨大枣总难求。忧心如捣百年中,大地茫茫血染红,小蘩南冠骄有骨(日军置我于狱,不曾使我屈从),深居北郭健无功(出狱后,不作一事,著书而已),文章自许青氈在(售物度生,斯文犹在),荆棘如讥白发丛(而我两鬓华矣),更看阋墙缘底事,几回洒泪哭雄风。花甲随周志业何,传经刘向事蹉跎,犹持尺剑挥空阔,更强顽珉受琢磨。菩萨拈花真谛尽(佛书有真谛俗谛之别,我说教理,亦若拈花,而江郎才尽,其愚不可及也),诗词属草反骚多(多忧在己,对人信主,决不悲观),依然顾盼雕鞍上,笑杀当年老伏波。"① 新中国成立后,赵紫宸积极拥护中国基督教的"三自爱国"运动,1979年病逝于北京。

王治心(1881~1968),名树声,浙江吴兴(今湖州)人。从小受父母影响参与过拜鬼求仙的事。十多岁时,自认是孔圣之徒,与当地闹教的人砸碎过外国人住宅的玻璃窗。长大后曾考录前清庠生,但与赌徒孙廷章结为朋友,出入鸦片馆等污秽场所,几乎成为一个浪荡子。由于孙廷章戒赌悔改,信了耶稣教,这对王治心触动很大。之后,王治心又结识了章励深、吴渭臣等有学问的基督徒,"从此渐渐地对于耶稣教的道理有点懂得了,觉得这道理并不坏,特别是破除迷信,提倡爱人,不但与中国孔孟道德没有冲突,而且同墨子的兼爱相同,在破除迷信方面,尤与汉朝王充一样,便起了相当的信心"。后来,经朋友介绍,王治心跟监理会的外国老师衡特立学英文,并参加其家庭早祷会,又与中国牧师凌子言来往密切,这样对基督教印象越来越好,就有了受洗进教的愿望。1900年前后,他与同乡赵湘泉同时加入监理会,他俩是湖州本地人最先入教的,因为那时的教友邵如礼(邵秀林之父)是绍兴人、俞其昌是台州人、叶松茂是宁波人。加入教会后,王治心先后在湖州东吴第三中学、华英学堂以及上海神文女学、惠中女学等教会学校担任国文教员。1912年,在上海担任西教士潘慎文的秘书,并参与慕尔堂的传道事务。1913年开始承担美以美会和监理会合办的《兴华报》编辑工作,经其三年的努力,报刊发行量由七百份增至三千份,

---

① 赵紫宸:《花甲自嘲六首》,《天风》第五卷第八期(1948年2月28日),第10页。

但是由于其人言论比较激烈,引起美以美会方面的不满,所以他辞职回到湖州编辑《三余月刊》,又担任监理会益赛会(教会中一种道德训练团体)总会会长,并自费刊印《益赛会报》。1921年调入南京金陵神学院,教授国文和中国哲学课程,同时主持《神学志》编辑工作,其编撰风格与前任陈金镛完全不同:"他(指陈金镛)是注重在经解讲道一方面的材料,我(指王治心)多选些研究的东西,并且附带提倡中国文化,介绍些中国学术,希望一般传道人多得些中国知识,因为那时正是协进会在提倡本色教会的时候,所以我也注意于此。材料方面,也增多了许多,本来不过是五六十面用四号字印的,这时却扩充到近乎二百面的五号字,销数也不断地增加,我们便正式组织了办公室,用两个学生做办事员,每次出版,连我三个人要忙好几天做发行的工作,包扎啦,贴邮票啦,甚至有时做到晚上十一点钟,发行的最高额有二千几百份,得着全国教会的好评,好像成了传道牧师们唯一的宝库。"[①] 此间,王治心还帮助南京基督教协进会编辑《觉社》丛书,并参与南京监理会的布道活动和《教友月刊》的编辑工作。他积极倡导基督教对儒释道等中国文化的研究,并组织发起中华基督徒废除不平等条约促成会。1926年,王治心辞去《神学志》编辑职务,与沈嗣庄、张仕章共同承担中华基督教《文社月刊》的编辑工作。他讲述了自己与沈嗣庄和张仕章编辑《文社月刊》的经过和遭遇:"在文社最主要的工作,则为编辑文社月刊,文社的主旨,本来是提倡基督教的中国化,用中国文学来发扬基督教义,除了出版中国人创作的书籍以外,并刊行这本月刊,以期唤起基督徒的创作兴趣。并批评或介绍基督教出版的书籍,一度引起了与广学会的笔战,渐渐成为基督教中革新派的大本营,惹得一般守旧的基督徒的不满,他们便运用暗箭伤人的办法,谋截止文社的经济来源,使文社不能在中国继续,果然,三年来的文社就寿终正寝了。在文社三年的工作,出版过十一种国人创作的书籍及几种布道单张,刊行了廿三期的月刊,发行到三千多份。文社停刊以后,沈嗣庄张仕章和我三个人继续组织了新文社,发行一本月刊,称为《野声》,并且发刊过几种丛书,新文社因为没有分文经费,纯由我们三人自挖荷包,全国新基督徒,虽在主张上有不少的

[①] 王治心:《我的写作与宗教》,《基督教丛刊》第十四期(1946年6月1日),第36页。

同情，但不能从经济上加以援助，我们三个人又因各谋个人的生活，分散到各处，沈嗣庄到南京政界中去了，张仕章任沪北浸会堂教师了，我则执教于福建，便不能集中力量，乃至无形消灭。先是当我在编辑文社月刊时，又自办一张周报，名曰《直道》，发表我个人对教会的主张，攻击教会中的帝国主义者，曾严厉地讨伐施嘉达，责备广学会，并积极主张教会自立，取消不平等条约，更为一般人的眼中钉，这也间接影响到文社的命运。于是我们这几个人，便成为基督教的革命者，和叛徒了！"① 1928 年后，王治心在福建协和大学任人文学院院长。1934 年回上海任沪江大学国文系主任。1948 年王治心从沪江大学退休，又接受金陵神学院的聘请，主讲"中国文化"并主编《金陵神学志》，他当时的住所在南京左所巷十九号。② 王治心是江苏教会非常活跃的人物，他直言敢谏，常常批评教会的弊病。他曾自述："治心素性戆鲁，有时一吐喉鲠，开罪于人。"③ 他指责有些牧师缺少宽容之心："君子从善如流，子路闻过则喜，奈何以道德自命的牧师，亦具有杀戮谏臣之心呢？"④ 他曾建议监理会年议会当由教友民主投票来选举牧师。⑤ 他对著名基督将军冯玉祥的有些做法也曾表示过质疑。⑥ 但他却深得当时青年学子的追捧，1917 年王治心辞去《兴华报》编辑后，有一位读者赋诗二首颂扬他："才如风月赏无边，徒拟思齐未见贤。一望云山嗟远隔，寸心渴慕恨年年。""匡扶教务甫三年，欧亚争传第一贤。辞职报来寒我辈，遵循犹幸有遗编。"⑦ 1922 年监理会东吴第三中学毕业生杨拔英称赞说："先生！你实在是今日教会中的先觉者，有高尚的思想，有改革创造的知能，能言能行，谁不钦佩？近几年来，我教会中的出版物天天发展，这些出版物中，颇多先生的言论，教会中有此人才，何患天国不振？"⑧ 新中国成立后，王治心仍任职于金陵协和神学院，1957 年退休，1968 年逝世。

---

① 王治心：《我的写作与宗教》，第 37~38 页。
② 《王治心教授退休与新职》，《天风》第六卷第六期（1948 年 8 月 14 日），第 23 页。
③ 王治心：《在职期间的自述》，《兴华报》特刊二十周年纪念（1924 年），第 154 页。
④ 王治心：《在职期间的自述》，《兴华报》特刊二十周年纪念（1924 年），第 154 页。
⑤ 王治心：《对于监理会年议会的意见》，《兴华报》第十九卷第三十五期（1922 年），第 7~8 页。
⑥ 王治心：《对于冯玉祥的怀疑》，《兴华报》第二十卷第四十二期（1923 年），第 7 页。
⑦ （福建）韩炳炎：《颂王治心先生》，《兴华报》第十四卷第十期（1917 年），第 31 页。
⑧ 王治心：《立志传道者的一封信》，《兴华报》第十九卷第三十三期（1922 年），第 8 页。

沈嗣庄（1895~1973），浙江吴兴（今湖州）人。1916年沈嗣庄毕业于金陵神学院，由于成绩优秀，被司徒雷登推荐去美国西北大学留学，学成回国。1921~1926年在金陵神学院任教，并担任金陵神学同学会会长以及青年会全国学生立志布道团游行干事，他的神学倾向属于现代自由派，成为当时基督教界活跃分子。1925~1928年主持《文社月刊》的创办和编辑工作，办事处先设在苏州东吴大学，后移至上海博物院路十二号。此间，沈嗣庄还曾担任上海基督教青年会智育部干事。1931年辞职，沈嗣庄赴成都任华西大学教授。1945年开始在大后方创办商业专门学校。1946年迁回上海，黄炎培聘其为中华职业教育社主办的中华工商专科学校校长。① 沈嗣庄对于基督教最大的贡献，就是主办了带有时代特色的基督教新潮刊物《文社月刊》，虽然刊物持续的时间不长，但影响很大。他曾申明创办此刊的宗旨："现在人类所需求的是新生活，这是文社的使命一。……现在人类所需求的是新耶稣，这是文社的使命二。……现在人类所需求的是真理，不是遗传，功利，这是文社的使命三。……现在中国所需求的是本色教会，这是文社的使命四。"② 这四大目标代表了沈嗣庄的宗教理想和人生追求。

三　基督教教育家

江苏的基督教教育事业发达，特别是教会大学起步较早，而且在全国占很大比例。伴随着收回教会教育权运动，江苏涌现了一批具有基督教精神和丰厚西学知识的新型教育家，他们为中国近代教育事业的建设和发展作出了不可磨灭的贡献。

郭秉文（1880~1969），字鸿声，祖籍江苏江浦。其父早年在上海行医并成为基督徒。1893~1896年，郭秉文就读于美国北长老会在上海所办的清心书院，毕业时十六岁，先在清心书院教了一年书，后在海关、邮局等处任职。1908~1911年至美国俄亥俄州乌斯特城的一所长老会所办的文理学院留学，获理学学士学位，他曾是该院以训练演讲和辩论艺术为主旨的雅典娜俱乐部和林肯俱乐部的成员，清心书院院长薛思培曾提到："郭君为

---

① 《沈嗣庄君回沪》，《通问报》第一千八百一十回（1947年9月），第7页；《沈嗣庄——沈氏第一百世传人》，新浪博客（http://blog.sina.com.cn/s/blog_6c5956430100noov.html）。
② 沈嗣庄：《为什么要有文社》，《文社月刊》第一卷第一册（1925年10月），第35~38页。

演坛健将,在马伯斯大学堂及中国留美学生大会时演说连胜两次,亦足为吾清心扬名海外也。"① 另外,商务印书馆创始人夏粹芳及其他骨干成员都出身于清心书院,郭秉文的妻子夏瑜就是夏粹芳的女儿。② 1911~1914年郭秉文继续在哥伦比亚大学师范学院学习,获教育学博士学位,成为中国最早的教育学博士。其导师是教育家孟禄(Paul Menroe),实用主义大师杜威、著名教育家克伯屈(Donald G. Tewksbury)也在此列。胡适、陶行知、蒋梦麟是在郭秉文以后来哥伦比亚大学师范学院学习的。读书期间,郭秉文曾任中华基督教留美青年会总干事。1915年被聘为南京高等师范学校教务主任,1918年升任为校长,之后,他聘请陶行知为教务主任,刘伯明为学监主任。1921年南京高等师范学校升格为东南大学,郭秉文继任国立东南大学校长。由于卷入南北政局的矛盾,1925年年初郭秉文被免去校长职务。当年的东南大学毕业生回忆说:"郭是留美学生,基督徒,为人能干,有口才,对学校延揽教授人才和物质建设,尽了一番力量,但他奔走于北洋军阀和帝国主义分子之门,是一个买办教育家。"③ 郭秉文是当时国际舞台上最为活跃的中国教育家,多次出国考察并参加国际会议,连续三次被推举为世界教育会副会长。20世纪30年代以后,郭秉文离开国内高等教育界,主要从事国际文化交流和国际商贸活动。1947年退休,定居美国。④

陈鹤琴(1891~1982),名绥福,浙江上虞百官镇人。十四岁入美国浸礼会在杭州所办的蕙兰中学,入学第三年受洗成为基督徒。他在自传中曾写道:"我的人生观这时期和从前大不相同了。从前只知道显亲扬名,谋个人福利,现在我有点象(像)耶稣那种爱人的热忱,牺牲的精神,从前是为己,现在是为人了。"⑤ 1910年从蕙兰中学毕业,在上海圣约翰大学读了一年,后又考入清华学堂。在清华读书之余,曾组织基督教青年会,王正

---

① 薛思培:《清心中学堂二十年之历史》,载朱友瓛等编《中国近代学制史料》(第4辑),华东师范大学出版社,1993,第277页。
② 冒荣:《至平至善 鸿声东南——东南大学校长郭秉文》,山东教育出版社,2003,第35页。
③ 李清悚:《南京高等师范和东南大学》,载江苏省政协文史资料委员会编《江苏文史资料集粹(教育卷)》,1995,第1页。
④ 参见冒荣《至平至善 鸿声东南——东南大学校长郭秉文》,山东教育出版社,2003。
⑤ 陈鹤琴:《我的自传》,上海华华书店,1946。

序任会长,他任干事。其目的是:"一方面互相砥砺,以身作则领导同学,皈依真道,一方面实行社会服务,提倡教育,以证明耶稣之博爱精神。"此青年会为中国国立校内第一个青年会。[①] 1914 年,陈鹤琴获庚子赔款资助去美国留学,先入约翰·霍普金斯大学,后进哥伦比亚大学师范学院。1919 年,受郭秉文之邀任南京高等师范学校教授,后任东南大学教务长。陈鹤琴注重于教育理论和实践的结合,成为我国幼儿教育的开创者。1928 年,陈鹤琴在南京创办了五个实验学校和幼稚园。1940 年在江西创办了我国第一所公立实验幼稚师范学校和国立幼稚师范专科学校。新中国成立后,陈鹤琴曾担任南京市基督教三自革新运动促进会主席、南京大学师范学院院长、南京师范学院院长等职。

杨永清(1891~1956),字惠卿,浙江镇海县人。其父杨维翰毕业于苏州博习高等医学堂,是一位在无锡行医多年的著名西医,与东吴大学校董均很熟识。杨永清为 1909 年东吴大学第三届毕业生,获文学士学位。毕业后,在上海清心中学、东吴大学附中任教。1911 年又进清华学堂,毕业后先留学美国威斯康星大学,研究政治学及社会教育学,后转入华盛顿大学专攻国际法及外交学,1918 年获得政治学硕士学位。1919 年担任第一次国际联合会中国全权代表处秘书。之后,在中华民国外交部、财政部历任要职。1927 年春,被东吴大学校董会聘为第一任华人校长。1929 年获美国南方大学荣誉法律博士学位。他一生秉持着坚定而虔诚的基督教信仰,是教会大学中非常重视基督教教育的华人校长。1928 年,他在一篇文章中谈到了基督教对中华民国的贡献和将来的作用:"基督教教育对于新中国的组成,曾有相当的贡献;对于将来中国的建设,当更有其应尽的努力。凡廓然大公,不蔽于偏见者,或不以前说为谬论;而深具远见者流,想亦不致否认后说为子虚。非然者,我们既不当注意基督教教育,更何有讨论此项问题之必要!即在一般批评和主张限制教会学校的人们,亦群相默许:在新中国的进化过程中,基督教教育对于国家的改造,或仍其悠长的影响哩!所以基督教教育在新中国也许占其重要的地位,为国家建设一放异彩,此不仅基督徒的希冀而已,凡与基督教教育素不表同情的倾向者,或亦有

---

① 陈尧圣:《怀念先叔陈鹤琴》,载中国人民政治协商会议浙江省上虞县委员会文史工作委员会编《上虞文史资料第三辑·陈鹤琴专辑》,1988,第 207 页。

此感想吧！"① 他在任东吴大学校长期间，十分注重学校的宗教工作，1932年在提交给监理会大会的大学工作报告中写道："校内之宗教生活及宗教事工为同人等最关心，近来对于测验最好的方法一节即为注意现在所采取之方针。一为提倡学生方面自动自治的组织开会，主席请人演讲，一切计划多请学生参加主持，使学生觉得宗教生活乃学生自己生活的一部分。一为侧重于引起学生自行研究及讨论宗教问题的兴趣和习惯。故星期日参加主日学者，其人数较做礼拜者为多。现在教职员中信徒约居半数，学生中约占十分之三。去年承年议会将本校江董事长派充约翰堂牧师，俾得就近领教，得益匪浅。同人等受教会托付办理东吴大学，……决不敢自信尽职，惟实愿为教会尽力，永清个人亦常觉责任重大，才能不足，事务纷繁，精力不济，深以为虑，尚祈多为祷告，时锡箴言，以匡不逮。"② 1936年，杨永清到美国各地作巡回演讲，受到热烈欢迎和广泛好评。监理会会督募亚德对其赞誉有加："博士素以忠事教会职志，今膺教会之重大使命，并不受丝毫物质上之酬报，远涉重洋，经七十日，历五万里，足迹几遍北美洲大陆，南部各大都会，作巡回之演讲，友邦人士得亲炙其言论者不下数十万人，可谓盛矣。博士每抵一处，当地教会及其他机关或团体，已久慕道范，故亟愿恭请宏论，其立意之深远，措辞之佳妙，态度之诚恳，与夫卫道之忠勇，极可钦佩，是以全场数千百人，皆为之动容，其所留印象之深刻如此。距今三十六年前，本公会召集大会于纽亚林（新奥尔良）城，曾为创建东吴大学募集资金，今东吴事业既日益扩大成效，又与年俱进，博士此次亲莅其地，亦足以代表学校，不啻为国外宣教事功无往而不胜利之明证。"其同事陈海澄也称扬说："博士天性霁和，旅途中不露倦容，事无巨细，几于担负，俾自尽其天职，具见其为道牺牲坚忍卓越之精神，实为基督徒中之楷模，故各界人士之与之晋接者，一瞻风采，咸为之佩仰不止。"③ 杨永清总结出个人宗教生活的七种测验："一、我是否感觉（不独思忖相

---

① 杨永清：《基督教教育在新中国之地位》，《中华基督教教育季刊》第四卷第四期（1928年），第15页。
② 杨永清：《东吴大学报告》，载武进杨镜秋编辑《中华监理公会第一次大议会纪录》，1932，第84页。
③ 会督募亚德述、东吴陈海澄译《杨永清博士荣任美国会督十字军主讲之伟绩》，《福音光》第十三卷第十八期（1937年），第2页。

信）宗教乃生活中所缺少不得的？二、我有深刻的宗教信念没有（这些信念必是积极的、具体的和活力的）？三、我的上帝观念是否抽象的，还是真的使我感觉他存在的真实性？四、我是否认识基督（不独耳闻一些关乎基督的生平）并承认他是我的救主？五、祈祷对于我有什么意义？六、我有宗教否？这宗教是否能影响我的眼光，指导我的初志，熏陶我的品格，作为我生活中的要素吗？七、在我的任务上，我是否居在耶稣基督的仆人的地位？"① 这七个测试的概括充分说明他对基督教信仰理解和体验的深刻。1941年杨永清赴美工作，曾应聘夏威夷大学、杜克大学等客座教授，并在联合国国际秘书处工作。1942～1943年间，杨博士是浦德温大学中国文明专业的访问学者，该大学于1944年授予他荣誉人文学博士学位。他也是卫斯理"美龄基金"的第一个演讲者。他在大学的演讲形成了他后来的英文著作《中国的宗教遗产》。1947年他回国重主东吴大学校务。1952年调任上海市高等教育司顾问。1956年3月病逝。②

陈裕光（1893～1989），号景唐，浙江鄞县人。其父陈烈明从事土木建筑业，并承建金陵大学校舍的建设，与校长包文、副校长文怀恩关系很好。陈裕光1905年进南京汇文书院成美馆（中学部），1911年升入金陵大学，成为书院改大学后的第二届学生，1915年夏，以优异成绩毕业。1916年，在文怀恩的帮助下，去美国克司工业大学（Case School of Applied Science）学习，一年后，进入哥伦比亚大学研究院化学研究所深造，苦读五年，1922年6月取得化学科哲学博士学位。回国后，曾在北京高等师范学校担任理化系主任、教务长、代理校长等职。1925年回母校金陵大学担任文理科主任、化学系教授，1927年被聘为金陵大学第一任华人校长。"陈裕光接任校长后，努力维护民族尊严与教育主权。他做的第一件大事就是向当时政府呈请立案。1928年9月20日获准，是全国第一个立案的教会大学。同时，着手学校内部的改革，在人事上，将过去由美国人担任的行政领导职务逐步改由中国人担任；在教学上，将宗教课程由必修改为选修，宗教聚会改为自愿参加，还将有些课程改用中文教授。这些改革，在全国教会大学中开

---

① 杨永清：《关于个人宗教生活的七种测验》，旅沪广东中华基督教会《富吉堂会务周刊》第一百六十二期（1941年6月1日）。
② 王馨荣：《天赐庄：西风斜照里》，东南大学出版社，2004，第136～137页。

了风气之先。"① 陈裕光为人开明,治校有方。他坦言:"我个人提倡思想自由,并鼓励学生组织各种团契、讨论会、读书会(有宗教的,也有非宗教的),旨在了解社会实际,接受进步思想,因此,学术空气十分活跃,呈现出一派欣欣向荣的新面貌。"② 1949 年南京解放后,陈裕光仍任金陵大学校长。1950 年 9 月赴华东革命大学政治研究院学习,金大校务由理学院院长李方训代理。此后,陈裕光主要从事化学研究方面的工作。③

吴贻芳(1893~1985),号冬生,祖籍江苏泰兴,出生于湖北武昌。从十一岁至二十岁先后在杭州、上海和苏州等地求学,其间,家庭遭受变故,得到姨夫陈叔通的帮助。受诺玛利(前杭州弘道女子中学历史老师,后受聘于金陵女子大学)女士邀请,1916 年 2 月,吴贻芳进金陵女子大学读书,她刚入校不久,就在同班好友徐亦蓁的影响下,开始信奉基督教,这一年夏天,她在上海四川北路晏摩氏女中的浸礼会怀恩堂受洗入教。在校期间,她学习成绩优秀,有出色的组织才能,被选为学生自治会会长。1919 年毕业后,她曾担任北京女子师范学校英文教员兼英语部主任。1922 年被推荐至美国密执安大学留学,进入该校研究生院生物系学习,此间,她还被举荐为北美中国基督教学生会会长等职。在她即将博士毕业之际,意外收到金女大创办委员会的聘书,聘请她担任金女大校长。1928 年 8 月,她接替德本康夫人成为金女大第一任华人校长。金女大的校训为"厚生",源自《圣经》上的一句话:"我来了,是要叫人得生命,并且得的更丰盛。"(约10:10)每年新生入学,吴贻芳都要介绍校史,对校训"厚生"她是这样解释的:"人生的目的,不是为了自己活着,而是用自己的智慧和能力来帮助他人和造福社会,这样,不但有益于别人,自己的生命也因之而更丰富。"④ 吴贻芳一直关注基督教在中国的发展,1935~1946 年曾任中华全国

---

① 《金陵大学校长陈裕光略历》,《南大百年实录中卷·金陵大学史料选》,南京大学出版社,2002,第 47 页。
② 陈裕光:《回忆金陵大学》,载江苏省政协文史资料委员会编《江苏文史资料集粹(教育卷)》,1995,第 43 页。
③ 参见王运来《诚真勤仁 广裕金陵——金陵大学校长陈裕光》附录"陈裕光学术活动纪要",山东教育出版社,2003,第 347~362 页。
④ 周和平:《著名女教育家吴贻芳》,载江苏省政协文史资料委员会编《江苏文史资料集粹(教育卷)》,1995,第 74 页。

基督教协进会执行委员会主席。1947年，当选为中国基督教教育会会长、世界妇女界中国协会会长。1949年4月22日，退还宋美龄馈赠赴台机票，留守南京，仍任金女院院长。1952年高等院校调整，在金女院院址建立南京师范学院，吴贻芳担任第二副院长。后又担任江苏省教育厅厅长、江苏省副省长等职。①

程湘帆（1887～1929），字锦章，安徽芜湖人。六岁入私塾，过目成诵，聪颖过人。十三岁入镇江福音书院，不到半年，该院停办，转学至南京汇文书院。二十岁中学毕业，担任安徽宁国府中学堂英文教员。二十三岁又入金陵大学学习，1913年毕业获文学学士学位，因成绩优异，留校做中学部教员。1914年至武昌陆军学校任英文教员。1917年回金陵中学任国文科主任。1920年自费赴美国哥伦比亚大学师范学院留学，获教育学硕士学位及师范学校教师证。1922年回国，任金陵大学国文系主任及东南大学教育学教授。1923年秋任安徽省教育厅第二科科长。1924年起在担任东南大学教授的同时，又被聘为中华基督教教育会副总干事，并兼任大夏大学教授。1925年主持编辑《中华基督教教育季刊》。1927年夏辞去副总干事之职，出任安庆市市长，因操劳过度，1928年夏辞职返沪，被聘为浦东中学校长。任事不到一年，终因体力不支，溘然长逝，享年四十三岁，遗子女各一。② 程湘帆对江苏基督教，乃至中国基督教所做的最大贡献，就是他在中华基督教教育会副总干事任内，对于教会学校立案问题的妥善解决发挥了协调者的作用。他在述职报告中坦言："干事觉得在这样情形之下，最要的工作就是一方使一般国人确实明了基督教学校的近状，及西教士办理教育的好意；一方使西教士谅解本国教育家及社会人士，对于基督教学校及教育事业的态度。质言之，沟通两方面的意见，以求互相的谅解。"③

---

① 参见程斯辉等《厚生务实 巾帼楷模——金陵女子大学校长吴贻芳》附录"吴贻芳学术活动纪要"，山东教育出版社，2004，第274～282页。
② 于化龙：《本会前总干事故程湘帆先生略历》，《中华基督教教育季刊》第五卷第二期（1929年）。
③ 程湘帆：《本会十一届年会纪要·干事报告》，《中华基督教教育季刊》第二卷第二期（1926年），第83页。

四　医务人员

基督教认为耶稣是救世主也是大医师。基督教的传道、办学和治病是综合一体的。基督教医生不仅医治人身体的疾病，也安抚人痛苦的心灵。在来华传教士医生的培养和指导下，江苏各地教会医院也涌现了一些出类拔萃的华人医务人才。

王完白，1884 年生于浙江山阴。他的父亲王从谦性好学，本来笃信佛教，1898 年，王完白十五岁那年基督教长老会传入他的家乡，他们父子与教会辩论，却皈依了基督教，也带动其他亲友邻居陆续信教。后来在山阴安昌镇设立总堂，附近百余里又设了八九个分堂，信徒竟达两千人左右，成为浙江省基督教很兴盛的地方，他的父亲做了二十几年义务教会领袖。王完白长大后，去美国留学并获医学博士学位，后又到日本研究细菌学，回国后曾主管江阴福音医院。常州监理会和长老会的西教士屡次邀请王完白来常州组织正式医院，1914 年他来常州就在局前街福音堂原址创办了福音医院。开院数年，成绩甚佳，每年诊病人数约七八千人。1917 年以后医院经济完全自立，不受教会资助。1918 年监理会与地方合组武进医院，常州福音院就专属长老会。1920 年因老教堂房屋租赁期满，他决定另购地建新堂，得地于常州西门新马路，他首捐巨款以纪念其 1918 年去世的父亲。1921 年冬新礼拜堂落成，即以其父之名命之曰"从谦堂"。之后，又在礼拜堂的二楼三楼开办"从谦"女学校和初级中学，由他的夫人王刘卓君主持校务。① 另外，福音医院还附属有医学校，请苏州福音医院美国人惠更生医学博士任名誉校长。1911 年辛亥革命之际，王完白在江阴曾组织红十字医队，参与过南京及津浦路线的救护工作。1921 年春，王完白又组织中国红十字会常州分会，与地方领袖通力合作，共谋赈灾救助之法。对于教会和医疗的事业进展，他曾慨叹："今后应行扩充及改良之事，不胜枚举，人生如白驹过隙，稍纵即逝，惟有竭尽心力，求不虚度此生，然责重力微，时虞陨越，尚望同志协助，共任巨艰，期达归荣上帝，加益世人之目的焉。"② 1932 年中日战争爆发，王完白离开常州，来到上海，在商界基督徒赵晋卿、

---

① 王完白：《我的父亲》，《福音广播季刊》第四卷第二期至四期（1939 年），第 8～11 页。
② 王完白：《十年之回顾》，《兴华报》第二十卷第十二期（1923 年），第 21～22 页。

李观森等人的支持下,创办中国第一个福音广播电台,台址设在广学会楼顶,他亲自主持节目,宣讲基督教福音和医学常识,并创办《福音广播季刊》。1936年元旦该台播放了宋庆龄的演说词,1946年又有孔祥熙发表演说,曾盛极一时。

曹济生(1895~1983),名昪尘,字寄僧,号济生,江苏淮安五里庄人。1926~1948年任职于淮阴仁慈医院。曹济生幼时随父课读,天资聪颖,记忆力超群,曾以优异成绩毕业于省立第六师范,本打算从事教育事业,但目睹民生疾苦,立志学医。青年时代,曹济生从省立苏州医科学校毕业,就被淮阴仁慈医院林霭士医师聘为见习医生。在齐鲁大学医科进修后,又回仁慈医院,历任眼科专科医师、内科主治医师。1926年有一次在苏北巡回施诊,将一垂死病人一小时内救活。"其医术如神,非泛泛庸医可比也。"[1] 1927年外舰炮击南京事件后,仁慈医院美籍人士委托曹济生为院务保管委员会主任委员、代理院长。抗战初期,他带领医护人员救治抗日伤兵,有时一天接纳600余人,几至日夜操劳。淮阴沦陷后,曹济生等人帮助抗日伤员和避难官兵提前销毁各种证件,改换全部病历,使其免遭日军残害。1941年春,仁慈医院美籍人士全部撤离,院长钟爱华(Nelson Bell)委托其主持院务。"当时的医院受到日本侵略者的百般骚扰,一些日军头目把一些医治无效而死的日本兵之死,硬说成是中国医生蓄意的政治陷害,蛮横无理地抓中国医生,有时还要枪毙中国医生,曹济生先生则大义凛然,无畏地从中斡旋,有时甚至以全家性命来担保那些被日本侵略者迫害的医生,从而受到当地人们的敬重。"抗战结束后,局势依然动荡,钟爱华院长年事已高,无力返回。曹济生先生也深感医院难以维持,加之精疲力竭,便于1948年8月辞职去了外地。[2]

李广勋(1894~1984),号叔章,浙江杭州人。1927~1932年任苏州博习医院院长。李广勋幼年随父定居苏州,在圣公会办的桃坞小学读书,后在上海青年会中学毕业,即考入苏州沧浪亭的江苏高等学堂。辛亥革命后学堂停办,又考入上海圣约翰大学医科,同年转入清华。1914年从清华留

---

[1] 蒋泽贻:《曹寄僧医术称能》,《通问报》第一千二百二十一回(1926年1月),第7页。
[2] 胡健:《在淮安生活过的美国人——原淮阴仁慈医院及其以后的一些故事》,载淮安市历史文化研究会编《淮安历史文化研究》,中国文史出版社,2005,第242页。

美预科毕业，以优异成绩考入美国宾夕法尼亚大学医科深造。1919年获医学博士学位并留校在附属医院实习一年，1920年通过"全美医生统一开业许可考试"，获得在世界各地行医的资格，并受聘于费城肺病疗养院。1921年，他放弃了美国的优厚待遇，毅然返回祖国。不久，就接受了苏州博习医院的聘请，担任该院内科、儿科主任，他与当时的院长苏迈尔相互配合，解决了很多医疗设备和诊治方面的难题。1927年8月，受监理会董事会聘请，李广勋出任博习医院第一任华人院长。他不仅利用诊病向病人宣传卫生知识，而且参加各种集会宣讲卫生常识，如苏州青年会、乐群社、普益社等基督教会堂，常有李广勋的演讲。李广勋曾发表《苏州博习医院是如何为社会服务》一文，其中写道："一个良好的医院，第一，应该使病人得到早期的诊断和及时的治疗，重要的是医生要有仁慈的割股之心，体贴关心病人；第二，医院应该有先进的预防科学和教育培养制度，以及良好的医疗设备，这样才有可能降低病死率。"1933年，因健康原因，李广勋辞去博习医院院长职务。抗战后，曾任上海劳工医院顾问，兼大公医院内科主任。1959年退休，还常翻译国外医学资料，他的医学科普文章经常在《大众医学》刊物上发表。[1]

寇文兴，名振岐，山东临沂人。1928年毕业于齐鲁大学医学院，先在山西汾阳、山东峄县教会医院供职，擅长外科手术。抗战期间，又先后在湖北、湖南、贵州、重庆等地服务。1946年来徐州，被聘为津浦铁路总医院医务主任，不到一年，又擢升为院长。该院除浦镇分院外，于浦口、蚌埠、宿县、临城、兖州各设诊疗所一处，每处医生、护士七八人，总院职工则百人左右，病榻六十张，门诊平均每日四百号。寇文兴院长为人慈祥，技术卓越，为虔诚基督徒，"尝自道其志云，生平做事，不惟轻利，且不慕名，苟有一技之长，供献社会，但求荣耀上主，不至辜负天恩。"[2]

以上所介绍的传道、神学、教育、医疗等各类基督教人才，可说是江苏教会中的凤毛麟角。还有一些值得纪念的人物，像东南大学副校长刘伯明、金陵中学校长刘靖夫和张坊、南京明德女中校长陈黄丽明、东

---

[1] 参见王馨荣《天赐庄：西风斜照里》，东南大学出版社，2004，第85~90页。
[2] 黄支田：《校友寇文兴大夫行谊》，《齐鲁大学校刊》第六十三期（1948年），第10页。

吴大学代理校长潘慎明、法学院院长盛振为、上海中西女学校长杨锡珍、景海女师校长江贵云、东吴苏州附中校长孙蕴璞、东吴吴兴附中校长孙闻远、苏州英华校长蒋石如玉、南京贵格会灵恩堂的李既岸牧师、自立神召会的马兆瑞牧师、南京鼓楼医院的杨绍成、陈祖荫、刘本立医生、淮阴仁慈医院钱景山、夏德霖医生等。特别是那些分布在乡镇的普通传道人、教师和热心平信徒，他们都为江苏的基督教事业做出了不可磨灭的贡献。

第四节　本色化神学的探索

民国后，本色化教会的建设和本色化神学的探索成为中国基督教的主要话题。废除不平等条约的呼声和民族主义的高涨促使教会尽快割断与西方殖民主义和帝国主义的纠缠，教会内部的西人控制和宗派林立的现象要求教会的自立与合一运动刻不容缓。同时，基督教要想在中国稳固发展，也要考虑教会与中国固有文化的适应问题，以及教会对中国社会改造所发挥的作用问题。本色化神学的目的是要建立中国特色的教会，在坚持基督教基本信条不变的前提下，吸收中国历史文化和民间习俗的优点，让福音能够为大多数中国人所接受，祛除其洋教色彩。本色化神学建设的主要内容包括中国教会的自立与合一问题、中国婚丧等礼俗的改良问题以及教会对中国文化的研究和吸纳等问题。这些本色化理论和实践的尝试与探索，江苏教会无疑也是走在全国的前列。

一　教会的自立与合一

教会的自立是指某一地方教会在经济上能够自养自足、在组织上可以相对独立以及在教义上不同程度的自主自决。教会的合一是指基督新教的某一宗派或各宗派之间在一定区域内的彼此合作、相互帮助乃至于最后的大统一和大联合。中国教会的自立与合一是一个问题的两面，其目的是试图摆脱外国差会的控制及对其的依赖，自立是针对地方教会独立自主而言，合一是针对全国范围宗派联合而言。

中国教会的自给自养问题早在 1870 年前后就有福州美以美会的教友提

出。他们认为，中国教会的自给自养"此事大紧要"①，因为福音书明言："盖工得其价，宜也。"（路加福音 10：7）保罗亦曾要求："学者当以所需供教者。"（加拉太书 6：6）"（地方教会）作小子时，不得已当受父母（外国差会）抚养，若至成人须当勉力谋生，预备自己口粮及供给父母衣食。"②基督教初传中国，教会依靠外国差会扶助，尚有情可原。如果教会已发展一定时期，仍然仰赖外国差会资助，不但养成中国信徒依赖之心理，也被教外人指责为吃教者。"盖我得布道之钱，终属布道之人（外国差会），与本地会友无干，则外国人竟为我等之东家，传道竟若为人传，奉教竟若为人奉。每见信心不笃，受苦不容，故苦即移于传道，传道即移于外国教士，会外之人贪慕，地方亦有诟传道者，谓得人钱理当殷勤苦口。即不明之会友亦厌听诲言，懒读圣经，每有薄善片长，急自荐于教士，受褒则喜，见责则怒。数年来，会友信心不固，教会不兴。此皆传道者得布道会（外国差会）之钱，职其咎也。"③ 此后，1877 年、1890 年、1907 年在华传教士三次全国性大会，均提出了中国教会的自立自养以及各宗派联合的问题。④不过，在 20 世纪之前，中国教会的自立与合一运动并无多大起色，义和团运动的爆发，刺激了中国信徒争取教会独立的愿望，民国建立后，教会的自立与合一运动有了新的突破和进展。

江苏教会在自立与合一运动中，无论是舆论宣传还是实际举措都十分突出。1903 年年初，上海中西书院教员谢洪赉、宋耀如等发起创立了"中国基督徒会"。1906 年，俞国桢在上海组织成立了"耶稣教自立会"。⑤ 同年，江苏徐州的南长老会，有宁波来的沈维新（铭三）、青州来的张凤仪（虞廷）、张文泉等劝众乐捐，组织成立了中国基督徒自立支会，并聘请济宁的王会英长老、潍县李兆庆长老来徐州传教。⑥ 王会英长老号召全国各地

---

① 许播美：《福州美以美会论传道者束修》，《教会新报》第 118 期（同治九年十一月初十日，1870 年 12 月 31 日）。
② 谢锡恩：《福州美以美会论传道者束修》，《教会新报》第 120 期（同治九年十一月二十四日，1871 年 1 月 14 日）。
③ 教友：《福州美以美耶稣教年会记略》，《教会新报》第 122 期（同治九年十二月初八日，1871 年 1 月 28 日）。
④ 参见阮仁泽等主编《上海宗教史》，上海人民出版社，1992，第 852~869 页。
⑤ 参见阮仁泽等主编《上海宗教史》，上海人民出版社，1992，第 965~972 页。
⑥ 张文泉：《徐州长老会近情》，《通问报》第一百八十六回（1906 年 3 月），第 8 页。

效仿,他在倡议书中写道:"耶稣教入进中国,教化大行,已近百年,领洗进教友约有十万,或传道、或行医、或作教习、或为工师、或为翻译、或长于货殖、或善于种植,滋养生息,不可胜述,揆其财力,足可自行立会,不尽假手他人,以召西人有胡尚须抱保之讥也。基督徒会,有鉴于此,请各处信徒,倡立布道会,如有愿捐自立者,祈寄函上海,即有资助,有三捐一之例。是故江苏徐州府耶稣堂,有沈君维新、张君文泉、张君凤仪诸君,于早前倡立自立布道会,教友不过五六十人,当时所捐钱文,足聘一位传道之用,至今不过半年,所捐钱文,已增至能聘三位传道之用,如果各处信徒,均效沈等之所为,则自立布道会,可反手遍布于中国矣,果能如是,则用人传教建堂开学诸权,均操诸我手,久而久之,耶稣教成为中国耶稣教,谁人仍以洋教称我耶。保罗云:愿神用自己有恩惠之道,保佑尔侪,此言不诚然哉。余原山东潍邑人,深悉诸得恩赐之家,如潍邑、如青岛、如济南某某长老等等,以及诸多信徒,不能备载,均可为布道会之倡,愿诸君速行倡率,休再观望延挨,仰息他人,贻诮于他人也。"[1] 民国前后,江苏境内比较活跃的基督徒,如陈金镛、贾玉铭、江长川等均就自立问题提出了一系列的主张和建议。陈金镛1906年在《通问报》上发表《中国教会宜亟图进步于自立问题》的文章、1914年在金陵《神学志》创刊号上又发表《中国教会自立之进行》一文,他认为,民国前中国教会"有自立之名目,无自立之精神;有自立之志愿,无自立之方法。且或有扬言自立为沽誉之计,借言自立怀排外之心,则自立之声浪愈传,而自立之手续愈难。有心人未尝不扼腕长叹曰:中国教会之自立时机,其犹未熟乎?以是而一般素具倚赖性质之基督徒与夫一二好专制行为之西教士乃有所借口矣"。到民国建立,"自政体改更而后,中国教会之状况虽未显著自立之形式,颇有表示自立之朕兆"。其表现为三个方面的变化:(一)人才方面。"向之醉心于利途者,今则效力于教会矣(某久置身邮界,得优俸,今则弃前业,执圣役矣);向以传道为不足轻重者,今则以传道为最关重要矣(某有二子,一智一愚,智者培植之为将来教习之材料,愚者培植之为将来传道之材料,此中国教友之通病也);向视教会为西国之移植品者,今若欲争

---

[1] 王会英:《中华基督徒宜倡布道会(徐州)》,《通问报》第二百零三回(1906年4月),第4页。

为中国之自有产矣（教会上冠某国字样，今中国基督徒雅不欲观之）；向固尊视西教士之阐扬真理，今则亦钦佩华教士之妙解福音矣（如诚君敬一、杨君维翰，中西人士，众口同称）。由此种种观察，皆所以促成教会自立之人才也。"（二）捐款方面。"教会之强固之活泼之长进，虽不在乎金钱，然而金钱之乐输与鄙吝，大可彰显教会之进行与退步。教会岁入之捐款丰盈，会牧可以自养矣，会使可以自遣矣，会堂可以自建矣，会务可以自理矣。所谓利之所在，即权之所在，外不受人之牵制，内可循理之设施，岂非快事也哉。讵中国教会，向奉西国差会为慈母，保抱提携，已养成娇儿之体态，一旦令其卓尔自立，不但胆寒而股慄，抑且倾仆之立见也。……盖审查捐输问题，近年间，实为最艰难之时代，战乱迭起，炮火之消耗，兵匪之掳掠，商业之凋敝，无一不为财产之损失，无一不加经济之困难，人民之衣食尚虑不给，教会之影响自必同受。然而各处教会之自立消息，喧腾于报章者，未尝或止。如中华圣公会之名称公布也，中华基督教之组织继起也。且山东之刘寿山君捐巨款，以造自立会堂矣。湖南梁家义君集同志，而订自立章程矣。天津张伯苓君之自立教会，仍无仰屋之款。上海基督徒之自立教会，不馁开荒之志。虽际此民穷财竭，而凡百信徒，对于捐款之本分，实未曾减缩。"（三）精神方面。"人才与捐款犹为表面者焉，而其实有自立之可期，则在近日之中国教会别有一优异之点在，夫亦曰精神而已。盖教会有精神，虽无自立之气象，实树自立之基础。虽无自立之机关，实具自立之能力。……乃查近年各会对于联合之事，颇有可观。如慈善事业，教育事业。彼倡此和，彼提此携，互相联络，不可言喻。且种种筹划，数年前主权尽属诸西士，而今日华士，亦得参议矣。畴昔凡有会议，列席者西士居多数，发言者华士居少数，就现象以观，则竟成反比例矣。由是生一分自强力，当然增一分自主权，增一分自主权当然进一自立步。虽公会名目尚有统系，教会财产尚非自置，而精神上已形活泼，自立前途，可拭目俟之。"① 民国后，包括江苏在内的中国教会要求自立的呼声越来越强烈而高涨，实现自立的因素和条件也逐渐具备和成熟。

教会的自立与合一是相互关联的。陈金镛认为，在某种程度上中国教

---

① 陈金镛：《中国教会自立之进行》，《神学志》第一卷第一号（1914 年 3 月 1 日）。

会的合一比自立更重要。他在《筹备中华教会之统一》一文中写道："且就今日教会各报舆论观之，莫不主张中国教会之亟宜自立，而自立之策，尤以统一教会为亟要，何则？苟不统一，则自立者，仍为外国之某某公会，即不然，而为中国之某某公会，势必成外国教会之形势，为散而莫纪之教会而已。故有识之信士，亟亟以谋统一为言也。又就各公会之现势观之，圣公会已统一矣，长老会已统一矣，与长老会性质相同之会，愿加入而归统一矣。虽然，此种统一，仍有限制，未能化除畛域，岂能满吾人之意，虽稍胜于前日之江北人而归南长老会者，江南人而归北长老会者之称谓，无如同一国家，同一宗教，同一圣经，因有宗派之关系，信仰之偏见，则仍未能水乳交融耳。"对于如何促进中国教会的联合和统一，陈金镛提出了一些可行性的方法和措施："（一）文字鼓吹。使全国基督徒胥知教会在泰西分裂之流毒，我国教会亟当统一，盖神赐之特恩，欲我中国教会，为西国教会统一之模范，亦万国教会统一之先导也。（二）劝告联络。有一乡之教会，则联络为一气，有一邑之各会，联络为一会，推而至于各省，然后由各省联会推举代表若干人，而成全国之联会。（三）设立机关。征集全国中所钦仰所信任者若干人，专心筹备，并募捐特款，为筹备经费。由往事观之，此等经费，未始不可筹集。如信教自由之请愿，如顺直等处之赈济，我国信徒，莫不踊跃输将，况关全国教会统一之筹备乎。"当然，陈金镛也承认欲筹备统一的中国教会，"此言谈何庸易"。第一，经济上之关系，万难办到。第二，现在教友已略染成宗派之气味。第三，人才之困难。第四，欲求各国西差会均能同意，尤为非易。虽然教会的统一困难重重，但他觉得基督徒不应抱消极主义的态度，而应积极进取，因为"教会统一，利莫大焉"。他列举了中国教会统一的许多好处："一、可消灭洋教之臭名。二、使信徒确知基督亦为吾国之基督。三、慕道友不必择会而入。四、教会规章得适合中国人民之心理。五、教案可以消除。六、传教无庸借他国条约之保护，保护传教条约，此为教会初入中国所不能无，但日久牵入国际，亦最危险。今民国既立，宪法果能规定信仰自由，如教会统一，保护条约当然可废。七、会产悉由中国教会自置，不致再有某国某会之墙界。八、教会统一，外款得以减少，此减少之外款，得以推扩新地，想必为母会所赞许。九、中国教会之新事业得以合力建树。十、使人民不复轻视教会之庞杂。十一、外来异端派不能立足。十二、自立精神益能增进。十三、同教之派别争端不能发生。十四、财政得以节省，不致数堂而拥挤一区。十五、传道人材易于支配。十六、有所举动，西教士不能牵制。"① 以上有关中国教会合一的方法、好处等方方面面的论证可谓深入细致，足以证明江苏教会对此问题的关注和重视。

江苏教会合一运动探索性的工作是江苏基督教联会的成立。江苏基督教联会于1908年冬首次集于苏州，当时参加的有南北长老会、监理会、浸礼会、基督会、伦敦会、美以美会、内地会、安息会等中西代表，并订立草案章程，决定每年聚会一次，每会派中西代表各一人，凡有信徒三百以上之教会，加派中代表一人，西职员二十五人以上者，加派西代表一人。联会的性质和宗旨是："仰体基督所望教会合一之意，力求各会职员，男女信徒，彼此联络，互相砥砺，以期一致进行，俾福音普及全省，其办事权限，则纯属顾问性质，并无强人遵行之意。"② 成立第二年，贵格会、来复会又加入进来。第三年，圣公会、福音会随同聚会。以后又有省各地方联会与辅助教会之机关，如青年会、广学会、圣经会、圣书会、圣教书会，以及诸教会报社等代表与会。自1908年成立联会以来，其集会地点有苏州、南京、上海、镇江、苏州、扬州等城市，除1911年因光复战争停聚一次外，余皆一至会期，代表毕集。前两次联会的会正是李仲覃，英文记史是高诚身，中文记史是诸辛生。

1912年第三次联会召开前，报端呼吁："江苏联会，已聚过二次，此二次所有赴会代表，平均计之，皆以西教士为多数，故纪录中，均无甚奇特之事件，诚以西人未谙华情者多，故所论每多隔靴搔痒也。今者第三次联会召集在迩，甚盼各公会华牧踊跃赴会，展其抱负，畅所欲言，俾此届联会放一异彩也。"③ 第三次联会于1912年11月20日在上海圣保罗堂召开，会正高诚身，会副张永训，英文记史康福安，中文记史陈春生，司库张葆

---

① 陈金镛：《筹备中华教会之统一：杭州江浙联会议题》，《神学志》第五卷第三号（1919年9月）。
② 柯重生：《江苏联会》，载中华续行委办会编辑《中华基督教会年鉴》（第四期），上海广学会，1917，第213页。
③ 《华教牧对于江苏联会之关系》，《通问报》第五百二十五回（1912年11月），第4页。

初，常委办李仲覃、包克私。赴会的代表有：监理会薛伯赉、李仲覃、文乃史、杨维翰、蔡式之、袁恕庵、范子美，福音会周亮亭，中华圣公会陈继铎、沈嗣恩，苏州长老中会李恒春、俞国桢、张葆初、包兆祺、刘德森、康福安（事假）、屈侯伯，昆山联会吴锡荣，安息会赵星卿、汪惠屏、克罗福，基督会高诚身（事假）、惠雅各、胡信贵、顾定坚，伦敦会孙雪山、李福江、邵思文、包克私，南京长老会朱宝惠、毕来思，美以美会张永训，上海浸会乐灵生、冯钊光、金恩泰、邬采芹、虞思才、余士廉，浦东联会周文敏，苏州浸会尤荫奎、祝鉴棠，嘉定联会沈嗣信，镇江长老会韩文光，江北长老会白秀生（未到），上海通问报馆陈春生等。上海联会代表陈继铎在欢迎词中说："今日之江苏基督教联会，乃他日全国教会联合、世界教会联合之嚆矢，此宜欢迎者一。此联会由一次至再至三，由此而至于十百千万次，此宜欢迎者二。江苏联会不聚于他处，而光临上海，此宜欢迎者三。此次聚会，适民国成立之新纪元，此宜欢迎者四。"嘉定代表圣公会牧师沈嗣信指出，在民国下的中国教会应注意以下几个问题：对于教会内部，一是实际之联合，如礼节统一等；二是栽培传道人才；三是兴实业以助教会之自立。对于教会外部，一是要随时随地布道；二是多聘有才德之传道；三是宜多做善举，以表明教会之仁爱，如开办医院、济良所、工艺厂等。沈嗣恩代表补充说，民国下的教会宜联络政界，激励政界信主之人热心教会事务。南京代表朱宝惠谈到如何开拓江苏落后地区的传道问题，他认为首先宜研究江北为何等之地势：（一）道路狭隘，屋宇偏小；（二）民性强悍，好勇斗狠；（三）生计困难，贫富不均；（四）人心黑暗，迷信甚深。其次宜研究得何等人往彼布道：（一）体力健全；（二）学识优长；（三）德性坚定。最后宜研究如何得此等有才德之人往彼布道：（一）使人明知该地苦况，征求有志之士往彼传道；（二）培植特别前往该地传道人才；（三）选派相当之人，往该地传道。总之，联会宜立专部，合办荒地传道之工。刘德森牧师提出了如何处理宗派间关系的问题，他坚持：（一）西教士若不分此疆彼界，教友即无轻看他会之意见；（二）传道时应劝人至相近之会堂谋道，不可注重己之教会，应注重救人灵魂；（三）对谋道人，不可多批评他教礼节，启人疑虑，盖各公会得救大道，无不相同也；（四）教友或谋道，因故欲移归他会，教牧不可掮阻，以示大公无我。此次联会还讨论了宗教师有无参与民国选举权问题，民国后婚丧礼俗改良问题，以及如何推动更大范围乃至全国的教会联会问题。并确定下次联会时间为民国2年（1913），地点在镇江，会正陈金镛，会副毕来思，中文书记陈春生，英文书记乐灵生，司库陈继铎，常年委办李春蕃、卫雅各。① 值得注意的是，江苏联会与浙江联会，互派代表赴会，彼此交换意见和看法，并提议两省联合聚会。1919年5月江浙两省第一次基督教联会在杭州召开，讨论了筹备中华教会统一以及组织全国联会等问题。②

美中不足的是，江苏联会主理的职员们均属义务，并有其他职责，很难专理会务，加之限于顾问性质，无执行之权，所以每次议案很少能得到贯彻落实。甚至有人视其为累赘、讥诮为好事。但多数会员肯定其不可替代的作用，认为："吾江苏省自有联会以来，本省传道人员，彼此相识者颇多，此其一也。集会地点逐年更换，可使该处教徒目击教会联合之盛况，以兴起中国信徒之联合思想，免蹈欧美教会门户之见，此其二也。本省开会，往返便利，需费无多，既可节省经费，又能多派代表，此其三也。教会愈多，联合愈难，一省之中，教会尚少，相差之点，亦较有限，且人民之习惯，地方之情形，亦不致大相悬殊，故联合一省，定较联合一国为易，若各省先自联合，未始非全国联合之一大助力，此其四也。"③

其实，教会合一的探索还有一种形式，就是同一个城市的各宗派联合公祈。这种形式早在传教初期就已开始尝试。比如在苏州城内，20世纪前基督新教共计四会，即南、北长老会、浸礼会、监理会。按照约定，各会礼拜堂挨次轮流，每到华历月初第一个礼拜日，中西牧者咸集。其章程如下："一、除华历六七月外，每月第一礼拜日下午三点半钟聚集公祈。二、每期派定二位主理，但公祈以祈祷为重，主讲者只可讲道八分钟，余时祈祷劝勉，并报各会佳音。三、委办既派定聚于何堂，各公会届期，务当同心聚集。四、新年公祈聚集五日，自元旦起至初五止，时定下午三点钟，

---

① 《江苏基督教联会第三次聚会纪录》，《通问报》第五百二十七回（1912年11月），第5页。
② 陈春生：《江浙两省基督教联会第一次合聚议事程序（杭州）》，《通问报》第八百四十四回（1919年4月），第2~3页。
③ 柯重生：《江苏联会》，载中华续行委办会编辑《中华基督教会年鉴》（第四期），上海广学会，1917，第214页。

惟逢主日则在上午十点钟。五、倘五日内不遇主日，须在新年第一礼拜日恭行圣餐，并请一人讲道。六、圣餐每年各公会挨次轮流，聚于何堂，则照该堂之规行圣餐礼，主理责之该堂牧司。七、圣经为教会之本，故公祈末日，特区别为聚圣经会之期。八、每年十二月公祈事毕，须公举委办四人，商酌明年新岁公祈并月头公祈时地，并何人主理，及派题目等事。九、委办须预备刊印公祈单分送会友，其费可在新年公祈时特开捐项。十、委办所定之章程，倘欲更改，须各会友三分之二允许方可。"① 南京是江苏省会，也是全省教会视听之所在。民国后，除使徒、安息等会外，南京的长老会、美以美会、基督会、圣公会、来复会、贵格会六会结成联会，每月集会一次，商讨布道上的联合问题，研究方法，并刊有《基督教公报》，每月出一次。其联合事业上最卓著的事是游行布道团的发起，该团不仅在本省有影响，而且波及皖、浙、湘、鄂等省。"其布道之所经，或村镇，或陇亩，或演剧之区，或庙会之处，音乐鼓号，树帜歌诗，散布传单，引人入胜，所到之处，大受欢迎。"②

  南京基督教协进会的成立是江苏教会走向合一的又一尝试。1919年1月1日，南京各教会公祷礼拜时，就提议各教会深度协作，但因各公会意见分歧，未能实现。又过了二年，1920年华人牧师孙喜圣、高师竹、夏光新、钟可讬、周寄高等，西国牧师司徒雷登、吉施、季盟济等，都认此事不可再缓，于是恳切呼吁，竭诚磋商，乃假青年会会所成立南京基督教协进会。1922年，得到司徒布道费的捐助，即于是年四月间迁移韩家巷新会所。1925年3月年会时，又扩充组织，计职员六人、执行委员二十一人、执行干事三人。委员分十五股——经济股、书报股、布道股、服务股、慈善股、改良股、劳工股、拒毒股、夏令儿校股、平民教育股、陈列股、主日学股、退休会股、建筑股、祈祷股，各股有委员长一人，委员数人，均各公会中西教牧担任之。开办之初，各项职员、委员、会员，都是中西各半，后来变更华人居四分之三，西人不过居四分之一，以至力图全由华人自主，即总干事一席，亦将属之。"本会成立，迄已数载，就表面言，似毫无成绩足

---

① 史志稼：《苏城教务》，《教保》第二十一册（光绪二十七年七月，1901年9月），第8页。
② 李国霖：《江苏教会》，载中华续行委办会编辑《中华基督教会年鉴》（第四期），上海广学会，1917，第70页。

述。就实际言,冶各公会人材于一炉,遇事同心公商,协力维持,年来举办事业,各公会无不以群龙有无首,称便利焉。"① 尽管组织者感到取得的成绩不大,但心中还是充满了无限的希望和期待。1935 年,南京基督教协进会已经成为了包括圣公会、美以美会、南北长老会、基督会、来复会、贵格会、神召会、远东宣教会、合一堂以及教会大中学、男女神学等组织在内的协作机构。该年年会出席的代表有三十四人,大多为牧长,主席李汉铎院长,书记王钥东教师。该会干事蒋调之于 1934 年 8 月病逝,后请布道所王亚灵先生、金陵神学徐保清先生代理,长老会的毕来思牧师特别提出要记录前干事蒋调之的事迹。② 布道股成员有鲁士清长老、鲍忠牧师、刘安乐牧师等,负责推广在江宁地方法院、模范监狱、江东门陆军监狱三处布道。灵修股的李既岸牧师主理各处的祷告会、退休会和奋兴会,南京汉中堂曾请黄上进先生、贵格会曾请宋尚杰博士、沛恩堂曾请薛孟则先生先后举办奋兴会。宗教教育股由密尔士牧师负责,1934 年开宗教研究会,用款八十余元。社会服务股朱继昌牧师介绍了处理水灾借款、买米分发各校等情况。布道所主任王亚灵报告了查经布道、探访慕道友等活动的良好效果。公墓股郭书青会长提到公共扫墓礼的举行以及广东浸会请求加入等情况。会计密尔士报告下一年预算案,并推派马骥会长、李耀东牧师负责查账。杨绍诚牧师、罗培德会长也参加了该会。③ 可见,各教派的相互协作可以推进基督教各方面事业的全面发展,但是各教派的协作并不等于教会的合一,只是为教会合一提供了某些前提性条件和一些探索性的经验。

江苏教会自立运动的情况,受历史条件的影响进行得不是那么顺利。从民国以来,教会自立的呼声高唱入云,各地名目繁多,比较普遍的则为"中国耶稣教自立会"与"中华基督教自立会"两种,最多时全国自立教会达六百多处。但自从齐(燮元)卢(永祥)战起、国军北伐及"九一八"

---

① 蒋调之:《南京基督教协进会》,载中华基督教协进会编辑《中华基督教会年鉴》(第八期),1925,第 112 页。
② 蒋调之,江苏人,出生于 1876 年,曾就读于南京基督书院、金陵神学院,并在南通、芜湖等地传道,后任南京基督教协进会干事。"所任各职,成绩皆有可观。"参见李厚甫《蒋调之先生小史(南京)》,《通问报》第一千六百四十二回(1935 年 6 月),第 10 页。
③ 钱在天:《南京基督教协进会年会会记》,《圣公会报》第二十八卷第九期(1935 年),第 20 页。

"一·二八"各役以来,各自立教会"停顿者有之,解散者有之,复归原会者亦有之"。截至1935年,真正自立、自养、自传的教会,全国仅剩二百余所,江苏的自立教会包括上海在内有二十五所,苏南有昆山县浸会自理堂(昆山玄坛街)、无锡县浸会自理会(无锡通惠桥)、吴县浸会自理会(吴县谢衙前)、苏州中国耶稣教自立会(苏州观音街)、盛泽镇中国耶稣教自立会等,苏中有江宁县浸会自理会(江宁中山路)、泰县中国耶稣教自立会等,苏北有邳县中国耶稣教自立会、阜宁县中国耶稣教自立会等。[1] 关于江苏教会自养问题,有这样一段总体评价,可谓中肯:"(苏省教会)以其自养能力观之,不过华人传道之自养,聊以自给而已。欲觅得完全自立自养之教会,在苏省不多觏也。其余医院及学校之自养,亦如是。西国医士及教员,多由宣教会之供给。但医院以今日之情形度之,完全自养之目的,当较学校与教会为早也。至教友之捐输纯系乐捐。虽知教会之经济,当由信徒分任,奈何其个人经济,辄有向壁之叹,其自养各堂,为此问题,曾多方研究,预算之量入为出,分配捐额,每有不敷之憾。"[2] 不过,各地区可能有所差异,比如,监理会在苏南较富庶地区,自养的推进也许会顺利些,从1934年起,监理会决定每年将差会之布道经费递减十分之一,由中华教会方面年增十分之一,花十年的时间实现教会完全自养。[3] 而南京地区六合贵格会的自养情况并不乐观,传道员马有福坦陈:"本会总堂及四乡分堂的用费,完全是由西国差会供给的,不过有一、二分堂的地基完全是本会信徒共捐的。因此本会管理权西差会悉委托本会西人,西人多有不识我国民情民俗,往往有许多困难发生。说到这里,不得不忠告我国宗主信徒,竭力提倡自立教会,并为我六合教会祷告。"[4] 苏北徐州的美国南长老会虽然历史已不短,但是,华人牧师王恒心不得不慨叹:"论到经济这一层,我

---

[1] 庞子贤:《自立教会调查录》,载中华基督教协进会编辑《中华基督教会年鉴(1934~1936)》(第十三册),上海广学会,1936年12月,第24~27页。
[2] 李国霖:《江苏教会》,载中华续行委办会编辑《中华基督教会年鉴》(第四期),上海广学会,1917,第71页。
[3] 毛吟槎:《监理公会近年来工作的进展》,载中华基督教协进会编辑《中华基督教会年鉴(1934~1936)》(第十三册),上海广学会,1936年12月,第56页。
[4] 马有福:《江苏六合贵格会》,载中华基督教协进会编辑《中华基督教会年鉴》(第七期),中华基督教协进会,1924,第92页。

们深觉着没有什么很好的成绩可以报告。现在教友们所缴的捐项，不过仅仅能供给牧师的薪金和一些零星的杂用而已。其他医药教育及建筑等费用，完全是出自西差会，而且西差会所发给一切费用和款项，统由西教士们自行处理，自由分配，堂议会和华信徒，皆不得过问。……我们的教会还是在幼稚时代，一切重要事务，仍须仰仗西差会的协助，所以还谈不到什么创办事业的话。因为现有的医院学校礼拜堂等，仍是西差会的产业，我们不过仅仅在布道事业，和办理关于教友的事务上，作点部分的自理工作而已，哪里能称得起自立呢?"①可见，江苏教会自立运动发展存在不平衡性，有可圈可点之处，也有不无遗憾的地方。

　　江苏教会的自立合一运动既顺应整个中国教会逐渐合一的趋势，同时也推动和促进这一趋势的实现和完成。中华基督教会的成立就是一个很好的范例，江浙一带的南北长老会是最早提倡此合一运动的。早在 1890 年长老会西教士就在上海提议各长老会的联合。1901 年 10 月 2～4 日，中国十个长老会的五十四名代表又在上海集会，公推甘路得博士为书记，筹备进行合一之事宜，此次会议的要点是："（一）极望凡在中国之基督教会，咸合为一，惟先谋本长老会之合一，俟遇有机缘，再谋其他之基督教会合一。（二）特请各会多派代表，筹划合一办法，陈请各长老会，详加讨论，必期完善，俾可畅行，如他会有愿与本会联合者，亦可派代表与议。（三）专谋布道于中国之政治，不欲西国长老会有所干预，使中国长老会得以自由办理传道事宜，惟中西教会，情同子母，素有联络，故须特请代表，将所商议一切，转请西国各本会，以求同意。"1907 年成立了全中国长老联会。1918 年 4 月 13 日，全国长老会第五次联会在南京汉西门长老会礼拜堂召开，大会推举毕来思、谢志禧牧师分别为会正、会副，张葆初教师为正史，贾玉铭教师为佐史，芳泰瑞教师为英文书记，并欢迎伦敦会代表教师施伯珩、包克私，公理会代表教师明恩溥、裨益知，美部会教师宋恩德同坐议事。会议表决通过的章程有五条："（一）长老会、伦敦会、公理会组合而成一联会，若另有性质相同之会，欲与本会联合者，亦极欢迎。（二）定此联会之名称，曰中华基督教联会。（三）采取各会之意见，酌定办事之规

---

① 王恒心：《徐州基督教长老会概略》，载中华基督教协进会编辑《中华基督教会年鉴》（第七期），中华基督教协进会，1924，第 91～92 页。

则，以预备将来成立一合会为宗旨。（四）应派正副委办各十二人，即长老会正六人、副六人，公理会正三人、副三人，伦敦会正三人、副三人。此班委办可商议联会之信条典章规则，并请长老会派定一委办长。（五）委办既组织联会之方法，经各公会赞成，即可指定聚会之时地，请各会所派之代表聚会。"① 对中华基督教会合一运动最有力的几位推动者有南长老会的毕来思牧师、伦敦会的施伯珩牧师、宁波的谢志禧牧师、金井的许声炎牧师等。② 1927年10月1日至11日，由南北长老会、伦敦会、公理会、浸礼会等15个差会组成的中华基督教会第一次会议在上海圣玛利女中召开，参加者除临时总会执行委员诚静怡博士、高伯兰博士（A. R. Kepler）、龚子云牧师、施伯珩博士（C. G. Sparham）、张坊教士、宝广林教授、汤仁熙先生外，还有其他代表一百四十二人，其中江苏地区的教会中西代表有王完白、任恩庚、邵镜三、陈金镛、毕范宇、诸辛生、鲍忠、钱在天等许多人与会。③ 中华基督教会总会设于上海圆明园路二十三号，成立后全国各地隶属于总会的大会（协会）有十六个，区会有八十七个，受餐会友共十三万人，堂会支堂有二千四百所，牧师有二千四百多名。④ 华东大会包括申禾、嘉兴、宁绍、杭州、江南、宁镇、皖北七个区会，有受餐教友一万四千九百四十四人。1930年4月30日，中华基督教会华东大会在浙江嘉兴之嘉北教堂召开，参加者有来自苏、皖、浙三省的七个区会，六十余人，其中属于江苏地区的江南区会（包括上海、苏州、江阴）出席的代表有二十一人：李恒春、蒋时叙、韦绍曾、陶仰景、马云泉、陈少芝、包少芳、邬全芳、雷维思、诸重华、胡茂柏、沈亚伦、应书贵、华保仁、张子荣、王省三、康福安、吴子荧、毕来思、王锡畴、陈达三；宁镇区会（包括南京、镇江）的代表有四人：鲍忠、鲁士清、董文德、华伯雄。会后江苏代表包少芳等表达了对时局和教会的感慨："环顾时潮之化变，核察教内之缺欠：志移心惑，同工有去职而他就；工少稿多，后起关立志之青年。深蕲神恩绵庚，

---

① 陈金镛：《长老、公理、伦敦三会合一之先声》，载中华续行委办会《中华基督教会年鉴（第五期）》，上海广学书局，1918，第180~183页。
② 《我们的中华基督教会全国总会》，《富吉堂会务周刊》第七十七期（1939年），第1页。
③ 朱紫封：《中华基督教会组织现状》，《中华基督教会总会公报》第一卷第三期（1929年2月），第43~45页。
④ 《中华基督教会的简述》，《富吉堂会务周刊》第一百七十八期（1941年），第2页。

眷顾时锡,牧长同道,使命毋负,责任共荷,艰辛共勉。更希乎大会所草规章,早得实行,庶团契之基础有矣。戮力奋进,同建天国,一心一德,共戴基督,帝旨斯成,在地如天。亚们!"① 1929 年 11 月 20 日,宁镇区会在南京户部街礼拜堂举行第三次常会,教师董文德主席,出席:教师马逢伯等九人,堂会代表周陆麟等七人,南京女布道部代表姚贵云、董海伦,南京执行部司库代表麦裴德,准试童辉等三人,新代表周钰隆、陈烈明、陈达礼,长老张洪发、高国供等。会议选出会正董文德、会副马逢伯、正史朱宝惠、佐史陶明亮,并决定派苏宓夫署理丹阳堂会、金坛堂会及姚一湾堂会,派马逢伯署理镇江霸堰头街堂会及辛丰堂会,派潘济尘署理南京城南堂会及铜井堂会,派朱宝惠署理南京四根杆子堂会、董文德协理,派李善源署理溧水堂会,派鲍忠署理南京沛恩堂会,同时派赵腓力调查镇江差会经济状况,派鲁士清调查南京差会经济状况。马逢伯撰述的《教化概论》总结了当时宁镇区会各堂会的传教和自养状况:"四根杆子堂会,收教友逾五十,集捐款约千元,已停之女学重开,被毁之房屋修整,主日学较去年为优,礼拜人比往日更盛。沛恩堂会每礼拜布道五次,收教友亦有数人,教友家庭礼拜,每日主领,轮流一年,布道事工,大家进行努力。南京城南堂会,房屋器具,虽毁于兵,而今既已修理一新矣,教友捐款,向虽支绌,而今日已踊跃输将矣,虽有少数教友,退缩不前,处今日之时势,亦属情有可原,无足怪也。铜井堂会,教务殊行发达,信徒热心可嘉,学校日见振兴,成绩未可限量。溧水堂会,往年受军事影响,而迷路之羊群,寻回不少,教友纵识字不多,而于救主之言行,犹能十分明了。有足述者:镇江西门堂会,一切事工,教友负责,自立之精神,独树一帜。南门堂会,传道之区域甚广,教友自动传道,不领薪金,教务急图进行,不遗余力。辛丰堂会,尹长老虽已去世,继起者犹幸得人。金坛堂会,景况虽不如前,整理不难恢复。姚一湾堂会,教务奋兴,日新月盛,捐输踊跃,纷至沓来。此宁镇区会一年以来之情形也。惟望我区会同人,群策群力,一致进行,同德同心,到底不懈。更求我主大沛恩膏,多赐灵力,使福音遍于全省,民众同登天程,此吾人应尽之天职,亦所朝夕默祷

---

① 《中华基督教会华东大会第二届年会纪录:附录教化概略》,《中华基督教会全国总会公报》第二卷第七期(1930 年 5 月),第 537~549 页。

黾勉以行之也。"①

教会的自立与合一是教会内部或教会间的调整与组合，它的实现不是一蹴而就的，而是一个不断推进、不断完善的过程。教会的健康发展不仅需要其自身的协调统一，也需要与它所处的外部环境相适应。基督教为中国社会提供了新动力、新因素，但同时也要尊重中国文化、吸收其优点。

二 婚丧等礼俗的改良

本色化教会在实践方面所面临的一个重要问题是如何对待中国传统婚丧等礼仪制度。由于中国人的祭祖观念、丧葬制度和婚庆礼仪似与偶像崇拜、鬼神崇拜相涉，所以这些传统习俗有与基督教基本教义相冲突的地方。基督教恪守上帝信仰，反对偶像崇拜。不过，对于基督教来说，中国传统"婚姻之礼碍道者尚少，丧葬之俗反道者甚多"。②中国社会，"婚丧仪仗，向无正式规定，以致社会所沿用的，奇形怪状，丑态百出"。中国教会，也因教派及地区差异，其礼仪规定也无统一标准。然而，"礼俗革新，与政治革新相辅而行，而礼俗尤以婚丧为首要，化民成俗之道，不能不先注意及此"。"此虽仪文末节，然而足以表现民族的文野，正社会的观听，断乎不应忽视。"③

江苏教会较早地注意到婚丧等礼俗的改良问题。1900年，江苏各公会的牧师教友代表聚集于上海思娄堂讨论此问题，参加者有甘路得、汤蔼礼、汤执中、凌子言、周亮亭、陈继铎、史致昌、曹云章中西人士，并选举秀小姐、黄娘娘、陈继铎、冯文荣、李福江五人担任委酌推动此事。④凌子言牧师用上海方言提出了十一条婚丧礼仪改良的建议："一则，争论财物。攀亲个时候末，争论聘金。死之人末，讲究分家。话到嫁囡咾争多论少，非但勿合教规，也是看轻自家个小姐，当伊像一件货色能，值几化，值几化。死之人末，应该商量断送个事体，担死人来搁拉板门上咾，请人来分家末，

---

① 《宁镇区会第三次常会补记：附教化概论》，《中华基督教会全国总会公报》第二卷第七期（1930年5月），第597~598页。
② 左斗山：《论教会婚丧之礼不宜轻定》，《中西教会报》第二十一期（1892年）。
③ 《社言：婚丧仪仗规定》，《兴华报》第三十三卷第四十五期（1936年）。
④ 凌子言：《议改婚丧俗礼记（上海口音）》，监理公会编行《教保》第十四册（光绪二十六年十二月，1901年2月），第6页。

是最勿好个风俗。还有送丧个人，勉强丧家拿出本钱来，无非是要加重丧家个担子。既然是教会里个弟兄，应该大家体谅，若然要送末，顶好自家摸出本钱来。但是牧师咾相帮丧家个人末，伊个费用，自然丧家要付出个。二则，专门打算显欢。像乐人炮手，金锣旗伞，衔牌执事，红灯花轿。搭之出丧个时候，所用个白鹤朝天，绣绋材罩。第种铜钱，掼来毫无意思，上勿能有益于教命，使神受着荣耀，下勿能有益于新人，使伊拉得着自家个爽快，不过讨好旁人个眼睛，伲做人，为啥要讨好旁人呢？三则，新人个服式，死人个打扮，勿必拘定啥团杉冠带，蟒袍补服，搭之几个领头咾啥，顶要紧末，是内心个恭敬。四则，做新娘子个辰光，故意勿响，搭之哭出嫁，行丧礼末，故意哭，哭勿出来，装假哭，全可以勿必个。五则，办喜筵，备丧饭，勿必一定，无力量个末，最好勿办，有力量个要办末，勿要用酒。六则，闹洞房是勿好，闹老房也无啥好，就是拉人老死个时候，四亲百眷，围住之死人，哭咾反，顶好末当家人，要安安静静咾领众人祷告，求神安慰伲活拉个人。七则，刻薄养媳妇像丫头末，是坏风俗，所以教会里个人，勿应该领啥养媳妇，拉死人头横头结亲末，叫孝亲，我想起来也勿应该个。八则，行礼个时候，应该关照男女家个牧师，若然勿关照末，要使教会个册籍糊涂，并且也是看轻有职分个。九则，平常个时候末，每礼拜到堂，新做亲咾新死之人末，终要畔拢个个巴月末，照我看来是勿合理个。十则，喜对挽联，是要紧个装潢，但是近乎仙佛个句子，可以勿必，再有三星图个中堂咾啥，也勿配个，顶好末，有人肯画点教会里配用个画咾，写点合着圣经个对，使教友拉买来挂挂。十一则，男女大小本来一体，既然死之娘子可以再讨，盖末死之男人，自然也可以再嫁，而且再讨再嫁个荣耀，搭之头一回一样个体面，不过再讨再嫁个时候，勿要弃脱前夫个子女，或者刻薄前妻个子女。大人死之，果然要买棺成殓，三朝上个小囡死之，也要装一只箱子，勿要蒲包一只。"他在最后勉励各会教友牧师说："以上所话个，不过是大略，望有人仔细再话咾，帮助伲教会里除脱一切个虚礼，是我所巴望个，但话末容易，做末烦难，所以我想做牧师个，应该常讲咾，自家领头先做，还有管学堂个先生，也要勉励伊拉个学生子，遵守圣经个教训，除脱世俗个礼数，盖末第种怪风俗，自然要衰败哉，我要揩亮点眼睛唗,望拉。"①

监理会响应凌子言牧师的号召,由步惠廉、潘慎文、潘慎章、史子嘉、程静山组成了礼仪委员会,并颁布了婚、丧、喜、庆四方面的规条:"婚礼六条:一、夫妇乃上帝所定,人伦之始,诚为世人一生大事,不可不谨,故联姻时须凭两造男女,自相允洽,方可订定,为父母者,慎勿勉强儿女。二、收养童媳,最为恶俗,每有苛责虐待,及他端情弊,正与上帝定人夫妇之旨,大相背谬,故为基督徒者,慎勿效尤,至于买蓄婢女,亦最伤情败理,切宜戒之。三、男宅勿计厚奁,女宅勿索重聘,若能各循其分,乃为至善。四、内外排场,宁俭勿奢,每有儿女成行,而前逋尚清偿者,未始非奢之为害也。五、成婚之期,但当谨避安息日,不可选日择时,崇尚虚伪。六、一切俗礼,凡有背教规者,悉宜删除,至于闹新房一端,非惟不合教规,亦且大失礼仪,尤宜痛革之。丧礼八条:一、凡有父母尊长,当于其生前,竭尽孝悌,不可于其死后,徒事虚文,致悖真道。二、棺木衣衾,各称家之有无,切忌以贵重服饰入殓,既免匪人之生心,又免虚耗资财,暴殄天物,亦不可焚死者衣服,惟若系疮毒恶症,则速行焚毁,以免传染,焚时应须携至远处,否则恐外教人误会。三、死人宜速殓,既殓宜速葬,以免秽气,殓时不忌生肖,葬时不用地师,亦不择吉,但择地土高燥,非沿河沿路者即可。四、丧服等次谨遵大清律例,以尊国典,至于木主、丧牌、真容、灵座、哀杖、羹饭,及面盖腐皮,脚跨笆斗等,一切虚伪陋俗,概行摒绝。五、礼生、乐人、升炮、旗锣诸仪仗,悉除勿用。如有官职,亦宜从简,盖此等靡费,徒饱仆役,于生者死者,两无裨益也。六、送丧亲友人等,各宜体恤丧家,非独饮食不可较量,且当从丰资助,倍于婚事,盖婚事必预为筹措,丧事则多由意外也。七、亲友送殡,男前女后,务宜肃静,切勿喧笑杂行,不成体统。八、墓前石碑,可书清故基督徒某人之墓,后嗣有力者,尽可墓上栽植花木,加意修葺,家人于春秋二季,不妨择晴暖之日,亲往阅视,但勿效外教,必在清明节耳。喜庆一条:人生可喜之事,不胜枚举,其大者如功名、得子、置产、造屋诸类,有一于此,未有不喜气洋洋者,然要皆天父恩赐,非关吾人之命运,若遇

---

① 凌子言:《婚丧俗礼当除论(上海口音)》,监理公会编行《教保》第十四册(光绪二十六年十二月,1901年2月),第6~7页。

以上诸事,惟当感谢全能之天父焉。庆礼二条:一、父母或己之生辰,宜集家人,或独自一人,敬谨祈祷天父,而谢保延身世之鸿恩,切勿散帖邀客,收受礼物,每见微员末吏,及地方保正,每年借生辰之名,为敛财之计,殊堪鄙薄,我道中如有家境充裕者,遇及生辰,不妨邀二三同志,小叙为乐,固不必盛设寿筵也。二、先人之阴寿周年等事,更属荒谬悖理,切宜摒绝。"最后此规定强调:"务以圣经为准,庶与真道无乖,以上诸条,应由各堂牧师,每年讲述一次,使众教友知所遵守,而归一律。"①

苏州监理会的信徒们更是开风气之先,在民国前就酝酿和筹备建立基督教公墓,经过二十多年的努力,终于在1917年建成苏州公共聚葬坟地,后命名为"安乐园",其管理负责人为李伯莲,委员有金志仁、张少白、万嵩沅、史拜言、姚新恩等。关于公墓修建的缘起,解释如下:"盖闻慎终追远,载在古书,入土为安,传于谚语,是以我苏连环同人,有公坟山之发起也。同人等或生长苏邦,或久居苏地,每见夫教内教外之身后无地可葬者,或寄丙舍,或暂浮厝,年湮代远,难免日暴夜露,心焉伤之,故有是举。惟抱此志愿,垂二十余年,所以迟迟不克果行者,一半由于适当之地点,一半由于无巨大之经济。然而此志此愿,实未尝一日或忘,故每届会期,均派有委酌,提议斯事,以求达到目的者久矣。今岁始觅得葑门外前有江防营操场一所,面积约计二十余亩,地势平坦,既密迩省城,复滨临大河,交通便利,风景清幽。于是由同人等先筹垫银一千五百元,向产主购得,嗣后一切规模,模仿外国坟山构造,中央拟建筑礼堂一座,俾安葬者可以行礼,其四周环以砖墙,路旁培植杂树异草,以壮观瞻,将来得古木参天,绿茵弥地,诚一优美之所在也。"关于公墓的简章内容,规定如下:"地点在葑门外旧江防营操场。坟地仿外国坟山布置,点缀以花木。坟地中央建筑礼堂一座,堂前开宽阔甬道,直达正门。地划分四等,最优地位为一等,次为二等,再次为三等,余为四等。甲、上等地位,每穴计长十英尺,宽六英尺,暂定价洋十五元。乙、二等地位,每穴计长九英尺,宽五英尺,暂定价洋十元。丙、三等地位,每穴计长八英尺,宽四英尺,暂定价洋五元。丁、四等地位,每穴计长七英尺,宽三英尺,暂时免价。

---

① 步惠廉等:《礼仪委酌报单》,监理公会编行《教保》第十四册(光绪二十六年十二月,1901年2月),第7~8页。

主管坟地由（苏州监理会东、中、西）三循环各举委办，凡坟地上有修改等情，穴主可报告委办。每穴各编号码以便识别。穴主准在穴之范围内竖立墓碑，种植花木。一等地不得以少数之穴葬多数之棺木。二等三等地不得以多数之穴葬少数之棺木。每等地穴安葬时不得别择方向，须一律顺次而葬。坟地内备有工人专代运灵柩安葬等事，其价随远近情形酌定。"① 苏州监理会所提倡的公墓制度无疑是本色教会实践方面不容忽视的内容，此举得到了基督教界的支持和好评。特别是当时江苏省人口密度很高，每平方英里有732人，而英国是694人，日本是380人，私墓制度占地多，加之人口稠密，增加土地占用量。公墓制度胜于私墓制度的优点有：（一）耗费少。如果由团体如教会等组织的，尽可平日募捐一点款项，购置土地由团体中人自由营葬。依苏州安乐园的办法，预做墓穴，安葬时候，只须把棺椁放下，上面用水泥砌好，岂不是很省事吗？（二）美观。（三）比较能永久保存。"公墓制度，我教会同志，早已实行，苏州葑门外，监理公会所办的安乐园，成绩很好。"② 丧葬制度的改良，关涉移风易俗，无疑推动社会的进步。

1918年，基督教江苏联会第八次大会，编辑员李春蕃、审查员陈丽生、袁恕庵、王贯三、李福江、孙喜圣、李赖主、周寄高、倪良品、诸重生等联名发布《基督教江苏联会婚丧公礼》，对于婚礼和丧礼的意义、准备、禁戒和程序等方面做了指导性的规定。关于婚礼凡例要求："（一）郑重：婚姻大礼，系造物主所定，主耶稣所重，圣教会自宜宝贵遵守。况大道造端乎夫妇，风教攸关，慎之于始，理所当然。（二）劝勉：不与外教通婚，圣经早有明训，至于幼年许字，尤乖人道，愿吾教兄姊，听此良言。（三）规定：聘礼妆奁，均从简朴，俾贫富俱各适用，庶能通行。（四）主权：父母之命，媒妁之言。男女愿意，两造见面，然后互换庚帖，或相片，以为终身良好证据。（五）年龄：幼年配婚，最为有害，必待男女成人年满二十方可。（六）礼服：礼服悉遵吾国制度，如着西装或用便服者，悉听其便。（七）礼堂：礼堂或用礼拜堂，或用家庭，或用公所，均听其便。（八）沿革：闹房一事，实伤人道，务当革除。婚姻本属喜事，庆贺快乐，当仍其

---

① 《苏州公共聚葬坟地缘起》，《兴华报》第十四卷第二十三期（1917年），第23~24页。
② 文藻：《谈谈坟墓问题》，《兴华报》第二十三卷第三十二期（1926年），第6~11页。

旧，总之，是道则沿，非道则革。（九）筵宴：设筵宴客，应不用酒，如从简便，改用茶点款客亦可。（十）禁戒：（1）禁娶妾。（2）禁典妇为妻。（3）禁娶有夫之妇。（4）禁将女售人作婢妾。（5）禁娶同姓。（十一）婚仪：（甲）文定：乾坤两造，于文定之期，均宜延请牧师或道长至家祷祝。（乙）结婚：新郎新娘，先至预备室，由牧师或道长举行结婚礼拜。"关于婚礼的秩序规定："（一）除介绍人并新郎新娘外，余俱入席，礼门暂闭。奏乐（或鼓琴）开会。（二）歌诗（或特别诗、或通用婚礼诗俱可）。（三）在歌诗声中启户。（四）男女介绍人导新郎新娘入礼堂，缓步至礼案前（或用二童在前散花亦可）。（五）祈祷：或证婚人，或另请人俱可。（六）读经：创二章十五至二十四节，翰二章一至十一节，可十章六至九节，弗五章廿二至三十三节，随便选读。（七）证婚人宣布：诸位！我们今日在上帝和作证的人面前聚集，要与这两人成就婚姻的圣礼，婚姻的事甚是贵重，人没有犯罪以先，为上帝所设立暗指着基督与教会联合的奥意。圣经上记着耶稣在加利利的迦拿赴婚姻的筵席，在那里初次行奇事，这样婚姻的事，就更加尊重了。圣使徒保罗也说：无论何人，婚姻的事，是极贵重的。所以不可轻忽草率，必当恭敬虔诚，在上帝和作证人面前成此大事（或用他等相当言词亦可）。现在这二人将要完姻，你们众人若知道有何妨碍，应当立刻说明。若此时不说，就永远不可说了（略停）。若你们二人都甘心乐意的结为夫妇，就当在上帝和作证人面前彼此应许终身相爱相亲，彼此尊重，互相体恤，直到主召你们离世的时候。你们都应许么（新郎新娘或点头示意，或说我都应许）。（八）奏乐（或鼓琴）。（九）在音乐声中交换饰物（新郎新娘互换戒指）。（十）司仪人唱礼云：新夫妇行交拜礼（新夫妇彼此鞠躬或握手）。（十一）证婚人云：现在某人和某人，既在上帝面前，在这会中，彼此立约，六礼已成。我奉圣父圣子圣灵的名，将这二人称为夫妇，上帝所配合的，人不可以分开，阿们！（十二）祝福：证婚人云：愿圣父圣子圣灵三位一体的主，保佑你们，赐福与你们，愿主发慈悲眷顾你们，又大施神恩感动你们，叫你们今生和好同居，作事合乎主的圣意，来世能得永生，阿们！（十三）司仪人唱礼云：六礼告成，请两家父母出席，新夫妇行参见礼，鞠躬，再鞠躬，三鞠躬。（十四）司仪人云：诸亲尊长出席，新夫妇谒见，鞠躬。（十五）又云：新夫妇致谢证婚人，鞠躬。（十六）又唱礼云：

新夫妇致谢执事人员,鞠躬。(十七)司仪人云:新夫妇致谢来宾,鞠躬。(十八)司仪人唱礼云:来宾出席,鞠躬致贺。(十九)奏乐(或鼓琴或歌诗俱可)。(二十)介绍人导新夫妇在音乐声中缓步出堂。(二十一)司仪人高唱礼毕。诸宾皆退。(小注:马车喜轿,均可择用,但不可用筛镜等物,至爆竹鼓吹,本系热闹,不碍教规,用否听各家自便。)"① 关于丧礼凡例要求:"(一)慎终:父母长者于卧病不起时,子女后辈必加意护持,选读圣经,祈祷不辍,以慰心志而坚信德。逝世后,宜将尸身洗净,然后穿上衣服,哀痛哭泣,俱出天然,不涉牵强,不可如歌如讴,致失本真。(二)成殓:先行讣知亲友,以笃亲谊。衣衾棺椁,称家有无。凡迷信虚靡等事,一概删除。若于礼案前陈设盆花联帐,或本人之相片,亦无不可。(三)吊仪:财帛宝盖挽联挽幛,仿古赗禭之礼,颇为合宜。(四)成服:成服之礼,宜从俗三日,官场以五日成服,则嫌太迟,是日当有礼拜。(五)丧服:男于左腕围黑纱,女于胸际缀黑纱结,如沿俗例,用麻白者亦可。(六)停丧:柩宜早出,不可多停,多则三日,至多不得过七日,以便远道亲友来吊,历时过多,既与死者无益,又与生人有碍。(七)吊唁:来宾吊慰,由招待员引至孝堂,脱帽立正以表敬意,孝眷向来宾鞠躬,来宾答礼,来宾略宣慰言,然后入座。(八)出殡:先宜举行礼拜,亲友皆可相送,男子列队于棺前,女子从行于棺后。(九)安葬:石葬土葬,悉从其便,停柩浮厝,尤当力革。(十)祷词:礼拜或由牧师或教中他领袖主领,其仪文自应由主领者安排,惟祈祷之词,不得为死者求赦免罪,求福永生等事,因人既死,大局已定,只可恭听主命。(十一)修墓:墓志碑铭,随意建立,圹外多植花树,勤加修理,春秋特别聚集,以示追远不忘。(十二)家谱:各家当制宗谱,记载先人生年殁日,及其手创,世守各业,以教子孙,俾先人功德,逾久不忘。(十三)幼殇:小儿幼殇,亦宜如礼埋葬,不可从俗抛弃荒郊,有伤人道。(十四)自戕:自戕短见,本为理所不容,教外妇孺,每有此习,我基督教中应无此弊。惟恐初信者流,受教未深,执殉道殉节旧俗,在所不免。按圣经之道,自尽与杀人同罪,自寻短见者,恐不应享受教中丧礼,然主恩至大,仍在诸执事临时斟酌。(十五)仪节:音乐

---

① 《基督教江苏联会婚丧公礼》,《新民报》第五卷第八期(1918年),第9~10页。

鼓吹，诗歌祷颂，皆可按理照用，惟教外冥仪伪节，概不得用。（十六）禁例：（1）俗有乘丧从权婚娶者，但我基督教中只可于亲在之时，以娱亲心，万不可行于亲逝之后，致乖义理（若有照顾小孩各种难题，亦须过门不婚配方可）。（2）近有于礼案或柩前行鞠躬礼者，迹涉犯诫，我教会不宜仿行。（3）虽遇贫穷之丧，亦不可不报告教会，致遭谤言。（4）出殡时须按正道，不可好奢竞糜，致涉邪侈，丧家纵属富贵，亦须撙节用于实际则可。（十七）服制：父母之丧，应以三年为阕（《礼记·檀弓》云：服勤至死，致丧三年）。"关于丧礼秩序如下："或行于成服日，或行于出殡前一日或前一时俱可。（一）歌诗。（二）祈祷。（三）读经。（四）宣告聚集之大旨。（五）歌诗。（六）述说逝者之历史。（七）歌诗。（八）乘时宣道（主理者临时斟酌）。（九）祈祷。（十）祝福。"丧礼可用之经文包括："罗马五章六至二十一节，约翰五章二十四至二十九节，提摩太前书六章七节，约翰十一章二十五六节，帖撒罗尼迦前书四章十三至十八节，哥林多前书十五章三十五至五十八节，约伯记一章二十七节，约伯记十九章二十五至二十七节。"幼殇可用之经文："马太十八掌一至十一节，马可十章十三至十六节。"关于葬礼仪式规定："（柩至葬处牧师立于墓侧）（一）歌诗。（二）祈祷（请他人代祷亦可）。（三）牧师宣布云：人为妇人所生，年虽少，烦恼却多。他如鲜花蕃生，顷刻枯干，犹如飘影星驰，不能留停。我们存活的时候，也离死不远，我们犯罪，主向我们发怒也是应当的，但在主以外，我们可以向谁求救呢？现在我们仍求至圣全能的主上帝最慈悲的救主，不叫我们受永死的苦难，主知道人心里所隐藏的，求慈悲的主，不要掩耳不听我们的祷告，求至圣全能的主上帝，至圣最慈悲的救主，极公义审判万人的主，拯救我们，不叫我们临死的时候，因为受痛苦失去信心。（四）四围送葬者用手撮土抛于棺上，牧师云：无所不能的主已经使我们这亲爱的兄弟（姊妹）去世，灵魂归于上主，我们将他的身体埋在地里，使土仍归土，灰仍归灰，尘仍归尘，盼望到了末日，死人都要复活，靠主耶稣基督的名来世得永生，于是在耶稣大显荣耀、第二次降临的时候，审判世人，地与海要交出其中的死人，凡信主而死的人，耶稣必用能使万物归服的权力，变化他卑贱的身体，如同他自己荣耀的身体一般。牧师云：我听见天上有声音说：你要写，从今以后，在主里死了的人有福了。圣灵说：是的，叫他们可以脱离自己的劳苦,得以安息,他们所作的工也随着他们。(五)牧师扬声云:求主怜悯我们。众人云:求基督怜悯我们。(六)祈祷,仪式如下:无所不能的上帝,凡信主而离世和一切忠信的人,于脱离肉身的重担以后,可与主同在,享受快乐,我们切切感谢主,因有主的仆人,给我们好榜样,他们凡以信心行尽程途,现在息了劳苦,我们真心信主赖主的圣名去世的人,一同求主,能得完全福气,无论身体灵魂都得着永远的荣耀,这是靠主耶稣基督求的。阿们!(七)歌诗。(八)祝福,仪式如下:最慈悲的上帝、主耶稣基督的父,主耶稣能叫人复活能赐人生命,信耶稣的,虽死也必复活,凡活着而信主的,永远不死,现在伏求天父,叫我们从罪孽如同死里复活,得着行义的新生命,以致去世的时候,可以因耶稣享平康,到死人复活的时候,可以蒙主的悦纳,得着圣子所应许,凡敬畏主的,都听他对我们说:你们这蒙我父赐福的,可来承受那创世以来为你们所预备的国。伏求慈悲的父,因中保我救主耶稣基督的功劳,应允我们的祷告。阿们!(小注:以上仪式如有特别机会,改用他词,亦无不可。)"讣文仪式如下:"哀启者先(父讳　府君)(母　氏太君)生于　年　月　日　时,旅世　十　年。兹于　年　月　日　时　蒙召归主。不孝等亲视含殓,已于　日成服,拟于　日　时咸集于　会堂(或云咸集舍间),开会哀悼,并谢主恩。特此讣闻,届时务祈惠临,同伸祷祝,所有赙襚,敬谨谢辞(上二句若不用,即改为不胜感戴之至)。是为启。孤子(或哀子或孤哀子)。小注:父丧称孤子,母丧称哀子,前后父母俱逝,则称孤哀子。"①

但是,基督教礼仪与中国传统礼仪如何对接和协调仍是一个悬而未决的问题,信徒们对带有欧美色彩的教会礼节仍存在许多疑问和不解。1901~1920年的基督教调查报告中指出:"教会应当承认祭祖仪式所表达的深厚感情并给以适当的赞扬,应当明确表示基督教徒也应该祭祀祖先,但应去掉其迷信成分,鼓励那些活人与死人之间的个人的合乎道德的表现形式,这样做有助于建立和睦的家庭生活和健康的社会秩序。"② 1923年,《兴华报》

---

① 《基督教江苏联会婚丧公礼(续前)》,《新民报》第五卷第九期(1918年),第7~9页。
② 〔美〕何乐益(Lewis Hodous, D. D.):《基督教以外的中国宗教》,载中华续行委办会调查特委会编、文庸等译《1901~1920年中国基督教调查资料》(原《中华归主》修订版)上卷,中国社会科学出版社,2007,第119页。

编辑李逢谦在社论中自问:"本色化教会是什么呢?"他回答:"岂不是说欧美的色彩太重吗?又要装成一种什么颜色呢?岂不说是中国的教会,要换成中国的色彩吗?"他指出:"婚丧典礼,就是本色教会里,一个重要问题。照现在各会的规定,凡属婚丧,及其他一切礼节,如其说不违反基督教教义,毋宁说不违反欧美国情。何以在欧美各国,非教会的人,遇着婚丧大故,也情愿请一位牧师代为安葬,或代为主婚,若在中国,就是信徒,也往往离开教会,而自行其是。这样,并不是中国人信仰的程度不够,乃是这种礼节,不为社会所许可,要作一个教会的顺民,便须作社会的反叛,岂不是强人所难吗?试问这种人定的礼节,果与教义有关吗?真是耶稣的意旨吗?如果不是,我们不妨就中国的国情,斟酌适当,定成一种婚丧典礼,教信徒人人乐意遵守,非信徒也乐意仿效,这也算本色的教会一件工作。"①

1926年,王治心在中国传统礼仪的基础上,结合基督教精神,提出了较系统的本色化更强的结婚、丧葬、节日等举行的程序。关于本色化的基本宗旨,他写道:"中国旧礼,既嫌其繁琐失实,而教会携来的西洋方法,又失之简陋忽略,欲保存中国旧礼的真精神,而删除其繁琐,使既不背乎民族精神,又不背乎基督教要道,这是本色教会不能不注意的问题。"② 关于婚姻的规定如下:(一)配偶的择选,宜有相当的自由。男子自二十岁以后。以理想中欲得的配偶(限于本教会之中)告诉父母或家长,由父母或家长央正式媒人以此告之女子之父母或家长,商得女子本人之同意,然后由女子之父或母或家长率同该女子与男子会面,作友谊的往来,使双方了解到性情学识认为有结为夫妇的可能,然后定期正式文定。(二)文定的礼节。男女家各备戒约照相互相交换,或借礼拜堂开一文定会,符古时"纳彩""问名"之礼,其仪式可自由规定,祝词、答词、介绍人演说、特情人演说、交换礼物、或用文定证书上男女新人及介绍者家长盖印、音乐、茶点等,可伸缩列为节目。同时宜备文定喜柬,或依照各地俗例,以茶枣喜糕,遍送亲戚友朋。其文定喜柬可用男女家长具名,式如:某月某日小儿

---

① 李逢谦:《社言:婚丧典礼》,《兴华报》第二十卷第四十二期(1923年),第2~3页。
② 王治心:《本色教会的婚丧礼刍议》,《文社月刊》第一卷第六册(1926年5月),第69页。

某某、小女某某凭某某、某某先生介绍举行定婚礼，特此奉闻。某某某、某某某同订。（三）年龄的标准。古礼男子三十而娶，女子二十而嫁，今宜斟酌社会的情形，规定以相当年龄，男子必须二十五岁以上，女子必须二十岁以上，方可结婚。（四）聘礼的限止。旧婚姻近于买卖式，每有礼金若干、首饰若干、衣服若干、妆奁若干等的讨论，教会中亦不免有此弊病。我以为宜废除礼金和妆奁，如必不得已，男家可送礼金三十六元、女礼服一套以及兜纱等物，女家只备梳具、被褥、随身衣服等物送往男家。其他一切新房应用物件，皆由男家购备，或由男女新人自行商酌购备，量财力之厚薄，自置实用器具。（五）结婚的日期。既合上述手续，然后由男女家商定结婚日期，男家宜送道日礼帖，即古礼所谓"诹日具书"。女家复以遵命礼帖，符古礼"纳吉""请期"之仪，为书面正式的约定。其书式：男家——谨择于某月某日为小儿某某结婚之期，谨此预闻。忝眷姻弟某某鞠躬。女家——谨遵台命。忝眷姻弟某某鞠躬。（六）送礼的手续。在结婚之前一日，上午男家把女新人礼服、兜纱或礼金等物，陈列礼盘，并备纳征礼帖，由媒人率领送往女家，女家备帖申谢，即午设筵款待媒人。下午女家把被褥、梳具、随身衣箱，由媒人率领送往男家，亦备礼帖及答谢帖，晚间由男家设筵款待媒人。其往还礼帖，均用全帖中夹单，全帖书"忝眷姻弟某某鞠躬"等字样，夹单上书"谨具微礼某某奉申纳征之敬"，女家书"妆奁之敬"，皆可随俗变更。（七）请客柬帖的格式。上书"某月某日，为小儿某某与某某先生某女公子行结婚礼节，即辰敬治喜筵，恭请阖第光临，某某鞠躬"。女家则改书"小女于归某先生之某公子"字样，同时另备全帖邀请媒人，全帖书"世姻弟某某鞠躬"，另夹单书如上式。（八）亲迎仪式。结婚之日，上午宴客，下午二时亲迎，男新人乘舆或轿至女家，遵以相当仪仗，或军乐队，及门投"门下子婿谒见帖"，另备亲迎帖，女家派年事相当者招待之，先行谒岳礼向堂上三鞠躬，女家款以茶点，女新人肃戒，在内堂父母兄弟同行祈祷，父母相戒以为妇之道，毕，送男女新人登舆或轿赴礼堂行结婚礼，女家宜有男女送亲。（九）结婚仪式。如在礼拜堂结婚，则新人舆轿迳至礼拜堂门首，燃百子炮，新人降舆或轿，入休息室，然后（1）奏乐——军乐或琴；（2）招待员男女宾客入座，主席证婚人（牧师）入席向外正中立，介绍人入席向外左右立，男女傧相伴新夫妇，由主婚人

（男女家长）前导缓行至礼案前，主婚人左右向外与介绍人并肩立，新夫妇向内并肩立，男左女右；（3）唱新婚歌；（4）主席读圣经一段及中国礼经一段并报告，读结婚证书；（5）证婚人主婚人介绍人新夫妇以次盖印；（6）行成婚礼，新夫妇相对行三鞠躬；（7）来宾男女代表各一人致颂词；（8）新夫妇代表（或请男女傧相中一人任之）答词；（9）祈祷（主席颂祷及祝福）；（10）新夫妇致谢证婚人介绍人来宾各行鞠躬，礼成，奏乐，燃百子炮，新夫妇携手登舆返家。如在家中行礼，新夫妇退入洞房休息。（十）谒见尊长礼。新郎新妇自礼拜堂回家，舆抵门前，燃百子炮欢迎，新郎新妇降舆登堂，向内并肩立，然后以次谒见亲戚友朋，对长辈则行三鞠躬，对平辈则行一鞠躬，向父母则令父母外向并肩坐，新夫妇三鞠躬（或跪拜亦可）。（十一）合卺礼。合卺为古礼"共牢而食，合卺而饮"之意，所以表夫妇共同生活，苦乐同尝；其含意亦可取，宜利用之。法用葡萄汁，盛一大杯，由牧师主席，新夫妇相对立，家长中之凡为基督徒者，依次陪位，主席述合卺意，执葡萄汁祈祷，给新夫妇各略饮后，再分给各家长略饮，然后垂头默祷，礼毕，新夫妇退入洞房。（十二）回门会亲。是日男家设筵请新娘，新娘坐首位，择四童女陪席，旁为女宾席，同时新郎至女家回门，谒岳父母，如上述第十条谒尊长礼式，女家设筵请新郎。别定相当日期，男家备帖邀请女家亲长，设筵亲会。① 关于丧礼的规定如下：（一）讣报戚族。一为初丧讣报，当父母病笃时先行预备，迨既死则填明死期，分送戚族："家某某于某月某日某时逝世，定于某日某时大殓，某日家奠领帖，哀此讣闻，某某堂家人叩报。"二为领帖讣报，殡葬事了，然后定期开吊，印为讣闻，分报戚族，其式则仿普通格式，列职衔生卒年月寿数及子弟服制等类，末附哀启，略述死者行状，俾撰挽联者有所根据。此两种讣闻，均宜注明"遵基督教仪摒除一切僧道纸帛"字样。（二）陈尸开吊。父母既死，则为之更易衣衾，移尸于厅堂之上，横卧北端，首东足西，向外微侧，如假寐状，尸旁上下左右四围，堆积鲜花，如花山状，花间杂点白烛，花山上端悬死者放大照相，照相围缀以鲜花翠柏。尸体前悬白幔，幔前悬死者行状，用大字写成，便吊客诵读，幔门微启，以可以望见内悬之照相为度，孝子家

---

① 王治心：《本色教会的婚丧礼刍议》，第 75～79 页。

属均匍匐幔内。吊者之至戚，入幔内致敬，普通吊客，在幔外行敬礼，三鞠躬。庭院可悬灯彩，或雇乐人吹打均可。预派亲戚中之善于应酬者招待宾客，另室招待。陈尸以一日二日为限，此一日二日中宜有礼拜，由牧师主领，在灵前举行，注重祈祷读经等事，入殓之后，又宜有入殓礼拜。（三）成服领帖。遵照中国古礼，子女媳孙齐衰服麻，族人子侄以次服丧，依服制年期，期满释服，子媳三年服丧，三年之内，不御绸缎，不饰金珠，不事宴乐，不行婚嫁，释服时可举行释服礼，邀亲族参与，并举行礼拜。讣闻发出后，依期开吊，厅前设灵堂，悬死者照相，仪如上条所述，设筵请宾客，孝子向宾客致谢。（四）出殡安葬。出殡之前，先由牧师主领礼拜，然后发引，或导以乐队仪仗，孝子步随，亲戚送殡，舆轿均可。至坟地入土时，再由牧师举行礼拜，其礼拜仪式，可自由规定。① 关于节日，王治心将中国传统的春节、元宵节、清明节、端午节、中元节、中秋节等节期，同当时的国庆节，与西方复活节、感恩节、圣诞节结合起来，提出了本色化的十大节期。比如，春节举行的办法有：（一）为家庭贺年。当元旦上午，子女向父母贺年，先在客堂中向南设坐位，请父母并坐，子女媳孙辈齐立向父母三鞠躬（叩首亦可）。然后兄弟夫妇等互相鞠躬贺年，如有分居在外的子媳，是日上午必须会和举行。（二）为教会团拜。在元旦下午二时举行教会公共团拜礼；先时礼堂上略加点缀，或悬灯，或挂红。届时信徒咸集，由牧师主领礼拜，佐以音乐演说等节目，末聚隙地，立成圆形，齐行鞠躬。其时或举行同乐会，备游戏果点以助兴趣。（三）为亲戚贺年。自元旦至五日，各向戚族之长辈家及朋友家贺年，适用恭贺新禧红色名片，及用糖茶款待来宾。扫墓节在四月四日举行，即清明之前一日，分两种办法：（一）为家族扫墓。各家聚族中子弟及男女族人，于是日清晨雇舟或乘车至祖墓，子弟族人环立墓前，由家长主领扫墓礼拜，祈祷、唱歌（特编，述说祖先善德），末插鲜花于坟上，或以鲜花缀成十字架插坟前，然后周视坟茔，如有损坏，即行修理。礼毕，赠礼物于管坟者之家。如祖墓不在一处，可依法至他处举行。是日晚间，可以有家族会餐。（二）为公共扫墓。集合多数信徒，或于清明后一日，同至教会公共坟山，由牧师主领扫墓礼

---

① 王治心：《本色教会的婚丧礼刍议》，第82~84页。

拜，法如上述。清明日宜遵照国家规定，举行植树典礼，适用一简单礼拜，或参加地方植树典礼亦可。孝亲节在旧历中秋节举行，旧例中秋拜月，有取家庭团圆的意思，故能于此日向父母有所表示，自属恰当。对已故的祖先，既有一而再的纪念，对于尚存的父母，何能不有一种相当的表示？凡属子女，宜于此日多多使父母欢喜，或为父母特制新衣，或煮父母喜食之物，或购备父母意念中欲得之品，已出嫁之女，亦宜于是日送礼物于父母。上午十时在教会开一孝亲会，先时礼堂中加以点缀，或结灯彩，或悬长联，陈饰花卉，务求美观。届时各家子女各伴其父母就特别座中，子女或侍立于后，或侍坐于旁。牧师主席，祈祷，唱孝亲歌——特编——演讲基督教孝道。会毕，牧师代表全体，向各家父母道贺。或摄影，或会餐，或开同乐会，务必尽其快乐。①

同年，中华全国基督教协进会委办会在《组成本色教会的建议》中，提倡基督教的敬祖办法有：甲、对青年子女，时常演讲孝亲之道。乙、按年定期举行公共思亲礼拜。丙、对祖先坟堂，应时加修理，种植树木，以壮观瞻。丁、对祖先遗像，于冥寿时举行家庭礼拜，并讲述先人嘉言懿行，启示后昆，以志不忘。戊、按各人能力，建制先人纪念事物，如教堂学校医院或他慈善事业或碑亭书册遗照等。关于教会共守的节期，要求中西并用，参考王治心所提出的十大节期举行活动，并指出编订教会婚丧礼节，务取其不背宗教要旨，而适合国情，简便通用。②

1929年，江苏省政府执行委员向国民政府提交摧毁封建势力案，要求限制建祠、立谱、祭祖、祀宗等家族遗制，提倡中山先生所倡导的民族主义。教会方面似乎应该欢迎或大力支持这一议案，但《兴华报》的社言却批评说："若是自己祭祀素所崇拜的伟人，反禁止国民祭祀各人的祖宗，未免太不近人情了。所以从种种方面讨论，都不应该出以禁止。况敦宗睦族，是民族的厚德，正可以团结民族的精神，并不见与民族主义相冲突。"而且进一步指出了教会在祭祖问题上所应采取的态度和做法："但在教会方面，

---

① 王治心：《本色教会应创何种节期适合中国固有的风俗》，《文社月刊》第一卷第七册（1926年6月），第30～33页。
② 协进会委办会：《组成本色教会的建议》，《兴华报》第二十三卷第四十四期（1926年），第42页。

从前以中国拜祖宗礼节，有与崇拜一神相妨碍的地方，亦曾有禁止之说，也是大遭社会的反对，现在已经变更这种论调了，大半都是说祖宗固然不应当祭祀，祖宗却不能不纪念，我们应选择令节，聚集宗族，对于祖宗的嘉言懿行，作一番追忆。这是效颦科学家的口吻，说祖宗死了，就是灭了，早归于无何有之乡，我们只当纪念他的的嘉言善行，不应当承认他的灵魂存在，这实在不是宗教家言。假使我他不承认灵界，世界便无宗教之可言，既承认有灵界，则去世的祖宗，灵魂亦当有永久的存在，岂但嘉言懿行之足记呢。不过我们崇拜祖宗，应该照着宗教的真义，把理想再提高一层，祖宗已经归于灵界，就应当用心灵崇拜，古人祭祀时期的致斋散斋，颇有这样意义，当然比世俗挂一幅布，画一张纸，刻一方木，写一只牌位，认为是自己的祖宗，而跪拜献祭的高深的多多。像这样提倡，才能把民族的理想提高，德性加厚，风俗造淳，不此之图，反要把民族的美德，从根本上革除，殊不能洽民众的心理呀。"①

1931年，华东区基督化家庭运动领袖研究会、基督徒家庭敬祖委员会就敬祖问题征求全国信徒的意见，并期待中华全国基督教协进会在年会上讨论这一问题。其敬祖问题建议草案中列举："甲、敬祖的理由：一、中国以孝治国，孝为伦理之中心。二、基督教要成全中国礼教之优点。三、敬祖之精神与拜偶像有别。四、基督教主张灵魂不灭之说。五、爱有永不消灭的生命。六、在家庭伦理的礼节中可以发扬宗教的精神。七、敬祖礼节若一笔抹煞，恐为国人信道之障碍。乙、敬祖的原则：一、求其能表彰孝敬之精神，而谨防迷信之流弊。二、纪念先人之恩德并利益后辈之身心。三、不背基督之精神，不失良心之自由。丙、敬祖的方法：一、作纪念品（如纪念堂及纪念物等）。二、编撰家谱。三、开思亲会。四、开追远会。丁、敬祖的仪式与为先人作纪念品：一、须按家庭之经济能力或与亲属合力为之。二、须与社会有所裨益，含有布道及慈善之意义。追远会（思亲会秩序略仿此，地点则以在家庭内为妙）：时期——在主复活节前后数日内举行；地点——或在墓园，或在教堂（可请亲友合叙）；秩序——唱诗、祈祷、读圣经、述历略、致敬、默念、祈祷、劝勉、查阅家谱及其他；布

---

① 《社言：建祠立谱祭祖祀宗可以禁止吗？》，《兴华报》第二十六卷第十九期（1929年），第3～5页。

置——案上置鲜花若干，坛上挂对联等均可。秩序之说明：一、此种秩序可以随时地按情形而有出入，不可固执刻板。二、致敬一节，或立正、或鞠躬，悉听良心之自由，不可执一。三、默念一节，是思念先人对吾人之情感与教诲，及其生平之言行，以默祷之精神行之。戊、信徒在非信徒家中对于敬祖之态度：一、女信徒嫁于非信徒家庭者，在订婚时特别言明各人信仰自由之权利，结婚后竭力设法感化家人信道，若遇阻难，惟以镇静态度解释之，在必要时当牺牲物质利益，以维持个人之信仰。二、男信徒在非信徒家中者，在通常家庭节期中，先作破除迷信之宣传，并设法挽回家人之心，遇阻难时，以镇静态度处之，在权利情形下，更当审慎而克己（譬如某种出产之利益，系为敬祖之条件，若不敬祖则不得享受，倘另有别法敬祖亦可享受，固无问题，但至不得已时，则宁愿牺牲权利以保信仰，斯为最妙。倘某种出产之利益乃为儿童教育用费而设，与祭祖无关，凡合乎此条件者，应享此权利。倘在特殊情形之下，宁愿牺牲此种权利，以示宽大，更为可嘉）。"[①] 这一敬祖问题的草案和讨论的倡议在《中华归主》《真光杂志》《兴华报》《福音光》等基督教刊物均有登载，《兴华报》评论说："本期刊载家庭运动会的敬祖问题，征求全国信徒意见，诚属重要。往日基督教以破除迷信，禁拜假神为原则，要将中国敬祖典礼，一概推翻，实属违反中国的国民性，敬祖典礼，并不尽属迷信，不能与崇拜假神等量齐观，也不与纪念英雄伟人同一意义。凡一家的祖宗，对于孙曾云来，都有特别的感力，不必有何嘉言懿行，就是极平常的事，在别人视为无足重轻，在他的儿孙，都可以持守数世不替，这是我国国民的特殊宗教，我无以名之，名曰祖宗教。祖宗教比儒释道三教尤为普遍而深入。中国民族，能维持五千余年不至分崩离析，可以说祖宗教之为力居多。现在要改革敬祖典礼，惟有除去虚伪、繁重、谬误的仪式，至于婚、丧、庆祝、宾朋、酬酢，一切礼仪，均有应当保存的，同时也有革新的必要，甚盼家庭运动会，厘定一编《典礼汇宗》，为全国家庭，作一番革新运动，效力必定不小。"[②]

---

① 管萃真：《敬祖讨论、征求全国信徒之意见》，《福音光》第二十五期（1931年），第13~16页。
② 《社言：礼俗革新问题》，《兴华报》第二十八卷第三期（1931年），第3页。

江苏基督教在婚丧等礼仪制度的改良上无疑走在全国教会的前列。其改良倾向，一是要用西方基督教的礼仪更新中国传统陈腐的习俗，二是要把中国传统可取的礼俗纳入基督教的各种仪式中。其目的是要中国人在接受基督教时不致产生排斥和隔膜的感觉，同时又能在各种仪式中将基督教的价值和感化力传达给人们。

三　教内的国学研究

本色教会的建立外在形式固不可忽视，但更重要是实现基督教精神与中国文化的深层契合。赵紫宸在概括本色教会的内涵时说："本色教会乃是中华人民信仰了基督，从他们特有的国民性、民族性里，将融他在他们精神里、心血里、灵性意识里的信仰发表出来，而组成的教会。惟有这种教会可以适应中国文化的、社会的、民族的环境。"① 诚静怡强调，本色教会的一个重要内容就是："如何使基督教在东方适合东方人的需用。如何使基督教事业，融洽东方的习俗环境历史思想，与其深入人心牢不可破数千年结晶的文化。"② 中华全国基督教协进会本色教会常备委员会所提出建立本色教会的第一条建议是："研究中国文化中具有永久价值的各种要素如：（甲）我国家庭生活观念，此点有关于基督称上帝为父之意义。（乙）我国孝亲敬祖，此点应当保存，而同时仍须尊重个人人格之价值与个人权利。（丙）我国人好尚和平谦让之心理，应益之以酷爱真理使成完美。（丁）登山训众之基督生活对于我国人之生活与思想，较之对于西方人之生活与思想，更为适合，以故我国教会当特别注意。"③ 范子美向中国教会呼吁："若传道人，能够拿中国的历史—哲学—文学，都好好的研究熟悉，这样的传道人，实在可以创造本色教会！本色教会，不是在造本色礼拜堂，本色牧师；是在拿本色（中国）的文化，调合在基督教里！这是传道人的责任，传道人应该起来努力。"④ 这些具有远见卓识的基督教学者强烈地意识到，

---

① 赵紫宸：《社言：本色教会（待续）》，《兴华报》第二十一卷第三十二期（1924 年），第 3 页。
② 诚静怡：《本色教会之商榷》，《文社月刊》第一卷第一册（1925 年 10 月），第 9～10 页。
③ 诚静怡：《本色教会之商榷》，《文社月刊》第一卷第一册（1925 年 10 月），第 11 页。
④ 闻保埔、朱旭初记《基督教与中国文化——范丽海先生在松江东吴大学圣经学校同学会演词》，《兴华报》第二十二卷第四十四期（1925 年），第 11 页。

基督教要想在中国扎下牢固根基和深入民众之心，必须吸收和借鉴中国文化的因素。

江苏各教会大学也逐渐认识到学习和研究中国传统文化的重要意义。东吴大学在成立之初，校长孙乐文就特别强调学生不仅要学好英文，更要有高质量的中文水平。后来的校长杨永清将孙乐文重视中国传统文化的教育概括为"保存国粹教育"，他说："先生设学首重国文，尝谓中国学生首取祖国固有之国粹发挥之、光大之，不应专习西方，置国本于不顾。"[①] 为了加强国学教育，金陵大学于1924年扩建了国文系，陈裕光先生在建议中指出了教会大学设立国文系的必要。首先，与佛教相比，中国文人们更欣赏佛典，而不是《圣经》，其原因就是基督教缺少对中国文化的吸收："为什么中国的文人对佛教的钻研津津乐道，乐此不疲，而研究《圣经》的学者相对来说却寥寥无几？在我看来，佛教首先是通过中国文人的同情和研究而赢得了中国人民。他们越深入研究，对佛教的了解就约透彻，从而笃信不疑。文人们如此醉心于佛学研究的原因就是它有众多的行文典雅的译本，从欣赏其文学的艺术美，进而欣赏其内容，欣赏佛教本身。"其次，教会中学的国文教学薄弱："如果我们对当今中国的中学教育现状进行一番研究的话，不难得出这样一个结论，即中学国文教学的质量是低劣的，不仅教学方法落后，而且更重要的是，国文教学和我们的信仰不尽一致，甚至和基督教教育的目的相违背。目前，普遍感到缺乏好的国文教师，尤其缺乏信仰基督教的国文教师。"再次，由于国文素养的缺乏，教会大学的毕业生工作安排受到限制："既然基督教教会大学的总目的是培养有活动能力的有知识的基督教的领导人物，作为这个大学的毕业生，我的经历使我不得不承认，由于对中国的传统文化知之较少，对中国文学的欣赏能力低，缺少语言表达能力方面的训练。我们科的毕业生的工作在许多方面受到影响，他们对社会、对民族、对教会的贡献在许多方面受到限制。站在毕业生的角度来说，学校没有给毕业生提供一个中国绅士所必要的文化修养，一种作为中国领导人物的必要工具。实际上，我的一位同学因没掌握国文的基础知识不得不辞去大学讲师的职务，为了这个职务他已准备了多年。还有

---

① 徐允修：《东吴六志》第4章第17页，转引自王国平编著《博习天赐庄：东吴大学》，河北教育出版社，2003，第37页。

一个同学也是因为同样的原因失去了他的工作。我相信，如果当时我校有一个师资力量雄厚的国文系，有这么一批能赢得我们的尊敬，能吸引我们的注意力，提高我们的学习兴趣，从而使我们能充分领略他们的知识，欣赏他们的技巧的国文教师的话，我们中的许多人会做得更好。所以，作为一个我校的毕业生，切身体验告诉我们，必须要有一个师资力量雄厚的国文系。"① 1931 年，受哈佛燕京学社资助，金陵大学又成立了中国文化研究所，旨在阐明中国文化的意义，培养研究中国文化的专门人才，并协助文学院的中国文化方面的课程。②

研究中国文化不仅是基督教自身传播和发展的需要，也是受到时代潮流的驱使和感召。第一次世界大战后，人们感到西方文化出现危机，转而向东方文化寻找出路，海外学者开始关注中国文化，国内也兴起了一股整理国故热。③ 20 世纪 20 年代，原来坊间出版的新式标点书籍重行改编为古版，讨论国故的书籍，刊登国学研究文字的刊物，蓬蓬勃勃，风起云涌。基督教外喜好登载国学研究文字的刊物有《学衡杂志》（月刊）、《东方杂志》（半月刊）、《甲寅》（周刊）等。基督教内的《神学志》（季刊）、《青年进步》（月刊）专门辟有国学研究栏目，《文社月刊》等教内刊物也不时地登载中国文化方面的研究成果。④ 江苏基督教学者对中国文化的研究涉及方方面面，有从总体上探讨中国宗教或学术源流的著作，有单论某家某派的论文，他们还特别注意与基督教教义进行对照比较。以下分门别类地将他们国学方面的主要研究成果作一罗列和概述：

1. 对中国古代宗教或学术源流的梳理

王治心的《中国学术源流》，此书用浅近白话叙述中国各派学术。范丽海在序中说："民国成立后，欧战危机，青年怆祖国文献之消沉，而整理国故创新生命之观念，复古开新，千载一时。……治心此书，叙述中国学术源流，既明且备，……可尽知中国学术之大概，吾愿读此书者，依本书之

---

① 陈裕光：《扩建本校文理科国文系之建议》，载《南大百年实录中卷·金陵大学史料选》，南京大学出版社，2002，第 28~29 页。
② 《本校中国文化研究所之来历》，载《南大百年实录中卷·金陵大学史料选》，南京大学出版社，2002，第 59 页。
③ 张仕章：《中国宗教丛书缘起》，《文社月刊》第一卷第三册（1925 年 12 月），第 44 页。
④ 皎：《谈谈所谓国学问题》，《文社月刊》第二卷第十册（1927 年 10 月），第 72~73 页。

系统而广求之于群籍。……则于国学庶有真心得，以共造世界之幸福。"①该书被用于教会高级中学国学课本，以及自修之用，为研究国学之入门指导。

《中国古代学者的上帝观》，此书亦为王治心所著，汇集了中国古代学者的上帝观念，如经书中的上帝观、先秦诸子百家的上帝观、理学家经学家等的上帝观等，为宣教师必备之书，尤为主张本色教会者的本色教材。②

《教牧与中国文化》，此书亦为王治心所著，内容详述了中国文化是什么，教牧研究中国文化的方法，以及教牧宜读的简单中国数目表。③

胡贻毂《现代基督教思想与中国文化》一书，视基督教为东方的宗教，主张富有伦理与哲学意义的中国文化，与发源于希伯来思想之基督教，颇有沟通融会之可能。④

《东西文化之一贯》，此书为范皕海所著，包括曾刊于《青年进步》的文字四篇：（一）中国伦理的文化与基督教；（二）和平性质的中国文化与基督教在现世界的合作；（三）中国古代的上帝观；（四）国际种族两问题与孔子。⑤ 他的《中国伦理的文化与基督教》一文提出，信基督教的人看轻儒教，或者儒教里面的人拒绝基督教，未免都是偏见和盲目。⑥《和平性质的中国文化与基督教在现世界的合作》一文认为，中国最有势力的学说儒墨道三家都是带有和平性质的，中国文化和基督教文化可以合二为一、共同协作，两种弱者的文化能救全世界于水深火热之中。⑦

在《中国古代圣贤的内修工夫与上帝之关系》一文，范皕海将中国古代上帝观划分为三派：一是礼制的上帝观；二是伦理的上帝观；三是心性的上帝观。他认为第一派的流弊是近于多神与拜物，第三派的流弊是近于修仙与坐禅，只有第二派切于人伦日用。所以中国古代的内修功夫是伦理的实用主义，入手的方法第一是知、第二是行。知与行完全合一，光靠天

---

① 范皕海：《序中国学术源流》，《青年进步》第八十一册（1925 年 3 月），第 77~78 页。
② 《神学志》第十卷第四号（1924 年冬季），广告页。
③ 《神学志》第十二卷第一号（1926 年春季），广告页。
④ 《青年进步》第八十八册（1925 年 12 月），广告页。
⑤ 《神学志》第十一卷第四号（1925 年冬季），广告页。
⑥ 《青年进步》第八十四册（1925 年 6 月），第 1~10 页。
⑦ 《青年进步》第七十三册（1924 年 5 月），第 27~36 页。

良还不行，要与上帝配合，靠上帝的帮助。①

在《中国古圣贤内修工夫的一斑》中，范皕海进一步指出，古圣贤内修功夫大概不出一"敬"字，敬是主观的、内心的，但有时亦从对象返照而得，这个对象就是"天"。圣贤内修功夫是尧舜以来一脉相传的，可惜孟子以后不得其传，宋朝的程朱于主敬的内修竭力主张，但他们的宇宙观，沿用道家太极阴阳之说，所以在敬天事上帝方面未免隔膜了。②

许祖焕《中国文化与基督教的关系》一文对比了中国人的尊天与基督教的拜上帝、中国人的和平与基督教的非战以及重义与非利等方面的关系。③

谢扶雅《基督教新思潮与中国民族根本思想》一文介绍了与基督教有关的西方人本主义、今生主义、实证主义、社会主义、力行主义等思潮，并指出东方化的基督教最易与儒教结合，将来我们所吸收必是基督的道，不是基督的教。④

段光路《基督教与中国文化》一文评论了基督教与中国文化各自的优劣点，并提出二者调和的方法，从而造成基督化的中国。⑤

朱友渔《今日我国宗教之新趋势》一文分析：孔教的贡献大概是属于伦理与智育方面的，佛教是属于艺术与哲学方面的，道教是属于玄学与理想方面的；孔教是人所尊敬的，佛教是人所最喜爱的，道教是人所最畏惧的。⑥

1925 年，檀香山太平洋国民外交会议《讨论佛孔耶各教在种族问题与国际关系上应用之问题》提出以下意见：（一）在各教之主义与信条中，可得相同之根本原理，此种根本原理应适用于现时各种问题。（二）吾侪判断各教之标准，当以宗教经验为主，不可依据一家之言。（三）如何可使各教之训言，在现下功利主义之时代中得有力之应用，确实一个难题。（四）解决种族间与国际间种种问题之法，唯在至公无私与理想人格之教育。（五）对于佛孔二家待遇妇女之教训，应予以特殊研究。（六）有人言宗教曾为各种成见

---

① 《青年进步》第八十七册（1925 年 11 月），第 37~40 页。
② 《青年进步》第九十二册（1926 年 4 月），第 37~40 页。
③ 《青年进步》第八十册（1925 年 2 月），第 1~8 页。
④ 《青年进步》第八十二册（1925 年 4 月），第 1~15 页。
⑤ 《青年进步》第八十二册（1925 年 4 月），第 16~29 页。
⑥ 《文社月刊》第二卷第七册（1927 年 5 月），第 37~52 页。

与仇视之根本原因之一。（七）宗教以精神生活为主，而此种精神应适用于人生问题之解决。①

陈金镛所著《中国的宗教观》一书非常系统地阐明了中国古代的宗教观，他考证了中国古代"天""帝""神""主""道""父"等名称的由来，介绍了古代祭天地、祭社稷、祭山川、祭日月星辰、祭祖宗、祭圣贤等礼仪制度以及与此相应的中国人伦理道德观念。这本书被《真光杂志》连载。② 陈金镛在自序中写道："鄙人所以著作这部《中国的宗教观》，因为感觉到若要建立中国的本色教会，不能不明白中国固有的宗教观念，优美之点，则保存之，偏邪之处，则纠正之，以符合基督本意，'莫想我来，要废掉律法和先知，我来不是要废掉，乃是要成全。'这样这部《中国的宗教观》，是本色教会在建设上绝不可少的考证，否则中国教会，怎能谈到本色二字？"他又语重心长地写道："鄙人本着金陵神学十三年的教授经验，觉到今日神学生的最大缺憾，不是缺少现代科学知识或是哲理思想，以及宣教方法等等，所最缺少的倒是本国人不知本国书。"③

2. 对儒家思想的专门研究

吴剑飞《商汤以前的上帝观》认为，从黄帝到商汤的九百一十四年，是中华民族认识上帝最诚恳而又真切的时期，只是带了些多神的色彩。④ 在其《诗经中的上帝观》指出，诗经所反映的前期，人民对上帝还是笃信不疑，到了后期怨天尤人的思想开始蔓延。⑤

范皕诲在《中国古代文化的优点》一文认为，孔子虽是赞成忠君主义，但所定的六经也发明了民主主义，中国能够速变共和，是五千年来学说上的积蓄酝酿的结果。⑥

《孔子的鬼神观》，为范皕诲新编《演孔》一书的第九章，该文指出，孔子的思想在史官派（老子、哲学派）与祝官派（墨子、宗教派）之间，其特点是注重祭祀，但强调人事。基督教的天父思想，似已为孔子所包涵，

---

① 《青年进步》第八十六册（1925年10月）太平洋国民外交会议特号，第104页。
② 《真光杂志》第三十三卷第四期至第三十六卷第二期（1934~1937年）。
③ 陈金镛：《中国的宗教观自序》，《真光杂志》第三十六卷第三期（1937年），第19~21页。
④ 《神学志》第十卷第一号（1924年春季），第92~95页。
⑤ 《神学志》第十卷第三号（1924年秋季），第18~24页。
⑥ 《青年进步》第五十九册（1923年1月），第60~61页。

但是孔子所认的天，乃是自然合理的一元，所以宋儒说："天即理也"，即现代所谓真理。孔子以前的神话，也有类乎人格的上帝，不过与迷信鬼神同类，是孔子所极端不赞成的。①

范皕海《孔子的革命思想》一文主张，孔子是赞成对封建制度的、对霸国主义的、对世卿政阀的、对专制政权的革命的。②

范皕海在《儒家的人格观》中认为，孔子论人格有五种，都在好的方面，是一步一步向上的：一有恒、二善人、三君子、四贤人、五圣人。③

范皕海在金陵神学院发表《孔家学说与基督教》演讲，阐明了孔学的渊源、孔子的教学方法及其伦理、哲学和宗教思想，并指出中国文化的将来取决于儒家与基督教的合作。④

陈勋《儒家仁道之研究》指出，如果人人都依孔子这点意思去做，都成为"仁民"，那完美的、大同的"理想社会"便可实现了。⑤

王治心《孔子哲学》一书分析了孔子学说的渊源、孔子的生平、孔子的形而上学、孔子的人生哲学、孔子的教育哲学、孔子的政治哲学等问题，此书也被王治心用作神学国学科课本。⑥

王治心的《孟子研究》曾在《文社月刊》上连载，他说："《孟子》这本书，我个人认为是国学上根本的要籍，它那种流畅而劲练的文章，实在可以裨益于初学文字的人，尤其是他的思想，很吻合乎最近的潮流。我们既是主张以创作发挥基督教义，而欲造就一般国化的著作人才，非深深地研究国学不可！欲研究国学，尤非先从事于《孟子》不可。"⑦

王策安《孟子的研究》一文介绍了孟子的生平及著书的情况，特别提出不可神化孟子，中国政治之专制，思想之束缚，就是孔孟一般人作祟。并引梁任公的话说："我们既以治国学为业，宜常保持极冷静的头脑，专务

---

① 《青年进步》第八十九册（1926年1月），第17~21页。
② 《青年进步》第一百零三册（1927年5月），第11~17页。
③ 《青年进步》第一百零四册（1927年6月），第13~16页。
④ 《神学志》第十一卷第二号（1925年夏季），第114页。
⑤ 《青年进步》第八十九册（1926年1月），第86~100页；《青年进步》第九十册（1926年2月），第88~97页。
⑥ 《青年进步》第八十七册（1925年11月），广告页。
⑦ 《文社月刊》第一卷第九、十册（1926年9月）至第三卷第七册（1928年5月）。

忠实介绍古人思想之真相，而不可以丝毫自己之好恶夹杂其间。"①

臧天保《再读大学中庸后》认为《大学》《中庸》其中不仅有政治哲学，更有教育哲学，特别是中国心理学的萌芽。同时指出儒家学理先前是外务的，学庸后变为内观的。②

余牧人《我在治学上最近决定之志向》写了下面几个信条：（一）我愿以毕生心力阐发荀卿学说的精奥。（二）我愿遍读历代凡有关于荀卿学说的一切书籍。（三）我决不因人言而改变趋向或冷淡。（四）我决不急于苟且从事地发表我的著述。（五）我决不因环境或生活的困窘而搁置。（六）我决不以情感崇拜荀卿而愿以理智认识荀卿。③

李清华《读荀子》一文认为，荀子要人法后王，而不法先王，并非藐视先王，以为不足法，乃是因年代远了，事迹简略，不易取法。苏轼硬说他藐视先王，实在是冤屈了荀子。④

金陵神学的孙启智系统地研究了王阳明的思想。在《阳明心即理学说之研究》中，他提出朱子所讲的心即理是二元的，而阳明的心即理是唯心一元论，确实是国家的国魂，人生的指南，其最大的特点，就是能使人超凡成圣，成为圣善的人格。⑤ 在《阳明的宇宙观》中，他认为阳明的宇宙观是气理调和论，二者互相利用，演成无穷的宇宙，万物现象是活动的、有情的、进化的，为悲观厌世的人生做一当头棒喝。⑥ 在《阳明的人生观》中，他指出高超的、光明的、忠诚的、仁爱的、奋斗的精神是阳明人生观特点。⑦ 在《阳明知行合一学说之研究》中指出知行合一的学说是伦理的准绳、范围人心的利器，人们诚然知善行善、知过改过、知恶去恶，然后心地光明、真我实现、良知自必泰然。并强调日本维新派多是遵守知行合一的学说，很热心的研究，很毅力的实行，所以日本人就一天一天地强盛起来。⑧

---

① 《神学志》第十一卷第二号（1925年夏季），第104~107页。
② 《神学志》第十一卷第四号（1925年冬季），第108~114页。
③ 《青年进步》第八十二册（1925年4月），第104~108页。
④ 《青年进步》第八十二册（1925年4月），第114~116页。
⑤ 《青年进步》第八十七册（1925年11月），第86页。
⑥ 《青年进步》第九十二册（1926年4月），第85页。
⑦ 《青年进步》第一百零一册（1927年3月），第76页。
⑧ 《神学志》第十二卷第二号（1926年夏季），第137页。

李兢渊《阳明良知之研究》指出，阳明的良知说发源于孟子，心即理因之陆象山，知行合一、致良知之说来自孔子。"知行合一正要人晓得一念发动处，便即是行了，……不使那一念不善潜伏在胸中，致良知意义之高妙，莫过于此。基督曰，凡人发生淫念，虽未做出，实已犯了，读阳明知行合一之论，益见中外圣贤立论之高妙，不谋而合。"①

江顺钦《读阳明学说之我见》一文认为："阳明所谓之天理，其圣经所谓之永存不灭之灵乎？""良知良能，无非神所赋予，无圣灵援助，人无战胜情欲臻于圣境之希望也。"②

孙启智《魏庄渠的上帝观》指出，魏庄渠是阳明以下理学的巨擘，他肯定上帝是有理智的，以理创造宇宙万物。"吾一呼一吸，未尝不与大造化相通也，是故一念善，上帝必知之，一念不善，上帝必知之，天命有善无恶，故善则顺天，恶则逆天，畏天之至者，尝防未萌之恶，小人无忌惮，是弗以上帝为有灵也。"③

3. 对墨子学说的介绍

《墨子哲学》：王治心编，内容分墨子的学说及其生平，墨子的宗教思想，墨子的知识论等篇。④

《墨学与景教》一书将墨子与基督教相比，如天志与上帝，明鬼与灵魂，兼爱与博爱等，证其同，疏其异，各还本来面目。⑤

孟昭翰《墨子兼爱说的研究》一文指出，墨子所言的爱，虽是精神上的连合，不必是衣食之赈济，却未尝论及人的灵魂，专从功利祸福方面言及爱利，此与基督教根本不同之点也。⑥

王策安《墨子之研究》一文也认为，墨子专以祸福来劝惩人，全不讲良心上的道德责任，那么盗跖高寿、颜回短命就无法解释。另外，墨子单讲天志，不讲灵魂，要人牺牲今生的快乐，又来生的福乐报偿。而明鬼神

---

① 《神学志》第十一卷第二号（1925 年夏季），第 107~110 页。
② 《神学志》第十二卷第一号（1926 年春季），第 121 页。
③ 《神学志》第十一卷第二号（1925 年夏季），第 101~104 页。
④ 《青年进步》第八十七册（1925 年 11 月），广告页。
⑤ 《神学志》第十卷第二号（1924 年夏季），广告页。
⑥ 《神学志》第十卷第一号（1924 年春季），第 106~109 页。

的学说亦流于非理智的迷信。①

汪弼庭《墨子天志说与基督教上帝观》一文，介绍了胡适《中国哲学史大纲》、梁任公《墨子学案》、王治心《墨家哲学讲义》、谢无量《中国哲学史》中对墨子的评价，认为基督教与墨学在很多方面是相通的，并指出："有些基督徒狭隘自尊，以为中国不如西方，有的不敢说有，违弃了不少见证基督教的材料。"他详细列举了墨氏天志说与基督教上帝观的同异（见表2-3）。②

表 2-3 墨氏天志说与基督教上帝观的同异

	同														异										
基督教	上帝 God	爱、慈悲的	灵的	全能全知全在	赏善罚恶的，公义正直圣洁的，无私的	人格化的	无命	完善如天父	神有所憎悦	神悦人义	神造天地为万有之源维持宇宙	神为永存的，无不在的，无时空两间之制限	入世的	天地间只有一神	人死灵归上帝	慈悲之天父	上帝有三位一体之表示	神表示在基督身上和自然界上	有生命的	与人能和协为一	由上帝观而规定人生观	上帝赐基督为人之导师	神有救赎工作，遂有道成肉身之表示	拜偶像神鬼，上帝恶之	上帝比之人父
墨学	天	兼爱	灵的	为贵知	赏善罚恶的，公义正直圣洁的，无私的	人格化的	非命	尚同—法天	天有好欲憎恶	天欲义而恶不义	天为万有之源造化之神	天体至大	入世的	天、神、鬼、多神说	人死为鬼不归天	虽曰兼爱，仍善恶果报威严之天	无	天表示在自然界	不言有无	做人之规矩	由人生观之兼爱而演成天志	天欲人之兼爱而无方法	无	祀鬼神，取悦于天	天比之国君

---

① 《神学志》第十卷第四号（1924年冬季），第113~115页。
② 《神学志》第十二卷第一号（1926年春季），第115~120页。

4. 对道家思想的研究

《道家哲学》，王治心编，内容首为总论，次则叙老子的人生哲学、政治哲学，庄子形而上学、人生哲学，列子形而上学、人生哲学，杨子人生哲学等。①

吴剑飞《老子道德经之批评》一文，从宇宙论、伦理论、政治论等方面批评了老子自然无为的思想，认为其限制了人力的发挥和文化的发展。②

郑翼方《道德经二十一章解释》认为："众甫"之甫，父也；众者，指万物之数也；众甫者，指万物所自生之父也。③

施煜方《读老子》一文指出，老子所讲的婴儿有三个特点：（一）无偏执的成见；（二）无人我的畛域；（三）无善恶的区分。正如耶稣所说："不像小孩子，不能承受上帝的国。"所以我们提倡宗教教育，使儿童能顺着天然发展。④

杨程《庄子的宇宙观》和《庄子的人生观》认为，中国民族的人生观，唯因受了佛老思想的支配，所以科学不能发达，物质文明不能进步。为今之计，唯有援用基督牺牲服务的精神，以救斯弊。⑤

5. 对佛教问题的探讨

李逢谦《基督教与佛学》一文指出，王治心拜访欧阳竟无谈佛学，燕大教授张仲候也主张基督教传道不能不研究佛学，而他主张："基督的宗旨是成全，不是破坏，我们顺从基督，要成全世界上一切的真理，岂但是佛学应当研究哩？"⑥

王治心在《访欧阳竟无》中写道："我觉得我们基督教有两大缺点。第一，我们对于基督教的道，仅仅发挥些皮毛，没有彻底的满足知识阶级的要求；所以如同此次来学佛的董君（燕京大学学员董绍明），他是一个基督徒，他觉得基督教还不能满足他求道之望；但或许更能因此发挥基督教，

---

① 《青年进步》第八十七册（1925年11月），广告页。
② 《神学志》第十卷第四号（1924年冬季），第111~113页。
③ 《神学志》第十二卷第一号（1926年春季），第122~125页。
④ 《青年进步》第八十二册（1925年4月），第126~127页。
⑤ 《青年进步》第八十一册（1925年3月），第63~70页；第八十二册（1925年4月），第83~96页。
⑥ 《兴华报》第十九卷第二十五期（1922年），第2页。

亦未可知。第二，我们基督教人局量太小，不但不许人公开的研究，而且稍有不同于遗传的话语，便目为大逆不道，防备之，反对之；而佛教则不然，尽管任人自由研究，所以他的道，一天光明一天。我上来说的话，不是偏重佛教，看轻基督教，因为我是基督徒，当然以发扬基督教义为天职，不过我很佩服佛教的学理；我以为今后的传道人，不研究佛学，不能传道了！这是我常说的话，不知道对不对？"①

王治心《因明学与宣道法》一文用了大量篇幅介绍佛教因明学的历史和内容，并认为因明学是最精密的修辞学，基督教宣教师要在宣道法上有科学的组织、精审的修辞，使发一言立一论都能叫人心悦诚服，最好能够先研究一下印度的"因明"和西洋的"论理"。②

王治心《佛教在中国的发展史》比较详细地叙述了佛教的输入、佛典的翻译、宗派的演化以及佛教对中国帝王与学者的影响。③

王治心《释迦与耶稣的生平》一文对照了两位教主的出生、经历和传道事业以及佛耶二教经书的形成过程。④

王景庆《怎样在佛教徒中布道》提出：可以用"真如"（真相如此）、"法界"（统该万有是法，法之边际是界）来解释上帝的"自有永有"以及一切生于上帝并回归于上帝的教义。可以用"三身"——法身（是中道之理体，本体，自性，似可代表上帝）、报身（是受用身，自受内证法乐，似可代表圣灵）、应身（亦名化身，为化度众生应现，似可代表耶稣），以及《起信论》中的"三大"——体大（真如之体性，谓一切法，真如平等，无生、无灭无增无减，毕竟常恒——上帝）、相大（真如之德相，谓如来藏具足大智大悲，常乐、我静等一切功德——耶稣）、用大（真如之作用，内潜源底而薰妄心，外现报应二身，教化众生——圣灵）来解释基督教的三位一体说。总之，基督教所说的上帝，不是三界内的天神，乃是万有真源、本体、真理、道。一切圣贤觉者，都是悟得到它，才能得名。一切圣贤觉

---

① 《兴华报》第十九卷第二十五期（1922年），第11~13页。
② 《神学志》第十卷第三号（1924年秋季），"研究"栏目，第1~18页。
③ 《基督教丛刊》第二十一期（1948年3月），第80~84页；第二十二期（1948年6月），第73~80页；第二十三期（1949年10月），第66~75页。
④ 《金陵神学志》第二十三卷第四期（1948年7月），第10~15页；《金陵神学志》第二十四卷第一期（1948年10月），第15~19页。

者，是世间之光，上帝是"众光之父"。一切仙佛菩萨是灵，上帝是"万灵的父"。①

6. 对其他学派以及中国古代文学的介绍

王治心《农家学说的研究》探讨了中国古代农者的地位及其与诸子的关系，并指出农家所主张的劳动生活与社会主义相同，无论何人必须由劳力而得食。② 范皕海《古代农学家者流之学说寄王治心》主张：古农学家者流以食力主义而抱无君思想，《尚书大传》所载唐虞之《击壤歌》似已隐含此意。③

汪弻廷《扬子法言》一文介绍了扬雄的思想，认为扬子虽经朱子评其为近黄老之学，但子云乃宗尚儒家，主执乎中为至善，其人性学说为善恶混论。④

张鸿锦《文中子中说》认为，隋朝王通的《中说》："文法简单，务约致深，言寡理大，与论语之记类，孺子奉之，勿使失坠。"⑤

刘树德介绍了战国时期吴起的军事思想，认为《吴子》一书所论战，"于山于野于谷于水等等妙术，无不应有尽有，虽古今环境变迁，兵械异殊，而其战法方略计策等艺术之至理，仍可采择而施行之"。⑥

洪罗文介绍了孔鲋所撰《孔丛子》一书，认为该书发挥了仲尼儒家仁义要理，于道德方面很有帮助。⑦

黄毓寅介绍了《竹书纪年》一书，认为该书有助于有关古代帝王资料的考察，但其中"祥瑞灾异"记载是愚民的法子。⑧

许祖焕介绍了《世说新语》一书，认为该书在中国文学史上有相当的价值，给其留下了深刻印象。⑨

许文辉《读山海经述言》认为，《山海经》一书所载，多数人以为荒

---

① 《金陵神学志》第二十一卷第二期（1940年4月），第108~110页。
② 《青年进步》第八十四册（1925年6月），第76~90页。
③ 《青年进步》第八十一册（1925年3月），第75~76页。
④ 《神学志》第十卷第四号（1924年冬季），第115~116页。
⑤ 《神学志》第十卷第四号（1924年冬季），第116~118页。
⑥ 《神学志》第十卷第四号（1924年冬季），第119~120页。
⑦ 《神学志》第十卷第四号（1924年冬季），第120~121页。
⑧ 《神学志》第十卷第四号（1924年冬季），第121~122页。
⑨ 《神学志》第十卷第四号（1924年冬季），第122~124页。

谬，但亦非绝无实据足为凭信，其价值不容贬损。①

周长安《读刘向说苑杂记》认为《说苑》中所讲的君臣之道、尊贤之法、权谋之术，可为民国后武人政客鉴戒。并且觉得其诸篇中都有传道人可采取的讲道材料，而且此等材料是最高尚的、神圣的、本色的，用在知识界或平民中都是合听者心理的。②

朱维之《中国最早的文学家屈原》介绍了屈原文学思想的渊源、文学地位以及他的高尚品格，并认为尽管屈原的哲学思想和宗教观念是不彻底的，但恰恰是从他不彻底的思想和观念中，能产生一部万世不能磨灭的伟大文学作品。③

朱维之《诗仙李白》一文认为，李白的一生偏于道家，如果他当时得有奋斗的、向上的宗教以鼓励他的勇气，得活泼的积极的团体共同奋斗，以太白的才艺，何难挽将倒之狂澜？④

朱维之《中国文学之宗教背景》一文分析了从古代到近代中国文学作品中的儒教、道教、佛教以及基督教的背景，并指出基督教文学在中国方兴未艾，今后二三十年必有蓬勃的发展。⑤

以上是《神学志》《青年进步》等刊物对中国传统文化的介绍和研究，足见江苏基督教学者对中国传统文化的热切和爱慕。在基督教与国学的关系上存在两种不同的看法和倾向：

一种是担心基督徒研究国学会不会削弱其信仰立场。有一位林启仁信徒给王治心写信，问道："先生对于佛学甚有心得，所以曾提倡神学里研究佛学，我就想研究佛学以表明基督的真理诚然有益，但如果过于专心研究，便是攻乎异端，未必不受其害，而且环境的人多不知佛学，亦无借佛学证明基督的必要，如果过于提倡研究，不啻为佛氏宣传教义，还有与基督神交未深切的人，若为佛氏之说先入为主，那就更受其害了，未稔先生之意以为然否？"王治心回答说："佛学实占中国学问中的一部分，研究中国学

---

① 《神学志》第十卷第四号（1924年冬季），第124~125页。
② 《神学志》第十一卷第二号（1925年夏季），第110~112页。
③ 《青年进步》第八十五册（1925年7月），第85~101页。
④ 《神学志》第十二卷第二号（1926年夏季），第114页。
⑤ 《金陵神学志》第二十二卷第一期（1941年3月），第8~17页。

问，而不明佛学，如何能懂得六朝时代的思想，与宋明理学的意义？'异端'二字，似乎加不到佛学身上，读（马太五17与希伯来一1），佛祖释迦牟尼未始不是此说先知之一，何可排斥呢？……我们自己对于佛学毫无研究，怎能传道于佛学的知识阶级（现在知识阶级至少要有十分之五懂一点佛学）？"林启仁又问王治心："日前阅《文学科月刊》见先生所撰《基督教与中国文化》篇，又觉先生是拿基督教真理与儒教相发明……如果过于牵强从同，有像削足适履，未稔先生意以为何如也？"王治心回答说："此问题答来必甚长，请看《青年进步》第七十九册，有拙著《本色教会的讨论》与范皕海先生《东方基督教》等文，可以知基督教本是东方思想，与中国思想，大概相同，今人以为基督教与中国民族性的冲突，是误认西洋风俗为基督教之故；若洗去了西洋色彩，则基督教的本色，亦即中国文化的本色；我们的责任，应当使基督教与中国文化结婚。"①

另一种是担心基督教太专断，会排斥中国文化。上海的聂云台（字其杰）先生对于基督教很有研究，而且兼通儒佛，聂先生说："耶教之人言曰：世界惟耶教为真宗教，为真理；苟不信从，则为有罪不赦。……而彼私其教者，又张大其词，谓尔不信耶稣者，背教规者，皆得罪于天，永不得救；期于使人不敢不入教；已入教者不敢复研究其他教理，故亦有其徒明知佛法因果之说有至理者，而口不敢道也；世夙受儒教礼法之益者，而不敢复行也。乃至祀其祖先，亦谓为得罪上帝，将受天谴。彼隘陋自私满充嫉妒之传道师，倡为此说，期以宗教为专利之物，名为尊上帝，实以诬上帝，名为传真理，实以蔽真理；盖天即理也。"针对聂先生的疑问，金陵神学院毕业生杨程解答道："原来敝校，为培植传道人才而设，同学卒业后，亦多出任教牧，或执其他教育事业。校中课程，除关于耶教学识及一切社会科学外，尚有儒、墨、老、庄、佛教、理学……的设备；而同学们自知将来服务社会，最需要的便是本国学术——儒、墨、老、庄、佛……所以尤其特别注意。王治心先生在其《基督教与佛学》里所说的'不研究佛学，不足以传道'一语，实是敝校师生间研究其他教理的写真。聂先生如果怕我为敝校吹嘘，便请阅《青年进步》与《神学志》二份杂志，看看

---

① 王治心：《答林启仁先生三问》，《神学志》第十一卷第二号（1925年夏季），第3~5页。

耶教之人究竟有没有研究其他教理，依我言之，年来二份杂志所载什么《庄子哲学》、《基督教与佛学》、《列子哲学与基督教》、《墨子兼爱说之研究》、《诗经中之上帝观》、《陆象山与泰戈尔》、《墨子学说与基督教义的比较研究》、《老庄论道的批评》、《中国孝道要义》、《墨子兼爱说的研究》、《孟子性善之研究》、《易经研究》、《杨朱学说的研究》、《孔子的仁》、《墨子人生哲学》……等，虽不敢指为杰作，然而聂先生得此反证；那么，'已入教者不敢复研究其他教理'一语，当然不能存在。"①

四　南京景风山基督教丛林

"南朝四百八十寺，多少楼台烟雨中。"南京乃六朝古都，为佛教兴盛之地。近代以来，更成为佛教思潮的活动中心，1866年杨文会在南京创办金陵刻经处，1922年欧阳竟无创立支那内学院。挪威信义宗传教士艾香德（Karl Ludvig Reichelt，1877 - 1952）于1903年来中国传道，他在湖南、湖北一带与佛教僧人有密切接触，深感佛教对中国的广泛影响。1919年他拜访了南京附近的一所寺院，并劝化了一位年轻僧人宽度改信了基督教。于是，他酝酿在南京创办一处接待佛教僧人的基督教传教场所。1920年，艾香德回欧洲，四处发表演讲，呼吁教会建立一个宗教联合组织，既帮助信仰不同宗教的人能够了解基督教，也帮助基督徒能够了解其他宗教。与此同时，他还撰写和出版了许多介绍佛教的书籍和文章。②

1922年，艾香德由欧洲返回中国，于12月6日在上海北京路功德林饭店组织召开佛门归主差会成立大会，筹备在南京建立基督教丛林。当时到会的人有：陈金镛、钟可讬、宽度、艾香德、李兆民、周梦贤、李则灵、张纯一、葛德基、沈问梅、高拱元、鲍乃德、费佩德、胡其炳、全绍武等。临时公推钟可讬为主席，书记李则灵，提名委办艾香德、宽度、费佩德、胡其炳、全绍武，事务委办李兆民。

钟可讬宣布："今日中国化的教会，为时势所要求，艾牧香德能本此

---

① 杨程：《读聂其杰先生宗教辨惑说》，《神学志》第十一卷第二号（1925年夏季），第76 ~ 78页。
② 孙亦平：《艾香德牧师与中国佛教：民国时期宗教对话的一个案例》，《世界宗教研究》2010年第6期，第55 ~ 58页。

旨，中外呼求，成立差会在佛家布道，极其敬佩。"

艾香德报告说："今日集会出乎神旨，欣感何似，鄙人来华多年，久与方外友结道缘，居恒深念主道，如光行暗中，无孔不入，故诸教中良善思想，无不依主道为归纳，吾人眼光胸怀，宜如何远大豁达，由研究而从事进行，十年来本此思想工作，曾于湖北漵口成立基督教佛家兄弟会，今赖神恩指导，已成立国际差会，专派鄙人再来中国，开辟布道，拟先从南京设招待所，逐渐推广，一面于南京镇江间，择相当地点，建筑基督教丛林，以为僧士道友归我教后，修养工作地步，此后差会续派牧师工程师，前来同工，吾人诚有莫大希望，但请宗主兄弟，一致匡助，且使其如何演成为中国本色教会，至所企祷。"

宽度发言说："耶佛虽各有门户，而同归于救人，佛言布施，耶言牺牲，佛言法力，耶言圣灵，皆不同而同，故吾人研究宗教，不可执着，此番布道工夫，棉薄所及，自当竭诚疏通融洽。"

会议还对相关问题展开热烈讨论。陈金镛问："僧士入教，此后之生活如何，抑再作道场法事否？"艾香德回答说："本会先从向道僧士入手，人数不多，及后景风光大，诸如招待所、丛林、医院、学校及他职业，能位置多人，可以毋虞。"宽度谓："佛家高尚僧士，亦向不从事法事道场。"

钟可托请求讨论组织问题，艾香德谓："佛家布道事业，已筹备数年，此次奉派来华，报纸宣传，知者颇众，南京亦已成立招待所，今日似宜组织委员会，请到会诸君为委员，以便协助进行。"

张纯一发言谈到耶佛原理问题。高拱元问："上海招待所能否速成立？"艾香德谓："先办南京，逐渐推广。"葛德基问："招待所工作，是否即教会，抑系介绍信友归教会。"艾香德答："招待所非教会，而为道友信教初级，仍以基督教丛林（景风山）为进阶，因僧士有其特殊生活。"

葛德基请求全国协进会协助工作，钟可托言："此种特殊工作，任至何地，必得当地教会同情。"宽度言："此次工作，当一面热忱招待，一面注重著述，以广宣传。"李兆民言："今日情形，即宜成立教会，发起筹备，已成过去。"沈问梅言："此事在工作不在言论。"葛德基言："吾人但为相当赞成，不必另组教会。"费佩德言："此会既经中西领袖赞成，即宜成立董事会，维持其工作。"

鲍乃德提出建议："(一)基督教佛家兄弟会,应否公组教会,非今日到会人所能决议。(二)招待所工作,由小而大,惟第一所址在南京,董事会不如在南京组织。(三)公请全国协进会,另组小委办会,在全国提倡佛家布道事业。(四)由艾牧香德敦请同道为临时顾问委办,至全国协进会组织成立小委办会为止。"钟可讬赞成鲍乃德的提议,胡其炳也赞成,但声称:"国际差会,能否与协进会同意,尚成问题。"李兆民言:"协进会对于佛家布道会,当与对全国其他公会同一待遇。"

艾香德言:"本会原意欲成立教会。(一)为免受他公会不合式拘束。(二)欲自行教政以专责成。"

最后,钟可讬主席宣布讨论结束。按鲍乃德提议加修正做成议案五条,并举手表决通过:"(一)今日到会,各人并请各地同志,(另单详)组织中华基督教佛家布道会临时委办。(二)本委办致函南京基督教协进会,请其协助艾香德牧师于该地进行佛家布道招待所事宜。(三)本委办致函全国基督教协进会,请其对于佛家布道事业,在召集年会时加以承认,并选派至少五十人曰中华基督教佛家布道委办,以利进行。(四)临时委办之执行委员,有权发表宣言,并推全绍武、张纯一、李则灵三君为起草员。(五)临时委办,执行委员,经提名委办提出九人(中五西四),即以沈子高、汤忠谟(南京)、钟可讬、沈问梅、李兆民(上海)、包文、马骥、乐灵生、励德厚充任,其第一次执行委员会,即由本日主席钟可讬君召集。"①

1923年11月,艾香德开始兼任金陵神学院教师。② 1924年12月1日,艾香德在南京召集了南京基督教丛林顾问委员会会议,出席者还有包文、司徒华林、张坊、王治心等。艾香德报告了会议宗旨,之后各委员讨论了协助办法,最后议定:(甲)由张坊先生与南京协进会接洽,派员就各礼拜堂演讲丛林工作之重要,冀得南京教会之了解和赞助。(乙)由司徒华林先生与女青年会、女神学接洽,如何工作于女尼之中。(丙)由包文先生与毕来思先生接洽,介绍艾牧师至西人礼拜时演讲,冀得在宁西人同情赞助。(丁)由王治心拟题分请人员撰述融通二教文字。当即规定由艾牧师撰《基

---

① (上海)李则灵:《中华基督教佛家布道临时委办成立会》,《兴华报》第十九卷第五十期(1922年),第22~24页。

② 葛敬洪:《欢迎会盛况》,《神学志》第九卷第四号(1923年冬季),第155页。

督教与佛教历史上之关系》与《基督教与佛教教义上的比较》二文、司徒华林先生撰《景教碑考据》、包文先生撰《佛教在世界文化中的地位》、张坊先生撰《基督徒对于佛教应有的态度》，此外尚拟请沈子高先生等分别撰文，投登教会各报，借资鼓吹，使一般基督徒得了解各宗教互助的必要。①

此前，在钟可讬牧师、吴德施主教及协进会领袖的帮助下，艾香德及其同乡田莲德（Notto Norman Thelle，1901－1990）在南京丁家桥开办了佛家布道筹备处。由于各地云游僧道，来此驻足，往来不绝，又因规模狭小，所以迁移到南京丰润门，正式成立"景风山基督教丛林"，是借用景教碑所载"景风东扇"之意，内有建筑讲舍数椽，附设高级小学，招收佛、老各门之幼年弟子，后得学生二十余人。艾香德又扩大投资，在南京神策门外购山地七十余亩，作为景风山基督教丛林将来扩充之用，并命名为"景风山上院"，而以丰润门道场为"景风山下院"。该丛林开办三年多，出家僧道前来挂单者不下千人，每日早晚礼拜，宣传基督福音，受感信主者，虽仅二三十人，已受洗者十九人，但足证基督教的灵力可以劝化僧道信众。②

1925年，太仓传道人沈问渭路过南京，在圣公会沈子高会长陪同下参观了景风山基督教丛林。他是这样记载他的观感的："是日下午四时，沈会长与教员沈德仁君，陪同鄙人前往景风山，参观在佛门中宣传基督圣教丛林下院，适该院西教士艾香德、田莲德均不在堂，有驻院教师张君（曾作某寺院之当家和尚），号宽度法师，与谭君羊教师殷勤招待，所见礼堂中一切设置，皆仿佛教格式，内设圣教学校，有青年学生数人，俯案研读圣经，寄宿舍中，招留游方客僧十余人，每日供膳，并由张、谭二教师，逐日宣讲真道，据云各僧人居住三天后，均须遵依该院所定教会规则而行，否则不得再行留院云。"③

1930年，艾香德牧师将南京景风山工作移至香港，创道风山基督教丛林。南京景风山基督教丛林的建立无疑是基督教传教史上的一次突破和创

---

① （南京）王治心：《基督教丛林顾问会》，《兴华报》第二十一卷第四十八期（1924年），第29页。
② 黄仁厚：《景风山基督教丛林创设记》，《中华基督教会年鉴》第八期，中华基督教协进会编辑兼发行，1925，第79页。
③ （江苏）问渭：《往徐州请愿释放被拉夫役纪》，《兴华报》第二十二卷第四十九期（1925年），第31~32页。

举。正如艾香德的中国学生黄仁厚（字菽民）所云："基督教之在中国，百余年于兹，其布道事业已普遍于士农工商军警各界，亦足见其事工之溥博矣。惟对于佛老各宗徒，尚无特别法门以导引之，殊一大憾事也。"另外，大多数基督徒对佛老各教抱有偏见。"不知佛门中不乏知识名流，湛深佛学，吾侪膺福音使命者，不可信口开河，妄加指责，致神圣宗教，招党同伐异之嫌。倘因分门别户，各自是非，不能归化一炉，何以建设天国于地上，成全中华归主运动之目的耶？……吾师艾香德博士为上帝之忠仆，本欧洲挪威籍，服务中邦，已二十二年，始传道于湖南宁乡，常与僧道交往，久则稔知其教有高尚学说，由是各处丛林寺观，足迹殆遍。一方面研究佛道各家经典，一方面灌输以基督真理。盖处佛法人中作佛法中人，亦如保罗处犹太人中之为犹太人也。此为吾师佛门布道之始基。"①

艾香德的神学思想是十分超前的，他不仅提倡宗教间的对话，更推动宗教间的联合。② 在《宗教概论》等著作中，他不厌其烦地阐释五大宗教（基督教、佛教、道教、儒教、回教）在上帝观、宇宙论、人生观和教育观等方面的相通性。③ 在一次演讲中，他提出了"教不同而宗同"的思想，他认为各大宗教"所宗的道，是一个的"。他用了一个形象的比喻说："世上人修道，如同登山一样，在初上山的时候，有从南面上的，有从背面上的，有从东西各方面上的，费尽了气力，自以为独辟蹊径，别无他路，所以只认自己是上山的，不认他人也是上山的，或者只认我们同伙同路，是上山的，不认别的路径，还有能上山的。及至上的较高一层，眼光较大，方见他方，也有道路，也有行人，同我们是一类的。最后登峰造极，豁然贯通，方才看见天地非常的大，人物非常的多，上山的道路，虽有东西南北之不同，到了山顶，是一样的结果。也就是同归一宗，这就是教不同而宗同的道理。"他特别指出了佛教与基督教的相通之处："说到三位一体的话，解释甚多。依我看来，就是体、相、用三者。体就是真如法身，相是随缘现

---

① 黄仁厚：《景风山基督教丛林创设记》，载《中华基督教会年鉴》（第八期），中华基督教协进会编辑兼发行，1925，第 78~79 页。
② 参见孙亦平《艾香德牧师与中国佛教：民国时期宗教对话的一个案例》，《世界宗教研究》2010 年第 6 期。
③ 艾香德：《宗教概论》，连载于《道德月刊》第一卷第二期至第七期（1934 年）。

相,用是化身,即圣灵的意思。"他还补充说:"兄弟前在南京,办一景风山。后在香港,办一道风山。道风山的意思,同于佛家的丛林。虽然基督教的底子,可是欢迎各教有道心的皆来,将来办理灵学会、道学班,绝不勉强人入耶教。道风的意思,就是一道同风。"[①]

江苏教会的确在神学建设上做了许多大胆而有益的尝试。教会的自立与合一运动是为了从组织上和经济上摆脱对西方差会的依赖,这是教会外在形式的本色化。教会对中国传统文化和礼仪习俗的尊重和吸收是为了祛除其洋教色彩,使基督教内在信仰的表达更加丰富,并带有中国特色。基督教既要融入所处的社会环境与其相适应,同时也要以新生命去更新和改造所处的社会环境。

五 教会学校立案和党化教育

王治心在《中国基督教史纲》中写道:"基督教对于国民革命的关系,是异常密切的!"[②] 他不仅指出了孙中山先生及早期革命者受基督教的深刻影响,也提到了蒋介石、冯玉祥、张之江等国民党官员对基督教的皈依和信奉。1922年非基督教运动爆发后,中国教育界提出了收回教会教育权的要求。1927年南京国民政府成立后,国民党开始在教会学校推行党化教育。基督教与国民政府之间,既有相互亲和与融洽的一面,也有彼此分歧和关系紧张的一面。

教会学校在中国的设立是基于不平等条约的权利,而且教会学校通常属于国外某差会或国内某教派,有些教会大学甚至是在国外登记注册的。中华民国成立后,教育部逐渐认识到教育管辖权的重要。1917年教育部颁布了《私立各种学校考核待遇》文件,"令京师及各省区中外人士创设私立各种学校,一律立案"。1920年11月16日又颁布《外人设立学校须如法报部立案》文件。1921年4月9日重申前令,催促教会学校即速立案,并颁布《教会所设中等学校请求立案办法》,其中要求:"(一)教会中等学校应照本国教育法令办理;(二)教会中等学校课程,除国文、本国历史、本国地理不得变更外,其余各科设又变更,须由官厅核准;(三)学科内容及教

---

① 《艾香德博士济南演讲词》,《道德月刊》第一卷第二期(1934年),第1~8页。
② 王治心:《中国基督教史纲》,上海古籍出版社,2004,第225页。

授方法不得含有传教性质；（四）校内学生无论信教与否，应一律待遇。"1922~1924年，在国家主义、民主主义和自然主义等思潮影响下，中国掀起了非基督教运动和"收回教育权"运动，此时，教会学校注册一事更是被中外人士视为当务之急。1926年11月16日，北京政府颁布了《外人捐资设立学校认可办法》，其中有积极的要求和两条消极限制："（甲）关于积极方面：（一）学校应冠以私立；（二）校长和副校长应为本国人；（三）若有校董会多数应为本国人；（四）学校宗旨应依教育部之规定必须教育的；（五）学校课程应依部定标准。（乙）关于消极方面：（一）不得勉强学生信仰任何宗教或参加宗教仪式；（二）宗教科目不得列为必修。"广东的国民政府也颁布了《私立学校规程》及《校董会章程》，比北京政府规定得稍微详细和严格一些，在消极方面增加了"不得于授课时宣传宗教"一条，本来还有一条，后来取消了，就是"政府得派员驻校中，监督一切。"①

对于国民政府要求教会学校注册的规定，有一些外国传教士的领袖是反对的，他们认为："教会学校而不授宗教，与他们原来的意思不合，教会学校的特殊作用不能保留，不如停闭。""教会学校本来教授宗教，章程上皆有明白的公布，教外学生既选入教授宗教的教会学校，就应一律遵照学校章程。"但大多数中外的教会人士是赞成教会学校向政府注册的，他们认为："基督教学校应在中央或地方教育官厅立案，但以不妨害基督教教育之特殊目的为断。"② 而且立案后，利大于弊："教会学校，一经立案，获得政府承认，即与其他私立学校立于平等地位，享受种种利益。兼可以示国人教会办学之宗旨，使外间不致在发生什么文化侵略的种种误会，若说立案以后，教会不啻放弃管理之权，实属杞忧，盖政府之管理教育，权限仅及于视察与指导，并非剥夺私立学校私有管理之权。亦绝不会无端地干涉私立学校之行政。又有人说，教会学校立案，将有碍于宗教教育的设施，但这也是过虑。教会学校立案以后，宗教只可列为选科，礼拜只可任人自由，这确是一种限制，但若谓政府限制私立学校迫人信教，或参加宗教礼仪，

---

① 程湘帆：《教会学校注册问题及经过情形》，《兴华报》第二十三卷第四十五期（1926年），第4~9页。
② 程湘帆：《教会学校注册问题及经过情形》，《兴华报》第二十三卷第四十五期（1926年），第11页。

便算是有碍于宗教教育之设施,这也未免太不明了有效工作的宗教教育原理。只须政府保障人人'信仰自由',宗教教育在私立的学校当然有它的地位,就看此项教育能否有其相当的贡献及如何的努力哩。"①

江苏的教会学校大多支持向政府立案的要求,三所教会大学相继向政府立案。1928 年 9 月 20 日,金陵大学被国民政府大学院训令 688 号批准立案,成为第一个获准立案的大学。② 1929 年 8 月,东吴大学被教育部正式批准立案。③ 1930 年 12 月,金陵女子大学最终根据教育部的要求完成了注册立案事宜。④《金陵大学学生会庆祝收回教育权宣言》典型地反映了教会大学与当时政治时局的关系:

> 自五卅惨变,激醒全国,对帝国主义者之侵略,全国久已具有共同之决心,而收回教育权之运动,尤为最近年来全国民众奋斗最高之鹄的。本校屹峙东南,位列学府。具悠久之历史,与宏敞之设备。处兹收回教育权激荡之中流,一声一息,无不动惹各界之观听。吾校所冀以待解决之问题,当亦为国内同一之倾向与要求。故于此次教育权之收回,与新校长之产生。盖不惟全校所属望,亦全国人士所深盼,而为党国前途庆也。
>
> 本校创设于逊清末叶,设校濒二十余载,规模初极狭小,因当局深远之计划,与惨淡之经营,以及社会之援助,遂得为长足之进展,蔚成今日之巨观。然行政权操自外人,一切校务施行,均惟外人支配,立足点既未尽吻适国情,又因外人未识本国教育之方针,故虽具久长之历史,丰富之设备与实验,及良好之教程,而卒不能外界尽窥吾校之堂奥。自革命军北进,底定新都,本校教授同学,因革命思潮之激荡,政府之敦促,更深切于教育权收回之急务,深觉二年前履行华人分长各科之事实,有再进之必要。故先后贾其余勇,同心同德,分向各方面运动,卒获政府容纳,外人谅解,遂得根据政府规定律例于十一月十日由本校毕业同学会及有关系各机关组成之理事会,选举哲学博士,前国立北京师范大

---

① 《社言:教会学校立案的利害》,《兴华报》第二十六卷第三期(1929 年),第 5 页。
② 张宪文主编《金陵大学史》,南京大学出版社,2002,第 58 页。
③ 王国平编著《博习天赐庄:东吴大学》,河北教育出版社,2003,第 93 页。
④ 张连红主编《金陵女子大学校史》,江苏人民出版社,2005,第 98 页。

学代理校长及教务长，本校文理科长陈裕光博士为校长。此次校长产生后，二星期内董事会，将即接踵产生。即立案问题，亦将相继解决，不惟为教育权收回之开端，亦即吾校发放光明之起点。本校同学敢以盛大庆祝会，与各界人士共同庆祝我国教育界未来之光明。

然值政府全力歼伐北寇，军政尚未告终之时，国家财政匮急万分，迴视国校，痛楚呻吟。本校此次收回，适教育生机沉滞之候，其发荣滋长之时期，亦即教育衰替之时间，不惟须负砥柱中流之职责，且负挽起国家教育衰势之重任，故同学等以为此次庆祝会，一方面固为欢迎新校长与教育权之收回，亦即庆国家教育一部之转机，今日所庆祝之事实，固不仅由外人操纵之教育权，改归华人。本校外国事业转移到中国事业之本身，与产生华人为校长之纪元，同时亦即庆祝教育权运动收回之先声，外人表同情于国民革命之表现，与贵族式迁移至平民式教育之开端，亦即本校采取外人科学精神，以革命精神为基础，教授同学开始在学术上，社会事业上奋斗之经程为全国教育界发扬之基点，国民革命成功之朕兆，故同学等对于今日之庆祝会，满怀无限之希望于快乐。

复次青年学生，为党国中坚，革命基础。党国与社会所企图之创造人才，即能力健全之青年。同学等处国家艰危时期，负超越前人之责任，其于专门学识之研究与人格智识之修养，尤觉有切身之关系，在此盛大庆祝中，欢欣之余，本会谨代表全体同学特致最低之希望于陈校长之前，从兹以往，校内一切行政设施，能按照国内情形，与时代之精神，社会急切之需要，确定培养所需人才之方针，见诸事实施，诸教育，并继续改进各科教程，增加其他学程，同时以学识经验为准则，增聘青年共仰之教授，以为启导为同学研究之途径，树修养之表率，至于全校同学所深盼学费减少之请求，为同情于平民不能入校之桎梏，尤为施行平民式教育之先决问题，望于吾校当局之履行尤殷，他若同学所企待解决之切身问题，尤愿当局因其同一之希望，谅其意旨，又以促进其施行，愿新校长鼓励活泼畅旺之精神，努力于校务之进展，并望各界共同援助，启发本校之未来光明，则同学幸甚，本校幸甚。[1]

---

[1] 金陵大学同学会：《金陵大学学生会庆祝收回教育权宣言》，《中华基督教教育季刊》第三卷第三期（1927年），第80~81页。

需要向国民政府立案的不只是教会学校，也有基督教的教堂、协会、医院等其他机构。国民政府对于包括教会在内的所有团体有几项共同的要求："（一）不得有违反三民主义之言论及行为。（二）接受中国国民党之指导。（三）遵守国家法律，服从政府命令。（四）团体会员以法律所许可之人为限。（五）有反革命行为被告发有据或置剥夺公权之处分者，不得为会员。（六）除例会外，各项会议，须得当地最高党部及主管官署之许可，方可召集。（七）违反上列规定者，应收法律所规定之处分。"① 这说明国民政府不仅要在法律上管辖包括基督教机构在内的一切团体，也要在政治上统一包括基督徒在内的全体人民的思想。

国民党"党化教育"一词，在广州国民政府（1925~1926）时期就已提出。其内涵就是让学生和一般民众信仰国民党党纲，做孙文主义的信徒，努力实行国民革命，以求中国之完全独立与自由。② 后来国民党内有人指出"党化教育"的名称并不贴切，主张宜改为"三民教育"③ 或直称"三民主义教育"。④ 南京国民政府（1927~1938）继续重申党化教育的方针政策，这一方针政策是与收回教育权和教会学校立案一脉相承的。1927年，南京国民政府颁布的《学校施行党化教育办法草案》中明确指出，其宗旨是"使学生在学校中学习普通及专门智识技能以外，能认识本党的主义及政策，并明了国内外政治经济社会之组织及其趋势"。同时要求大中小学校成立训育委员会，专门负责学校的党化教育工作。⑤ 党化教育的具体实施办法

---

① 《中华基督教总会向政府立案之经过》，《兴华周刊》第三十四卷第十八期（1927年），第11页。
② 参见张太原《孙中山与党化教育》，《史学月刊》2007年第2期，第58页。
③ 吴稚晖说："'党化教育'四字，说来太觉广泛。共产党也是'党'，国民党也是'党'，未免弄不清。此党化之'党'，应为共产党或应为国民党也。依余之意，最好改为'三民教育'，乃能妥切明显，而不致为人所假借利用也。"《吴稚晖先生的主张》，《民国日报》（上海）"教育"栏（1928年2月24日）。
④ 《本月九日大学委员会及政治教育委员会谈话会修正》中说："党化教育之一名词，不知从何而起。吾党主张以党建国，以三民主义化民，故吾党之教育方针，为'三民主义之国民教育'，似无疑义。党化二字，内容既不确定，出处亦不明了。总理著作，大会决议，均无此名，其为世俗习用无疑。正名定义，宜直称'三民主义教育'。"《中华基督教教育季刊》第四卷第一期"三民主义教育号"（1928年3月），第40页。
⑤ 《学校施行党化教育办法草案》，《中华基督教教育季刊》第三卷第二期（1927年6月），第73页。

有:"一、大中小各学校均须举行总理纪念周;二、大中小各学校之教室及各办公室均须悬挂孙总理遗像,此条亦应用于幼稚院;三、大中小各学校教职员或学生召集无论何种会议时,主席并须朗诵总理遗嘱,出席者肃立恭听或依声朗诵;四、大中小各学校均须设立中国国民党图书室收集关于中国国民党之书籍杂志,以供众览;五、大中小各学校均须设立三民主义之学程;六、大中小各学校均须订阅中国国民党机关报纸,至少一份;七、大中小各学校均须设立揭示牌专门揭贴中国国民党之通告及宣传品;八、中小学校均须组织党化童子军;九、大中小各学校均须制备国旗党旗,以便随时悬挂;十、大中小各学校均须组织党化教育实施委员会,办理党化教育事务。"① 值得特别注意的是,针对基督教学校,国民党更强调要实行"三化"教育,即行政的党化——各校设训育委员会;环境的党化——挂总理遗像于礼堂或教室等;教材的党化——大学院审查编辑各种三民主义的教科书与参考书。②

教会学校尽管接受立案,并将宗教课改为选修,宗教仪式改为自愿,但其并不能放弃教会学校基督化教育的宗旨。而国民政府,特别是国民党中的非基督教信仰者是要把全体人民的思想统一于中山先生的三民主义上来。1928年2月,张之江、钮永建提出请求取消打倒宗教口号的议案时,就引起了关于基督教与三民主义关系问题的辩论。以《文社月刊》编辑张仕章、王治心为主的一方支持钮、张的提议,主张基督教教义与三民主义思想是并行不悖的;张仕章坚持说,孙中山先生"若不做过基督徒,深信了基督教中自由,平等和博爱的真义,看清了天国的理想,充满了耶稣革命的精神;那么我想他决不会发明出三民主义来做国民革命的根据的。"③以叶声、袁业裕、张振振为主的《国民日报》文人反对钮、张的立论,力主中山先生的三民主义与基督教是不相容的。袁业裕撰文说:"总理从前的确是做过基(督)教的信仰者,然而正因为总理不迷信基督教义,不迷信

---

① 德徵:《党化教育论略》,《民国日报》(上海)"觉悟"栏(1927年7月17日)。
② 陈友松:《怎样在基督教学校内实施三民主义的教育》,《民国日报》(上海)"觉悟"栏(1928年3月18日)。
③ 张仕章:《我也来谈谈"取消打倒宗教口号"问题》,《文社月刊》第三卷第四册(1928年2月),第78页。

梦想的天国,所以才有三民主义的发明,并且毕生努力于实现三民主义的国民革命。"[①] 他承认孙中山在未发明三民主义前,的确是信仰了基督教,但发明了三民主义后,便抛弃了基督教信仰,而信仰自己所发明的三民主义,并且劝人家当以三民主义代替宗教信仰。[②] 1928 年 3 月,"因党化教育问题,甚嚣尘上,至其理论原则及旨趣与基督化教育,究竟有无异同之点;而在实施方面,与基督教教育是否能相辅并行,均非详细研究不可。"[③]《中华基督教教育季刊》特于第四卷第一期发行"三民主义教育号",专门讨论基督化教育与党化教育的复杂关系。其撰述者大多为国民党或教会中有影响的人物有姜琦《党化教育的真意义》、曹聚仁《党化教育漫谈》、谢扶雅《基督化教育与党化教育冲突吗?》、徐庆誉《我对于基督化教育与党化教育的管见》、宝广林《基督化教育与党化教育的比较》、毕范宇《三民主义的教学》、刘湛恩《高级中学研究三民主义的方法》等。[④] 一种观点认为教育既要与宗教派别保持独立,也要与政治党派保持分离。上海广学会编辑宝广林严正地申明:"基督化教育与党化教育,都大大的对不住纯粹的普通教育;因为他们全用了帝国主义式的手段,公然的侵略了教育的疆土,减消了她的主权,把她掳去作奴婢以遂他们个人之所欲。"[⑤]"我们须要认明教育的目的是'受教者',如何使他或她发展其真善美的本能,养成处世接物应有的态度,身心灵,智德体,各有充分而不偏枯的进步;万不可包办教育,牺牲他固有的目的及价值,使为一党一教的工具,或因一国一时的权变,把教育永久性打消;因为从历史的立脚点看来,这样投机的办法,终使教育所在之社会和国家得不偿失。"[⑥] 另一种观点认为基督化教育与党化教育可以互相调和,二者均有助于完美人格的培养。谢扶雅指出,基督化教育

[①] 袁业裕:《论取消打倒宗教口号——对于张钮提案之商榷》,《民国日报》(上海)"觉悟"栏(1928 年 2 月 5 日)。
[②] 袁业裕:《三民主义者对基(督)教态度之研究》(续),《民国日报》(上海)"觉悟"栏(1928 年 2 月 20 日)。
[③] 《教育季刊党化教育专号出版》,《真光杂志》第二十七卷第五号(1928 年),第 90 页。
[④] 《中华基督教教育季刊》第四卷第一期"三民主义教育号"(1928 年 3 月)。
[⑤] 宝广林:《基督化教育与党化教育的比较》,《中华基督教教育季刊》第四卷第一期"三民主义教育号"(1928 年 3 月),第 46 页。
[⑥] 宝广林:《基督化教育与党化教育的比较》,《中华基督教教育季刊》第四卷第一期"三民主义教育号"(1928 年 3 月),第 48 页。

就是培养大仁大勇的人格，这也正是国民党所追求和需要的。"中山先生之能为主义百折不挠，待人待敌一秉至诚的伟大处，便得力于此基督化的精神。今日为重振国民党计，有基督精神的党员，应在党的维护上，效极重要的贡献。而为将来扩大国民党及巩固国民党计，基督化教育，应在党的计划上，占一永久的而且极优越的位置。"① 沪江大学教授钟鲁斋也强调："真正的基督化教育，是把基督主义养成基督人格和精神。真正的党化教育，是把党的主义，养成孙中山先生的人格和党的精神。前者的目的，就是建设世界上的天国。所以基督教人祈祷说：'天国降临，在地如在天然。'后者的目的，就是要救中国。"②

由于蒋介石、冯玉祥、王宠惠、孔祥熙、孙科、张之江、王正廷、钮永建等国民党员与基督教的密切关系，有的基督教学者甚至提出"党教合作论"，不遗余力地鼓吹基督教与国民党的团结合作与互利互补。张仕章阐明说："至于我所主张的'党教合作论'，并不想'以党附教'，也不愿'以教附党'。我的意思就是一方面要使政党感受宗教的精神，但不必采取宗教的仪式；他方面可使宗教得着政党的保护，但不要变成国教的专制。我认定政党是要增进一个人的政治生活，而宗教却是要增进一个人的精神生活。如果政治生活和精神生活是可以并行不悖的，那么党教当然也可以通力合作的。""我的主张乃是双方可以并存，两面可以兼顾，彼此可以协作。譬如蒋介石先生既可在宋宅举行基督教式的婚礼，又能往大华饭店实现国民党式的婚礼！比方张之江先生既能在星期日往教会去守礼拜，又可在星期一到国府去做纪念周。……所以我深信一个国民非但'能一面入党，一面吃教'，并且能一面信教，一面吃党的。"③ 王治心似乎走得更远，他身有感触地说："我是国民党党员，同时也是个基督徒。深觉得基督教与国民

---

① 谢扶雅：《基督化教育与党化教育冲突吗？》，《中华基督教教育季刊》第四卷第一期"三民主义教育号"（1928年3月），第20页。
② 钟鲁斋：《我的基督化教育与党化教育谈》，《中华基督教教育季刊》第四卷第一期"三民主义教育号"（1928年3月），第31～32页。
③ 张仕章：《"党教合作论"的根据——给张振振君一个总答复》，《文社月刊》第三卷第五册（1928年3月），第83、85页。

党，不但没有丝毫的冲突，简直可以相辅而行的。"① 但是，教会内部对于党教调和论的主张也不是没有持反对和保留意见的。基督教活动家罗运炎指出："基督教对于政治，虽是应当关心，但是对于政党，确是不能偏此倚彼。因为任何政党的信条与党纲，都是暂时的，试用的，随时可以变更的。但是基督教所关心的并不是一时的主义，乃是永久不变的道德原理；他是以公义，真理，自由，不私为急务；他的职守，是要充量地监视各政党是否在本着以上几种原理进行。此外基督教对于各政党，似应持定友谊的中立，与同情的相容。"关于基督徒个人入党的问题，他补充说："基督教对于信徒个人在政治上的活动，应取放任主义：信徒加入政党是个人的行动，是以国民的资格，并不是用信徒的名义，教会当然无权过问。但是教会对于该信徒，也有当尽的责任，就是要责成该信徒在政治所有的活动，都要根于道德律令的基础，都要受道德的裁制。"② 赵紫宸的立场更为鲜明突出，他说："教会绝对地不应当加入任何政党，绝对地不应当跟着呼叫'革命'的人嚷'革命'，跟着高唱'三民主义'的人说耶稣也讲'三民主义'，跟着谈党化教育的人乱闹党化教育。""绝对地不可把政治运动社会运动中不粹不澈的主义，附会到耶稣的教旨上去。"当然，他也补充说，这"并不是说教会不应当努力辅助一切真心诚意为国家民族求解放求幸福的运动。不过她的责任是在正其义，明其道，为其教友祈祷，为一切善运动祝福"。"至于基督徒个人可以各依己见，加入政党，以尽国民之职。是则教会不与焉。"③

第五节　日军占领时期江苏的基督教

1937年8月13日，日本军队开始大举进攻苏南，四个月后，占领了国民政府首都南京，又不到半年，徐州失守。江苏大部分地区被日军占领，特别是南

---

① 王治心：《对于取消打倒宗教口号的一点意见》，《文社月刊》第三卷第五册（1928年3月），第78页。
② 罗运炎：《基督教与政治》，《生命》第三卷第三册（1922年11月），第4页。
③ 赵紫宸：《基督教会与政治》，《文社月刊》第三卷第二册（1927年12月），第14~15页。王治心在赵紫宸《基督教会与政治》的文后按语中质问赵紫宸"'基督徒个人可以自由加入政党，而教会不与焉'，教会是什么？是不是各个基督徒所联合而成的？这里头的界限究竟怎样划分清楚？"《文社月刊》第三卷第二册（1927年12月），第15页。

京遭受了日军惨不忍睹的大屠杀。在此兵荒马乱的年代，江苏基督教的某些中外人士不仅在苦难中继续支撑，而且勇敢地承担起救助伤员和难民的工作。

"八一三"战事后，上海的一些教堂，如闸北圣保罗堂、虹口救主堂、江湾圣保罗堂、松江维四堂、福山礼拜堂尽毁于战火，而景林堂、慕尔堂则被日军占用。许多教会学校和医院也被占用，或被迫停办，或迁入租界。① 1937年8月16日下午，苏州开始遭受日军空袭，直至11月19日苏州失陷。苏州遭空袭后，监理会所办的学校和医院也被迫停办、接管或迁移。东吴大学经历辗转跋涉，先后在上海、福建邵武、广东曲江、重庆等地坚持办学。② 东吴大学的校舍虽遭日机袭击，但无大碍。后来日军占用了整个校园，用作伤病医院和仓库、养马等用途。③ 苏州圣公会的教堂和学校在火车站附近，而火车站是日军轰炸的重要目标。苏州圣公会毛克忠会长报告说："吾们所处的地段虽这样危险万分，我们仍照常举行礼拜及各种宗教集会，有时四周轰炸声和高射炮声齐作，房屋震动欲坠，我们的教友还在圣堂内虔诚地跪领圣餐，或默默地为国家为教会祷告，脱非有爱主的热诚和坚固的信心，他们那（哪）里会有这种胆量？不错，上海的朋友们所听的炮声和轰炸声，比较我们在苏州所经验的更凶猛，更厉害，但是他们至少有租界的凭借，除了怕流弹以外，其他无甚畏惧。我们那里没有这种倚靠，残酷的炸弹随时可以从我们头顶上直飞下来，把我们炸得粉身碎骨。感谢上帝，我们教友中未有一人是这样丧身的。我们在场地上虽亦筑了一个地室，然一天到晚飞机不断地在上空盘旋，我们亦无暇去躲避了。"④ 与此同时，苏州圣公会与当地红十字会合作成立国际救济会收容难民，地点在桃坞中学，该校事务主任张鸿志任收容所主任，各部的干事有该校书记陈宗元、该校附小教员张福生、天恩堂教友李佐民、太仓教友黄涤新、圣约翰大学学员黄永年、张鸿志夫人、倪赛宝夫人、盛仁英女士、黄女士等，

---

① 吉：《江苏教区教工报告讨论会纪要》，《圣公会报》第三十一卷第五期（1938年），第12~13页；葛壮：《宗教和近代上海社会的变迁》，上海书店出版社，1999，第242页。
② 杨恒源：《抗日战争时期的东吴大学》，《苏州大学学报》（哲学社会科学版）1988年第4期，第49~50页。
③ 王馨荣：《天赐庄：西风斜照里》，东南大学出版社，2004，第158、163页。
④ 毛克忠：《战事期间的苏州教会》，《圣公会报》第三十一卷第五期（1938年），第14~15页。

难民大半来自罗店、吴淞、宝山等处，除了供给他们衣、被、饮食外，还举办演讲会、布道会、识字班、缝纫班等活动。随着战事的不断扩大，苏州城内已无容身之地。1937 年 11 月 11 日为世界和平纪念日，而就在这一天苏州境内足足落下一百八十多颗炸弹。这样，毛克忠会长、朱剑青会长等教友们带领大批难民向苏州城西北十五公里的阳山避难，其中信徒有九十四人，包括长老会教友九人。西沿山的甲长黄德全尽管是一位非信徒，居然让出客室作为聚会所："圣桌是一块长方形的木板搭成的，十架和烛盏是一位教友用未经刨过的树枝钉成的，两个粗陋的玻璃瓶内倒也常插着几朵鲜花，礼拜时大家都坐在没有靠背的板凳上，而并不喊着腰酸，泥土地上跪着祷告，虔诚更见迫切！"① 另外，梅乃魁（Rev. H. A. McNulty）会长率张鸿志、李佐民、张福生等信徒前往苏州城西郊光福镇的国际难民区服务。朱剑青会长还到荡口、甘露一带探望教会同道，与青浦的姚斌才会长、重固的邵德生助士、常熟的吴元桢会长、杨四培助士、华坤宝助士、陆素琴女士等会晤，协调教务。② 自 1937 年 10 月至 1938 年正月，朱剑青会长和八十四位教友在阳山避难了四个月，后来回城居住。"虽在极度困难之中，仍能收到捐款三百零三元，是当感谢之点也。他们在避难的四个月间举行圣餐礼拜，未曾间断，且贫寒教友在此无工作可做的时期，仍能忍受饥寒，度（渡）过难关，非基督徒忍耐精神，曷克臻此？"③

江北的扬州亦卷入战争的旋涡。1937 年 12 月 14 日，扬州圣公会过良先会长、陈友渔教友等逃至乡下避难。一个月内，城内的堂屋被占，器物十之八九被毁。"现乡间匪徒出没无常，夜间无不惴惴，幸寓处至今尚安全，仅有虚惊而已。集团礼拜与圣餐每主日举行不辍，难友中之男女同道每次集合时尚有四十余人之谱。"圣公会王绍汉会长在述及逃难中的宝应教会时写道："十二月十八日宝应忽形紧张，全城迁避一空。本会教友既已完全避往乡村中，不得已亦离堂迁往兴化之中堡镇。该处邻近，时有匪劫。两星期之前到城购物，路遇扬州教友，谓我会各堂避难来兴教友甚伙，苦无敬神之所，如亡羊失牧云云。弟随遍贴通告，招其登记，现已征集自京

---

① 毛克忠：《战事期间的苏州教会》，《圣公会报》第三十一卷第五期（1938 年），第 16 页。
② 毛克忠：《战事期间的苏州教会》，《圣公会报》第三十一卷第五期（1938 年），第 18 页。
③ 《江苏消息（一）：苏州》，《圣公会报》第三十一卷第八期（1938 年），第 19 页。

杭无锡扬州等地来者三四十人,上礼拜日起假所崇拜,并施圣餐。感谢主恩,此种灵性团契,深获诸友热烈欢迎,故弟于十四日亦全家迁至兴化老宅内暂住,与彼等同受艰苦,诸友亦颇表示感激,弟由安全乡镇,反移居城市之中也。现宝应虽未遭难,但已不成市矣。午后各商店即关门闭户,萧条特甚。弟离宝时,只携随身之行李衣服而已。小儿学业荒废,空唤奈何!"① 此间,扬州城内还有部分西教士滞留,其人身自由受到限制,圣公会鹿威龄校长、范斐德牧师曾向日本副领事领取通行证,虽历七星期之久,未获批准。而扬州的法教士领得通行证,可以来往于扬州与上海之间。后来,局势平稳,避难乡下的过良先牧师夫妇等也可回城居住了。② 与此同时,圣公会无锡的杨四箴会长挈眷与若干教友暂寓于湖南长沙,镇江马道元会长暂寓于安徽之北某地,南京郭书青会长暂寓于湖北汉口,南京西教士马骧会长与傅师德会长仍留京城服务,扬州浦美龄女会吏、常熟石好烈会长、无锡戴泽民会长与苏常锡其他西教士避难于上海。③

南京是国民政府的政治和军事中心,是日军进攻和占领的首要目标。1937年8月至12月,日机不断地空袭南京。无锡、江阴、常州、镇江相继失守后,日军向南京外围大举进攻。1937年11月20日,国民政府发表迁都重庆宣言。12月7日,蒋介石离开南京,留下南京卫戍司令长官唐生智率军队对抗日本侵略者。12月9日至10日,日军攻打光华门、雨花台等处。12月12日,日军入城,唐生智军队败退。12月13日,南京被日军全面占领。④ 此时,南京城的四分之三居民和大部分外国侨民已撤离。此前,南京国民政府与中外基督教人士、外国商人共同协商,决定援照上海南市难民区的先例,成立南京安全区国际委员会(Internationnal Committee of Nanking Safety Zone),即南京难民区,划定南京城内西北的金陵大学、金陵女子文理学院、鼓楼、山西路住宅区直到新街口一带为安全区。南京安全区国际委员会由南京的外国商人和传教士组成,后来有一部分商人离开,其主要成员是外国传教士。德国商人拉贝(John H. D. Rabe,1882–1950)担任主席,美国传教士史迈士

---

① 《逃难中的牧导工作》,《圣公会报》第三十一卷第三、四期(1938年),第24~25页。
② 《江苏消息(二):扬州》,《圣公会报》第三十一卷第八期(1938年),第19页。
③ 《战区职员行踪》,《圣公会报》第三十一卷第二期(1938年),第17页。
④ 参见沈嘉荣等著《江苏史纲》,江苏古籍出版社,1993,第449~457页。

(Lewis S. Smythe)为秘书,国民政府管理中英庚款董事会总干事、金陵大学董事会董事长杭立武和美国传教士费吴生(George A. Fitch)分任安全区主任和副主任。1937 年 12 月 3 日,南京被占领前,杭立武已乘船离开南京,随行的有金陵大学校长陈裕光、金陵女子文理学院校长吴贻芳等人。"安全区及其以后难民救济工作的主要策划者、组织者及承担者,却是贝德士、史迈士、费吴生、马约翰等少数外国教授、传教士,还有许多与他们一起从事此项工作的中国教会人士。"[1] 拉贝时为德国西门子公司洋行南京办事处经理,他虽为纳粹国社党成员,但更是一位虔诚基督徒和诚实商人。正是利用其德国纳粹身份,与日本人周旋,不知保护了多少中国难民的性命。他的日记中曾记下以下的一段祈祷:"仁慈的上帝,请您保佑所有的人免遭灾难,也请您保佑所有像我们这样已经身陷灾难中的人!我丝毫不后悔留了下来,因为我的存在拯救了许多人的性命。但尽管如此,我仍然感到极端的难受!"[2] 当时的中外报刊都赞誉他为真正的"南京市长":"从 11 月中国当局完全撤离以来,他以难民区委员会主席的身份,实际上做了市长的工作。他在其他德国人和外国人的支持下,维护社会秩序,关心市民的福利。据日本大使馆一名代表的报告,拉贝的工作对过渡时期是十分重要的,同时对目前为了居民和难民的利益而与占领军进行的合作也是很有益处的。留在南京的中国居民怀着感激的心情赞许拉贝的帮助。"[3] 另一位对救助难民作出巨大贡献的是贝德士(Miner Searle Bates,1897－1978)教授,他出身于美国俄亥俄州的基督教家庭,毕业于英国牛津大学历史系,1920 年来南京担任金陵大学历史系教授。金陵大学西迁时,陈裕光校长委任其为应变委员会主席兼副校长,留守南京,担任保护校产的工作。和他一起留守的还有社会学系的史迈士教授、农学院林查理(Charles H. Riggs)教授、精通日语的陈嵘教授等中外教工。[4] 贝德士

---

[1] 章开沅:《南京大屠杀的历史见证》,湖北人民出版社,1995,第 20 页。
[2] 《拉贝日记》(1937 年 12 月 24 日),江苏人民出版社,1997。
[3] 《拉贝日记》(1938 年 2 月 12 日),江苏人民出版社,1997。
[4] 1948 年初,国民政府授予金陵大学贝德士、史迈士、林查理三位教授襟绶景星勋章各一枚。"按渠等三人在金大任教有年,蜚声学界,抗战初年京沪沦陷时期,不避艰难,留居首都,举办'难民安全区'。前次在审讯日战犯时,复在公堂为首都日军暴行作见证。国民政府以渠等在战争期中救护难民,厥绩至伟,各授给景星勋章,以奖勋劳。"见《金大三美籍教授荣膺勋章》,《天风》第五卷第二十三期(1948 年 6 月 12 日),第 15～16 页。

在 1938 年 11 月 29 日写给友人的信中表白:"过去一年半,没能从传统信仰善良的天佑中给解析的心灵留下许多回忆,在残酷与贪婪分裂世界的巨潮中,我难以发现上帝的指点。但人性的价值,人的生命需要和耶稣显示的景象,从未变得黯淡。在极端危险中手无寸铁地为人们生命战斗,当知道自己随时都可能被未曾注意的力量所毁灭而仍捍卫真理与人道——这是一种精神的激励与震撼。如果我们解除作为时间的奴隶状态,这样的生命可能是永恒的。这是一种新的自由感觉,在(上帝)给予的光明的指引下勇往直前赢得可能到来的一切,即使生命现在结束,它依然具有价值,仿佛是为他人的养育与机会所进行的投资,其价值之贵重永远不会消失。"① 美国人马约翰(John Gillespie Magee, 1884 – 1953)1912 年来中国传教,南京沦陷后,他担任南京国际红十字会主席,也是国际救济委员会成员之一,他是一个熟练的摄影师,拍摄了许多日军残害中国平民的照片。② 在南京救济难民的工作中,有一位美国女传教士更值得纪念,她就是金陵女子文理学院的魏特琳(Minnie Vautrin, 1886 – 1941)女士,她的中国名字叫华群,1919 年她开始在金女大担任教育系主任兼教务主任,南京沦陷时,她与中国人陈斐然先生、程瑞芳女士等留下来照看金女大的财产。她在 1937 年 9 月 18 日的日记中写道:"我们最大的感情投资是与年轻的教会成员保持友好合作的关系,当人们最需要我们的时候,我们却离开,在我看来这是丢掉了一次需要我们服务的绝佳机会。"③ 她管理的金女大难民所收容了许多惊恐万状的妇女和年轻姑娘,日本兵曾闯入校园抢走或强奸妇女,她奋力保护,本人也遭到日本兵的殴打。在她的不懈努力下,金女大的难民比南京其他 24 个安全区的难民得到更多的照顾和保护,她成了南京难民特别是妇女们眼中的"守护神"和"活菩萨"。避难期间,她不仅自己坚持参加鼓楼教堂、南门教堂以及英语礼拜等宗教活动,而且还在金女大校内开设圣经班和各类技能学习班,几乎校内每天都有读经、唱诗、祷告等宗教活动,大大地抚慰了在患难中人们的忧伤心灵。④ 正如她本人所

---

① 转引自章开沅《南京大屠杀的历史见证》,湖北人民出版社,1995,第 116 页。
② 转引自章开沅《南京大屠杀的历史见证》,湖北人民出版社,1995,第 56 页。
③ 〔美〕明妮·魏特琳著、南京师范大学南京大屠杀研究中心译《魏特琳日记》,江苏人民出版社,2000,第 57 页。
④ 参见张连红主编《金陵女子大学校史》,江苏人民出版社,2005,第 161 ~ 172 页。

说:"在这些忧伤的日子,祈祷似乎是多么的现实和重要。"①

根据《拉贝日记》《魏特琳日记》中所提到的南京沦陷期间在此服务或不久回来的中国教牧人员有圣公会的汤忠谟、美以美会的沈玉书、南京基督教协进会干事王明德、卫理公会的沈邦彦、金女大的王邦契、长老会的鲍忠等。鲍忠牧师回忆说,南京被占时他们一家在安徽含山县避难,他于1938年3月17日救主复活日返回南京,"乃因汉中堂的教友,有的远避他方,有的迁居难民所内,数月以来,不知各人的景况如何,真是依依难释"。这次复活节的奋兴会后,鲍忠牧师就在金陵女子大学难民所帮助圣工。同时,他与南京的中西同道商议,决定借明德女中校舍,开办一所完全义务小学。1938年6月1日开学那天,学生来了数百名,这是南京沦陷后首先开办的小学。他在谈到这段艰难时期的属灵经验时写道:"回想自抗战至胜利,这十年来所经过的试炼,实在不少,就是如此,才能看出神的大能,和他的宏恩来。有时为了经济的窘迫,使人不免发生人穷志短的慨叹,但神是'耶和华以勒'使他的仆人总无缺乏。有时为了教会的自身,发生种种的阻碍,使人不免有心烦意乱的想象,但神必有他奇妙的方法解决一切。结果:那增人喜悦的心肠,远胜烦闷的念头。这一切虽然皆可以使我为主作工的热忱,有随时变离职守的可能。感谢赞美主,有他那样慈光的导引,奇爱的吸力,不能不儆醒我、督促我,无论如何,决不使我忘怀而轻忽主的重托。"②

南京沦陷期间,教堂完全烧毁的有讲堂街的卫斯理堂和中华路的青年会,其余教会房产损失尚小,不过损坏需修理之处甚多。南京的二十五处难民所中,有十一处是占用教会的房屋。此时的宗教事工如何呢?"虽然人心极慕宗教,但全城仅有三位正式牧师,故甚难顾全一切礼拜和布道事工,幸教友中多有尽义务者。有五处教会,虽在极紧急时期中,亦未停止礼拜与聚会。在其他六处教会中,至新年期中始开始恢复了工作。在许多礼拜聚会地方,最近二月来,每日来礼拜与赴查经班的人数平均在千人左右,

---

① 〔美〕明妮·魏特琳著、南京师范大学南京大屠杀研究中心译《魏特琳日记》,江苏人民出版社,2000,第67页。
② 鲍忠:《十年来我的见证》,《金陵神学志》第二十三卷第三期(1948年3月),第59~60页。

在礼拜日则达千五百人上下。可惜在许多收容所中，聚会之处容人不多，不然，来礼拜者更不止此数。在一二处收容所中，来礼拜者过于拥挤，以致必须凭券入场，使一切人均有机会来堂听道。"① 城内太平路四二四号的圣公会南京圣保罗堂，于1938年2月20日重新开放，当日有十六人。2月27日就有三十人。每晨亦举行短时间的祷告，每礼拜二、五向外教人布道，礼拜五则向金陵大学难妇布道，人数有四百左右。3月13日的聚会，有许多孩童加入礼拜，并有扬州张小姐的帮忙，金陵大学的难妇班已超过千人。② 1939年夏季，圣保罗堂照常开办夏令儿会，报到学童，不下百余名。之后，妇女传道服务团工作也恢复，每周一次的集会，分组教授圣道、识字、缝纫，平均每次有三十五人参加。此时，圣公会挹江门外下关道胜堂还有难民和无家可归的教友居住，除逐日举行宗教活动外，还有暑期夏令儿会、主日学、设立门诊等活动。圣公会北平路六九号住宅区礼拜堂自当年五月成立以来，开始接纳附近教友，又举行培灵会、妇女会、邻童主日学等活动。圣公会浦镇神工堂旧堂遭焚毁，该年夏初，在金汤镇浦新街中段虎山乡济善巷七号重新开设，各项事工有序开展，有廖士淦先生负责。自1939年10月起，南京城内圣公会北平路、下关、太平路三堂，每月轮流举行同工联会一次，由傅师德会长、陈汝霖会长、江鉴祖会长、汤山英会吏、夏以鸣助士等主领。江会长、邵静贞女士、汤烈娣女士在暑期还分别担任金陵女子大学的实验科、职业科的宗教和音乐课程。陈会长、汤会吏、杨振华等还在鼓楼医院宗教部服务。③

南京沦陷后，由于有钱有势受过高等教育的教友大都离开南京，去了上海或西南，所以，提高平信徒的素质和培训平信徒领袖变得十分迫切。金陵神学院与南京基督教协进会合作，在南京院址办起了平信徒领袖训练班，由金陵神学院南京代理人、外籍教授宋煦伯牧师负责，他召集了南京教会的几位牧师，组织了一个委员会，专门设计筹划。对平信徒的训练分为两种步骤：第一是各会堂自身所开办的平信徒训练班，由本地教会平信徒训练班委员会专门负责计划，并且出版《平信徒训练班课程说明书》，这种训练班分高、初两级。第二就是金陵神学院所办的南京平信徒领袖训练

---

① 《南京基督教救济工作一般状况》，《圣公会报》第三十一卷第七期（1938年），第23页。
② 《江苏消息（三）：南京》，《圣公会报》第三十一卷第八期（1938年），第19~20页。
③ 江鉴祖：《南京圣公会简讯》，《圣公会报》第三十二卷第四期（1939年），第26~28页。

班,是特为各会堂的义工人员与教友中的知识分子开办的。1938~1940年,金陵神学院曾举办了五次平信徒领袖训练班,参加人数千人以上,领得证书的学员有四百四十八位。1940年10月5日至12月7日第五期训练班的课程有:宋煦伯牧师讲授以色列诸先知书,杨绍诚牧师讲授中国教会史,陈淑虔女士讲授耶稣生平,沈邦彦牧师讲授作基督徒的意义,吉爱梅师母讲授礼拜的方法,邵仲香教授讲授生计教育,李入林医士讲授卫生常识,傅师德会长讲授教会的家庭工作。1941年3月1日至5月10日,南京金陵神学院继续举办第六期平信徒领袖训练班。①

日军占领江苏,不仅对中国人民进行肉身的剥夺,而且还与汪伪政府(1940~1945)媾和对人民实行奴化教育。这其中就包括日军企图派本国的基督教牧师影响或接管中国教会。当然,日本有些进步基督徒是反对这场战争的,1934年3月,日本著名基督徒贺川丰彦在上海景林堂发表演讲说:"'一·二八'以后日本陆续出兵,彼与日本基督徒曾极力反对;唯独基督徒的人数太少、势力太微,不能奏效。"②南京沦陷后,不时地有日本牧师来此逗留或考察。1939年3月,东京清教徒教会的沃尔泽(Walser)访问南京教会,他在谈到日本的基督徒时说:"他们在精神上和物质上都对这场战争感到厌倦,只能通过竭力的煽动来维持对战争的兴趣。在这个问题上,他们分成三派:一派认为这是错误的;另一派站在另一个极端上,认为这是一场为了消灭共产主义、维护东方和平的圣战;还有一派是处于两者之间,他们占了大多数。事实上,他们对他们的士兵在中国的所作所为一无所知。"③1939年5月,金女大魏特琳女士接待日本牧师惑边先生和另外四个日本人,他们都是基督徒。"他们看上去是一些比较诚实的人。他们说,他们属于拿撒勒教会,刚刚参观了湖北北部与他们属于同一个教会的美国传教会,并真诚地希望战争能够结束。"④1939年年底,日本人打算在南京

---

① 王明德:《金陵神学院南京平信徒领袖训练班》,《金陵神学志》第二十二卷第一期(1941年3月1日),第77~79页。
② 《贺川丰彦与日本军阀》,《圣公会报》第二十七卷第七期(1934年),第3页。
③ 〔美〕明妮·魏特琳著、南京师范大学南京大屠杀研究中心译《魏特琳日记》,江苏人民出版社,2000,第600~601页。
④ 〔美〕明妮·魏特琳著、南京师范大学南京大屠杀研究中心译《魏特琳日记》,江苏人民出版社,2000,第639页。

建立日本人基督教青年会。① 1940 年 2 月，贝德士、魏特琳等中外传教士会晤了日本全国基督教会的司马博士及其他几位日本基督教徒。大家一致认为："派日本传教士来中国，并向中国人传教——确切地说是和中国传教士共同向中国人传教，就现在的情形来看，这一措施的动机令人怀疑。"②

1942 年春，因太平洋战争爆发，日本与英美国家交恶，在华的西方传教士要么返回本国，要么被关入外侨集中营。比如，工作在上海的金陵神学院西职员黎金磐先生、师当（覃）理夫妇、马美利女士、柏女士等先后被迁往上海外侨集中营。不过，此事对中国教会事业并未造成太大影响。③

第六节　国共内战时期江苏的基督教

1945 年 9 月 2 日，日本正式签字投降，国民党军队接管了江苏大部分城市。1946 年国民政府由重庆迁回南京，其他机关如工厂、学校、医院等也相继迁回原地或开始恢复。但好景不长，国共谈判破裂，江苏很快卷入全面内战，此时基督教事业有一定的恢复发展，但仍处于风雨飘摇之中。

抗战胜利后，南京的教会逐渐复兴起来。对于 1946 年的情形，王明德在《胜利后的南京教会》一文中写道："在这胜利复员后的一年中，南京的教会，可算是复员了。南京市的牧师们，因不得已的情况而迁移外地的，已逐渐回京。外县的牧师，在他们的教会无法保持，同时认为南京比较妥当的时候，到了南京，他们也于此一年中逐渐地回各人原防去了。现在不但原有的十大公会各各重振旗鼓，努力发展布道事业、教育事业、医药事业、救济事业，又增加了灵粮堂、基督徒十字军、泰东神学院。新兴的教会事业，真如雨后春笋，蓬蓬勃勃。原有的十公会，是卫理公会、中华基督教会、圣公会、基督会、来复会、贵格会、浸信会、神召会、远东宣教会、救世军。中华基督教会与圣公会，各有会堂四所，卫理公会和基督会各有会堂二所，其他公会也多按照预订计划，恢复抗战前的分堂与布道所，

---

① 〔美〕明妮·魏特琳著《魏特琳日记》，南京师范大学南京大屠杀研究中心译，第 714 页。
② 〔美〕明妮·魏特琳著《魏特琳日记》，南京师范大学南京大屠杀研究中心译，第 755 页。
③ 李汉铎：《金陵神学院 1942～1946 年工作报告》，《乡村教会》第八期（1946 年），第 25 页。

光景尚使人相当的满意。各公会单独负责设立的小学有十所,中学有八所,联合设立的大学有两所,神学院有两所,医院有一所。胜利后,不仅中学已正式成立了中学校长联谊会,彼此间有亲爱精诚的联系,即大学和神学各方面的联络,也较战前更进步更圆满了。南京市的教会,虽有公会之名,记者敢说,已无公会之实,团结的精神,真是契合无间。……现在所感觉到的,是传道人材甚缺乏,尤其是女传道员太少了。多数规模颇大的教会,只有牧师一人唱独角戏,主日到堂礼拜的有三四百人之多,仅仅一位牧师,说什么穷于应付,简直是无法应付。而且女会友们多少有些问题,不能与牧师深谈。迷失的羊很多,流浪街头巷尾。整个南京市的教会、会堂、学校、医院、男女青年会,组成了南京基督教协进会,事工恰巧分为八股,记者希望它不要成为八股文章,要能采用新式战略,突击猛攻才好。"[1] 到1948年,南京共有九处正规教会,它们分别是:(一)汉中堂:在莫愁路明德女中对面,是一座现代化的灰色建筑物。它是一自立、自养、自传的教堂,会友众多,且甚爱护其教会,虽有迁往他地的,但仍继续不断地供养其母会,时有录名册之教友二千余人,经常参加主日者五百人左右,以教育界人士为多。该堂有堂会及理事会,负责经济、行政及其他事务,主持为鲍忠牧师,顾问有邹秉彝博士、朱宝惠教授及美国宣教师等。经常性的工作有青年团契、圣乐团、英文查经班、宗教座谈会等。(二)贵格会的灵恩堂:在华侨路的一座小礼拜堂,贵格会是从圣公会分出的,因主张"凡信徒皆是弟兄姊妹",故名之为友爱会,又称贵格会。本来该会不设主任牧师,每逢主日,教友来至教堂后,随圣灵引导而出声祷告,以为其崇拜之仪式。但此时规矩有变,不但有主任牧师,且施行洗礼,但不举行圣餐。该堂的主任牧师为李既岸,还有两位西教士,一位男传道,一位女传道。会友按名册有二百余人,但实际礼拜者仅六十多人,慕道友八十多人,客籍会友四十多人。该堂的特色:一是行政民主化,每一位教友都能参加议事会,并有建议表决权,而牧师及其他工作人员只有列席建议权,而无表决权。二是入会严格化,要成为本会教友先有六个多月的慕道友时期,然后是六个月的寄名友时期,最后为正式会友六个月后方能加入该会。该会

---

[1] 王明德:《胜利后的南京教会》,《乡村教会》第八期(1946年),第25页。

每主日早晨,待主日学完毕后,有一感恩礼拜,并由会友奉献特别捐。在南京有两个分堂,一个在大中桥,另一个在万皋桥。该会还有妇女查经班、对外布道等活动。(三)户部街中华基督教会沛恩堂:该堂原属北长老会,后加入中华基督教会,执行部由长老及执事组成,主任牧师为金陵神学院毕业生朱继昌,登记教友有二百余人,参加礼拜的平均人数在一百三十人左右。该堂经济来源,一小部分由差会扶助,大部分由教友捐助。(四)升州路卫理公会堂:该堂早年设在评事街,此时有教友一百七十人左右,主任牧师为王世熙。因教友不多,奉献不足,尚须差会津贴。不过该堂活动丰富,在宗教方面有查经班、祷告会、妇女礼拜、家庭礼拜、青年及儿童团契等,在教育方面有小学、半日学、补习班、民众识字班、儿童福利识字班等,在服务方面有营养站、洗澡堂、缝纫班、儿童游戏运动场等。(五)大石桥来复会堂:该会原属英美浸礼会一支,因盼望耶稣第二次再来,故称来复会。南京大石桥来复会是一自立自养的教会,时有教友四百人左右,礼拜堂内桌子、椅子、钢琴等均由教友捐助。该堂牧师为杨绍诚。[1](六)估衣廊城中会堂:当年一座四层楼的漂亮礼拜堂,此时已斑剥落离、破旧肮脏,若不加以整修,恐不堪用,该堂已计划建筑新礼拜堂。该堂教友以教育界较多,大致都是小康之家,故堂内经济完全自给自足,牧师薪金由该堂教友捐助,但女传道薪金尚有差会供给,教友人数近五百人,平均来堂礼拜者在二百人到三百人。该堂由沈邦彦牧师主理,其他事工有砂眼诊疗所、会友查经班、妇女服务会、城中团契、青年团契、家庭读书班等。(七)鼓楼中华基督教会:该堂有教友四百人左右,常来聚会者三百人左右,由王钥东牧师主理。1947年2月2日为该堂"自立自养日",教友踊跃捐输,进行教会事工,曾设立营养站,每天供饮牛奶、鱼肝油,造福附近贫儿约五千人。(八)中华路中华基督会堂:该堂初在东牌楼,1933年始成立中学(育群中学),在校址对面又建立一座大厦,推行社交工作,计有女子服务所、妇女半日学及礼拜堂等事工,该会经济初由差会供给,自1947年8月1日起完全自立自养,教友五百人左右,由周柱臣牧师主理教牧工作。(九)灵粮堂:在上海路五条巷内,是完全自立自养的独立教会,属于上海的总堂,

---

[1] 徐佩英:《南京教会之一般现状》,《天风》第六卷第十三期(1948年10月2日),第15~16页。

是抗战胜利后才设立的，由一位教友捐地而建，礼拜堂内有小学、幼稚园等设施，每周礼拜教友约一百五十人，由田禾牧师主理一切事工。①

抗战胜利后的几年中，有一些大型的基督教会议或活动在南京、上海和苏州等地举办。1947年11月底，南京基督教协进会假莫愁路六十五号召集全城各教会之青年事工领袖及各青年团契主席联谊会，并发起青年布道大会，请中华卫理公会陈文渊会督及江长川会督莅京主讲。② 12月21日，南京金陵大学和金陵女子文理学院联合举行圣诞节崇拜，并发出一纸启事曰："时局有治乱，岁序有迁流，唯有庆祝耶稣基督圣诞的事实，历万古而常新。因为他到世上来，是一件极有意义的大事。"当日到会者两校师生约四百人，由中华基督教会边疆服务部主任张伯怀先生讲道，金女大音乐教授郭星丽女士领导圣乐团特别音乐，行政院张群院长全家及俞鸿钧夫妇照例参加，此日又举行洗礼，领洗的有金大学生二人，以及南京市长沈怡夫人及其四女儿和幼子，共五位。③

与此相应，上海基督教联合会及中国基督教建设协会于1947年圣诞日在跑马厅也举行了音乐崇拜会，参加者达三万余人，为抗战胜利后规模最大的信徒集会。"早晨九时多，天空飘着濛濛雨，赶来崇拜的人们陆续走进跑马厅的广大草地。圣坛上遍排十棵圣诞树。坛中央放着一只长桌子，红色的丝绒台布刺绣了Holy Holy Holy三个字，一个金色十字架和一对大烛，一对红花，使会场空气点缀得肃穆庄严。九时三刻，在美国海军的悠扬乐声中，一队白衣天使般的青年男女唱诗班鱼贯入场。接着吴国桢市长、史纳礼牧师、项烈博士、涂羽卿博士、江长川会督、诸辛生牧师、黄安素会督、赵晋卿、丁贵堂、黎照寰等相继走上圣坛，吴市长是圣公会圣彼得堂的教友，身披黑色的礼服，隆重而庄严。"崇拜开始时唱诗班与会众合唱"齐来崇拜歌"，歌毕，大会主席赵晋卿致开幕词，诸辛生牧师和黄安素会督先后以中英文祈祷，圣约翰大学校长涂羽卿朗诵《马太福音》，接着又是三万多人起立合唱"新生王歌"。之后，由吴市长讲经"为民造福"，他说：

---

① 徐佩英：《南京教会之一般现状续讯》，《天风》第六卷第十六期（1948年10月23日），第16页。
② 《南京举行青年布道会》，《天风》第一〇二期（1947年12月27日），第15页。
③ 《金大宗教活动》，《天风》第五卷第三期（1948年1月17日），第15页。

"你们要尽心尽性尽意,爱主你们的上帝,最为重要;与这条一样重要的是:爱你的邻人如爱你自己一样。……大家如能记住这些诫条,公务员不会贪污,商人不会囤积,工人不会罢工。如果大家都爱邻居,就是博爱。今天圣诞节有多少人没有衣穿,没有饭吃;大家应该多多帮助人家,使世界成为真善美的大同的世界。"吴市长讲完后,是岭东教会圣乐团的表演、联合圣乐团的大合唱,然后是,竺规身牧师的祝福和三万多会众齐唱"普世欢腾",最后,在美国海军乐队宗教乐声中散会。吴市长夫人及三个子女全家参加,并与会众同唱赞美诗。当场所收到的圣诞捐献拨赠上海监狱作为病囚医疗之用。①

1948年6月21日至26日,南京基督教协进会假座金陵女子神学院举行"基督化家庭研究会",研究的主题为"基督化的婚姻",出席人二十余位,均为南京各教会家庭工作人员,研究会由吉爱梅师母(Mrs. Edna Gish)主席,讲员有管萃真教授、海珥玛博士、董远观博士等专家。② 6月23日至7月7日,中华全国基督教协进会与金陵神学院合办"奋兴运动领袖研讨会",在南京该院举行,出席者约四十人,来自全国各地教会,有海维德、毕范宇等西教士,还有陈崇桂、赵紫宸、鲍哲庆、蒋翼振、邹秉彝等国内基督教名流。③ 6月26日至7月1日,华东区义工训练委员会假座苏州江浙教会人才训练院召开,到会委员十余人,中西参半,公推毛克宗会督、朱敬一牧师为正副主席,范爱侍牧师、安美瑞女士为中英文书记,大会特请毕范宇博士演讲。④ 7月5日至11日,中华基督教卫理公会华东年议会所举办的第十一届青年团契夏令会在苏州东吴大学和景海女师举行,主理为孙彦理牧师,程序主任白露微女士,参加者男会员108人,女会员156人,攻击264人,来自上海、苏州、湖州、松江、常州等教区。⑤ 7月22日至28日,中华基督教会江浙传道人员进修会于苏州齐门外人才训练院举行,

---

① 《大规模的圣诞崇拜在上海》,《天风》第五卷第一期(1948年1月3日),第15页。
② 《南京举行基督化家庭研究会》,《天风》第六卷第一期(1948年7月3日),第15页。
③ 《奋兴运动领袖研讨会在京举行》,《天风》第五卷第二十五期(1948年6月26日),第15页;《奋兴运动领袖研究会》,《天风》第六卷第一期(1948年7月3日),第15页。
④ 范爱侍:《义务工作训练会在苏开会》,《天风》第六卷第二期(1948年7月10日),第15页。
⑤ 《介绍一个圆满的夏令会》,《天风》第六卷第五期(1948年7月31日),第15页。

讲员有毕范宇博士、黄渔深牧师、赵一鹏先生等，参加者男女教牧传道 115 位，最年长者 75 岁，最年轻者 22 岁。① 1948 年 10 月 18 日至 27 日，中华基督教会第五届总议会假苏州江浙教会人才训练院举行，与会正代表 83 人，友谊代表 30 人，加上其他来宾和代表，总计 184 人。其中毕业于金陵神学院的学者占正代表人数的一半，约四十人。鲍哲庆博士、司徒雷登大使、韦卓民校长、孙恩三博士、陈裕光校长、毕范宇博士、罗天乐博士、胡翼云博士等发表演讲。②

抗战胜利后的这几年，基督教事业的确获得恢复并蓬勃发展，但与此相应，国共两党的关系却日趋紧张，双方军队的战争逐渐白热化。教会面临着严峻的考验和痛苦的抉择，基督徒的政治态度和立场也开始向不同的方向转化和分野。

有的主张在此困难恐惧的时代，人们要在耶稣基督里建立希望。1948 年 3 月 28 日，司徒雷登大使在南京市复活节礼拜上演讲说："吾人现居于一充满沮丧挫折及恐惧之时代，所期望于战胜轴心，产生一较新较快乐之世界秩序之希望，似业已粉碎。……人类所具有之伦理力量，似已死亡，或至少不能战胜嫉妒、猜疑、偏见、恐惧、忌恨、贪婪及自私等欲望，而今日则似为一人欲横流之世界。……今日重逢复活节，于万象回春之际，吾人应'一新吾人之信仰，及无所畏惧之决心'，献身于人世中，建立天国。"③

有的号召基督徒站在政府一边，为政府服务。1948 年 1 月 5 日晚，国民政府行政院新闻局局长董显光在上海福音广播电台，发表"基督徒在今日国家患难中的责任"讲话，他说："我今晚要讨论的乃是威胁我国生存的一个黑暗而可怕的问题。我们身为基督徒，际此时会，检讨一下国家与上

---

① 朱大卫：《中华基督教会江浙传道人员进修会》，《天风》第六卷第五期（1948 年 7 月 31 日）。
② 中华基督教会总议会前四届召开于战前：第一届 1927 年 10 月 1 日至 11 日于上海，第二届 1930 年 10 月 26 日至 11 月 8 日于广州，第三届 1933 年 10 月 20 日至 30 日于厦门鼓浪屿，第四届 1937 年 7 月 15 日至 29 日于青岛。《中华基督教会第五届总议会》，《天风》第六卷第十五期（1948 年 10 月 16 日），第 15 页；《中华基督教会五总会讯》，《天风》第六卷第十七期（1948 年 10 月 30 日），第 16 页。
③ 《司徒大使的复活讲词》，《天风》第五卷第十三期（1948 年 4 月 3 日），第 15 页。

帝所赋予我们的责任,实有必要。……基督教认清目前时局的症结,确定其应取的态度,对于国家实有莫大裨益,今日基督教在我国生活中所处地位之重要,为从来所未有,而基督徒为政府服务,为国家负重要责任者之众多,亦为我悠久历史上所空前仅见。……中国大多数的基督徒正在这次争国家自由的努力中,全心全力地支持着政府。……中国将来的希望在于中国能否继续成为自由世界的一部分。中国基督教会的希望和自由制度的命运无疑的联系在一起而不能分开。……我们基督徒深知,不论我们的患难和痛苦如何重大,公理终将获胜。"①

有的对共产主义运动大加污蔑,认为它是对民主制度和基督教的挑战。与蒋介石关系密切的西教士毕范宇撰文说:"共产主义是二十世纪的一个惊人而又无法避免的事实。共产主义的'行动理论和斗争策略',像一阵强烈的气团,向各方面窜流,共产主义的思想,扩散到地球上的每一个空间,其普世影响之巨,远超乎法西斯主义之上,因为法西斯主义只是夸耀国家的利益,崇尚武功,也说不上有多少社会意识的成分。坎特伯来大主教(Archbishop Temple)曾经用下列两句尖刻的字眼,形容它们二者之间的区别,他说:'共产主义是基督教的旁门左道,纳粹主义乃是反基督教的异端邪说。'共产主义要求全人类全民族国家都忠于一个目标:即建立一个没有阶级的乌托邦社会,而它在今天所煽起的社会阶级斗争的燎原火焰,在人类的历史上,也可说是空前的。然而,如果我们是聪明的话,我们却不能单纯地把共产主义当作一个敌人或是对手来看待,我们应当把它看成一个有力的挑战,需要全世界的自由人民和基督教徒向它提出勇敢的回答。……这个正在扩张中的共产主义帝国,可以把它看作二十世纪的'亚述,上帝愤怒之鞭',它正在警告、审判、鞭策我们这世界,叫我们作整个社会的忏悔,并指示我们一条新的历史的道路。"②

不过,与上面三种态度不同,此时大部分中国基督徒已经感受到了蒋家王朝政治的没落腐败以及内战给人民带来的身心创痛,并且期盼着一个

---

① 《董显光播讲基督徒今日的责任》,《天风》第五卷第二期(1948年1月10日),第16页;全文见《中央日报(上海)》(1948年1月6日)。
② 毕范宇著《共产主义对于民主及基督教的挑战》,林祁敏译,《天风》第六卷第十二期(1948年9月25日),第1~7页。

新的和平安宁的国度到来。金陵神学院的余牧人牧师不无痛心地表示："我们中国的八年抗日战事伴着第二次世界大战同时结束，到现在已经过了三个年头了。回忆在战争期间，有许多人都做了美丽的好梦，以为在这次空前浩劫之后，世人都受到创巨痛深的教训，一定都能觉悟到战争只能毁灭人类的生命和幸福，决不能创造新世界，或解决人与人和国与国之间的一切问题。那末，战后的世界必能向着和平相爱的路上走，努力建立一个长治久安的新世界。谁知大战方休，各国的内战和国际间以强凌弱的战事，也立即跟踪而至。这区域性和地方性的战争，三年以来，几无宁日。野心的执政当权者仍然企图用武力消灭敌人的势力，夺取天下一统的霸权，然后建立他所幻想的新国家、新世界，而蔑视'不嗜杀人者能一之'的古训。在这短短的三年中，因为不断地在各处有战事，即在虽无战争的国家里，也充满了制造第三次世界大战的气氛，因此使人心日见增加恐惧，甚至失掉了在上次战争期间所怀的希望。在战争和骚动相继发生的国家里，现在所见的，只有贫穷饥饿的人民比前更多，荒凉破坏的地方比前更广。我们中国目前的景象，便是如此！……我们要想建设新国家、新世界，而不先从改造人生，造成新人入手，以为'革命'而后便能'革心'；或想用杀人流血与强夺暴取的方式来创造公道和平的世界，其结果必然完全失望。在人类几千年的历史中，已经告诉我们，单靠着表面的改造，而不注重内心里的改造，结果只能苟安一时，决不能造成一个长治久安的新世界。"①

1948年3月25日，南京金陵大学倪青源教授等四十七人针对当时局势发表了告国人书，内称："当前国家已面临极严重之危机，吾人已忍无可忍，便能再事缄默，愿本'国家兴亡匹夫有责'之旨，与国人共同研讨造成此种现象之因素及其解决之途径。……造成此种现象之因素有四：（一）由于政府抛弃孙中山先生'平均地权节制资本'之原则，保护官僚资本。（二）政府虽已改善官兵待遇，而不对未尝得其实惠。（三）政府负责人昧于国际潮流，背乎历史方向，只知铺张民主之形式，不识厉行法治之精神。（四）国民党之'党化'教育，统制思想，在中国教育史上已产生极大流弊。致使共党有以武力夺取政权之机会，而至举国惶惑民不聊生。吾

---

① 余牧人：《在基督里作新造的人》，《天风》第七卷第三期（1949年1月15日），第4页。

人大声呼吁，迅速团结，采取有效行动，促使双方觉悟，重建一合乎时代潮流、合乎人民需要之真正民主自由政府。万一不能出此，则惟有退而切望现政府认清时代潮流，彻底改革，推行民主政治，保障言论思想之自由，厉行经济教育之机会均等，以打破目前之僵局。在政治上立刻开放政权，扩大政府基础，罗致全国进步分子；在经济上应从速厉行'耕者有其田'之土地政策；在军事上则应彻底实行'军队国家化'；在教育上则应迅速推广学校义务教育，尊重高等教育之自由发展。至于对外关系，应先确立独立外交政策，以维护世界和平为目标，争取国际合作互助为手段。"与此同时，金陵大学学生自治会邀请倪青源、刘不同等教授参加时事座谈会，师生辩论非常激烈。①

1949年1月，国民党大势已去，蒋介石"决定身先引退，以冀弭战销兵"，针对蒋介石的引退，基督教杂志《天风》评论说："我们对于'引退'的解释，认为固是由于军事节节的失利——东北易手、华北沦落、江淮惨败；还有一个重要原因乃是由于孤昧专横、'众叛亲离'的结果。凡是接近蒋氏的中外人士，都知道他具着军人的作风，轻信小人的谮愬，而不愿接受开明人士的忠告。……为了个人权欲熏心，不惜以巨大的代价，与中共诉诸阋墙的斗争，杀人盈城，杀人盈野，这绝不能逃出史家的褒贬！今日的引退，因见各地物价的下降，人民的渴望，国际的舆论，这已充分看出人心的向背了！我们也一定同意，他的引退应该是永久性的引退，至于惩办与否，还要以民意为依归！"②

1949年4月23日晚，解放军进驻南京城，沿途受到学生和市民的热烈欢迎，其情形与国军、宪兵和警察撤退时形成鲜明对比。此时，金女大校长吴贻芳被推为南京维持会会长，她带领其他维持会成员，与共产党军队接触，颁布文告，安定民心，共同维持秩序。③

---

① 《南京金陵大学等教授告国人书》，《天风》第五卷第十三期（1948年4月3日），第15~16页。
② 编者：《一周时事述评二：从蒋介石引退，看到中国和平的前途》，《天风》第七卷第五期（1949年1月29日），第9页。
③ 《共军进入南京城，一切情况的报道》，《天风》第七卷第十七期（1949年4月30日），第15页。

小　结

　　从 1912~1949 年的三十多年中，中国人民处在水深火热、战争频仍的时代，先是军阀混战、北伐战争，后是抗日战争、解放战争。江苏属全国首要之区，饱受战争煎熬，人们处痛苦流离之中，宗教需求更趋强烈，所以此段时间江苏基督教获得长足发展。北伐军进驻南京初期，教堂、学校、医院等基督教设施遭到破坏，西教士也被迫暂时撤离避难，蒋介石定都南京后，基督教又恢复了正常状态，并与国民政府处在融洽关系之中。但是好景不长，日本军国主义不断践踏我中华民族，以致酿成南京大屠杀的残忍事件，在此流离失所、血腥暴力之际，中外基督教人士不避危难、挺身而出，承担了救济伤兵难民、抚慰受伤心灵的人道主义工作。解放战争期间，国民党军队和共产党军队互相厮杀，基督教也处在一个两难境地，一部分基督徒依附于国民党政府，声嘶力竭地为苟延残喘的蒋家王朝辩护，但是，大部分基督徒已看明时代潮流，对代表先进力量的共产党人充满期待和盼望。

第三章 基督教的革新
—— 新中国成立后至"文革"时期江苏的基督教

1949年10月1日,中华人民共和国成立。此前,1949年9月29日,中国人民政治协商会议第一届全体会议通过的《共同纲领》第五条规定:中华人民共和国公民有思想、言论、宗教信仰等自由权。① 1950年9月22日,由第一批1500多位基督徒联名发表的《中国基督教界宣言》即《中国基督教在新中国建设中努力的途径》指出:"中国基督教教会及团体彻底拥护共同纲领,在政府的领导下,反对帝国主义、封建主义及官僚资本主义,为建设一个独立、民主、和平、统一和富强的新中国而奋斗。"② 并且号召全国基督教徒割断教会与帝国主义国家的关系,实行自治、自养、自传,以达到革新中国基督教的目标。1950年9月23日,人民日报社论《基督教人士的爱国运动》进一步指出:"中国共产党和中国人民政府的宗教政策是一贯的和明确的。人民政协共同纲领第五条规定人民有宗教信仰自由,即有信仰宗教之自由,也有拒绝信仰宗教之自由,这两方面的自由同受法律的保护。"但同时又强调:"宗教信仰应当绝对与外国侵略活动以及反革命活动相分离,而不应当把它们混淆起来;那些危害活动是要被人民政府所取缔的。人民政府既不因为取缔那些危害活动而干涉宗教信仰自由,也不因为保护宗教信仰自由而容忍那些危害活动。"③ 由于解放前基督教与国民党反动政府以及帝国主义,特别是美帝国主义有着千丝万缕的联系,所以

---

① 《特载:中国人民政治协商会议共同纲领》,《乡村教会》第二卷第三、四期(1949年12月),第2页。
② 《中国基督教在新中国建设中努力的途径——中国基督教界宣言》,新华社北京1950年9月22日电。
③ 《社论:基督教人士的爱国运动》,《人民日报》(1950年9月23日)。

从政治上革新教会、纯洁教会就成了新政府的一项重要任务。1950年底，朝鲜战争全面爆发后，为响应抗美援朝运动，基督教内部掀起了肃清美帝国主义分子及其走狗败类的控诉运动。1951年4月21日，由吴耀宗、陈见真、陈崇桂、涂羽卿、邓裕志等组成的中国基督教抗美援朝三自革新运动委员会筹备委员会成立。[①] 1954年7月22日至8月6日，中国基督教全国会议在北京召开，其间，成立了全国基督教的领导机构——中国基督教三自爱国运动委员会，推选了吴耀宗、陈见真、吴贻芳、陈崇桂、江长川、崔宪详、丁玉璋、丁光训等139人为委员。会议总结了四年来中国基督教自治、自养、自传的反帝爱国运动的成绩，一致认为："中国基督教教会及团体已基本上摆脱了帝国主义的控制，逐步成为中国教徒自己主持的宗教团体。"[②] 1958年以后，中国基督教各派实行联合礼拜，教会进入后宗派时代。"文化大革命"期间，基督徒受到迫害，教会发展陷入低谷。[③]

第一节　积极拥护基督教三自革新运动

基督教三自革新运动的展开，是在新中国成立初期的抗美援朝、土地革命和镇压反革命的三大运动背景下进行的。1951年4月，中央人民政府政务院文化教育委员会副主任陆定一在"处理接受美国津贴的基督教团体会议"上的讲话中号召中国基督教徒积极拥护和参加这三个运动，他说："抗美援朝的目的，是使我国有一个可以和平建设的国际环境，因为如果我们的国家处在帝国主义武装进攻的威胁之下，就没有可能进行和平建设。抗美援朝同时也为了争取世界和平，反对美国帝国主义的战争政策与侵略政策。为了取得抗美援朝的胜利，除了英勇的人民志愿军与朝鲜人民军在前线作战以外，在后方要做很多工作，这些工作之一，就是把抗美援朝的宣传达到每处每人，在教徒中特别要注意肃清恐美、崇美、媚美的思想，

---

① 《处理接受美资基督教团体会议闭幕：通过对基督教团体处理办法、基督教抗美援朝革新委员会筹委会成立》，《新苏州报》1951年4月23日。
② 《在反帝爱国运动旗帜下进一步团结起来：中国基督教全国会议圆满结束、选出"中国基督教三自爱国运动委员会"领导机构》，《新华日报》（南京）1954年8月14日。
③ 参见卓新平主编《中国基督教基础知识》，宗教文化出版社，1999，第92页。

建立对美国帝国主义仇视、鄙视、蔑视的思想。土地改革的目的，是消灭封建的土地所有制，提高占人口 80% 的农民的生产热情，发展农业生产，改善农民生活，只有这样做了，我国的工业才能顺畅发展。镇压反革命，对于特务、土匪、恶霸和不知改悔的反革命分子等害虫的清除，是巩固国防，保护生产，安定社会秩序的当务之急，教徒有责任来协助政府揭发这些反革命分子，特别是披着宗教外衣的像顾仁恩这类的反革命分子。"① 在本次大会上，中国基督教领袖吴耀宗在总结报告中，重申了三大运动与基督教的关系。关于抗美援朝，他说："以抗美援朝作为我们中心任务——抗美援朝是全国人民一致的中心任务，我们今后应该把三自革新与抗美援朝运动密切配合起来。我们要多讲爱国爱民，为人民服务的道理，多做抗美援朝的宣传，多做识字教育，医药卫生等服务工作。我们希望全国教堂能把美丽可爱的五星国旗挂在礼拜堂里面。我们也希望全国教堂能订立爱国公约，并切实实行。"关于镇压反革命，他说："提高警惕，清除败类——我们要配合政府镇压反革命政策认真检举并肃清潜藏在教会里面的帝国主义分子和甘心做美蒋匪特的教会败类。为了保卫祖国和保持宗教的纯洁，我们要提高警惕，使教会不做帝国主义分子与匪特败类的'防空洞'。我们要在教会内普遍举行控诉会，揭露帝国主义利用教会侵略中国的各种阴谋与事实，检举潜藏在教会里面的帝国主义分子与匪特分子。我们要努力把自己的屋子打扫干净。"关于土地改革，他说："拥护土改，加紧农业生产——土改乃是建设新中国重要步骤之一。凡是土改尚在进行的地区，教会人士应该学习并拥护土地改革。乡村的基督徒也应该响应政府号召，加紧农业生产。"② 包括基督教三自革新运动在内的这些政治运动的宗旨是反对封建主义、帝国主义和官僚资本主义，提倡爱国主义。中国教会的自治、自养、自传问题早在解放前就有人提倡和实践，旨在从经济上、组织上和神学上摆脱对国外差会的依赖，但不承认教会与帝国主义之间的瓜葛。吴耀宗斥责其为"假三自运动"。而解放后所倡导的三自革新运动，强调的是

---

① 《陆定一副主任在"处理接受美国津贴的基督教团体会议"上的讲话——一九五一年四月十六日》，《人民日报》1951 年 4 月 25 日。
② 《吴耀宗关于八个月来基督教三自革新运动的总结报告——一九五一年四月十六日在"处理接受美国津贴的基督教团体会议"上》，《光明日报》1951 年 4 月 25 日。

教会要彻底划清与帝国主义的界限，粉碎帝国主义利用宗教侵略中国的阴谋，支持轰轰烈烈的抗美援朝运动，弘扬基督徒爱国主义的精神。①

一 响应签名活动

为了防止帝国主义利用教会进行危害中国人民利益的活动，吴耀宗、邓裕志、赵紫宸、刘良模、涂羽卿等中国基督教先进人士于1950年7月底发起了三自革新宣言的签名运动，向各地教徒发出《中国基督教在新中国建设中努力的途径》宣言，征求全国同意这一宣言的基督徒在上面签名，截至1950年8月底，第一批签名者达1527人。

全国首批签名者按组织或宗派统计：政协宗教界民主人士代表4人，基督教全国性的组织22人，基督教区域性的组织66人，教会各宗派380人（包括卫理公会30人，圣公会27人，信义会32人，基督会8人，中国基督教会79人，浸会17人，公理会12人，循理会3人，循道会17人，内地会16人，宣圣会3人，自立会7人，灵工团10人，长老会6人，宗派不详者113人），耶稣家庭381人，基督教青年会109人，基督教女青年会197人，大学43人，神学25人，中学66人，儿童教育工作者20人，医院工作者123人，书刊编辑22人，其他团体及个人69人。

全国首批签名者按地区统计：上海190人，江苏107人，浙江76人，安徽51人，福建19人，广东148人，广西4人，江西38人，平原14人，山东407人，北京51人，河北51人，河南40人，湖北43人，湖南74人，四川114人，陕西34人，山西22人，甘肃1人，东北20人，云南2人，贵州1人，地区不详者20人。

江苏首批签名者人数在全国位列第五。有邵镜三（南京中华基督会总干事）、施中一（江浙基督教乡村服务联合会干事）、沈亚伦（江阴中华基督教会江南大会副、江阴区会正史）、崔宗鄞（南京卫理公会南京镇江皖北三教区教区长）、章友仁（江苏金山卫理公会华东年议会松江教区教区长）、王明德（镇江市基督教协会主任委员）、朱少堂（苏皖基督教乡村服务协会总干事）、王恒心（徐州中华基督教会江淮大会主席）、张民全（江

---

① 《吴耀宗关于八个月来基督教三自革新运动的总结报告——一九五一年四月十六日在"处理接受美国津贴的基督教团体会议"上》，《光明日报》1951年4月25日。

苏奉贤卫理公会主任牧师）、沈邦彦（南京卫理公会城中会堂牧师）、刘惟一（江苏江宁镇卫理公会牧师）、罗文鼎（江苏江宁镇卫理公会女传道）、杨明远（江苏盛泽卫理公会牧师）、陈杏舫（江苏浏河卫理公会尊经堂牧师）、芮昌国（江阴中华基督教会璜塘堂会牧师）、费因笃（吴江中华基督教会吴江四维堂准试兼长老，吴江县各界人民代表会副主席兼秘书长）、金海博（南通基督教堂牧师）、刘学友（江苏汤泉中华基督会传道士）、蒋文荣（武进雪堰区黄埝乡基督教福音堂传道）、罗雁亭（徐州中华基督教会徐州区会干事）、吴鹤云（徐州敬安镇中华基督教会牧师）、罗心博（徐北中华基督教会徐州区会黄集堂会牧师）、杨镜秋（苏州圣约翰堂牧师）、赵中英（苏州崇道堂青年团契顾问）、周裕文（南京中华路基督会堂牧师）、童作盐（南京中华基督教贵格会大中堂传道）、李既岸（南京中华基督教贵格会灵恩堂牧师）、李汉九（南京中华圣洁会牧师）、石提多（南京基督教救世军队长）、陈汝霖（南京四所村天恩堂会长）、邵起宣（南京基督复临安息日会传道主任）、夔孝华（南京下关道胜堂牧师）、朱菊生（镇江小码头福音堂牧师）、杨新民（江苏宜兴湖父耶稣堂牧师）、李凤林（徐州陇海西路杨楼车站堂会牧师）、安鋭荣（徐州区双沟堂会牧师）、宋庄文（徐州陇海西路杨楼车站堂会长老）、戴廷机（徐州南关耶稣堂牧师）、张广居（徐州南关耶稣堂长老）、薛尼轩（砀山堂会牧师徐西区会会长）、胡方觉（徐州东关礼拜堂牧师）、陈佩德（苏州基督教青年会总干事）、杨履翱（苏州基督教青年会干事）、张信孚（南京基督教青年会董事长）、诸培恩（南京基督教青年会总干事）、韩文藻（南京基督教青年会副总干事）、向安伦（南京基督教青年会干事兼南京基督教协进会总干事）、徐如雷（南京基督教青年会干事）、杨清心（南京基督教女青年会董事长）、郑汝铨（南京基督教女青年会总干事）、陈张秀芝（南京基督教女青年会董事）、诚冠怡（南京基督教女青年会董事）、曹锦如（南京基督教女青年会干事）、卢宝媛（南京基督教女青年会干事）、曾浣陵（南京基督教女青年会干事）、吴贻芳（政协代表、南京金陵女大校长）、杨永清（苏州私立东吴大学校长）、陈裕光（南京金陵大学校长）、黄式金（苏州私立东吴大学文学院院长）、包志立（南京金陵女大教务主任）、汤铭新（南京金陵女子大学教授）、钱且华（南京金陵女子大学教授）、刘开荣（南京金陵女子大学教授）、樊庆笙（南京金陵大学教务长）、李方训（南京金陵大学理学院院长）、靳自重（南京金陵大学农学院院务会议主任）、王绳祖（南京金陵大学文学院代理院长）、林福美（南京金陵大学外文系教授）、陈文仙（南京金陵大学教授）、周承恩（东吴大学法学院总务主任兼秘书主任，卫理公会景林堂理事长）、陈海澄（苏州私立东吴大学教授）、诚质怡（南京金陵神学院院长）、蒋翼振（南京金陵神学院教授）、王治心（南京金陵神学院国学教授）、朱敬一（南京金陵神学院教授）、田雅各（沪宁线桥头镇中华三育神学院学生）、汪先桐（沪宁线桥头镇三育研究社社长）、王梅娥（苏州私立慧灵女中校长）、陈黄丽明（南京市私立明德女子中学校长）、周瑞璋（南京基督教青年会中学校长）、蔡汝霖（南京育群中学校长）、叶芳珪（常州恺乐中学校长，恺乐堂牧师）、林弥励（南通崇英中小学校长）、李树华（徐州私立正心小学校长）、陈祖荫（南京鼓楼医院院长）、高子充（镇江仁慈医院牧师）、杨锡栋（扬州浸会医院院长）、刘子余（徐州基督医院院长）、陈儆吾（徐州基督医院宗教工作员）、金福英（徐州基督医院宗教工作员）、谢景升（南京金陵神学院载社编辑）、许敬之（南京永利锂厂技师）、陆岳大（武进基督徒）、强义明（武进基督徒）、承焕德（武进基督徒）、承荣根（武进基督徒）、杭介大（武进基督徒）、钱正荣（武进基督徒）、周俊（武进基督徒）、赵其美（武进基督徒）、杭洪江（武进基督徒）、承邦士（武进基督徒）、钱述善（武进基督徒）、承保生（武进基督徒）、关品鹤（徐州北极电池工业社工人）等人。[①]

1950年11月6日，南京市宗教界人士假傅厚岗市协商委员会举行抗美援朝保家卫国座谈会，出席会议的基督教及天主教人士有：邵镜三、杨登瀛、郑汝铨、王钥东、夔孝华、诚质怡、王世熙、曾浣凌、窦兆祥、花琪、沈邦彦、崔宗鄞、傅宇英、封爱博（魏以撒代）、陈汝霖、鲍忠、诸培恩、王锡安、李汉九、卢宝媛、陶家菊、李天禄、谢景升、朱敬一、陈泽民、蒋翼振、杜锡长、潘济尘、曹锦如、韩文藻、朱继昌、郭书青、郭赵雪君、阮澹云、童作盐、周明懿、马云龙、徐如雷、李既岸、王性天（李维光代）、郭宗言、杨绍诚、马兆瑞、潘永颐、刘效曾、王淑德、郭起宣四十八人。南

[①] 参见《防止帝国主义利用教会危害中国人民：中国基督教界发表宣言、第一批签名者已达一千五百余人、正继续征求全国基督教教徒签名》，《人民日报》1950年9月23日。

京市市长柯庆施首先作了时事报告，继由市委会石西民副部长讲话，邵镜三（中华基督会总干事）、杨绍诚（中华基督教会来复会监督）、韩文藻（南京基督教青年会副总干事）、郭赵雪君（基督教家庭委员会主席）、王钥东（中华基督会鼓楼堂牧师）、朱继昌（中华基督教沛恩堂牧师）、陈汝霖（中华圣公会天恩堂牧师）、周明懿（中华基督教来复会）、刘效曾（护士公会负责人）、王锡安（城中会堂、金中教员）、李维光（石鼓路天主教堂）先后发言，表示要划清与美帝国主义的界限、支持抗美援朝运动，建立自治、自养、自传的教会。① 1950 年 11 月 22 日，南京市基督教团体保卫世界和平反对美国侵略委员会成立大会在城中会堂举行，由邵镜三主持，吴贻芳、李方训、史永等相继发言，最后选出沈邦彦（1902～1992）为主席，邵镜三、诸培恩为副主席。大会通过了南京市基督徒响应抗美援朝保家卫国宣言，并决定进一步发动基督教各单位人士的签名活动。② 1950 年 11 月 28 日，中国人民救济总会监察委员会办公室主任浦化人，应南京市基督教人士李既岸、沈邦彦、爨孝华、诸培恩、吴贻芳、李方训等邀请，在城中会堂发表演讲，阐述了抗美援朝与教会革新和三自运动的密切关系。③

随着全国基督徒签名运动的迅速扩大和深入展开，江苏各地的基督徒签名人数在不断增加。1950 年 12 月，南京金陵大学基督教学生青年会号召全校基督徒师生员工响应教会革新宣言，并发布通告说："自从《中国基督教在新中国建设中努力的途径》宣言发表之后，全国各地的信徒已纷纷响应签名运动，并开展热烈的学习和讨论，我们金大年青的一群基督徒，为了爱护祖国和我们的教会，除了坚决拥护这宣言发动签名和深入的学习并实际担负起应尽的责任以完成基督教革新的任务外，更要表示我们的政治立场和对帝国主义明确的认识。我们响应南京市基督教团体保卫世界和平反对美国侵略委员会及各民主党派所发表的宣言，展开基督徒的爱国运动，加强抗美援朝保家

---

① 《警惕敌人利用宗教侵略的阴谋、积极参加反对美帝侵略的运动——宗教界人士抗美援朝座谈会记详》，《新华日报》（南京）1950 年 11 月 18 日。
② 《展开基督教人士爱国运动——本市基督教团体成立保卫世界和平、反对美国侵略委员会》，《新华日报》（南京）1950 年 11 月 24 日。
③ 《基督教徒怎样抗美援朝？——浦化人先生在城中会堂讲演摘要》，《新华日报》（南京）1950 年 12 月 6 日。

卫国的伟大力量。我们相信全校的基督徒师生员工一定会响应我们的号召。"[1] 同时,南京市基督教协进会除印发《中国基督教在新中国建设中努力的途径》宣言并编印学习资料外,又在主日礼拜时宣传教会的自主,号召教徒们在宣言上签名。截至 1950 年 12 月 21 日,南京市的教会团体、学校、医院等单位签名的基督徒已达 1400 余人。[2] 其名单及所属团体如表 3-1 所示。

表 3-1

团体	人数	名单
城中会堂	89人	朱延宗、郑徐顺德、宋陈氏、杨公氏、江寿山、张张氏、陈海能、倪炳侯、吴许氏、解祥发、孙树仁、朱高氏、高锦茹、杜常甫、胡树南、李义、杜存茂、何长清、席淑梅、张福堂、陈玉华、李玉清、张鸣九、汪涵芝、谷刁氏、李鸿恩、徐晓梅、周美英、张德玉、马岭岫、徐老师母、严序耀、田粹励、邢宜桢、焦韵相、杜长安、周立三、沈宏元、洪焕卿、周海山、朱普智、秦孝银、戴淑陈、郭韩氏、周光杰、舒德惠、任广华、聂桂华、舒德成、徐复生、聂长松、崔继忱、张维新、费禾佑、黄达珊、姜文德、吴慧如、钱大妈、刘思文、段昌铭、刘思和、王朱藻清、顾路得、李友琴、游郑氏、周忠荣、王道玉、咼文源、黄庆之、业德禄、秦咸莲、鲍金海、吴素云、胡坤荣、刘心慈、万美英、沈毓秀、赵淑英、赵心竹、姚文坚、沈邦彦、许师母、崔宗鄞、何其华、费恩德、李耀华、张克湘、李乔结、姜张氏
卫斯理堂	37人	王恩宝、刘德陵、王兴民、徐凤英、王恩惠、张窦兆莲、胡健民、张恩霖、宋荣鹏、韩学愈、王恩全、陈宋玉、栾启明、孙家元、江诚卿、王瑞英、袁公舒、关碧雯、张选卿、马芝兰、刘秉忱、金旭年、张本香、唐述基、杨顺如、陈顺芝、柏朝焯、关爱明、吴守一、郭立信、胡世禄、王瑞芝、董舒心、王志诚、屠惠芳、罗王氏、段佩华
来复会堂	113人	杨绍诚、刘双喜、王兴伯、高利发、沃洪生、沃洪朱、沃鹤生、沃丽生、陈苏林、成为秀、蔡向明、王新英、蔡公霞、蔡公禄、秦志发、赵家政、成秦宝、王圣陶、金琴、须顺英、王光风、黑秀芳、李安得烈、王光华、吕秀华、朱刘氏、李莫同、朱桂英、王素华、王厚生、杨小美、成氏、成亿鑫、杨秀英、奚李氏、石贤惠、风瑰英、胡袁氏、史贤德、刘开鑫、萧文华、周祚祥、刘依秀、胡秀清、徐秀英、黑气服、王木兰、戴起洪、贾耀琴、马玉芳、许之理、贾耀钧、邵曹露茜、王如金、贾耀去、马吴菊英、张永发、马云龙、杨弱男、李京生、李庆蔚、朱李氏、张林、马保罗、吴桂琴、张玉兰、马路加、周邵文珍、张宝五、马利亚、马秀英、陈村本、李庆胜、李周氏、刘金秀、李彼得、宋沁芳、顾周氏、尹秀英、周更氏、刘余氏、陈晚华、张潘氏、王幼辰、周吴氏、吴王氏、余德珍、顾潘氏、吴锦、吴幼琴、李国贤、许之瑞、许之玲、许淑芝、许福兆、许之雄、许履仁、李延嗣、朱英华、祝建基、陈又新、李玉楼、张慧俊、杨张氏、孙玉华、刘杰、王拍如、孙彩云、张瑞英、张姚氏、孙秀如、宋德钧、崔学曾

---

[1] 《金大基督徒师生百余人签名响应教会革新运动》,《新华日报》(南京) 1950 年 12 月 6 日。
[2] 《响应基督教革新签名运动:本市首批签名者千四百余人》,《新华日报》(南京) 1950 年 12 月 22 日。

续表

团体	人数	名单
沛恩堂	55人	蒋文忠、朱荣三、庄述之、朱荣光、朱荣菊、朱荣荃、诸尚洁、诸洪恩、夏基康、蒲希龄、朱荣华、蒋永安、朱荣芬、邓李氏、闫成厚、朱成氏、丁李氏、杨徐氏、陈庆芬、许周氏、甄廖氏、曹贾氏、武月华、武雅各、武彼得、彭尤氏、王尹氏、陈葛氏、孔陈氏、张李氏、杨佩兰、武爱真、武月琴、武月云、杨徐氏、李陈氏、尚张氏、刘尚氏、费绮英、闻金声、黄肇贞、李建国、田秀英、韩景阳、张王氏、刘礼茂、张金文、陈沄洲、李祖英、黄雪琼、赵树南、吴郁生、杨悦秋、夏惠卿、朱继昌
双乐园堂	25人	吴翔龙、沈玉鸿、潘幽桐、吴其祥、龚静安、孙小庭、桂王宛平、杨国英、张柏氏、骆素红、张翠英、朱慕得、杨祖华、谷胡氏、金宝珠、杨玉箴、杨守钧、朱路德、朱文英、金志云、曹孝宝、王少文、韩益清、丁焕文、殷信恩
半边营堂	27人	鲁光华、李延禄、李龚氏、李延寿、李陈宝珍、高陈氏、姜大妈、吕嫂子、陈研、任刘氏、许嫂子、杨湘云、田振彬、杜陶氏、严邵氏、缪玉齐、艾福林、严高氏、王焕章、苏桂氏、庄静波、聂老太太、王桂和、吴双、周阶平、王仲斌、朱玉珍
中华基督会	6人	邵镜三、黄绍箕、邵敬贤、王遐龄、孙宝华、喻凤鸣
鼓楼基督会堂	67人	王钥东、钱奕功、易忠、李达道、王馨恩、汤黄氏、陈家萱、韩丽娜、陈周氏、高莉莉、李维信、刘爱主、李丽芬、王兴、张保真、鲍正乐、李维礼、郭雪娥、谢烈、王明清、赵储氏、韩秀泉、崔肇春、李金声、李玮、崔王淑贞、曹秀岑、杨贵箴、崔毓俊、周天余、陈淑兰、马林惠珍、陈世大、陈翠兰、刘陈氏、陈荃文、李赵恩培、李王氏、周振德、胡德恩、马永秋、周芳英、葛寄雯、吴陈氏、叶信真、王明生、盖福英、李彩凤、叶惠生、谢王氏、刘增荣、陈剑夫、沈信真、石玉珍、章荷生、陆姜氏、石王氏、米才富、何海泉、韩际新、花林氏、刘严氏、周培德、杨夏氏、王桂兰、王玉贞、蒋英杰
花市基督会	25人	杨淑芬、张俊、卢王瑞玉、周维华、周耀祖、周有汶、傅家理、刘馨、杨淑琴、沈仲铭、齐家模、李素英、黄绮清、陈尚銎、杨毓华、马骏、金启昌、周本琳、刘克雄、周裕文、刘恒新、周咸林、顾松年、陶礼银、郑纯瑛
浸信会堂	5人	查国华、龚卓山、李维潽、龚海伦、王嘉庆
圣保罗堂	43人	金正谦、王懋生、高长发、孙席中、项鹿栞、王道盛、全恩培、郭赵雪君、张高氏、吴傅春霞、江路德、石玉英、周杨氏、王方氏、孙顺年、王文元、廖立国、廖立民、廖立群、徐绍倍、江桂英、居素华、周琴、黄仍松、金震舆、金正凡、金正义、金正国、金凌云、王建中、陈万顺、陈张丽轩、陈高惠英、陈玉珠、陈万瑞、陈世昌、陈世昭、孙传善、孙石氏、胡宝广、居顺华、居陆子坚、江彼得
道胜堂	20人	周兴杰、洪大伟、洪玉华、仇惠如、陈丽嘉、刘丽亚、王殿元、薛钧、毕莹斌、曹明、瞿联庆、瞿朱瑛、周其永、张洁华、傅景鸿、奚李亚节、胡茂祥、赵植之、夔孝华

续表

团体	人数	名单
宁海路圣公会	8人	杜天民、杜培义、杜培仁、纪玉金、赵璧如、陆春华、王国桢、阮明德
圣洁会	15人	李长富、李王氏、葛寄雯、许文中、胡子安、段张氏、张杜氏、张天慈、王玉芝、王戴杏菊、徐回香、姚美仁、邱云清、马有仁、李汉九
贵格会灵恩堂	65人	许福临、顾康伯、蒋仲骅、王文治、董世警、李心耀、周荣卿、贾书宽、史奇珪、业冰、李袁氏、李路得、王紫东、张春霖、赵月英、高美玉、王林氏、徐锦、张永泉、崔寿明、凌志清、蔡李氏、崔陈氏、马三、田迺宾、王宝铭、宋白清、金梅珍、高段氏、白真、李万生、张福恩、汪张氏、刘才三、李桂才、蔡氏、周云清、曹淑贞、马凯忠、祁松英、薛黎胥、王雨辰、王福根、赵彩秀、蒋振英、祝和德、许泰然、管文学、黄祝氏、陈宝琛、杨太山、宣实新、杨丽生、李拉结、周云珍、汪由东、戴典有、刘顺麟、张韵琴、任肇林、吴慕俊、张剑峰、於丽贞、许之瑶、郑书德
贵格会大中堂	47人	赵李氏、孙邵氏、王永礼、杨周氏、柳淑贞、耿秀英、金谢氏、汪月英、罗陈氏、郭孟氏、仇英英、任赵氏、张叶氏、孙明扬、郭张氏、卢关氏、王古氏、李既岸、王朱氏、梁正才、童作盐、朱玉贞、姚袁氏、王钱氏、江民生、杨丁氏、徐绍康、章李氏、袁赵氏、王蒋氏、董李氏、丁素民、陈韩氏、迟明山、崔陆氏、王中英、陈杜氏、周陈氏、褚黄氏、周朱氏、许友升
信义会堂	57人	陈王耀真、汪培锦、王金荣、张王氏、李全真、汪吴氏、陈爱真、陈美玉、孙殿军、李天恩、耿淑芳、陈启焕、□爱丽、党一民、周志强、李秀东、曾赞辉、刘淑贞、曾香亭、曾凤琴、冯景英、蒋唐氏、李爱梅、陈素静、靳文英、刘沈毓萱、陈丰泽、袁仁芝、汪天茳、于王氏、杨秀珠、高秀峰、曾昭黔、李清芬、吴明显、王以恒、刘顾氏、王以华、王青梅、朱冰如、赵贞瑾、董王氏、刘静清、刘树馨、周明珍、王徐氏、于馥荣、王李氏、蔡子心、李美玉、蔡金秀、张宗华、张陶氏、李肇武、丁丽如、陈植择、汪洋
天恩堂	14人	詹清和、黄洪波、陈泉恩、赵桂生、费王延思、徐道生、解赵守恩、陈林怀恩、成陆秀英、王贾广灵、吕吉祥、刘必能、王家恩、陈汝霖
灵粮堂	13人	汪玉华、边子惠、万捷先、池文瑛、张梅泽、牛胜英、芮道雅、周从权、李玉凤、金在明、王孚芳、茅叶芳、沈家鹤
信德孤儿院	49人	王美兰、张淑媛、张舜华、殷培真、王淑兰、王衍珍、王佩翠、郭光华、余锡陇、李光亮、张其钊、王玉秀、孙美珍、李玉兰、李美英、郭光云、张其芬、曹信真、张约翰、徐普光、钱保罗、倪天喜、王佩惠、傅美灵、郭光霞、张士彩、梁玉秀、余锡纾、彭芝兰、訾艾、孙玉莲、冯天恩、秀艾兰、王淑德、李玉兰、杜主爱、彭芝香、安大香、孙得恩、季长明、季长廉、赵修华、袁良海、赵修方、韦如容、吴家才、锁万祥、娄宗辽、周立兰

续表

团体	人数	名单
高楼门安息日会	50人	娄雪根、朱学文、钱云飞、陈树祥、苏致俭、黄鹤鸣、王栋臣、石来珠、蒋茂兰、张俊、范玉春、迟耀华、吴佩灵、刘淑芬、陈文英、张家英、龙秋婷、蔡震东、娄根生、汪淑懿、陆一民、吴方伯、张朗清、高大信、高耀球、傅宇英、陈鸿生、姜海秀、马自强、胡怡、吴玉莲、傅奇恩、周福喜、杨金友、王坚忍、马虎、程昌芝、韩忠海、吴美德、穆昌瑞、袁庆芸、吴美娜、杨秋宁、张裕胜、鲁振国、郑大俊、董本辉、易世铭、张恩泽、高文显
军区医院	48人	杨翠玉、段义贞、林传申、马永泉、顾仁、陈南明、夏鸿恩、金林森、许竞雄、蔡佩华、王福贞、刘文洗、朱瑜先、喻能治、赵德荣、吴瑾瑜、高永恩、马桂英、何碧辉、冯素芳、吴涟荆、舒德惠、钱湘文、阎柄某、吴福基、刘淑贤、程志强、鲍芹生、徐秀英、黎忠祥、张珂、何氏、张淑仪、朱章珊、许嘉弟、陈少聪、徐婉珠、唐先珍、高秀竹、葛明星、陆纯一、庄莹、沈成烈、于隐珍、万珍珍、邵衡
金陵大学	121人	陈裕光、蔡嘉祥、郑静云、陈清硕、陆志豪、李扬汉、濮延龄、陈纳逊、赵绣雄、陈嵘、曹陵秀、朱文辉、陈俊懿、施德□、蔡玛丽、殷乐信、吴荫葆、黄友梅、王文敦、谢焘、李方训、张斯伟、吴宗庆、崔肇春、邓淑琴、章定珍、吴引泗、程庆祥、严志新、陈融、李为谦、黄瑞采、潘鸿声、谢景修、白耀庚、吴玉符、田立新、阮明德、周郁文、陈永椿、陈文仙、林福美、崔毓俊、樊庆笙、靳自重、王绳祖、赵克明、魏需钧、乔金陵、杨喜勇、蔡勃新、李兴业、刘道宏、吴伯俦、颜若良、陈惠、葛庆恩、罗国辉、崔继忠、缪泰范、洪班望、周之屏、杜玉明、朱学元、万庆恩、郭天民、冯纪洪、喻各武、徐伯正、朱太平、姬学武、吴继周、廖翔龙、张润苏、张乃光、徐绪笃、周传槐、孙敏、许国樑、桑腓力、柯象峰、徐绍武、章道荣、马肇圻、李锡杰、田开铸、贺良宪、马文瑜、洪颜林、焦谦之、汪仲钧、王志袚、李世光、刘华屏、黄济明、姚国雄、谢然、邵明贤、陈璐、李恕先、范谦衷、吴春江、孙明经、齐兆昌、殳家骅、陈庆章、蒋维德、吴荃苏、张曼琦、陶令仁、施文蓝、张润夷、李耀伦、朱荣耀、高德新、饶启治、熊振民、樊德方、樊光华、袁公舒、郭兆年
金陵女子文理学院	83人	吴贻芳、林韵笙、吴璇仪、吴懋仪、俞靖梅、邹鹤琴、程瑞芳、杨效让、王培媛、龚黄、何荣贞、金启祥、张汇兰、陈蔚文、李加禄、郝映青、刘华锦、王绍卿、张芗兰、潘耀珠、刘恩兰、刘爱莲、王明生、刘恩萱、刘希孟、梅若兰、钱安琪、毛敏珠、汪爱丽、陈育仁、黄绩汉、熊子瓛、鲍富年、林祖让、王韵芳、桑明秀、虞伯璆、陆景鼎、李秉琦、陶其嫙、高锦如、王青梅、欧阳智、金明仁、成文、陈祥凤、陈子虹、胡润珠、周南华、胡怡芳、龙叔媞、蔡馥如、娄尔坤、吴尔琦、薛黎胥、郑克玲、华平、方仁慧、陈安素、颜其洁、裴其华、庄述敏、王美琳、王美光、彭世理、汪端方、叶艾生、阮韵珍、马肇华、刘国屏、康玲珍、邹玉珍、吴兆云、邵文哲、赵彩秀、王恩惠、秦丽贞、谢爱梅、汤铭新、钱且华、刘开荣、包志立、许冰清
金陵神学院	13人	诚质怡、郑亚谷、赵德恩、李齐仁、胡其春、邹中和、邓炳昕、李振纲、蒋翼振、朱敬一、王治心、谢景升、许义均

续表

团体	人数	名单
南大信行团契	9人	张啸飞、蔡秋雯、簾月芬、刘奉礼、赵泽民、辛建光、吴小满、陈景同、袁贤祯
金女中	23人	陈玉珍、鹿永、刘辑五、陈少琼、张学华、韩介眉、季广恩、张朝国、吴世芳、吴世勤、陈思榕、方仁念、庄心珠、罗时敏、管慧梅、王书梅、刘恩环、祝淑文、马泽仁、王玉华、陈化鲁、韩兰香、张素文
金陵中学	14人	刘云亭、韩发义、转子权、沈顺林、陈君骅、胡学谦、孙德顺、卢蒙恩、张作文、张坊、王锡安、郭春芳、王佐周、孙良骥
中华女中	37人	陈熙仁、张丽娟、李郁文、刘毓贤、叶爱之、程贤明、金文波、陈然兰、胡绍瑗、丁明亮、吴月明、孙玉珍、汪灵霞、程美灵、沈慧兰、夏德恩、陈佩萱、刘跃云、苗瑞英、陈乃湘、程美书、刘世荣、邵智贤、李重生、孙克静、郑春芳、陆芸芳、徐睢民、孙世珍、张玲玲、张作秀、徐以诺、彭秀美、蒋定生、王琳、阮秀英、李启英
育群中学	15人	蔡汝霖、徐绮卿、汪时才、柯宗许、黄淑鸾、谢寅、陶心余、石克绳、陆德麟、张玉英、陶煦、周柱臣、郑克宇、颜华叔、王厚植
汇文女中	36人	周立三、胡幼柔、秦爱德、聂梅云、盛顿、沈毓兰、严序峰、邓葆仁、李彦瑶、崔荣珍、严淑芳、陈郇磐、姜克韵、张瑞兰、龚翠华、杜宝琴、王宝翠、桂美玉、荆素贞、刘康利、寇景仁、徐秀玉、韩声美、胡素华、王艳霜、费美琴、舒德立、刘心明、朱云鸾、朱凤鸣、郜信得、唐菊骅、张桂荣、王敦化、余容珍、顾影
青年会	8人	张信孚、诸培恩、韩文藻、向安伦、徐如雷、潘永颐、朱寿义、周瑞璋
女青年会	7人	郑汝铨、诚冠怡、曾浣凌、曹锦如、卢宝媛、杨清心、张彭润菊
真耶稣教会	186人	韩约书亚、王赵素珍、鄞荣光、王爱华、王淑德、熊厚夫、王李素云、仇灵光、朱恩光、王德安、仇小四、郑元寿、郑宝珠、仇平安、张撒迦、郑广义、安得真、蒋约翰、郑广忠、胡方城、魏以撒、郑红英、胡德英、周安德烈、郑杨氏、胡德青、李近诚、仇宸起、金士利、廉其星、张素芳、陈金氏、杨约翰、刘约琴、朱家立、周屈真、胡戴恩、朱德生、孙爱真、郭颜氏、潘月英、李耀庭、杨路加、高李秀英、王选民、蔡尉文、姜唐氏、吴立基、孔新山、李素珍、张约书亚、林悟真、李殿英、李灵言、董玉林、杨天有、杨徐氏、刘王氏、王镇华、姜乃胜、李子敏、陈保近、王庆华、熊金氏、丁宋氏、吴詹氏、刘退瑞、郭金陵、刘魏氏、刘秀英、仇炳华、仇李氏、郭桂氏、仇秀英、蒋宝龙、王启祥、潘敬诚、仇金瓶、仇秀真、吴德词、郭中九、穆振德、杨树春、韩陈氏、李永良、郭巧云、郭凤英、陈敬奉、江成文、殷学词、陈靠生、王温生、郑何氏、周荣光、王萍启、王周氏、王杨氏、周怡然、周方瑞生、潘月华、黄刘氏、王金贵、仇马大、朱秀英、郑邱氏、郑小未、田素珍、张徐氏、冯宝菊、杨明礼、朱桂英、张纯德、杨秀真、李秀芸、桑建堂、周郎氏、王进山、郭南京、易守章、石沈氏、汤广义、仇小五、周建安、钟清珍、殷朱一心、严广斌、严景荣、张恒德、田寿保、潘雅各、穆克田、赵清心、郑石邦、万秀华、夏井良、

续表

团体	人数	名单
		胡赖思、王银替、许巧云、王珍宝、王义林、殷恒三、王高明、陈秀珍、王振才、殷成开、冯有才、陈服生、牛安拉、韩王氏、吴素华、步利加、孙秀英、吴亚华、滕提摩太、方李氏、吴亚伯、滕开胜、侯霍氏、滕卜氏、侯松年、李腓比、侯永清、陈杜氏、张黄氏、关培香、娄王氏、杨泰华、胡子章、杨泰荣、李徐氏、杨孔氏、郭友福、马文泉、郭如西、娄培基、蒋乃宾、李留吉、吴亚民、韩友学、吴端氏、李藩杰、吴益三、张太平、张小九子、方舟
鼓楼医院	2人	陈祖荫、陈张秀芝
白下路安息日会	1人	邵起萱
明德女中	1人	陈黄丽明
其他	2人	郭玉珍、许敬之

1951年1月，南京市基督教人士发表宣言，拥护中央人民政府政务院关于处理接受美国津贴的文化教育救济机关和宗教团体的决定。宣言指出："我国基督徒去年发表的教会三自运动宣言，是百分之百地合乎这个决定的精神，目前已经有七万多基督徒在宣言上签名并且还在展开，说明了中国的基督徒们团结在爱国主义的旗帜下，坚决割断帝国主义关系，坚决实现中国教会中国人民自办的方针，现在不再是口头上呼喊而是真正实现推行三自这个决心的时候了。我们愿号召全市的基督徒认真学习政务院的决定，根据这个决定的精神，结合各教堂与教会团体的具体情况，在人民政府的领导下拟定具体自立计划，反对拖延等待的心理，以实际行动拥护政务院的决定，并为其彻底实现而奋斗！"① 在这一宣言上签名的有：邵镜三（中华基督会总干事）、沈邦彦（卫理公会南京教区长兼城中会堂主任牧师）、杨登瀛（来复会监督兼来复会堂牧师）、诸培恩（基督教青年会总干事）、龚孝华（圣公会道胜堂会长兼道胜中学校长）、李既岸（贵格会灵恩堂牧

---

① 《宁基督教人士发表宣言：拥护政务院英明决定、决切实推行三自运动》，《新华日报》（南京）1951年1月11日。

师)、郑汝铨(基督教女青年会总干事)、李方训(金陵大学代理校长)、吴贻芳(金陵女子文理学院院长)、陈祖荫(鼓楼医院院长)、朱继昌(中华基督教会南京区会主席兼沛恩堂牧师)、崔宗郕(卫理公会镇江皖北两教区长)、汪洋(信义会豫鄂教区监督)、傅宇英(基督复临安息日会牧师)、马兆瑞(信德孤儿院院长)、周立三(汇文女子中学校长)、诚质怡(金陵神学院院长)、王淑德(金陵女子神学院院长)、王佐周(金陵中学校长)、郭书青(圣公会圣保罗堂会长)、鲍忠(汉中堂牧师)、王世熙(卫斯理堂牧师)、周瑞璋(青年会中学校长)、陈黄丽明(明德女子中学校长)、李汉九(圣洁会堂牧师)、童作盐(大中堂传道)、王钥东(鼓楼基督会堂牧师)、沈春华(灵光堂牧师)、陈汝霖(天恩堂会长)、尤振中(宁海路圣公会会长)、潘济尘(双乐园堂牧师)、周裕文(中华路基督会堂牧师)、廖寿岐(育才小学校长)、刘礼茂(益智小学校长)、邵起萱(基督复临安息日会)、杜锡长(耶稣家庭家长)、陈玉珍(金陵女子文理学院附属中学校长)、李陈宝珍(半边营福音传道)、陈熙仁(中华女子中学校长)、蔡汝霖(育群中学校长)、韩文藻(南京基督教协进会总干事)、陶家菊(浸信会堂传道)、李殿英(真耶稣教会南京分会理事长)、王克己(泰东孤儿院院长)。

  1950年12月20日,苏州市的各级教会学校,包括东吴大学、景海女子师范学校暨附小、博习护士学校、英华女子中学暨附小、晏成中学暨附小、萃英中学暨附小、桃坞中学暨附小、振声中学暨附小、乐群中学暨附小、东吴大学苏州附中、尚德小学、新民小学、崇道小学、普益小学联合发表反帝爱国宣言,其中宣称:"我们响应中国基督教革新宣言,要自力更生,维持学校,为人民与国家服务,尤其要反对奥斯汀的无耻谰言,积极地掀起抗美援朝保家卫国运动的高潮,尽力支援英勇作战的朝鲜人民军和我国人民志愿军,加强时事教育,提高警觉,鼓励青年同学从事国防建设,进一步改造我们的学校,完成新民主主义教育的使命。"① 与此同时,苏州市基督教团体先后举行两次扩大会议,参会代表有六十余人,讨论了"美帝侵华史实"与三自宣言,成立了苏州市基督教联会暨苏州市基督教团体

---

① 《苏市基督教学校联合宣言》,《新苏州报》1950年12月22日。

抗美援朝宣传委员会，并发表抗美援朝保家卫国宣言。① 苏州市基督教联会会长为程保罗（救世堂负责人），其主要成员有范友博（天恩堂）、董声鸿（嘉音堂）、陈辛华（思杜堂）、徐尔吉（新民堂）、张淑英（苹花桥浸会堂）、沈树本（使徒信心堂）、张士佳（乐群社会堂）、鲍生良（苏州教会）、杨镜秋（圣约翰堂）、金月峰（救恩堂）、包谷平（灵粮堂）、陈王善继（博习医院）、陈佩德（青年会）、张贤福（普益社）、姚天惠（崇道堂）、杨永清（东吴大学）、孙蕴璞（东吴大学苏州附中）、陈子初（晏成中学）、王梅娥（慧灵女中）、葛鸿钧（萃英中学）、钱慕云（桃坞中学）、万嵩沅（振声中学）、李明珠（英华女中）、金志仁（乐群中学）、施中一（江浙基督教乡村服务联合会）。其宣言写道："为了粉碎美帝的野心，为了制止侵略战争，保卫世界和平，全国人民已经行动起来，并热烈地开展抗美援朝保家卫国的爱国运动。我全苏州各教会及教会团体，也都坚决地拥护这一个运动，并对在朝鲜前线英勇作战的朝鲜人民军和中国人民志愿军，表示崇高的敬意。我们今后要坚决的推进革新运动，努力厉行自治、自养、自传，警惕帝国主义利用我们的任何阴谋，肃清帝国主义在中国教会及教会团体的一切势力。每一个基督徒也决心站稳正确的立场，坚决地拥护共同纲领，并为建设新中国而努力奋斗。"② 1951 年 5 月 7 日，苏州市基督教联会在救世堂举行扩大会议，出席代表九十余人，主席程保罗、陈佩德、姚天惠。首由范友博牧师主领灵修，继由施中一先生传达北京会议的结果和收获。登台发言的还有陈佩德、郁恩锡、杜桂林、包谷平、陆纯真等人。除了出席会议者签名外，并决定由各教会各团体在最近期内分别举行同样的签名投票运动。会上当即成立了苏州市三自革新运动委员会筹备委员会。③

二 订立爱国公约

随着抗美援朝运动的深入展开，为了表示和体现爱国主义的精神，全

---

① 《警惕美帝利用阴谋：本市基督教联会发表宣言、坚决参加抗美援朝运动、成立抗美援朝宣传委员会、许多教徒驳斥奥斯汀谰言》，《新苏州报》1950 年 12 月 23 日。
② 《苏州基督教联会为抗美援朝保家卫国发表宣言》，1950 年 12 月 23 日。
③ 《苏州基督教联会成立革新运动委会筹委会、解决拥护政府镇压反革命》，《新苏州报》1951 年 5 月 12 日。

国各单位团体自觉自愿地订立爱国公约,声援伟大的抗美援朝运动,教会也不例外。

1950年12月12日,无锡市基督教联会假中山路圣公会圣十字堂召开中心小组会议,参加者有卫理公会代表:张景一、彭茂顾、李良鼎牧师,明德小学校长吴仲安,德慧小学校长盛逢箴;浸礼会代表:城中堂高石麐牧师,惠工桥堂唐子良牧师,浸会小学一校成严声,浸会小学二校张钧梅;华北神学院代表:丁玉璋副院长;圣公会代表:过良先(兼圣婴小学校长)、叶镜清牧师,普仁医院代表张玉寿院长等。会议订立了无锡市基督徒爱国公约。12月15日,又假南门外卫理公会,举行基督教联合会各单位信徒代表爱国祈祷大会。其爱国公约的内容是:"一、坚决推行三自运动(自治自养自传),以达自力更生,革新教会的目标。二、加强时事学习,坚定中国人民的政治立场,提高爱国热情,反对帝国主义封建主义官僚资本主义,肃清亲美崇美思想。三、警惕美帝及特务破坏活动,随时随地觉醒检举。四、拥护共同纲领,展开抗美援朝保家卫国运动。五、确立与耶稣基督的生命相符合的生活,这种生活就是十字架的精神,宗教的信仰,自我的牺牲与服务人民的爱的实际生活。"①

1950年12月18日,镇江市基督教爱国人士特组织二十人的学习小组,公推时文元牧师为组长,主要以时事手册中"对于天主教基督教问题应有的认识"作为研讨的中心问题,大家一致认为:过去所抱的政教分离观念以及对马列主义者的误解是完全错误的,必须认清美帝国主义利用宗教侵略的阴谋,会议通过了《镇江市基督教爱国公约》。② 其内容是:"(一)拥护共同纲领,遵守政府法令。(二)每日为国家、为政府、为领袖祈祷,为保卫世界和平祈祷。(三)各就原来岗位,努力业务,加紧生产。(四)加强时事学习,不听信谣言,进而扑灭谣言;不收听美国之音,也向人宣传美国之音的毒害。(五)提高警惕,防止美帝任何利用宗教的阴谋。(六)贡献一切力量,支援抗美援朝保家卫国的志愿行动。(七)拥护基督教革新宣

---

① 《坚决遵守爱国公约、努力推行三自运动——锡市基督教联会号召全体教徒抗美援朝》,《苏南日报》1950年12月18日。
② 《镇市基督教人士学习:提高觉悟并通过爱国公约》,《苏南日报》1951年1月13日。

言，努力实现自治自养自传。"① 1951 年 1 月 7 日，镇江市基督教协会五百余基督教徒在大西路教堂，举行革新爱国运动大会，首由执行主席协会主委王明德牧师报告开会意义，并宣读通过爱国公约，继由时文元牧师及基督医院张志清院长分别作"基督教革新运动"与"基督徒爱国运动"的专题演说，最后由协会副主委王慕真牧师作大会总结。②

1951 年 2 月 27 日，南京基督教女青年会为扩大深入抗美援朝运动、反对美帝武装日本举行会员代表大会，中共南京市委组织部邱一涵部长、南京女青年会郑汝铨总干事等先后讲话，号召会员们结合"三八"妇女节，扩大爱国运动。大会进行了分组讨论，并共同订立了爱国公约。其内容为："（一）坚决拥护政务院决定，实行'三自运动'，肃清帝国主义文化侵略的影响。（二）继续加强政治学习，树立仇美思想，坚决反对美帝武装日本。（三）以实际行动慰劳中朝战士，救济朝鲜难民，拥护土改，提高警惕，反特反谣。（四）提高文化，学好技术。（五）教育子女，培养他们成为爱国的人民。"③

1951 年 4 月 3 日，苏州市前教会学校与教会团体反对美国重新武装日本、肃清美国文化侵略影响代表会议召开，参加者三百余人，代表了全市前教会学校与教会团体五千师生员工及二千四百信徒。会议通过了《前教会学校爱国公约》和《前教会团体爱国公约》。④ 其内容是："一、拥护毛主席，拥护中国共产党，拥护中央人民政府，拥护中国人民解放军。二、坚决反对美国重新武装日本，支援中朝战士，救济朝鲜难民，为保卫祖国、保卫世界和平而斗争。三、拥护与贯彻苏州市各界人民共同爱国公约。四、紧密团结全体工作人员，拒绝接受美帝国主义任何形式的津贴，粉碎美帝利用教会进行侵略的阴谋，坚决拥护与彻底地执行中央人民政府政务院关于处理接受美国津贴的文化教育救济机关及宗教团体的方针和决

---

① 《镇江市基督教爱国公约》，《苏南日报》1951 年 1 月 13 日。
② 《镇江市基督教人士举行革新爱国运动大会：通过爱国公约并发表革新爱国宣言、坚决与美帝割断联系实行三自运动》，《苏南日报》1951 年 1 月 13 日。
③ 《基督教女青年会举行会员代表大会：订立五项爱国公约、响应妇联号召、反对美帝扶日》，《新华日报》（南京）1951 年 2 月 28 日。
④ 《标志本市前教会学校、教会团体的新生——昨热烈举行代表会议通过爱国公约及决议割断与美帝联系》，《新苏州报》1951 年 4 月 4 日。

定。五、加强爱国主义及国际主义的学习与宣传,彻底肃清美帝国主义文化侵略影响。六、拥护中央人民政府,惩治反革命条例,防止并检举帝国主义分子及特务分子的破坏阴谋,协助政府严厉镇压反革命活动。七、开展与实行爱国的革新运动,建立人民自己的教会。八、在爱国主义的基础上,团结各宗教共同前进。"① 1951年5月10日,中华基督教会苏州区会为了学习在北京举行的处理接受美国津贴的全国基督教团体会议的精神,召集了包括城乡十三个堂会的全区工作人员,在阊门外救恩堂举行了两天的学习会,参加者男女传道和长执共二十五人,江浙乡联会干事施中一传达了北京会议精神,黄桥景道堂的何惠清长老、金月华牧师、陈辛华牧师、七十九岁的刘道生牧师、传道张惠斌先后发言,会议通过了《中华基督教会苏州区会爱国公约》。② 1951年8月7日至9日,中华基督教会苏州区会的十三个城乡教会团体举行了三天夏令会,十三个城乡教会的代表有:常州从谦堂包少芳,阊门救恩堂金月峰、葛鸿钧,胥门使徒堂陈辛华、孙鼎镕,齐门崇道堂姚天惠,木渎耶稣堂黄纯圣、潘祝先,浒关耶稣堂沈畔石、蔡尚元,光福耶稣堂韩芝卿,横泾耶稣堂管忠道、周伯康,黄埭辛安堂姚天惠、何俊卿,常熟虞东堂陈辛华、程润泉,吴江四维堂费因笃(缺席),平望耶稣堂金月峰、张纪元,黄桥崇道分堂张惠斌、何惠卿,普益社张贤福等。代表们强调:"我们要一致保证立即响应中国基督教三自革新筹委会的号召,展开对美帝国主义分子罪行的控诉运动,并以实际行动,克服一切困难,实践爱国公约,完成捐献计划,做好优抚工作,建立自治自养自传的新教会。"③

爱国公约的制定关键在执行。南京《新华日报》发表社论指出,要根据下面三个标准来检查爱国公约的执行情况:第一,爱国公约的内容具体不具体?第二,爱国公约订得普遍不普遍?第三,爱国公约订了以后有没有领导?要求爱国公约要切实可行,深入人民群众中去,并且有专人负责

---

① 《前教会团体爱国公约》,《新苏州报》1951年4月4日。
② 《贯彻处理接受美国津贴基督教团体会议精神——苏州区教会进行传达讨论、提高了三自革新运动的信心、订立了爱国公约和工作纲领》,《新苏州报》1951年6月2日。
③ 《拥护政务院处理办法——苏州区基督教会团体发表声明、坚决开展三自革新运动、割断与美国一切联系》,《新苏州报》1951年8月28日。

和定期检查。①

爱国公约的执行应与增产捐献活动结合在一起。1951年6月12日，苏州市基督教联会为响应抗美援朝总会号召，特别召开扩大会议，开展增产捐献飞机大炮运动。总干事张贤福报告了增产捐献武器的重要意义，到会信徒一致表示以最大努力各自订定增产计划，参加捐献武器运动，支援志愿军，并修订爱国公约，经常检查实行。大会一致通过立即致函中国基督教抗美援朝三自革新运动筹备委员会，要求该会从速向全国教会团体发出号召，增产捐献"革新号"飞机。② 其函件内容如下：

中国基督教抗美援朝三自革新运动筹备委员会：
　　我们三自基督教联会为着发动全市信徒踊跃捐献飞机大炮，曾多次进行学习与宣传教育，虽然目前还不能提出一个相当的数字向全国挑战，但在爱国思想上已经一致有了提高。今天我们在联合扩大会议上，通过一项对贵会的建议，就是请求贵会从速向全国教会团体发出号召，增产捐献"革新号"飞机，以表示全国基督徒爱国的热忱、决心和力量。

苏州市基督教联合会
一九五一、六、十二日

1951年6月16日，中国基督教抗美援朝三自革新运动委员会筹备委员会为响应抗美援朝总会的号召，向全国各地的基督教教会与团体发出通知，号召全国基督教徒在六月底以前普遍订立与检查爱国公约，在半年内捐献以"基督教革新号"命名的飞机、大炮，做好优待与抚恤烈属、军属、荣誉军人的工作。该通知要求：（一）全国各地的基督教教会与团体，凡是已经订立爱国公约的，要检查爱国公约是否已经切实执行；不切合实际的爱国公约要加以修正并补充；尚未订立爱国公约的，要向全体信徒们普遍宣传教育并组织广泛讨论，订出切实可行的爱国公约。（二）关于捐献飞机大炮方面：我们全国的基督教徒要以耶稣基督所吩咐的："你们要卖衣服买

---

① 《社论：怎样普遍而有重点的来检查爱国公约？》，《新华日报》（南京）1951年6月9日。
② 《本市基督教联合会致函中国基督教三自革新运动筹委会：发起捐献"革新号"飞机》，《新苏州报》1951年6月13日。

刀"的精神，来热烈响应抗美援朝总会捐献飞机大炮的号召，以表现我们爱国爱教的热忱。捐献应该与增加生产相结合。基督徒或者已经在自己的生产单位上参加了捐献，但是为了爱国爱教，我们基督徒应多拿一份力量出来。（三）基督教徒要做好优待和抚恤革命烈士家属、革命军人家属与荣誉军人的工作，这是一件义不容辞的事。全国每个教堂应调查自己教友中有无革命烈士家属、革命军人家属，要动员大家以伟大的爱心来照顾他们，扶助他们。对于自己地区内的优抚烈属、军属工作，我们也应该踊跃地参加。① 中国人民赴朝慰问团团员基督徒陈巳生、萧静、田常青、徐学海赴朝归来后，呼吁广大信徒们："我们基督徒要以实际行动，响应中国人民抗美援朝总会的号召，展开捐献飞机大炮运动，要把当前捐献运动作为现阶段爱国运动中一项重要工作，并且应当再接再厉地普遍签订爱国公约和检查爱国公约，搞好优待军属烈属运动，对正要启程的中国基督徒赴朝医疗队，在人力上、药品上和器材上要作有力支援。"②

三　向毛主席和中国人民志愿军致敬

为了表示对党和国家的无限忠诚、对伟大领袖毛主席的无比热爱以及对抗美援朝前线战士的深切敬意，全国或地方的重要会议和活动举行时，一般要写信或致电问候毛主席和中国人民志愿军。

1951年4月21日，全国处理接受美国津贴的基督教团体会议在北京召开，出席会议的全体代表分别向毛主席和中国人民志愿军发去致敬电。③ 给毛主席的致敬电写道：

亲爱的毛主席：
　　我们来自全国各地的基督教各教会各团体的代表向您致最崇高的

---

① 《基督教革新运动筹委会通知：响应抗美援朝总会号召》，《新苏州报》1951年6月19日。
② 中国人民赴朝慰问团团员、基督徒陈巳生、萧静、田常青、徐学海：《中国的基督徒起来全力支援中朝人民部队》，《新华日报》（南京）1951年6月15日。
③ 《出席会议的全体代表向毛主席致敬电——一九五一年四月二十一日"处理接受美国津贴的基督教团体会议"通过》、《出席会议的全体代表向中国人民志愿军朝鲜人民军致敬电——一九五一年四月二十一日"处理接受美国津贴的基督教团体会议"通过》，《人民日报》1951年4月22日。

敬礼！

　　帝国主义，特别是美帝国主义，利用宗教为掩护，长期对我国进行了文化侵略和各种卑鄙的间谍活动，并在经济和行政上，长期把持了中国的教会，使中国教会成为它的附庸和工具。中国广大爱国爱教的基督徒们，是不甘心为美帝国主义所利用的，今天在您的英明领导下，全国人民取得了解放，我们基督徒才能起来，将美帝国主义捆束我们的枷锁彻底打碎。我们怀着无比的快乐和热情感谢您，并向您保证：我们要坚决与美帝国主义斩断一切关系，肃清教内帝国主义反革命分子和影响，坚决实行基督教革新运动，建立自治、自养、自传的教会，拥护政府法令，积极参加抗美援朝爱国运动，并和全国人民团结一致，为新中国的建设而奋斗。

　　　　出席"处理接受美国津贴的基督教团体会议"全体代表

给中国人民志愿军的致敬电写道：

英勇的中国人民抗美援朝志愿军和朝鲜人民军的战士们：

　　你们禀负着卓越英勇的精神，呈身于对美帝国主义斗争的最前线上，为捍卫世界和平而奋斗，沉重地打击了并继续打击着美帝国主义及其附庸们，全世界爱和平的人民，都为你们英勇的胜利而欢呼。今天我们全中国基督教各教会各团体的代表们在北京开会，决心割断中国教会团体和美帝国主义的一切关系，肃清教内帝国主义分子和影响。你们的英勇战斗和胜利，大大地鼓舞了我们抗美援朝爱护祖国的热情，我们决心号召全国基督徒积极参加抗美援朝运动，并彻底实践教会的三自革新运动。谨代表全中国基督教信徒，向你们致最热情的感谢和最崇高的敬礼。

　　　　出席"处理接受美国津贴的基督教团体会议"全体代表

　　1950年12月21日，南京市基督教团体反对美帝国主义利用基督教侵略中国大会在金陵大学大礼堂召开，到会基督徒有一千八百余人，大会主席团代表由邵镜三、沈邦彦、诸培恩、朱继昌、李方训、李既岸、吴贻芳、陈祖荫、杨绍诚、郑汝铨、韩文藻、夔孝华等二十二人组成，由南京基督教协进会主席邵镜三牧师致开幕词。大会发表了反帝爱国宣言并向毛主席发去致敬电。① 电文如下：

敬爱的人民领袖毛主席：

我们南京的基督徒对于美帝国主义代表奥斯汀在联合国安理会上所发表的侮辱中国人民，污蔑神圣教会事业的谰言，都感到极度的愤慨。从历史上，我们已经懂得了美帝国主义各种各样的侵略方式。已经站了起来的中国人民今天是决不容许无耻的奥斯汀再颠倒黑白，把美帝对华最阴险毒辣的文化侵略，说成"中美的友谊"。今天我们全南京市的基督徒聚集在一起，以实际的行动给奥斯汀的谎言以一个有力的打击。

敬爱的毛主席！我们坚决拥护共同纲领上反对帝国主义、封建主义及官僚资本主义的规定。为了表示我们基督徒爱国的精神，我们可以向你保证，我们一定会以全部的力量支援抗美援朝保家卫国的爱国运动，并且以最坚决的意志进行基督教内部的革新，与帝国主义各地关系，彻底清除帝国主义影响，在最短期内完成教会的自治自养自传，促成一个中国人自己主持的中国教会。

谨致崇高的敬礼！
并祝健康！
南京市基督教团体反对美国帝国主义利用基督教侵略中国大会
一九五〇年十二月廿一日

与此同时，南京市的不少基督徒以慰问信、慰问袋、慰问金的形式慰问前线的中国人民志愿军和朝鲜人民军。来复会的周明懿师师母自动员教友一起来做慰问袋，鼓楼堂的王钥东师母也亲自做慰问袋，沛恩堂朱继昌牧师热心鼓励教友捐献，共得慰问袋三十只。在灵粮堂慰问袋中所附慰问信上写道："这一只小小的袋子，里面的东西提起来真是不足挂齿，但是它

---

① 《本市基督教反美帝侵略大会向毛主席致敬电》，《新华日报》（南京）1950 年 12 月 22 日。

能代表我们几百个人的心而紧随在您左右……。"卫斯理堂全体同人的慰问信大意说："……已掀起了的全国人民的爱国热情,提高了我们对美帝的认识,使我们在思想上展开了强烈的斗争,清除了以往奴化教会所给我们的影响,决心在人民的立场上做好我们的三自运动……。"① 汇文女中教师冉有容代表教员学习第三小组,向同学挑战说："第三小组的十位教师,保证学好时事外,并保证每人写一封慰问信和慰问袋。"该校走廊上贴满了决心书和保证书,并有六班全体同学写的大字报,保证每人写一封慰问信和一个慰问袋。② 这些慰问信和慰问袋的制作和寄出,表现了南京市爱国教徒对那些与美帝进行光荣斗争的志士们的崇敬与感激。

1951年1月7日,镇江市基督教革新爱国运动大会召开时,也向毛主席和中国人民志愿军分别发去致敬电和慰问电。③ 给毛主席的致敬电写道:

敬爱的毛主席:

我们镇江市的基督徒们,为祖国为同胞为自身万分的庆幸鼓舞,欢腾雀跃,因为在主席的英明而正确的领导之下,中国已经迅速地走向统一、独立、自主、胜利的地位,我们更欣喜在主席的旗帜感召之下,中国人民抗美援朝志愿军及中国人民保家卫国的一切职员行动,改变了国际局势,写下了历史新页,为祖国争光,留子孙幸福,我们镇江市的基督徒誓愿与全国基督徒团结一致,同心协力地贡献力量,支持抗美援朝保家卫国运动,敬祝健康,并致最崇高的敬礼!

我们高声欢呼:

毛主席万岁!

中华人民共和国万岁!

镇江市基督教协会谨呈
一九五一年一月七日

---

① 邵平:《反美帝即是反罪恶——基督教内爱国教徒初步展开反帝运动》,《新华日报》(南京)1950年12月26日。
② 通讯员月谷:《把愤恨化为行动!——汇文师生深入学习时事、准备扩大抗美援朝宣传》,《新华日报》(南京)1950年12月2日。
③ 《镇江市基督教革新爱国运动大会向毛主席致敬电文》、《镇江市基督教革新爱国运动大会慰问中国人民志愿部队电文》,《苏南日报》1951年1月13日。

给志愿军的慰问信写道：

中国人民抗美援朝志愿军部队同志们：
　　你们为保家卫国，参加抗美援朝，英勇的打垮美帝国主义，获得空前的大胜利，扭转了朝鲜战局，提高了亚洲人民在国际的地位，改变了人类历史的方向，你们的正确行动，是祖国的光荣，你们的牺牲精神，造成祖国人民子孙万世的幸福，我们镇江市的基督教徒们，愿竭诚的坚决的贡献所有力量支持你们，敬祝你们前进！再前进！胜利！更胜利！直至彻底消灭最后的一个敌人！谨祝同志们身心康健，前途伟大光明！

　　　　　　　　　　　　　　　　　　　此致敬礼！
　　　　　　　　　　　　　　　　　镇江市基督教协会敬祝
　　　　　　　　　　　　　　　　　一九五一年一月七日

1951年4月3日，苏州市前教会学校与教会团体反对美国重新武装日本、肃清美国文化侵略影响代表会议召开，大会同样给毛主席和中国人民志愿军分别发去致敬电。① 给毛主席的电文写道：

敬爱的毛主席：
　　今天，我们胜利地开好了苏州市前教会学校与教会团体反对美国重新武装日本肃清美国文化侵略影响代表会议。代表着苏州市教会学校与教会团体五千师生员工及二千四百宗教信徒的代表们，在会上控诉了美帝国主义文化侵略的毒害和美日帝国主义的罪行，我们决心反对美国重新武装日本，决心肃清美国文化侵略影响，决心贯彻政务院关于处理接受美国津贴的文化教育救济机关和宗教团体的方针和决定；我们已共同制定了自己的爱国公约，作为我们今后的行动纲领。我们苏州市前教会学校与教会团体的全体师生员工和信徒具有信心，在伟大爱国主义旗帜下，与全国人民团结在一起，一定能办好中国人民自

---

① 《大会通电：向毛主席致敬电、向中国人民志愿军致敬电》，《新苏州报》1951年4月4日。

己的学校，一定能建立中国人民自己的教会。我们谨祝您身体康健并致最崇高的敬礼！

苏州市前教会学校教会团体反对美国重新武装日本肃清美国文化侵略影响代表会议

一九五一年四月三日

给志愿军的电文写道：

亲爱的中国人民志愿军指战员们：

我们谨以十二万分的热情与敬意，欢呼你们与朝鲜人民军在朝鲜前线英勇打击美国侵略者保卫世界和平的丰功伟绩！

你们在朝鲜和美国侵略者作战，我们在国内与全国人民一起开展了抗美援朝、反对美国重新武装日本的伟大的群众运动，我们已决心割断与美帝国主义的一起联系，坚决收回教育主权为人民所有，彻底肃清美国文化侵略影响，开展与实行爱国的革新运动，办好人民自己的学校与建立人民自己的教会，我们并订立了苏州市前教会学校、教会团体的爱国公约，保证在今后的具体行动中坚持贯彻下去，用实际行动来呼应配合你们的伟大胜利的斗争。

我们深信：我们的斗争是正义的，我们一定能击败美国侵略者任何阴谋挑衅，我们一定会取得永远的胜利，美国帝国主义侵略者必将覆亡！

此致崇高的敬礼！

苏州市前教会学校教会团体反对美国重新武装日本肃清美国文化侵略影响代表会议

一九五一年四月三日

四　参加军干校

为了加强国防建设、巩固国防力量，1950年12月1日，中央人民政府人民革命军事委员会和政务院联合发出招收青年学生青年工人参加各种军事干部学校的决定。凡年龄在十七岁至二十五岁，思想纯洁，身体健康，具有初中二年级以上的文化程度的青年学生，及具有高小文化水平的青年工人，均可报名参加。要求各省、市（专署）、县地方政府根据上级政府的具体指示，吸收当地教育行政领导机关、新民主主义青年团组织、学生联合会、工会及其他有关方面，即行成立军事干部学校招生委员会，负责进行当地的招生工作。① 为了响应祖国的召唤，华东地区的青年学生纷纷要求报名参加军干校。②

1950年12月11日，南京市军事干部学校招生委员会举行了第一次全体会议，出席委员有柯庆施（南京市人民政府市长）、孙叔平（南京市文教局局长）、潘菽（南京大学校务委员会主席）、李方训（金陵大学代校长）、吴贻芳（金女院校长）等人，通过了招生工作计划，并指定二十九所学校成立保送委员会，其中也包括金陵大学、金女院、明德女中、汇文女中、中华女中等前教会学校。③ 12月12日，南京大学、金陵大学、金女院分别召开了动员大会，孙叔平局长在金大、金女院的动员报告中指出：参加军校的意义是阻止战争争取和平，参加到这个岗位上去，是目前祖国最需要最光荣的岗位。当场就有学生报名，金大的吴庆敦同学说："是这次运动，才使我深切了解做一个中国人的伟大，庆幸我生在毛泽东的时代，我是学农的，我爱祖国锦绣的山河田野，当美帝的飞机竟敢在我东北肆虐的时候，我感到自己的责任，我应该做祖国忠实的保卫者。"李锦华、汪玛琍两位是金女院的学生，她俩都经过自我思想斗争的过程，母亲的温情使她俩考虑了很久，最后对祖国的爱，战胜了对家庭的眷恋。李锦华报告说："第一顾虑到家庭经济困难，可是我想到美帝是我们的死敌，假使我们不打他，我的家庭就没有好日子过，家里经济不过是困难一点，还可以维持，我想，就是为了妈妈爸爸过好日子，过得平安，过得幸福，我首先就要把这个威

---

① 《人民革命军事委员会及政务院关于招收青年学生青年工人参加各种军事干部学校的联合决定》，《新华日报》（南京）1950年12月1日。
② 《是响应祖国召唤的时候了！——华东广大地区青年工人学生纷纷要求参加军事干部学校》，《新华日报》（南京）1950年12月9日。
③ 《军校本市招生委员会通过招生工作计划、指定廿九校成立保送委会，本月十四日进行自愿报名》，《新华日报》（南京）1950年12月10日。

胁着家庭幸福的敌人打跑，所以，我要参加军校。"① 12 月 13 日，南京市学联组织召开了全市教会中学学生参加军事干部学校动员大会，计到六个教会中学师生共二千四百多人。学联副主席朱家麟说："我们不但没有被美帝的文化侵略所麻痹，并且树立了仇美、鄙美、蔑美的旗帜，并且以参加军校的实际行动来抗美卫国。"金女院校长吴贻芳号召同学们说："今天的政府是在给我们机会完成爱国的志愿，是一个很好的机会，祖国有着无限好的前途，也就有着无限美好的希望。"②

最终，报名参加军干校的，南京市大中学生共 7463 人，其中金陵大学有 176 人，占该校学生人数 854 人的百分之 20.5%。金女院有 50 人报名，占该院原有学生人数 223 人的 19%。③ 汇文女中 60 人，明德女中 68 人，中华女中 50 多人，育群中学 40 人，金女中 42 人。④ 报端对金大、金女院两所前教会大学学生积极报名参军一事，给予高度评价："两校师生员工和学生家长们，为捍卫祖国，争取世界和平团结的大进军，正在美帝的文化'租界'摧枯拉朽地进行着，轰轰烈烈地展开，这是翻天覆地的一件大事。"⑤

值得一提的是，参加军干校活动与反美帝的控诉运动以及其他爱国运动是结合在一起进行的。南京私立中华女中顾秀梅同学陈述："我真感到可耻！我过去羡慕美国，觉得中国人一餐吃几大碗饭是笨拙，没有美国人吃牛奶来得好。我也嫌中国人脏，但是，中国人是天生的脏吗？这是美帝把我们的立场弄模糊了的，我决定参加军事干部学校去消灭敌人。"⑥ 苏州也有一位学生在给时兆圣经函授学校学员写信时说道："我们时兆圣经函授学校在苏州的学员为数不下数千，……我们基督徒不应落于人后，应该更积

---

① 《响应参加军校号召，捍卫祖国锦绣河山！——南大、金大、金女院昨举行动员大会、郑万钧教授决送子参加军校》，《新华日报》（南京）1950 年 12 月 13 日。
② 《中学同学响应祖国号召——千百青年争先报考军校、学联昨举行教会中学动员会、同学们纷纷表示参加军校的坚定决心》，《新华日报》（南京）1950 年 12 月 14 日。
③ 《全市爱国学生的无上光荣：七千四百余人报考军校、达全市大中学生总人数的百分之卅》，《新华日报》（南京）1950 年 12 月 17 日。
④ 《踊跃参加军校捍卫祖国：五千余中学生昨报名、各校涌现许多送子参加军校的模范母亲》，《新华日报》（南京）1950 年 12 月 15 日。
⑤ 邵琼：《在祖国的召唤下》，《新华日报》（南京）1950 年 12 月 19 日。
⑥ 《爱国的火焰燃烧起来了！——私立中华女中控诉美帝罪行，侯慧芝、顾秀梅等当场要求参加军事干部学校》，《新华日报》（南京）1950 年 12 月 9 日。

极认真地捐子弹，加紧冬防，参加军干校，我们要和爱好和平幸福的人民一道创造、迎接人民的新纪元。"① 当全国各地抗美援朝运动蓬勃开始时，苏州东吴大学还是冷清清的。有些同学由于长期受着美帝文化侵略的毒害，还迷恋着美国的"物质文明"和"生活方式"，对政治课不感兴趣，听时事报告不专心，任意缺席等。而有些教师对美帝的认识也较模糊，因此，运动难以开展。后来，在校长杨永清、教务长徐景韩、老教授陈海澄及姚铁心等带领下学校举行了一连串控诉会、讨论会，师生们的爱国热情高涨，1950年"一二·九"抗美援朝大游行时，该校师生员工90%以上都参加了，回来后，教职员立刻就捐了手榴弹六十三枚，子弹一千八百余发，报名参加军干校的有八十余位同学与一位教师。② 杨永清校长在1951年元旦感言中说："年青的工人、学生都在响应祖国的号召，参加军事干校，这是爱国的高度表现。"③

第二节　深入开展反美帝的控诉运动

解放初期，新民主主义革命的任务是反对封建主义、帝国主义和官僚资本主义。为了巩固人民民主专政和新生的人民政权，全国上下展开了轰轰烈烈的土地改革、镇压反革命和抗美援朝运动。在镇压反革命过程中，政府通过发动群众检举揭发各领域的反动分子，大张旗鼓的控诉运动普遍推行。抗美援朝运动的爆发，使得反美帝国主义的问题变得尤为突出。基督教界成为反美帝国主义控诉运动的主要阵地，这一运动与中国基督教的自治、自传、自养的三自革新运动是互为表里的，与反美帝国主义的抗美援朝战争是遥相呼应的。"基督徒的控诉运动，乃是基督教徒以亲身经受与耳闻目见的美帝国主义迫害中国人民的罪恶事实，进行自我教育的运动，这是在广大教徒中普及与深入开展三自革新运动的最重要的方法，也是广

---

① 五一技校赵世骅：《给时兆圣经函授学校苏州学员的一封公开信》，《新苏州报》1951年1月7日。
② 《东大师生在抗美援朝运动中仇美观点逐步加强热烈投入爱国行动》，《新苏州报》1951年1月11日。
③ 杨永清：《反美爱国与保卫世界和平》，《新苏州报》1951年1月1日。

大教徒的迫切要求。……美帝国主义曾经长期利用基督教进行文化侵略，使许多教徒中了很深的毒害，有些教徒甚至直接或间接地被美帝国主义所利用。因此，当他们在控诉过程中提高了政治觉悟以后，他们就会痛心于过去中毒太深，就会揭露这种文化侵略影响，就会检举隐藏在教会中的帝国主义分子，检举美帝国主义训练和布置潜伏的走狗，协助人民政府清除这些反动分子。"① 在1951年4月处理接受美国津贴的基督教团体的会议上，到会的基督徒代表崔宪详（中华基督教会全国总会总干事）、邵镜三（中国基督会总干事）、施如璋（中华基督教女青年会全国协会学生部主任干事）、李牧群（重庆中华路德会牧师）、江长川（中华卫理公会华北区会督）、江文汉（中华基督教青年会全国协会副总干事）、王重生（青岛基督教联合会书记）、乔维熊（天津基督教革新推进委员会副主席）、钮志芳（杭州市基督教协进会副会长）、陈见真（中华圣公会主教院主席主教）、胡翼云（广东基督教协进会总干事）等分别揭发和控诉了美帝国主义分子及其走狗毕范宇（F. W. Price，中华基督教会全国总会乡村教会事工委员会干事）、骆爱华（E. H. Lockwood，中华基督教青年会全国协会干事）、朱友渔（中华圣公会云贵教区主教、中华圣公会中央办事处总干事）、陈文渊（中华卫理公会华西区会督）、梁小初（中华基督教青年会全国协会总干事）、顾仁恩（自由传道人）等基督教败类。②

在全国范围内的基督教控诉运动普遍展开之前，江苏基督教界，特别是南京、苏州等地的基督教徒和青年学生在1950年底已掀起反美帝的控诉运动，走在了全国的前列。南京的金陵女子文理学院和金陵大学较早发起了对美籍教师的控诉运动，"提供了成功的先例与可用的经验"。③ 中共南京市委于1950年12月7日向华东局并中央报告了南京学生反美控诉运动的情

---

① 《社论：开展基督教徒对美帝国主义的控诉运动》，《人民日报》1951年4月24日。
② 参见崔宪详《控诉美帝国主义分子毕范宇》、邵镜三《控诉罪恶的毕范宇》、施如璋《我对于美帝国主义分子毕范宇的控诉》、李牧群《控诉美帝国主义走狗陈文渊》、江长川《我控诉基督教败类陈文渊》、江文汉《控诉美帝国主义走狗梁小初》、王重生《控诉美国特务顾仁恩的罪行》、乔维熊《控诉基督教败类顾仁恩》、钮志芳《顾犯仁恩在杭州的罪行》、陈见真《控诉美帝国主义走狗朱友渔》、胡翼云《控诉美国特务骆爱华》，《人民日报》1951年4月25日。
③ 何易：《南京的基督教徒应该积极参加对美帝国主义的控诉运动》，《新华日报》（南京）1951年5月27日。

况和经验，这份报告迅速得到了毛主席的批示和首肯，1950年12月9日《中央转发南京学生反美控诉运动经验的批语》中要求："各中央局，分局，并转所属各大市委，省委，区党委：南京市反美帝控诉运动的经验很好，各大城市均可参照进行，请加研究运用为盼。"之后，南京、苏州等地对教会内的反动分子也进行了揭发和批判。通过接连不断的控诉运动，大多数基督徒的思想有了根本改变。"南京，这个曾长期是美蒋盘踞的巢穴，帝国主义者所散布的毒素是巨大的。在某些人中间，反动的亲美崇美思想与错误的恐美情绪是很不少的。当美帝国主义已侵占了我国的台湾，扩大了朝鲜战争，并将侵略战争的火焰燃烧到我国边境的时候，当我人民志愿部队为抗美援朝保家卫国而开赴朝鲜与美帝侵略者浴血奋战的时候，当我们正在开展时事学习的时候，我们还能不时听见'仇美仇不起来'的言论，这是多么严重的现象。这种现象，在青年学生中也不是没有的。但是，美帝国主义真是一个可亲的恩人而不是可恨的野兽吗？不！绝对不！"① 新中国成立初期，较之于其他省区，华东地区是对待传教士相对比较温和的地区，但"最早的也许是规模最大的反外国人的学生游行就发生在南京。"②

一 金陵女子文理学院对美籍教授费睿思、师以法等人的揭露

费睿思（Helen Ferris），美国人，金陵女子文理学院社会工作系教授，在该校任教二十几年。1950年11月13日，费睿思在修改该校一年级医预科学生李芸本英文造句时，把"美国的进兵朝鲜"改为"联合国进兵朝鲜"，李芸本恐怕是费误解了，就去问费教授并说明："联合国开会是六月二十六日，而美国向朝鲜进兵却是六月二十五日。"但费教授却坚持说："啊！据我所知道不是美国政府独自出兵，而是联合国进兵朝鲜。"11月14日，李芸本同学给学校学生会执委会写信，指出费教授的举动是代表帝国主义的，实施新民主主义教育的学校里不容许这种盗窃联合国名义实行野蛮侵略的思想在中国学校里散布。学生会将此信公布全校，学生们对此事极为义愤。11月17日，该校社工系学生李振坤又给学生会执委会写了两千

---

① 《社论：开展反美帝罪行的控诉运动！》，《新华日报》（南京）1950年12月8日。
② Creighton B. Lacy, Protestant Missions in Communist China [Part 2], Ann Arbor, Michigan: A Bell &Howell Company, 1993, p.335.

字的控诉信，揭发费教授曾经在《社会制度》课上散布毒素思想，公然歌颂屠杀亿万人民的法西斯流氓头子希特勒与蒋介石，并肆意诽谤世界劳动人民领袖斯大林与中国人民领袖毛泽东，而且费教授讲课时，提到美国的教育制度，竟将美帝国主义压迫黑人、解聘民主教授、镇压工人群众、美国军人及财阀代理人控制学校等军国主义教育称为"民主"与"自由"，从而攻击新民主主义的中国教育。当费教授讲到战争时说："战争虽然是毁坏一些财产，死伤一些人，不过战争却能推进科学的发明及文化的交流。"11月18日，社工系学生朱文曼也致信学生会执委会控诉费教授说："去年我选了她的《现代社会学说》课，当时我很想在这一课里对马列主义和毛泽东思想有点研究，结果教这课的费教授就选了一本美国波加德氏（Boqardus）写的《社会思想发展史》作为教本，这使我很失望，费教授在教授波加德氏书中连唯一提到马克思的一章都跳过去了。"

学生会执委会将同学们的控诉信公布全校，师生们对费教授的诽谤言论纷纷表示愤慨。有的同学问道："解放后本校西国教授曾表示愿意留在中国，遵守我中央人民政府的共同纲领，从事新民主主义教育事业，而现在费公然说：她的立场与中国人民不同，那么解放后到现在她留在中国的用意到底何在？"有的同学说："我们不再是半殖民地的国家，不能再让帝国主义分子在中国的土地上自由行动，我们有我们民族的尊严，今天我们要控诉，我们要追究。""费为什么诽谤中国学生？侮辱中国人民？为什么要宣传战争？"

11月30日下午，学生会写信并派代表去费宅要求其答复同学们的质问，费竟气冲冲地回答："我已辞职了（费于十六日曾提出辞职，企图一走了事），我已与你们学生会无关系。"费拒绝看信、拒绝答复，并厉声地说："我叫你把信放下。"学生代表退出时，她又蛮横地说："你们是不应该来的。"当晚八时三刻，该校化学系系会主席陶其嫩等三人两次持信前往抗议，但费不仅置之不理，反而谩骂学生代表说："我没有看见不认识我的人来见我。"

1950年12月1日下午，该校师生们举行座谈会，进一步控诉费的罪行，教职员工们积极赞助学生的正义行动。钱且华教授说："费的血液是与美帝国主义思想凝结在一起。"王冰洋教授说："她是坚决的站在帝国主义立场上。"徐炳清教授（基督教徒）说："基督教徒是主张博爱的，然而费的行动是违背博爱，她没有资格做教徒。"①

12月3日，金陵女子文理学院举行全校反侮辱反诽谤控诉大会，除了该校全体师生员工外，尚有汇文、弘光、明德、中华女中、药专、二女中、金陵大学、南京大学等公私立大中学校师生一千五百余人参加。金女院李芸本、李振坤同学控诉后，该校李锦华同学控诉说："在费鼓动战争的宣传影响下，我的思想也蒙受过毒害，以致在朝鲜战争爆发后，我思想上未引起很大注意，因为我曾相信了费的所谓'战争是可以促进科学文化前进'的谬论，如果不是时事学习挽救了我的话，或者我已经变成了华尔街战争贩子的思想俘虏，失去一个中国人民应有的品格。"她说对于费这样的帝国主义分子，我要求把她驱逐出中国。金女院历史系教授潘定宇说："爱好和平的人类是反对制造战争的，因为人们将会在战争中失去一切，但是费却歌颂战争，这除了说明她是人类的公敌外，还说明什么？我反对这样的人可以作为教授。"南大师范学院陈鹤琴教授、赵瑞蕻讲师同样支持这个意见，他们说："我们不能同意她能够当一个为人之师的人。"金女院基督教徒张汇兰教授和许冰清同学也在会上指责了费的行径说："作为一个真正的基督教徒应该是热爱人类的，而费公开鼓动战争，她已失去了一个教徒应有的品质。"金女院文学系刘开荣教授回忆了二十年前，因为参加五卅运动，被美籍教授罚跪的情形。刘教授的话还没有完毕，金女院学生徐祖丰就激动地喊出："我们决不能容忍！"得到了与会者的热烈拥护。之后，金女院学生会主席须沁华总结学生们提出的意见要求四点："（一）要求坦白在华廿年来的反对罪行，承认她是帝国主义分子；（二）要求政府将费睿思驱逐出境；（三）要求费睿思公开登报向金陵女子文理学院全体师生及中国人民道歉；（四）发表告同学书，要求学联召开学生代表会议，揭露事情真相。"最后，南京市学联主席郭加强讲话，表示坚决支持金女院的正义行动。②

12月5日，南京大学四千余师生在四牌楼、丁家桥两处校址分别举行

---

① 《中国人民尊严不容损害！——美籍费教授竟公然侮辱学生、金陵文理学院师生愤怒抗议》，《新华日报》（南京）1950年12月2日。

② 《反侮辱！反诽谤！——金陵女子文理学院师生悲愤举行控诉大会、各校师生派代表声援并参加控诉、会上通过对费睿思事件四点要求》，《新华日报》（南京）1950年12月3日。

控诉费睿思罪行大会，会上诵读了对金女院正义行动的支援信，农化系助教褚金元、机械工厂工人潘志明、职员郭德竑、王征寿先生、陈啸飞同学等先后发言。南大师范学院院长陈鹤琴以自己的亲身经历来控诉美帝国主义对中国人民的压迫："我从教会中学到教会大学，以后又留学美国，前后一二十年。今天我就是以这样一个受美帝教育培养出来的人，来控诉美帝国主义对中国人民的侵略（我们不要忘记奥斯汀最近在安理会上狂吠，说在中国办多少多少学校，培养出多少毕业生，是对中国人民的'友谊'）。我由美国回国，教了几年书，怀着满腔热情到上海租界里办学校。租界里的教育可以用四个字来说明，就是'奴化教育'租界办了四个华东公学，校长都是外国人，教员大都也是外国人，课本统是英文。帝国主义办这种学校目的是为洋行培养书记、打字员……总之是培养为他们服务的奴才。帝国主义者给这几个学校的常年经费只抵得上一个为他们享乐而设的交响乐队的常年经费。但帝国主义自己在上海办的学校，房子好，钱也多，然而他这钱哪里来的呢？是从中国人民身上剥削来的！"①

金女院成了反侮辱反诽谤运动的爆发点，学院向全市各大中学校派出控诉队，不断推进反帝爱国运动。明德女中基督徒沈少珊先生特别代表教徒说："美帝无耻的行为，不仅使我们燃起愤怒，我们和它势不两立，基督教是讲博爱、反侵略的，像费睿思这样的美帝国主义分子，却是基督教的叛徒。"② 金女院对费睿思罪行的控诉，不仅得到全市各界包括学联、工会、妇联等的支持，而且也获得华东区乃至全国各界的响应。上海《解放日报》的社论认为金女院："这些控诉揭露了美帝国主义企图利用教会学校进行文化侵略的原形，掀起了教会学校青年学生的反美爱国运动热潮。"同时，号召上海以及全国的教会学校向金女院学习。③

为了贯彻政务院的决定，继续深刻地揭露和批判帝国主义所派遣的教授的伪善面目，金女院于 1951 年 1 月 12 日和 15 日分别举行了动员会和报

---

① 《对金女院同学的爱国斗争南大四千师生集会支援：陈鹤琴教授以亲身经历，痛斥美帝在华办学的所谓"友谊"》，《新华日报》（南京）1950 年 12 月 6 日。
② 《金女院昨出动四控诉队赴各校控诉费睿思罪行、各校同学以无比热情迎接战友》，《新华日报》（南京）1950 年 12 月 6 日。
③ 《展开教会学校的反美爱国运动——上海解放日报十二月八日社论》，《新华日报》（南京）1950 年 12 月 9 日。

告会，历史系主任师以法又被控诉"是个彻头彻尾的帝国主义分子"。师以法是英国人，在中国也有二十几年，属于伦敦会传教士，原为金女院哲学系主任，由于哲学系不景气，她当起了历史系主任，在费睿思事件被揭发后离境。刘开荣教授控诉说："她所教的历史完全站在帝国主义一边。污辱、歪曲中国人民的英勇斗争，竟公然宣称日本强盗侵略中国是'完全应该的'，因为中国人'无法管理自己'，并称鸦片战争的发生，英帝国主义无罪，这是因为'中国人不肯和他们通商所致'。"①

金女院的基督教徒林祖缃在南京市人民广播电台控诉师以法是"杀人不见血的毒蛇"。她说：师以法在金女院教书，不领薪水，并且还拿钱"救济"经济困难的同学，实际上是用小恩小惠来收买人心。她操纵金女院一切宗教团体，如"履真团契""教职员团契"和宗教委员会、联合礼拜委员会、夏令会、冬令会等，她经常要某些同学抄写大礼拜程序单，组织宗教剧演戏，参加冬令会、夏令会，负责早祷程序、联合礼拜招待，都由她给予报酬。她就是这样利用同学们的经济困难，进行收买，为她服务。解放后，"履真团契"曾一度停止聚会，她却极力怂恿部分教师召集团契，而且每次都有东西吃。她痛恨校中的进步势力，尤其仇视青年团员，挑拨基督徒与青年团员间对立，她亲自对契友彭世理同学说："你的妹妹是个青年团员，你是基督徒，你常常和她谈吗？说话要小心！"她这样不但破坏了彭世理同学姊妹间的感情，更毒辣的是破坏基督徒与团员的关系。她曾说："这些同学加入了团，是一定要放弃信仰的，实在太可惜！"她的话使许多要求进步的基督徒同学，怕放弃信仰，而不敢入团，更使许多认识不够的基督徒歧视已经参加了青年团的教徒，认为他们是"叛徒"，造成了在学校中青年团与宗教水火不相容的态势。但是今天我要正告帝国主义分子师以法：中国人民觉醒了！爱国的基督徒也觉醒了！我们要无情地揭下你的假面具，爱国基督徒将和青年团员紧密团结起来粉碎帝国主义阴谋。师以法又说："基督徒是肯定有神，而共产党是一个无神论者，两者完全对立，绝对搞不好的。""共产党不会给你们人民有真正的宗教信仰自由。"当去年金女院工会成立时，她害怕工会组织成立了对她不利，就间接进行破坏，污蔑工会主席刘开荣先生，使许多会员歧视刘开荣先生的

---

① 《美籍教授恶毒侮辱我人民，竟称日寇侵华是完全应该——金女院学习政务院决定逐步深入，全体师生深刻揭露美帝文化毒害》，《新华日报》（南京）1951年1月15日。

积极性，使刘先生在工会中建立不起威信，使工会工作不能进展，她对团契中的工会会员说："你们基督徒敢不敢为真理发言？"当去年全国掀起抗美援朝运动时，她却领导一些学生，排演一个话剧，剧名《饶恕》，内容是饶恕一个不可饶恕的杀人犯，强调说每人都有罪，所以要饶恕别人的罪，要饶恕敌人。亲爱的听众们，我们能饶恕那些在朝鲜疯狂地屠杀朝鲜妇女儿童的美国野兽们吗？假若不是我们英勇的人民志愿军，狠狠地打退了美帝国主义的进犯，恐怕那些美国野兽早已踏到鸭绿江这边来残杀祖国人民了，我们哪能有今天这和平的日子呢？我们只有对敌人无情的恨，才能对祖国、对人民有真正的爱，师以法害怕我们中国人民的力量，她用这种卑鄙的方法来破坏我们伟大的抗美援朝运动。她还经常在团契中散布反苏反共的谣言，她说："基督教是要改造人心，那才是彻底的，共产党革命的成功是外表的，那是靠不住的。""爱是不能压迫的，而共产党是暴力的，那就不是自动的。"当毛主席去苏联签订《中苏友好同盟互助条约》时，师以法竟污蔑说是卖国的条约。当经过学习后，我们初步树立起对蒋介石反动派的仇恨时，师以法却说："蒋介石西安事变被放时，你们不是放鞭炮欢迎他吗？为什么现在这样恨他？"当我们说共产党人民政府好时，师以法却讽刺地说："国民党刚掌握政权的时候，岂不是也很廉洁负责吗？共产党才开始掌握政权，你们不要过分乐观。"解放后，金大的美帝国主义特务分子贝德士害怕中国人民揭穿他的罪行，便溜走了，临走时，把一部作特务工作用的发报机留在师以法的家里，这件事实，有力地告诉我们，美帝国主义和英帝国主义是互相勾结在一起，对中国人民进行迫害的。[1]

除了费睿思、师以法之外，金女院前校长德本康夫人、教务主任蔡路得、外文系主任克馥兰、摄影师芮仁德、校长秘书梅福丽等也受到不同程度的批判和揭露。[2]

---

[1] 金陵女子文理学院基督徒林祖绅：《控诉披着宗教外衣的帝国主义分子师以法》，《新华日报》（南京）1951 年 5 月 28 日。
[2] 参见《美籍教授恶毒侮辱我人民，竟称日寇侵华是完全应该——金女院学习政务院决定逐步深入，全体师生深刻揭露美帝文化毒害》，《新华日报》（南京）1951 年 1 月 15 日；《参观美帝文化侵略史料展览后——金女院师生清扫余毒、更深入具体的认识了美帝罪恶》，《新华日报》（南京）1951 年 1 月 19 日；金陵女子文理学院院长吴贻芳：《我的控诉和检讨》，《新华日报》（南京）1951 年 6 月 8 日。

二　金陵大学对美籍教授芮陶庵、林查理等人的控诉

继金女院费睿思罪行被揭发后不久，金陵大学也揪出两个美帝国主义分子。一个是哲学系教授芮陶庵（Roy），另一个是农工系教授林查理（Charles Riggs）。1950年12月1日金大校刊《新金大》揭露：芮陶庵在课堂上发表对朝鲜战争性质的分析说："没有别的国家侵略美国的话，美国决不会侵略别的国家。"他还说："美国第七舰队在水里，并没有在台湾，所以不是侵略的行为。"林查理在回答金大同学关于美机扫射东北时，因为证据确凿，无法抵赖，遂吞吞吐吐半遮半盖地承认说："是有的，但只有几次，并且全是误会。"又推脱说："中朝两国隔得太近，飞行员又是初来的。""飞行员看见了地面上的军人，分不清朝鲜的、中国的，于是就扫射。"12月1日芮、林二人被揭发出来后，当天下午金大社会系就贴出质询二人的抗议书，哲学系辩证法唯物论班的同学提出"坚决拒绝听芮的反动的宣传"，农工系第一、二小组及农艺系、化学电工系等也一致认为芮、林二人的言论是帝国主义的宣传。①

1950年12月5日下午，金大师生员工和全市各校代表一千五百余人举行针对芮、林二人的反侮辱反诽谤控诉大会，走进金大校园到处贴满了标语和抗议书，"大学之声"的播音器激动地朗诵者。② 大会先由金女院的控诉队揭发费睿思的反动言行，接着金大开始控诉芮陶庵和林查理。会上要求发言者一个接着一个，在述及身受美帝欺骗侮弄时，有的含泪疾呼，有的泣不成声，全场空气悲愤严肃。女同学许复宁在会上大声说："今天在太平洋的彼岸，我们中国人民的代表伍修权正在安理会上揭发美帝发动侵略战争的罪恶，我们今天也在这里控诉二个帝国主义分子，今天我们中国人民已经站起来了，我们金大同学也已经站起来了。"郑位中同学说：帝国主义分子在校内假借"救济"美名设立了"纺织社"，吸收清寒学生，以扩大帝国主义影响，迷惑人们，他也参加"纺织社"，他说，"我因为拿了他们的一些钱，便不自觉地做了他们的思想俘虏，使我和祖国有了距离，不能

---

① 《抗议美籍教授林查理、芮陶庵反动言行——金大同学行动起来了》，《新华日报》（南京）1950年12月5日。
② 记者组：《维护民族尊严的正义怒吼！》，《新华日报》（南京）1950年12月6日。

自觉积极地参加抗美援朝的爱国运动,我今天才发觉他们是布了一个阴险的圈套"。会议还讨论通过了三点意见:"一、发表告全国同学书;二、向本市学联报告事实经过,要求学联支持;三、组织控诉队向全市各校控诉芮、林二帝国主义分子罪行。"最后,由金大社会福利系吴桢教授、学联主席郭加强以及南大等校代表讲话,吴桢教授代表工会小组提出要求开除伪装混入工会的芮陶庵的会籍。控诉会在《团结就是力量》的雄壮歌声中散会。①

1950 年 12 月 6 日上午,南京市十五个大专中学校的七千余师生员工又会师金大操场举行控诉大会。吴桢教授在台上大声说:"帝国主义分子芮陶庵想离间金大基督徒同学与非基督徒同学的团结,他是想错了,我们基督徒同学也都是热爱祖国的,我们的基督徒同学以行动粉碎了他的诡计。"会议最后由主席团建议组织控诉队出发华东地区的苏州、上海、杭州等地,将帝国主义分子费睿思、芮陶庵、林查理等进行美帝文化侵略的罪行告诉各地学生。②

鉴于对美籍教授的控诉运动搞得轰轰烈烈、沸沸扬扬,有的人就怀疑是否有些"小题大做",报端驳斥了这一说法,指出要分清敌友。③ 1950 年 12 月 8 日,南京市各界在市人民大会堂举行全市性的控诉美帝侵略罪行大会。当日的南京《新华日报》社论充分肯定金女院和金大控诉运动的伟大意义:"由金陵女子文理学院和金陵大学全体同学员工掀起的反对美帝国主义分子侮辱和诽谤中国人民与中国学生的爱国运动,已引起了全市同学的极度愤怒。悲愤而热烈的对美帝罪行的控诉运动已在全市学校中展开,并且迅速获得了全市各界人民的热烈声援和支持。这一事实说明:站起来了的新中国学生决不容许费睿思、林查理、芮陶庵之流美帝国主义分子,在我神圣的国土上,公然进行之中宣传,公然侮辱和诽谤中国人民与中国学

---

① 《中国人民有自己的祖国!不容帝国主义分子横行! ——抗议美籍教授芮陶庵、林查理反动言行,金大全校师生悲愤控诉,无数控诉者历述受辱受骗情形,泣不成声,会场悲愤万状》,《新华日报》(南京)1950 年 12 月 6 日。
② 《控诉美帝文化侵略——各校七千余师生集会、同学纷纷要求以参军行动来回答美帝罪行》,《新华日报》(南京)1950 年 12 月 7 日。
③ 《谁说这是"小题大做"? ——关于反侮辱反诽谤斗争的几种"说法"》,《新华日报》(南京)1950 年 12 月 7 日;《南京青年学生的反美爱国运动》,《新华日报》(南京)1950 年 12 月 12 日。

生。帝国主义分子公然横行，随便散布毒素的时代已经过去了。让帝国主义分子在墙角哭泣吧！……我们应号召各界爱国同胞学习金陵女子文理学院、金大与南京各学校这一控诉运动的经验，加以推广，从而进一步树立仇美鄙美蔑美的正确认识。"①

由于旧金大是美帝国主义文化侵略的一个堡垒，为了把金大六十三年来所受美帝文化侵略的毒害最后地、永远地、彻底地、全部地加以结束，1951年1月16日，在该校工会、学生会共同组织下开始举办"美帝利用金大进行文化侵略史料展览"。② 在展览中，金大首任校长福开森、历史系教授贝德士、农经系教授卜凯被揭露为美帝国主义文化侵略的凶手和盗贼。③ 金大的扫毒挖根运动被看成"是一个翻天覆地的大变革，是一个历史性的伟大胜利。"④

三 金陵神学院对西教士毕范宇、宋煦伯等人的批判

当轰轰烈烈的反美帝控诉运动在南京市开展时，金陵神学院和金陵女子神学院的师生们表现得并不积极。"而神学院的师生竟不承认美国是帝国主义，个别教授甚至梦想到美国去。……因此两个神学院虽然在解放后的新中国土地上，可是这里的人所想和所行的，和我们伟大祖国和伟大人民，距离却是如此遥远。"⑤ 女子神学院院长王淑德在会上宣布女教徒捐款慰劳中朝战士及救济朝鲜难民时，有意不提慰劳中朝战士，只说献给朝鲜难民，因为她不赞成抗美援朝，大部分师生拒绝在三自革新宣言上签名，因为宣言上说："宗教被美帝有形无形利用进行侵略。"他们不承认这一事实。部分同学认为即使宗教被美帝利用了，但神学院却是"圣洁"的，学生施玉华祷告时竟说："我们的学院自开办以来，就是圣洁的，仅仅向神立过案，是神创立的。"林得恩同学在《天风》刊物上看到"美帝"两

---

① 《社论：开展反美帝罪行的控诉运动！》，《新华日报》（南京）1950年12月8日。
② 《金大师生卷入"扫毒"运动——今举行美帝文化侵略史料展览》，《新华日报》（南京）1951年1月16日。
③ 《侵略者，你狡赖不了！——美帝文化侵略史料展览昨在金大揭幕》，《新华日报》（南京）1951年1月17日；《一座美帝文化侵略堡垒的剖视——美帝在金陵大学六十三年》，《新华日报》（南京）1951年1月25日。
④ 韩克筠、季音：《爱国主义在金陵大学的历史性胜利》，《新华日报》（南京）1951年2月27日。
⑤ 邵琼：《爱国主义的光芒照进了金陵神学院》，《新华日报》（南京）1951年8月3日。

个字觉得刺眼。

　　这种消极抵触的情况是不容忽视的，在政府和人民再三的督促和鼓励下，两院师生终于打开大门，让爱国主义的光芒射进校园，参加"三八""五一"等一连串示威游行，师生们开始提出扫毒挖根的爱国要求。1951年6月22日，金陵神学院的师生们冒着酷暑举办了"四十年来美帝国主义利用金陵神学院进行文化侵略及间谍活动的史实展览"，展览持续到月底，每天参观者甚众。[①] 在南京市控诉委员会邵镜三、诸培恩、郑汝铨、韩文藻等十六人指导下，1951年7月8日和9日连续两天，金陵神学院和金陵女子神学院联合举行了控诉美帝国主义分子的大会，各教会团体教友两千余人前来参加，控诉者有金陵神学院院长诚质怡，金陵女子神学院院长王淑德，两校学生贾丽芝、王绳彩、刘全鲲等十一人，控诉的对象有金陵神学院的美帝分子毕范宇（Frank W. Price）、宋煦伯（Huberbt L. Sone）、师当理以及金陵女子神学院的梅敏珠等。[②]

　　在控诉运动中，解放前的金陵神学院被定性为美帝国主义在中国的"宗教租界"，是美帝利用宗教侵略我国的一个重要基地："美帝国主义分子盘踞在这里进行侵略活动整整四十年，它的最早创始人就是参与强迫清政府签订《中美天津商约》而获得帝国主义特权的美国传教士丁韪良。侵华大特务司徒雷登在这里当过七年的'教授'，现在美国国务院远东情报局干特务的司徒华林，也曾以'教授'的身份在该院出现过。鼎鼎大名的美特毕范宇前后盘踞该院达廿年之久。还有那和日寇勾结、屠杀我爱国军警三千人的刽子手宋煦伯，也是这里的'教授'。就举出这几个美帝分子的'家谱'，已足以说明金陵神学院过去的性质了。"[③]

[①] 《扫除美帝国主义思想毒素——金陵神学院扫毒展览会今揭幕、展览内容共六部分、充分暴露美帝国主义利用宗教进行侵略的阴谋活动》，《新华日报》（南京）1951年6月22日；《金陵神学院扫毒展览会观众踊跃、现决定延期至月底结束》，《新华日报》（南京）1951年6月25日。

[②] 《彻底割断基督教与美帝国主义的联系——金陵神学院、金陵女子神学院今日起举行控诉大会》，《新华日报》（南京）1951年7月8日；《金陵神学院、金陵女子神学院连日举行控诉：二千余教徒怒斥美帝国主义侵略罪行，一致表示坚决割断与帝国主义的联系，控诉者同时检讨了自己过去的错误思想和行为，大会历时二日，情绪始终高涨》，《新华日报》（南京）1951年7月11日。

[③] 邵琼：《从金陵神学院看美帝利用宗教侵略的阴谋》，《新华日报》（南京）1951年7月13日。

毕范宇曾主持金陵神学院乡村教会科，他被指控为替美国国务院收集中国情报的特务："毕范宇虽然统治了全国的乡村教会，他还觉不足，又在南京附近淳化镇搞了一个试验区，他就借机会穿着中国长袍，长期潜伏下乡大肆搜集情报。抗战的时候，他又在成都附近龙泉驿建立第二个试验区，干他的特务老本行。每周他以'神学教授'面貌邀请成都华西坝五大学的教授开会，大家全不识他是干特务的，不注意地就说出了许多中国各方面的真情实况，他就把这些实况编为《中国情报单》每周寄到美国国务院去。"① 1951 年 4 月政务院处理接受美国津贴的基督教团体会议上，到会代表就将毕范宇列为美帝国主义典型分子加以批判。担任过金陵神学院董事长的邵镜三在会上控诉说："毕范宇在解放后仍留在上海进行阴谋活动。一九五〇年基督教革新宣言起草的时候，他对我说：'你们宣言里面讲到肃清基督教内部的帝国主义特别是美帝国主义的影响，为什么说美帝国主义，而不说苏联帝国主义？'他又威胁地说：'你现在是发起人之一，将来教会历史家要批评你们，你们要后悔的。'由此可见他的帝国主义面目，由此可知他阻挠中国爱国基督教徒三自革新运动的阴谋。在上海，毕范宇想用五千美元利诱的阴谋被崔宪详先生揭穿后，他又厚颜无耻地写信给我，因为我是金陵神学院的董事长。信中大意说：我（毕范宇）有一笔款子没冻结，愿意帮助神学院，你或诚院长可到上海来谈一谈。接到信后，我痛恨极了！毕范宇想用钱来收买，我把信立刻撕掉，并通知诚院长不回信，坚决不要他这笔臭钱！幸亏解放后我政治觉悟提高了，否则要上他的大当。现在想来这还不够，我当时应该写信去痛骂他一顿才对。我控诉了毕范宇，同时在这里也检讨我自己。毕范宇这人很狡猾阴险，他很会利用温情来笼络人：和你握手是非常亲热的，给你写信时是用很亲密的话，他最会钻空子。我被他这种小恩小惠、假仁假义迷糊了许多年。我是他的学生，我去美国耶鲁大学读书也是他介绍的，又看他是中国通，表面同情中国，所以我多年来是崇拜他的。因为是师生关系，对他在解放前后所发的反对言论，我都没有批评他，更没有严厉地斥责他。后来，经过学习，我政治觉悟提高了；这次会议中，又听了郭沫若副总理、陆定一副主任的报告，小组会上的讨

---

① 邵琼：《从金陵神学院看美帝利用宗教侵略的阴谋》，《新华日报》（南京）1951 年 7 月 13 日。

论,以及这两天小组会上的控诉,都帮助了我。我现在要大胆地、坦白地、毫无顾忌地,为爱祖国,爱教会,破除情面揭穿毕范宇这个帝国主义分子的真面目。他披着西教士的外衣,在中国进行阴谋活动,为帝国主义执行侵略政策,替蒋匪作反动宣传,我们要提高警觉、分清敌友,清除基督教会中的一切败类,积极参加抗美援朝工作,把教会爱国革新运动做好。"①

宋煦伯曾负责金陵神学院城市教会科,他被控告勾结日寇和汪伪政权并为美帝收集情报:"在金陵神学院名义上'教授旧约',实际是专门利用学生搜集情报干间谍工作,他主持该院城市教会科和毕范宇一乡一城做间谍,忠实地执行美帝的侵略计划,每年暑假他要学生作'实习调查',神学生毕业与否就看'调查工作'做得好不好,……一九四九年六月南京解放以后,他要学生调查有关军政情况的内容更详细和具体了,除了要调查公安局、警察岗位、救火会和政府机关所在地并画图说明外,又加上了'教会与牧师如何与政府机关和公务人员有相当之认识与往来?'……美特宋煦伯就是这样替他的华尔街老板搜集情报,先后潜伏该院达十四年之久。在抗日战争时,他在南京和日寇汪伪勾结,危害中国人民,大汉奸汪精卫特别赠他刻着名字的日本鬼子杀人的马刀一把。解放后,宋煦伯在强大的人民力量面前,日感恐惧,最后慌慌张张逃回美国,连这把与日寇汪伪合作的'证件'也来不及带走,让人们有机会透过这把刀认清这些所谓'传教士'和所谓'神学教授'都是杀人的刽子手。"②

毕范宇、宋煦伯等教授平时在神学院的师生们眼中是"菩萨""好朋友""好老师"的形象,现在要把好友变成仇敌,有些学生起初还有些接受不了,通过观看扫毒展览和参加控诉大会,学生顾涵芬、林得恩等终于认清美帝分子的真实面目。老师们的觉悟也日益提高,前任院长李汉铎在控诉美帝分子师当理反苏反共反人民的罪行时,沉痛地检讨说:"我是被美帝毒害,做它文化侵略的工具,白白浪费了六十五年的光阴!"院长诚质怡(1895~1975)控诉美帝利用"温氏基金"对神学院的控制,他说:"过去我大吹大擂宣传美国腐化的物质文明,却不讲美国的黑暗与腐化,三自革

---

① 中华基督会总干事邵镜三:《控诉罪恶的毕范宇》,《人民日报》1951 年 4 月 25 日。
② 邵琼:《从金陵神学院看美帝利用宗教侵略的阴谋》,《新华日报》(南京) 1951 年 7 月 13 日。

新运动开始了,我不敢签名,还想依赖美帝国主义。抗美援朝运动,我也不敢参加,还怕美帝国主义重来。但又怕人民责备我不爱国,内心痛苦极了。如今我要立志重新做人,以实际行动赎回过去的罪过。"教务长李天禄控诉了美帝假借宗教教育作掩盖进行文化侵略的事实。朱敬一教授也检讨了在举办接受外资津贴的教会团体登记时,没有坦白登记的错误。音乐教授黄素贞提到宋煦伯利用她做传声筒散布"美国之音",在控诉时高声说:"宋煦伯你害了我,我要和你算这笔账的!"此外,金陵女子神学院院长王淑德控诉该校美帝分子梅敏珠与司徒雷登有密切联系并与蒋匪勾结,同时也承认自己在捐赠时不提志愿军战士的错误。金陵女子神学院教务长陈淑虔揭露了美帝国主义假借神学奴化中国儿童的罪行。①

四 南京教会对徐超尘、刘礼茂、尤振中、丁荣施、杨绍唐、马兆瑞、王克己等人的揭发

反美帝的控诉运动不仅要揭露盘踞在中国的外国传教士,更要清除隐藏在教会内部的美帝国主义走狗和败类。1951 年 5 月 29 日下午,南京市协商委员会社会事业组召开扩大会议,参加者有民主党派、农协、妇联、工商界、文教界等代表,以及各宗教团体代表一百六十余人。大会的主题是研究如何在宗教界内部更好地开展爱国的三自革新运动问题。南京市协商委员会委员刘述周指出:"今天这个会向我们南京所有的教徒提出了一个严肃的问题,即帝国主义分子随时都在阴谋进行破坏。……要接受今天会议的精神,纯洁教会内部,自觉自发地开展爱国主义的三自运动,掌握批评与自我批评的武器,更好的进行控诉运动,不要放松内部可能存在的问题。人民的眼睛是雪亮的,对于帝国主义分子与存在帝国主义思想的分子是有区别的,对于那些思想上受了帝国主义蒙蔽的人,人民仍然是开着大门,采取耐心教育的方式,希望他们及早醒悟,不要自绝于人民。……如果借着宗教信仰自由,而进行危害人民利益的活动,对这样的人,人民也决不

---

① 《金陵神学院、金陵女子神学院连日举行控诉:二千余教徒怒斥美帝国主义侵略罪行,一致表示坚决割断与帝国主义的联系,控诉者同时检讨了自己过去的错误思想和行为,大会历时二日,情绪始终高涨》,《新华日报》(南京)1951 年 7 月 11 日;邵琼:《爱国主义的光芒照进了金陵神学院》,《新华日报》(南京)1951 年 8 月 3 日。

允许他继续作恶下去，宗教信仰自由是在共同纲领基础上的自由，而不是无条件无限止的，决不允许破坏人民民主专政、破坏共同纲领的反人民反革命的假'信仰自由'。"①1951年6月5日至7日，历时三日，南京市基督教会团体代表控诉帝国主义分子、反革命败类大会胜利召开。刘述周委员在大会的总结发言中又提出三点希望："（一）参加大会的基督教徒要把会议精神，贯彻到每个教会的角落，把传教的精神用到耐心教育广大教徒的身上，使他们都认清反对帝国主义和实行三自革新运动的重要。这就是爱国教徒们今后第一项重要的任务。（二）要彻底打消开展控诉与自我批评的一切思想上的顾虑，必须弄清楚：爱国与爱教是可以也必须并存的；无神论者与有神论者在反对帝国主义，热爱人民祖国的立场上是完全可以一致的，因此对信仰自由表示怀疑毫无必要。信仰是人民个人的事，只要不违反共同纲领的原则，不违反政府法令，不违反人民利益，这种信仰是自由的；但是利用宗教信仰自由进行破坏人民利益、违反共同纲领的反革命活动是不容许有自由的。（三）他希望全体爱国教徒更加提高认识，加强警惕，不但要认识帝国主义及其走狗的一切露骨的罪恶行为，而且要善于认识他们的伪善面目。爱国教徒们，应该把一切足以使帝国主义者可乘之隙严密的堵塞起来。一切陷落在帝国主义者的陷阱里的人们，必须老老实实揭开自己的伪善面貌，向人民真诚悔过，目前还不算迟。"②1951年6月8日的《新华日报》社论指出："南京基督教的三自运动过去已有了若干的开展，全市已有半数以上的教徒在三自革新宣言上签了名，但是因为南京曾经长期是帝国主义利用宗教进行侵略的重要据点，帝国主义的影响和潜势力就不能不较为深厚，……今天在南京宗教界中还有一些阴谋家在千方百计利用宗教，蓄意阻碍教徒们的政治觉悟，阴谋破坏三自革新运动，散步反动言论，譬如像某些标榜'属灵'的基督教组织，他们就是一贯热衷于阴谋活动的典型，而迄今尚无丝毫真正爱国的表现，一切爱国的教徒们对

---

① 《市协商委员会社会事业组举行扩大会议：许多爱国基督教徒热烈发言、控诉教会内部阴谋破坏活动、对徐超尘及其"基督徒学联"反动言行极表愤慨》，《新华日报》（南京）1951年5月30日。

② 《本市基督教会革新运动的良好开端——基督教会团体代表控诉大会闭幕、刘述周委员希望各代表贯彻传达会议精神、进一步推行三自革新运动》，《新华日报》（南京）1951年6月8日。

于他们的反动活动必须予以严重注视。"① 1951年6月9日，南京市大中专学生包括基督徒和非基督徒二千余人举行了"南京基督徒学生反对帝国主义利用宗教进行侵略大会"，大会通过了全市基督徒同学关于在各校继续控诉帝国主义利用宗教进行侵略罪行与扩大深入开展基督徒爱国运动的决议："（一）在控诉大会闭幕之后，各校基督徒同学应在各校用控诉会和座谈会的方法，结合各校基督徒的思想情况进行爱国主义教育，努力使每一个教徒同学在认识上得到提高。（二）各校基督徒同学应当积极行动起来，对各教会存在的问题加以揭露、批评，协助他们实行革新；并协助他们彻底割断与帝国主义的联系。（三）在基督徒同学有相当人数的教会学校中建立三自运动促进会，团结全校基督徒同学，积极推动宗教革新运动，并和全国同学团结一致，在各校学生会领导下参加爱国运动。（四）决定建立全市基督徒学生三自革新运动促进会，并授权控诉大会筹备委员会进行筹备。"② 到1951年6月底，南京市三十三个教会团体中已有二十九个单位成立了控诉委员会，领导本单位教堂进行学习，以便深入而普遍地展开控诉运动。③ 在这一系列紧锣密鼓的大大小小会议中，南京市某些教会团体内部的反动分子，也就是所谓的美帝国主义走狗和败类被相继揭发出来，并受到严厉的批判甚至处罚。

1. 徐超尘与基督徒学生联合会

徐超尘，南京基督徒学生联合会负责人。他被指控为南京教会反动分子的典型，"顾仁恩第二"。中华基督会总干事邵镜三揭发：1950年12月28日，徐超尘在汇文女中门口竟对一个姓韩的颠倒朝鲜战争的真相，说是"北朝鲜打南朝鲜"，他的"良心下不去"。邵镜三在大会上愤慨地质问他："试问你这是什么良心？我说你是帝国主义的良心。这是什么正义？我说你是帝国主义的正义。"参加过基督徒学联的南大纪文镇、唐贻明，金大王瑞

---

① 《社论：扩大和深入基督教徒对美帝国主义的控诉运动》，《新华日报》（南京）1951年6月8日。
② 《基督徒学生反对帝国主义利用宗教进行侵略大会、通过决议及告基督徒同学书》，《新华日报》（南京）1951年6月11日。
③ 《进一步推进控诉运动——全市基督教会团体展开学习、学习中揭发了许多帝国主义分子利用宗教进行侵略的罪行、有些单位对学习不够重视、应予纠正》，《新华日报》（南京）1951年6月25日。

云，明德女中翟美玲、翟美英等同学揭发：徐超尘曾阻止他们爱国，不要他们参加军干校，说："参干就是要杀人，基督徒不可流他人血。"当有同学举出《圣经》中以色列抗拒外来侵略事例，他又说："那是上帝立法的时候是可以杀人的，现在是恩典的时候要讲博爱。"当他无法阻止同学们参军时，他又说："你们要去，可以向政府要求当担架队，千万不要去打仗。"翟美英控诉说："徐超尘不要我们响应三自运动，不要我们参干，不要我们看进步电影，不要我们在毛主席像前宣誓，他就是要我们不做一个中国人，我非常难过，当初我受了他的毒害，调查参干同学名单阻止别人参干，不和团员在一起，甚至不看对我有教育意义的电影，这些损失谁给我的？我要清除宗教界一切像徐超尘之流的败类。"南京基督教青年会副总干事韩文藻揭发：徐超尘在"四·一"血案时竟说"罪的工价就是死"，歌颂蒋介石屠杀人民、屠杀爱国学生，在这次严厉镇压反革命时，徐超尘却鼓吹说"人人都有一死"，鼓励反革命分子坚决与人民为敌。基督徒郎菊嵒夫妇揭发了徐超尘诱奸他女儿郎碧康的罪恶行径：他们十九岁的女儿郎碧康，原是一个功课优良、活泼健康的善良教徒，就是被徐超尘引诱欺骗，现已神经失常。郎先生在控诉时，指着徐超尘说："你就是第二个顾仁恩，现在不是你我两个人之间的问题，是你这个帝国主义走狗与中国人民为敌的问题，我的女儿被你毁了，我决不允许其余的青年再受你的毒害，我要求政府处置你和你那个毒害青年的组织。"金大吴桢教授揭发说："徐超尘当面对我说：他在毛主席面前宣誓，他的良心就下不去。我问他，是美帝国主义分子的良心？还是中国人的良心？现在看来，他不宣誓不是因为宗教信仰，而是因为彻头彻尾反革命反人民反爱国的缘故。"金陵神学院教务长蒋翼振说："我教过十四年神学，做过廿二年牧师，从来没听过教义教我们不爱祖国，不敬人民自己的领袖，不可在人民领袖像前举手宣誓。而徐超尘竟不在人民领袖像前宣誓，说这是教义规定的，这显然是有意曲解圣经。"贵格会牧师李既岸在会上朗读《圣经》，说明《圣经》上并没有规定不准在人民领袖像前宣誓，并说："如果有人歪曲圣经，那不是宗教问题，而是政治问题。"①

---

① 《市协商委员会社会事业组举行扩大会议：许多爱国基督教徒热烈发言、控诉教会内部阴谋破坏活动、对徐超尘及其"基督徒学联"反动言行极表愤慨》，《新华日报》（南京）1951年5月30日。

徐超尘的罪行被揭发出来后，南京市学生联合会致函全市基督徒同学：
"希望各校所有参加基督徒学联的同学们广泛开展对帝国主义走狗——徐超尘的控诉，肃清徐超尘的思想毒素，迅速从徐超尘的反动影响下解放出来。"① 郎碧康的母校、金陵女子文理学院附属中学全体教职员工致函《新华日报》控诉帝国主义走狗徐超尘污辱女性、玷辱基督教会的罪行，并要求政府严惩徐超尘。② 金女中还召开师生大会，挽救被徐超尘所利用的失足青年吴世芳，吴世芳表示悔悟并愿重新做人。③ 金陵大学举行控诉会，揪出徐超尘的两个爪牙白耀庚和朱文晖，同时曹陵秀、孙敏、殷乐信等六十八位爱国信徒宣布退出基督徒学联这一反动组织。④ 南京市的各大中学校纷纷召开座谈会，控诉徐超尘的罪行，并发表了为严惩徐超尘及其"基督徒学生联合会"的反革命活动告全市基督徒同学书："（一）要求政府严惩帝国主义走狗徐超尘并取缔'基督徒学生联合会'的活动。（二）号召全市参加'基督徒学生联合会'的基督徒同学们彻底揭发徐超尘的罪恶活动，并自动签名退出这个反动组织。"⑤ 中华女中基督徒学生、徐超尘的女儿徐以诺也控诉说："我不承认这个进行反革命活动的父亲，要求政府依法惩处他。"⑥

2. 刘礼茂与益智小学

刘礼茂，曾任汪伪军上尉军需，1948 年担任私立益智小学校长。益智小学由美国北长老会创办于 1891 年，一直是美帝国主义毒害中国儿童的文化侵略据点。1951 年 5 月 31 日，南京市第二区基督教徒、各学校及各界代表千余人，在朱雀路大仁中学集会，听取益智小学师生对该校校长、基督教内败类、帝国主义走狗刘礼茂一贯反革命罪行的控诉。控诉者有该校教

---

① 《市学联号召基督徒同学坚决起来控诉、肃清徐超尘的思想毒素》，《新华日报》（南京）1951 年 6 月 1 日。
② 《金女中教职工致函本报控诉徐超尘反动言行、要求政府严惩教会中的败类》，《新华日报》（南京）1951 年 6 月 1 日。
③ 《金女中全校师生大会、挽救失足同学吴世芳、吴世芳表示悔悟愿重新做人》，《新华日报》（南京）1951 年 6 月 9 日。
④ 《千余基督教堂集会金大、控诉教内败类罪行、要求政府立即封闭基督教学联、曹陵秀等六十八人当场宣布退出基督教学联》，《新华日报》（南京）1951 年 6 月 3 日。
⑤ 《基督徒学生反对帝国主义利用宗教进行侵略大会、通过决议及告基督徒同学书》，《新华日报》（南京）1951 年 6 月 11 日。
⑥ 《大中学校爱国基督教徒纷纷要求严惩徐超尘、基督教徒学生定今举行控诉大会》，《新华日报》（南京）1951 年 6 月 9 日。

师基督教徒李树南、李祖英、吴郁生、黄运奎、黄灵琼、刘敏及基督徒学生潘兰、周士美、陈国华等。他们揭发：刘礼茂在抗战胜利后，与该校美籍顾问罗育文狼狈为奸。解放后，刘礼茂收听"美国之音"，公开说："仇美仇不起来，要仇只得昧良心。"不许学生说"打倒美帝"和唱"五一"游行歌曲。在抗美援朝运动中，见无法阻挡学生们的爱国热情，竟拿出《圣经》来说："即使美帝是我们的仇敌，我们也应当爱自己的仇敌。"他污蔑中国人民志愿军说是去朝鲜"送死"。他百般歪曲中伤政府政策，说："土地改革反而把'人民'（意指地主）弄得东跑西走。"学校学习土地改革问题时，他说："啃条文无用，共产党根本不照着做。"他经常称赞蒋介石好，公然表示看了五星国旗讨厌，不如青天白日旗好。出席控诉会的宗教界代表郭书青、夏洪文等要求政府逮捕和镇压反革命分子刘礼茂，南京市第二区区长王津接受人民正义的要求，当场宣布将刘礼茂逮捕并依照《惩治反革命条例》予以惩处。与会群众高呼"毛主席万岁"，衷心感谢政府的贤明措施。①

3. 尤振中与宁海路圣公会

尤振中，上海圣约翰大学毕业，曾任圣公会上海救主堂会吏，1946年赴美学习神学，1948年回国，1949年来南京担任宁海路圣公会牧师，之后任上海中央神学院教授。在南京期间，他每周在宁海路礼拜堂举行英文圣餐，参加领圣餐的人大都是英美和澳大利亚大使馆的职员。他与圣公会驻南京代表、美国大使馆代理牧师、帝国主义分子郎家衡关系密切，通过其介绍结识了国民党海军部部长桂永清，并担任海军部各部门的布道工作。有一次为南京基督教联合团契请顾问，他提出的名单多数是美帝分子，并声称："没有外国顾问，会就开不成呀，因为中国人都不负责呀！"解放后，当学生们要求参加军大和西南服务团，他看了不顺眼，并扬言："我们是基督徒，站在正义的立场，是不应该参军的，就是过去抗日战争也是不应该参加的。"针对人民对伟大领袖的崇敬，愿毛主席万万岁，他在联合团契讲道会中竟说："共产党是唯心的，人哪能活到万万岁？"尤振中的同工、圣公会道胜中学校长夔孝华控诉说："这个没有心肝的家伙说出这样丧心病狂的话来，侮辱了毛主席，我们广大的人民是决不能容忍的。""我今天控诉

---

① 《二区基督教徒及各界代表千余人控诉基督教败类刘礼茂、该犯假借宗教名义进行反革命活动、政府接受人民意见已经将刘犯逮捕》，《新华日报》（南京）1951年6月2日。

尤振中，他是宗教界的叛徒，美帝国主义的尾巴，他背叛了祖国、人民的利益。这种家伙，我们教会不能再容纳他，我们要扫清教会内部的渣滓，保持教会的纯洁，我要坚决破除情面，把他的罪恶揭露出来。"① 南京市基督教三自革新运动促进会总干事韩文藻控诉说："教会败类尤振中与帝国主义一鼻孔出气，侮蔑吴耀宗先生发起三自革新运动是做他个人政治资本，想以打击发起人的威信来破坏三自革新运动。"②

4. 丁荣施与祠堂巷基督徒聚会处

丁荣施，南京祠堂巷基督徒聚会处负责人。基督徒聚会处是由倪柝声、李常受等标榜"属灵""超世"的基督徒组织领导的。解放前的南京祠堂巷基督徒聚会处有四个负责人：张郁岚、夏文藻、王裕堂、丁荣施，除丁荣施外，其余三位随蒋匪逃往台湾。张郁岚曾是国民党兵工署技术研究司司长，他控制着聚会处的全部经济、人事大权，而且与蒋介石勾结，经常与李常受同去凯歌堂为蒋介石讲道。王裕堂和解放后该处负责人雷智伯、季永同都曾公开做假见证，捏造共产党如何在他们的家乡烟台、山西、苏北杀人放火、虐待妇女、迫害教会的谣言。王裕堂更无中生有地描述共产党干部如何"把基督教徒钉死在墙上"。南京解放前夕，每一个遭受反动压迫的人民都盼望着早日"天亮"，但祠堂巷基督徒聚会处却把教徒们组织成许多小队，到大街小巷、车站、码头散发传单，说什么"末日到了"，并祈祷上帝帮助国民党阻拦共产党过江，恶毒地诅咒要像"埃及人过红海一样"把解放军"全部淹死在长江里"。解放后，雷智伯、季永同、丁荣施、马宗符等继续采取与政府对立的态度，在聚会上讲"你们在世上有苦难"，诋毁人民自由幸福的新生活。抗美援朝时，参加过反动组织"基督徒学联"的该处教徒俞崇恩在聚会上公开反对教徒捐献子弹，说："这是'属世'的。"马宗符诬蔑学生参干，说将来"不免要杀人"。教徒阎林肯想参加援朝医疗队，季永同便横加阻止。丁荣施阻拦教徒加入青年团，说："进了团，宗教

---

① 道胜中学校长夔孝华：《控诉基督教败类尤振中并检讨我自己》，《新华日报》（南京）1951年6月8日。
② 韩文藻：《南京市基督教的革新运动——在本市基督教三自革新代表会议上的报告》，《新华日报》（南京）1951年8月26日。

信仰即没有自由。"① 丁荣施在查经会上经常讲"过去历史上基督教徒如何受难受迫害,当时的基督教徒又是如何起来反抗与斗争,为主光荣殉道"等话,险恶地驱使信徒与人民政府对抗。② 另外,祠堂巷基督徒聚会处的负责人还利用"神权""属灵"的幌子,束缚青年弟兄姊妹的恋爱自由,操纵包办教徒的婚姻生活。③

丁荣施在南京全市控诉大会上,对该处一贯所散播的反动谣言的错误行为作过检讨,但会上基督教徒们认为他的检讨非常不深刻,要求更深入检讨。④ 祠堂巷基督徒聚会处的先进教徒对该组织及其负责人作了进一步的控诉。教徒裴宏恩说:"我是一直在'祠堂巷基督徒聚会处'聚会的基督教徒。我一直把'聚会处'当作最圣洁的教会。直至这次三自革新运动的学习中,我才认清了它竟是这样反动、污秽、罪恶的一个地方,长期来我一直受了欺骗和蒙蔽。"⑤ 教徒张乃吉说:"直到这次革新学习中我才认识到雷智伯、季永同、丁荣施、马宗符等狰狞的反革命面目,他们根本不是传教,而是披着宗教外衣假借'属灵'进行反革命的活动。现在我要告诉他们:传教是自由的,但是以传福音为幌子,替帝国主义、国民党反动派忠心服务是没有自由的,最后必须受到人民的制裁。"⑥ 1951年7月28日,该处教徒们举办展览,揭发该处负责人解放前后的罪行。"展览资料共分五个部分,第一至第三部分是该处负责人在解放前后从事反人民活动,封建把持教会的罪证,其中有在南京解放前夕,反革命分子愚弄教徒上街喊叫什么

---

① 时行:《解开"属灵"的外衣——"祠堂巷基督徒聚会处"的反动活动》,《新华日报》(南京),1951年8月14日;"祠堂巷基督徒聚会处"教徒傅保罗:《控诉"祠堂巷基督徒聚会处"假借"属灵"一贯进行反动活动的罪行》,《新华日报》(南京)1951年9月16日。
② "祠堂巷聚会处"教徒张乃吉:《控诉"祠堂巷基督徒聚会处"的罪行所给我的毒害》,《新华日报》,(南京)1951年9月15日。
③ 祠堂巷教徒任定一:《控诉"祠堂巷基督徒聚会处"控制思想行动、包办婚姻、毒害青年的罪行》,《新华日报》(南京)1951年9月14日。
④ 《本市基督教会革新运动的良好开端——基督教会团体代表控诉大会闭幕,刘述周委员希望各代表贯彻传达会议精神、进一步推行三自革新运动》,《新华日报》(南京)1951年6月8日。
⑤ "祠堂巷基督徒聚会处"教徒裴宏恩:《揭露"祠堂巷基督徒聚会处"的秘密组织及其阴谋活动》1951年9月17日。
⑥ "祠堂巷聚会处"教徒张乃吉:《控诉"祠堂巷基督徒聚会处"的罪行所给我的毒害》,《新华日报》,(南京)1951年9月15日。

'末日到了'的宣传工具：锣、鼓、号筒、标语、传单等。第四部分揭露该部内部组织情况，证明该处'上级领导'上海教会负责人倪柝声和英国'弟兄会'有着密切的联系，帝国主义通过倪柝声布置了把教徒'移民'到中国西北、东北等地的大规模计划，倪柝声并公开表示：'要把整个中国打下来。'——但帝国主义的狂妄计划并未成为事实。在第五部分中，陈列着解放后，爱国教徒们实行教会革新运动的种种资料，指出了该处的新方向。"①

5. 杨绍唐与黄泥岗教会

杨绍唐，曾任职于山东滕县华北神学院，1946年在南京创立一独立教会，即黄泥岗教会。1951年4月中央人民政府文教委员会召集基督教团体代表开会以后，南京各教会开展控诉运动时，就有不少教徒揭露黄泥岗教会及其负责人杨绍唐。1951年6月5日至7日南京市基督教会团体代表控诉帝国主义分子、反革命败类大会上，南大学生纪文镇揭露了黄泥岗教会制造谣言毒害青年的种种事实，金大教授李扬汉控诉：黄泥岗教会负责人杨绍唐主办的刊物《灵工通讯》一贯散布反动言论，污辱人民，侮蔑政府。② 1951年8月8日至9日，黄泥岗教会内部举行控诉会，胡竟铭、翟美德、纪文镇等爱国教徒表现积极活跃，决定将杨绍唐驱逐出教会。曾经是杨绍唐的亲信、女传道杨德泽也在教徒们的严厉督责下，上台控诉杨绍唐，要求将其驱逐。女传道蒋佩芬过去受杨绍唐利用，阻拦学生许洁参干，由于检讨深刻，受到表扬。女信徒王爱道受杨绍唐毒害太深，控诉时又暴露了"属灵"的尾巴来了。③ 1951年8月24日，南京市基督教三自革新代表会议上，黄泥岗教会代表翟美德报告了该堂革新工作的情况："黄泥岗教会过去一直是被美帝侵华的宗教机构内地会所把持，帝国主义分子艾得理、金立时等通过他们的忠实走狗杨绍唐，打着'属灵'的招牌，进行反动活

---

① 《祠堂巷基督徒聚会处举办革新运动展览、今招待各界人士参观》，《新华日报》（南京）1951年7月29日。
② 《本市基督教会革新运动的良好开端——基督教团体代表控诉大会闭幕、刘述周委员希望各代表贯彻传达会议精神、进一步推行三自革新运动》，《新华日报》（南京）1951年6月8日。
③ 《本市基督教全面展开革新运动中鼓楼堂、黄泥岗教会初步完成改革工作，并先后建立三自革新促进会》，《新华日报》（南京）1951年8月21日。

动。杨绍唐接受美帝的津贴三千多万元。出版了一种极端反动的刊物——《灵工通讯》，专事造谣。今年一月杨绍唐又将美帝津贴的一千万元，开办了一个'同工祷告会'，在这个会上，凡从内地来的传道人，都要散布一套反动言论。杨绍唐又在艾得理的指使和经济援助下，办了一个'灵工团'，假借传教为名，到西北一带去进行反人民的活动。当吴耀宗等发起三自革新的时候，杨绍唐却向教徒们混淆是非地说：'我们教会早就实行三自了。'阻碍教友们在三自宣言上签名。自从徐超尘事件被揭发后，黄泥岗教徒也开始认识了革新学习的必要，并组织了学委会，但这时杨绍唐'属灵'的权威，仍在教会里起很大作用。这时学委会便布置了杨绍唐勾结帝国主义进行阴谋活动的资料展览，激发了爱国教徒的忿怒，便在八月八、九两日，举行了控诉杨绍唐罪行的大会，并将杨绍唐驱逐出教会，由全堂同工，重新组织了自己的教会并产生了黄泥岗教会的三自革新促进会，使三自革新的学习得以正常进行。"①

6. 马兆瑞与南京信德孤贫儿童教养院

马兆瑞，1914 年在南京创立不受国外差会控制的"自立神召会"，并创办女子工艺学校，1929 年在丰富路建教堂和学校，1937 年收容了一些战争中的孤儿，遂改名为"信德孤贫儿童教养院"。1951 年 9 月，上海中国慈幼院康致远先生写信给南京市民主妇联，揭发信德孤贫儿童教养院院长马兆瑞借慈善的名义剥削虐待儿童的罪行，其中列举："（一）我亲眼见过他自西安回南京时，用碎米（其中夹有很多稗子和砂子）给孤儿吃，但他自己吃的却是上等白米；至于吃的菜与孤儿们吃的更完全不同了。（二）他从'救济分署'领的牛奶粉两百多听，只给过孤儿一听，其余的全都攫为己有。众所周知，这些奶粉是以孤儿名义领来的。（三）对十七八岁的孤女，他是经常施以体罚；而且每天规定做工是计件的，如未做到规定数字，不仅用板子打，甚至处罚不给晚饭吃。我们知道他规定的件数已经是最大限度（即提高了一定的劳动强度才能达到的数目），可是孤儿们个个是瘦弱不堪的，那里能负担这些重活呢？（四）他现在住的房子是一九三〇年建造

---

① 《为割断与帝国主义的一切联系而奋斗——基督教三自革新代表会议揭幕，金副市长讲话中指出：教徒们要提高警惕，注意帝国主义走狗阴谋破坏》，《新华日报》（南京）1951 年 8 月 26 日。

的，这房子之所以能建成，是他假借了孤儿的名义捐来的，可是房子的契纸上却是他私人的名义。现在他自己一家住在大洋房里，而孤儿们却住在人挤人的又黑又矮的房子里。"① 为了澄清事实，南京市基督教三自革新运动促进会特派蔡嘉祥、陆景珩、龚孝华、郑汝铨等十余位委员于9月16日下午前往该院进行实地调查。"儿童们对马兆瑞虐待剥削的种种事实，均作了揭发，女孤儿冯永凤等悲愤地说出马兆瑞奸污了她和其他几个女孤儿的事实。"访问者一致表示："南京市爱国的基督教徒们决不允许马兆瑞这种败类潜伏教内，玷污基督教。"②

南京基督教界对马兆瑞的罪行进行了彻底揭露和严厉控诉。南京市基督教三自革新运动促进会副主席、南京市基督教协进会主席邵镜三控诉："马兆瑞这只帝国主义的走狗，一向以所谓'属灵'的姿态在教会里出现。他自以为是一个'属灵'的牧师，比别的牧师'高超'，祷告的时候也是大声大气的满嘴'以祈祷传道为事'，还打着'慈善'的招牌，办什么'孤儿院'。他这种'属灵'和'慈善'的伪装蒙蔽了我们这么多年。基督教协进会竟请他做灵修委员会的委员，还让他担任了十几年协进会的执行委员。他对一切的爱国活动和学习都不感兴趣，借口说这些都是'属世'的，不是'属灵'的；并蓄意对抗三自革新运动，故意挂着'自立神召会'的牌子，高唱早已'自立''自养'，就在登记的时候也不承认接受帝国主义的津贴，坚持与人民为敌，抗拒三自革新运动。两个月前，我曾去问过他是否虐待了儿童，奸淫了妇女。他当时一口咬定说没有。可是今天孤儿们终于在广大人民面前揭开了他伪装的羊皮——所谓'属灵'的外衣，露出他丑恶凶残的原形。"③ 南京市基督教三自革新运动促进会副主席蔡嘉祥控诉："马兆瑞与帝国主义分子，及蒋匪帮四大家族的关系就更密切了，他与孔祥熙、宋子文、于右任等经常有往来，解放后那杀害三千个中国军警的宋煦伯经常地在他家出入，以前在金大被控诉斗争的汉奸特务袁公舒就住在马

---

① 《本市信德孤贫儿童教养院马兆瑞剥削虐待孤苦儿童——上海中国慈幼院康致远来函揭发》，《新华日报》（南京）1951年9月16日。
② 浣凌：《调查马兆瑞的罪行——基督教三自革新运动促进会访问团听取信德孤贫儿童教养院儿童控诉》，《新华日报》（南京）1951年9月19日。
③ 邵镜三：《要求政府严惩帝国主义走狗、宗教界败类马兆瑞》，《新华日报》（南京）1951年9月22日。

兆瑞隔壁，也经常与马兆瑞家来往。马兆瑞过去到美国去比我们去上海还要方便，由此可知马兆瑞与帝国主义、反动派以及特务、汉奸的关系了。"①邵琼的文章对马兆瑞的揭露全面而详细，其中提道："孤儿院和马兆瑞的所谓自立神召会，一直接受帝国主义津贴，最早由美国牧师梅德尔代孤儿院和教会付房租，以后美国基督十字军布道会、美国五旬节耶稣会等教会的帝国主义分子，纷纷以私人出面，每个月'乐捐'自立神召会和孤儿院。一九五〇年还继续接受这份'乐捐'。除了外资津贴，养活和喂肥了马兆瑞全家的，是孤儿院儿童们的鲜血。""在全市基督教三自革新运动学习时，帝国主义的走狗马兆瑞非常惊慌，千方百计地破坏学习，他对孤儿们说：'龚孝华因为控诉了养他的外国人，所以吐血了。'后来宗教事务处宗教工作组工作人员到该院协助教徒和孤儿们学习，他竟公开地抗拒说：'我们已经控诉过了，没有什么要学习的。'天天监视孤儿不准与工作人员接近，暗中布置他的爪牙打击积极分子，又把大的孤儿叫去威吓说：'这个政府是不会长远的，靠我还可以送你们上神学院。'"②南京市救济分会通讯员李绍基以具体数字控诉马兆瑞对孤儿院劳动成果的剥夺："以其在经济上总的支出部分来说，马家私人用费是占很大数字的。如今年三月份自立神召会及信德孤贫儿院，两处的总支出为六百六十八万九千九百七十元；其中马家私用的即有四百零三万四千四百五十元，占总数约百分之六十六，……马家一个人伙食的用费可抵三十个孤儿伙食费的总数。……马之三子全部结婚费用及'马老头'为新媳送礼一百万元；他的大儿子马革顺买钢琴缺短二百万元，也由公款补数。……马兆瑞又在一九四九年用孤儿生产盈余调换美金二百块，买了一只大型电气冰箱，又其子马大卫学费四十六万元与肺病治疗费五十多万元都出在孤儿身上。"③

1951年9月21日下午，南京市宗教事务处与基督教三自革新运动促进会联合举办控诉披着"属灵"外衣的教会恶霸、帝国主义走狗马兆瑞罪行

---

① 蔡嘉祥：《这个披着"属灵"外衣的"牧师"比魔鬼还恶》，《新华日报》（南京）1951年9月22日。
② 邵琼：《揭露马兆瑞的罪恶》，《新华日报》（南京）1951年9月19日。
③ 《读者来信：走狗马兆瑞残酷剥削孤儿的事实再次揭穿了帝国主义利用宗教和"慈善事业"侵略我国的真相，孤儿们血汗劳动所得，供马家过着奢华淫佚的生活，三十孤儿的伙食费总数只抵上马家一个人的伙食费》，《新华日报》（南京）1951年9月23日。

大会，会议在南京市人民大会堂举行，到会各界代表及群众二千八百余人。大会主席郑汝铨指出："马兆瑞是一个披着羊皮的狼，以假属灵欺骗人，因此一九三五年，全备福音会、使徒信心会、耶稣家庭、神召会、耶稣五旬节会等教会在南京召开全国性的会议，还选马兆瑞为'监督'，因此他在蒋匪帮统治时到处宣传所谓'属灵'，深得蒋、宋、孔、陈四大家族的重视，……而今天是人民做主人的时代，马兆瑞的主子帝国主义及国民党反动派已被永远赶出新中国去了，在共产党毛主席的英明领导下，决不能允许这种帝国主义的走狗继续干坏事，为了保持宗教纯洁，彻底肃清帝国主义残余势力，我们坚决支援这个正义的斗争。"会上张淑媛等十二个儿童代表六十六个孤贫儿控诉马兆瑞的罪行，当控诉到马兆瑞污辱了二十几个孤女的事实时，会场四处爆发出："镇压马兆瑞，为受害儿童报仇！"的昂奋口号，好几位妇女揩干眼泪振臂高呼："新中国的妇女不容污辱。"就在这时，南京市人民检察署检察长陈立平当场表示人民检察署接受基督教三自革新运动促进会的检举和各界人民的要求，对披着"属灵"外衣的教会恶霸、帝国主义走狗马兆瑞提起公诉；同时，宣布人民检察署在十九日第一次听取信德孤贫儿童教养院孤儿们控诉后已会同公安局将马兆瑞羁押。宣读起诉书时，公安人员即押解马兆瑞到场，全场会众情绪激愤。最后，南京市宗教事务处处长汪大年、南京市救济分会主席冯伯华相继讲话，冯伯华并宣布救济分会奉命即日起接管信德孤贫儿童教养院。①

7. 王克己与泰东孤儿院

王克己，南京市小火瓦巷基督教泰东孤儿院院长，"中华传道会"南京分会会长。他被指控为"是一个与其同类马兆瑞一样，披着'属灵'外衣，打起'慈善事业'招牌，忠心为帝国主义服务的教会的恶霸。"1948年，王克己开办泰东孤儿院时，他的主子、"中华传道会"总代表、帝国主义分子宋德成，就给他薪俸二石米，补助该院二石米。到1950年5月以后，宋德成已经把王克己的薪俸增加到五十万，补助该院经费增至六十万，以后又增至一百二十万。同时他又从"基督教服务委员会"的代表宋煦伯处先后领到三百余万元，还有大批衣物洋纱。1950年5月，他又领到内地会西教

---

① 《各界昨集会控诉马兆瑞罪行、人民检察署当场提起公诉、南京救济分会主席冯伯华在会上宣布接管信德孤儿院、全场欢呼庆贺》，《新华日报》（南京）1951年9月22日。

士金立时津贴三百五十余万，又接受"国际救济儿童紧急委员会"的许多物资。这些机构都是帝国主义利用宗教侵略的机构，而宋煦伯、宋德成、金立时都是全国人民所知道的帝国主义分子。王克己还邀请金立时每周到该院讲帝国主义"道理"三次，灌输崇美、亲美的毒素。另外，王克己还勾结特务孙子甬（已逮捕）合伙开设泰东诊所，经常窝藏反动分子和地主恶霸。王克己与人民为敌是有长久历史的，1948 年他就用纸剪成"介石回北京"的纸条贴在墙上。他又逼迫孤儿唱他自己捏造的"解放区的天是黑暗的天"的反动歌曲。他在布道会的讲坛上公然诬蔑共产党说："共产党就是'红龙'，要准备好箭，照'红龙'的头射去。"他又说："要用硫磺把这个世界烧掉，重造一个。"当祖国号召青年参加军事干校时，该院孤儿苗瑞英（在中华女中读书）要求报名参干，王克己立即阻止并对她说："去当炮灰。"

王克己还被指控："毒打、剥削孤儿，无所不用其极。""侮辱和强奸孤女，卑鄙、下流到万分。"该院孤女王宝翠、苗瑞英、张淑华、张桂荣控诉了王克己种种的无耻行径。"现在该院孤儿在学习以后，觉悟提高了，坚决要控诉这条吮尽他们鲜血的教会恶霸王克己，一致要求人民政府依法严办他。"[①]

以上南京教会所控诉的徐超尘、刘礼茂、尤振中、丁荣施、刘绍唐、马兆瑞、王克己等帝国主义走狗和败类，他们要么是解放前与美帝国主义分子和国民党反动派关系密切，要么是解放后标榜"超世""属灵"不配合政府的三自革新运动，所以成为重点揭发的对象和批斗的典型，这也反映了南京教会控诉运动开展得相当深入彻底。

五　苏州教会对女传道员龙襄文的控告

龙襄文，出身于上海基督教家庭，1938 年至 1942 年在金陵女子大学体育系（前两年在成都，后两年在上海）学习，1939 年加入美以美会，毕业后攻读神学（战时灵粮神学）三年，之后在金陵附中担任宗教与训育工作一年，1948 年在美国修习宗教教育一年，后决志做专职传道人，在南京、上海一带传教。

[①] 小菜、大诚、谛生：《揭露披着"属灵"外衣的帝国主义走狗教会恶霸王克己罪行》，《新华日报》（南京）1951 年 11 月 9 日。

1950年12月14日至21日，龙襄文受苏州基督教宫巷乐群社会堂邀请来苏州参加奋兴布道会，每天下午和晚上均由她讲道。12月19日晚的布道会上，龙襄文在讲道时提到抗美援朝说："目前一切号召是魔鬼在指使"；"捐献子弹是血腥气行为，是杀人行为，基督教徒不应参加"；"我们是父母养，我们长大了要养活父母，我们参加军事干校，就是'革'父母的'命'"；"现在我们东吴、慧灵、景海、晏成四个学校的教师学生不能跟他们跑，我们应该忠实地信仰基督，将自己一切献给上帝"；"黑种人是应做白种人的奴隶，而白种人能扩展到全世界各地区，俄国人也是白种人，同样也伸张到黄种人中间来"。12月20日下午，在苏州市文教界抗美援朝代表会议上，省立苏州中学初中部学生俞大成等106人，揭发龙襄文违背共同纲领、散布反动言论。① 在学生们控诉后，与会代表们都表示无限愤怒。尚德小学教师丁聪首先激动地走上台，指出："龙襄文的荒谬言论，决不是站在中国人民立场所讲的，她把中国人民捐献子弹，支援前线，保卫祖国，打击美帝侵略正义行动，看作是'血腥行为'，而美帝在一万六千里外，跑到朝鲜，疯狂屠杀朝鲜人民，轰炸我东北同胞，她却不以为是血腥行为；她要中国人做美帝的奴隶，任美帝侵略而不反抗；她传播法西斯思想，说黄种人应该受白种人侵略，并挑拨中苏二国的伟大友谊，对于这些反动宣传，……我们教会学校的工作者决不能再容忍下去。"景海女师代理校长马俊忠代表景海、慧灵、东吴、晏成四校激昂地说："这决不是传教，而是反动宣传，她污蔑了我们教会学校，也是污蔑了全市的文教界，但我们一定要努力开展抗美援朝运动，加强学生爱国教育；鼓励更多的同学参加军事干校，并劝告同学不再去听这些反动宣传。并请求人民政府制止这种反动宣传。"振声中学汪经武教师表示："我听了苏中同学的控诉，怀疑龙襄文到底是不是一个真正的爱好自由和平的基督教徒，也怀疑她是不是一个中国人，对于这种反动分子，我们要求人民政府严厉处置。"晏成中学校长陈子初说："龙襄文的传教，决不是一个爱国的基督教徒，传布的道理，她不站在中国人民的立场，不站在爱国基督教徒的立场说话，她侮辱了我们基

---

① 《苏州市文教界抗美援朝代表会议对乐群社女布道员龙襄文违背共同纲领、破坏抗美援朝爱国运动、超出基督教传教范围、公开为美帝进行反动宣传控诉书》，《新苏州报》1950年12月22日。

督教徒,也侮辱了中国人民,我们决不能让龙襄文这样的荒谬言论影响到我们校中的抗美援朝运动,我回校去一定要努力鼓励同学参加军事干校,加强国防教育,表示我们爱国的意志。"①

1950年12月22日下午二时,苏州市东吴、慧灵、景海、晏成等十四个教会学校师生二千余人在东吴大学举行苏州市全体教会学校反美爱国团结大会,会上对龙襄文的反动言论作了进一步的控诉。东吴大学校长杨永清号召:"全市教会学校要以实际行动,捐献子弹,参加干校,加强国防建设来抗美援朝,全国人民只要团结一致在毛主席的领导下,一定可以粉碎美帝国主义侵略的迷梦。"对于龙襄文的反动言论,萃英中学校长葛鸿钧驳斥说:"这种言论无耻极了,她是个基督徒,一个传道的基督徒,连本圣经也没有研究透彻。圣经上明明说人类是平等,而她偏要说白种人应奴役有色人种,……中国人民不再被白种人奴役了,因为我们在共产党领导下站起来了。"东吴大学孙象彝同学说:"我是基督徒,为了抗美援朝,我不但要捐子弹,更捐两颗手榴弹,来回答龙襄文!"李善森同学上台大声说:"我是基督徒,我父亲也是基督徒,我坚决响应祖国号召,参加军干校,我父亲也鼓励我!"接着李善森的父亲李天心上台说:"为了保卫祖国,我愿意送儿子上军干校!"接着,全场气氛热烈,齐声高呼:"向伟大的父亲看齐!""伟大的父亲万岁!"②

1950年12月25日,苏州市基督教联会会长程保罗、苏州市基督教青年会总干事陈佩德、普益社总干事张贤福、思杜堂牧师陈辛华四人联名在《新苏州报》上发文表明对龙襄文事件的立场:"我们站在爱国的基督教徒的立场上,对龙襄文这种违背共同纲领,进行荒诞反动宣传,感到非常的痛恨。我们觉得,这事情在我们基督教内是很严重的一件事,因此,我们号召全市的爱国基督教徒,一致起来控诉龙襄文这种诬蔑中国人民、诬蔑我们基督教的行为,控诉龙襄文这种反动思想,加强我们基督教内的爱国运动!"③ 不过,针对程保罗等人的爱国态度和立场,当时也有的基督教徒

---

① 《文教界愤怒向全国控诉乐群社女布道员龙襄文公开污蔑人民爱国行动、决提请人民政府对违反共同纲领行为予以严厉制裁》,《新苏州报》1950年12月22日。
② 《东吴等十四教会学校师生斥龙襄文污蔑爱国运动、苏市教会学校反美爱国联合会成立》,《新苏州报》1950年12月23日。
③ 苏州基督教联会会长程保罗、青年会总干事陈佩德、普益社总干事张贤福、思杜堂牧师陈辛华:《我们控诉龙襄文诬蔑人民爱国运动》,《新苏州报》1950年12月25日。

指责他们是"小题大做""庸人自扰"、是基督教内的"犹大"即叛徒。程保罗申辩说:"我们倒要问一问:到底谁是'犹大'?基督是爱人类的、爱和平、爱自由平等的,美帝侵略朝鲜、台湾,惨杀和平居民,破坏了人类的和平生活,破坏了平等和自由,我们中国人是爱好和平自由的民族,今天敌人打到我们门上来,我们去抵抗侵略,正是为了制止屠杀、保护人类、保护我们和平、自由、平等的生活,这正是耶稣博爱的精神,真正信奉基督教的人,都应该这样做,难道这就叫做'犹大'吗?只有违背了耶稣爱人类、爱和平的精神,甘心作美帝侵略的传声筒,任美帝侵略而不反抗,不爱自己国家的人民,任人来轰炸、屠杀而不保卫的基督徒,才是'犹大'。……龙襄文事件恰像一面镜子,照出了我们同道中还有不少落后的甚至反动的思想。"① 沈泽苍先生在《新苏州报》上撰文支持程保罗等人的爱国立场,并指出龙襄文事件一方面说明龙襄文本人受美帝思想毒害太深;另一方面,当地教会也应负相当的责任,至少是对教徒的教育还不够。他认为:"程保罗、陈佩德、张贤福、陈辛华等四位先生对龙襄文诬蔑人民爱国运动的控诉是正确的。"② 齐门外基督徒施中一说:"龙襄文诬蔑抗美援朝运动说是受'魔鬼指使',她自己实是受了魔鬼的捆绑,把这种反动的思想言论去欺骗良善的基督徒,真是亵渎了圣灵。"③ 尚德小学教师丁聪说:"她(龙襄文)实在是基督教徒中的'犹大'。"④ 与此同时,苏州的工、农、商、学、兵各界读者纷纷给《新苏州报》写信控诉龙襄文的卖国行径,苏州各教会团体及学校也多次举行座谈会进行控诉。1951年1月4日,苏州全市教会团体和教会学校发表了对龙襄文事件的联合声明,并在基督徒爱国公约上签名,签名者有:思杜堂陈辛华,天恩堂范友博、胡素玉、陆凤林,新民堂徐尔吉,嘉音堂董声鸿、高启明,救世堂程保罗、陆纯真、周舜华,圣约翰堂杨镜秋、高勤、陆张慧贞,灵粮堂包谷平,信心会沈树本,崇道堂姚天惠,浸会堂张淑英,救恩堂金月峰,晏成中学陈子初,普益社

---

① 程保罗:《谁是"犹大"?》,《新苏州报》1950年12月28日。
② 沈泽苍:《我对龙襄文事件的意见》,《新苏州报》1950年12月28日。
③ 齐门外基督徒施中一:《反美爱国运动中的基督教徒应坚决站稳中国人民的立场——龙襄文诬蔑爱国运动为魔鬼指使、其实她自己正是受了魔鬼的捆绑》,《新苏州报》1951年1月4日。
④ 丁聪:《清算"犹大"思想》,《新苏州报》1951年1月4日。

张贤福,博习医院陈王善继、杜桂林,振声中学万嵩沅,东吴附中孙蕴璞,慧灵女中王梅娥,江浙基督教乡村服务联合会施中一,青年会陈佩德、杨履翔,桃坞中学钱慕云,萃英中学葛鸿钧,东吴大学杨永清,景海女师马俊忠,乐群中学金志仁,苏州教会鲍生良。①

1951年2月5日下午,在中国人民保卫和平反美侵略委员会苏州分会主持下,苏州市各界代表五百余人,在乐群社召开了听取龙襄文自我检讨大会。龙襄文从自己的家庭出身、所受的教育等方面深刻地检讨了自己反动思想的根源,她承认自己讲道中的四条错误言论:(1)"参加军干是革父母的命";(2)"白种人奴役黑种人的事并扩张至黄种帐棚";(3)"捐献子弹是血腥行为";(4)"抗美援朝一切的号召是魔鬼指使的"。并逐条地从(甲)"错误原意"(乙)"反映的真意"(丙)"坏影响"(丁)"自我检讨"等方面进行剖析。她检讨说:"我于一九五〇年十二月十四日起应乐群社奋兴布道会来布道,在我讲经之时,所发的言论,满以为合乎基督道理、圣经的真谛、耶稣的精义,自于十二月廿二日阅读《新苏州报》,载有苏初中106位同学的一篇《在文教界抗美援朝代表会议上的控诉书》之后,我莫名其妙,把所有的话都说错了。跟上了连日各界人民个人和学校、团体等都相继指出我的言论是违反了共同纲领,污蔑了爱国运动,这种为帝国主义张目的反动谰言,不但失掉中国人民的立场,而且违背了基督教义,是基督的叛徒。那时我自己迷糊了自己,怎样犯了这样重大的错误呢?可是被指出的那些我所发的荒谬言论,确确实实是我说的,我为什么会说出这样的话来呢?我只知道一定是我的思想上有了很严重的问题,但是自己一时无法发掘这问题。我自己决定自己思想上有了问题,并痛下决心去发掘这问题来改造自己,好让我站稳立场,重新做人,赎回我的罪恶,把我从堕落灭亡的坟墓中拯救出来。经过整整二天的寻求改造自己的方法,想到先要取得新知识,正确自己的认识和观点,于是就买或借了新书来阅读,在短短的期间,我读了毛主席《论人民民主专政》《共同纲领》《美帝侵华简史》《抗美援朝保家卫国时事手册》《基督教人士爱国运动》《苏联教会》等书,在恍然大悟中流下了悔恨前非之泪,深深悔恨我过去中了美帝的毒

---

① 《苏州全市基督教教会团体学校对龙襄文事件的联合声明》,《新苏州报》1951年1月4日。

素太深了，毒害腐蚀了我的思想，在加上了我对圣经一知半解、自作聪明、闭门造车般的研钻，没有去注意提高政治认识，加强时事学习，以致铸成今日之大错。悔恨是没有用的，流泪也是没有用的，只有下着决心来改造自己，积极学习新知识，澄清我的思想，配合到我的行动中去实践，才是我赎罪和重新做人、站在人民一边的立场上去的唯一方法。"① 会上苏州基督教乐群社负责人张士佳牧师为龙襄文事件向各界道歉，承认自己"办事疏忽，盲目邀请，失于考虑，实属错误"。② 乐群社女传道戴雅贞、妇女服务会代表徐黄佩卿、青年团契代表也在会上检讨了各自在龙襄文事件上所犯的错误。龙襄文是戴雅贞直接邀请的，1950 年 7 月，戴雅贞在上海青年立志布道团灵修会上（地址假景林堂）听过龙襄文讲道，觉得她"很能引起青年们的信道情绪，圣经也非常纯熟"，所以"心中发生了敬佩的心理"。没想到龙襄文苏州讲道惹了这么大麻烦，戴雅贞心绪不宁、不知所措，于是她在 1950 年 12 月 26 日带着《新苏州报》到上海求问她的父亲、监理会老传道人戴仰钦，又遇见俞止斋老牧师，俞老牧师告诫说："龙襄文既然发出这样的荒谬言论，只得自己认错悔过。"戴仰钦对女儿说："龙襄文这样的言论糊涂到极点，只有她自己想办法觉悟悔改，别无他法。……你也有责任的，好好回去和同工们研究办法吧！"戴雅贞在大会上承认："现在我想我的关门的祷告而不把这件事积极处理，到上海去求指教而无结果，以及存在着大事化小事、小事化无事的不彻底解决问题的心理，与认识不清教会起来控诉是正义行为，是要改造龙襄文的有力帮助，是我自己思想糊涂的错误！"③ 徐黄佩卿和乐群社青年团契代表检讨了她们在龙襄文被控诉时，以为是"小题大做""犹大"卖友行为的错误思想。苏州宗教界、文教界、妇女界、学术界代表也先后发言，一致表示："今天听到龙襄文这样的思想检讨，觉得很欣慰，龙襄文的思想改造，说明了只有在人民自己的政权下，对于一个人思想上的问题，才是用耐心教育、帮助改造的方法的，这样也真真挽救了一个人。"苏州各界人民抗美援朝代表会议主席团代表徐

---

① 龙襄文：《关于荒谬言论的自我检讨》，《新苏州报》1951 年 2 月 9 日。
② 苏州基督教乐群社负责人张士佳：《乐群社为龙襄文事件向各界声明道歉》，《新苏州报》1951 年 1 月 4 日。
③ 戴雅贞：《龙襄文事件中我的错误》，《新苏州报》1951 年 2 月 10 日。

步最后总结说:"……这次龙襄文事情,说明在人民民主专政下,解决人民内部的错误思想和镇压人民的敌人是有根本区别的,……从这事中,说明共产党、人民政府对宗教自由是坚决维护的。"①

龙襄文自我检讨大会召开后,《新苏州报》发表社论指出:"解决像龙襄文这种反动思想问题,不是依靠简单行政命令或其他急躁办法所能成功的,正确的办法是必须发展教会内的爱国主义思想,以肃清帝国主义特别是美帝的影响,同时驳斥这种思想言论的荒谬性,不允许在人民中散播。"②苏州基督教界的重要人物也撰文发表了感想,程保罗(苏州基督教联会会长)坦言:"这件重大的问题发生后,真给我们苏州基督教一个很好的考验,同时也暴露了教会内部思想上许多的矛盾。事后,在教会中发现了许多不同的反映,例如一般思想较为反动的说我们是'犹大',他们间接看人民政府是当年罗马帝国主义,这种思想是何等的严重,有的人以为是'小题大做'和'失言',有的人不问不闻,表示自己是清高属灵的,甚至有人指斥我们教会代表的控诉是'手臂向外弯',这般人思想的麻痹,受美帝毒素的深度可想而知了,更有一般自称热心爱主的基督徒,他们不加入任何教会,自己却组织了团体,在各方面散布许多不负责任的批评,发出种种与龙襄文同样荒谬的言论。在各界代表会议以后,我们得到了各界爱国人士的支持尤其是政府对于这件事的忍耐和宽大就激励了我们的勇气,同时教会中许多政治认识较高思想较为前进的同工同道,即发动了全市基督教团体联合的声明,订立了基督徒爱国公约,我们决不许可有这样反动的思想和言论留在教会里面。"③施中一(苏州江浙基督教乡村服务联合会干事)指出:"龙襄文的转变虽然由于她肯慢慢地虚心学习,才看见了真理,但若不是群众的力量督促她,帮助她,鼓励她,她自己恐怕还是站在现实世界之外的,心里还是搞不明白的,只有她向群众低了头,和群众结合了起来,她的思想才得摆脱了'魔鬼'的捆绑,她的学习才有这样进步,才得从她

---

① 《深悔散布反动言论严重错误——龙襄文自我检讨并表明今后要站稳人民立场做一个爱国的基督教徒》,《新苏州报》1951年2月9日。
② 《社论:在爱国主义旗帜下团结前进!——评龙襄文事件错误思想的改造》,《新苏州报》1951年2月9日。
③ 程保罗:《通过龙襄文的思想改造全市基督教展开了三自运动》,《新苏州报》1951年2月9日。

的言行上发出'光'来。"① 张贤福（苏州基督教普益社总干事）也强调："改造一个人的思想不是一件容易的事，可是借着人民大众的力量，龙襄文是给改造过来了。当人民大众的政治觉悟提高了以后，教会要是还不进步，但人民却不肯让落伍思想再存在下去的，所以，教会若是要想在这个时代中为基督的真理作见证，它决不能迁就于落伍思想而要站在人民的立场上坚持正义。虽然不能领导社会，至少也不能与社会的现实脱节。"② 丁婉贞（苏州基督教联会妇女工作股股长）号召基督徒妇女们积极帮助龙襄文，不要"存着三从四德的封建观念，以为我们妇女不能干这抛头露面的事。"③

苏州教会对龙襄文的控诉是比较典型的，体现了控诉运动的全面、深入和彻底，从学生揭发、开会批判到自我检讨，整个过程有计划按步骤地进行、无懈可击。正如刘良模在当时考察苏州、无锡等苏南地区基督教状况后所作的全面总结："控诉是与帝国主义展开尖锐的斗争；控诉是要肃清存在在教会里面与我们每个人思想里面的帝国主义毒素。控诉好像挤脓包，挤时有些痛，但是，脓（帝国主义毒素）一挤出来就好。""控诉既是一个斗争，我们就必须要有计划、有步骤地来进行。我们要请政府帮助，并指导我们的控诉运动，因为政府有丰富的与帝国主义斗争的经验。""我们要组织控诉指导委员会，请控诉者先把控诉词写好，在经过审阅修改后，才能正式举行控诉大会。""在控诉之前，我们必须要发动群众，使他们懂得控诉的意义，并鼓励他们检举潜藏在教会里面的帝国主义分子与败类。同时，指导委员会必须仔细审查检举的材料，在认为证据确实后，才可发表。""控诉必须要与深刻的自我检讨结合起来，才能发生最大的效力。控诉与检讨的人必须除去个人顾虑，因为，根据上海缪秋笙先生、竺规身牧师等的经验，自我检讨愈是彻底，对群众的教育意义愈大，也愈会获得教会群众更高的爱戴。""在控诉运动中，会涌现一批新的爱国爱教的积极分子，也会使教会群众的爱国热情与政治认识提高一步。控诉以后，我们就可以通过学习，来训练这些教会三自革新运动的新干部，并使教会群众的

---

① 《站稳立场面对现实虚心学习以实际行动来揭穿美帝阴谋——基督徒施中一对政府处理龙襄文事件的感想》，《新苏州报》1951年2月10日。
② 张贤福：《龙襄文事件处理后的两点希望与感想》，《新苏州报》1951年2月10日。
③ 丁婉贞：《我们基督徒妇女觉悟了》，《新苏州报》1951年2月10日。

爱国爱教情绪与政治认识更提高、更深入。""控诉大会以后，我们应将控诉文摘要地在报上发表，通过各教堂与学习小组，收集群众对于控诉大会的反映。在控诉后，主要干部应举行会议，根据自己的体验与群众的反映，把控诉大会的经验加以总结，发表出来，作为大家学习的资料。"①

六　爱国教徒的心得体会

江苏基督教经过一波又一波的控诉运动，美帝国主义分子及其走狗败类受到了揭露、批判和清算，教会不仅从经济上组织上割断了与美帝的关系，而且信徒们在政治上思想上也逐渐走向爱国爱教的道路。韩文藻在1951年8月24日南京市基督教三自革新代表会议的综合报告中，将当时南京的三自革新运动划分为"三个阶段"：第一阶段是从1950年7月发起三自革新运动开始到1951年4月北京基督教会议为止，"总的说来，在这个阶段中，一般地认识到要爱国，要反对帝国主义，但是由于帝国主义长期麻痹奴化的结果，又竭力破坏三自，因而，表现了教会与教会团体的主持人对三自决心不够，对帝国主义关系的保持着藕断丝连的现象。"第二个阶段是从1951年4月北京基督教会议到1951年6月初南京市基督教的三天控诉大会为止，"在这一个阶段中，帝国主义分子和它的爪牙采取了三个步骤破坏控诉，阻止信徒进步。首先，他们宣传：'我们早就三自，没有帝国主义关系，用不着搞控诉。'等到控诉运动搞起来了，又说：'政府逼迫教会'，'基督徒大难临头。'由于信徒们觉悟提高了，和广大人民的支持，击破了他们的谰言后，他们就改变态度，伪装进步，搞假控诉。但是尽管他们千变万化，爱国的信徒总会识破他们的阴谋，对他们时刻提高警惕的。通过了这一阶段中的控诉运动，我们有什么收获呢？（一）由于教会领袖们在控诉会中大胆地揭发了帝国主义罪行，批判了自己许多从不肯告人的错误思想，不但教育了自己，并且也教育了广大信徒，特别是宋煦伯杀害三千爱国军警的血债事件，使广大信徒认清了帝国主义'传教士'的真面目，从而认清要完成三自革新就得割断帝国主义关系，肃清帝国主义思想影响，也初步地树立仇美、爱国、爱教的思想。（二）认清了政府的宗教政策。由

---

①　刘良模：《搞好控诉与学习、展开苏南基督教革新运动》，《苏南日报》1951年7月9日。

于帝国主义分子和它的爪牙的造谣，在此以前广大信徒对政府宗教政策是怀疑的。但看到政府在处理徐超尘的案件上，再三宽大，给予自新机会，无奈徐超尘坚持反动立场，顽固不化，才在广大信徒纷纷要求下，予以逮捕。政府这样宽大谨慎的态度，不得不使我们感动，使我们深深地认识到政府所反对的乃是潜伏在教会内帝国主义分子及其走狗、反革命分子，决不是爱国的基督徒。"第三个阶段是从1951年6月初南京市基督教三天控诉大会到1951年8月底全市基督教三自革新代表会议为止，"总的说来，在这个阶段中，三自革新运动从教堂外面深入到教堂里面，信徒们对帝国主义利用宗教进行侵略一般的都认识到了。在运动中树立了典型，指出了具体革新方向，替三自革新运动打下了更稳固的基础。"韩文藻在报告中还指出了南京市基督教控诉运动所取得的"两点成绩"和所获得的"五点体会"，"两点成绩"是："首先，广大信徒的觉悟普遍提高了。""其次，部分教会领袖通过了控诉，初步地划清敌我界限。""五点体会"是："第一，我们认识到必须划清敌我界限，站稳立场。""第二，我们认识到爱国爱教是一致的。""第三，我们认识到帝国主义控制下的教会是没有真正的宗教信仰自由的。""我们认识到帝国主义过去一贯地以各种各样的方法利用基督教。""第五，我们认识到要彻底地完成三自革新运动，必须进行教会的民主改革，并且要成立促进三自革新运动的组织。"①

正是在1951年8月底的南京市基督教三自革新代表会议上，成立了基督徒们自己的爱国爱教的组织——南京市基督教三自革新运动促进会，并通过了三自革新运动促进会章程、三自革新的实施方案和全市基督徒的爱国公约。南京市基督教三自革新运动促进委员有二十五人：吴小满、李方训、沈邦彦、李维信、李扬汉、邵镜三、李既岸、吴贻芳、纪文镇、陆景珂、陈鹤琴、童作盐、解祥发、翟美德、郑汝铨、诸培恩、蔡嘉祥、韩文藻、夔孝华、裴宏恩、花琪、陈纳逊、曾浣凌、陈遵实、官希玲。②后来，又确定了南京市基督教三自革新运动促进会各部门人选如下：主席陈

---

① 韩文藻：《南京市基督教的革新运动——在本市基督教三自革新代表会议上的报告》，《新华日报》（南京）1951年8月26日。
② 《本市基督教三自革新代表会议闭幕：三自革新运动促进会成立、通过该会会章及三自革新的实施方案、会议增强了教徒办好自己教会的信心》，《新华日报》（南京）1951年8月27日。

鹤琴，副主席邵镜三、蔡嘉祥，总干事韩文藻。下设四个部：联络部部长陆景珩、副部长翟美德，宣教部部长李扬汉、副部长李既岸，财务部部长郑汝铨、副部长纪文镇，服务部部长诸培恩、副部长曾浣凌。① 江苏省其他各市县也相继产生了基督教三自革新组织，各地涌现了一大批先进的爱国爱教的教会领袖和信徒，他们在基督教三自革新运动、反美帝控诉运动和抗美援朝运动中对新中国的党、政府和人民有了新的认识和感受。

邵镜三（1902～1958），解放后南京教会最活跃的人物之一，他原为中华基督会总干事、金陵神学院董事长，后来又担任南京市基督教三自革新运动促进会副主席。解放前他与美国传教士和国民党政府有直接来往，解放后他的思想有了迅速转变，并成为全国三自革新宣言四十个发起人之一。在谈到他受到美帝国主义分子和国民党反动派利用和毒害时，他特别提到贝德士、毕范宇和蒋介石三个人，他说："贝德士这一个帝国主义分子过去是我的老师，也是基督会的前辈同工，我过去很敬重他，因此他对我的影响也很深；另外还有一个帝国主义分子毕范宇，他们二个人在我思想中散布反苏反共亲美崇美的毒素。由于他们所谓'培养'，我先后到美国两次，得到所谓'博士'学位，回来后被举为中华基督会总干事的职务。学位得到了，职位也提高了，似乎自己很有权力很有地位似的。实际上还不过是做了一个帝国主义的更好的工具而已。什么经济、政策等还不是都掌握在他们手中，我只是忠实地为帝国主义分子执行。……有一次在美国（一九四七年冬）我到毕范宇那里，他给我看战犯张群给他的信，大意说国民党遭遇困难，前途不堪设想，毕范宇要我一起跪下为蒋匪帮反动政府祷告，那时我的祷告是十分恳切的。还有一件事是值得严重检讨的，由于美帝国主义分子毕范宇、董匪显光的介绍，一九四八年八月一日我就到中山门外小红山主领基督凯歌堂落成礼拜，当晚蒋匪蒋婆请我吃饭，第二天中西报纸为蒋匪大吹而特吹，这些材料是美帝国主义最好政治资本。差会还来信恭贺我。当时我还以为很光荣，我现在回想起来，真是痛心，真是可耻啊。解放前这种例子很多的。就到解放以后由于受毒很深，思想上很矛盾，内心斗争很剧烈。"关于解放前后思想上的挣扎和抉择，邵镜三写道："在南

---

① 韩文藻：《基督教三自运动促进会各部人选已确定》，《新华日报》（南京）1951年9月15日。

京解放前我曾经想搬到杭州或长沙，我怀疑共产党。四月二十三日南京解放的那一天，我有一种说不出来的错综复杂的不安情绪，用怀疑的眼光看那些穿着黄制服的人民解放军，四月二十四日上午我到鼓楼堂讲道，看见解放军相当顾忌，也特别改讲基督徒应当喜乐的道理。有一次在南京写了一份英文信给差会，虽然我赞扬解放军的纪律和人民政府的廉洁，因为这些实实在在是我亲眼所见的事实。但最末一句，我说：'无论如何教会必须存在，即使受逼迫也必须存在。'有什么逼迫呢？就是中了贝德士《宗教自由》那本书和他一贯的反共言论的毒素。记得南京市一届一次人民代表会议召开的时候，我没有被邀请，心中暗暗的想是不是人民政府也不信任我。就在我参加了一届二次人民代表会议时，看到市长，总想躲开，免得多麻烦，问这样，问那样。不可否认当时在认识上在感情上与自己的人民政府是有距离的。去年五月我在上海听到基督教访问团说：周总理为了宗教问题和教会领袖谈到了深夜四时。一国的总理对宗教问题这样关心使我大受感动。去年十一月市协商委员会召开座谈会市长恳切的谈话，石部长'讲道理，交朋友'的意思，又一次唤醒了我，使我看到政府对教会的关心，对我们的帮助，我不但口中拥护我们自己的政府，我心中就这样爱。"在谈到抗美援朝运动和三自革新运动时，邵镜三说："轰轰烈烈的抗美援朝爱国运动教育了我，志愿军代表的报告感动了我，使我更认清美帝种种罪行，我开始仇恨美帝。当麦克伦（基督会美国传教士）回国时，虽然麦的妻子在我面前还流着眼泪，我却毅然决然地对他们说：'没有信件来往，不要经济补助，也不写一份报告，我们也不再是什么朋友，我仇恨美帝！'……我那时也不懂为什么搞好教会三自革新运动，是基督徒抗美援朝的具体表现。把三自革新和抗美援朝截然分开。北京基督教会议后使我懂得了教会三自革新，就是割断基督教与帝国主义的关系，是一个与帝国主义很尖锐艰苦的斗争。"在总结解放后一年半中内心的痛苦时，邵镜三说："解放后的一年半中我的思想十分矛盾，过去受毒太深，因此很多时候就以怀疑的眼光，看自己的政府，中了帝国主义分子的宣传感到没有办法，只得做两面人，公开场合上应付一番话，心底里另外有一套想法。一年半双重人格的生活，我感到痛苦！可耻！"在讲到思想彻底转变后内心的感受时，邵镜三写道："我如今站稳了立场，痛恨过去，丢了过去罪恶的包袱感到舒服痛快！我决心要在毛主席的旗帜下搞好三自革新的教会而奋斗到底！我也诚恳地希望过去像我一样受毒很深的同工同道们，快快觉悟过来，站稳人民立场，彻底肃清帝国主义思想，坚决割断与帝国主义的关系！"①

吴贻芳，金陵女子文理学院院长，南京市基督教三自革新运动促进会委员。吴贻芳承认，她以前曾被帝国主义利用并成为其有效工具，她检讨说："我要控诉自己让美帝国主义通过了金陵女大校长的地位麻痹了我，培植了我做了一个合乎他们所需要的有效工具，这就是说我在客观上做了他们要求我做的事，而我在主观上还以为我在办女子教育。简要的说来在金陵女大的编制上，我是校长，好像是我有责有权的，但是实际上，我受到很大的牵制。我承继了一套教会学校的制度，一切重要事务如行政、教育等等均有各种委员会处理，而每个委员会上都有外国教员作委员，她们一向坚持她们的主张，因此就操纵了一切的决议。比如教务主任是蔡路得，多数的系主任都是外国教员，所以在业务上完全抄袭了美帝的一套，就这样地传播了亲美崇美思想。"吴贻芳还提到自己起初对共产党的宗教信仰自由政策确实有怀疑，但后来放心了。她说："我还记得在第一次与饶漱石主席、刘伯承将军、陈毅将军等谈话时，我就说我们教会学校因中共公布宗教信仰自由，都愿意继续办下去。这明明地反映了我内在的疑惑，所以特别肯定地指出这种条件，后来军管会的文教局成立了，对我们教会学校唯一的指示只是取消几项反动政府的规定，如纪念周、三民主义和军训等，才放下心。"谈到她思想的改变和今后的打算，吴贻芳写道："我要否定以往的一切，我要在现有的政治认识上更向前迈进；坚决地站在人民立场，分清敌我，以高度的爱国热情和美帝国主义斗争，肃清美帝残余文化的余毒，揭开它假宗教的面具，搞好我们的三自爱国运动，使基督教成为人民的宗教事业；做好改造我们学校的工作，使它成为人民的大学，向美帝国主义作一个有力的回击。"②

韩文藻，原为南京市基督教协进会总干事，后任南京市基督教三自革

---

① 中华基督会总干事邵镜三：《我控诉贝德士并检讨自己》，《新华日报》（南京）1951 年 6 月 8 日。

② 金陵女子文理学院院长吴贻芳：《我的控诉和检讨》，《新华日报》（南京）1951 年 6 月 8 日。

新运动促进会总干事。在学习了政务院郭沫若副总理《关于处理接受美国津贴的文化教育救济机关及宗教团体的方针的报告》后,他谈到了自己的心得体会。首先,他表示对新中国充满了无限的热爱,他说:"新中国是多么伟大,多么可爱,全世界爱好民主和平的人民,都为她的新生与壮大而歌颂,而欢欣,如果在这样的国家里,还留着一条帝国主义的尾巴,是多么的不相称!我们宗教工作者对政务院的决定,引用一位中华基督教会牧师的话来说:是一百二十万分的拥护。中国的教会也只有断绝了美国的津贴,才能激发信徒们爱护教会的热忱,建立中国本色的教会与人民自己的宗教。"其次,他指出,割断与帝国主义的关系,不仅是经济上的,更要从思想上根除帝国主义的影响,他说:"也有少数同工把问题看得事务化了,太多地注意请求冻结银行存款的办法、手续等。或者有些同工认为不依靠美国津贴,实行自立就了事了,而忽略了报告中'把一百余年来美国帝国主义对中国人民的文化侵略最后地、彻底地、永远地、全部地加以结束'的基本精神。一位年青的学生工作者说得对:我们要自主,也要抗美援朝;无论在思想上或在事工上,都要贯彻抗美援朝的精神。"最后,他号召基督徒要深入开展爱国爱教运动,要拿出实际的行动来,他说:"政务院的决定,对每一个信徒是一个考验,圣经上记载着:'一个人不能侍奉二个主,奉上帝又奉玛门。'基督徒是信靠上帝的,不是信靠美金的,毫无疑问,目前教会团体经济上的困难是有的,但我们并不因此而悲观,相反地应凭着信心,'努力面前,向着标竿直跑',本市基督教协进会正副主席邵镜三、沈邦彦二位牧师也号召全体信徒向共产党人学习克服困难的精神。目前我们要生产节约,艰苦奋斗,并且要认真学习以便把握时代的精神,向前迈进。我们应把学习推广及每一个教堂和教会团体去。希望至少每一单位的工作人员与堂董事负责行政者,好好地学习政府政策,提高自己的政治认识,为实现政务院的决定而奋斗。"[①]

程保罗,苏州市基督教联会会长,苏州市教内教外各种会议的主要代表。在1951年3月苏州市各界人民代表三届二次会议上,程保罗代表宗教界发言说:"我们基督教、天主教、回教、佛教、道教的六位代表,忠诚地

---

① 南京基督教协进会总干事韩文藻:《从政务院的决定说起》,《新华日报》(南京)1951年1月12日。

拥护尤旭副主席、谢孝思秘书长、王东年市长、陶叔南副主席和李凌同志的报告,并决心拿出我们爱国的实际行动,为执行本届会议的一切决定而努力。……基督教已决心割断与美帝的一切联系,争取教会自传自治自养,洗去历史上所有的污点,修正励行爱国公约,更深入广泛地展开抗美援朝反对美帝武装日本的爱国运动。"① 在1951年4月苏州市各界人民代表三届二次会议协商委员会扩大会议上,程保罗发言说:"我们宗教界认为政府严厉镇压反革命活动是合理合法合情的,并且完全切合人民群众的要求,合乎我们宗教界的正义的。宗教的宗旨就是要普救众生,牺牲小我拯救大我。我们人民越胜利,美帝国主义和反革命分子一定不甘心他们的死亡,他们用各种方法,阴谋破坏我们人民的胜利果实。我们宗教界坚决协助政府,提高警惕严厉镇压反革命活动。"②

施中一,苏州江浙基督教乡村服务联合会干事,苏州基督教界比较活跃的人物。他自述自己的信仰经验和工作热情时说:"我是一个基督徒,虽然'灵程'还是很浅,但我常常自勉,也愿意人家来策勉我,使我能做一个真正的基督徒。因此,为着遵行耶稣'服事人'的宝训,我拥护人民政府种种正义的、为人民利益的号召。我不断地到各地乡间去,尽我一点知识、能力和爱心,在土改中,协力帮助农民,完成这件农民翻身的大事;我又介绍优良的种子和科学方法,帮助农民提高生产。在保卫和平运动中,我去经解和平签名的意义,使乡村信徒都来响应。在夏征秋征中,在农会的整理期中,我鼓励乡村信徒,热心而公正地参加服务。"关于对新中国的认识和感受,施中一不无感慨地说:"现在的中国,真正是千万人民多少年牺牲奋斗所建立起来的人民自己的国家,你无论献出一点极少的人力、财力,都归之于全国人民的利益,可以说有史以来,我们的国家从没有这样有组织力、这样欣欣向荣、这样接近'天国'的临格。这样一个新中国,真是叫人越想越爱。"③ 1951年4月16日至21日,施中一代表江浙基督教

---

① 《苏州市三届二次各界人民代表会议代表发言:宗教界代表程保罗发言》,《新苏州报》1951年3月9日。
② 《三届二次各界代表会议协商委员会扩大会各界代表发言:宗教界代表程保罗发言》,《新苏州报》1951年4月25日。
③ 齐门外基督徒施中一:《反美爱国运动中的基督教徒应坚决站稳中国人民的立场——龙襄文诬蔑爱国运动为魔鬼指使、其实她自己正是受了魔鬼的捆绑》,《新苏州报》1951年1月4日。

乡村服务联合会参加了在北京召开的接受美国津贴的基督教团体会议，他"感到非常的光荣与兴奋"。郭沫若副总理、统战部李维汉部长等中央领导与代表们亲切攀谈，施中一写道："我们在六天半当中，天天和首长们、工作同志们在一起，不是开会商讨，便是随便闲谈，不但增进了友谊，而且加强团结，一种融洽团结的心情，不是笔墨可以描述。"① 从北京回来后，他积极热心地传达和宣传北京会议的精神。

吴润宇，苏州景海女师的一名普通青年学生，基督徒。她有一位同学好朋友姚翊云，解放后积极要求加入青年团，吴润宇说："我看到这情况很生气，阻止她，讽刺她，打击她。但是她坚强的意志，并不因为我的阻挠而动摇，终于她参加了团。从此，我就更歧视她，甚至蔑视她。大家谈起国家人民的事来就发生争执。她说苏联好，我硬说美国也不差。她说美国是纸老虎，我说美国武器好。她说毛主席是伟大的中国人民领袖，我说这并没有什么了不起。这样，我们在思想上的距离越来越远了。因为她常常照顾到小组和班级活动，使我觉得苦闷与孤独。并为失了一个好朋友而非常感伤。"不过，在姚翊云同学的耐心说服和帮助下，吴润宇同学的思想有了新的认识和重大转变，她说："我以前受欺骗受利用而自己不知道，无形之中做了美帝的代言人，为美帝辩护，把毒素很快的传染给别人，更自以为清高聪明，是站在'第三者立场'。现在知道，这完全是错误的。立场只有两个：一是帝国主义的立场，一是人民的立场。根本就没有'第三者立场'。我是不是愿意站在自私自利，以吸血为生的帝国主义的立场上去？不！我爱祖国，我爱正义，我要坚决站在人民的立场上去！我痛恨以前批评团员盲目一边倒的荒谬言论。现在我找到了解答：'我们应该一边倒'，因为真理只有一个，我深深地感到毛主席和共产党是伟大，他把我从火坑中救出来，更指点了我正确的道路。……因此使我知道基督教徒和青年团员在信仰上虽有些不同，但我们都是祖国的好儿女，都是热爱祖国的，更都是爱好和平的，为了抗美援朝，为了保家卫国，为了争取世界持久和平，我们应当打破一切隔膜，在争取自由幸福和平的旗帜下，团结得更紧密。因此我们这次的紧密的团结在一起，显然与以前是不同了。我们的友谊不

---

① 施中一：《光荣和兴奋——出席接受美国津贴的基督教团体会议后》，《新苏州报》1951 年 5 月 27 日。

仅建筑在学习上，更建筑在工作上，建筑在热爱祖国、建设祖国的共同目标上。"①

过良先，无锡市基督教联会主席，圣公会代表。他经常在无锡市大大小小的宗教会议上，"号召各堂基督徒，应秉着十字架牺牲精神，以实际的行动来响应一切爱国运动的号召。"② 1951年3月2日，无锡市接受外国津贴及外资经营之文化教育救济机关及宗教团体专门登记处邀请了无锡市各有关的宗教团体和文化教育机关负责人及无锡市各群众团体代表共二十八人举行了座谈会。在政府相关领导讲话后，过良先发言说："过去我们宗教界想自立，但帝国主义不让我们自立，今天我们在人民政府的领导下，人民政府鼓励和协助我们自立，这是我们宗教界摆脱帝国主义关系的最好机会。我深信新中国的教会在走上革新的道路上是一定有前途的。"在这次座谈中，圣公会的杨四箴先生、圣公会普仁医院院长张玉寿、卫理公会南门牧师张景一、浸礼会高石麈、安息日会郁从耶等也相继发言。③ 在镇压反革命运动中，过良先等爱国教友也积极响应，他认为："一切虔诚的基督徒，依据教义，不但自己要做个良善的教友，更应彻底反对害国害民的反革命分子，因此惩治反革命，不但出于人民爱国的要求，也合乎基督教义上除恶务尽的严正态度。我们爱国爱教的人民，都应当认识镇压反革命的重要性，勇敢地、负责地检举揭发隐伏的反革命分子，肃清残余的祸根，协助人民政府完成抗美援朝保家卫国的伟大任务，这也是基督教徒爱国爱教应尽的天职。"④ 无锡圣公会的杨福镛、邵鸿达教友也表示要爱国爱教就要检举揭发破坏三自运动的反动分子。⑤ 1951年国庆节，过良先给《苏南日报》写信表达自己的爱国之情，他说："新中国诞生的光辉奇迹，和两年

---

① 景海吴润宇：《我和我的朋友姚翊云》，《新苏州报》1951年1月8日。
② 《锡市基督教联会讨论扩大抗美援朝运动、吸收所有教会学校医院爱国人士参加》，《苏南日报》1951年1月18日。
③ 《锡市接受外资机关团体专门登记分处邀请宗教界等人士座谈、会上宗教界一致表示坚决与帝国主义割断联系实行革新运动》，《苏南日报》1951年3月6日。
④ 无锡圣公会过良先：《惩治反革命是合乎人民爱国的要求和基督教的教义的》，《苏南日报》1951年4月9日。
⑤ 无锡圣公会杨福镛：《基督徒应该热爱祖国和人民，坚决抗美援朝，拥护和协助镇压反革命！》、无锡圣公会邵鸿达：《教友们要反对美帝侵略，实行三自革新运动》，《苏南日报》1951年4月9日。

来各项伟大的成就，老实说，这是我从前想不到的，或者也是很多人从前想不到的。我是一个基督教的牧师，而且担任了三十余年的教会工作和牧师职务，近两年来，受了新中国的抚育和共产党的教育，使我深深的认识到祖国的伟大可爱，认识到新中国的光明前途。"① 另外，无锡基督教界的妇女们也积极成立学习小组，深入地进行爱国主义教育，激起姐妹们的爱国热情，她们不仅会唱《我爱中华美地》，而且能真正体验到祖国的可爱。②

沈亚伦，中华基督教会江阴区会牧师。1951年4月5日至6日，沈亚伦参加了常州区接受外国津贴之宗教团体会议，之后，他特别写了一篇大会观感。他说："首先我对人民政府有了正确的认识。以前我一想到唯心与唯物、有神与无神，总恐怕彼此观点不同，难和政府接近；又想到我们是曾接受外国津贴的传道人，会不会在今天受到爱国主义者的排挤？但是人民政府不是那样对待我们，相反，却相处得一家人一样。像登记处秦处长他们个个和蔼可亲，对我们详细解释了人民政府的宗教政策，指出爱国和爱教是一致的，大家在爱国主义的旗帜下是会更好地团结合作的。开幕那天，许多团体来献花。另外又设宴招待我们。我在筵席上致辞说：'我们犹如被外国骗子抛下来的孤儿，现在大家又回到祖国的怀抱中了，正像圣经中说的浪子回家，欢聚一堂，何等高兴。'这些话表达了我的心声，以前存在的顾虑已消除了。其次，我明白了教会的任务。以前受外国教士的麻痹，只爱天国，莫谈国事，以为自己清高，高人一等。虽然我们有时也想：'是不是一做了牧师神父，就该抛弃祖国呢？'但对于爱国这个问题是很模糊的，而经过这次会议却弄通了。外国教士叫我们莫谈国事，不过是便于帝国主义者进行侵略而已。每一个教徒应当爱自己的祖国，今后教会不但要彻底实行三自运动，和美帝割断一切联系，同时要积极遵守政府法令，和群众打成一片，不再走过去的歧途。正如教友芮昌国所说：'从前要爱国只

---

① 中华圣公会无锡圣十字堂过良先：《我们教徒要在反帝爱国的旗帜下前进》，《苏南日报》1951年10月2日。
② 无锡市基督教妇女：郑忍安、史凤梧、马竹湘、邱清容、吴维俊、姜美丽、程蓉葆、盛逢箴、戴颂一、钱忠信：《纪念"三八"要努力推行三自运动》，《苏南日报》1951年3月8日。

是流泪祷告，而现在有了具体方案，只要在人民政府正确领导下行动是不会错的.'"他又进一步指出："通过这次会议，使我们对外更坚强了反美的决心。毛主席教育我们清醒过来，我们懂得爱教必先爱国的真理；懂得保家卫国必先抗美援朝的真理；懂得保卫世界和平必先反对侵略战争的真理。"①

第三节　从教会大联合到教堂聚会停止

　　1950～1956年的基督教三自爱国运动和反美帝控诉运动基本上肃清了教内的帝国主义分子和反革命分子。1957年的"反右派斗争"基督教内又有一些"右派分子"被揪出来。1958年教牧人员接受"社会主义教育"学习，并要求投入劳动生产中，同时，教会普遍实行了联合礼拜。1966～1976年"文化大革命"期间，部分教牧人员受到迫害或下放劳改，教堂被红卫兵冲击直至被占或关闭。

　　从1950年开始，各地"三自会"的相继成立已经显露宗派联合的端倪，教会学校、教会医院等基督教单位逐渐收归政府管理，各地神学院的合并，特别是南京金陵协和神学院的成立可以看作是宗派联合的第一步。

　　解放初期，华东地区有十一所神学院（包括圣经学院），即上海圣公会中央神学院、上海浸会神学院、杭州中国神学院、南京金陵神学院、无锡华北神学院、济南齐鲁神学院、漳州闽南神学院、福州协和神学院和宁波三一圣经学院、镇江浸会圣经学院、济南明道圣经学院。此时，各地神学院处在半停滞状态，教学工作急待走上正轨。1950年8月25日，在中国基督教抗美援朝三自革新运动筹备委员会的领导和支持下，华东区神学教育座谈会在上海召开，经过五天的讨论，作出了华东地区十一所神学院在自愿基础上联合办学的决定，起草了联合草案，并成立了华东区联合神学院筹备委员会。这十一所神学院原由十五个大公会合办或独办，神学观点和礼仪制度上存在差异，为了相互尊重，组成了有广泛代表性的董事会，委

---

① 中华基督教会江阴区会沈亚伦：《我的收获》，《苏南日报》，1951年4月20日。

员有吴耀宗（主席）、崔宪详、陈崇桂、邵镜三（以上副主席）、李储文（书记）、丁光训、毛克忠、王梓仲、艾年三、江长川、李天禄、李汉铎、吴高梓、吴贻芳、周清泽、竺规身、陈见真、韦卓民、张光旭、戚庆才、黄培永、贾玉铭、邓裕志、刘良模、鲍哲庆、谢永钦、韩文藻二十七人，董事会还设立了由吴耀宗等十三人组成的常务委员会。董事会规定联合神学院的宗旨是："培养灵命，研究圣道，提高爱国主义的觉悟与认识，为新中国的基督教会造就各种工作人员，传扬福音，服务人民，推动三自革新运动。"并提出联合神学院的总则是："一、本院以中国人民政治协商会议共同纲领为依据，努力贯彻爱国主义教育；二、本院接受中国基督教抗美援朝三自革新运动委员会和各委员会的领导；三、本院对于神学观点上的差别以及各教会在信仰、制度、组织和仪式上的传统特点采取互相尊重的原则。"1952年11月1日，华东区联合神学院——金陵协和神学院在南京莫愁路汉中堂举行成立典礼，华东区宗教事务处罗竹风处长，南京市文教委金善宝主任，南京市宗教事务处汪大年处长，基督教领袖吴耀宗、崔宪详、江长川、竺规身、谢永钦、戚庆才、陈鹤琴、邵镜三、史信三等亲临致辞。12月10日至12日，董事会在上海举行首届会议，推选丁光训为院长，诚质怡、丁玉璋为副院长。金陵协和神学院除了进行正常的教学工作外，特别注意神学研究，并成立了由正副院长、副教务长陈泽民、图书馆馆长林光荣、学委会主席徐如雷，教授王治心、谢景升、臧安堂、高天锡、赵鸿祥、陈淑虔、沈子高等十四人组成的神学研究指导委员会，沈子高任主席，陈淑虔任书记。在南京市基督教三自革新运动促进会的支持下，金陵协和神学院还成立了三自革新运动促进会支会，由徐如雷任主席，韩彼得任副主席，秘书组有张爱群、张丛静等人，学习组有俞爱奉、陈能标等人。神学院是要体现"协和"精神，而不是统一信仰。1955年神学院有97位学生，来自浙江24人、广东16人、福建20人、山东6人、江苏14人、安徽5人、江西3人、辽宁、陕西各2人，湖北、河南、贵州、云南、黑龙江各1人；所属的教会有：中华基督教会31人、中华圣公会18人、浸礼会及浸信会共13人、卫理公会10人、内地会4人、自立会4人，循道会及中国布道会各3人，基督徒聚会处、使徒信心会、灵工团各2人，贵格会、地方性自立会、伯特利教会、基督会、圣洁会各

1人。① 1958年受"大跃进"影响，所有神学院停课三年。1961年开始复课，此时"三自会"决定将燕京协和神学院并入金陵协和神学院，北京仍留下一部分同工成立一隶属于金陵的研究室。1965年，这个研究室也合并到南京。②

对于金陵协和神学院前三十年（1951~1981）的历史，陈泽民回忆说："1952年在吴耀宗先生领导下，在上海召开中国基督教华东地区神学教育回忆，决定华东地区12所神学院校联合，成立金陵协和神学院，当年11月1日在南京开学。院长是丁光训主教，副院长是原华北神学院院长丁玉璋和原金陵神学院院长诚质怡博士。设有圣经课、本科、研究科和教牧进修班，共办了6年。现在在全国基督教两会的一些领导人如曹圣洁牧师、季剑虹长老、沈承恩牧师等，都是当时的学生。1957年'反右运动'，部分老师和同学被打成'右派'，运动过后停课3年（1958~1960），部分老师到栖霞山红叶林木场参加劳动。到1961年复课，金陵协和神学院复课，只有本科（学生20名）、研究科（学生名：沈承恩和孙务纯）和'教牧班'两期，每期一年，学员100名。这样又办了5年。1966年'文化大革命'开始，1967年8月又第二次停课，这一停停了15年。一部分师生和教牧人员到新疆转业参加各种工作，后来一部分人员留在新疆，另有少数先后回来。以上两次开学和停课，都是受到1957年以后在全国逐步发展起来的极'左'政治路线的影响，受到冲击，是在极不正常是情况下发生的。"③

1958年在全国掀起"大跃进"、人民公社运动的同时，中国基督教教会也进入了一个重组时期，普遍实行教会大联合。当时各省市基督教工作人员在"社会主义学习会议"上，纷纷订立"爱国公约"，内容除了制止"医病赶鬼、自由传道和家庭聚会"外，并提出要在政府和三自会的领导下，对教会内部机构进行整顿。其要整顿的问题主要涉及两大方面：一是

---

① 渊湛：《金陵协和神学院的创办》，载中国人民政治协商会议江苏省委员会文史资料委员会编《近代江苏宗教》（《江苏文史资料选辑》第38辑），1990，第275~281页。
② 赵天恩、庄婉芳著《当代中国基督教发展史：1949~1997》，中福出版有限公司（台北），1997，第156~157页。
③ 陈泽民：《我还有话说》（本文是作者2010年在金陵协和神学院的演讲稿，作者略加补充），《金陵神学志》2013年第2期（总第95期），第4页。

改变教会团体的机构臃肿、人浮于事等现象，节省人力物力，服务于社会主义建设；二是改变教会宗派林立、易于分裂、教堂资源浪费的现象，实行联合礼拜，让出多余房屋，支援社会主义建设。其具体的做法有：1. 关于组织机构方面——将原来各教会的委员会、执事会、理事会等属于行政事务的机构，一律停止，有关教会的行政事务，统一由三自会管理。2. 关于教会的仪节、规礼、制度等方面——（1）统一崇拜，各教会不强调自己的崇拜仪式。（2）崇拜时，采取统一的诗歌。（3）对各教会讲解圣经的书刊，进行审阅、批判，有"毒素"的一律剔除。对外来书刊一律进行批判接受。（4）不再讲"末日"以及"虚空"等超世、消极悲观的道理。（5）不强调"信与不信"的婚姻问题。此外还有一些特别要求，比如：1. 各堂经济实行统筹统支，各堂奉献均上交"三自会"，教会工作人员不得私下接受信徒奉献。教牧人员的工作，由"三自会"统一安排。2. 肃清帝国主义私下毒素，决不唱消极悲观、厌世的诗歌，不看国内外一切反对书刊。教会长老、执事、义工、信徒、教牧同工一概不做"医病赶鬼"的事，拒绝为任何病人祷告。3. 一切宗教活动和宗教意识应在教堂内举行，堂外一律停止。在抢种抢收大搞积肥以及农忙期间，礼拜暂停。[1]

江苏基督教同全国一样，教堂和信徒的数量在逐渐减少。1949年解放前夕，江苏约有基督教徒41500人，教堂545所。到1958年"献堂献庙"后，江苏只保留了95所教堂，进堂礼拜人数约30000人。[2]

1951年时，南京基督教共有20个教派，教堂和聚会点50余处，教徒4820人，教会工作人员352人，其中中国籍教牧人员79人（牧师41人，传道38人）。1951年8月南京市基督教三自革新运动促进会成立（主席陈

---

[1] 赵天恩、庄婉芳著《当代中国基督教发展史：1949~1997》，中福出版有限公司（台北），1997，第107~111页。
[2] 江苏省地方志编纂委员会编《江苏省志·宗教志》，江苏古籍出版社，2001，第244页。原文"1958年……江苏……进堂礼拜人数约3000人"，疑有误，因此时南京市信徒就有3000人，故江苏省进堂礼拜人数可能为30000人。又该书第478页附录"解放后江苏各宗教基本情况表"中有关基督教（新教）的统计数字：1950年教堂734所、教牧人员782人、信徒5万余人；1959年教堂174所、教牧人员370人、信徒4.25万余人；1980年教堂12所、教牧人员100人、信徒12万余人；1992年教堂1370所、教牧人员307人、信徒64万余人。

鹤琴，副主席邵镜三、蔡嘉祥，1954 年改名为南京市基督教三自爱国运动委员会）。到 1958 年，南京市经常开放的教堂有 4 所，即太平路圣保罗堂、莫愁路汉中堂、山西路灵光堂和中央路堂，教徒约 3000 人。①

1949 年，苏州有教堂 14 所，分堂和布道所 9 处。1952 年签名支持三自爱国革新运动者有 1174 人。1955 年苏州市基督教三自爱国运动委员会成立（主席陈王继善，副主席姚天惠、杨镜秋等 3 人）。1958 年有信徒 2278 人。1959 年保留了宫巷堂、养育巷使徒堂、救世堂和民治路使徒信心会堂 4 处，每周参加礼拜者 350 人左右，此时信徒总人数 645 人（男 202 人，女 443 人）。②

1950 年，徐州教会热烈响应三自革新运动，95% 的信徒签名。1954 年 9 月，徐州教会派代表 12 人赴南京参加了省宗教局主办的三自爱国学习活动。1956 年 5 月，徐州市基督教各派及城乡传道人 82 人举行会议，并成立徐州市三自爱国筹委会，同年 12 月 26 日至 28 日，徐州市基督教举行第一届代表会议，参加代表 116 人，会议制定了《徐州市基督教三自爱国运动委员会章程》，选举 33 名委员，主任委员王恒心，副主任委员吴鹤云、潘水如、沈克强、顾亚东。1959 年，徐州市基督教五个教派，八处教堂，合并到淮海西路礼拜堂，实行联合礼拜，南关及其他教堂均停止宗教活动。③

1951 年 5 月 23 日，清淮区抗美援朝三自革新运动促进委员会在泗阳成立，标志着淮安地区教会走上了三自爱国道路，当时全区有 3838 名基督徒响应签名运动。1953 年 4 月，在清江浦的同庆街耶稣堂召开了基督教代表会议，会议决定保留各教派的名称、仪式、习惯，但必须统一在"三自革新运动促进委员会"的领导下。1954 年，"清淮区基督教抗美援朝三自革新运动促进委员会"更名为"淮阴地区基督教三自爱国运动委员会"，选举孙廷飏为主席，庄献稣、张权、费苏等为负责人。1957 年，淮安地区有基督教堂点 208 处，传道人员 188 人，其中牧师 11 人，专职传道 67 人，义工传

---

① 南京市地方志编纂委员会办公室编《南京简志》，江苏古籍出版社，1986，第 861~862 页。
② 参见苏州市地方志编纂委员会编《苏州市志》第三册，江苏人民出版社，1995，第 1143、1146、1151 页；金丽琴编《历年来牧师回忆汇编》（内部手稿资料），苏州市基督教三自爱国运动委员会（协会），1996。
③ 《徐州基督教会》，《江苏基督教》（内部资料）2011 年第二期（总第 106 期），第 18~19 页。

道 110 人，信徒约计 17600 人。①

此外，镇江市基督教三自革新运动促进会成立于 1952 年，主席张志清，副主席胡士辉等 4 人，1954 年更名为镇江市基督教三自爱国运动委员会。扬州市基督教三自爱国运动委员会成立于 1956 年，主席于冠群，副主席谢颂三等 3 人。无锡市基督教三自爱国运动委员会成立于 1956 年，主席过良先，副主席蒋恩光等。常州市基督教三自爱国运动委员会成立于 1963 年，主席毛吟槎。1958 年 5 月 13 日，江苏省基督教三自爱国运动委员会在南京成立，选举丁玉璋为主席，副主席为姚天惠、孙廷飚、韩文藻。②

小　结

从新中国成立后到"文革"期间，江苏基督教的发展处在一个急剧转型和日益衰弱的阶段。从 1949 年至 1954 年，中国基督教基本上完成了从组织上、经济上和教义上的自强独立，摆脱了对西方教会的依赖，割断了与美帝国主义的关系，这无疑是中国教会在新的历史时期走向进步和逐渐成熟的一个标志。1957 年之前的基督教，尽管有一些"属灵派""美帝派""非三自派"被打成反革命分子，但这一时期基督教还处在一个正常有序的发展阶段；1957 年之后，教会的各项事工断断续续走入低谷，但这不意谓着基督教信仰的消失或湮灭。其实，"文革"期间基督教界所遭受的损失或破坏与其他领域所遭受的损失和破坏是相伴而生的，还不能得出"文革"的主要矛头就是彻底消灭宗教的结论。

---

① 《淮安基督教会》，《江苏基督教》（内部资料）2011 年第四期（总第 108 期），第 15~16 页。
② 江苏省地方志编纂委员会编《江苏省志·宗教志》，江苏古籍出版社，2001，第 255~257 页。

第四章 基督教的复兴
——改革开放以来江苏的基督教

1976年,"文化大革命"结束,党的宗教信仰自由政策逐渐恢复和落实。1979年春之后,全国各地三自爱国运动委员会重新开始运作,过去的教堂陆续开放,教牧人员被平反和重新起用。[①] 1980年2月25日至3月1日,全国基督教三自爱国运动委员会常委扩大会议在上海召开,决定恢复印刷《圣经》和出版《天风》杂志,重开金陵协和神学院,会议还发表了《告全国主内弟兄姊妹书》,强调要"进一步开展和加强我们的三自爱国运动"[②]。1980年10月6日,继1954年和1960年先后举行的第一、第二届基督教全国会议,第三届基督教全国会议在南京召开,会议修改了中国基督教三自爱国运动委员会章程,选举丁光训为中国基督教三自爱国运动委员会主席,并成立全国性的教务机构——中国基督教协会,选举丁光训为会长。[③] 1982年3月31日,中共中央印发了第十九号文件,即《关于我国社会主义时期宗教问题的基本观点和基本政策》,总结了1949年以来党和政府在宗教问题上的历史经验,1982年修订的新宪法充分肯定了公民宗教信仰自由的权利。1991年2月5日,中共中央、国务院下发了《关于进一步做好宗教工作若干问题的通知》(即中发1991年6号文件),第一次正式提出"使宗教与社会主义社会相适应"的说法。[④] 之后,党和国家领导人及教会领袖,不断地鼓励和号召信教群众在改革开放的大潮中,为促进社会和

[①] 参见赵天恩、庄婉芳著《当代中国基督教发展史:1949~1997》,中福出版有限公司(台北),1997,第276~279页。
[②] 参见赵天恩、庄婉芳著《当代中国基督教发展史:1949~1997》,第313页。
[③] 姚民权、罗伟虹著《中国基督教简史》,宗教文化出版社,2000,第280页。
[④] 参见赵天恩、庄婉芳著《当代中国基督教发展史:1949~1997》,中福出版有限公司(台北),1997,第302~310、548~565页。

谐与世界和平贡献力量。

第一节　江苏各市县教堂的恢复和兴建

　　1949 年解放前夕，江苏约有基督教徒 5 万余人，教堂 545 所。1958 年 5 月 13 日，江苏省基督教三自爱国运动委员会在南京成立。1966 年全省信徒数约为 7.6 万余人。1980 年教堂 12 所、教牧人员 100 人、信徒 12 万余人。1980 年 12 月，江苏省基督教三自爱国运动委员会在南京召开第三届代表会议，选举韩文藻为主席，韩彼得等为副主席。同时成立江苏省基督教协会，选举蒋佩芬为首届会长，韩彼得等为副会长。至 1985 年年底，全省开放的教堂达 53 所，聚会点在 1000 个以上，信众在 25 万人左右，其中 1/4 为青年。① 到 1992 年，江苏省已开放的基督教堂及简易活动点 1370 处，信众约 64 万人，教牧人员 307 人，义工约 2000 人，神学院 1 所。到 2012 年，全省信徒人数已超过 180 万人，登记堂点 4457 处，教牧人员和义工传道 5638 人，其中牧师 240 多人、长老 403 人，全省有 13 个市基督教两会和 78 个县（市、区）三自爱国会。② 从 1992 年到 2012 年的 20 年里，江苏省基督教堂点（从 1370 处增至 4457 处）、教牧人员（从 2307 人增至 5638 人）、信众（从 64 万人增至 180 多万人）分别增加了大约 2~3 倍，可以说真正进入了教会复兴和福音广传的阶段。不过，江苏基督教信仰者 80% 集中在徐州、淮安、盐城、连云港、宿迁等苏北地区，以农村信徒为主，年龄偏大，文化偏低。③ 目前全省信徒人数以每年 3%~4% 的比例增长，预计未来 20 年全省信徒总数占全省总人口比例不会超过 6%。④

---

① 《江苏教会近况》，《桥：中国教会动态》（香港）1985 年第十四期，第 3 页。
② 江苏省地方志编纂委员会编《江苏省志·宗教志》，江苏古籍出版社，2001，第 245、255~256 页；《江苏省基督教概况》，江苏民族宗教网（http://www.jsmzzj.gov.cn/art/2013/6/19/art_49_31330.html）。
③ 参见吕朝阳《苏北农村基督教发展现状及其原因分析》，《南京师大学报》（社会科学版）1999 年第 6 期，第 41~46 页。
④ 张全录：《江苏基督教现状及发展趋势》，《唯实》2010 年第 3 期，第 83~84 页。至 2010 年 11 月，江苏省总人口为 7865 万，见江苏"龙虎网"（http://news.longhoo.net/2011-12/13/content_7880490.htm）。

一　旧堂的恢复

新中国成立以来，中央和国家机关对教会的房产曾经制定了一些基本政策。1951 年 3 月 5 日中共中央关于积极推进宗教革新运动的指示曾明确提出"切实帮助教会的各个单位实行自养"，"替他们想些办法（由公家占用的房子给以房租，帮他卖掉一些产业以取得资金，甚至部分减轻其某项捐税等）"。为了帮助教会实现自养维持教职人员的生活，政府允许教会出租房屋外，还免征宗教活动场所和教职人员自住房屋的房地产税。后来，在实行社会主义改造的总形势下，许多城市教会出租的房屋逐渐由当地房产管理局实行包租（或经租），按月付给教会一定的包租和定租费，以维持教职人员的生活和教堂的维修。"文革"期间，教产的房租收入停止，有些房产基地被接管，许多教会原有的存款已经或即将用尽，有的存款被冻结或被其他单位挪用，教职人员生活来源无着，宗教活动经费无法解决。基于"文革"以来教会近于瘫痪的不正常状况，中共中央于 1980 年及时地提出了归还被占用教产的解决办法。其中包括：1. 将宗教团体房屋的产权全部退给宗教团体，无法退的应折价付款。2. "文革"以来停付的包（定）租费，应按国家有关规定，实事求是地结算，所收房租，除去维修费、房产税和管理费外，多退少不补。3. "文革"期间被占用的教堂及其附属房屋，属于对内对外工作需要继续开放者，应退还教会，如不需收回自用者，由占用单位或个人自占用之日起付给房租，房屋被改建或拆建者，应折价付款。4. "文革"期间教会被冻结上缴财政的存款由当地财政部门予以退还，被其他单位挪用者应当偿还。①

江苏各市县的有些基督教堂历史悠久、影响深远，文化价值极大，伴随着政府恢复宗教活动自由政策的落实，一批老教堂陆续被归还、修缮和启用。1980 年，江苏省第一批恢复开放的教堂有南京莫愁路堂、无锡圣十字堂、苏州使徒堂、镇江大西路基督教堂、徐州淮海西路教堂等。1981 年之后，扬州的萃园路基督教堂、连云港市基督教堂、常州基督教堂、宜兴

---

① 《国务院批转宗教事务局、国家建委等单位〈关于落实宗教团体房产政策等问题的报告〉》（1980 7 月 16 日），中共中央文献研究室综合研究组、国务院宗教事务局政策法规司编《新时期宗教工作文献选编》，宗教文化出版社，1995，第 23~26 页。

市基督教堂、徐州南关基督教堂等相继开放。有的教堂保存完好无缺，按原样开放；有的教堂破损严重，修复扩建后开放；有的迁移新址重建后开放（见表4-1）。

表4-1　1992年（含1992年）之前江苏各地开放的主要教堂统计

名称	地点	创办或改建时间	恢复或重建时间	可容纳的人数	1992年的牧长
南京莫愁路堂	南京市莫愁路390号	1936年	1980年	1200人	韩彼得牧师
南京圣保罗堂	南京市太平南路396号	1912年	1985年	5000人	陈泽民牧师
无锡圣十字堂	无锡市中山路98号	1908年	1980年	1000人	蒋恩光、唐子良牧师
徐州淮海西路教堂	徐州市淮海西路46号	1897年	1980年	1000人	顾亚东、贺显昶、吴守青牧师
常州基督教堂	常州市县学街9号	1915年	1983年	700人	王密泉（女）牧师
苏州使徒堂	苏州市养育巷130号	1872年	1980年	700人	姚天惠牧师
苏州市宫巷堂	苏州市宫巷20号	1891年	1987年	500人	包谷平牧师
南通市基督教堂	南通市段家坝路53号	1907年	1987年	400人	张志祥牧师（1994年按立）
连云港市基督教堂	连云港市民主路福利昌巷	1911年	1981年	400人	甘黎明（女）牧师
淮阴市基督教堂	淮安市清河区和平路65号	1893年	1981年	500人	陈西林牧师
盐城市基督教堂	盐城市黄海西路14号	1910年	1986年	600人	张全献、吴建华牧师
扬州萃园路基督教堂	扬州市萃园路2号	1917年	1981年	500人	宦保罗牧师
镇江市大西路基督教堂	镇江市大西路343号	1889年	1980年	700人	胡士辉牧师
江阴市基督教堂	江阴市河北街255号	1895年	1981年	600人	段恩召牧师

续表

名称	地点	创办或改建时间	恢复或重建时间	可容纳的人数	1992 年的牧长
宜兴市基督教堂	宜城镇东虹村	1905 年	1982 年	1500 人	沈瑞霖、黄遵主牧师
徐州南关基督教堂	徐州市南关劳动巷 20 号	1907 年	1988 年	500 人	吴守贞（女）牧师
睢宁基督教堂	睢宁县城南红旗桥西	1897 年	1981 年	2000 人	沈占一、郭锡刚、安信义牧师
新沂市基督教堂	新沂市新安镇南		1986 年	1500 人	褚明元、乔振江牧师
溧阳市基督教堂	溧阳市博爱路 72 号	1921 年	1982 年	900 人	梁化平牧师
常熟市景道堂	常熟市北门大街 17 号	1902 年	1980 年	700 人	凌惠民牧师
张家港市基督教堂	杨舍镇	1924 年	1982 年	400 人	钟时针牧师
昆山市基督教堂	昆山市前浜 1 号	1879 年	1982 年	600 人	无牧师
启东市基督教堂	启东市汇龙镇北郊	1930 年	1983 年	1000 人	杨始德、施成忠牧师
灌南县基督教堂	灌南县城人民桥南	1931 年	1984 年	2000 人	王指政牧师
淮安市基督教堂	淮安市西门大街 32 号	1894 年	1983 年	1000 人	费苏、陈彬牧师
阜宁县基督教堂	阜宁县城南路 215 号		1985 年	1000 人	钱长富长老
射阳县基督教堂	射阳县合德镇北		1982 年	500 人	安孝辉、严必林牧师
滨海县基督教堂	滨海县城康乐路 9 号	1917 年	1992 年	1000 人	蒯茂青、李龙芝牧师
兴化市基督教堂	兴化县玉带路 17 号	1909 年	1985 年	600 人	无专职传道人
宿迁市基督教堂	宿迁市宿城镇黄河农场	1894 年	1984 年	1000 人	陆道纯、蔡天训长老
沭阳县基督教堂	沭阳县北周庄	1921 年	1990 年	1000 人	庄献稣、万超牧师

说明：本表根据江苏省地方志编纂委员会编《江苏省志·宗教志》，江苏古籍出版社，2001，第 263~278 页相关内容整理。

教堂能够恢复或重建开放，既是党和政府宗教信仰自由政策的充分体现，也是新时代改革开放春风甘雨沐浴的结果。1980 年之前，江苏信徒们对教堂能够恢复是不敢相信的。当时只是听说上海方面对教会工作人员的工作和生活安排处理得较好，希望江苏也能参照上海的办法，对原来教会的工作人员生活有所照顾，至于宗教活动的恢复，虽有个别教徒存在期待，但大都不敢有过多奢望。以苏州教会恢复开放为例，1978 年 11 月，苏州市某些教牧人员在座谈时所表达的思想反映了当时的不确定的情况和信徒心理的没把握，在座谈会上老牧长们发表了不同的见解。包谷平牧师说："今年年初看到叶帅报告中提到宗教政策问题，现在宗教政策究竟如何理解？宗教政策如何落实，看来（宗教）自然消灭了。曾看到报上登北京要举办宗教研究班，起初感到奇怪，后来知道是用无神论观点，作为哲学来研究宗教史与宗教观，并非办神学院。"姚天惠牧师说："在全国人大、政协开会时，关心基督教方面有无代表参加，看到吴耀宗先生的名字在人大常委委员中，但不在政协名单中，起初有些奇怪，因为在以往历届中两面都有吴的名字。三自机构可能还存在，因它是合法的人民团体，是属于人民内部矛盾的性质，但三自机构全国可能有，地方不一定会有。"董声鸿说："经常关心上海方面的宗教政策落实情况，主要是经济方面的。宪法（指 1978 年宪法）公布后，看到这次宪法中，在有关宗教信仰自由后面，加了一条'也有不信宗教，宣传无神论的自由'。今后宗教活动与宣传不可能再有了，宗教信仰仅是个人的私事，不可能公开活动了。"范友博说："如果还有教堂，主要是应付外宾的需要。宗教现在是不需要了，谁会来信，有谁再来搞，那些存在迷信的老太婆们，也实在是个累赘，真是拿她们没得办法。"黄伯桢说："想回到苏州，我是神学院毕业，应按大学毕业生的待遇，听说上海市政协内成立一个宗教小组，其中基督教方面有三人参加。"这段时间，苏州还有个别信徒的串连活动，如戴恩召于 1958 年在苏州专区基督教工作人员社会主义教育学习班上受到过严肃批判，此时常到教徒家中串连。有一个反革命分子叫周觉寐，解放前曾任杭州蕙兰女中校长，获释后不久，就到原苏州晏成中学校长陈子初家中拜访，陈见后大吃一惊，装作不认识她。[①]

[①]《"文革"前后本市基督教内存在的一些情况》，金丽琴编《历年来牧师回忆汇编》（内部手稿资料），苏州市基督教三自爱国运动委员会（协会），1996。

1979年9月,苏州市教牧人员开始要求收回被乳胶厂占用的养育巷使徒堂,在市委、统战部和民族宗教事务处的相关领导亲切关怀和大力支持下,决定于1980年4月6日,即基督教耶稣复活日,养育巷使徒堂正式恢复主日礼拜。这一天,礼拜于上午九时半开始,参加人数240人左右。由姚天惠牧师主礼,包谷平牧师证道,题目是"耶稣复活了",耶稣复活象征了"信徒心灵的复活"和"教会光明的前景"。接着,由董声鸿牧师读经,范友博牧师祈祷,杨镜秋牧师祝福(杨未到,请范祝福)。会后由姚天惠牧师宣读了全国三自爱国会常务扩大会议发出的《告全国主内弟兄姊妹书》。这一天接受信徒奉献54.78元。4月13日,第二次礼拜参加人数约260人,接受奉献59.43元。4月20日,第三次礼拜参加人数约280人,接受奉献57.31元。4月27日,第四次礼拜参加人数320人左右,接受奉献94.37元。每次来堂礼拜的信徒中大多是老年人,青年每次有十多人,城市与乡村都有,农村信徒有来自附近吴县西山、横泾、蠡口、西津桥、宝带桥等处。4月20日和27日上午,有一位姓韩、一位姓郭由美国来苏州探亲的信徒参加了礼拜。①

养育巷使徒堂恢复聚会后,苏州教会的信徒们无不欢欣鼓舞、激动万分。苏州市基督教三自爱国运动委员会主席、时年70岁的姚天惠牧师说:"粉碎'四人帮'之后,党中央恢复了毛主席的宗教信仰自由政策,苏州教会在市委统战部、民族宗教事务处的亲切关怀和大力领导下,解决和克服了许多困难,把我们停顿了十三年多的宗教崇拜在复活节日起重新恢复了起来,我衷心感谢党中央和苏州市的党政领导,对宗教政策的正确贯彻,因此,我要珍惜对我们教会的爱护,认真学习,团结全体同工同道坚决在党的领导下努力为四化贡献力量。"65岁的包谷平牧师说:"过去我们是想不到的,能有今天恢复教会叙会的一天,我们很高兴,我们要带领主内弟兄姊妹们向爱国爱教方向努力高举三自,办好我们苏州市的教会。"84岁的杨镜秋牧师说:"我们看到教会仍能恢复,内心很欢喜,我虽然年迈体弱,今后也要尽力为教会做一些事情,不辜负党与政府对我的期望。"84岁的范友博牧师说:"教会在党和政府的关怀领导下,已经恢复礼拜,我们内心很

---

① 苏州基督教三自爱国运动委员会:《汇报》(1980年5月3日),苏州市基督教三自爱国运动委员会(协会),1996。

愉快，我们做信徒的要响应党的号召，积极工作，团结一致，在爱国爱教上贡献我们应尽的的本分。"80 岁的曹博文说："我们衷心感谢华主席为首的党中央粉碎林彪'四人帮'后，苏州市的教会重新得到恢复，我虽然年纪老了，仍旧要把三自教会继续办好。"84 岁的陈文英女传道说："谢谢华主席，弟兄姊妹又可以做礼拜了，我们要遵守法纪，做神的欢喜儿女。"①

1980 年 9 月 22 日，苏州市三自委员及同道 33 位在使徒堂举行了纪念"三自革新宣言"的座谈会。同年，10 月 6 日至 13 日，姚天惠牧师出席了在南京 307 招待所举行的中国基督教三自爱国会第三届会议暨中国基督教协会第一届会议。12 月 3 日至 12 日，姚天惠、包谷平、蒋文荣、俞鸣九、张贤福、黄伯桢、彭亦云、童光照八人出席了在南京召开的江苏省基督教三自爱国会第三届会议暨江苏省基督教协会第一届会议。12 月 21 日上午 9 时，使徒堂举办了复堂后首个庆祝圣诞崇拜，有六百多人参加。1981 年 2 月 8 日，姚天惠牧师在使徒堂为 53 位信徒施洗。同年，2 月 28 日，基督复临安息日会同道开始在使徒堂举行崇拜。1982 年 9 月 19 日至 24 日，姚天惠牧师出席了在北京举行的中国基督教三自三届暨基督教协会一届二次全委扩大会议。同年，9 月 21 日，苏州市落实办把使徒堂牧师住宅（花街巷 25 号）交还教会使用。12 月 24 日，姚天惠牧师一家搬回花街巷 25 号原住宅。1983 年 4 月，作为落实政策所安排，包谷平牧师搬入盘西新邨 13 幢 103 室新居。1985 年 5 月 26 日，国家宗教局任务之局长、江苏省宗教局沙仁麟局长等来苏州教会视察。同年，6 月 28 日，教会收到苏州市宗教局发的"关于归还文革中停付各宗教团体房屋租金"通知，基督教房屋月租金为 450 元，十三年欠租金 70200 元，扣除补发教牧人员生活费 40000 元，尚有 30200 元，1985 年归还 15000 元，1986 年归还 15200 元。1986 年 8 月 14 日至 27 日，姚天惠、包谷平两位牧师出席了全国基督教三自第四届暨基督教协会第二届会议。同年，9 月 30 日，原苏州乐群社宫巷堂归还。11 月 6 日晚，在宫巷堂举行了宫巷礼拜堂复堂委员会第一次会议，15 个委员、9 个顾问参加，市机关拨 6 万元修理费，市宗教局拨 2 万元支援教堂的修复工程。1987 年 7 月 24 日下午，金陵协和神学院毕业生季灵恩、何蔚、黄馥

---

① 《对恢复教会的反映》（1980 年 5 月 4 日），苏州市基督教三自爱国运动委员会（协会），1996。

萍、彭雅倩四位来苏州两会报到,季灵恩回盛泽实习,何蔚、彭雅倩留苏州,黄馥萍去吴县甪直实习,为期一年。同年,9月14日,丁光训主教一行6人来苏州,为父母骨灰安葬在香山公墓,苏州市宗教处李处长、陈宝英及教会姚天惠、包谷平、蒋文荣等一同前往,中午市政协在东吴饭店宴请。10月11日,举行了宫巷基督教堂复堂感恩礼拜,由江苏省两会韩彼得牧师证道,江苏省宗教局沙广义处长、苏州市委周治华副书记、统战部葛晋德部长、刘浩青副部长、市政协叶元铮、市宗教局、市公安局、市落实办、市房管局、区政协、各县宗教科等领导到场祝贺。10月29日,苏州市基督教全体同工会议决定三自爱国会会址从11月2日起从使徒堂迁至宫巷堂二楼办公。11月10日晚,苏州市两会在宫巷堂举行会议,成立两堂堂务管理委员会:宫巷堂有沙涌源、刘德馨、胡选民、周恩华、宋治金、高慧芬等组成;使徒堂有马非予、张贤福、孙惠恩、颜光前、白政祥、金美琳、程景娥、李大伟等组成。1994年4月8日,苏州市三自副秘书长金丽琴与金阊区土地局商谈有关养育巷305号救世堂的土地纠纷问题,2010年8月,慕家花园救世堂重新恢复整修,同年,12月12日,举行了首次复堂礼拜。1994年11月28日,苏州市两会召开会议,商讨了修复圣约翰堂、昆山教产被侵权、常熟教堂拆迁等问题。① 1996年10月圣约翰堂开始修复,1998年3月竣工,2003年4月恢复聚会。②

1990年8月至1991年3月,苏州宫巷堂为教会管理、按立圣职等事,教职人员之间曾发生争执,直至黄伯桢、彭亦云夫妇从教会退休。这一案例"在当代中国基督教会中,是具有某种典型意义的"③。黄伯桢、彭亦云夫妇1953年和1955年分别毕业于金陵神学院,1955年8月来苏州使徒堂担任传道,"文革"期间被下放到苏北。改革开放后教堂恢复,黄、彭夫妇回宫巷堂服务,黄担任宫巷堂堂委会副主任,彭担任宫巷堂事工组组长,同时二人还分别兼任苏州市基督教三自副秘书长与协会副总干事职务。此时,苏州市基督教三自主席是姚天惠牧师,兼任使徒堂牧师,使徒堂堂委会主

---

① 苏州市基督教两会档案室:《苏州市基督教两会关于79-95年历年大事记汇编》(内部手稿资料),1996年5月8日。
② 苏州圣约翰堂网站(http://www.szstjohn.com)。
③ 黄伯桢:《切磋琢磨(二)》"前言"(二),打印稿,1995,第5页。

任是张建中义工,宫巷堂牧师为包谷平,堂委会主任是沙涌源长老。黄、彭夫妇与姚、包两位老牧师在"文革"期间就有一些积怨和误解,而与沙、张两位新手在教会管理、责权分配等问题上矛盾分歧很深,在黄、彭按立牧师的事上没有得到姚、包、沙、张的支持,终至黄、彭夫妇60岁时于1991年3月退休。① 由黄、彭事件的前前后后,可以折射出教会也不是一块净土,教职人员之间在神学思想、教会管理、责权分配等问题上的分歧和矛盾是正常的,关键在于当事人如何本着圣经的原则去祈求和处理。

截至2011年初,苏州地区共有66所教堂,57位专职教牧人员,在册信徒12万人。其中苏州市区现有教堂7所,即圣约翰堂、宫巷堂、狮山堂、慕家花园教堂(救世堂)、独墅湖教堂和浒墅关教堂,教牧人员24位。② 1999年苏州市两会换届,姚天惠(1911~2006)等老一辈牧长退休,何介苗牧师任主席的新一代教牧人员在经济日益繁盛的大环境下发挥着作用。③ 2010年7月,苏州基督教召开第十一次代表会议,选举产生的领导班子成员有:何介苗牧师为苏州市基督教三自爱国运动委员会主席和苏州市基督教协会会长(兼圣约翰堂和独墅湖教堂主任牧师),三自副主席有苏圣洁牧师(兼张家港三自主席)、杨炳荣牧师(兼吴江三自主席)、黄馥萍牧师(兼使徒堂主任牧师)、顾云涛牧师(兼三自秘书长、协会总干事、慕家花园教堂主任牧师);基督教协会副会长有闻新贵牧师(兼昆山三自主席)、钱昌麟牧师(兼太仓三自主席)、汪晓明牧师(兼宫巷堂主任牧师)、许恩杯牧师(兼狮山堂主任牧师)、杨周副牧师(兼常熟三自主席)。④

无锡市基督教堂于1980年圣诞节复堂,当时老信徒尚有200余人,1985信徒增至870人。到1984年无锡市共开放4所教堂和15个聚会点。无锡市基督教堂原是圣公会的物业,"文革"时被土地委员会拨予学校使用。"文革"时大家隐蔽地聚会。由于无锡有不少安息日会信徒,教堂开放后,星期六是安息日信徒聚会的时间,星期日是主日信徒聚会的时间。此时,

---

① 详情参见《黄伯桢、彭亦云简介》,《桥:中国教会动态》(香港)第六十五期(1994年5、6月),第2~19页;黄伯桢:《切磋琢磨(二)》一书,打印稿,1995。
② 《苏州基督教会》,《江苏基督教》(内部资料),2011年第一期(总第105期),第21页。
③ 《苏州基督教会》,《江苏基督教》(内部资料)2011年第一期(总第105期),第22页。
④ 《苏州基督教领导班子简介》,《江苏基督教》(内部资料)2011年第一期(总第105期),第26页。

无锡市教会除了蒋恩光牧师和唐子良牧师外，还有女传道周敏秀和周晖映。江阴教会只有两个聚会点，负责人是殷恩召牧师和朱景奇长老。① 截至2011年8月，全市共有57所教堂，专职教职人员共72名，在册信徒约7万人。无锡市基督教两会直属的教堂市区有7所，分别是中山路堂、国际礼拜堂、惠工桥堂、荣巷堂、硕放堂、梅村堂、马山堂。目前无锡市基督教两会的领导班子人员有：潘荣华牧师（无锡市基督教三自主席、中山路堂主任牧师），熊娟芬牧师（无锡市基督教协会会长、江阴三自主席），陈纯娟长老（无锡市基督教三自副主席、协会副会长、惠山区三自主席），支保全长老（无锡市三自副主席、协会副会长、锡山区三自主席），朱志明牧师（无锡市基督教三自副主席、中山路堂安息日会负责人），严峥牧师（无锡市基督教三自副主席、新区国际礼拜堂主任牧师），李鹏飞牧师（无锡市基督教协会副会长、惠工桥教堂主任牧师），张佩富牧师（无锡市基督教两会秘书长、总干事、中山路堂座堂牧师），洪小妹长老（无锡市基督教三自副秘书长、东亭锡安堂主任牧师），平小秋长老（无锡市基督教协会副总干事）。②

南京市1985年有7所教堂27个聚会点，信众约1万人，教会工作人员有14人。太平路圣保罗堂在"文革"期间被工厂占用，1984年4月归还，1985年7月28日重新正式开堂，1985年至1992年金陵协和神学院副院长陈泽民兼主任牧师。莫愁路汉中堂"文革"期间被红卫印刷厂占用，1981年归还并开放，1981年至1992年韩彼得为主任牧师。山西路灵光堂1984年恢复宗教活动。③

镇江市对外开放的教堂截至2012年年底有大西路福音堂、宝盖路真道堂、丹阳基督教堂、句容基督教堂、扬中基督教堂、丹阳市埤城教堂，在建和即将完工的有镇江市宣德堂、大港新区教堂、丹阳市新桥教堂。④

徐州市"两会"于1980年4月开始办公，顾亚东牧师为"两会"负责人。淮海西路礼拜堂（崇真堂）"文革"期间被占用为聋哑学校及幼儿园，

---

① 《江苏教会近况》，《桥：中国教会动态》（香港）1985年第十四期，第3~4页。
② 《无锡基督教会》，《江苏基督教》（内部资料）2012第二期（总第110期），第14~16页。
③ 南京市地方志编纂委员会办公室编《南京简志》，江苏古籍出版社，1986，第862页。
④ 《镇江基督教》，《江苏基督教》（内部资料），2012年第四期（总第112期），第19~21页。

1980年11月恢复礼拜,之后又不断扩建和改建,也是徐州"两会"办公所在地。云龙区南关基督教堂于1986年开始要求归还,1994年4月28日复堂。复兴路基督教堂(北关堂)重新选址建造,于2005年11月8日落成启用。此外,徐州地区开放和新建的教堂还有:沛县基督教敬安教堂、邳州市基督教堂、铜山县基督教中心教堂、沛县基督教堂、睢宁基督教堂、新沂基督教堂等。徐州地区基督徒人数,从1980年至1993年发展较平稳,1993年信众约7万人,1993年至1998年发展较快,1998年信众增至21万人,1998年至2001年速度有所下降,2001年信众为26万人,2001年至2011年又进入平稳期,2010年全市信众为31.8万人。①

淮安市(时称淮阴地区)基督教活动于1981年10月开始恢复。淮安市基督教同庆堂"文革"期间被清河区五金厂占用,1982年3月要求收回教产,后在政府协调下,进行土地置换,选址另建淮安市基督教堂,2000年4月23日建成并启用。淮安地区的聚会点特别多,也较分散,1985年左右已达近千个,以后多有合并。2008年底清浦区基督教神恩堂建成并使用。淮阴区基督教堂收回后,因城市改造于2001年移地重建。楚州区基督教堂于1982年归还,因信徒增加1995年移地重建。淮安地区恢复和重建的教堂还有:盱眙县基督教堂、涟水县基督教堂、开发区基督教堂(原山阳教会)、金湖县黎城基督教堂、洪泽县基督教宏恩堂、清河区基督教堂等。淮安市基督教信徒人数从"文革"前的上万人已发展到现在25万人,登记的堂点950处,经认定的传道人1085人,其中牧师9人,长老46人,神学生100多位。②

连云港市新浦教堂于1981年8月复堂,1983年成立连云港市基督教三自爱国委员会,由李云汉牧师任主席。目前连云港市的东海、赣榆、灌云、灌南四个县都已先后成立三自委员会。灌南有堂点199个,灌云有122个,东海93个、赣榆27个。市区新浦区有19个堂点、海州区13个。全市依法登记的堂所496个,信徒17万多人,经过省、市基督教两会认定的各类教

---

① 《徐州基督教会》,《江苏基督教》(内部资料)2011年第二期(总第106期),第19-21页。
② 《淮安基督教会》,《江苏基督教》(内部资料)2011年第四期(总第108期),第16~19页。

职人员 495 人。①

江苏教会的恢复发展引起了海外华人的关注。1985 年 10 月,以邝广杰主教、梁林开牧师为首的香港基督教协进会访问了江苏南京、无锡、苏州等地的教会。② 此时,来江苏考察的香港记者也指出了当时江苏教会发展存在的几个问题:一是接班人问题。许多教会的负责人已经年纪老迈,江阴的殷恩召牧师、苏州的包谷平牧师、常熟的凌惠民牧师都已六七十岁,仍在为主工作。为了培养人才,教会除了向金陵神学院保送学生之外,也陆续开办义工培训班。二是宗派问题。虽然中国教会已是后宗派时代,但有些信徒团体仍保有宗派痕迹,教义和礼仪存在差异,像无锡等地有安息日会、真耶稣教会等,盛泽、苏北等地有聚会处,如何在真道上合而为一仍是问题。三是教产问题。由于"文革"时期,许多教产被工厂、学校、医院等占用,现在政府虽然同意收回,但涉及的问题仍很复杂。③

二 新堂的建造

改革开放后,随着对外窗口的逐渐扩大和一些经济开发区的建立,随着宗教信仰自由政策的深入落实,江苏信教人数不断攀升,原有的教堂已不敷众用,为了满足不同经济地区、不同信教群体的需求,一些新的教堂不时地在乡村和都市应运而生拔地而起。像南京、苏州这样的开放城市,商业发达,文化繁荣,人口流动性大,国际往来频繁,有些新建造的教堂宏伟壮观、堪与欧美争雄媲美。

苏州狮山基督教堂

位于苏州市高新技术产业区的玉山路 170 号。东邻苏州乐园,西侧透迤小河,北靠狮子山,依山傍水,风景秀丽。1860 年基督教传入苏州后,城西(现在的高新区)的上津桥、下津桥和西津桥一带的信徒在上津桥南堍设救恩堂聚会礼拜("文革"时毁坏)。自 20 世纪 90 年代起,在高新区建

---

① 《连云港市基督教会》,《江苏基督教》(内部资料)2013 年第一期(总第 113 期),第 17~18 页。
② 《香港基督教协进会访问江苏省》,《桥:中国教会动态》(香港)1985 年第十四期,第 17 页。
③ 陈慎庆:《一次难得的实习机会——我对中国教会的感受》,《桥:中国教会动态》(香港)1985 年第十四期,第 16~17 页。

造教堂的呼声越来越高。为满足信众过宗教生活的需要和适应形势发展，在苏州市政府和高新区管委会的关心支持下，狮山堂于2003年9月9日正式立项，市基督教两会自筹资金1900万元。为建造一座合神心意的教堂，市基督教两会和各级有关领导呕心沥血，几经商讨、观摩，多方听取意见，终于在2005年5月确立方案，并于6月28日举行奠基典礼。在建造过程中，苏州市委、市政府等各级领导，多次莅临建造工地视察指导。在工程立项、土地划拨、施工许可、用电用水等手续办理中给予经费减免。教堂的围墙、绿化、道路等由狮山街道资助建设。中国基督教两会对狮山堂的建造也是十分重视，全国政协副主席丁光训主教，中国基督教三自爱国运动委员会主席季剑虹长老、中国基督教协会会长曹圣洁牧师分别到教堂视察。2007年5月工程竣工。新建的狮山堂为哥特式，占地12.31亩，由主堂、附房组成。主堂建筑面积2010平方米，长58米、宽28米，屋面建筑高度为20.5米，钟楼高38.7米。主堂一层，局部四层为框架结构。从高空俯瞰，教堂形状呈"十字"形。高耸的尖塔，直伸的线条，硬朗的轮廓，宏伟的外观，主堂内向下垂吊七盏大吊灯，金壁辉煌，甚是美观。宽敞明亮，神圣肃穆的主堂，可同时容纳1000人进行崇拜。教堂正面东侧右下脚为教堂基石碑文，上刻有："那已经立好的根基就是耶稣基督"，教堂正面西侧左下脚为"基督堂落成记"碑文。全国政协副主席丁光训主教为教堂题名——"狮山堂"。狮山堂创意设计荣获2006年第六届中国室内设计双年展暨室内设计大赛金奖。狮山堂虽没有苏州古城区圣约翰堂、使徒堂、宫巷堂历史悠久，但系由苏州解放以来由国人自行设计建造的第一座基督教堂而蜚声中外。2007年7月21日，来自苏州基督教界的牧师、信众近千人参加了献堂典礼。全国政协副主席、中国基督教三自爱国会名誉主席、中国基督教协会名誉会长丁光训为狮山堂献堂典礼发来贺信，苏州市和苏州高新区领导出席了仪式。献堂典礼上，基督教界人士纷纷表示，要继承和发扬基督教三自爱国的光荣传统，坚持独立自主、自办教会的原则，积极引导基督教与社会主义社会相适应，为构建社会主义和谐社会贡献力量。狮山堂现有信徒2000多人，在职牧师3人，苏州市基督教协会副会长许恩杯任主任牧师。作为一座国际化的教堂，狮山堂配有多语种的同声传译系统，极大方便了外籍信徒参与崇拜。狮山堂除周末的崇拜聚会外，还开设了各种类型的培训课程，以提高侍奉人员及信徒的素质。此外，狮山堂还建立了自己的网站，便于青年信徒进行咨询和交流。由于苏州高新区在全国的影响，到狮山堂参观学习的国内外人士日益增多，狮山堂的影响也越来越大，狮山堂除日常的各项教会活动外，同时承担着社会功能，经常要接待国内外访客，特别是各地教会的慕名造访。狮山堂在开展创建和谐寺观教堂活动中，以学习引路，努力提高创建认识，以服务为本，积极促进社会和谐，以管理给力，不断提升自身形象，成为苏州市首批全省争创"和谐寺观教堂"示范场所。狮山堂的建成开放，以其特有的风貌和魅力成为苏州高新区的一大亮点，传播着和谐之音。①

苏州独墅湖基督教堂

位于苏州工业园区翠薇街白鹭公园南端，独墅湖东岸，周边绿树成荫，鸟语花香。苏州对外开放程度非常高，在工业园区常住的外籍人士有7000多人，其中3400多人信仰基督教，分别来自英国、美国、法国、加拿大、澳大利亚、韩国等国家和地区。为了满足中外基督教信徒过宗教生活的需要，2007年8月，苏州工业园区管委会、苏州基督教两会向苏州宗教部门提出了《关于要求在苏州工业园区设立基督教活动场所的申请》，经过实地调研和论证，苏州宗教部门向省宗教局上报了在苏州工业园区独墅湖边建造教堂的请示，省宗教局随即批复同意建造。2008年6月6日，教堂奠基典礼在独墅湖畔举行。从奠基到落成，工程只用了一年半时间，占地约5000平方米，总建筑面积达5619平方米，为典型的哥特式建筑，包括主教堂、牧师楼和钟楼三部分，整个建筑以广场为分界线，分为南北两侧。北侧为主教堂和钟楼。主教堂坐北朝南，共三层，主堂在二层，建筑面积达2579平方米，可容纳1000余人。主堂采用高直、标准的罗马爱奥尼克柱式及立面上半部束柱，充分体现大礼拜堂高、直、尖、细的装饰效果，辅以间接照明、智能化光控等照明手段，烘托室内丰富的装饰轮廓，体现宗教建筑的神秘氛围，彰显宗教礼仪过程中的精神寄托。主堂各窗户采用古典画风格设计，将新、旧约《圣经》中的部分故事分别在东西两边用彩色玻璃绘画表现。主教堂的三层是观礼楼，将具有基督教特色的符号和物品图

---

① 郁永龙：《记苏州高新区狮山基督教堂》，江苏民族宗教网站（http://www.jsmzzj.gov.cn/art/2012/7/4/art_54_24784.html）。

案绘制在彩色玻璃上，华美的画面也诠释了基督教部分的文化元素。主教堂功能齐全，礼拜使用中英文双语，这在全国还是首家。主教堂一层有四个小礼拜堂，每个小礼拜堂可容纳 200 余人。它们各具特色，设计师根据其不同用途，将汉文化、韩国风和欧美情调融于其中。具中汉语小礼拜堂以地方传统木格及"十"字符号为装饰元素，充分体现宗教精神及地方传统文化。韩语小礼拜堂以韩国国旗色彩及符号的提炼作为装饰元素，以表达其民族特征。英语小礼拜堂以"最后的晚餐"为背景图案，现代马赛克为装饰材料，既体现了西方文化特征，同时更彰显现代教堂的时代精神。为方便残疾人进入教堂，在一层还设置了残疾人专用电梯，联系上下层。一层东西两面窗户的彩绘玻璃参照二层的新、旧约故事主题，只是画风一转，采用著名基督教画家何琦博士的作品风格，抽象中带有中国文化特色，鲜明地展现了基督教本色化的特点。主教堂的西面为钟楼。钟楼高 51 米，十字架高高耸立。在钟楼内安置有五口铜钟，它们大小各异，重量从 500 公斤到 1.2 吨不等，铜钟正面有中文、英文和希伯来文三种文字阳雕的圣经经文："他的量带通遍天下，他的语言传到地极"；背面则雕刻着教堂标志。铜钟可以演奏西敏寺乐曲，亦可进行和声报时。人们登上钟楼，独墅湖秀丽风光和独墅湖高教区瑰丽的面貌，尽收眼底。钟楼窗户的彩绘玻璃反映的是一年四季色彩的变化，当人置身其中，阳光撒入时，钟楼会展现出一个五彩斑斓的光影世界。广场南侧为牧师楼，建筑面积达 1839 平方米，设有主日学、听道室、档案室、接待室及办公室。牧师楼各窗户的彩绘玻璃图案涉及了《圣经》中出现过的部分植物，让观者了解《圣经》文化的同时也增加了对自然科学的认识。教堂的西侧独墅湖水中矗立高 6.6 米，宽 3.15 米的十字架。夜晚的灯光，与水中倒影相映生辉，构成一幅肃穆壮美的画面。苏州独墅湖基督教堂建筑设计风格独特，在 2009 年第七届中国国际室内设计双年展上，"苏州独墅湖基督教堂室内装修设计"荣获金奖。2010 年 5 月 28 日，苏州独墅湖基督教堂举行落成典礼。苏州市基督教"两会"主席、独墅湖基督教堂主任牧师何介苗主持典礼仪式。国家宗教事务局副局长蒋坚永，江苏省委统战部副部长、省宗教局局长王军，省宗教局副局长顾传勇，苏州市委常委、统战部部长周向群，苏州市副市长谭颖，苏州市政协副主席陈振刚，苏州工业园区园区工委副书记方文浜，苏州市宗教局局长杨崇华等领导出席了落成典礼。中国基督教三自爱国会主席傅先伟、新加坡圣公会大主教周贤正、省基督教三自爱国会主席安信义等与来自周边地区的中外基督教信徒 1000 余人也一同见证了这一时刻。蒋坚永副局长、周向群部长在致辞中，盛赞苏州工业园区高标准、高质量，建成了新中国成立以来经省、市两级政府批准，由中国人自行设计建造的又一座大教堂，恢弘大气不失精致典雅，经典传统也不乏现代灵动，成为苏州古城东部又一道靓丽的风景线，也成为工业园区日益国际化、人性化、人文化的又一见证。苏州市人大常委会主任杜国玲在视察新落成的教堂后说，独墅湖教堂的建设不仅改善了投资环境，增添了美丽的风景，更是体现了中国宗教信仰自由的政策，为中外信徒提供了高品质的信仰生活的场所。新加坡周贤正大主教在感恩礼拜上说的，独墅湖教堂的建成，充分显示了新中两国之间的交流不再局限于经济投资方面，还多了精神文化方面的软性交流。中国基督教"两会"主席傅先伟长老说，教堂不仅仅是优美的建筑，教堂更是凝固的艺术、文化的载体，我们要高举基督、高举独立自主自办教会的原则办好教会，建立基督的身体。独墅湖基督教堂把宗教教义与艺术元素紧密结合，以宗教艺术的感染力来增强宗教教义的渗透力和影响力，凸显出了整个教堂的审美价值。苏州独墅湖基督教堂的建成开放，为苏州广大中外基督教信徒提供了一处高品位的活动场所，增加了工业园区的文化内涵，改善了生活环境。独墅湖基督教堂是继苏州古城区圣约翰堂、养育巷使徒堂、宫巷基督教、高新区狮山基督教堂后，又一座苏州市对外宣传的窗口，它将充当民间外交大使的角色。①

南京基督教圣训堂

位于南京市建邺区乐山路 158 号。2007 年 1 月，南京市政协社会法制民族宗教委员会提交了一份《关于在河西新城区择址建设基督教堂的建议》提案。南京市政府对此高度重视，并联合各市级政府机关召开项目论证会，最终决定兴建教堂，适应城市建设国际化的要求，并使其成为南京市一道新的文化景观。南京市基督教协会会长李兰成介绍说，为把教堂建成河西新城的一道文化景观，市基督教两会专门邀请东南大学建筑研究设计院、

---

① 郁永龙：《独墅湖畔　基督福音——苏州工业园区独墅湖基督教堂见闻》，《江苏基督教》（内部资料）2010 年第二期（总第 102 期），第 34 页。

南京大学建筑设计院、北京中华建筑设计院和美国 LDX 公司共 4 家单位参与设计，经过专家评审，东南大学建筑研究设计院方案最终入选。2007 年 11 月底，可容纳五千人大教堂"圣训堂"开始奠基兴建。中国基督教三自爱国运动委员会名誉主席、中国基督教协会名誉会长丁光训主教为圣训堂开工发去贺信，并向南京市委、市政府对南京基督教事业发展的支持表示衷心感谢。他说，南京市基督教有着悠久的历史传统和重要的地位，在南京市区建设这样大规模的教堂，对提高南京的整体形象、改善投资环境以及基督教事业的发展都是一件大好事。他相信，在南京市各级政府的关怀下，教堂建设一定会顺利进行，宗教事业也会为南京的和谐发展发挥更大的作用。① 圣训堂位于南京河西新区奥体中心，东邻南京市妇女儿童活动中心，南邻金陵图书馆，是一座占地 20.72 亩，拥有 5000 个座位的大教堂。教堂规划设立英文崇拜聚会厅和韩语崇拜聚会厅各 500 个座位。总投资 1.16 亿元，其内部装修和灯光、音响、电子管风琴等方面就耗资 160 万元。南京市政府拨款 1000 万元用于圣训堂的建造，先拨款 500 万元，建成后再拨款 500 万元。2012 年 3 月 13 日，南京市市委书记杨卫泽来到奥体中心，视察正在建设中的圣训堂。他听完工程进展情况的介绍后指出，圣训堂规模很大，我们支持你们把它建好，为南京的青奥会，包括整个城市的国际化服务，并且满足各种信仰人群的要求。宗教场所是城市的必要生活空间，也是城市国际化的重要空间。现代社会逐步多元化，各种各样的人有不同的文化和精神需求，宗教信仰自由是我国的基本政策，有宗教信仰自由就有宗教的场所，社会和谐就满足不同人文化和精神的需求，也包括宗教需求。2013 年 1 月，圣训堂被评为南京市"十佳标志性建筑"，成为城市的一张名片。② 2013 年 3 月 31 日基督复活日，圣训堂举行隆重的献堂仪式。历时 6 年，从提案、设计、动工到今天终于建造完成，其中有市领导、市两会对基督教的关怀，也有诸多信徒对教会的无私奉献，才得以完成。圣训堂的容貌，从外部看如同一艘船，有方舟的寓意，但看主建筑，又如同帐幕。

---

① 《基督教圣训堂介绍》，南京市基督教圣训堂网站（http://www.holywordnanjing.org/index1.htm）。
② 《南京市市委书记杨卫泽视察基督教圣训堂》，南京市基督教圣训堂网站（http://www.holywordnanjing.org/index1.htm）。

室内苍穹垂星的造型，由十八盏垂下的吊顶灯围成一个圆形，顶上是圆形的代表苍穹，这让整个圣训堂看上去明亮大气，代表上帝的光光照世界。①在献堂典礼开始前几分钟，有人推着一位坐着轮椅的老人从教堂 1 号门进入，随即很多弟兄姐妹们上前握手、合影，坐定后，记者采访了这位八十多岁高龄的牧者徐恩赐牧师。徐牧师非常感慨，她说，在自己年轻的时候，尤其是在"文化大革命"期间，信上帝的人非常少，自己和同工们常常上街拉人来信主，真心地想将主所赐的白白的救恩告诉每一个人。而随着社会的进步，政策的健全，人们思想观念的解放，大家都来寻求信仰，寻找真理，现在是别人来找我们了。另外，徐牧师说，这个教堂的建成不仅涤荡人心，让人找到生命的主，也更加对宏观社会及世世代代产生深远的影响。在记者遇见市民宗局纪勤副局长时，他抑制不住喜悦地告诉记者："这座教堂的硬件设施是目前国内最先进、最科技、最具现代化的国际礼拜堂，基督教的信仰本是至高的，所以它的建成方便基督徒礼拜、聚会，更将辐射我们南京本土的人文、交流、民生、宗教、旅游、教育事业等方方面面。所以说它不仅是一座建筑，更是一座文化的地标。"②

南京安息日会天城堂

位于南京市高楼门 24 号。原教堂建立于 1913 年，并在此设立中国基督复临安息日会皖宁区会，有办公室、住宅、三育小学和一间礼拜堂。"文革"期间，教会房产几经拆迁改造，成为房地产开发用地。改革开放后，南京安息日会先后在莫愁路堂、圣保罗教堂副堂举行聚会。2001 年 7 月，因圣保罗堂小礼堂危房改建，开始与主日礼拜共用大堂，但一堂两用带来诸多不便，安息日会盼望有一座自己的教堂，终于在 2008 年 12 月 18 日奠基开工建造新堂，2012 年 7 月投入使用，并命名为"天城堂"。新教堂占地面积 3 亩、总建筑面积近 4000 平方米，工程总造价约 2100 万元。教堂的外形建筑整体象征宝石，又如四顶帐幕的联合，预表黄种人、白种人、黑种人、棕种人，都在基督里合而为一；标志塔的矗立象征着高举圣灵宝剑，

---

① 小雨点：《圣训堂献堂典礼盛况》，南京市基督教圣训堂网站（http://www.holywordnanjing.org/index1.htm）。

② 麦子：《圣训堂献堂盛典幕后管窥》，南京市基督教圣训堂网站（http://www.holywordnanjing.org/index1.htm）。

透射出来的真理是闪闪发光的十字架；登高的台阶象征着属天的路程，来的人都从十字架下谦卑而入。圣台上的管风琴，那银色的钢管排列象征着天使的翅膀，犹如三天使传扬信息。地下室的两层是一只深藏地下的方舟，是一艘不限人数的救恩航母。① 2013 年 10 月 22 日晚上 7：00，南京天城堂献堂典礼在音乐声中拉开帷幕，全球安息日会北亚太分会的李在龙会长、吴伟进牧师、卞成俊牧师、华安联合会的傅肯博会长、焦望新牧师、黄兆坚牧师以及国内外嘉宾共计 1000 人参加了此次献堂典礼。② 2013 年 10 月 23 日上午，南京基督教天城堂落成典礼在高楼门隆重举行。江苏省基督教三自爱国运动委员会主席张克运牧师、基督教协会会长丘仲辉出席典礼并致贺辞。省宗教局副局长顾传勇、南京市民族宗教事务局局长李兰到会并讲话。海内外基督教界代表人士、南京市部分基督徒共 1000 余人参加了庆典。③ 天城堂的落成改善了长期以来南京城区教堂容量不足、基督教原安息日会没有相对固定的宗教活动场所的现状，展现了南京包容、博爱、开放、发展的新形象，充分体现了党和国家宗教信仰自由政策的贯彻落实。新堂的建成为安息日教派信徒聚会提供了很大的便利，赢得了广大基督徒的普遍赞誉，是南京基督教界相互包容、相互尊重、和睦和谐的有力见证。江苏省宗教局副局长顾传勇出席典礼，勉励基督教广大信徒，以新教堂的献堂为契机，始终坚持三自原则，积极推进神学思想建设，踏实开展各项事工，大力弘扬基督爱德精神，积极开展公益慈善事业，服务人群、服务社会，展示基督徒良好形象，把天城堂建设成为活动规范有序、信教群众满意、党和政府放心的和谐教堂，为实现"中国梦"，谱写美好江苏篇章作出积极贡献。④

三 城市教会

老教堂的古朴典雅和新教堂的壮美华丽，成为现代城市的地标和名片。

---

① 《南京安息日会天城堂图片简介》，中国基督复临安息日会网站（http：//www.zgaxr.com/Item.aspx？id＝18739）。
② 《南京天城堂献堂典礼》，天路在线网站（http：//www.sdacn.org/html/853462.html）。
③ 《南京基督教天城堂落成并投入使用》，南京市民族宗教事务局网站（http：//www.njmzzj.gov.cn/info/2013/10/24/info_24_1145.html）。
④ 《顾传勇出席南京市基督教天城堂百年感恩及献堂典礼》，江苏民族宗教网站（http：//www.jsmzzj.gov.cn/art/2013/10/23/art_11_38772.html）。

教堂不仅在于其外观的华丽、设施的齐全，更在于其内涵生命的丰富和智慧的活力。以苏州为例，近几年经济水平迅速增长，其国际化、都市化和商业化的程度位居全国前列。城市教会对促进经济社会发展、文化市场繁荣起到了不可替代的作用，并形成其具有现代商业气息的特色。苏州的新老教堂不仅每周礼拜对国内外信众开放，而且还以工商团契、英文查经、文化沙龙、单身联谊等其他附属聚会形式服务于现代都市的工商人士和青年男女。

2011年4月，苏州市基督教亚伯兰工商团契，由苏州市基督教狮山堂、使徒堂、圣约翰堂、独墅湖堂、救世堂、宫巷堂六所教堂内工商团契小组总负责人与会员构成并成立，其主要活动包括工商界福音餐会、祷告会、经济讲座、课程培训、社会企业考察等。

2011年6月18日下午，由苏州市基督教两会、苏州市基督教亚伯兰工商团契联合举办亚伯兰商洽及招聘会，在狮山堂举行，此举为全国首例基督教的招聘会。为更好地帮助信徒找工作及解决主内企业招聘问题，此次商洽及招聘会的发起人王秀洪、肖振东、林云贵、吴春锋、潘悦、赵香南等契委会成员，一个月前开始着手策划。此次活动有易贝乐、南京三得益房地产公司苏州分公司、苏州竞闻装饰公司、迈凯特殊材料有限公司、苏州美庐餐饮有限公司等36家企业参与，前来应聘的人员有来自苏州市及附近地区的基督徒、慕道友等。在谈到为何举办此次商洽及招聘会时，活动策划人肖振东执行长说："我们希望通过此次活动来广传福音，拓展神的国度。为建立国度性企业提供人才，提供企业信仰的基石。""国度性企业，突破地域性、时空的概念，按照圣经原则来经营企业，追求在工商职场环境中活出信仰的真实力和影响力，借专业化事工来推进上帝国度的进展并带来工商职场领域的更新。为神做工，不为自己。企业多赚钱、多节约、多奉献，来服侍神，服侍我们的弟兄姐妹。""有很多中介公司，没有合法营业执照，就是常说的黑中介，在操作手段上坑人，这一点是我们不愿意看到的。而我们因为是工商团契，里面的一些企业也会遇到劳务荒、用人荒。"负责活动安全的张伟先生说，利用现有的资源搭建这个平台，不但帮助了企业，最重要的也是传了福音，让更多的人接近主，同时建立基督徒的形象。狮山堂主任牧师许恩杯牧师说，现场的服务人员，均来自狮山堂不同的团契,是信徒自动报名参与服侍的。①

2011年9月8日晚,应苏州市基督教亚伯兰工商团契邀请,北京科技大学经济管理学院教授、博士生导师赵晓博士在苏州独墅湖基督教堂举行讲座,讲题是《国度企业与国度使命》,苏州市基督教两会主席、会长、独墅湖教堂主任牧师何介苗、苏州亚伯兰工商团契负责人许恩杯牧师等参与接待,参加者约600多人。在讲座中,赵晓博士解析了当今国内外的经济形势,并指出世界经济文明中均有基督教新教伦理参与其中,同时鼓励基督徒在经营企业的过程中要正当活动,不仅要遵纪守法,按着圣经原则更当跟随基督,承担拓展国度企业的使命。②

2011年10月23日,苏州基督教使徒堂工商团契在苏州城运河公园内举办露天赞美会,探讨"企业盈利模式"。赞美会上,肖振东记述了自己归主的经历:他曾四次经历死亡幽谷,两次不信主,扔掉十字架与圣经。后来从骄狂变为顺从,他自愿将企业建立在基督的磐石上,完全奉献给上帝,做一名讨上帝喜悦的好管家,并将上帝的使命融入企业的经营当中。会上杜希飞先生主讲了"企业盈利模式"问题,内容涉及盈利模式的含义、重要性、构成、类型、设计等方面。围绕主题大家各抒己见,对每项内容进行研讨,并请李洁女士等结合讨论的内容,将自己实践的盈利模式进行分享。③

2011年10月22日,由苏州市基督教两会、苏州市基督教亚伯兰工商团契主办,苏州市基督教圣约翰堂承办了第二届苏州市基督教亚伯兰工商团契招聘暨商洽会。本次招聘会上,上海、江阴、常熟、南京、浙江等地的基督徒男女也慕名而来,参观学习招聘会举办的形式。东北、西北等地的教会也致电询问此次招聘会举办的情况,以便学习参考。招聘会历经7小时,近20家主内企业参与,为多名待业的男女教友达成了入职意向。下午的商洽会上,数十名苏州及江阴、常熟、上海等地的企业家共同座谈,交

---

① 刘静:《苏州举办亚伯兰商洽及招聘会 主内尚属全国首例》,《福音时报》2011年06月21日,(http://www.gospeltimes.cn/news/2011_06_21/16948.htm)。
② 独墅湖教堂:《赵晓博士在苏州独墅湖教堂讲座》,《福音时报》2011年09月13日,(http://www.gospeltimes.cn/news/2011_09_13/17349.htm)。
③ 肖振东:《苏州使徒堂工商团契探讨企业盈利模式活动》,《福音时报》2011年10月28日,(http://www.gospeltimes.cn/news/2011_10_28/17614.htm)。

流灵里建造、分享商业信息,并分析国内外目前的经济形势,探讨如何解决主内企业遇到的实际情况。①

2012年年初,苏州市亚伯兰工商团契各堂的联络人在许恩杯牧师的主持下在约翰堂对2011年度工商团契的全年工作做了总结。使徒堂工商团契汇报了组织团契内的行业参观及经验分享、同工20人的固定灵修、定期的户外活动安排、每次活动及相关的文档管理等情况;约翰堂工商团契汇报了固定8~9位弟兄团契、人员流动大、经常以林弟兄家为聚会点、做好信息栏及市县互动沟通活动等情况。独墅湖堂工商团契汇报了每周聚会40人左右、核心8人、定期为贫困献爱心、每月举行一次大型活动、骨干成员固定讲道等情况;狮山堂工商团契汇报了安徽及奉贤教会定期交流、教堂LED奉献、儿童室外娱乐器械奉献(滑梯)、美国教会夏天的交流会等情况。大家都认为在2012年度我们要更注重灵命成长,人才储备,扩大各堂间的相互沟通。同时一致确认了苏州市亚伯兰工商团契由许恩杯牧师负责,为了开展与国外工商认识交往,肖振东先生不再作为召集人,由外资公司高管李峰先生担任许牧师的帮手及召集人。②

2012年4月,苏州独墅湖基督教堂工商团契举办了成立一周年的感恩庆典活动。苏州基督教亚伯兰工商团契负责人狮山堂主任牧师许恩杯、独墅湖堂副主任牧师卢芳、牧养事工部李屹教友及市区各堂工商团契代表十余人参加。惠铁军教友作了开场交托祷告。许恩杯牧师分享了他对工商团契的认识和对财富的理解。他说,最初认为贫穷最容易蒙受恩典,因为耶稣基督是穷人的救主。在负责亚伯兰团契以后,观念发生了根本改变。他引用约翰·卫斯理的名言:"多多赚钱,多多节俭,多多奉献。"鼓励基督徒工商界人士,效法领受五千两银子的仆人,善用恩赐,开拓进取,并且担负起基督徒在教会和社会中的责任。独墅湖堂工商团契负责人赵香南教友从生命、生活、侍奉三方面对团契一年来的发展做了总结。③

---

① 肖振东:《苏州市工商团契第二届招聘会如期举行 为多人安排就业》,《福音时报》2011年10月23日,(http://www.gospeltimes.cn/news/2011_10_23/17579.htm)。
② 许恩杯:《苏州市亚伯兰工商团契召开2011年度总结会议》,《福音时报》2012年01月25日,(http://www.gospeltimes.cn/news/2012_01_25/18116.htm)。
③ 独墅湖基督教堂:《苏州独墅湖教堂工商团契举行一周年感恩庆典活动》,《福音时报》2012年04月26日,(http://www.gospeltimes.cn/news/2012_04_26/19600.htm)。

2012年5月14日晚，昆山市基督堂工商团契邀请台湾著名学者工商管理学专家王晃三教授授课，由彭怀冰牧师夫妇及南京爱德基金会王琰老师陪同。参加此次工商团契的有本地中外公司企业的基督徒45人。王先生授课的主题是"谈基督徒领导与正义抉择"，他从伦理是永不亏损的投资、伦理在工商职场的体现、黄金法则、抉择、常在光里连于葡萄树等五方面讲解分享，并劝勉基督徒男女在职场上经营时要恪守诚实、正直、守诺、忠贞、公正、关怀别人、尊重别人、追求卓越、光明磊落等美德。①

　　从以上的活动可以看出苏州城市教会与本地工商业的互动关系，教会给工商事业注入精神动力和智慧资源，而商业繁荣为教会提供经济支撑和人力补充。苏州是台商、港商、新加坡商人和韩、日企业比较集中的地方，苏州教会与中国香港、台湾以及新加坡的华人教会交流频繁，在神学思想、教会管理和社会服务方面相互借鉴彼此受益。据统计，截至2012年3月，苏州市实有人口已达1300万，其中外来人口已超过本地人口，达到了700万，外来人口比重已经超过50%，占到了整个江苏省外来人口的1/3，苏州已成为仅次于深圳的全国第二大移民城市。当前在苏州就业的新市民中，有的在城市环卫、餐饮服务、加工制造业等岗位上，有的在高科技应用、企业管理、市场营销等领域。这其中，17~50岁之间的青壮年劳动力比例在95%左右，且逐年增长。②

　　除了工商团契之外，苏州教会还举办英文查经、文化沙龙、单身联谊等活动为高校学生、职场男女提供圣经知识、宗教文化和婚姻家庭方面的牧养与服务。英文查经在苏州大学本部附近的圣约翰堂、工业园区高教区的独墅湖堂每周六晚定期举行，每次邀请一位精通英语和圣经的英、美人士或中国港、台以及新加坡华人主领，参加者有在校的大学生、毕业的职场青年及外籍人士等。文化沙龙在高新区的狮山教堂每月举办一次，是教会促进文化繁荣的一个好范例和一种创新性尝试，在苏州市基督教两会负责人何介苗牧师、狮山堂主任牧师许恩杯以及上海富商王正先生等组织下，

---

① 昆山基督教会：《江苏省昆山教会工商团契邀请工商管理学专家授课》，《福音时报》2012年05月15日，(http://www.gospeltimes.cn/news/2012_05_15/19906.htm)。
② 《苏州成全国第二大移民城市 1300万常住人口 700外来》，中国江苏网（2012年3月14日）－扬子晚报（http://jsnews.jschina.com.cn/system/2012/03/14/012924520.shtml）。

每月邀请长三角地区的高校学者为教内外对宗教文化、人文学术感兴趣的人士举办讲座并研讨，内容涉及基督教与政治学、经济学、心理学、文学以及中国文化的关系等方面，此举对基督教文化传播以及基督教与其他文化或信仰的对话和融合有积极的促进作用。单身联谊活动在使徒堂、独墅湖堂等不定期举行。2011年5月14日下午，苏州市基督教独墅湖教堂第一届单身男女联谊会正式开始。本次活动得到江苏爱德爱心公益基金、新天地婚纱摄影广场、亲水台精品策划工作室的支持。活动主要针对23~40岁、大专及大专以上学历、有基督教信仰或尊重基督教信仰的未婚男女。通过一个月的网络报名，共有50对未婚男女参加本次活动。活动由才艺展示、趣味游戏及爱心助学等环节组成。在才艺展示环节中，男女嘉宾用舞蹈、歌曲、魔术等方式将现场气氛一再推至高潮。趣味游戏，将男女嘉宾的默契度很好地挖掘出来。此次活动在活动现场共牵手成功6对。①

四　农村教会

改革开放以来，不仅南京、苏州、无锡等城市教会逐渐恢复和发展，苏北等地的农村草根教会也迅速增长。1984年江苏全省有近900处聚会点，其中绝大多数分布在苏北。② 1991以后，苏州、常州、无锡三市大多数地方的基督教信徒人数发展趋于平稳，其发展速度远远低于徐州、淮阴、盐城三市。③ 目前江苏省有近200万基督教信徒，其中农村信徒占到70%以上，大多分布在苏北广大农村地区。弄清农村教会的特点以及所存在的问题，既是基督教自身健康发展的需要，也是我国农村建设全面实现小康社会不可或缺的部分。④

根据以往的调查报告和目前的研究成果，苏北地区农村教会呈现出以下两个特点：（1）教职人员数量偏少素质偏低。据调查，苏北某县级市2010年有基督教信众8万余人，只有牧师1人、长老6人、传道员9人，信

---

① 于一雯：《苏州独墅湖教堂举办首届公益单身男女联谊会》，《福音时报》2011年05月17日，（http://www.gospeltimes.cn/news/2011_05_17/16765.htm）。
② 《江苏的草根教会》，《桥：中国教会动态》（香港）1984年第六期，第3页。
③ 梁家麟：《改革开放以来的中国农村教会》，建道神学院（香港），1999年，第115页。
④ 顾传勇、李柏：《对临头村基督教会的驻点调研与思考》，《江苏民族宗教》2012年第4期，第22页。

众与教职人员比例为 5000∶1，这个比例大大低于江苏省平均水平 800∶1（2010 年全省基督教信众 160 万人，教职人员 2000 人）。另外，大多数教职人员没有接受过宗教院校的教育或培训，而且年龄偏大，平均年龄在 50 岁以上，有的甚至接近或超过退休年龄。①（2）农村信众人数呈不断上升趋势，年轻人逐渐加入，但总体表现为以老人多、妇女多、文盲多、病人多、穷人多的特点。比如，江苏东北部的连云港市 2010 年全市五大宗教共有信众 26 万人，而基督教约 19 万人，其中约 18 万人在农村，农村基督徒约占农村人口 5.4%，信众几乎遍布每个村子，其中女性约占 83%，多为中老年人；60 岁以上占 33%；文化水平低者有 50% 以上。而且信者 61% 以上是由于自己或家属有病医不好或无钱医的缘故。②

农村教会在社会主义新农村建设中发挥着不可替代的作用。一是在物质文明方面。早在 2003 年，江苏宿迁市基督教两会就向全市基督徒发出倡议："基督徒要做'奔小康'的带头人。……积极投身社会主义社会建设，是我们生活在宿迁大地上的广大基督徒热爱祖国、建设家乡的最具体的善行。……积极投身经济建设的大潮，找项目，勤劳致富，使 20 多万信教群众成为全面建设小康社会的一支重要力量。"③ 江苏邳州市艾山后基督教会因地制宜，为附近的国道设立暖水瓶和打气筒服务处，为周围的群众修建花园和凉亭，并发动全体信徒为村里修建爱心路、开辟奉献林、创办敬老院和幼儿园。近年来，教会信徒中被评为五好家庭的有 100 多户，先进个人 300 多人。④ 二是在精神文明方面。根据苏州大学学生对江苏滨海县基督教会的调查，总结出农村教会对人们精神生活所起的作用表现为：（1）可以为人们提供精神寄托和心理安慰。中国农村社会结构正处在急剧变迁过程中，一批又一批农民尤其是青壮年男子纷纷走出乡土去外地打工，只有老

---

① 林希一：《来自江苏某农村教会教职人员队伍的调查及思考》，《天风》2011 年第 1 期，第 10 页。
② 陈朝晖：《影响与对策：农村宗教信仰与社会稳定研究——基于对苏北 L 市农村的调查》，《农业经济》2013 年第 2 期，第 12 页。
③ 《来自江苏宿迁市基督教两会的倡议——基督徒要做"奔小康"的带头人》，《天风》2003 年第 5 期，第 56 页。
④ 林希一：《爱的延伸——江苏省邳州市艾山后基督教堂和谐创建纪实》，《天风》2011 年第 11 期，第 18~19 页。

人、妇女和孩子留在家园。很多教徒认为，通过对上帝的信仰和参加基督教会的礼拜仪式、讲经会、唱诗班，自己的信心得到了提高、不再感到孤独，同时也为外出打工的家人寻求到了一种平安并减少了自身紧张焦虑的心情。（2）可以提供人们交往与认同的载体。很多人认为加入教会以后，因各种宗教活动使他们的交往机会大大增加，不但他们自己互相走动，而且因这种交往导致他们与其他信徒的家庭成员也不同程度地发生了联系。人们对在教堂或者在家庭举行的聚会都有非常大的兴趣，他们有固定的时间以自然组为单位在某一家聚会，为主人或急需祈祷的他人祝福。（3）可以通过道德教化重建和整合社会秩序。滨海县基督教三自爱国运动委员会李绍岩副主席指出：教徒信仰基督教以后，要遵从基督教的教规，不骂人，不与他人吵架，也不对抗社会，因此，信仰基督教对社会秩序是有好处的，它能够促进社会的稳定。通过教规约束了好多人的行为，比如好吃懒做的人信了教以后变勤劳了，脾气不好克制力差的人信教后学会了忍耐谦卑，因而更愿意更容易与别人相处，基督徒通过自己信仰后好的变化向外界传递一种信息，即信仰基督教有改变力更新力，这种见证时间一长就变成了一种感动力说服力。①

农村教会发展迅速、作用明显，但也存在着一些复杂问题亟待解决。第一，如何处理私设聚会点和三自教堂之间的关系问题。改革开放后，江苏农村原来具有家庭教会背景的信徒重新组织起来，在本地本村的某位权威传道人家里定期举行聚会。前几年，当地政府采取取缔和解散措施，使一些聚会点处于隐秘状态并转入"地下活动"。近几年，政府积极引导，在信众较多的村镇建立合法活动场所，信教群众的需要得到满足。据调查，基督教私设聚会点有近70%是因为路途远去公共教堂不方便。② 有一部分家庭聚会指的是那种由三自教会管理和指导的"周间教会"，即除周末聚会外平常日子聚会的"探访组"，这些"探访组"都是经过登记的，有固定的负责人。此外，还有很多没有登记在册的"家庭教会"，比如说一些亲戚、邻

---

① 吴常歌：《农村基督教信仰状况浅谈——以江苏滨海县为例》，苏州大学政治与公共管理学院2009级思想政治教育专业哲学社会科学类社会调查报告。
② 顾传勇、李柏：《对临头村基督教会的驻点调研与思考》，《江苏民族宗教》2012年第4期，第22、23页。

居聚在一起读经做祷告,他们一般没有固定的日期或固定的场所,但这样的聚会容易产生非法的宗教团体或邪教组织。江苏某些农村曾出现过异端、灵恩会等组织,大哭大跳,歪曲教义。①"血洗圣灵重生教会"是台湾的非法宗教组织,利用某些不登记在册的家庭教会进行反党反人民的传教。还有"东方闪电"即全能神组织,打着基督教不同教派的旗帜和政府对抗。②第二,如何理解农村教会组织与政府基层组织之间的关系问题。江苏省宗教局干部张全录认为:"正确处理农村基层组织与教会民间组织的关系成为宗教事务管理中的重要课题。从目前来看,基层党组织在宗教事务管理方面发挥的作用是好的。一是能经常到教会宣传党的宗教方针政策,教育信教群众爱国爱教,引导好信教群众;二是对教会遇到的困难和问题能及时帮助解决,如教堂维修、扩建过程中各种手续的办理、费用的减免等,都能在政策允许范围内帮助解决,与教会之间的关系也比较融洽。但是,在与党员干部和一般群众召开的调研会中,多数人对党的宗教政策的理解不够全面,村支部书记和镇统战委员上任时间较短,对管理宗教事务觉得无处下手,不能摆正自身在基层宗教工作属地管理中责任人的位置,甚至错误地认为党的村级组织与教会之间是相互配合、相互支持的关系,有的甚至依托教会来做基层农村工作。如何巩固农村基层组织,正确处理好党支部、村委会与教会民间组织的关系,值得我们关注。"③ 江苏省宗教局副局长顾传勇的调研报告指出:"乡村基层组织并没有因为基督教徒人多势众而失去威信和信赖。教堂所做的好事善举只是一时抢了村委会的'风头'而已。我们党是执政党,政府掌握着各种社会资源,必须更多地为老百姓谋福祉,改变农村贫穷落后面貌,改善医疗卫生条件,丰富健康文化娱乐活动,逐步完善农村社会保障体系。同时,干部应更多深入到信教群众中,保证党的宗教工作基本方针在农村得到全面准确地贯彻执行。这才是从源头解决农村信教群众问题的唯一出路。"④ 农村教会与村镇政府的角色与作

---

① 《喜忧参半——福音在农村》,《桥:中国教会动态》(香港)1985 年第十四期,第 12 页。
② 吴常歌:《农村基督教信仰状况浅谈——以江苏滨海县为例》附录二访谈记录"采访稿一",苏州大学政治与公共管理学院 2009 级思想政治教育专业哲学社会科学类社会调查报告。
③ 张全录:《江苏基督教现状及发展趋势》,《唯实》2010 年第 3 期,第 85 页。
④ 顾传勇、李柏:《对临头村基督教会的驻点调研与思考》,《江苏民族宗教》2012 年第 4 期,第 23 页。

用及相互关系，还需在理论与实践中逐步探索理顺。第三，如何协调基督徒的生活方式与民间风俗习惯之间的关系问题。基督教的上帝崇拜与中国民间的祭祖习俗和仙佛信仰的冲突在农村表现尤为强烈，因为与城市相比，农村是一个熟人社会和重视家族血缘纽带的群落。基督教虽然主张人人要孝敬父母，但是反对为祖先举行上香烧纸等祭祀活动。"而宗族网络赖以维持的基础就是血缘关系，有大家共同认可的祖先。而认同祖先、孝顺祖先就需要通过一系列仪式活动才能体现。农村的老年人讲，人死了在阴间如果没有烧纸和祭祀他们的话，会受穷受苦的。所以，信教家庭往往会被同宗的人指责为不孝顺祖先，从而在家族成员之间产生感情裂痕。"① 基督教与中国民间信仰之间的冲突问题，从其传入中国之日直到今天仍然没有彻底解决，此类冲突表现于一个家庭中具有不同信仰的成员之间或某个家族内亲属之间。

五 和谐堂点

为响应党和政府构建社会主义和谐社会的号召，2007年中国宗教界发出关于建设"和谐宗教、和谐寺观教堂"的倡议书②，此后，国家宗教事务局提出在全国各地开展"探索和谐宗教理论，创建和谐寺观教堂"活动，中国基督教界积极响应和贯彻落实。③ 为扎实推进江苏省"和谐寺观教堂"创建活动的深入开展，2010年9月，江苏省宗教事务局制定了《江苏省创建和谐寺观教堂评分细则（试行）》，比如，在爱国爱教方面，要求宗教界人士热爱祖国，拥护中国共产党的领导和社会主义制度，维护祖国统一、民族团结和社会稳定等；在知法守法方面，要求宗教教职人员和信教群众遵守宪法和国家有关法律法规，坚决抵御境外势力利用宗教进行的渗透，自觉抵御和反对邪教等；在团结稳定方面，要求宗教之间、教派之间、宗教活动场所之间相互尊重，无互相攻击的言行等；在活动有序方面，要求

---

① 王琳娜：《关系网络与农村宗教组织的双向互动——以苏北某农村个案为例》，《经济研究导刊》2013年第22期，第31页。
② 《中国宗教界关于建设"和谐宗教、和谐寺观教堂"倡议书》，《中国宗教》2007年第2期，第7页。
③ 傅先伟：《中国基督教积极开展"创建和谐教堂活动"》，《中国宗教》2009年第10期，第56~59页。

不擅自邀请外地教职人员担任教职或主持宗教活动，未经认定备案的人员不得主持宗教活动等；在教风端正方面，要求宗教教职人员模范遵守教义教规，品德良好、仪态端庄、潜心修持、持守职份等；在管理规范方面，要求管理组织作风民主，人事安排、接收或滞留外来人员和职工聘用经管理组织集体研究决定等；在安全整洁方面，要求场所布局合理，建筑设施安全，消防责任落实，安保措施到位，院落整洁卫生，与周围环境协调等；在服务社会方面，要求积极开展社会公益慈善事业，能积极参加当地文明、卫生等创建活动。① 江苏省基督教界深入挖掘圣经中"和好""和平""和谐"等理念，并将其运用于教会管理和社会服务中，2010年年底，江苏省荣获首届全国创建和谐寺观教堂先进集体的基督教教堂有：南京圣保罗教堂、无锡基督教堂、徐州睢宁县基督教堂、苏州基督教使徒堂、连云港基督教中心堂、盱眙县基督教中心教堂、扬州基督教萃园路礼拜堂。②

和谐教堂建设的重要内涵不仅体现为教会与社会的和谐相处，而且更具体表现在不同宗派之间的和睦共存。在这方面江苏省无锡市基督教两会为江苏省乃至全国教会提供了宝贵而丰富的经验。1980年12月，无锡市中山路基督教堂复堂，当时参加礼拜的信徒不足500人，其中守主日（星期日）信徒300多人，守安息日（星期六）信徒100多人。在联合礼拜的前提下，为满足不同崇拜方式的需要，一般星期日教堂由主日信徒使用，星期六教堂由安息日信徒使用。由于二者在教义、礼仪或历史传承上的差异，导致二者在实际的运作中矛盾重重、猜忌日深。历年来，从各处主日安息日共用一个教堂的情况来看，其存在的问题具体表现为：（1）双方比较极端的传道人和信徒之间相互指责，安息日斥主日为背教，主日作安息日为异端，在神学思想的交流上互不来往。（2）二者在教会资源的共享利用和费用摊派上相互推诿塞责，相对来说，安息日处在比较弱势被欺压的状态。（3）有时安息日聚会时，主日也安排活动，楼上楼下相互干扰，甚至在门

---

① 江苏省宗教事务局（苏宗发［2010］167号）：《关于印发〈江苏省创建和谐寺观教堂评分细则（试行）〉的通知》（2010年9月25日），江苏民族宗教网（http://www.jsmzzj.gov.cn/art/2010/9/25/art_444_249.html）。

② 王荣伟：《首届全国创建和谐寺观教堂先进集体和先进个人名单》（2010年1月27日），中国基督教网（http://www.ccctspm.org/news/ccctspm/2011/127/11127511.html）。

口彼此示威，相互"拉羊"。(4) 双方信徒相遇，目光敌意，就算打招呼，也是敷衍躲避。这些现象在无锡教会也会多少表现出来，无锡市宗教局领导对此高度重视，1999 年 6 月，无锡市基督教两会换届后，市宗教局和市两会共同研究，反复探讨问题存在的根源，寻求解决问题的办法。经过多次充分协商，市两会制定了《关于主日、安息日彼此尊重、和睦共处的规定》，并将此规定纳入到全体教牧同工工作纪律的年度考核之中。十几年来，他们摸索出一些行之有效的做法有：(1) 在主日、安息日双方教牧同工中分别确定了协调员，双方需要商讨解决的问题由协调员集中到市两会的办公会议上共同协商。(2) 市两会一切的工作活动均委派双方教牧同工联手操作，如接待工作、慈善活动、外出学习参观活动、会议筹备工作，甚至只需二人的工作，也委派双方人员共同参与。(3) 通过组建宣讲团、办培训班等形式提高信徒对一堂多用的认识，彼此交流频繁，共识增加。(4) 选拔双方骨干信徒组成义工探访组，定时、定片探访病人，在社会服务中淡化宗派意识。2000 年 12 月 25 日和 2003 年 12 月 25 日两个圣诞节的晚上，无锡市两会在中山路教堂分别举办了两场主日与安息日信徒共同参加的大型联合音乐崇拜，崇拜会上主日、安息日牧师分别领祷，圣诗班分别献唱，最后又联合献唱，展示了"弟兄和睦同居是何等的善，何等的美"的乐境。目前无锡市基督教堂有信徒近 21000 人，其中主日信徒 16000 多人，安息日 5000 多人，二者人数都在不断地增加中，二者和睦相处能够为各宗派的多元共在树立良好榜样。近几年来，无锡教会还接纳了真耶稣教会背景的信徒以及温州籍基督徒商人团契，同时也为在无锡的外国人增设双语礼拜或单设国际礼拜堂。[①]

改革开放以来，在党和政府的领导和支持下，江苏教会无论城市或乡村都有长足的发展，但也存在一些不良现象值得重视。私设聚会处或建立家庭教会，虽然有不同宗派传统、神学思想差异的原因，但主要是因为远离或缺少固定的宗教活动场所所致。为了避免异端或邪教的产生，村镇范围内的聚会处或家庭教会宜纳入地方三自教会指导和村镇政府部门的监管。

[①] 参见潘荣华《君子和而不同——浅谈无锡市基督教两会创"一堂多用"特色和谐教堂》，《江苏基督教》(内部资料) 2012 年第二期 (总第 110 期)，第 8~10 页；江苏省无锡市基督教堂《一堂多用 共促和谐》，《天风》2012 年第 7 期，第 28~29 页。

城市内的聚会处和家庭教会宜纳入就近的三自教堂指导和所属居委会或街道办事处监管。若个别聚会处或家庭教会不愿加入三自教会，可暂时允许其定点定处合理分布，但须纳入地方政府组织登记和监管。目前城市教会呈现大而分散的状况，一般的教堂人数都在千人以上，教职人员对普通信众了解或关怀不够，只是每周对信众做一次神学布道或思想培训而已，无法从生活实际和心灵深处牧养每一位信众。而且有些城市教会机构庞杂，捐赠收入数目较大，作为教堂的主任牧师或基督教两会的负责人权力过分集中，对人事安排和财务管理还不十分透明公开，甚至部分教会沾染了社会不良风气，有拉关系、走后门、请客送礼、暗箱操作的现象。所以教会应建立健全的信徒大会及堂委会制度，对教职人员的责权明确分工并进行审核监督，真正做到民主管理教会。

第二节 丁光训等牧长的神学思想

从 1950 年实行基督教三自爱国运动以来，中国基督教神学进入一个新的阶段，新中国成立初期中国基督教神学有一些初步探索，但受"文革"冲击，神学思想建设完全停滞。1980 年中国基督教协会成立后，江苏省基督教界涌现了一大批当代教会领袖人物，他们的神学思想和实践，不仅引导着江苏教会向前发展，而且对全国教会也起统领作用。"严格来说，神学思想建设运动是在 1998 年 11 月全国两会召开的'济南会议'后正式确立的。但是，其中所涉及的议题，却显然有其一贯的脉络可寻，早在 50 年代的'神学再思'讨论中，已见其端倪，及至 80 年代，我们更可从丁光训的神学思想中，找到更多的共同点。"[①]

一 丁光训的爱的神学

丁光训（1915～2012），1915 年 9 月出生于上海的基督教家庭。1937 年至 1948 年先后在上海圣约翰大学、美国哥伦比亚大学师范学院和纽约协和

[①] 邢福增：《当代中国政教关系探讨——兼论对基督教发展影响》（2012 年 4 月 23 日），《新世纪宗教研究》第 2 卷第 2 期，引自中国宗教学术网（http://iwr.cass.cn/zjyzz/201204/t20120423_10439.htm）。

神学院学习，并获文学硕士和神学博士学位。1942 年被按立为圣公会牧师，曾担任过上海基督教青年会学生部干事。1946 年赴加拿大任基督教学生运动总会干事。1951 年回国后曾担任上海广学会总干事。1952 年被任命为金陵协和神学院院长。1955 年被祝圣为中国圣公会浙江教区主教。1980 年当选为中国基督教三自爱国运动委员会主席和中国基督教协会会长。1996 年任两会名誉主席和名誉会长。此外，丁光训主教还担任过江苏省政协副主席、全国政协副主席、爱德基金会董事长等职务。2012 年 11 月 22 日，丁主教病逝于南京，享年 98 岁。

"丁光训是当代中国基督教（新教）领袖，中国神学思想建设的主要倡导者和实践者。"① 其神学思想主要散见于改革开放以来他在国内外、教内外所发表的一些讲话、证道及其他文稿中，其丰富而宝贵的神学思想可以概括为以下几个方面：

（一）爱的上帝与宇宙的基督

基督教神学通常把上帝看成是一位全智、全能、全善的超越者，其性情是慈爱而公义的。丁光训主教非常强调上帝的全善和慈爱的一面，他十分欣赏怀特海的过程神学，怀特海认为传统的基督教神学有三种错误的上帝观：把上帝视为"统治一切的凯撒，或是严峻冷酷的道德家，或是自己不为任何事物所动的推动者"。但"过程神学思想谈上帝的属性，首先肯定的是他的爱，而他的无所不能，无所不在，无所不知，自在永在，超过一切，绝对公义等等，都被置于从属地位"②。丁光训说："我不说上帝的最高属性是他的公义。公义派生于爱，脱离了上帝的爱而大讲上帝的公义必然导致一个畸形的宗教，这宗教把上帝看成一位赏善罚恶的主宰。一个人遭遇不幸，那是因为此人在某处得罪了上帝，触怒了上帝的怒气。同样的，当此人进入顺境的时候，这是由于他因某事蒙受了上帝的喜悦。这样的一个避灾图利的基督教是功利主义的信仰，大大削弱了它同低级宗教的区别。"丁主教进一步指出："关于上帝，我们在耶稣的生平和教训中所看到

---

① 卓新平：《当代亚非拉美神学》，上海三联书店，2007，第 125 页。
② 《来自解放神学、德日进神学和过程神学的启发》（一九八五年），《丁光训文集》，译林出版社，2000，第 206～207 页。

的，不是他的全能，不是他的威力，不是他的严厉，不是他压服人的的力量，不是他报复的欲望，也不是他惩罚人的无情，而是他的爱，他的同情，他对人的尊重，他耐心等待人们的觉醒。……因此，我们看到，上帝为了尊重人，限制了自己的权力。在对待人方面，他宁愿耐心等待人的自觉自愿，他采取宽恕、创造、救赎、圣化、教育、说服的办法。"① 丁光训认为，上帝对人类的爱就是通过耶稣基督的舍命体现出来的，他说："什么是神的最重要最根本的属性？是他的爱，在基督身上看到的那种爱，在痛苦和十字架面前也不回头的那种爱，使他为他的朋友舍命的那种爱。神的公义也还是神的爱。爱要是普及到广大人群，就成为公义。就是这个爱进入了世间。爱不是毁灭，而是来托住，来医治，来教育，来救赎，来赐予生命。"那么，丁主教为什么不厌其烦、津津有味地强调上帝是爱的这一神学命题呢？他说："上帝是爱，这是宇宙中一切事实中最主要的事实。上帝既然是爱，我们就能安然，甚至死也为难不了我们。我们对什么也不必发愁。我们能积极投身社会变革的行动，在历史前进运动中起应起的作用，因为有主的爱随时陪伴着我们。"②

丁主教所提出的与"爱的上帝"相匹配的另一神学命题是"宇宙的基督"，这主要是受到法国神学家德日进的影响，他说："德日进有一个很高的基督观。他不是只讲拿撒勒人耶稣，他时常讲到宇宙的基督。"③ 丁主教坦言："宇宙的基督是一个很大的命题，《圣经》里所讲的也不是非常直接，因此大家不大重视，也不大敢接触。但是现在越来越多的神学家重视了，像德日进，就直截了当地提出，基督不但有人性、神性，而且有宇宙性，整个宇宙是在基督为主的范围之内。"④ 丁主教觉得，对于中国基督徒来说，认识基督的宇宙性，至关重要。他指出了宇宙的基督所包括的两个基本内

---

① 《理解上帝的心》（一九九三年九月在美国好莱坞诸圣堂的演讲），《丁光训文集》，译林出版社，2000，第 100~102 页。
② 《上帝是爱》（一九八六年十月五日访问匈牙利教会时的讲话），《丁光训文集》，译林出版社，2000，第 56~57 页。
③ 《来自解放神学、德日进神学和过程神学的启发》（一九八五年），《丁光训文集》，译林出版社，2000，第 200 页。
④ 《怎样看待基督教会以外的真善美》（一九八七年于上海），《丁光训文集》，译林出版社，2000，第 251 页。

涵：（1）宇宙的基督说明"基督的主宰、关怀和爱护普及整个宇宙"。也就是说，基督的爱并不局限于教会之内的狭小范围，他也关心教会之外还没有来跟从他的人。进一步说，无神论的存在与宇宙的基督所做的可以相互协调，对于某些无神论者和共产党员，"尽管他们和我信仰上很不同，然而在各自信仰的驱动下，我们可以在许多方面，同心合力干事业。"（2）"发现基督的宇宙性意味着对作为宇宙原则的爱的肯定。我们从耶稣身上体会到了这种爱。这是上帝的最高属性，是主宰宇宙的最高准则。""宇宙的基督"与"爱的上帝"是统一契合、互相印证的。值得注意的是，丁主教特别指出了这一神学见地提出的时代性，他说经历了"文化大革命"的破坏之后，"对于中国基督徒来说，摒弃一个报复的、令人恐惧的、对人类具有极权的上帝的形象，而敬拜一位爱我们、同情我们、与我们一道受苦的、循循善诱的上帝，这个转变是一种真正的释放。"当然，丁主教谦虚地承认："宇宙的基督是一个丰富的概念。它所表达的关于基督的含意远远超出了人类的理解。我们只是在探索。这是那些不再满足于传统的基督论、希望来一个转变的基督徒提出的见解。"①

（二）因信称义与美德善行

因信称义是保罗和马丁·路德特别强调的主张，对基督教历史有重大影响，一般的基督徒也都以信不信耶稣作为得救不得救或能否进天堂的唯一标准。丁光训认为，保罗和马丁·路德对因信称义的强调是有其时代背景的：前者是针对当时某些犹太基督徒死守摩西律法问题，后者是针对中世纪后期天主教贩卖赎罪券敛财问题。在中国的文化和社会背景下，不宜过分强调因信称义，反而应淡化这一提法。因为过分强调因信称义，容易导致道德无用论，忽视人的善行美德，以为信了耶稣就上天堂，不信的就下地狱，完全无视那些没有接受过基督福音但品格依然高尚的人的死后结局。"像张思德、雷锋、焦裕禄等等，表现出舍己为人的品格，为他人不惜牺牲自己的生命，他们是高尚的，我们怎么忍心说他们今天是在地狱里

---

① 《宇宙的基督》（一九九一年七月在英国"中国教会之友"大会上的演讲），《丁光训文集》，译林出版社，2000，第93~99页。

呢?"① "岳飞、文天祥、孔夫子也全在地狱里吗?"而且,在共产党领导的中国,"信与不信的问题,表面上好像是信仰问题,但是一引申就引申到政治问题。因为按照有些解释,在地狱里的就是不信的人,这里包括毛主席、刘少奇、周总理等人。而信的人希特勒、蒋介石也是在天堂里。这么一来,信与不信不就成了政治问题?"② 所以,丁主教引用《马太福音》第25章绵羊和山羊的比喻证明说:"可见在最后审判的时候,上帝不是问你曾经信或不信,他是看你对贫困无告的人们抱什么态度。这就是说,上帝关心的是伦理道德。我们的上帝的心胸是那么宽广,那么富于爱心,他不会因为有些人没有信他,就把他们抛入地狱。"③

丁主教坚持,"爱德高于信德",如果我们只推崇因信称义一个教义,"讲这教义又不顾先人提出的历史背景,被我们用来渲染信与不信的矛盾,势必破坏人民的团结,引起无穷的分裂,这样我们还能作出什么见证?"④ 他告诫传道人和信徒们:对基督教神学上的一些问题,"想通了,对历史进步的事业会更投入而不是相反;不想通,势必把世界一切真善美都视为来自撒旦,宗教信徒就变为敌对势力的俘虏。"⑤

(三)"三自""基协"与普世教会

1980年10月,中国基督教第三届全国会议在南京召开,丁光训主教在《回顾与展望》的开幕词中,总结了自1950年以来三自爱国运动的成就,并提出新时期所面临的问题和要完成的任务。

丁主教认为,三十年来三自所取得的成就是巨大的,它使中国的基督

---

① 《谈基督徒一个思想深处的问题》(一九九六年在五个宗教东北座谈会上的发言),《丁光训文集》,译林出版社,2000,第287页。
② 《淡化因信称义》(2000年7月在南京教会第五期神学思想建设义工培训班结业典礼上的讲话),刘华俊编《天风甘雨——中国基督教领袖丁光训》,南京大学出版社,2001,第289~290页。
③ 《谈基督徒一个思想深处的问题》(一九九六年在五个宗教东北座谈会上的发言),《丁光训文集》,译林出版社,2000,第287~288页。
④ 《谈基督徒一个思想深处的问题》(一九九六年在五个宗教东北座谈会上的发言),第289页。
⑤ 《怎样看待基督教会以外的真善美》(一九八七年于上海),《丁光训文集》,译林出版社,2000,第253页。

徒变成了爱国的基督徒，使中国教会摆脱了殖民地性质，不再是外国教会的复制品，而是与社会主义新中国的面貌相称，从而改变了各界人民对中国基督徒和中国基督教的观感。三自爱国运动已经实现了中国教会的自治、自养、自传，未来的任务就是如何把中国教会治好、养好、传好。此次大会修改了中国基督教三自爱国运动委员会章程，并成立了全国性的基督教教务组织——中国基督教协会。关于两个组织的关系和差异，丁主教指出："全国三自组织和全国教务组织都是以全国基督徒为主体的组织，一个是中国基督徒作为人民组成的人民团体，一个是中国基督徒作为信徒组成的教务团体；如果三自是一个中国基督徒的爱国运动，那么，这个教务组织将代表一个三自爱国的中国基督教运动。这两个都是爱国爱教的团体。""全国教务组织同全国三自爱国组织是平行的，各有各的侧重，两者有似一个身体上的左右手那样，是密切合作关系，不是一个领导另一个的关系。"①丁主教认为，两个组织的职能和分工应当明确，它们与教会的关系一定要理顺。"三自爱国组织应该是基督教教牧同工和信徒的群众性组织，它协助党和政府贯彻宗教信仰自由政策，坚持教会独立自主自办，联系广大信徒和教牧同工，推动他们热爱祖国，拥护社会主义，积极开展社会服务，兴办社会公益事业和支持教会的自养企业，参加两个文明建设，以及在三自章程中规定的其他任务。"②"而中国基督教协会主要以加强广义的牧养工作为宗旨，那就是在教会里培养灵命和建设神学。这里包括印发《圣经》，出版《赞美诗》和书刊，维持神学院校。"③ 二者分工明确，但不可彼此分裂。"如果基协离开了三自，基协就容易把信徒带上一条不问三自不三自的道路，回溯、复旧、分裂都会发生，三自就名存实亡，事实上是被取消了，教会必然失掉'众民的喜爱'，它应有的见证也必然失掉听众。如果三自离开基协，三自就脱离了教会信徒群众，只是唱一些政治高调，搞一些形式主义，实际上是架空了自己，它的团结面会越来越小，它也就难于同假信

---

① 《回顾与展望》（一九八〇年十月六日于南京在中国基督教第三届全国会议上的开幕词），《丁光训文集》，译林出版社，2000，第293～305页。
② 《谈当前教会若干问题》（一九八九年圣诞节前答若干神学生问），《丁光训文集》，译林出版社，2000，第359页。
③ 《三自为何必要》（一九八四年九月二十八日在日本京都同志社大学的演讲），《丁光训文集》，译林出版社，2000，第45页。

徒，同尼哥拉一党进行斗争。"①

值得特别重视的是，丁主教认为，根据中国基督教三自爱国运动委员会章程规定的宗旨，三自爱国组织的职能是有限的。"这宗旨没有赋予三自爱国组织领导、管理教会的职能，那就是说，三自爱国组织不是教会实体。""而治理教会则由教会和基协按教会的传统和常规方法去进行。"② 丁主教强调："教会是基督的身体，是复活之主的居所，是历代圣徒的团契，不是三自爱国组织的下属单位。教会是主体，而三自和基协都是在一定历史条件下的产物，都是为教会服务的。"③ "至于三自和基协，它们不过是暂时的器皿，不过是建筑物在建造过程中的脚手架，我们每个个体，都不过是互相紧密搭配，构成脚手架的无数根毛竹或钢管。一俟这座建筑物——基督的身体——最后建立好，以独有的姿态屹立在地平线上，那时脚手架就无影无踪了。"④

毫无疑问，三自爱国已经成为中国教会的一大特色，中国教会的这一个性如何同普世教会的公性相协调呢？丁光训认为，中国基督教的三自爱国运动，与早期基督教的希腊化罗马化一样，是世界教会史上的"又一个重大创举或突破"。它深深植根于中国文化和社会的土壤中，是基督在东方的道成肉身。因为教会的"个性和公性，特殊性和普世性，不是相对立、相排斥，而是相辅相成的。各国教会越实现其特殊性，整个教会的多样程度越高，它的普世性也越有内容"⑤，不过丁主教也提醒自己，有特色的教会，无论如何都不能丧失其属基督的灵性内容："我们需要维护和发展中国教会的特性，但是如果脱离了耶稣基督的普世性，脱离了他福音的普世性

---

① 《教会要在爱中建立自己》（一九八六年八月二十三日于北京在中国基督教第四届全国会议闭幕式上的讲话），《丁光训文集》，译林出版社，2000，第336页。
② 《谈当前教会若干问题》（一九八九年圣诞节前答若干神学生问），《丁光训文集》，译林出版社，2000，第358页。
③ 《教会要在爱中建立自己》（一九八六年八月二十三日于北京在中国基督教第四届全国会议闭幕式上的讲话），《丁光训文集》，译林出版社，2000，第336页。
④ 《三自再认识》（一九八二年九月十六日于北京在中国基督教全国两会委员会扩大会议上的讲话），《丁光训文集》，译林出版社，2000，第323页。
⑤ 《三自再认识》（一九八二年九月十六日于北京在中国基督教全国两会委员会扩大会议上的讲话），《丁光训文集》，译林出版社，2000，第319页。

以及他的教会的普世性，这个特性也就丧失了灵性内容。"①

丁主教的神学思想虽然不算全面系统，但涉及了上帝论、基督论、救赎论、教会论等重要问题。他还提到了中国教会存在封建家长制的弊端，牧师成了一个堂点的"老板"，教会缺乏民主监督和管理等问题。② 他也指出了中国教会存在轻视甚至否定神学思维和神学教育的现象，以致"为了团结，神学思维和表达的随意性受到一定的自我约束，形成照顾有余而创新不足的情势。"③ 关于丁主教神学思想的特点，为其写传记的美国魏克利博士写道："丁主教既没有时间也未曾打算写一部系统神学。……丁主教神学风格的明显特征是其前后一贯的有节制的陈述。……约束和有节制的陈述也和对政治及教会的考虑有关。……因着有节制的陈述，丁主教的神学总是建议性的，而不是界定性的。"④ 1993年10月，丁主教访问菲律宾协和神学院时发表演讲阐述其爱的上帝和宇宙的基督等神学思想，"当那些较为开明和进步的学生听到这些似乎非常传统的神学语言时，他们吃了一惊，因为这些观点对于教会的生活和见证来说太过温和了。"⑤ 总之，丁主教的神学风格是温和的，而不是激进的；其思想内涵带有较大的自由度和很强的包容性，而不是狭隘和僵化的。丁主教在概括自己的神学思想内容时说道："我主张建设一种以'上帝就是爱'的上帝观、'宇宙的基督'之基督论和积极、开放、包容、能动的创造论和人性论为主体的神学思想。中国宗教的现代使命就是要从恐惧鬼神地狱发展到推崇道德伦理，指出理性型、

---

① 《在世基联和日内瓦教会普世中心谈三自运动》（一九八三年），《三自再认识》（一九八二年九月十六日于北京在中国基督教全国两会委员会扩大会议上的讲话），《丁光训文集》，译林出版社，2000，第14页。
② 《在九五届毕业典礼上的讲话》（一九九五年七月五日于南京金陵协和神学院），《三自再认识》（一九八二年九月十六日于北京在中国基督教全国两会委员会扩大会议上的讲话），第282~284页。
③ 《〈金陵神学文选〉序言》（一九九二年九月十一日于南京），《丁光训文集》，译林出版社，2000，第271页。
④ 〔美〕魏克利：《一位促进教会团结的神学家》（1995年），刘华俊编《天风甘雨——中国基督教领袖丁光训》，南京大学出版社，2001，第98~100页。
⑤ 〔菲〕T. 卡瑞纳欧、F. 卡瑞纳欧：《宇宙的基督与普世教会团契》，《丁光训文集》，译林出版社，2000，第126页。

道德型、服务型才是宗教在社会主义中国中应该具有的中国特色。"[1] 丁光训宝贵而丰富的神学思想，还有待于中国基督教的后来者不断地去继承、开发和创造。

二 韩文藻的神学思考

韩文藻（1923～2006），上海人，1940年圣诞节受洗。1944年上海圣约翰大学毕业后，在上海基督教青年会学生部担任训练干事。1947年开始先后担任南京基督教青年会学生干事、副总干事。1950年后，他是南京市基督教界从事三自爱国运动的活跃人物之一。1951年至1966年历任南京市基督教三自革新促进会总干事，南京市三自爱国运动委员会秘书长、主席，江苏省基督教三自爱国运动委员会副主席兼秘书长。1961年至1966年任金陵协和神学院学委会主席、办公室主任。"文革"期间曾参加劳动学习。1980年开始，曾担任中国基督教三自爱国运动委员会副秘书长，中国基督教协会副总干事、副会长，江苏省基督教三自爱国运动委员会主席。1997年当选为第四届中国基督教协会会长，并兼任江苏省基督教协会会长。此外，他还曾担任江苏省政协副主席，爱德基金会秘书长、副董事长，全国政协常委，中国宗教界和平委员会副主席兼秘书长，中国基督教全国两会咨询委员会主任等职务。2006年2月3日，韩文藻先生病逝于南京，享年83岁。

从1980年至1996年，基督教两会的主席和会长由丁光训主教一人兼任，从1997年开始，两会主席和会长分别由上海的罗冠宗和南京的韩文藻二人担任，尽管罗、韩两位都不是圣职人员，但丁主教认为，他们是"很合适的选择"，因为："两会章程没有规定主席、会长必须由圣职人员担任。吴耀宗先生就不是一位圣职人员。海外不少教会团体也由平信徒担任领导职务。重要的是他们两位长期以来都坚持三自爱国，坚持办好教会，又都以团结为重，为同工同道作出了好榜样。"[2] 韩文藻先生是一位资深的教务活动家，出色的"民间外交家"，他在中国基督教的对外宣传和交流工作，

---

[1] 戈杨：《丁光训谈"上帝之爱"与"爱国主义"》，《中华儿女》（海外版）2003年第2期，第80～81页。

[2] 《答〈天风〉记者问》（一九九七年一月），《丁光训文集》，译林出版社，2000，第378页。

以及爱德基金会和印刷厂的组织管理工作上作出重要贡献。① 韩文藻先生对两会的宗旨、民主办教、人才培养等神学问题提出一些有价值的思考。在1999年中国基督教三自爱国运动研讨会上,有常委提问两会的职责问题,"是否可以理解为教务方面由协会负责,政策方面由三自负责。"韩会长没有直接回答是或否,他说:"对这一问题我愿先介绍我们全国两会的工作模式。大家知道,全国两会根据工作需要,设立了12个专门委员会。这些专门委员会按其分工,推进事工。三自的秘书长和基协的总干事各分管6个专门委员会。我们为什么采取这样的模式?一是客观上工作上挑战大,主观上我们人力资源相对匮乏,更不应分家而应同心协力。二是根据两会章程,两会的宗旨是相同的,都是为了办好教会。三自章程第二条'——其宗旨是:带领信徒爱国爱教,维护教会的独立自主,增强教内团结,为办好中国的教会提供服务。'基协章程第二条'——其宗旨是:团结全国所有信奉上帝、承认耶稣基督为主的基督徒,在圣灵的引领下,同心合意,遵照圣经真理、三自爱国原则、我国教会规章制度和国家宪法、法律、法规、政策办好中国的教会。'三自和基协章程中宗旨条款的末句都落脚到办好教会。有常委说既然如此,何必要有两会,有一会即可。这个问题过去有人提过。从实际情况看,我们应集中力量,为办好教会多做实事。不必掀起这一问题的讨论,以免分散精力甚至浪费精力。如要讨论,可放到50年甚至100年后,而绝不是现在。"② 关于基层教会的建设,韩会长认为,教会具有两重性,一方面它是基督的身体,有属灵的一面;但另一方面,它也是一个社会团体,应该具有适合国情的组织管理、规章制度,依照"信徒皆祭司"的神学思想,教会理当实行"民主办教"。韩会长也十分重视教会的优秀人才培养问题,他说:"优秀是指具有真诚愿意为中国教会献身的心志和品质,坚定不移地爱国爱教,能够坚持三自原则,明事理,顾大局,有一定神学造诣。两者的关系一定要摆正,光有政治方向没有宗教学识不

---

① 秀林、秀秀:《出色的"民间外交家"——记中国基督教协会韩文藻会长》,《中国宗教》2001年第1期,第32~36页。
② 韩文藻:《中国基督教三自爱国运动研讨会专题发言:处在新的历史时期中的三自爱国运动》,《天风》2000年第1期,第8页。

行，光强调宗教学识而忽视政治方向也不行。"①

三 季剑虹的神学表述

季剑虹，1932年3月出生于江苏淮安的一个基督教家庭，1947年受洗。其父季永同原为南长老会传道人，后来成为倪柝声领导的基督徒聚会处成员。20世纪50年代基督教三自爱国运动中，季剑虹勇敢地起来揭发和批判父亲等的"属灵派"并与其划清界线。1953年至1966年，先后两次在金陵协和神学院学习。1951年至1969年任南京市基督教三自爱国运动委员会干事。1969年至1979年下放淮安劳动、工作。1979年开始先后担任南京市基督教三自爱国运动委员会干事，江苏省基督教三自爱国运动委员会副秘书长、副主席、主席。1997年当选为中国基督教三自爱国运动委员会副主席，兼江苏省基督教三自爱国运动委员会主席。2002年5月当选为中国基督教三自爱国运动委员会主席，兼金陵协和神学院常务副院长。2008年起担任中国基督教两会咨询委员会主任。

20世纪50年代，季剑虹在金陵协和神学院学习时，就引起了丁光训院长的注意，当时，丁院长主动与他见面时就说："你不认识我，可我知道你，以后有时间我们要常交通。"② 1998年11月，经丁主教倡议，中国基督教全国两会济南会议，作出了"加强神学思想建设"的决议。此时，季剑虹是全国三自副主席、江苏省三自主席，"他敏锐地感觉到，神学思想建设是中国基督教会发展的方向，是使中国基督教徒在中国社会急剧变革的特定处境中更好地见证基督的重要方式。因此，他从一开始就积极响应丁光训主教的主张，并从理论与实践两个方面进行了积极的探索。"他倾力推动神学思想建设在江苏的贯彻与落实，十几年来，江苏省基督教两会始终把神学思想建设作为工作中心，并以此来推动其他工作的开展，其比较突出的方面有：一是抓制度建设，从省、市到县三级教会组织普遍建立和完善了政治学习、劳动纪律、经济财务管理、民主管理等规章制度，

---

① 《岁月如歌 生命如火——记中国基督教协会会长、江苏省政协副主席韩文藻》，《江苏省社会主义学院学报》2001年第2期，第56页。
② 季剑虹：《群羊的好牧人——记丁光训主教》，刘华俊编《天风甘雨——中国基督教领袖丁光训》，南京大学出版社，2001，第53~54页。

对宗教活动进行了规范化管理。二是抓义工培训，先后筹建了省圣经专科学校和苏南、苏北两个培训中心，形成了以圣经专科学校为龙头，以培训中心为基点的培训机制，使全省教牧人员及义工的素质有了一定的提高。三是抓文字出版，围绕神学思想建设这一主题，先后出版了《福音心声》和《灵粮》两本书，起到很好的带头作用。四是抓研讨和宣讲，通过召开研讨会和组织神学思想宣讲团方式，将神学思想建设的主张普及到全省。[1]

季剑虹长老是继丁光训主教之后，非常关注神学思想建设的一位基督教领袖。他认为，基督教基本信仰与神学思想尽管不可分割，但基本信仰是不变的、永恒的，而神学思想必须随着时代的改变和社会发展不断进行调整、修正和充实。"中国神学思想建设的主要任务是对原有的神学思想中错误的反人性、反科学、反社会的神学思想以及与社会主义社会及时代进步和科学发展不适应的那部分思想进行必要的、适当的调整和修改。并根据中国教会在神面前50年来新的经历进行新的阐述，建立一个具有中国特色的神学思想，来引导中国教会的建设和信徒灵命的追求。"[2] 他系统论证了三自原则与教会建设的密切关系并指出，三自原则是建设中国教会的基本原则，它不是外加于教会的、暂时的权宜之计，而是内在于教会，是神的启示和教会历史实践的统一，是教会地方性与宇宙性的统一，是教会现实性与终极性的统一，是办好教会与教会性的统一。[3] 他特别提醒中国教会："我们必须要在三自原则的教会性、信仰性上狠下功夫，从教会性层面、从信仰和神学层面来论述三自，对三自进行理论创新和发展，丰富和深化三自理论。"因为，境外渗透势力污蔑三自原则是政治的工具，"对此，我们也需要深刻反思，认真总结，特别是在三自原则的宣传上。我们在三自宣传上没能抓住教会性、信仰性进行宣传，却一直停留在三自的政治性内涵上，在新的历史时期正好投合了敌对势力对我们的攻击，使得我们在

---

[1] 胡绍皆、张秀秀：《于无声处奏华章——记中国基督教三自爱国运动委员会主席季剑虹长老》，《中国宗教》2003年第1期，第37页。
[2] 中国基督教三自爱国运动委员会主席季剑虹长老：《神学思想建设的必然及途径》，《中国宗教》2003年第2期，第58~59页。
[3] 参见季剑虹《三自原则与教会建设》，《天风》2006年第13、15、17期。

一些事工上事倍功半。"① 所谓的教会性就是要把三自原则和精神内化到教会的自身成长和组织管理上。季剑虹强调:"要加强民主办教,这是符合圣经原则的,彼此搭配事奉,全教会参与,各有各的功用,各有各的长处,任何再有本事的人都不能代替所有肢体的作用,这是民主办教的最大体现。基督元首的地位,不是靠独裁、靠专政取得,更不是靠某些人口头上的高唱高举基督就能形成的,而是靠全体信徒、整个肢体相互联络,密切配合,同心合意遵行父神旨意,才能形成。因此,民主办教就是高举基督,让基督居首位。因为民主的核心、民主的焦点、民主的最高标准是在基督里同归于一。既要杜绝在事奉上'一言堂'、个别人说了算的现象,又要防止以封建主义的家族、门第的利益为中心形成的小集团而统治教会。"② 神学思想建设离不开完善的神学教育,季剑虹认为,对于中国的神学院校,爱国主义教育是神学思想建设成功的保证,他说中国基督教神学教育的办学方针中明确规定:"我国神学教育所要培养的,是在政治上拥护共产党的领导,热爱社会主义祖国,坚持中国教会'三自方向'的爱国爱教的人才。"要落实这一方针,办好神学院校,爱国主义教育是关键。有的同工认为,衡量一所院校的办学水平,主要是其宗教水平的高低。"但要充分认识到培养拥护中国共产党的领导,拥护社会主义制度,爱国爱教,品德高尚的神学生更为重要,没有政治上过硬、没有爱国爱教的情怀、没有高尚的品德,就没有了方向,就不能为中国教会所用,就会给中国教会带来严重危害。"③

四 陈泽民的和解神学

陈泽民,1917 年出生于广东汕头的一个基督教家庭。1937 年进入上海沪江大学学习,主修社会学,辅修音乐和基督教神学。1941 年毕业后又进入金陵神学院继续攻读神学。1944 年获神学学士学位后,到浙江绍兴福康医院担任宗教社会服务部主任达六年之久。1950 年回金陵神学院担任助理

---

① 季剑虹:《独立自主 勇于创新 建设好中国教会——应邀参加十七大开、闭幕式和学习十七大报告所受的启迪》,《天风》2007 年第 22 期,第 5 页。
② 王荣伟:《建立一个荣耀的教会献给神——与中国基督教三自爱国运动委员会主席季剑虹长老一席谈》,《天风》2002 年第 7 期,第 35 页。
③ 季剑虹:《爱国主义教育是办好神学院校与培养教会人才的关键——2007 年 7 月在神学院校〈基督教爱国主义教程〉经验交流会上的讲话》,《天风》2007 年第 19 期,第 18~19 页。

教授。1952 年至 1966 年担任金陵协和神学院副教务长、神学教授。"文革"期间神学院关门，被下放到农场劳动。从 1981 年神学院复校起，历任神学院的副院长、教务长和研究生部主任等职务。2002 年主动从副院长岗位退下来，继续坚持神学教学和研究工作。此外，他还担任过南京市圣保罗堂主任牧师、江苏省基督教协会副会长、中国基督教协会副会长等职务。目前，他是中国基督教两会咨询委员会副主任、中国基督教神学思想建设推进小组成员。

陈泽民较早就提出了新中国神学思想建设的问题，1956 年，他在《中国神学建设的任务》一文中指出："（神学）是教会生命的表现，是教会在思考。……新中国的教会在成长着……为要使她能更好地思考，成为一个自觉的、统一的的教会，她必须有她自己的神学。"[1] 1981 年教会恢复之初，陈泽民首先提出了"和解神学"的思想，其思想核心是："与那位曾经被人类疏远的，但藉者道成肉身的基督为中介，奥秘地进入永不止息的人类历史的上帝和好。""与那些我们曾经疏远的，承担解放我们的任务，为我们建设一个更好的社会的人民和好。"他还引入中国古代的和谐理念和大同观点来充实其神学思想。[2] 陈泽民认为，中国教会已经跨出了关键一步，从洋教变为了中国自己的宗教，"基督教在中国的前景取决于它是否能在当前这个多元的、世俗的、变化的处境里，以实际行动来显明它那活泼的改变一切的能力。"中国基督教的发展离不开中国文化环境和现实社会处境，"中国基督教的土壤是中国文化，阳光和雨露则是上帝的祝福和圣灵的引导，中国社会则是它的空气。中国教会所做的就是把盆花移植到中国的土壤里，并且培植成一个竞相争艳的百花园。"[3]

五　汪维藩的生生神学

汪维藩，1927 年出生于江苏泰州。1947 年归主受洗。1948 年就读于南

---

[1] 参见刘若民《桃李不言自成蹊——记中国基督教著名神学家、神学教育家、音乐家陈泽民博士》，《中国宗教》2005 年第 6 期，第 21 页。

[2] 参见顾梦飞《汗水浇绿荫　银丝成冠冕——记国务院特殊津贴获得者、金陵协和神学院前副院长、资深教授陈泽民牧师》，《天风》2009 年第 6 期，第 39 页。

[3] 参见沁平《抓好神学教育　建设神学理论——金陵协和神学院副院长陈泽民先生采访录》，《世界宗教文化》1999 年第 3 期，第 21 页。

京中央大学教育系,并参加校福音团契以及张学恭、杨绍唐等主持的黄泥岗教会,亦受到贾玉铭、焦维真等灵恩派影响。1951 年秋入杭州中国神学院读书,1952 年合并到金陵协和神学院学习,同时受教于"灵工团"的杨绍唐、蒋佩芬等老师。1955 年毕业后至镇江浸会传道。1957 年初回南京和李晨钟牧师一同在《圣光》刊社任编辑。1958 年至 1978 年先后在农场、工厂劳动。1979 年被调至南京大学宗教研究所参与圣经重译工作。1980 年金陵协和神学院恢复,转至神学院担任教学和文字出版等工作。1999 年退休后,继续从事笔耕,并在全国各地做巡回讲道和培灵事工。

汪维藩是一位具有较强的学术意识与反省精神的当代牧者和神学家,他撰写了许多神学论文、经文注释和信仰见证等著作,在海内外、教内外有较大影响。他的学生刘美纯评价他信仰"既正统又开放"、治学"既严谨又广博"、为师"既严厉又随和"、为人"既较真又豁达"。长期以来,汪先生"致力于从中国文化的深厚底蕴中探索基督教神学,同时将基督教信仰贯彻其整个生命。"① 1997 年金陵协和神学院出版其所著《中国神学及其文化渊源》一书,他提出了极具中国传统文化特色的"生生神学"的概念及内涵,主张中国的神学必须"探求基督教基本信仰同中国优秀传统文化的融会点,本着圣经启示从优秀民族文化中寻觅中国神学的生长处"。其神学的中心点则为一个"生"字,亦即"生生不息之道"的上帝观,"救赎上帝之所生"、"成全、完善上帝之所生"的基督观,"孕育生命之灵"的圣灵观,以及"借助天力,自强不息,以护生为其至善与大德"的人生观。②

以上五位牧长的神学思想和三自理论不仅对全国教会有统领和指导作用,而且江苏教会"近水楼台先得月",深受几位宗教领袖思想的沐浴恩泽。丁光训、陈泽民、汪维藩无疑为当代"颇有建树的神学理论家"。③ 韩文藻、季剑虹是以教务实践见长的,二者神学思想无特殊建树,主要是阐释和发挥丁主教的神学思想与宣传贯彻三自原则。以金陵协和神学院为依

---

① 刘美纯:《散发东方气息的一朵幽兰——读〈生生神学——汪维藩神学思想研究〉》,《天风》2010 年第 8 期,第 60 页。
② 参见卓新平《基督教神学与哲学研究百年之路》(2000 年),"国学网"(http://www.guoxue.com/? p = 1713);袁益娟:《生生神学——汪维藩神学思想研究》,金城出版社,2010。
③ 卓新平:《基督教神学与哲学研究百年之路》(2000 年),"国学网"(http://www.guoxue.com/? p = 1713)。

托,江苏省还有一些年轻的神学研究者暂露头角,虽有一些新的突破或探索,但总体还在丁主教神学的框架下思考和运作。丁主教的神学思想无疑是中国基督教神学的主心骨,虽然很难看出江苏地方神学与全国他省市教会有什么不同,不过倒是有一些脚踏实地的学习努力的功夫。

1998 年全国基督教两会济南会议作出"加强神学思想建设"的决议后,江苏省基督教两会积极响应,率先提出了"迈小步、不停步、积小胜、为大胜、循序渐进"的神学思想建设工作思路。从苏南到苏北,各市县基督教两会均根据地方特点和实际情况展开神学思想建设工作。比如,徐州地处苏、鲁、豫、皖交界处,是江苏省北大门,其基督教状况历来十分复杂,全市 30 万基督徒,90% 以上在农村,信徒大多文化程度较低,信仰认识模糊,功利色彩严重,极易受迷信思想侵蚀和被异端邪教所控制。1998 年以来,徐州市县两会组织召开神学思想建设交流会 38 次,接受论文 138 篇,大会交流 105 篇。通过学习讨论,让广大信徒认识到:"建立具有中国特色的基督教神学思想体系,并不是要改变或淡化信徒的基本信仰。"而是"对落后的、错误的、消极的和极端的神学思想进行必要的调整,目的是为树立正确的圣经观,纯净信徒的信仰观念。"① 苏州邻近上海、浙江,是江苏省的南大门,属于中国经济最发达的地区,成为改革开放的窗口。为了适应苏州市繁荣的人文和商业环境,苏州市基督教两会在神学思想建设方面特别重视人才的引进和考核,而且规定专职教职人员每年至少要看两本书并完成读书报告,同时提交一篇不少于 5000 字的神学论文。② 为了提高教职人员的神学素质和满足文化层次较高信徒的需求,苏州市教会还定期举办文化沙龙,邀请本地和上海的高校学者演讲座谈。

第三节 江苏基督教的神学教育

解放前,基督教在江苏(不包括上海)先后办有 18 所神学院校。③ 解

---

① 《徐州基督教会》,《江苏基督教》(内部资料)2011 年第二期(总第 106 期),第 23~24 页。
② 《苏州基督教会》,《江苏基督教》(内部资料)2011 年第一期(总第 105 期),第 22~23 页。
③ 江苏省地方志编纂委员会编《江苏省志·宗教志》,江苏古籍出版社,2001,第 291 页。

放后，20世纪50年代全国只有金陵协和神学院和燕京协和神学院两所，20世纪60年代合并为一所，"文革"期间停办。20世纪80年代，金陵协和神学院恢复，至2012年，全国各地已有21所神学院校。[1]

一　金陵协和神学院

金陵协和神学院自1981年2月复校以来，在丁光训、韩文藻、季剑虹、陈泽民等牧长的领导下，为全国各地培养了近两千名的各类教牧人员，特别是江苏省市级以上的教会负责人大多毕业于金陵协和神学院。[2] 1983年6月，金陵神学有教职员20名，学生64名，研究生8名，来自全国24省，平均年龄为25岁，其中女性占1/3。[3] 1984年有500名来自全国各省市的考生报名，参加考试人数最多的省市分别是浙江省（30人）和温州市（30人），其次是山东、江苏、黑龙江、安徽和广东汕头，较少的是天津（1人）和新疆（1人）。[4] 同年9月，《金陵协和神学志》复刊（创刊于1953年，至1957年共出版了七期，"文革"前后停刊）。"就是要在新的形势面前，为中国教会提供一块神学教育和自传言就的思想交流园地。"[5] 2002年，曹圣洁会长在金陵协和神学院五十周年校庆开幕式的讲话中说："神学院是进行神学思想建设的基地，是培养教会人才的摇篮。""在社会日新月异发展的时代中，在宗教信仰政策进一步贯彻的有利形势下，基督教在我国肯定有广阔的发展前途。"[6]

2005年，金陵协和神学院新校区开始在南京江宁大学城建设，占地200亩，在校生规模500人，总投资预算1.4亿元左右。"这是第一个由国家发改委批准立项开工的，并由中央财政支持的，全国性宗教院校改善办公办

---

[1] 参见房赢《中国基督教神学教育交流研讨会在沪召开》，《天风》2012年第1期。
[2] 张培生：《常回家看看——记金陵协和神学院1985～1990届校友返校首次聚会》，《天风》2010年第12期，第51页。
[3] Asian Christian Leaders in China: Impressions and Reflections of a Visit to China, June 1-14, 1983. Singapore: Christian Conference of Asia, 1983, p. 5.
[4] 《三年光景　百多新苗——谈金陵神学院招生实况》，《桥：中国教会动态》（香港）1984年第六期，第8页。
[5] 陈泽民：《复刊词》，《金陵协和神学志》1984年9月复刊号，第1页。
[6] 曹圣洁：《开创中国基督教神学史上新一页——在金陵协和神学院五十周年校庆开幕式上的讲话》，《天风》2002年第12期，第34页。

学条件的项目。"① 同时,"江苏省、南京市两级党委、政府高度重视,鼎力支持。省统战部、省宗教局为此也做了大量的工作,付出了艰苦的努力。"② 2009年3月,新校区正式启用,金陵协和神学院展开了新的一页。原校址修葺后,将作为金陵协和神学院研究生院及中国神学研究基地。

2010年3月,金陵协和神学院聘任了新一届的领导班子。"依据《宗教事务条例》,金陵协和神学院由国家宗教事务局行政主管,基督教两会主办,实行董事会领导下的院长负责制。作为基督教全国性的神学院、中国基督教的最高研究机构和培养教牧人才的最高学府,新院领导班子成立,理顺了关系、明确了责任,对办好金陵协和神学院意义重大。"新的董事会会长由中国基督教三自爱国运动委员会主席傅先伟长老和中国基督教协会会长高峰牧师共同担任,董事有于新粒、安信义等人。③ 丁光训主教任名誉院长,中国基督教协会高峰牧师兼任院长,中国基督教协会副总干事陈逸鲁牧师任常务副院长,王艾明牧师任副院长。国家宗教事务局局长王作安勉励新一届领导班子要把金陵协和神学院办成"国内一流、国际上有影响的基督教神学院"。④

金陵协和神学院的办学方针是:"培养在政治上拥护共产党的领导,热爱社会主义祖国,坚持中国教会的'三自'方向,在灵性和神学上有一定造诣,品德优良,身心健康,能在灵命上供应信徒、真道上带领信徒,并按三自原则办好中国教会的人才。"⑤ 目前神学院大约有三十几位专职教师,还聘任了几位外籍教师。设有本科(四年制,招收高中或高中以上的毕业生;本科插班三年级招收其他神学院校专科毕业的插班生)、研究科(三年制,招收神学本科或大学本科毕业生)和圣经函授科(三年制,针对基层

---

① 《金陵协和神学院新校区工程建设正式开工》,《天风》2006年第4期。
② 王荣伟:《金陵协和神学院新校区奠基典礼在江苏江宁大学城隆重举行》,《天风》2005年第2期。
③ 王荣伟:《又逢金陵花开时——金陵协和神学院新院长履新侧记》,《天风》2010年第4期,第18~19页。
④ 焦洋:《金陵协和神学院董事会换届 新一届院领导班子就职》,《中国宗教》2010年第3期,第18页。
⑤ 参见《金陵协和神学院2008年研究科招生简章》、《金陵协和神学院2008年本科招生简章》,《天风》2007第19期;《金陵协和神学院圣经函授班2002年招生简章》,2002年第1期。

堂点的义工传道和骨干信徒的培训）。1995 年起授予研究科毕业生神学硕士学位，本科毕业生神学学士学位。①

金陵协和神学院新任常务副院长陈逸鲁在谈到神学院的现状和未来发展前景时说，作为全国最高神学院校，金陵协和神学院的教学优势明显，发展空间很大。但是，"金陵积累下来的困难真是不少，明显的困难是人员配置不合理（后勤人员过多但教师不多）、财少、管理相对落后，也有个别同工心灵受伤，负面情绪大于工作积极性。因此，目前是需要医治和重建的时候。"他提出神学院在逐渐完善校园设施等硬件的同时，在软件上有四大块要加强："一是教师队伍要提高素质，争取经几年努力，让多数教师有博士学位。二是图书馆要发展，目前无论是藏书或管理均有欠缺。三是行政和财务管理要加强。尤其是财政，目前'金陵'已出现赤字，支出多收入少。四是学制和课程设置要改善，要尽早开办博士课程，同时，要继续开办教牧研究生班和函授课程，以适应目前教会的要求。"②

二 江苏神学院

江苏神学院即原江苏省基督教圣经专科学校。为了弥补江苏省各级教牧人员数量的不足，为了全面提升全省信徒的神学素质，1996 年 3 月由国家宗教局和省政府批准开办，1998 年 10 月开始招生。学校位于南京仙林大学城内（亚东新城区仙隐北路 5 号），占地面积 13 亩左右。2012 年 9 月 19 日，国家宗教事务局下达《准予行政许可决定书》（国宗许［2012］2 号），正式批准"江苏圣经专科学校"为高等宗教院校（四年制本科），并更名为"江苏神学院"。学校成功升本实现了江苏省基督教神学教育的质的提升，也极大推动了江苏教会事工的全面进步。

江苏神学院的办学宗旨为：培养热爱祖国、接受党和政府的领导、坚持走社会主义道路、维护祖国统一和民族团结、坚持中国基督教"三自"方向，具有相当神学造诣、品德高尚、身心健康、并能在灵命上供应信徒、

---

① 参见曰生、梅康钧、张秀秀《半百金陵　桃李天下——金陵协和神学院庆祝建院 50 周年》，《中国宗教》2002 年第 6 期，第 19 页。

② 道声：《让"金陵"之树结果更多！——访金陵协和神学院常务副院长陈逸鲁牧师》，《天风》2010 年第 6 期，第 9~10 页。

在真道上带领信徒、共同办好江苏教会的教牧人才。其学制：2013年将面向全省教会招收全日制四年制本科新生及插班生。本科一年级1个班，招收新生40人。本科三年级插班生2个班：1个侧重于应届大专毕业生，招收40人；1个侧重于往届大专毕业生，招收50人。其入学考试的内容除了语文、英语、历史、政治知识外，主要是基督教综合知识，包括《圣经》、基本信仰、教会历史和"三自"有关知识等。学生毕业后一般由推荐的市、县教会按圣工需要统筹安排工作，学校不包分配。① 2013年4月5日至6日，江苏神学院举行晋升为本科院校之后首次招生考试，来自江苏各地的众多考生参加了此次考试。②

江苏神学院自建校15年来，为江苏各地教会培养了1000多位神学毕业生，他们已逐渐成为当地教会的骨干，承担着促进江苏基督教和谐和睦、健康发展的重任。学校管理实行董事会下的校长负责制，现任院长为江苏省基督教三自爱国运动委员会主席张克运牧师，教务长为范景芳牧师。③ 起初每年招生50人左右。2007年9月，学校开办了独具特色的二年制教牧大专班，学员从全省各地教会具有高中文化水平、实际从事教牧工作的同工中选拔，教学方式采取集散式，即集中全日制密集型授课与分散学习相结合，每个学期集中授课6周（每周上课6天），然后学生分散本地学习，于新的学期开学后进行统一严格考试。首届教牧班共招收学员120名，男生66人，女生54人，平均年龄42.2岁。他（她）们来自全省12个大市的53个县、市、区，大多是基层教会工作的骨干，其中牧师12位，长老37位，传道25位，任县三自副主席以上者共18位。④ 2006年至2010年《江苏省基督教圣经专科学校五年规划纲要》提出要把学校办成"江苏一流、全国著名"的基督教神学院校，并争取将学校由专科提升

---

① 《江苏神学院2013年招生简章》，《江苏基督教》（内部资料）2012年第四期（总第112期），第31~32页。

② 《江苏神学院举行首次本科招生考试》，中国基督教网（http://www.ccctspm.org/news/lo_ex/2013/47/134775.html）。

③ 《成长中的江苏省基督教圣经专科学校》，《江苏基督教》（内部资料）2010年第四期（总第104期），第37页；《江苏神学院》，江苏民族宗教网（http://www.jsmzzj.gov.cn/art/2009/1/19/art_55_1323.html）。

④ 《教牧班简介》，《江苏基督教》（内部资料）2010年第四期（总第104期），第18页。

为本科。① 逐步形成分层次、广覆盖，学校神学教育与义工培训结合，综合培养与专项培训结合，教内与教外的教育资源有机结合，在量上适当扩大、质上稳步提高的人才培养体系。2010 年，学校专、兼职教师 26 位，在校生 223 人。设有三年制的大专班、两年制的中专班和教牧大专班。目前江苏基督教登记的堂点有 4600 多所，信徒 180 多万人，但牧师只有 220 位，教牧人员的缺口仍很大，培养高素质教会人才的任务依然迫切。② 江苏各市县村镇教会大力支持江苏神学院的发展，2012 年 11 月至 2013 年 2 月江苏神学院接受各地捐赠的神学教育基金收入近 50 万元。③

2013 年 6 月 15 日上午，江苏神学院举行 2013 届毕业礼拜，范景芳牧师主礼。计灵恩牧师引《诗篇》第 18 篇的经文，以"在高处安稳"为题证道，劝勉同学们要在今后的学习侍奉中恒切依靠上帝的保守。礼拜之后毕业典礼正式举行，副教务长张克全牧师主持典礼。江苏省宗教事务局、江苏省基督教两会及江苏神学院的有关领导出席典礼现场。江苏省宗教事务局张全录处长到会致辞，他在向全体毕业生表示热烈的祝贺的同时，还勉励同学们要抓住江苏神学院成功升本的机遇，加强学习意识，在有限的学习时间里不断加强自身文化素质。江苏省基督教三自爱国运动委员会主席兼江苏神学院院长张克运牧师讲话：江苏圣经专科学校能够成功升本成为江苏神学院，是全体师生多年来艰苦奋斗的成果。着眼现在的成绩，我们不应止步于此，而要更加努力的奋斗拼搏。正所谓"流泪撒种的，必欢呼收割"，相信在未来新五年的工作中，江苏教会和江苏神学院都将取得更加辉煌的成就。江苏神学院 2013 届毕业班，共有 100 位毕业生获准毕业，其中 35 位神学大专生、65 位教牧大专生。院长张克运牧师为毕业生颁发毕业证书。④

---

① 《江苏省基督教圣经专科学校五年规划纲要》（2006 年 7 月 21 日由江苏省基督教圣经专科学校第四次董事会通过），《江苏基督教》（内部资料）2010 年第四期（总第 104 期），第 16～17 页。
② 《成长中的江苏省基督教圣经专科学校》，《江苏基督教》（内部资料）2010 年第四期（总第 104 期），第 38 页。
③ 《2012 年度江苏神学院神学基金收入总明表》，《江苏基督教》（内部资料）2013 年第一期（总 113 期），第 40 页。
④ 《江苏神学院举行 2013 届毕业典礼》，《福音时报》网（http://www.gospeltimes.cn/news/26567/）。

2013年10月25日上午，江苏神学院举行揭牌仪式暨建校15周年庆典，各级领导、海内外基督教界的嘉宾及校友1000余人参加。江苏省政协副主席范燕青、江苏省委统战部副部长、省宗教事务局局长莫宗通出席庆典，并为江苏神学院揭牌。国家宗教事务局四司司长吕晋光、中央统战部二局处长倪智泉、江苏宗教事务局副局长顾传勇出席并讲话。陈逸鲁牧师代表基督教全国两会、金陵协和神学院到场祝贺。美国、新加坡、中国香港等地教会也派员参加庆典。揭牌仪式上，江苏神学院与南京栖霞区民宗局签约共建教学实践基地。①

第四节　江苏基督教的慈善事业

《雅各书》说："信心若没有行为就是死的。"丁光训主教也强调："爱德高于信德。"真正的信靠上帝必然生发出高尚的善行，基督教未来天国的实现是通过当下的救苦救难来完成的，慈善事业、社会服务成为基督教自身不可或缺的组成部分。在改革开放、社会转型的大环境中，江苏基督教的慈善事业也走在全国前列。

一　爱德基金会

爱德基金会（The Amity Foundation）是改革开放后最早成立的由中国基督徒发起、社会各界人士共同参与的民间慈善团体。爱德之名来源于拉丁文的爱"Amo"，英文即"amity"，取意圣经经文"爱是联络全德的"。它于1985年4月在南京成立，发起者是中国基督教领袖、原全国政协副主席丁光训主教，其董事会成员主要来自全国特别是江苏省的基督教界知名人士和政协退休官员，其日常工作由秘书长主持。

1985年4月至2003年8月，由原中国基督教协会会长韩文藻任秘书长。2003年8月至今，由江苏省政协常委、中国基督教两会常委、江苏省基督教协会会长丘仲辉任秘书长。目前，爱德基金会员工有近三分之一是基督教徒。自建立以来，其董事会成员包括：董事长丁光训（全国政协副主席、

———————

① 《江苏神学院举行揭牌仪式暨建校15周年庆典》，江苏民族宗教网（http://www.jsmzzj.gov.cn/art/2013/10/28/art_11_38840.html）。

中国基督教三自爱国运动委员会名誉主席、中国基督教协会名誉会长、金陵协和神学院院长）；副董事长有：陈邃衡（原全国人大常委会委员、原江苏省政协副主席、中国民主建国会中央委员会名誉副主席、江苏省民主建国会名誉主任委员），韩文藻（原全国政协常委、原江苏省政协副主席、中国基督教全国两会咨询委员会主任），翁振进（江苏省海外联谊会副会长），王菊珍（女、原全国政协委员、中国基督教全国两会咨询委员会副主任），丁言仁（南京大学外国语学院教授），丘仲辉（江苏省政协常委、中国基督教两会常委、江苏省基督教协会会长）；董事（按姓氏笔画排列）有：方非（女、原江苏省高教厅厅长、原江苏省人民对外友好协会副会长），邓福村（全国政协委员、中国基督教三自爱国委员会副主席【驻会】），包佳源（中国基督教协会副总干事），曲钦岳（全国政协常委、中科院院士、原南京大学校长、原江苏省人大常委会副主任），朱传一（中国社会科学院美国研究所教授），张晔（女、原南京市政协主席），吴镕（原江苏省政协秘书长），沈佩容（女、原劳动人事部外事司副司长），沈德溶（原全国政协委员、中国基督教全国两会咨询委员会副主任、上海市基督教两会咨询委员会主席），季剑虹（中国基督教三自爱国运动委员会主席），陈泽民（原金陵协和神学院副院长、中国基督教全国两会咨询委员会副主任），周加才（江苏省红十字会常务副会长），罗冠宗（原全国政协常委、中国基督教全国两会咨询委员会主任），高英（女、北京基督教三自爱国运动委员会副主席、中国基督教妇女事工委员会副主任、北京崇文门堂主任牧师、燕京神学院院长），徐如雷（原南京大学宗教研究所副所长），徐景灿（女、原上海市政协委员、原上海市工业基金会海外部经理、上海亚特【美国独资】有限公司总经理、上海市静安区对外交流中心顾问、上海基督教女青年会董事），曹圣洁（女、中国基督教协会会长），彭萃安（女、原金陵协和神学院副院长），戴树和（原江苏省政协副主席）；顾问有：邝广杰（全国政协委员、中华圣公会香港教省大主教），高苕华（女、原全国政协委员、香港基本法推广督导委员会副主席、香港基督教协进会执行委员），曹鸿鸣（江苏省关心下一代工作委员会理事长、原江苏省人大副主任），周永新（原全国政协委员、香港大学社会工作及社会行政学系教授），韩培信（原江苏省人大主任）。

爱德基金会自成立以来，其取得的成就显著，成为中国民间公益组织的典范，更是沟通中国与国际、教会与社会的桥梁和纽带。成立之初，韩文藻在谈到基金会的功能时指出："第一，我们希望在我国的社会发展方面起到积极的作用。第二，我们希望我们基督徒这种参与能更为广大中国人民所知。第三，我们愿加强普世教会资源的分享与国际间人与人的关系。"开始几年，基金会支持了在南京的一所研究儿童心理卫生的中心，另外就是通过海外的教会或其他机构，为那些没有外国教师的高等学校招募教师。① 爱德基金会的捐赠者来自于海内外的教会机构和企事业单位或个人，从 1985 年至 2010 年，爱德基金会共筹集到各类项目捐赠资金约合人民币 15 亿元，在全国 31 个省、市、自治区 200 多个县、区，开展了社区发展与环境保护、公共卫生与艾滋病防治、灾害管理、助学助孤、社会福利、教会与社会服务、教育与国际交流以及社会组织能力建设等项目。② "从 1985 年到 2012 年，在丁主教的领导下，爱德基金会走过了不同寻常的路程。从两三个人，一张桌子，一个外教项目，发展到一百多人，项目遍布全国 33 个省、自治区、直辖市，工作领域从教育逐步扩展到医疗卫生、社会福利、防盲特教、农村扶贫与综合发展、生态保护、妇女发展等多个方面八大类数十种公益项目，爱德基金会经历了飞跃式的发展。在丁主教的大力倡导下，爱德基金会的项目总是关注卑微中的最卑微者，软弱中的最软弱者，关怀那些最底层人的需要，帮助他们的自我发展，得到了广大受益群众的欢迎与支持。爱德基金会也逐渐成长为一个专业化、规范化的社会发展机构。"③

1986 年 11 月，在联合圣经公会的捐助下，爱德基金会成立了设备先进的爱德印刷厂（1988 年 6 月更名爱德印刷有限公司），以印刷和出版圣经为主要业务，大大地满足了中国信徒对圣经的需求。1989 年 9 月印就了第一百万册，2000 年 12 月印就了第二千五百万册，2007 年 12 月印就了第五千万册，2010 年 11 月印就第八千万册。印刷的圣经以简体中文为主，还有中英文对照、盲

---

① 《爱德基金会准备成立》，《桥：中国教会动态》（香港）1985 年第十期，第 13 页。
② 丘仲辉：《秘书长致辞：二十五载之探索》，《爱永不止息：1985～2010 爱德基金会成立二十五周年纪念》，南京爱德印刷有限公司捐印，第 4 页。
③ 《丁光训主教与爱德》，2012 年第四期《爱德》简讯，爱德基金会网（http://www.amity-foundation.org.cn/article/view.aspx?id=7204）。

文、少儿、朗读等 50 多种版本和品种的圣经,并有朝鲜文、苗文、彝文、佤文、景颇文、拉祜文、东傈僳文、傣文等少数民族文字圣经。① 2012 年 11 月 8 日爱德基金会在南京举办爱德印刷圣经第一亿册庆典活动。江苏省人大常委会副主任赵龙,江苏省政协副主席张九汉,江苏省政协副主席、省委统战部部长罗一民,中央统战部二局局长赵学义,国家宗教事务局外事司司长郭伟,中国基督教两会代表、中国基督教协会副会长唐为民,美国驻中国大使馆副大使王晓珉,美国驻上海总领事馆总领事葛瑞风,德国驻上海总领事馆代总领事 Stefan Moebs,联合圣经公会董事会主席 Rieweh Robert Cunville,联合圣经公会总干事 Mike Perreau,海外教会代表、德国基督教差传联合会亚洲部主任 Martin Krieg,中国香港基督教协进会主席袁天佑等来自近 30 个国家和地区的爱德基金会海外合作机构和海外教会的友人、政府领导、国内合作伙伴和嘉宾 300 多人出席庆典。爱德印刷有限公司刘磊总经理所说:"26 年来,因为有代代相传的努力奋斗,爱德才能成为世界上最大的单体圣经印刷基地。在印刷业受到各种挑战的今天,老一辈的优良传统融合新一代的激情斗志,使爱德印刷焕发出新的生命力;展望未来,爱德任重道远,但只要万众一心、锐意进取,爱德一定能创造更美好的明天。"爱德基金会副董事长兼秘书长、爱德印刷有限公司董事长丘仲辉在发言中,自豪地对在座的各位嘉宾说,"爱德目前是世界三大印刷《圣经》的基地之一,印刷的《圣经》一页一页铺陈开去可以绕地球五十五圈。"国家宗教事务局外事司司长郭伟女士代表王作安局长对爱德印刷有限公司印刷和发行圣经第一亿册表示热烈祝贺,并向联合圣经公会等所有长期以来关心、支持中国教会的海内外朋友们表示衷心的感谢!她指出,爱德印刷第一亿册圣经,不仅极大地服务和满足了中国基督徒的需要,也让越来越多"Made in China"的圣经出口海外,为更多的海外教会提供服务。这是"耶稣基督在中国的又一美好见证",也同时见证了中国基督教两会几十年来始终积极地为中国基督教服务;见证了中国政府几十年来

---

① 参见《爱德大事记 1985～1990 年》,爱德基金会网 (http://www.amity.org.cn/aboutus/Aboutus-0104lv.aspx);宁工《完成印刷两千五百万册圣经庆典在宁隆重举行》,《天风》2001 年第 2 期,第 14～15 页;王荣伟《中国人自己印刷的圣经使我们和睦、使我们欢喜——圣经印刷 5000 万册庆典在宁举行》,《天风》2008 年第 1 期,第 20～21 页;曹慧《爱德秘书长应邀出席克林顿举行的早餐会》,《爱德》2010 年第 4 期(总期第 92 期)"爱德基金会 25 周年特刊",第 2 页。

真诚的贯彻宗教信仰自由政策,支持中国宗教事业的发展;当然,在这一过程中,也见证了爱德印刷有限公司的不断发展和进步!中央统战部二局局长赵学义在致辞中说,爱德 20 多年来累计印刷各类圣经达一亿册,不仅满足了中国教会和广大信徒的需要,还有相当数量出口到了海外。印刷圣经是中国基督教会对世界基督教会的福传事业做出的重要贡献,爱德功莫大焉。除了圣经印刷,爱德还热心投入中国的社会公益事业,取得了举国瞩目的成就。江苏省政协副主席、省委统战部部长罗一民在致辞中盛赞一亿册是一个了不起的成就,也是一个崭新的起点。他说爱德印刷能够取得如此骄人的成绩和赢得良好的社会声誉,是董事会成员和全体员工共同努力和辛勤付出的结果,同时也离不开党政有关部门的指导,离不开基督教全国两会的关心和支持,离不开海内外友好团体、机构和人士的帮助和奉献。美国驻中国大使馆副大使王晓珉先生为了见证爱德第一亿册圣经庆典,专程从北京赶至南京,在现场致辞中,他说,爱德圣经印刷事工在 20 多年来成就斐然,贡献卓越,向中国和世界各地的人们提供了各种版本、不同语言的"圣经",甚至包括盲文圣经。在印刷与分发圣经的背后,爱德的事业体现在承载着是宗教自由的价值。①

近几年来,爱德调整了以海外筹款为主的思路,逐渐加强了国内筹款的力度,努力打造以南京为基地,以上海、浙江、苏南"长三角"和以广州、深圳"珠三角"为重点地区的爱德之友联系平台。② 2009 年 10 月底,爱德基金会在南京发起创办了全国第一家由公募基金会开办的孵化培育社会组织的专业机构——南京爱德社会组织培育中心。2011 年分别在南通、昆山等地建立分支机构——南通崇川爱德社会组织建设中心和昆山社会组织培育中心。③

二 江苏省基督教爱心公益基金

2009 年 3 月,江苏省基督教两会和爱德基金会共同发起成立了江苏省

---

① 《爱德基金会在宁举办印刷圣经一亿册庆典活动》(2012 年 11 月 12 日),爱德基金会网(http://www.amityfoundation.org.cn/article/view.aspx?id=6380)。
② 孙晓钢:《将爱播散到最需要的地方——爱德基金会开展慈善事业的实践》,《交流》2009 年第 11 期,第 71 页。
③ 闫薇:《27 载,爱德人一路汗水一路歌——访爱德基金会副董事长兼秘书长丘仲辉》,《中国社会工作》2012 年第 12 期,第 17~18 页。

基督教爱心公益基金，其宗旨是"促进教会社会服务事工的发展，促进教会在我国经济社会发展中发挥积极作用，促进教会与社会和谐发展。"① 基金由专门的管委会管理，管委会由发起的双方——江苏省基督教两会提名5位人选、爱德基金会提名4位人选组成。目前管委会主任有：安信义牧师，江苏省基督教三自爱国运动委员会主席；丘仲辉老师，爱德基金会副董事长兼秘书长。管委会委员有：张克运牧师，江苏省基督教协会会长；梁化平牧师，江苏省基督教三自爱国运动委员会副主席，常州市基督教两会主席兼会长；何介苗牧师，江苏省基督教三自爱国运动委员会副主席，苏州市基督教两会主席兼会长；阚仁平牧师，南京圣保罗教堂主任牧师；何文老师，爱德基金会秘书长助理，项目管理中心主任；佘红玉老师，爱德基金会秘书长助理，研究发展中心主任；褚朝禹老师，爱德基金会社会服务中心主任。管委会下设江苏省基督教爱心公益基金办公室，并任命两名办公室主任：史历老师，江苏省基督教三自爱国运动委员会执行副秘书长；寇薇薇老师，爱德基金会教会与社会服务项目主任助理。

江苏省基督教爱心公益基金致力于推动、鼓励和支持江苏教会社会服务事工的发展。三年以来，基金在全省各地教会的支持下筹措各类社会服务资金300余万元，支持教会开展各类社会服务项目几十个。目前，江苏各地教会共向江苏省基督教爱心公益基金推荐爱心义工107名，这些义工成为当地教会社会服务事工的主要力量，协助基金办公室开展工作。到2012年3月，江苏教会已经开展爱心团队建设5期，共有206人参与。基金成立以来还组织了社会服务能力提高班7期，如教会艾滋病预防控制知识主题培训、养老管理和技术培训班、和平技巧——和谐教会主题培训、服侍圣工主题培训等。江苏教会环保联合行动是基金重点推动的一个重要品牌项目，迄今为止，已经有5个地区的教会开展了8场环保联合行动之环保义卖活动。2012年3月15日，在爱德基金会和江苏各地教会的共同推动下，爱德社会服务网络成立，并举办了第一期爱德社会服务网络养老院院长培训班，来自江苏及其他七省的50余名教会养老院院长参加，由香港圣公会服务协会的专家就全人关怀、评估、社工服务等方面进行讲解。几年来，江苏教

---

① 《江苏省基督教爱心公益基金章程》，《江苏基督教》（内部资料）2009年第一期（总第97期），第31页。

会的弟兄姊妹通过江苏省基督教爱心公益基金向汶川、舟曲、玉树等灾区奉献救灾款达到 140 余万元。2011 年 8 月,江苏省基督教爱心公益基金与爱德基金会组织"恩典之旅"探访团,走访了皈依乌蒙山苗族、彝族等教会。截至 2012 年,江苏基督徒通过爱心公益基金共支持孤儿 16 名,通过善牧计划支持贫困贵州传道人 50 名,南京圣保罗教堂还为贵州少数民族小学捐赠童鞋,为福利院老人捐赠衣物等。①

江苏教会社会服务事工形式多样,而开办养老院和诊所是比较突出的事工。目前全省教会已有老年公寓 8 家,其中徐州爱德老年公寓、无锡博爱康复颐养院、吴江盛泽迦南托老院影响很大。徐州市爱德老年公寓创办于 1999 年,现有职工 36 人,床位 80 张,床位常年使用率达 110% 以上,吸引了许多教内外老年人入住,房间已不敷使用,目前徐州市政府以行政划拨方式无偿批给公寓 10 亩建筑用地,预计将建成具有 300 张床位的公寓楼。② 吴江盛泽迦南托老院 2001 年建造,2002 年入托,占地 9 亩,共有房间 50 余间,可容纳 120 余位老人。③ 江苏教会开办的诊所和康复中心主要有睢宁信德诊所、淮安福音堂诊所、常州自闭症康复中心、阜宁爱德医院等。④

2013 年 9 月 11 - 12 日,江苏基督教爱心公益基金第七次爱心义工团队建设在昆山举行,主题是教会青年事工。此次活动得到了昆山市宗教事务局和昆山市基督教两会的大力支持。昆山市宗教事务局副局长陆明、昆山市基督教三自爱国运动委员会副主席张洁晨牧师、大连市基督教两会副秘书长吴兵牧师和爱德基金会沈展清牧师出席了开班典礼。来自江苏省 24 个教会的 54 名爱心义工参加了为期三天的能力提升培训。在教会青年事工方面拥有非常丰富的实践和经验的吴兵牧师以"少年人,我吩咐你起来"为

---

① 《江苏基督教爱心公益基金简报》,《江苏基督教》(内部资料)2012 年第一期(总 109 期),第 16 ~ 18 页。
② 徐州市爱德老年公寓:《徐州市爱德老年公寓工作现状与展望》,《江苏基督教》(内部资料)2012 年第一期(总 109 期),第 28 ~ 32 页。
③ 陈小明:《努力服务社会 弘扬基督爱心》,《江苏基督教》(内部资料)2012 年第一期(总 109 期),第 27 页。
④ 顾传勇:《保稳定 促和谐 不断开创我省基督教工作新局面——在省基督教两会常委会上的讲话》,《江苏基督教》(内部资料)2009 年第一期(总第 97 期),第 6 页。

题、就青年事工正确的看法、从圣经看青年事工、成功青年事工的几个要素、青年事工的未来等方面对教会青年事工进行了系统性的阐述。江苏省宗教事务局副局长顾传勇特地赶到现场，为义工们做了题为"中国梦"的精彩讲座。江苏省基督教两会葛大威老师介绍了德国青年事工的经验。培训期间，爱心义工们也借此机会和各地的兄弟姊妹针对教会青年事工开展了热烈的小组讨论。①

从总体情况看，江苏教会社会服务事工还呈现较为明显的区域不平衡。苏南和苏北有差异，苏南的社会服务项目发展较为成熟，项目管理较为规范，取得了较好的社会效果；苏北则相对处于起步阶段，很多地区还没有开展有规模或者有组织的社会服务活动，已有的项目有待于进一步改善。另外，江苏的城市教会社会服务工作较之于农村教会有更多的优势，如苏州、无锡、南通、徐州、淮安等教会社会服务事工已经具备一定规模，并形成自己的特色。②《江苏省基督教两会2013年工作计划》中有关公益慈善事工方面写道："1. 继续做好做大'江苏基督教爱心公益基金'事工，扩大爱心公益基金的组织力量，充分发挥执行委员会作用。省两会要因势利导作出更大的努力，不仅要加大宣传力度，提高教会服务社会的责任意识和经济实力，而且要继续支持和协助各地教会办好敬老院和各项社会服务项目。2. 努力拓展'江苏基督教爱心公益基金'运作空间，除了做好基督徒如何开展社会慈善、社会公益理念培训，还要开展服务技能培训和社会慈善事工骨干人员培训等，并且要争取各地教会支持，为'爱心公益基金'的服务事工筹集资金，也要与海外教会机构联系合作，引进资源，以丰富和发展我省教会的公益慈善事业。3. 遵照圣经'行公义、好怜悯'的教导，发扬基督徒爱心，发起为希望小学，为洪涝灾害受损及伤残孤寡人群捐款捐物活动，奉献爱心，尽上基督徒本分。"③

---

① 社服：《第七次爱心义工团队建设在昆山举行》（2013年9月18日），爱德基金会网（http://www.amityfoundation.org.cn/article/view.aspx？id=7129）。
② 田梅梅：《江苏教会参与社会服务事工基本情况》，《江苏基督教》（内部资料）2009年第一期（总第97期），第22页。
③ 《江苏省基督教两会2013年工作计划》，《江苏基督教》（内部资料）2013年第一期（总113期），第10页。

第五节　改革开放与江苏教会的发展

改革开放三十多年来，我国的社会主义政治制度、经济制度和文化制度逐步完善和走向成熟。宗教的发展也日趋壮大，"据最新统计，中国的宗教信仰者已接近4亿人，而其社会影响和辐射则更为广远。"① 基督教教会在经济社会发展中越来越扮演着更为重要的角色。作为全国教会的领头羊，江苏教会在社会主义民主政治、经济发展、文化繁荣上是能够有所作为的。

一　统战部、宗教事务局与三自教会的关系

政教分离和政府依法管理宗教事务是中国政府处理政教关系的基本原则和根本出发点。国家宗教局局长王作安指出，中国当代政教关系为"新型政教关系，以政教分离原则为基础，以政教和谐为价值取向"，我国宪法上虽没有明确规定实行政教分离原则，但从制定的宗教政策和宗教法规来看，体现了政教分离的精神。主要表现在三个方面：其一，国家尊重公民宗教信仰自由，保护正常的宗教活动，维护宗教界的合法权益；其二，不能利用国家政权扶持某种宗教，也不能利用国家政权压制某种宗教，国家对待各宗教一律平等，不厚此薄彼；其三，宗教必须在法律范围内活动，不能干预行政、司法、教育等国家职能的实施。从我国政教分离原则的具体内容看，既有别于我国历史上的政教关系，与其他国家的政教分离制度相比，也具有自身的鲜明特点，所以说是一种"新型政教关系"。② 政府依法管理宗教事务包括："一、政府对有关宗教的法律、法规和政策的贯彻实施进行行政管理和监督。二、政府依法保护宗教团体和寺观教堂的合法权益，保护信教群众正常的宗教活动。三、防止和制止不法分子利用宗教和

---

① 卓新平：《宗教与文化战略》，《江苏基督教》（内部资料）2011年第4期（总第108期），第4页。
② 柴爱新：《协调"社会主义与宗教"需要高超的政治智慧——专访国家宗教局局长王作安》（2010年1月12日），江苏民族宗教网（http://www.jsmzzj.gov.cn/art/2010/1/12/art_561_5279.html）。

宗教活动制造混乱、违法犯罪、抵制境外敌对势力利用宗教进行渗透。"①
"依法管理宗教事务，是为了把宗教活动纳入有关宗教的法律、法规和政策范围，而不是去干预宗教团体的内部事务和限制正常的宗教活动。相反，依法管理宗教事务能够更好地维护宗教界的合法权益，保护正常的宗教活动的开展。"② 另外，各级政府依法管理宗教事务，要在党委统一领导下，建立由党委统战部负责的宗教工作协调机制。中国共产党建立专门的统战工作机构是从抗日民族统一战线后开始的，新中国成立后，宗教工作越来越受到党和政府的重视，统战部主要职能之一就包括负责调查研究、协调检查有关民族和宗教工作的重大方针政策问题，其下设的二局主要负责对民族、宗教工作进行调研并提出政策性建议。1950年，政务院决定在文化教育委员会下设宗教问题研究小组。1951年，政务院文化教育委员会和各大行政区人民政府文化教育委员会下设了宗教事务处。1954年，政务院改为国务院，原宗教事务处改为国务院宗教事务局。目前国家宗教事务局的主要职能是：（1）研究宗教理论和国内外宗教现状，负责宗教动态和信息的汇总、分析，提出处理宗教领域问题的政策建议。（2）起草宗教事务工作的法律法规草案，制定部门规章和政策措施并推动落实，负责宗教法律法规和政策的督促检查、宣传教育工作。（3）依法履行宗教事务管理职责，依法保护公民宗教信仰自由和正常的宗教活动，维护宗教界的合法权益，促进宗教关系和谐。江泽民曾指出："统战部作为党委的职能部门，要加强对涉及宗教方面重大问题的研究和协调。政府宗教工作部门作为政府的职能部门和行政执法的主体，要依法加强对宗教事务的管理。"③ 概括地说，中国政府是在实行一种新型政教关系模式，其目标，"是在坚持政教分离原则基础上，努力追求政教关系的和谐，实现政教之间的良性互动。"④

2002年江苏省第九届人民代表大会常务委员会第28次会议通过了《江

---

① 《中共中央、国务院关于进一步做好宗教工作若干问题的通知》（1991年2月5日），《新时期宗教工作文献选编》，宗教文化出版社，1995，第216页。
② 何虎生：《实现宗教和谐应注意的几个关系》，《江苏基督教》（内部资料）2011年第二期（总第106期），第5页。
③ 江泽民：《论宗教问题》（2001年12月10日），《江泽民文选》第3卷，人民出版社，2006，第395页。
④ 王作安：《从国家宗教界职能看中国政教关系》，《中国宗教》2009第11期，第7页。

苏省宗教事务条例》，重申了宗教团体信仰自由基本权利的同时，要求宗教团体履行以下义务："（一）遵守宪法、法律和法规，执行国家的宗教政策；（二）接受宗教事务部门及其他有关部门依法实施的行政管理；（三）对信教公民进行爱国主义、社会主义和法制教育。"① 江苏省各级统战部门、宗教管理部门与地方三自教会组织之间关系基本融洽和谐。江苏省宗教事务局副局长顾传勇认为，尽管存在着一些不适应的问题，但"总的看来，我省各地基督教两会在协助政府依法管理、加强活动场所管理、推进神学思想建设、培养教职人员等方面发挥了大量作用。"他还提出，要加强基层基督教三自组织建设，各级三自爱国组织要按章程规定进行换届，将那些"政治上靠得住、学识上有造诣、品德上能服众"的教会领头人选进领导班子。② 每年年底，江苏省基督教两会要召开领导班子工作述职暨考评会议，对两会副主席、副会长以上人员按照"德、能、勤、绩、廉"等方面进行考核，副秘书长、副总干事以上人员列席会议，省委统战部和省宗教事务局的多位领导到会听取报告并作出点评，同时组织对各位述职人员进行投票测评。③ 省宗教事务局领导时常率领基督教代表团赴国外进行访问交流活动，他们了解到，"在美国，教会为非营利组织，各地教会均为独立法人、互不隶属。设立教会必须到政府相应部门履行登记手续并接受其业务管理。"有的教会"内部运行体制参照现代企业管理制度的模式，成立了由7人组成的董事会，董事会成员由教徒推荐产生。董事会为最高决策机构，研究确定主任牧师的工资待遇，并规定主任牧师每年主日崇拜的布道次数。主任牧师向董事会负责并定期报告工作。"另外，"在美国，政府没有专门的宗教工作机构，但对宗教事务的依法管理却无处不在、无时不在。对所有涉及公共利益的事务都由政府相应的社会管理部门进行管理。"美国教会除了关注中国信徒人数增长和成分构成之外，对于交流团中的政府官员是

---

① 《江苏省宗教事务条例》（2002年2月5日江苏省第九届人民代表大会常务委员会第28次会议通过，2002年6月1日施行），江苏统一战线网（http://www.jstz.org.cn/webpage/more.jsp？）。
② 顾传勇：《保稳定 促和谐 不断开创我省基督教工作新局面——在省基督教两会常委会上的讲话》，《江苏基督教》（内部资料）2009年第一期（总第97期），第5~6页。
③ 赵惠娟：《关于江苏省基督教两会2011年度领导班子工作述职暨考评会议》，《江苏基督教》（内部资料）2012年第一期（总第109期），第41页。

否有宗教信仰以及宗教事务局局长的主要职能是什么等问题感兴趣。对美国信众关切的问题，代表团都据实有理有利有节地进行了回复，对宣传江苏宗教形象、消除一些误解发挥了积极作用。代表团认为："不可否认，美国社会法制化程度比较高，这与我国正积极推进的宗教事务管理社会化的初衷是完全一致的，也为我们各级宗教工作部门和宗教界加强对社会公共事务相关法规的学习贯彻提供了借鉴。"[1] 江苏某些地方教会在传道人任用制度上也有一些积极探索，比如，徐州市睢宁县三自会将义工实行县区相互调换制度，过去传道人是三自会安排的："传道人想去的教会，教会却不愿意接收；教会想要的，传道人不愿意去。而三自会与教会协商的传道人，政府部门不同意；政府部门不同意的传道人，教会又不接收，形成了两对矛盾。"后来，实行传道人聘任制度，召开会议，由三自会、教会、传道人、信徒代表、统战委员全部参加，当场确定，较以前的指派方法更为民主化、规范化、制度化。[2]

我国是中国共产党领导的多党合作的社会主义国家，统一战线是党执政兴国的重要法宝，近几年，党和政府彻底贯彻宗教信仰自由政策、高度重视宗教问题和宗教工作，江苏是中国基督教大省并在基督教发展中起领头羊的作用，相信在党和政府的指导下江苏基督教事业会越来越兴旺和谐。

二 教会的财务管理与传道人待遇问题

教会属于宗教性民间非营利性组织，其财务管理宜严格遵守国家相应的会计法律制度。但中国教会的各项管理制度还很不成熟，有待于逐步完善并与社会接轨。随着经济社会全面快速的发展，江苏基督教越来越重视教会的财务管理和传道人待遇等问题。

在教会制度的建设上，财务制度与人事制度同等重要，教会出现的矛盾和纷争通常是由财务问题引起的，所以建立和健全严格的教会财务公开和监督机制实属必要。比如，启东市基督教两会设立两"中心"来管理其所辖教会的财务。"启东市基督教财务托管中心"由市三自常委会直接领

---

[1] 鞠桂富（江苏省宗教局办公室主任）：《对美国基督教教会工作的观察与思考——江苏省宗教工作交流团访美纪实》，《江苏基督教》（内部资料）2010 年第二期（总第 102 期），第 8~9 页。
[2] 《徐州基督教会》，《江苏基督教》（内部资料）2011 年第二期（总第 106 期），第 36~37 页。

导，其运作方式可概括为六"统一"和一"不变"：即统一建账，在信徒中公开招聘1名既持有会计证书，又具有丰富实际工作经验的专业会计师，并配备1名辅助会计和相应的办公设备，对全市14个教堂、1个托老院、1个基金会实行分户建账；统一票据，14个教堂的收支票据一律使用启东市基督教三自会统一印制的相关票据；统一审批程序，由各教堂配备1名结报员，领取一定数量的备用金，负责本堂的支出，月底到会计中心办理结报手续；统一财务公开，每月25日会计中心向14个教堂的负责人举行财务收支情况发布会，并回答各教堂负责人就有关财务情况提出的问题，各教堂根据中心提供的本堂的财务报表，在每月的第一个主日向全体信徒公布，接受信徒监督；统一调度使用资金，在确保资金所有权的基础上，由市三自和教堂之间召开协调会议，以确保以上工作的顺利推进；统一发放工资，凡是被市三自会聘任的教牧人员和工作人员，其工资、待遇由中心统一发放。所谓的一"不变"，就是各教堂的资金、资产、债权债务所有权不变。"启东市基督教教牧基金中心"成立于1990年，其基金来源主要是各教堂奉献金额的10%，至2009年已达50多万元，主要用途是发放退休人员的工资和遗属补贴、教牧义工中特困户的补贴以及医疗费的报销。[1] 徐州市沛县基督教三自会也实行财务统管的管理模式，所有堂点收入一律到县三自入账，形成一个内部管理和结算中心，但各堂点的收入在县三自都是独立账册，在统一调配使用时，各堂点之间仍存在借贷往来账。这样既杜绝了个别堂点的"教霸"现象、化解了矛盾，又有利于统一调配、集中财力办大事。[2]

近几年，宗教教职人员的待遇问题也提上议事日程。2010年2月，国家宗教事务局发布了《关于妥善解决宗教教职人员社会保障问题的意见》，敦促各地制定具体措施，及时落实解决。[3] 此前一年，2009年3月，江苏省基督教两会就发布了《江苏省基督教有关人员工资待遇和实施社会保障的

---

[1] 施成忠：《创新财务管理体系　构建和谐启东教会》，《江苏基督教》（内部资料）2009年第一期（总第97期），第9页。
[2] 《徐州基督教会》，《江苏基督教》（内部资料）2011年第二期（总第106期），第36页。
[3] 《关于妥善解决宗教教职人员社会保障问题的意见》（国宗发［2010］8号），《江苏基督教》（内部资料）2010年第二期（总102期），第4～5页。

指导意见》，其中明确指出："现在全省教会专职教职人员和非专职教职人员的工资福利待遇普遍较低，且各行其是、参差不齐，已严重影响了这支队伍的稳定与教会的健康发展。为此，特制定本指导意见。"其具体规定有：在工资标准上，"担任全国、省、市、两会和县三自的正、副职和秘书长职务的教职人员的工资标准可分别参照事业单位三、四、五、六、七、八、九级职员的工资档标准（工改后标准）。遇一人多职务的，本着就高不就低的原则制定工资标准。不担任职务的工作人员和教职人员，可根据当地中等工资标准发放。"在社会保障上，"各地两会和堂、点应根据国家相关规定给予正式聘请的教职人员、神学毕业生和工作人员缴纳相应的社会保障费，包括：养老保险、医疗保险（包括重大疾病保险）、生育保险和住房公积金等。"经费来源上，主要有："各地三自爱国组织房地产等收入以及自筹的活动经费；各地堂、点奉献款；海内外机构和个人的有关自愿捐款；各级政府的财政拨款。"① 江苏省基督教教牧人员工资和福利待遇方面解决和落实得比较好的是苏州、无锡、南通等经济最发达地区。② 比如，苏州市基督教两会按照有关文件的精神，认真落实，确保教职人员的薪资待遇不低于社会平均水平，为其缴纳养老金、医疗保险金、失业金和住房公积金，又为全市教职人员办理了意外伤害保险等。江苏省基督教三自爱国运动委员会副主席、苏州市两会负责人何介苗牧师指出："教会没有产值的要求，不是以盈利为目的的企业。教会不必以存款多少论业绩，盲目地存钱如同盲目地花钱同样是不利教会事工的发展。有条件的话，教会应该采用年度预算制度。支付传道人的待遇，同样是用于教会事工。有的教会一面是存款累积，一面是传道人基本的待遇不见着落，这实在不符合人性化，更不符合圣经的教导。"③

三 基督教对文化大发展大繁荣的贡献

2011 年 10 月 18 日，党的十七届六中全会通过了《中共中央关于深化

---

① 《江苏省基督教有关人员工资待遇和实施社会保障的指导意见》（2009 年 3 月 17 日），《江苏基督教》（内部资料）2009 年第一期（总第 97 期），第 30 页。
② 施成忠：《苏·锡·通教会调研札记》，《天风》2009 年第 7 期，第 18 页。
③ 何介苗：《教会重视人才要落到实处》，《天风》2009 年第 9 期，第 17 页。

文化体制改革推动社会主义文化大发展大繁荣若干重大问题的决定》，其中在共同推进文化建设方面提到："全面贯彻党的宗教工作基本方针，发挥宗教界人士和信教群众在促进文化繁荣发展中的积极作用。"① 此前，党和国家领导人多次提出要发挥宗教在构建社会主义和谐社会中的作用，胡锦涛同志在 2007 年第十七届中央政治局第二次集体学习时指出：要"鼓励我国宗教界发挥爱国爱教、团结进步、服务社会的优良传统，支持他们为民族团结、经济发展、社会和谐、祖国统一做贡献，支持他们根据我国社会深刻变化的实际对宗教教义作出符合社会进步要求的阐释，努力挖掘和弘扬宗教教义、宗教道德、宗教文化中有利于社会和谐、时代进步、健康文明的内容，夯实宗教与社会主义社会相适应的思想伦理基础。"② 有关宗教与文化战略的密切关系，中国社科院宗教研究所所长卓新平教授指出："文化软实力的构建不能缺少宗教文化的内容。宗教文化所具有的社会及信仰感染力和影响力，是其他层面的文化所难以取代的。……面对'文化兴国'的发展趋势，应从促成宗教和谐的角度来探究社会和谐、文化和谐问题，将宗教和谐的问题与文化战略考量密切结合起来。"③ 这些具有全局性、前瞻性的文化思考无疑为当今基督教发展指明了方向。

江苏教会率先响应国家文化大发展大繁荣战略。2012 年 2 月 3 日，江苏省基督教两会于南京举行本年度第一次会务会议，安信义主席向与会同工传达了全国基督教两会常委会会议精神，特别提到江苏教会应当积极开展爱国主义教育实践，在新一轮文化大发展大繁荣中作出更大贡献。④《江苏省基督教两会 2012 年工作计划》中写道："2012 年，江苏省基督教两会的工作要通过认真学习十七届六中全会、省十二次党代会和十八大会议精神，围绕构建社会主义和谐社会这个主题，以突出树立大局观念，在江苏

---

① 《中共中央关于深化文化体制改革推动社会主义文化大发展大繁荣若干重大问题的决定》，人民网 - 《人民日报》（http://theory.people.com.cn/GB/16018044.html），2011 年 10 月 26 日。
② 参见国家宗教事务局研究中心《坚持理论创新 推动科学发展——马克思主义宗教观开拓创新的辉煌五年》，《江苏基督教》（内部资料）2010 年第四期（总 104 期），第 5 页。
③ 卓新平：《宗教与文化战略》，《江苏基督教》（内部资料）2011 年第四期（总 108 期），第 4 页。
④ 葛大威：《江苏省基督教两会 2012 年第一次会务会议》，《江苏基督教》（内部资料）2012 年第一期（总第 109 期），第 44 页。

的文化繁荣发展中发挥积极作用为重点，谨遵圣经教训，坚持三自原则，办好江苏省基督的教会，努力为江苏经济发展社会和谐文化繁荣作贡献。"其中具体措施有：一是要在年内配合省宗教局在全省举办不同类型的学习会、宣讲会、培训班，并组织外出观摩学习；二是要扩大神学写作班子并充分发挥其作用，力争多出高质量的、能把正确的神学观念与中国优秀传统文化相结合的神学论文。① 江苏省基督教三自爱国运动委员会主席安信义牧师在国家宗教事务局举办的学习贯彻十七届六中全会精神的座谈会上详细阐述了基督教对中国文化建设的积极贡献。他认为，宗教文化资源包括宗教事业资源、思想智慧资源、道德教化资源、文物遗产资源、文学艺术资源、旅游观光资源、慈善公益资源、养生保健资源、环境保护资源、殡葬文化资源等方面。就基督教而言，首先要在神学上使"和好神学"理念与中国"和为贵"的传统文化相结合，使"生态神学"与当前环境保护相结合；其次要在社会服务上遵行基督"非以役人，乃役于人"的教导，引导广大信徒做好扶贫济困等慈善公益事业；另外，在生命观上基督教价值体系让人明白生活的意义，给人以生活的信心和勇气，并提供心灵的慰藉和出路，同时提供终极关怀。② 基督教能够为文化繁荣发展做出应有贡献是一项复杂工程，就以苏南地区为例，不仅传统的佛、道信仰兴盛，而且基督教本身除三自教会外，家庭教会也很发达，此外，还有外国人的教堂聚会及家庭聚会，中国港、台以及新加坡华人团契，农民工教会等，如何协调不同宗教信仰者之间的关系，以及如何整合具有不同基督教信仰背景的信众，仍是一项艰巨而有意义的事业。

小　结

改革开放三十多年来，江苏教会见证了中国基督教从恢复到兴旺的光辉历程。这三十多年，江苏基督教是围绕着两条线索交织向前发展的：一

---

① 《江苏省基督教两会 2012 年工作计划》，《江苏基督教》（内部资料）2012 年第一期（总第 109 期），第 38 页。
② 安信义：《基督教要为促进文化繁荣发展发挥积极作用——在国家宗教局举办的学习贯彻十七届六中全会精神座谈会上的发言》，《天风》2011 年第 12 期，第 5 页。

条是由丁光训、陈泽民等牧长开启的新时期神学思想建设之路，另一条是以爱德基金会和江苏基督教爱心公益基金为抓手的社会服务事工。前者是"教会在思考"，侧重于对内，就是如何使教会自身在三位一体的上帝感召下成为具有自我修复能力、不断完善、充满创造力的团体；后者是"教会在行动"，侧重于对外，就是如何让教会在保护自然环境、关怀人类社群方面成为典范，树立慈爱、公义、和平的光明形象。

结　语

　　作为中国基督教发展和演变的一个缩影，江苏基督教就像葡萄树一样，从栽培到修剪，经历了扎根（Rooting）、壮大（Robustness）、革新（Reformation）、复兴（Revival）几个历史阶段。二百多年来，基督教与中国近现代的政治事件、思想潮流和社会变化交相颉颃、彼此影响。江苏基督教不同阶段的神学特点与当时的社会背景是密切相关的。基督教发展整个过程虽分扎根、壮大、革新、复兴四个阶段，神学特点可以粗略概括为解放前和解放后两大块。解放前，中国处在半封建半殖民地的统治下，特别是饱受西方列强和帝国主义的欺侮，中国基督教试图摆脱与殖民主义和帝国主义的瓜葛，此时期的基督教神学家和学者大多在探索一种中国本土化或本色化的神学，可以归纳出几个重要特点：一、本色化神学倡导大同主义的同时，强调民族主义。基督教虽然带有普世性，但不免带有西方霸权和殖民色彩，要脱去洋教色彩，就要推进基督教的汉化或中国化，成为中国人的基督教。二、本色化神学注重同以儒释道为内容的中国文化沟通。在坚持基督教基本要道的前提下，基督教神学家和学者特别重视开发儒家思想中的宗教性资源，试图使基督教融入中国文化，并成为中国文化的一部分。三、本色化神学试图将基督教礼仪与中国传统礼俗相结合。这种努力是要更新中国民间的封建迷信和落后愚昧的风俗习惯，让基督教生活化、民众化。四、本色化神学关注中国人的历史命运和现实处境。基督教积极参与中国政治变革、道德建设和文化发展等各项事业。解放后的基督教神学可以概括为三自神学，它是本色化神学的延续和深化，在社会主义制度下，基督教神学家们在努力探索一条中国基督教特有的自治、自传、自养的道路。三自神学有以下几个特点：一、三自神学特别强调爱国主义。新中国成立初期，基督教人士就提出中国教会要独立自主办教，要从政治上、经济上和组织上彻底隔断与西方帝国主义的关联。二、三自神学倡导集体主义。新中国成立初期，与劳动力主体的工人、农民和知识分子一样，基督教的教职人员和普通信众也要积极参与社会生产劳动。改革开放后，承认社会分工不同，认为基督教也是社会主义文化建设不可或缺的力量。三、三自神学拥护社会主义。认为基督教的平等博爱思想与社会主义或共产主义原则是可以互通的，特别是近几年党和政府号召基督教与社会主义社会相适应，为建立和谐社会和实现中华民族的伟大复兴的中国梦做贡献。四、三自神学带有强烈的意识形态色彩，不太注重与中国传统文化的对接与融合。

回顾历史与展望未来，基督教在中国的发展仍然面临着三大问题需要解决。第一，基督教与中国社会相适应的问题。鸦片战争前后，基督教传入中国时就水土不服，不仅与中国文化习俗相龃龉，而且与殖民主义者相沾染。太平天国利用基督教，沉重地打击了清王朝，却没有获得传教士和西方列强的支持。不断发生的教案直至义和团运动的爆发，折射出中国官方和民间对基督教的排拒和憎恨是根深蒂固的。五四时期，世俗知识分子和青年学生掀起的非基督教运动，更说明大多数中国人无法接受作为一种宗教信仰的基督教。中华民国时期，从孙中山到蒋介石等部分国民党精英对基督教的皈依，或多或少地提升了中国人对基督教的印象。抗战时期，中外基督教人士积极参与救助难民的慈善活动。解放战争时期，基督教的政治态度向两个方向分野，一方支持已经腐败无能的国民党蒋介石军队，另一方从共产党领导的军队身上看到中国新生的希望。解放后，中国基督教的三自爱国运动成为主流。目前，党和政府号召宗教与社会主义社会相适应，基督教自身要生存发展，不能不考量其与中国本有文化和现实社会的复杂关系。从文化上看，基督教的一神论和排他性与中国传统儒、释、道三教及民间宗教习俗之间还很难协调；从思想上看，基督教的有神论与意识形态的无神论之间在世界观层面会存在差异；从体制上看，基督教的自治、自传、自养的独立原则与国家政府对宗教的管理指导之间不免有误读。

第二，教会自身的组织和神学建设问题。圣经上说，教会是"上帝的家""真理的柱石和根基"[1]。从基督徒的观点和属灵的意义上说，教会应该

---

[1]《圣经·提摩太前书》3：15。

是人间最理想的组织,人们在此平等互助、和谐相处,能够体验到天堂般的快乐与幸福。但是现实中,教会并不是人间的一块飞地和净土,它时常会受到所处社会环境的熏染。解放前的教会大多受西方传教士把持,中国信徒的独立自主、自立自强意识受到限制。解放后的教会实行自治、自传、自养的三自原则,但封建家长制的作风在教会仍有滋生蔓延。特别是改革开放后,教堂和信徒数目不断加增,但教会组织越来越庞大,牧师长老们掌握的资源越来越多,权力过于集中,教会官僚化的倾向严重,教务、财务不够公开透明。目前,三自会→牧师长老→堂委会→普通信众的由上至下的教会管理模式尽管具有中国特色,但在某种程度上增加了神职人员的牧养负担,也限制了广大教友意见的表达和对教务的参与,能否转变为一种教友大会→堂委会→牧师长老→基督教协会的从下而上的教会管理模式,也许是中国教会逐步完善、福音真正兴旺的关键所在。如果说组织架构是教会的身体,那么神学思想就是教会的灵魂。从基督教传入中国的那一天开始,中外神学家们就在努力地探索一种能够适应中国传统文化和社会现实的本土化或处境化神学,但至今并未形成一种能够涵容中国文化因素、有效解决现实问题的系统神学思想。有宗教学者预测,基督教传入中国已二百多年,相当于西方神学史的教父时代,未来必会是中国基督教神学走向辉煌和成熟的时代。

  第三,基督教参与中华民族复兴大业问题。基督教是通过积极入世达于超世之境的,天国的来临取决于人们在地上的努力。所谓中华民族的伟大复兴,乃是中国人民的美好愿景和永久梦想,也许是要恢复汉唐时期那种盛世景象,创造一个举世瞩目的新国度,这不仅是物质上要发达富足,更是精神上要纯全圣洁。近代以来,中国的内忧外患,让每一个中国人都梦想着早日实现国富民强、长治久安的愿望。清末民初,那些关心中国命运的基督徒勇敢地献身于争取自由、民主的革命运动中。新中国成立后,爱国的基督徒对美好社会充满期待并积极投身于社会主义社会的建设中。今天,在改革开放的大潮中,基督徒们更是如鱼得水,愿意为和谐社会的实现奉献力量。党和政府也高度重视宗教问题,"中央提出,宗教关系是涉及党和国家工作全局的重大关系,正确认识和处理宗教关系,保持和促进宗教关系的和谐,事关中国特色社会主义事业的全局,事关构建社会主义和谐社会的进程,事关党和国家的兴旺发达和长治久安。"① 中央号召宗教界深入挖掘宗教思想、宗教教义和宗教道德中适应时代进步要求的内容,为中国乃至于世界和谐发挥积极的作用。与其他宗教不同,基督教坚持淑世入世,主张社会关怀,定会在未来大有作为。

  以上三大问题是从江苏基督教发展的历史和现状中概括总结出来的,这三个方面是彼此制约和贯通的。如果基督教不能与中国社会相适应,它就无法形成一套行之有效的神学体系,更难发挥其改造人心和社会的作用。反之,基督教与中国社会相适应,并不意谓着基督教要失去其信仰的合理内核,而是让中国文化的融入,给基督教注入更多的活力和生机,在创造美好未来中发挥更大的作用。

---

① 国家宗教局:《促进宗教和谐 服务科学发展》,《江苏基督教》(内部资料)2011年第一期(总105期),第4页。

主要参考文献

一 中文文献

1. 报纸

《教会新报》（1868~1874）
《万国公报》（1875~1907）
《中西教会报》（1891~1905）
《真光月报》（1903~1906）
《华美教保》（1904~1906）
《通问报：耶稣教家庭新闻》（1906~1948）
《青年》（1907~1917）
《兴华报》（1913~1937）
《新民报》（1914~1921）
《神学志》（1914~1927）
《时兆月报》（1914~1949）
《教会公报》（1916）
《青年进步》（1917~1932）
《东吴学报》（1919~1920）
《民国日报·觉悟》（1920~1926）
《真光》（1921~1927）
《青年友》（1921~1926）
《福音钟》（1922~1941）
《上海基督教慕尔堂益德会月刊》（1923）
《中华基督教教育季刊》（1925~1935）

《福音光》（1925～1937）

《圣公会报》（1926～1949）

《基督教苏州夏令会刊》（1928）

《真光杂志》（1928～1941）

《金陵神学志》（1932～1949）

《灵食季刊》（1928～1949）

《同工》（1928～1949）

《希望月刊》（1928～1949）

《中华基督教会全国总会公报》（1929～1949）

《布道杂志》（1930～1949）

《中华归主》（1932～1937）

《田家半月报》（1934～1947）

《福音广播季刊》（1936～1939）

《角声》（1936～1940）

《富吉堂会务周刊》（1938～1943）

《联声》（1938～1945）

《福音钟非常时期通讯》（1940～1941）

《东吴通讯》（1942）

《中华基督教卫理公会通讯》（1942～1945）

《新闻资料》（1945～1949）

《基督教丛刊》（1946～1948）

《乡村教会》（1946～1948）

《恩友》（1946～1948）

《田家》（1947～1948）

《福音》（1947～1948）

《会讯》（1947～1949）

《空中福音》（1948）

《天风》（1950～2013）

《人民日报》（1950～1958）

《新华日报》（1950~1958）

《苏南日报》（1950~1958）

《新苏日报》（1950~1958）

《文汇报》（1950~1958）

《金陵神学志》（1983~2013）

《中国与教会》（香港，1978~1999）

《桥》（香港，1983~1997）

《江苏基督教》（内部资料）（2009~2013）

《江苏民族宗教》（2009~2013）

《中国宗教》（2000~2013）

《苏州杂志》（1989~2013）

《江苏地方志》（1986~2013）

《伊甸园》（无锡东亭基督教锡安堂内部刊物，2011~2013）

2. 方志与史料

江苏省地方志编纂委员会编《江苏省志·宗教志》，江苏古籍出版社，2001。

江苏省地方志编纂委员会编《江苏省志·地理志》，江苏古籍出版社，1999。

苏州市地方志编纂委员会编《苏州市志》第三册，江苏人民出版社，1995。

南京市地方志编纂委员会办公室编《南京简志》，江苏古籍出版社，1986。

南京市地方志编纂委员会编《南京市志》，北京方志出版社，2010。

南京市地方志编纂委员会编《南京民族宗教志》，南京出版社，2009。

镇江市地方志编纂委员会编《镇江市志》，上海社会科学院出版社，1993。

无锡市地方志编纂委员会《无锡市志》，江苏人民出版社，1995。

宜兴市地方志编纂委员会办公室编《宜兴县志》（送审稿），1988。

苏州高新区浒墅关镇人民政府、江苏省苏州浒墅关经济开发区管理委员会编《浒墅关志》，上海社会科学出版社，2005。

苏州市沧浪区编史修志领导小组编《苏州市沧浪区志·文教卫生卷（1911～1987）》（初稿），1988。

金阊区志编纂委员会编《金阊区志》，东南大学出版社，2005。

胜浦镇志编纂委员会编《胜浦镇志》，北京方志出版社，2001。

跨塘镇志编纂委员会编《跨塘镇志》，北京方志出版社，2001。

苏州市吴中区西山镇志编纂委员会编《西山镇志》，苏州大学出版社，2001。

东山镇志编纂委员会编《东山镇志》，东南大学出版社，2002。

芦墟镇志编纂委员会编《芦墟镇志》，上海社会科学院出版社，2004。

陆慕镇志编纂委员会编《陆慕镇志》，苏州大学出版社，2005。

横泾镇志编纂委员会编《横泾镇志》，古吴轩出版社，2007。

枫桥镇志编志领导小组编《枫桥镇志》，上海社会科学院出版社，2005。

长桥镇志编纂委员会编《长桥镇志》，苏州大学出版社，2003。

震泽镇志编纂委员会编《震泽镇志》，中国矿业大学出版社，1999。

吴江市地方志编纂委员会编《吴江县志》，江苏科学技术出版社，1994。

盛泽地方志办公室编纂《盛泽镇志》，江苏古籍出版社，1991。

太仓县县志编纂委员会编《太仓县志》，江苏人民出版社，1991。

昆山市地方志编纂委员会编《昆山县志》，上海人民出版社，1990。

巴城镇镇志编纂委员会编《巴城镇志》，上海人民出版社，1991。

玉山镇地方志编纂委员会编《昆山市玉山镇志》，上海科学技术文献出版社，1996。

锦溪镇志编纂委员会编《锦溪镇志》，中国大百科全书出版社上海分社，1993。

张家港市地方志编纂委员会办公室编《沙洲县志》，江苏人民出版社，1992。

常熟市地方志编纂委员会编《常熟市志》，上海人民出版社，1990。

虞山镇志编纂委员会编《虞山镇志》，中央文献出版社，2000。

福山镇人民政府编《福山镇志》，东南大学出版社，1992。

淼泉镇志编纂委员会编《淼泉镇志》，上海立信会计出版社，2000。

浦天伦主编《任阳镇志》，北京中共党史出版社，1996。

梅李镇人民政府编《梅李镇志》，古吴轩出版社，1995。

中共沙家浜镇委员会、沙家浜人民政府编著《沙家浜镇志》，北京中共党史出版社，1994。

中共江阴市周庄镇委员会、江阴市周庄镇人民政府编《周庄镇志》，南京大学出版社，1999。

句容县地方志编纂委员会编《句容县志》，江苏人民出版社，1994。

丹徒县志编纂委员会编《丹徒县志》，江苏科学技术出版社，1993。

江都市地方志编纂委员会编《江都县志》，江苏人民出版社，1996。

高邮县编史修志领导小组编《高邮县志》，江苏人民出版社，1990。

海门市地方志编纂委员会编《海门县志》，江苏科学技术出版社，1996。

大丰县编修县志委员会编《大丰县志》，江苏人民出版社，1989。

江苏省连云港市地方志编纂委员会编《连云港市志》，北京方志出版社，2000。

镇江地方志办公室编纂《镇江要览》，江苏古籍出版社，1989。

江苏省政协文史资料委员会等编《镇江宗教（上、下）》（《江苏文史资料》第86辑、《镇江文史资料》第28辑），1995。

江苏省政协文史资料委员会编《江苏文史资料集粹（教育卷）》，1995。

中国人民政治协商会议江苏省委员会文史资料委员会编《近代江苏宗教》（《江苏文史资料选辑》第38辑），1990。

中国人民政治协商会议南京市委员会文史资料研究委员会编《南京文史集粹》，江苏古籍出版社，1986。

中国人民政治协商会议江苏省扬州市委员会文史资料研究委员会编《扬州文史资料》第二辑，1982。

江苏省政协文史资料委员会等编《扬州宗教》（《江苏文史资料》第115辑、《扬州文史资料》第19辑），1999。

中国人民政治协商会议江苏省常州市委员会文史委员会编《常州文史资料》第二辑，1982。

中国人民政治协商会议江苏省常熟市委员会文史资料研究委员会编《常熟文史》第二十五辑，1997。

中国人民政治协商会议江苏省常熟市委员会文史资料研究委员会编《文

史资料辑存》第十四辑，1987。

张家港市概览编纂委员会编《张家港市概览》，江苏人民出版社，1996。

中国人民政治协商会议江苏省昆山县委员会文史征集委员会编《昆山文史》第三辑（内部资料），1984。

中国人民政治协商会议江苏省兴化县委员会文史资料研究委员会编《兴化文史》第十一辑，1986。

《中国地方志集成·江苏府县志辑·民国阜宁县新志》，江苏古籍出版社，1991。

淮安县政协文史资料研究委员会编《淮安文史资料》第二辑，1985。

政协阜宁县文史资料研究委员会编《阜宁文史资料》第六辑，1992。

张星凌主编《宗教史林述粹》（《江苏文史资料》第91辑、《南通文史资料选辑》第16辑），1997。

中国人民政治协商会议淮阴县委员会文史资料研究委员会编《淮阴县文史资料》第四辑，1990。

淮安市历史文化研究会编《淮安历史文化研究》，中国文史出版社，2005。

政协宿迁县文史资料研究委员会编《宿迁县文史资料》第三辑，1984。

政协宿迁县文史资料研究委员会编《宿迁县文史资料》第四辑，1984。

中国第二历史档案馆、江苏省地方志编纂委员会委公室合编《中国第二历史档案馆馆藏档案：江苏地区案卷目录选编》，江苏教育出版社，1989。

中华续行委办会调查特委会编、文庸等译《1901～1920年中国基督教调查资料》（原《中华归主》修订版）上、下卷，中国社会科学出版社，2007。

中国社会科学院近代史研究室翻译室《近代来华外国人名辞典》，中国社会科学出版社，1984。

王铁崖编《中外旧约章汇编》第一册，三联书店，1982。

中国第一历史档案馆、福建师大历史系编《清末教案》第六册，中华书局，2006。

王明伦编《反洋教书文揭帖选》，齐鲁书社，1984。

金毓黻等编《太平天国史料》，中华书局，1955。

中国史学会主编《中国近代史资料丛刊·太平天国》第三、四册，上海人民出版社，1956。

《太平天国印书》（上、下），江苏人民出版社，1979。

朱友瓛等编《中国近代学制史料》（第4辑），华东师范大学出版社，1993。

李天纲编校《万国公报文选》，香港三联书店，1998。

武进杨镜秋编辑《中华监理公会第一次大议会纪录》，1932。

中华续行委办会编订《中华基督教会年鉴：1915》，商务印书馆，1915。

中华续行委办会编辑《中华基督教会年鉴》（第四期），上海广学会，1917。

中华续行委办会《中华基督教会年鉴（第五期）》，上海广学书局，1918。

中华基督教协进会编辑《中华基督教会年鉴》（第七期），中华基督教协进会，1924。

中华基督教协进会编辑《中华基督教会年鉴》（第八期），中华基督教协进会，1925。

中华基督教协进会编辑《中华基督教会年鉴》（第十一期），中华基督教协进会，1928。

中华基督教协进会编辑《中华基督教会年鉴（1934~1936）》（第十三册），上海广学会，1936。

苏州市基督教三自爱国运动委员会（协会）编《苏州市基督教两会关于79-95年历年大事记汇编》（内部资料），1996。

苏州市基督教三自爱国运动委员会（协会）编《历年来牧师回忆汇编》（内部资料），1996。

3. 著作

顾长声：《从马礼逊到司徒雷登——来华新教传教士评传》，上海人民出版社，1985。

顾卫民：《基督教与近代中国社会》，上海人民出版社，1998。

阮仁泽等主编《上海宗教史》，上海人民出版社，1992。

顾卫民：《中国天主教编年史》，上海世纪出版集团，2003。

沈嘉荣等：《江苏史纲》，江苏古籍出版社，1993。

周欣：《江苏地域文化源流探析》，东南大学出版社，2010。

罗尔纲：《太平天国史》（第二册），中华书局，1991。

简又文：《太平天国典制通考》（上、下册），简氏猛进书屋（香港），1958。

简又文：《太平天国全史》（上、下册），简氏猛进书屋（香港），1962。

〔英〕呤唎：《太平天国革命亲历记》（上、下册），王维周译，上海古籍出版社，1986。

茅家琦：《太平天国对外关系史》，人民出版社，1984。

茅家琦：《太平天国与列强》，广西人民出版社，1992。

陈银崑：《清季民教冲突的量化分析（一八六〇——一八九九）》，台湾商务印书馆，1991。

赵树好：《教案与晚清社会》，中国文联出版社，2001。

戚其章等编《晚清教案纪事》，东方出版社，1990。

四川省哲学社会科学学会联合会、四川省近代教案史研究会合编《近代中国教案研究》，四川省社会科学出版社，1987。

李美基等：《上帝给中国人的应许》，陈维德等译，道声出版社，2001。

李向军：《清代荒政研究》，中国农业出版社，1995。

李孝悌：《清末的下层社会启蒙运动（1901~1911）》，河北教育出版社，2001。

王韬：《瀛壖杂志》，上海古籍出版社，1989。

王韬：《弢园文录外编》，辽宁人民出版社，1994。

《辛亥革命在南京》，江苏人民出版社，1981。

王馨荣：《天赐庄：西风斜照里》，东南大学出版社，2004。

王德滋主编《南京大学百年史》，南京大学出版社，2002。

〔美〕杰西·格·卢茨：《中国教会大学史》，曾钜生译，浙江教育出版社，1987。

顾学稼等编《中国教会大学史论丛》，成都科技大学出版社，1994。

《文化传播与教会大学》，湖北教育出版社，1996。

文乃史（W. B. Nance）：《东吴大学》，王国平、杨木武译，珠海出版社，1999。

王国平编著《博习天赐庄：东吴大学》，河北教育出版社，2003。

《南大百年实录中卷·金陵大学史料选》，南京大学出版社，2002。

张宪文主编《金陵大学史》，南京大学出版社，2002。

德本康夫人等：《金陵女子大学》，杨天宏译，珠海出版社，1999。

孙海英编著《金陵百屋房：金陵女子大学》，河北教育出版社，2004。

张连红主编《金陵女子大学校史》，江苏人民出版社，2005。

冒荣：《至平至善　鸿声东南——东南大学校长郭秉文》，山东教育出版社，2003。

王运来：《诚真勤仁　广裕金陵——金陵大学校长陈裕光》，山东教育出版社，2003。

程斯辉等：《厚生务实　巾帼楷模——金陵女子大学校长吴贻芳》，山东教育出版社，2004。

南京市金陵中学编《南京市金陵中学》，人民教育出版社，1998。

章开沅：《南京大屠杀的历史见证》，湖北人民出版社，1995。

《拉贝日记》，江苏人民出版社，1997。

〔美〕明妮·魏特琳：《魏特琳日记》，南京师范大学南京大屠杀研究中心译，江苏人民出版社，2000。

中华民国历史与文化讨论集编辑委员会编辑《中华民国历史与文化讨论集第三册·文化思想史》，1984。

王治心：《中国基督教史纲》，上海古籍出版社，2004。

卓新平主编《中国基督教基础知识》，宗教文化出版社，1999。

卓新平：《当代亚非拉美神学》，上海三联书店，2007。

姚民权、罗伟虹：《中国基督教简史》，宗教文化出版社，2000。

罗伟虹：《中国基督教》，五洲传播出版社，2004。

李宽淑：《中国基督教史略》，社会科学文献出版社，1998。

段琦：《奋进的历程——中国基督教的本色化》，商务印书馆，2004。

刘家峰主编《离异与融合：中国基督徒与本色教会的兴起》，上海人民出版社，2005。

陈建明、刘家峰主编《中国基督教区域史研究》，巴蜀书社，2008。

《丁光训文集》，译林出版社，2000。

刘华俊编《天风甘雨——中国基督教领袖丁光训》，南京大学出版社，2001。

赵天恩、庄婉芳：《当代中国基督教发展史：1949～1997》，中福出版有限公司（台北），1997。

罗冠宗主编《前事不忘 后事之师：帝国主义利用基督教侵略中国史实述评》，宗教文化出版社，2003。

邢福增：《文化适应与中国基督徒（一八六零至一九一一年）》，香港建道神学院，1995。

邢福增、梁家麟：《五十年代三自运动的研究》，香港建道神学院，1996。

邢福增：《基督教在中国的失败？——中国共产运动与基督教史论》，香港道风书社，2008。

梁家麟：《改革开放以来的中国农村教会》，香港建道神学院，1999。

陈秀萍编著《沉浮录——中国青运与基督教男女青年会》，同济大学出版社，1989。

熊月之：《西学东渐与晚清社会》，上海人民出版社，1994。

李志刚：《百年烟云 沧海一粟——近代中国基督教文化掠影》，今日中国出版社，1997。

李志刚：《基督教与近代中国人物》，广西师范大学出版社，2012。

杜小安：《基督教与中国文化的融合》，中华书局，2010。

陶飞亚、刘天路：《基督教会与近代山东社会》，山东大学出版社，1995。

陶飞亚、吴梓明：《基督教大学与国学研究》，福建教育出版社，1998。

陶飞亚：《边缘的历史：基督教与近代中国》，上海古籍出版社，2005。

李传斌：《条约特权制度下的医疗事业：基督教在华医疗事业研究：1835～1937》，湖南人民出版社，2010。

朱峰：《基督教与海外华人的文化适应：近代东南亚华人移民社区的个案研究》，中华书局，2009。

吴雷川：《基督教与中国文化》，上海古籍出版社，2008。

赵晓阳：《基督教青年会在中国：本土和现代的探索》，社会科学文献出版社，2008。

中国青年社、非基督教同盟合编《反对基督教运动》，上海书店，1924。

费尔顿：《基督教与远东乡村建设》，广学会，1940。

董丛林：《龙与上帝：基督教与中国传统文化》，广西师范大学出版社，2007。

尹文涓编《基督教与中国近代中等教育》，上海人民出版社，2007。

曹增友：《基督教与明清际中国社会：中西文化的调适与冲撞》，作家出版社，2006。

〔美〕邢军：《革命之火的洗礼：美国社会福音和中国基督教青年会》，赵晓阳译，上海古籍出版社，2006。

吴梓明、吴小新编《基督教与中国社会文化：第一届国际年青学者研讨会论文集》，香港中文大学崇基学院宗教与中国社会研究中心，2003。

李炽昌主编《文本实践与身份辨识：中国基督徒知识分子的中文著述》，上海古籍出版社，2005。

章开沅：《传播与植根：基督教与中西文化交流论集》，广东人民出版社，2005。

区应毓等：《教育理念与基督教教育观》，四川大学出版社，2005。

杨天宏：《基督教与民国知识分子：1922～1927年中国非基督教运动研究》，人民出版社，2005。

〔美〕何凯立：《基督教在华出版事业（1912～1949）》，陈建明等译，四川大学出版社，2004。

梁元生：《林乐知在华事业与〈万国公报〉》，香港中文大学出版社，1978。

林治平主编《基督教入华百七十年纪念集》，宇宙光出版社，1984。

林治平主编《近代中国与基督教论文集》，宇宙光出版社，1981。

林治平编著《基督教在中国本色化：论文集》，今日中国出版社，1998。

罗秉祥、赵敦华主编《基督教与近代中西文化》，北京大学出版社，2000。

刘建军：《基督教文化与西方文学传统》，北京大学出版社，2005。

卫斐列：《卫三畏生平及书信：一位美国来华传教士的心路历程》，广西师范大学出版社，2004。

新华时事丛刊社编辑《基督教人士的爱国运动》，新华书店，1950。

蔡昭修译述《基督教和我们的时代》，青年协会书局，1948。

贝蒂也夫：《基督教与阶级斗争》，青年协会书局，1936。

谢扶雅：《基督教与现代思想》，青年协会书局，1941。

江文汉：《基督教与马列主义》，青年协会书局，1950。

〔英〕麦墨累：《基督教与共产主义》，青年协会书局，1936。

邵玉铭编《二十世纪中国基督教问题》，正中书局，1980。

罗秉祥、赵敦华主编《基督教与近代中西文化》，北京大学出版社，2000。

章开沅主编《社会转型与教会大学》，湖北教育出版社，1998。

许志伟、赵敦华主编《冲突与互补：基督教哲学在中国》，社会科学文献出版社，2000。

徐以骅：《教育与宗教：作为传教媒介的圣约翰大学》，珠海出版社，1999。

徐以骅、韩信昌：《海上梵王渡：圣约翰大学》，河北教育出版社，2003。

徐以骅：《中国基督教教育史论》，广西师范大学出版社，2010。

朱维铮主编《基督教与近代文化》，上海人民出版社，1994。

赵晓兰、吴潮：《传教士中文报刊史》，复旦大学出版社，2011。

段德智：《新中国宗教工作史》，人民出版社，2013。

4. 论文

中共江苏省委统战部、江苏省宗教事务局、江苏省社会科学院课题组：《江苏省农村宗教状况及对策研究》，《江苏省社会主义学院学报》2003年第3期。

中共南京市委党校课题组（课题负责人、执笔人马运军）：《关于南京宗教的调查与思考》，《民族与宗教》2010年第1期。

高俊：《简述江苏基督教界的抗日活动》，《江苏科技大学学报（社会科学版）》2008年第1期。

王红丽：《江苏教会女学的二重性分析》，《重庆科技学院学报（社会科学版）》2010年第9期。

吕朝阳：《苏北农村基督教发展现状及其原因分析》，《南京师大学报（社会科学版）》1999年第6期。

张全录：《江苏基督教现状及发展趋势》，《唯实》2010年第3期。

孙亦平：《艾香德牧师与中国佛教：民国时期宗教对话的一个案例》，《世界宗教研究》2010年第6期。

章潇、孙秀玲：《社会服务：近代中国基督教大学的本土化探索》，《河北师范大学学报（教育科学版）》2011年7期。

杨慧琼：《基督教在华传播中信仰上的文化适应》，《福建论坛（人文社会科学版）》2010 年第 12 期。

王京强：《关于基督教与中国乡村建设研究的一部力作——〈中国基督教乡村建设运动研究（1907~1950）〉》，《世界宗教研究》2010 年第 5 期。

张志刚：《"基督教中国化"三思》，《世界宗教文化》2011 年第 5 期。

刘建平：《周恩来与建国初期中国基督教反帝爱国运动的发起》，《宗教学研究》2012 年第 1 期。

张龙平：《调适、规划与重建：抗战时期的中华基督教教育会》，《抗日战争研究》2010 年第 3 期。

董虹：《基督教在中国的身体规训——以太平天国为例》，《山东社会科学》2011 年第 1 期。

朱峰：《性别、家庭与国家——从近代教会女子大学看基督教女知识分子群体的融合与冲突》，《福建师范大学学报（哲学社会科学版）》2011 年第 1 期。

曹飞廉、陈健民：《当代中国的基督教社会服务组织与公民社会——以爱德基金会和上海基督教青年会为个案》，《开放时代》2010 年第 9 期。

李天纲：《简论林乐知与〈万国公报〉》，《史林》1996 年第 6 期。

李喜所：《林乐知在华的文化活动》，《社会科学研究》2001 年第 1 期。

王国平：《东吴大学大学的创办》，《苏州大学学报（哲学社会科学版）》2000 年第 2 期。

王国平：《略论太平天国上帝教对基督教的认同》，《史林》2001 年第 3 期。

王国平：《太平天国领导人的基督教史观》，《安徽史学》2003 年第 2 期。

王国平、王鹤亭：《苏州教会医院创办的历史条件——以博习医院为中心》，《苏州科技学院学报（社会科学版）》2005 年第 1 期。

王国平：《晚清美国监理会在苏州传教活动的若干特点及影响》，《社会科学》2006 年第 5 期。

孙福斌：《晚清江苏教案概述》《聊城大学学报（社会科学版）》2009 年第 2 期。

刘波儿：《金陵大学宗教教育述略》，《南京晓庄学院学报》2010年第1期。

张春蕾：《美国基督教长老会的传教活动对赛珍珠创作的影响》，《镇江高专学报》2006年第2期。

张春蕾：《美国基督教长老会在江苏的传教活动》，《东南文化》2006年第5期。

龚晓蕾：《毕范宇与金陵神学院——以江宁"淳化实习处"为中心》，《东南大学学报（哲学社会科学版）》，2011年增刊。

高会洪：《基督教传教活动小群化、社区化现象及对策建议》，《江苏省社会主义学院学报》2007年第1期。

葛兰·华克、郭英剑、冯元元：《赛珍珠与美国的海外传教》，《江苏大学学报（社会科学版）》2007年第3期。

胡卫清：《东吴大学的起源——上海中西书院简论》，《档案与史学》1997年第4期。

胡卫清：《近代来华传教士与中国教育改革》，《江苏社会科学》2000年第4期。

张树俊：《略论泰州的宗教文化》，《当代旅游（学术版）》2010年第5期。

丁琳、顾卫星：《晚清教会女子教育》，《江苏工业学院学报（社会科学版）》2007年第2期。

经盛鸿：《洪秀全早期思想与基督教关系新论》，《南京师大学报（社会科学版）》2002年第5期。

南京市委统战部：《丁光训提出新时期基督教要做到"三个和谐"》，《中国统一战线》2006年第1期。

周加才：《丁光训主教的神学观》，《江苏省社会主义学院学报》2011年第6期。

朱广秀：《岁月如歌生命如火——记中国基督教协会会长、江苏省政协副主席韩文藻》，《江苏省社会主义学院学报》2001年第2期。

薛恒、廖立地：《积极引导基督教与社会主义社会相适应》，《江苏省社会主义学院学报》2003年第2期。

二 外文文献

Asian Christian Leaders in China: *Impressions and Reflections of a Visit to China*, *June 1 – 14*, *1983*. Singapore: Christian Conference of Asia. 1983.

Aikman, David ed., *Love China Today*. Time Correspondent. 1976.

——*Jesun in Beijing*: *How Christianity is Transforming China and Changing the Global Balance of Power*. Washington, DC: Regnery Publishing, Inc. 2003.

Bays, Daniel H. ed., *Christianity in China*: *From the Eighteenth Century to the Present*. Stanford, California: Stanford University Press, 1996.

Beach, Harlan P., M. A., F. R. G. S., *Dawn on the Hills of T'ang or Missions in China*. New York: Student Volunteer Movement for Foreign Missions, 1905.

Bennett, Adrian A., *Missionary Journalist in China*: *Young J. Allen & His Magazines*, *1860 – 1883*. Athens: University of Georgia Press, 1983.

Bennett, Adrian A., *Research Guide to Chiao – hui Hsin – pao*, *1868 – 1874*. San Francisco: The Chinese Materials Center, 1975.

Bennett, Adrian A. and Liu Kwang – ching, "Christianity in the Chinese Idiom: Young J. Allen & the Early Chiao – hui Hsin – pao, 1868 – 1870". John k. Fairbank (ed.), *The Missionary Enterprise in China and America*. Cambridge, Mass.: Harvard University Press, 1974.

Brown, G. Thompson. *Christianity in the People's Republic of China*. Atlanta: John Knox Press, 1983.

Chan, Kim – kwong, and Alan Hunter, *Prayers and Thoughts of Chinese Christians*. London: Mowbray (A Cassell imprint), 1991.

Chao, Jonathan, *Wise As Serpents*, *Harmless As Doves*. Pasadena, Cal.: William Carey Library, 1988.

Chu, Clayton H., *American Missionaries in China*, *Books Articles & Pamphlets Extracted from the Subject Catalogue of the Missionary Research Library*. Cambridge, Mass.: Harvard University. Press, 1960.

Chu, Theresa, and Christopher Lind, *A new Beginning*: *An International Dialogue with the Chinese Church*. Canada China Programme of the Canada Council of Churches, 1983.

Cohen, Paul A. , *China and Christianity*: *The Missionary Movement and the Growth of Chinese Antiforeignism* 1860 – 1870. Cambridge, Mass. : Harvard University, 1967.

——*Discovering Histery in China*: *American Historical Writing on the Recent China Past*. New York: Columbia University Press, 1984.

—— "The Quest for Liberalism in the Chinese Past: Stepping Stone to a Cosmopolitan World or the Last Stand of Western Parochialism. A review of William Theodore de Bary, The Liberal Tradition. " *Pihilosophy East and West*, Vol. XXXV, No. 3, July, 1985.

Cook, Richard R. , and David W. Pao, *After Imperialism*: *Christian Identity in China and the Global Evangelical Movement*. Eugene, Oregon: Picwick Publications. 2011.

Crouch, Archie R. , *Christianity in China*: *a Scholar's Guide to Resources in the Libraries & Archives of the United States*. Armonk, N. Y. : M. E. Sharpe, 1989.

Faries, Nathan, *The "Inscrutably Chinese" Church*: *How Narratives and Nationalism Continue to Divide Christianity*. Lanham, Maryland: Lexington Bokks (A Division of Rowman & Littlefield Publishers, Inc), 2010.

Hunter, Alan, and Don Rimmington ed. , *All Under Heaven*: *Chinese Tradition and Christian Life in the People's Republic of China*. Kampen, The Netherlands: Uitgeversmaatschappij J. H. Kok. , 1992.

——and Kim – kwong Chan, *Protestantism in Contempory China*. Cambridge University Press, 1993.

Kauffman, Paul E. , *China's Coming Revolution*. Hong Kong: Asian Outreach Ltd. , 1977.

——*China Today*: *Through China's Open Door*. Hong Kong: Asian Outreach Ltd. , 1977.

Lacy, Creighton Boutelle, *Protestant Missions in Communist China* (*Part*1 – 2). Ann Arbor, MI. : University Microfilms International (Yale University), 1993.

Lian, Xi, *Redeemed by Fire*: *the Rising of Popular Christianity in Modern*

China. New Haven: Yale University, 2010.

Lindsay, Gordon, *Red China in Prophecy*. Dallas, Texax: Christ For The Nations Inc., 1980.

Ling, Samuel D., *The Other May Fourth Movement: The Chinese "Christian Renaissance", 1919–1937*. Ann Arbor, MI.: University Microfilms International (Temple University), 1980.

Leung, Beatrice, ed., *Christianity in China: Foundation for Dialogue*. Hong Kong: Center of Asian Studies The University Of Hong Kong, 1993.

Lodwick, Katheen L., *The Chinese Recorder, Index, a guide to Christian Missions in Asia, 1867–1941*. Delaware: Scholarly Resources Inc., 1986.

Lowenthal, Rudolf. *The Religious Periodical Press in China*. Peking: The Synodal Commission in China, 1940.

Mooneyham, Stan, and Jerry Ballard, *China: the Puzzle*. Glendale, Cal.: A Division of G/L Publications, 1971.

Patterson, George N., *Christianty in Communist China*. London: World Books, 1969.

Rex Christus, *An Outline Study of China*. New York: The Macmillan Company, 1903.

Smith, Arthur H., *The Uplift of China*. London: Young Christians' Missionary Union, 1907.

Soothill, William E., *Timothy Richard of China : seer, statesman, missionary & the most disinterested adviser the Chinese ever had*. London: Seeley, Service & Co. Ltd., 1924.

Standaert, Nicolas ed., *Handbook of Christianity in China*. Vol. 1, Boston : Brill, 2001.

Szeto, Paul Cheuk-ching, *Suffering in the Experience of the Protestant Church in China (1911–1980): A Chinese Perspective*. Ann Arbor, MI.: University Microfilms International, 1980.

Towery, Britt E. Jr., *The Church of China: Taking Root Downward, Bearing Fruit Upward*. Hong Kong: Amazing Grace Books Ltd, 1986.

Whyte, Bob, *Unfinished Encounter: China and Christianity*. Collins: Fount Paperbacks, 1988.

Wickeri, Philip L. , *Christianity & Modernization: a Chinese Debate*. Hong Kong: Daga Press, 1995.

——*Seeking the Common Ground: Protestant Christianity, the Three – self Movement, and China's United Front*. Marynoll, New Yorker: Orbis Books, 1988.

——*Reconstructing Christianity in China: K. H. Ting and the Chinese Church*. Marynoll, New Yorker: Orbis Books, 2007.

Wielander, Gerda, *Christian Values in Communist China*. London: Routledge (Taylor & Francis Group, 2013.

Wilfred, Felix, and Edmond Tang, Georg Evers ed. , *China and Christianity: A New Phase of Ecounter*. London: SCM press. , 2008.

Wylie, Alexander, *Memorials of Protestant Missionary to the Chinese; Giving a List of Their Publications & Obituary Notices of the Deceased*. Taipei: Cheng Wen Pub. Co. , 1967 (reprint of Shanghai: American Presbyterian Mission Press, 1867).

Xu, Xiaoqun, "The Dilemma of Accommodation: Reconciling Christianity and Chinese Culture in the 1920s". *The Historian*, Fall, 1997, vol. 60, no. 1.

Yao, Kevin Xiyi, *The Fundamentalist Movement Among Protestant Missionaries In China, 1920 – 1937*. Lanham, M. L. : University Press of America, 2003.

Yeo, Khiok – khng, *Chairman Mao Meets the Apostle Paul: Christianity, Communism, and the Hope of China*. Grand Rapids, MI. : Brazos Press (a division of Baker Book House Company), 2002.

Zhuo, Xinping, ed. , *Christianity*. Translated by Chi Zhen & Carolin Mason, Leiden, The Netherlands: Brill, 2013.

后　记

本书原稿为国家社科基金项目"江苏基督教历史和现状研究"（09BZJ015）的最终成果，因为内容集中于基督新教在江苏的二百年发展历程，现改名为"江苏基督教史"出版。

本课题从2009年下半年开始启动，结项于2014年底，之后又不断地修改、补充或删减，前后花费了近八年的时间。现在看来，书中仍有某些资料不足和观点不周之处，但回想起写作和思考的过程，也颇有几分感慨和慰藉。一是收集资料的辛苦和欣喜。较之于其他史料，中国基督教区域史的资料是相当匮乏和零散的。收集某个主题的资料，就像缝制百衲衣似的东拼西凑。特别是有些古旧的报刊泛黄发脆、布满灰尘，翻阅下来感觉灰头土脸、口干舌燥。不过，当在字里行间发现有"江苏"、"基督教"或"教会"的字样时，立刻就有了如获至宝的感觉。二是构思写作的艰难和快乐。有个暑假，为了尽快完成课题，我没有回老家和外出旅游，一个人呆在苏州，炎热的夏季、汗蒸的酷暑，不仅人无精打采，电脑也迟缓卡顿。有时思路不畅，几天写不出一句话。躺在床上会咬文嚼字，散步路上要苦思冥想。不过灵感临在时，也能将圣经中的"葡萄树"、"磐石"之类的典故融入思考和行文中。

写作是一个人的事业，但与师友们的帮助和砥砺是分不开的。我要特别地感谢中国社会科学院世界宗教研究所的卓新平所长、段琦教授和唐晓峰主任。这些年来，他们一直鼓励和督促我的学术之路，并且帮助我沟通本书的出版和审阅等事宜。社会科学文献出版社的范迎编辑在本书的校对和排版等方面也费了许多心血。

2014年上半年，我在香港中文大学崇基学院访学，有机会与邢福增教授、卢龙光牧师、温伟耀教授、吴梓明教授等接触交流，他们是香港地区中国教会史研究的权威学者，给予了我很多学术方面的支持和建议，在此表示诚挚的谢意。

  我还要感谢苏州大学哲学系的蒋国保教授，他将本书纳入本系中国哲学学科资助计划，使本书得以顺利出版。还有苏州大学图书馆特藏室的薛维源、张敏等老师，在我完成课题期间，他们不厌其烦地帮助我查找资料和提取相关文献。也要感谢苏州基督教三自教会的何介苗牧师、顾云涛牧师、许恩杯牧师、黄馥萍牧师、于华伟牧师、姚一明执事、万维英长老、顾玲红长老、聂爱华执事等教牧人员，他们将苏州及江苏其他地区的教会历史和目前现状介绍给我，使我获益良多。另外，苏州市民族宗教事务局办公室前主任郁永龙先生也为我提供过有价值的宗教资料。

  课题的完成与家人的巨大付出更是密不可分。这几年，由于我忙于教学和科研，忽视了家庭的许多责任和事务，对父母、妻子、孩子照顾关爱不够，我也深感亏欠和不安。

  本人的知识有限、灵力不够，书中难免有错误或纰漏之处，若拙著能助益贡献中国社会和教会于点滴，即感欣慰和满足了。

姚兴富

2018 年 5 月 30 日于苏州姑苏区南城湾

图书在版编目(CIP)数据

江苏基督教史/姚兴富著. -- 北京：社会科学文献出版社，2018.12
ISBN 978-7-5201-0885-0

Ⅰ.①江… Ⅱ.①姚… Ⅲ.①基督教史-江苏 Ⅳ.①B979.2

中国版本图书馆 CIP 数据核字（2017）第 117466 号

江苏基督教史

著　　者 / 姚兴富

出 版 人 / 谢寿光
项目统筹 / 范　迎
责任编辑 / 范明礼　范　迎

出　　版 / 社会科学文献出版社·人文分社（010）59367215
　　　　　 地址：北京市北三环中路甲 29 号院华龙大厦　邮编：100029
　　　　　 网址：www.ssap.com.cn
发　　行 / 市场营销中心（010）59367081　59367083
印　　装 / 三河市尚艺印装有限公司

规　　格 / 开　本：787mm × 1092mm　1/16
　　　　　 印　张：31　字　数：491 千字
版　　次 / 2018 年 12 月第 1 版　2018 年 12 月第 1 次印刷
书　　号 / ISBN 978-7-5201-0885-0
定　　价 / 189.00 元

本书如有印装质量问题，请与读者服务中心（010-59367028）联系

▲ 版权所有 翻印必究